競争法の現代的諸相 (上)

謹んで
厚谷襄児先生に捧げます

執筆者一同

厚谷襄兒先生　近影

競争法の現代的諸相

(上)

厚谷襄児先生古稀記念論集

信　山　社

目次

【上巻】

総論 I

執筆者一覧（掲載順）

樋口陽一　東京大学名誉教授
向井久了　帝京大学法学部教授
吉田克己　北海道大学大学院法学研究科教授
長谷川晃　北海道大学大学院法学研究科教授
来生　新　横浜国立大学大学院国際社会科学研究科教授
栗田　誠　千葉大学大学院専門法務研究科教授
飯田隆雄　札幌大学経済学部教授
諏佐マリ　熊本大学法学部助教授
瀬川信久　北海道大学大学院法学研究科教授
紙谷雅子　学習院大学法科大学院教授
早坂禧子　桐蔭横浜大学法科大学院教授
林田清明　北海道大学大学院法学研究科教授
佐藤鉄男　同志社大学法学部教授
山本哲生　北海道大学大学院法学研究科助教授
佐藤一雄　明治学院大学法学部教授
鈴木孝之　東北大学大学院法学研究科教授
田村次朗　慶應義塾大学大学院法務研究科教授
根岸　哲　神戸大学大学院法学研究科教授
江口公典　慶應義塾大学大学院法務研究科教授
岩本　諭　佐賀大学経済学部助教授
井原　宏　明治学院大学法学部教授
稗貫俊文　北海道大学大学院法学研究科教授
武田邦宣　大阪大学大学院高等司法研究科助教授
鈴木　満　桐蔭横浜大学法科大学院教授
服部育生　愛知学院大学法学部教授
矢部丈太郎　実践女子大学人間社会学部教授
本城　昇　埼玉大学経済学部教授
波光　巖　関東学園大学法学部教授
鈴木加人　愛媛大学法文学部教授
沢田克己　新潟大学大学院実務法学研究科教授
森平明彦　高千穂大学経営学部教授
山本裕子　大東文化大学法学部助教授
滝川敏明　関西大学法科大学院教授
土佐和生　甲南大学法学部・法科大学院教授
柴田潤子　香川大学大学院連合法務研究科助教授
泉　克幸　徳島大学総合科学部助教授
浅井敏雄　シャネル株式会社法務部長
舟田正之　立教大学法学部教授
内田耕作　滋賀大学経済学部教授
平林英勝　筑波大学大学院ビジネス科学研究科教授
藤田　稔　山形大学人文学部教授
大内義三　亜細亜大学法学部教授
宗田貴行　奈良産業大学法学部専任講師
増田辰良　北星学園大学経済学部教授
中山武憲　名古屋経済大学法学部教授
須網隆夫　早稲田大学大学院法務研究科教授
岡本直貴　北海道大学大学院法学研究科博士課程

総論 I

憲法論にとって「競争」とは
——ひとつの覚え書き

樋口陽一

一　憲法論にとって、「競争」という言葉は、それ自体としてはなじみ深いものではない。しかし、言葉でなく実質を問うならば、それは、憲法の主要な関心対象のひとつであった。

近代憲法は「国家からの自由」の確保を中心課題とし、従って、憲法論も、そのような自由に対する公権力による規制をどのように想定するかをめぐって、議論を重ねてきた。その際の基本図式は、こうであった。——①「国家からの自由」という形式的枠組のもとで、自由な競争という実質が展開されるはずである。②競争に伴って生ずる、社会として対応を要する困難を緩和するために国家介入が必要とされるであろう（＝競争制限型規制）。③それとは別に、競争それ自体の結果としてそれ以降の競争可能性が阻害されるという事態に対し、競争を回復するための国家介入（競争促進型規制）もまた、要請される。

これから三つの場面は、経済活動の領域について、①財産権をはじめとする経済的自由権の保障、②経済的自由に対する「社会国家」の観点からの競争制限型規制、③独占禁止法制による競争促進型規制、というあらわれ方をする。そして、それとパラレルな事態を、人びとの精神活動の領域についても見ることができる。①「優越的自由」としての思想とその表現の自由を説明する「思想の自由市場」の比喩、②ありうるべき「市場の失敗」

への対応としての競争制限型規制（「たたかう民主制」や〈political correctness〉の問題）、③競争を回復することを標榜して主張される競争促進型規制（反論権、アクセス権など）、というふうに。

以下では、このような座標のうえに、憲法論の現状の整理をこころみることにしたい。

二

日本国憲法のもとで憲法学の大勢は、思想・表現の自由については「思想の自由市場」論の立場をとって「国家からの自由」を基本とし（＝①の態度）、経済的自由についてはレッセ・フエールに対する修正を意味する「社会国家」の立場からの制約をみとめる（＝②の態度）、というものであった。「二重の基準」論は、その集約的表現にほかならない。

アメリカ合衆国の判例理論として定着した二重の基準論は、一八世紀末の憲法制定者たちの意図に根拠を求めることはむずかしく、それゆえ、批判者たちからすれば、憲法典とは別物である「見えない憲法」を勝手にえがいたものだということになる。それに対し日本国憲法は、「社会国家」観にもとづく諸規定（二五条、二八条など）を置くと同時に、個別の権利条項としては経済的自由の条項についてだけ「公共の福祉」にもとづく制約に言及する（二二条一項、二九条二項）ことによって、二重の基準論に明示的な憲法上の根拠を与えている。判例が「個人の経済活動の自由に関する限り、個人の精神的自由等に関する場合と異なって」、それへの制約は憲法が予定し許容するものだ（最大判一九七二・一一・二二）とのべ、二重の基準論の枠組を前提とした議論を組み立てているのは、いわば素直ななりゆきであった。

二重の基準論のもとで想定されていたのは、何より、「社会国家」の観点からする競争制限型の規制であった。そのことを反映するのが、積極目的規制と消極目的規制の二分論である。「職業の自由」の規制を、その「社会的理由ないし目的」に即して「国民経済の円滑な発展や社会公共の便宜の促進、経済的弱者の保護等の社会政策及び経済政策上の積極的なもの」と「社会生活における安全の保障や秩序の維持等の積極的なもの」の二種に分け、後者については前者についてよりもより厳格な違憲審査基準をあてはめる（最大判一九七五・四・三〇）、というのがそれである。

労働力取引の場面での競争制限型規制は、とりもなおさず、労働基本権の承認を意味する。団結権は、組合による労働力取引の独占をみとめることにほかならないからである。

ところで、②の場面で経済的自由に対する競争制限型規制をひろく容認する議論は、③の場面での競争促進型規制については、どのような位置づけをしていくだろうか。その問題性をついたのが、一九七〇年代の営業の自由論争での、「法律学批判」であった。

一九世紀西欧でその型を整備した実定法学は、「自由」を語るとき、国家介入を排除して私的自治を確保する形式枠組としてのそれを考える。憲法論もまた、およそ規制一般を、そのような自由と対置する。そこでは、それゆえ、競争制限型の規制と、独占禁止法による競争促進型の規制とが、ひとくくりにして、二二条一項ないし二九条二項のいう「公共の福祉」にもとづく「自由」への制約としてとらえられる。それに対し、営業の自由論争を経ることによって、「公正且つ自由な競争を促進」（一条）することを目的とする独禁法は「国家からの自由」のもとで形成される独占を規制することを通じて「独占からの自由」という実質を確保しようとするものなのだ、という認識が共有されることとなる。

労働力取引の場面では前述のように競争制限型の規制を承認し（団結による取引独占の承認）、営業活動の場面では競争促進型の規制を設ける（独占禁止）、という組合わせが、二〇世紀後半の経済先進国たることの指標であった。その逆の組合せ（団結の禁止・抑制と営業独占の放任・奨励）が、しばしば、いわゆる開発独裁を特徴づける。

ところで、同じ③の場面で、思想・表現の自由については、何が、どういう形で問題となるか。「国家から自由」な空間としての言論市場で生ずる寡占・独占からの自由を確保する手段を講ずることの是非が、ここで問題となる。そして、その例としての反論権・アクセス権については、そのような形での国家介入に伴うことあるべき副作用を警戒する見方の方が強いのが、現状である。

ところで、この種の規制は、参入を促す言論の内容に対して中立的な、かつ競争促進型の一種と見ることができる。それでは、競争制限型の規制――経済的自由については②の場面のことがらとして容認されてきたもの――が、思想・表現の自由の領域について問題になることはないのか。

戦後西ドイツの憲法体制を特徴づけるものとしてあげられてきた「たたかう民主制」、あるいは「憲法忠誠」のシステム（基本権の問題としては基本法一八条、および五条三項、九条二項など）が、そうである。「たたかう民主制」を憲法化することを自覚的に拒否した戦後フランスでも、立法レヴェルで、人種差別の唱道や、「人道に対する罪」の存在を否定する歴史認識の記述に対して、言論の自由競争への参入をみとめない制度がある。より一般的に、「市民的及び政治的権利に関する国際規約」（国際人権B規約）二〇条は、戦争宣伝、「差別、敵意又は暴力の扇動となる国家的、人種的又は宗教的憎悪の唱道」を「法律で禁止する」としている。これに対しては、③の場面での規制に対してより以上に否定的なのが、日本の憲法学の大勢であり、判例や立法も、同じ傾向に属してきたといえる。

やはりこの項目に属するものとして、アメリカでいわれる〈political correctness〉の問題がある。「政治的に適正」でないとされる言説を、言論市場から排除しようとするものだからである。日本社会では、報道機関の自主規制のかたちをとっている。

三　最近力を得てきているように見えるのが、経済の領域についても、思想・良心の領域について同様に、競争制限型の規制を解除・撤廃してゆくべきだ、という方向での主張である。

財産権や職業選択の自由が個人の尊厳にとって持つ意義にてらせば、それらが思想・表現の自由より劣位に置かれる理由はないはずだ、という見方は、それとして成り立つ。しかし、もともと、二重基準論が用いる「優越的自由」という用語は誤解を招く表現であった、思想・表現の自由の規制立法に対し厳格な違憲審査基準が適用されるべきだ、とされるのは、自由の価値そのものの優劣を理由としてのことではなくて、制限に付された自由の回復可能性の難易度を問題にしてのことだったはずである。言いかえれば、思想・表現の自由が「えらい」からではなく、経済的自由にくらべて「ひ弱い」ものだという認識が、前提にされていたはずである。思想の力が経済の力より弱いという論議が、前提にされていたはずである。自由の価値そのものの優劣をあえて問題にするになら、最上位に置かれるものは、生命と人身の自由であるべきであった。

また、経済的自由の内部での二分論にしても、競争秩序のいわば外側から競争制限・保護政策的な規制を加える法律の方が、害悪防止のための規制を定める法律よりも違憲判断を免れる可能性が高い、ということになる判断枠組はおかしい、という見方も、それとして成り立つ。この点でも、しかし、ここで批判されているのは、二重の基準という思考枠組そのものと同じように、日本国憲法という実定法——ということは、第二次大戦のあとに制定された戦後西欧型憲法一般に通ずる——それ自体のした選択なのである。

四　日本国憲法、そしてそのもとで多かれ少なかれ整備されてきた法制は、経済的自由の領域で、近代法の骨組を継承（=前述①）するという前提のうえに、その骨組を競争促進型規制によって内側から支え（=前述③）、同時に、競争制限型規制によって外側から補う（=前述②）もの、として説明することができる。③は市場経済の実質を確保するためのものであり、②は市場の論理が経済の領域をこえて社会そのものを蔽いつくそうとする傾向への抑制の仕掛けであった。

そのような構図は、第二次大戦後の西側諸国に——成文憲法上の表現をとるかどうかは別として——共通のものであった。変化の方向は一九八〇年代アングロ・サクソン社会で示されたが、ソ連社会主義の解体を背景としたグローバリゼーションの貫徹によって、世界的なものとなってゆく。競争制限型規制の撤廃ないし緩和であり、その類型の規制を前提とする「社会国家」システムのいわば武装解除である。その際、競争促進型規制を市場経済にとって必要不可欠なものとして遇する（＝③）か、それとも、それをも「規制緩和」の対象とするか（＝③）は、市場経済論者と「市場原理主義」者を分ける要素となる。

思想・表現の自由の領域に、あらためて①②③の観点をあてはめると、どう整理できるだろうか。

経済的自由について競争制限型規制の解除を求める立場は、「二重の基準」批判という形をとることが多い。そこでは、思想・表現の自由について「国家からの自由」を基本に置く立場は、維持されることになる。それに対し、逆・二重の基準論というべき主張が、論理上、考えられる。実際上も、経済的自由については「規制緩和・撤廃」を主張し、思想・表現の自由についてはーー当面、特に教育の場面でーー「日本人としての自覚」や「国を愛する心」を基準としたこころの統制の必要を説く、という形の政治的主張は、それに当たるであろう。しかし、法的な言説として逆・二重の基準を明示的に主張するものは、今のところ見当たらない。もっとも、一般論として二重の基準論にコミットしてきたはずの判例が、実際にはその逆向きの方向に進んできたのではないか、が問題となる。数少ない法律違憲判断のうち、精神的自由への規制立法を対象としたものが一例もないのに対し、経済的自由への規制立法への違憲判断が三例（薬事法、森林法、郵便法）あるからである。

個人の基本権の問題としての思想・表現の自由についていえることがらを、統治機構の問題にも応用できないだろうか。複数政党制と議会制民主主義の理論は、「今日の少数も明日の多数になるうる」という想定のもとで、さまざまの政治的主張の競争の結果に政権の所在をゆだねる、ということにほかならない（＝①の場面の問題）。選挙法制や政党法制は、その標榜するところをいえば、そのような競争がおこなわれる場を実質的に確保するためのものだったはずである（＝③の場面）。公職選挙法は、「選挙が選挙人の自由に表明され意思によって公明且つ適正に行われることを確保」（一条）するという目的を掲げている（独禁法一条の「公正且つ自由」との対応）。もっとも、その規定内容が、競争ルールの確立をめざすはずの法制が実は競争制限立法（＝②）になっていることは、指摘されている通りである。競争制限型規制としての「たたかう民主制」が本領を発揮するのは、政党違憲審査制度（ドイツ基本法二一条二項）である。

五　「競争」をキーワードとして、経済的自由、思想・表現の自由、そして議会制民主主義というそれぞれの場面での憲法論の交錯を、とりあえず以上のように整理してみた。憲法論にとって、しかし、「競争」が唯一最大の価値であるわけではない。近代憲法が諸個人の自由な活動領域を確保しようとするのは、さかのぼって、個人の尊重ないし人間の尊厳（この二つの言葉づかいを整理することは別稿を要するとして）という窮極的価値を前提にしてのことだからである。この窮極的価値から導き出されるのは、もとより、「競争」だけではない。従って、およそ「競争」の外側に（競争という枠組を置いたうえでの競争制限型規制とは別に）、一定の価値が並存しているはずである。経済活動にとっての生態系秩序は、そういう性質のものではないのか。思想・表現の自由にとって、知の開発競争の対象とすべきでないものはないのか。議会制民主主義の論理によっては説明しつくされない裁判権力の正統性は、どのように基礎づけられるのか。これらの要素をどう組み入れるかによって、体系としての憲法論が、ちがった様相を見せることになるはずである。

ここに提出するのは専門ちがいの立場からの短い覚え書きにすぎないが、それによって厚谷教授の古稀を祝う事業にあえて参加する非礼は、五〇年を越える交友に免じておゆるしを乞う。

憲法と独占禁止法

向井久了

はじめに

周知のように、国の行政機関として、内閣府設置法に基づく公正取引委員会、国家公安委員会、国家行政組織法別表第一に掲げられる、総務省の外局としての公害等調整委員会、法務省の外局としての公安審査委員会、厚生労働省の外局としての中央労働委員会、国土交通省の外局としての船員労働委員会があり、他に国家公務員法に基づく人事院等の行政委員会が設置されている。

これら行政委員会は（ときに独立行政委員会と呼称され）、その独立性が責任行政体制と抵触し、その権力併合性が権力分立原理と矛盾するのではないかと常に問題視されてきた。権力併合性の論点は、準立法作用の保持が立法権委任問題に、また、準司法作用の保持が行政機関による前審的司法権行使の問題に、それぞれ分説され、広範な憲法上の論点に連結している。

そのなかでも特に、独占禁止法をめぐっての憲法論議の展開が象徴的である。

すなわち、一、実質的証拠の法則が認められているので、公正取引委員会の「審決」は行政機関による終審裁判ではないか、二、独占禁止法違反事件の第一審が東京高裁であるということは二審制であり、法の下の平等に反しないか、三、不当な取引制限の成立要件である「競争の実質的制限」が抽象的で罪刑法定主義に反するのではないか、四、価格カルテルに課する課徴金と刑事罰が二重の処罰に当たるのではないか、五、不公正な取引方法を公正取引委員会が指定するが、その指定できる範囲が委任立法としては広すぎるのではないか、さらには、六、公正取引委員会が内閣から独立しているのは違憲ではないか、などという問題であるが、もとより憲法上の疑義の中心はその独立性にあった。

一つの法律で、これだけ違憲論が続出した法律は他にないともいわれるなかにあって、この憲法と独占禁止法の問題に関する厚谷教授の北海道大学での最終講義「独占禁止法と憲法」と題する貴重・有益な「論説」(1)に接することができた。そこで、厚谷教授の「論説」を素材にしながら、それぞれの論点に焦点をあて、若干の検討を試みることにする。

一　実質的証拠の法則

憲法と独占禁止法の関係で先ず問題とされたのは、「実質的証拠の法則」についてである。独占禁止法八〇条一項は、公正取引委員会の審決を不服として提起された訴訟（取消訴訟）については、「公正取引委員会の認定した事実は、これを立証する実質的な証拠があるときには、裁判所を拘束する」と定めている。この規定は、アメリカの行政手続から受容した「実質的証拠の法則」(substantial evidence rule) を採用したものとされているが（行政機関が準司法手続に従っておこなった専門技術的な事実に関する判断を尊重する趣旨ではあるが）、このように行政機関の事実認定に裁判所を拘束する力を与えることの合憲性が問題となる。(2)

憲法は、行政機関による終審裁判を禁止する（七六条二項）。したがって行政機関は前審としては、すなわちそれに対して不服のときは裁判所の裁判を求め、最終的な裁判を受けるという限りにおいては、裁判を行うことができる（裁判所法三条二項は、このことを行政機関の側から「行政機関が前審として審判することを妨げない」と規定している）。しかし、下級審から終審に至るまでの審級関係の全部を通じて完結するものを「裁判」と称するならば、行政機関の前審としての裁判は、裁判的な行為であることはもとよりであるが「裁判」と称することは適当ではない。裁判所法三条二項が行政機関の前審としての行為を「審判」と称し、また、個々の法律が「裁決」（例えば土地収用法三九条以下）、「裁定」（例えば森林法五一条、恩給法一二条）、「審査」（例えば特許法四七条など）、「審決」（例えば独占禁止法五四条など）と称しているのはこのためである。(3)

公正取引委員会の審決は、この前審に当たるものであるが、「実質的証拠の法則」により、行政機関による終審としての「裁判」を認めたことになり違憲ではないか、との疑義が生ずる。すなわち、司法権の行使（裁判所の裁判）はまず事実を認定し、次にその認定された事実に対し法を適用して判決を下すという作用にほかならない以上（司法の作用は、事実認定とその認定事実に対する法の適用という二つの過程を含むものであり、実際上、事実認定のいかんによって結論は大きく異ってくることになるから事実認定の過程は、実際の裁判においてきわめて大きなウエイトを占めるものである。(4)そうであれば）、行政機関のなした事実認定が無条件に裁判所を拘束するものとし、裁判所がまったく事実認定を行いえないとすることは、憲法七六条一項・二項に違反するというべきである。

したがって、独占禁止法違反事件の公正取引委員会の審決に対する取消請求訴訟が提起されると、この点が争点となることは当然予想されたことである。(5)

ところが、独占禁止法の規定は、行政機関（行政委員会）による事実認定が無条件に裁判所を拘束するものとしているのではなく、特に「これを立証する実質的な証拠があるとき」に限り裁判所を拘束するものとし、しかも「実質的な証拠の有無は、裁判所がこれを判断するものとする」（八〇条二項）と定めている。そこで学説は、このことは、裁判所が委員会の認定に実質的な証拠があると認めたときには、その認定を尊重し、その限りでそれに依存することができることとしたものと解することができ、このように解するならば、それは本条に反するものではない、としている。(6)

独占禁止法違反事件の公正取引委員会の審決に対する取消訴訟において、昭和三一（一九五六）年二月九日の東京高裁判決は、原告ら（日本石油株式会社等）の主張は証拠の信憑力に対する被告（公正取引委員会）の判断ないしは被告のなした証拠の取捨選択の攻撃に帰するが、独占禁止法八〇条の法意は、「公正取引委員会の事実認定に対する裁判所の審査の範囲を事実を立証する実質的な証拠の有無に限定し、公正取引委員会の引用する証拠自体が実験則に反する等の理由によりこれを信じることが合理的でないと判断される場合、あるいは、原告らの引用する反証と対照してその信憑力が阻却される場合の外は、公正取引委員会の証拠の信憑力に対する判断は裁判所を拘束するものとするにある。しかして公正取引委員会のなすところの証拠の取捨選択は、結局証拠の信憑力に対する公正取引委員会の判断に外ならない(7)」のであり、したがって、証拠の信憑力が阻却される場合には、裁判所は審決を違法であるとして取り消すことができるのであるから、憲法七六条二項に違反するものではない旨、判示した。

このように、判例も学説と同様実質的証拠法則を肯認することは司法の作用を侵害したものとはいえず合憲と解している。

なお、国家公務員法三条は、人事院の権限とされている部門（事項）における人事院の決定・処分は人事院によってのみ審査されると規定し（同条三項）、「前項の規定は、法律問題につき裁判所に出訴する権利に影響を及ぼすものではない」（同条四項）と定める。この規定についても、人事院のなした事実の認定は終局的なものであって裁判所への出訴は法律問題に限る趣旨と解する余地があるが、そのように解した場合には、当然、憲法七六条一項・二項違反の問題が生じうることになる。しかし、これについては、そこにいう「法律問題」とは、「事実問題」に対するものとしての「法律問題」ではなく、「適法・違法の問題」の意であり、不利益処分の事案における

「事実問題」(事実認定の問題)も適法・違法の問題として出訴される場合は、その前提問題として、当然に裁判所によって審査されなければならない、と解される。[8]そのように解する限り、人事院の決定・処分と裁判所の司法審査との関係は行政機関の審判の通常の場合と異なるものではなく、右規定は違憲の問題が生じるものではない。

ところで、昭和五〇(一九七五)年七月一〇日の最高裁判決によれば、「実質的証拠の法則」の下では「裁判所は、審決の事実認定については、独自の立場で新たに認定をやり直すのではなく、審判で調べられた証拠から当該事実を認定することが合理的であるかどうかの点のみを審査する」[9]とも判示する。これは、事実認定はもっぱら裁判所のみのなしうるところであることを意味するものでないことを示すものである。すなわち、特に行政委員会に準司法的な権限を与えることとするのは、特殊の事項について、その専門的・技術的な性質や速かに事件を裁定する必要などの理由から、その事項について専門的・技術的な知識経験を有する者から成る行政委員会にそのような権限を与えたものなのであるから、その事実認定に実質的な証拠があれば、裁判所もそれを尊重して依存するものとすることには合理的な理由があるとするのであろう。しかるに、独占禁止法に関する訴訟の第一審は東京高裁であるが、そこでの審決に対する審査は、公正取引委員会の事実認定に相当踏み込んでいるという。例えば、東宝㈱による審決取消請求事件東京高裁判決[10]では、公正取引委員会から送付された事件記録により事実を再構築した上で、公正取引委員会の事実認定の当否を判断してきている。そこで、これでは事実審と同じであり、むしろ、裁判所の審査が「実質的証拠の法則」に違反しているのではないか、との疑問が投げかけられている。[11]これは、公正取引委員会の事実認定に対する裁判所の信頼が薄いことを意味する。

事実認定に特殊な専門的知見を有する行政領域においては、裁判所に事実の判断をさせるより、行政庁の専門的判断にこれを委ねる方が適当であることが少なくない。したがって行政庁が公正な手続に従って収集した証拠に基づいて合理的な推論を下していると認められる限りは、行政庁の事実認定の結果を是認すべきだと解される。そこで、公正取引委員会の組織と審判手続が、実質的証拠の法則に相応しい「公正」なものとして整備されているかが問題とされる。

公正取引委員会の組織についてみると、委員長、委員の資格は、年齢三五歳以上で、法律または経済に関する学識経験者であり（二九条二項）、委員長、委員の職権行使の独立性が保障され（二八条）、任期を五年とし（三〇条一項）、身分保障が定められている（三一条）。また、手続面については、処分の相手方（被審人）に防禦の機会を与える審判手続において、被審人への告知（五〇条）、三面的対審構造の採用（五三条の二）、被審人の防禦権（五二条）、審判手続の公開（五三条）、弁護人の選任の権利（五二条二項）、事実認定は、審判手続において取り調べた証拠によってなされなければならない（五四条の三）旨を定めて、処分の公正を期している。

これらの規定は、「実質的証拠の法則」に対応しているといってよい(12)。

実質的証拠の法則の合憲性は、結局のところ裁判所が司法審査の範囲を拡大する方向で、公正取引委員会の審決に対処するか、あるいは、公正取引委員会の審判の組織と手続を、司法手続化へ向けて整備充実させるかによって維持されていくもの、ということになるのであろう(13)。

実質的証拠の法則を尊重すること、つまり「行政の司法化」という今日的課題の下では、公正取引委員会の審決に対する裁判所の審査の範囲を現状より拡大すべきではない、ということが指摘されてよい(14)。

厚谷教授は、実質的証拠の法則の本来のあり方からすれば、公正取引委員会の審決に対する裁判所の審査の範囲が現状より狭まることがのぞましいとして、概要、次の二点を指摘される。

第一に、行政委員会の審判手続において最も整備されているのは、公正取引委員会の審判手続である。「行政の司法化」という今日的課題からの実質的証拠の法則のあり方を考慮すると、その手続に対して裁判所が信頼を置いていないとしたら、他の行政委員会の手続への信頼も欠くことになる。これでは、他の行政委員会の決定の司法審査に実質的証拠の法則を導入することができなくなる。わが国では行政手続の公正性確保のための「行政の司法化」という課題からも、公正取引委員会の審判手続の適正性を確保することが重要である。

次に、行政と司法の機能の分担を考慮しなければならない。裁判所が判例において「実質的証拠の法則」を認めたということは、事実問題は専門的行政委員会に委ね、法律問題は司法が担当するというように行政と司法との機能・役割の分担を明確にするとともに、その協同関係を示すものであるが、これにより、司法の負担を軽減し、事件を効率的に処理することができるということを、行政（公正取引委員会）と司法は共に強く認識すべきである。(15) けだし、示唆的ご提言である。

二　二審制

実質的証拠の法則と関連するが、独占禁止法八五条の規定によれば、公正取引委員会の審決取消請求訴訟（一号）、独占禁止法二五条の規定による無過失損害賠償請求訴訟（二号）、および独占禁止法違反刑事訴訟（三号）等の第一審裁判権は、東京高等裁判所に属している。したがって通常裁判所の審級では二審制ということになる。東京高裁は、これらの事件のみを取り扱う裁判官の合議体を設けることとなっており（八七条一項）、その裁判官の員数は五名とされていて（同条二項）、これを特別部という。この控訴審を省略することとした二審制が、憲法一四条一項の法の下の平等、三一条の法定手続の保障、三二条の裁判を受ける権利等に違反しないか、という問題である。

審級関係をどのように具体的に形成するかは、一般に立法裁量だと考えられている。(16) すなわち、石油カルテル（価格協定）事件において、最高裁は次の如く判示した。

「裁判権及び審級制度については、憲法八一条の要請を満たす限り、憲法は法律の適当に定めるところに一任したものと解すべきことは、当裁判所の判例（昭和二二年(れ)第一二六号同二三年七月一九日大法廷判決・刑集二巻八号九二二頁、同二三年(れ)第一六七号同年七月一九日大法廷判決・刑集二巻八号九五二頁、同二七年(テ)第六号同二九年一〇月一三日大法廷判決・民集八巻一〇号一八四六頁）のくりかえし判示するところである。もっとも、右各判例も、裁判権及び審級制度に関する定めにつき、立法機関の恣意を許すとする趣旨ではなく、ある種の事件につき他と異なる特別の審級制度を定めるには、それなりに合理的な理由の必要とされることを当然の前提としていると解すべきであるが、独禁法八九条から九一条までの罪については、これらの対象とする行為がわが国の経済の基本に関するきわめて重要なものであって、これに対する判断が区々に分れその法的決着が遅延することは好ましくないこと等の特殊な事情があることなどに照らすと、独禁法が、右各罪に係る訴訟につき、その第一審の裁判権を東京高等裁判所に専属させ裁判官五名をもって構成する合議体により審理させることとして、審級制度上の特例を認めたことには、それなりに合理性がないとはいえないというべきである。そうすると、同法八五条三号の規定が憲法一四条一項、三一条、三二条に違反するものでないことは、当裁判所の前記各大法廷判例の趣旨に徴して明らかであ(17)」る。

独占禁止法二五条の無過失損害賠償請求訴訟について、石油価格協定損害賠償請求訴訟事件の東京高裁判決における二審制についての判旨は、概要次のとおりである。

独占禁止法二五条に基づく無過失損害賠償請求訴訟の第一審の裁判権を東京高裁に属することとしたのは、この訴訟が公正取引委員会の審決の確定を前提とするものであり、その訴訟の特殊性による専門的かつ統一的判断の必要性に鑑み、これを一つの裁判所に集中して審理判断せしめることとするとともに、被害者からの損害賠償請求が理由あるときは、迅速に最終的救済を与えるようにすることにより、事業者による独占禁止法違反行為の禁あつをも図ろうとする趣旨に出たものと解され、憲法一四条に違反するものではない(18)。

二つの判決は、裁判権および審級制度に関する定めについて、立法機関の恣意を許すものではないとしたうえで、この種の事件について二審制を定めた独禁法の規定にはそれなりの合理性――基本的には、独占禁止法の解釈を統一し、事件処理の迅速化を図ることにより法的安定性を確保しようとする趣旨——の存することに、二審制の合憲判断を見い出しているのである。

なお、刑事事件についていえば、刑法の内乱罪が二審制である（裁判所法一六条四号）。その合理性は、事件が重大であり、しかも迅速に処理する必要性に求められている。おおむね、異論がないものと思われる。

三　不当な取引制限の成立要件である「競争の実質的制限」が抽象的で罪刑法定主義に反するのではないか

先の石油カルテル（価格協定）刑事事件において、被告人は、独禁法八九条一項一号の規定は、その定める構成要件があいまい不明確であるから憲法三一条に違反すると主張した。

最高裁は、独禁法八九条一項一号所定の罪の構成要件については、合理的な解釈によってその意義を明確に理解しうるものであり、不明確であるとはいえない、として違憲主張を斥けた。[19]けだし妥当な判示である。

四　価格カルテルに課する課徴金と刑事罰が二重の処罰に当たるのではないか

ラップカルテル事件において、一部の被告会社の弁護人が、被告会社に対して独占禁止法に基づく課徴金の制裁と刑罰を重ねて科すことは憲法三九条の禁止する二重処罰に当たる旨主張した。

これに対して、平成五（一九九三）年五月二一日の東京高裁判決は、「独禁法による課徴金は、一定のカルテルによる経済的利得を国が徴収し、違反行為者がそれを保持し得ないようにすることによって、社会的公正を確保するとともに、違反行為の抑止を図り、カルテル禁止規定の実効性を確保するために執られる行政上の措置であって、カルテルの反社会性ないし反道徳性に着目しこれに対する制裁として科される刑事罰とは、その趣旨、目的、手続等を異にするものであり、課徴金と刑事罰を併科することが、二重処罰を禁止する憲法三九条に違反するものではないことは明らかである」[20]としている。

本判決は、課徴金は行政上の措置であり、刑事罰とは趣旨、目的、手続等を異にするという形式的な根拠により、併科しても二重処罰の禁止に当たらない、とした。これは、追徴税と罰金の併科につき昭和三三（一九五八）年四月三〇日の最高裁大法廷判決（民集一二巻六号九三八頁）、重加算税と罰金の併科につき昭和四五（一九七〇）年九月一一日の最高裁判決（刑集二四巻一〇号一三三三頁）のそれぞれの合憲判断があるが、これらの判例と軌を一にするものである。

ただし、手続が異なれば、二重に不利益を課してもよいとは、直ちに、いえないであろう。課徴金と罰金の併科が正当化される根拠は、「前者が違反行為によって得た不当利得を違反行為者から剥奪し、やり得をなくすことによってカルテル防止の目的を達成しようとするものであるのに対し、後者は、犯罪が犯されたことを宣言し、財産的制裁を科すことによってその目的を達成しようとする、両者の機能の相異に求められる」[21]べきといえる。それは、薬物犯罪を行った者に対して罰金刑を科したうえに、麻薬特例法により、その薬物犯罪から得た不法収益を没収・追徴することが許される（同法一四条一項、一七条一項）趣旨と同じであり、本件課徴金と罰金の併科を正当なものとした実質的理由はそこにあるように思われる。[22]

現行の課徴金と刑罰との併科については、両者の法的性質の相異に着目しつつ、課徴金の社会的な制裁性を認めたうえで――課徴金の基本的性格が実質的に変わらない限りは――なお二重処罰に当たらないことが判例上確立している、といえる。[23]

五　不公正な取引方法を公正取引委員会が指定するが、その指定できる範囲が委任立法としては広すぎるのではないか

明治商事㈱による審決取消請求事件において、原告弁護人は独禁法旧二条七項（現・二条九項）の違憲性を概要、次のように主張している。

すなわち、法二条七項は、あらゆる事業者を対象とする一般的・包括的且つ原理的な、したがって格別法律によって規定することができないような事柄でもない不公正な取引方法の指定を、行政機関である公正取引委員会の「告示」に委任しているが、この委任は憲法の許容する限度を超えて行政機関に立法を委任したものであって、法二条七項は違憲・無効である、と。

これに対して、被告公正取引委員会は、不公正な取引方法は、元来、多種多様であり、時代に応じて流動する性質を有するから、法律自体にその具体的内容まで規定すべき事柄ではなく、法二条七項が「告示」に委任したことは相当であって、なんら憲法に反するものではない。

仮に、右「告示」が、本来法律により規定すべき事項を定めたものであるとしても、それは「告示」をした公正取引委員会が法二条七項の解釈を誤って、同条の委任を超えて「告示」したことになるにすぎず、右「告示」が法二条七項に違反するとはいえても、そのため法二条七項の規定が違憲とはならない。すなわち右「告示」が法二条七項に反する違法なものとなるだけである、と主張し、違憲性を否定した。

東京高裁は以下のように判断して、被告公正取引委員会の主張を肯定した。

「憲法は行政機関による立法を厳格に制限しているのであり、（憲法四一条、七三条六号参照）、法律があまりに広汎且つ抽象的に本来行政機関によって定立される政令に立法を委任するということは憲法の精神に反すること

はいうまでもない。しかしながら、法二条七項は、みずから不公正な取引方法として一ないし六号の行為を定めるとともに、不公正な取引方法は、経済社会の進行に伴い絶えず変遷する経済、社会現象であるので、その具体的な指定を、右各号の枠内で、しかも『公正な競争を阻害するおそれのあるもの』について、公正取引委員会に委任したものであって、その委任はあくまで、限定された特定の事項についての委任であるから、右委任をもって憲法に反するような広汎且つ抽象的なものとはとうていいいえない。[24]」と。

周知のように、立法の委任については、「行政国家」とも呼称される国家機能の多様化・複雑化という実質的理由から委任立法の存在自体については、「条理上当然に認められるもの」と解されている。[25] 立法の委任が現代国家共通の不可避の現象であったとしても、行政機関に立法権を委ねるものである以上——内閣以外の行政機関の存在が前提されている以上、省令など政令以外の形式の行政命令も当然許されていると解されているので——その無制約な利用は立憲主義と法知主義の崩壊を導く危険性を孕んでいる。[26]

委任の限界確定の具体的・各論的な判断材料としては、委任の目的・対象の範囲および受任者が準拠すべき基準・要件等、考慮されるべきいくつかの要素があり得るが[27]、従来、授権法律の許容に挙げられてきた「一般的・包括的白紙委任でないこと」との基準は漠然性を否定できず、個々の委任の合憲性判断がともすれば読み手の直感に左右されがちであり、そのためか、裁判所が違憲と判断した授権法律はこれまで存在しない。[28]

このような状況の中で、本判決の判断枠組をみれば、「公正な競争を阻害するおそれのあるもの」について公正取引委員会に委任したものであって、その委任はあくまで限定された特定の事項についての委任である、という。法二条七項の委任そのものが一般的・包括的な白紙委任ではなく、個別的・具体的委任であること、したがって、授権法に「目的」と受任者の拠るべき「基準」を定めることが必要であるという原則に違反しないという立場を打ち出すとすれば、判決としては合憲性を肯定せざるをえまい。委任立法の限界は、授権法の対象・目的・態様の憲法適合性、委任命令の憲法ならびに授権法適合性如何によって判断されうるが[29]、本件についていえば判例

（先例）に依拠しており、おおむね異論のないものと思われる。

六　公正取引委員会が内閣から独立しているのは違憲ではないか

公正取引委員会は、独占禁止法の目的（一条）を達成することを任務として、内閣府設置法六四条に基づき、内閣府の外局として内閣総理大臣の「所轄」の下におかれる国の行政機関であり（独禁法二七条一項・二項）、「行政委員会」あるいは「独立規制委員会」（independent regulatory commission）といわれる。

内閣府設置法四九条一項、国家行政組織法三条三項は、委員会および庁を内閣府・省の「外局」として包括的に位置づけているが、庁は、独自の国家意思を決定する権限を認められながらも、限定的ではあるが事務次官の指揮監督を受ける余地が残されていると解されており、また国家行政組織法八条の定める「八条委員会」と呼称される審議会・審査会（いわゆる「附属機関」）は独立性が与えられてはいるもののその決定は、上級機関を法的に拘束するものでないのが通例であり——原則として国家意思を決定表示しうるものではなく——、行政委員会は、その独立性と権限において独立行政機関の類型中最強といわれる。(30)

行政委員会は、一部摘記したように準立法的権限、準司法的権限も有し、権力分立原理との関係でも問題となりうるが、行政権との関係では、内閣から独立して職権を行使することが、憲法六五条・六六条三項・七二条に反しないかが問題となる。(31)行政委員会の存在意義が承認されている今日では、合憲説が学説の大勢となっている。もっとも、その根拠は学説によって多岐にわたる。

合憲論の一部は、内閣の有する人事権、予算権、消極的監督権等を根拠に行政委員会の内閣からの独立性を否定し、違憲論をかわしている。しかし、そのように考えると、裁判所についても同じ理由で独立性が否定されることになり、適当でない。そこで行政委員会の独立性を承認したうえで、以下に見るような論理による合憲説が定着している。

①憲法四一条、七六条に比べて、六五条は行政権を内閣に専属せしめるという厳格な限定的表現になっていないこと（同旨の裁判例として、福井地判昭和二七年九月六日行集三巻九号一八二三頁）。

②内閣が保持すべき行政権とは、「政治作用としての執政」であり、「非政治的作用としての行政」は必ずしも内閣の統制下にある必要はない。

③六五条が行政権を内閣に帰属せしめている趣旨は、内閣を通じて民主的統制を行政各部に及ぼす点にあるのであって、仮に内閣のコントロールが充分に及ばなくとも国会による民主的統制で補完すればよい。

④六五条にいう行政権は、内閣専権事項として付与される「統治ないし執政（executive）作用」と「国法（法律）を執行（administrative）する作用」とから構成される二元的構造をもつものとして理解されるべきであって、「統治ないし執政作用」の執行を担当する行政機関に対して内閣は憲法上の指揮監督権を主張することができ、それ以外の作用領域にかかわる「国法（法律）の執行」を担当する行政機関のあり方については広範な立法裁量を承認する。ただし、「国法執行作用」であるからといって、国会が全くの自由に設計できるわけではなく、やはり、六五条、七二条の観点から、「国法執行作用」も原則的には内閣に帰属することを前提としつつ、誠実執行の挫折が認められる場合に内閣からの行政権分離を国会に可能にする契機を七三条の「法律誠実執行義務」条項が提供する。

⑤行政委員会の設置は、当該行政を行政部の専恣から分離せんとするもの――行政権の専恣を抑制すること――であって、政府を抑制するための原理である権力分立の趣旨と合致する。(32)

行政委員会の合憲性は以上のような諸論拠によって支えられているが、①説については、六五条に独占を含意する語句がないのは、控除後の残余の作用の全てが依然として内閣に留保されているからだ、とも言い得るので、控除説的行政観への批判的検討を経るべきである。②説は、政治的・非政治的の別が不明、③説に対しては、この論法は内閣のコントロールの補完を超えて、行政権の国会への直接的帰属を帰結する可能性をもつ。⑤説については、なお「抑制設定」の必要や「専恣」の認定を規律する基準の提示が求められ(33)、⑤説はアメリカ合衆国における独立規制委員会の設置理由と類似する注目すべき見解ではあるが、政治的中立性が強く要請される行政分野を担当する行政機関を、極めて政治性の強い国会のコントロールの下におこうとする点に矛盾があるのではないか(34)、との指摘が見られ、それぞれの論拠について究明すべき課題は依然として多い。

諸説の論拠がそれぞれ単独では充分な合憲の理由とはなりにくいとすれば、行政委員会の合憲性は、以下のように総合的に根拠ずけられることになろう。

①権力分立原理の目的は、歴史的には国王の有していた行政権を抑制しようとすることにあり、内閣から独立して職権を行使する行政委員会の存在は、まさに、行政の専恣を抑制する原理として発展してきた権力分立の目的に合致する。②憲法六五条にいう行政権の内容は広く、憲法上すべての行政作用について内閣が指揮監督権をもつことを求めているわけではない。その意味で、内閣から独立した行政作用を行う機関として、行政委員会を設けることも認められる。③しかし、内閣を行政権者とすることは、内閣の国会に対する責任を通じて国会が行政全体に対する統制を確保しようとするところに実質的な意味があるから、仮に行政委員会に対して内閣のコントロールが充分に及ばなくとも、行政委員会が国会に対して責任を負うための制度、別言すれば、国会のコントロールが及ぶことが必要である。④もっとも、国会のコントロールにそもそもなじまない政治的中立性の求められる行政については、内閣による監督を受けない行政委員会の設置を認めることができる。⑤行政委員会の発展の歴史に照らして、制度に合理的な存在理由がある場合にも、職権行使の独立性が認められるべきである(35)。

おわりに

公正取引委員会と憲法をめぐる論点は二つである。その一は、行政委員会が憲法違反であるかどうかであり、他は、公正取引委員会——独占禁止法——が違憲であるか否かの問題であった。

いずれも違憲ではないということで概ね一致している。

憲法六五条は行政権の主体が内閣であるとするが、「行政権」が具体的に何を意味するかについては明らかにしていない。通説は「行政権」とはすべての国家作用のうちから立法作用と司法作用を除いた残りの作用であると解する控除説をとる。つまり立法、司法以外の国の活動が全て行政であり、それを担当するのが内閣であるという。そこに多くの行政委員会制度——その一つとして公正取引委員会——が導入された。すなわち「行政権」の領域に行政委員会が「割り込んできた(36)」という状況であった。しかもその行政委員会は、内閣から独立しているというのであるから、「まさに異物が侵入してきたと思われた(37)」のである。また、司法権からみても、事実認定と法の適用は司法権の専管というのに、行政機関の事実認定がそれを拘束するというのであるから「僭越きわまりないということ(38)」になる。

とはいえ、行政委員会は、いちおう、行政機関たる位置には置かれていながらも、そもそも、内閣(行政権)、国会(立法権)、裁判所(司法権)のいずれからもそれらの本来の権能の一部の移譲を受け、その限りにおいてこれらのものから独立して権能を行うものなのである。すなわち、「行政委員会制度は、立法部・司法部・行政部のそれぞれの譲歩によって、可能となるものにほかならない(39)」のである。

公正取引委員会と司法権との関係についていえば、公正取引委員会と司法権との権能の分担が要請されよう。複雑な事実問題の解明は公正取引委員会、法律問題はその専門である司法府と分担する、いわば「司法・行政協働・機能分担主義[40]」という要請は充分に合理的だということができよう。

行政委員会の独立性は、機構的な説明だけでは充分といえず、それを補充するものとしていわば機能的に、すなわち行政委員会の所掌事務の特殊性――行政の対象とする事態がどのような性質のものであるか――の説明が要請され、そして、それに適応した行政機関、手続のあり方が論議されるべきだということでもある。

(1) 厚谷襄児「最終講義　独占禁止法と憲法」北海道大学法学部時代の厚谷襄児先生　北海道大学法学部稗貫俊文編集・発行一頁。
(2) 例えば、佐藤功『憲法(下)』新版〔ポケット註釈全書〕九六四頁参照。
(3) 佐藤・前掲九六三―九六四頁参照。
(4) 樋口陽一＝佐藤幸治＝中村睦男＝浦部法穂『注釈日本国憲法下巻』一一四四頁参照。
(5) 厚谷・前掲四頁参照。
(6) 例えば、佐藤・前掲九六四―九六五頁、長尾一紘『日本国憲法〔第3版〕』四一六頁、野中俊彦＝中村睦男＝高橋和之＝高見勝利『憲法Ⅱ〔第3版〕』二二一頁、松井茂記『日本国憲法』二三三―二三四頁、向井久了『やさしい憲法〔第2版〕』二〇九頁参照。
(7) 東京高判昭和三一年二月九日公正取引委員会審決集（八）七七頁。
(8) 佐藤・前掲九六五頁参照。
(9) 最判昭和五〇年七月一〇日民集二九巻六号八九九頁。
(10) 東京高判昭和二六年九月一九日行集二巻九号一五六二頁。
(11) 厚谷・前掲五頁、今村成和『私的独占禁止法の研究（一）』二七八頁参照。
(12) 厚谷・前掲六頁参照。
(13) 厚谷・前掲六頁、園部逸夫「実質的証拠の原則」丹宗暁信＝厚谷襄児編『独占禁止法の基礎〔新版〕』三六一頁参照。

(14) 現行法上、実質的証拠の法則が明文で認められているのは、公正取引委員会(独禁法八〇条)、電波監理委員会(電波法九九条)、公害等調整委員会(鉱業等に係る土地利用調整手続法五二条、五三条三項)による一定の処分についてであり、これらの処分の司法審査にあたっては、裁判所は、これらの機関が行った事実認定に拘束され、その事実審理が実質的証拠によって支持されているか否かという点を除き、独自の事実認定を行いえないものとされている。しかし、たとえ法律に明文がおかれていない場合でも、行政委員会が行政審判手続に従って行った処分の司法審査においては、実質的証拠の法則が適用されるべきであって、裁判所は実質的証拠の審査のほかは、独自に事実認定をなしえないものと解すべきものと思われる。例えば、最高裁も、当事者が特許審判の手続で主張しなかった事実を、特許審決の取消訴訟の場面で新たに主張することはできないとし、特許審判の司法審査においても裁判所の事実認定権に制約が課されることを認め、実質的証拠の法則の適用をほぼ承認する態度をとっている(最大判昭和五一年三月一〇日民集三〇巻二号七九頁)。

(15) 厚谷・前掲六―七頁参照。

(16) 例えば、松井・前掲二三五頁、向井・前掲二一七頁参照。

(17) 最判昭和五九年二月二四日公正取引委員会審決集(三〇)二四九頁、判例時報一一〇八号九頁。

(18) 厚谷・前掲八頁、東京高判昭和五六年七月一七日公正取引委員会審決集(二八)別冊七〇頁。

(19) 最判昭和五九年二月二四日公正取引委員会審決集(三〇)二五〇頁、判例時報一一〇八号一〇頁参照。

(20) 東京高判平成五年五月二一日判例時報一四七四号三八頁。

(21) 山本輝之「公正取引委員会の専属告発の裁量性」厚谷襄兒＝稗貫俊文編『独禁法審決・判例百選〔第6版〕』別冊ジュリスト』二五五頁。不当利得を返させるだけでなく、違反行為によって社会が被った損失も負担させるべきだ、ということになるのであろう。

(22) 山本・前掲二五五頁参照。

(23) 泉水文雄「課徴金(1)――課徴金と刑罰との関係」厚谷＝稗貫・前掲編六四―六五頁参照。

(24) 東京高判昭和四六年七月一七日公正取引委員会審決集(一八)一九〇頁。

(25) 例えば、芦部信喜『演習憲法新版』二六三頁、樋口＝佐藤＝中村＝浦部・前掲一一〇一頁参照。

(26) 勝山教子『立法の委任(2)』芦部信喜＝高橋和之・長谷部恭男編『憲法判例百選Ⅱ〔第4版〕別冊ジュリスト』四六一頁参照。
(27) 清田雄治「立法の委任の限界」高橋和之＝大石眞編『憲法の争点〔第3版〕ジュリスト増刊』一七三頁、奥平康弘「委任立法――一般」塩野宏＝小早川光郎＝宇賀克也編『行政判例百選Ⅰ〔第4版〕』一一一頁参照。
(28) 勝山・前掲四六一頁参照。
(29) 清田・前掲一七二頁参照。
(30) 駒村圭吾「内閣の行政権と行政委員会」高橋＝大石・前掲編二〇四頁、佐藤功『行政組織法〔新版〕』二五一頁以下参照。
(31) 一九九七（昭和五二）年に公正取引委員会の権限強化を含む独占禁止法の改正が実現したが、当時（昭和五〇年三木内閣当時）参議院議員であった青木一男氏が、強力な公正取引委員会違憲論を展開しているが、それは要するに①内閣の指揮監督権を排除することは、憲法六五条・七二条に違反すること、②行政委員会設置の合理的理由とされる所掌事務の特殊性（専門性・政治的中立性・公正性）は行政権分離の基準として不当――不明確――であること、というものであった。青木一男『公正取引委員会違憲論その他の法律論集』三七―一四五頁、駒村・前掲二〇五頁、佐藤・前掲二八一―二八三頁参照。
(32) 駒村・前掲二〇五―二〇七頁、渡辺中「独立行政委員会」岩間昭道＝戸波江二編『憲法Ⅰ〔総論・統治〕第3版別冊法学セミナー』一一一―一一三頁、佐藤・前掲二六九―二七一頁参照。
(33) 駒村・前掲二〇六頁参照。
(34) 渋谷秀樹『日本国憲法の論じ方』三三三頁参照。
(35) 大沢秀介『憲法入門〔第3版〕』二九一―二九二頁参照。
(36) 厚谷・前掲一九頁。
(37) 厚谷・前掲一九頁。
(38) 厚谷・前掲一九頁。
(39) 佐藤功『行政組織法〔新版〕』二七七頁。

(40) 厚谷・前掲一九頁。

競争秩序と民法

吉田克己

一　はじめに

近時、経済法学からも民法学からも、独占禁止法を典型とする競争法と民法との協働の必要性と可能性が説かれている。[1] 本稿は、そのような理論動向に共鳴しつつ、民法学から一定の問題整理を行おうとするものである。より具体的には、競争が問題になる領域を民法の観点から整理するとともに、それぞれの領域における問題のあり方を概観する。そして、そのようにして、「競争秩序と民法」の関係を探ってみたい。

民法学において競争が問題になる領域という観点から整理すると、最も基本的な区分として、「需要者間の競争」と「供給者間の競争」とが浮かび上がる。簡単に図示すると次頁のようである。

需要者間の競争（図Ｉ）は、基本的には特定の財の獲得をめぐって生じる。これは、民法学にとってなじみの深い問題領域といってよい（不動産の二重譲渡と自由競争、契約侵害と自由競争等。引き抜きケースもここに入る）。ここで問題になっている財は、他からは調達できない不代替的性格を有する。これが、需要者間の競争が生じる前提である。現代社会においては、大量生産・大量消費が特徴となり、市場で供給される財の中心を代替的商品が占

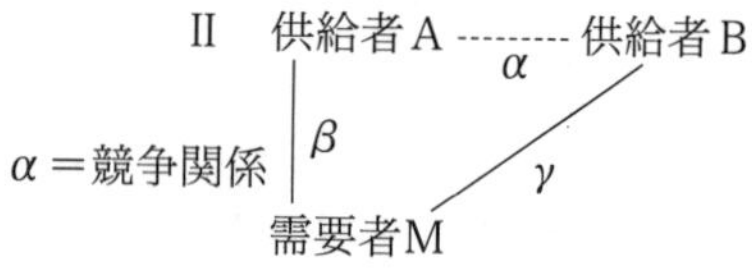

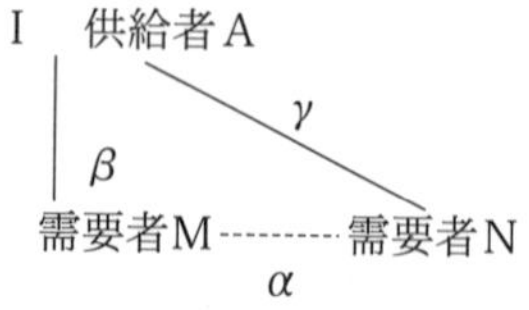

める。したがって、現代社会においてこの競争が市場における中心となることはないといってよい。[2]

供給者間の競争（図Ⅱ）は、商品や役務の需要者すなわち顧客の獲得をめぐって争われる。現代の市場において展開されるのは、この競争である。現代における競争秩序がまず関心を抱くのも、この競争といってよいであろう。[3] 定義上ここでの供給者は事業者であり、競争秩序を支える中心立法である独占禁止法は、これを主たる規制対象とする。[4]

以下、このような基本的領域区分を前提として、それぞれの領域における基本的問題のあり方と民法による対応の方向性を整理していきたい（↓二、三）。なお、供給者間の競争においては、さらに、供給者Aを含む垂直的取引関係において、自由な競争活動の展開が制限されることがある（排他条件付取引、拘束条件付取引、再販価格維持、販売方法の制限……）。ここでは、営業活動の自由についての契約による制限の可否が基本的な問題となり、**二**および**三**と問題状況を異にする。したがって、これは独立の問題領域として抜き出すのが適当である（↓**四**）。

二　需要者間の競争

1　問題のあり方

この領域においても、論理的には競争減殺行為（たとえば需要者間の価格協定）や不公正な競争方法がありうる。しかし、現実にそれが問題になることはまずない。現実に問題となるのは、先の図Ⅰにおける需要者Mが先行取引者として供給者Aとの間で一定の関係を形成したのちに、後行の需要者Nがその財の取得を試みるという形である。

一定の関係形成といったが、それが具体的に意味するのは契約関係である。そこには、ある財の取得に関する交渉に入った段階から、最終的に問題となっている財の取得を完了するまで、一連のプロセスがある。先行需要者Mが当該財に対して有する利益の要保護性は、このプロセスが進むにつれて強くなる。需要者間の競争においてまず着目しなければならないのは、Mが有するこの利益の要保護性の強度である。

このプロセスにおいて最も重要な画期となるのは、契約の成立である。また、財の種類によっては、契約成立だけでは財の取得が完了せず、さらに一定の要件（具体的には第三者対抗要件）が必要となる場合がある。この場合には、そのような要件充足もまた、被侵害利益の要保護性の強度を判定する大きな要素となる。以下、このような観点から場合を分けて、それぞれの問題状況を概観する。

2　先行需要者が財の取得を完了している場合

まず、先行需要者が財の取得を完了している場合を扱う。ここではさらに、二つの場合を区別する必要がある。(i)まず、この場合の財が物（現実に多く問題になるのは不動産）である場合には、先行需要者Mが財の取得を内容とする契約を締結し、かつ、対抗要件を備えたのちは、供給者Aとの関係で後行需要者Nが現れる余地はない。対抗要件具備は、競争の観点からいえば、競争の可能性自体の排除・消滅を意味するのである。(ii)これに対して、問題となっている財が一定の役務である場合には、供給者Aとの関係で後行需要者Nが現れる可能性、すなわち競争が生じる可能性がある（たとえば従業員の引き抜きケース）。役務については、性質上、先行需要者Mによるその取得は一定の期間を限定してのものになるが、契約関係に入っているMがその排他的帰属を確保する手段がないからである。

競争の可能性がある(ii)の役務ケースについていえば、ここでも二つの場合が区別される。(a)まず、供給者として役務（労働力など）を提供するAが、Mとの契約関係を解消したのちにNとの契約関係に入る場合には、問題が少ない。契約関係の解消が適法になされている以上、仮にMに役務を失うことによる損害が生じたとしても、原則的には、Mがその損害賠償をAまたはNに求める余地はないからである。たとえばAM間の契約が雇用契約である場合には、被用者であるAは、何時でも解約申入れができ、二週間が経過すると契約は終了する（民法六二七条一項）。この手続を尽くしている限り、Mに役務を失うことによる損害が生じたとしても、それが法的保護を受ける筋合いではない。[5] なお、AとともにノウハウAの流出がある場合や、競業避止義務が定められている場合の問題はまた別である。

(b)問題は、AがMとの契約関係を解消しないままでNとの契約関係に入る場合である（二重契約）。この事態は、通常は、AM間の契約関係を当然には解消できない場合に生じる（たとえば一定期間の出演契約）。NがAM間の契約関係を知ってAに対する働きかけを行ったとすれば、それは契約違反への誘致ということになる。AがMとの関係で債務の履行をしない場合に債務不履行責任を負うことは当然であるが、Nもまた、Mとの関係で契約侵害（債権侵害）に基づく不法行為責任を負うというべきである。Nは、Mの契約上の地位と債権を侵害している。これを通常の「権利侵害」と別に扱う理由はないからである。自由競争を援用しつつ、先行する契約関係の存在を知りつつ契約関係に入ったとしても違法性が否定されると説く見解が少なくない。[6] しかし、Mは契約に関してなすべきことは完了している。そのようにして確立された法律上の地位を侵害するような競争の自由はないというべきである。

もっとも、契約（債権）の存在は公示されるわけではなく、NがAM間の契約関係を知らないでAと契約関係に入り、その結果MがAの給付を得られなくなることもありうる。このNの行為を「契約違反誘致」と性格づけることはできない。このような場合にNの不法行為責任を認めるわけにはいかないであろう。過失が否定されるというより、そのような行為が競争秩序によって否定されることはなく、違法性が否定されるというべきである。伝統的見解が、債権侵害による不法行為の成立に故意を要求するのは、このような観点から捉えることができる。

3　契約は成立したが先行需要者が財の取得を完了していない場合

次に、契約は成立したが先行需要者が財の取得を完了していない場合を検討する。これは、具体的には、契約に至ったが対抗要件をいまだ取得していないなど財の取得に必要な手続を完了していない場合である。したがって、基本的には財の取得に対抗要件を要する場合が問題となる。財の取得を完了していないということは、後行需要者になお競争の余地があるということである。契約が成立したといっても、右記2と比較すれば、被侵害利益の要保護性は相対的には小さいといわなければならない。ここで競争秩序違反の有無を判定するに際して考慮されるのは、基本的には侵害行為の態様である。

ここでの問題にかかわる実定法上の規律としては、不動産登記法四条および五条がある。これは、不動産取引の領域における不公正な競争方法の一類型を定めた規定と把握することができる。これらの規定は、不公正な競争方法を用いた者を、登記の欠缺を主張しうる第三者から排除する。契約の無効や不法行為ではなく、対抗要件欠缺の主張の否定すなわち先行者による財の取得の確保というサンクションを提示するのである。競争秩序違反行為に対する民事法上のサンクションの多様性をここから読みとることができる。

この規律は、制限的に理解すべきではなく、例示的なものと理解すべきである。実際に、不動産取引についてNに悪質な行為があると認められる場合には、Nは、対抗要件（登記）欠缺を主張することができる第三者から排除されるという法理が判例によって確立されている（背信的悪意者法理）。ここでは、立法に示される競争秩序を手がかりに、それと同一内容の競争秩序が他の行為類型についても判例によって形成されているのである。

他方、Nの競争秩序違反行為によってMに損害が生じる場合には、不法行為責任の成立を否定する理由はない。それに対して、ANの取引を無効にすることは原則として必要がないというべきである。Nの第三者性の否定によって競争秩序は十分に確保される。法がそれ以上に取引を無効とするという介入をすることは、Nからの転得者がいる場合にその地位も覆すという過剰な介入になるからである。

4　契約成立に至っていない場合

最後に、契約成立に至っていない場合を取り上げる。ここでNによってなされるのは、交渉破棄への誘致である。Mに契約成立への期待はあっても、Aに契約締結の自由（＝契約締結拒絶の自由）が認められる以上、Mの期待が当然に法的保護に値するということにはならない。したがって、この場合に、容易には不法行為責任などの形でNの責任を認めるべきではない。実際、場合によってAの責任を認めることはあっても（契約交渉破棄責任(7)）、Nの責任はまず認められない。そもそもそのような紛争自体がまず起こらないのである。

もっとも、「契約成立に至っていない場合」と一口にいっても、そこには交渉を開始しただけの段階から、小さな合意を積み重ねて契約締結の直前にまで至っている場合まで、「契約の熟度」という観点からは様々な段階がある。「契約の熟度」が高い場合には、Aの責任の加重や場合によるNの責任を認める余地もあろう。

三　供給者間の競争

1　問題の基本的枠組み

供給者間の競争に関する基本的な実定法的規律は、独占禁止法および不正競争防止法とそれらに関連する立法（独占禁止法の特例法たる景品表示法など）によって与えられている。これらの実定法の規律によって、一定の競争秩序が形成されていると考えられる。その内容を貫く理念は、自由で公正な競争の実現である。ここには、より具体的には、次の二つの基本的考え方が見出される。

①　供給者が相互に商品や役務の顧客獲得について争うことは、まさに競争秩序が要請するところである。そ

の結果、供給者Aの顧客が増大する反面、供給者Bの顧客が減少し不利益が生じたとしても、それは、競争秩序が予定するところであって、違法などの問題が生じることはない。言い換えれば、供給者は、顧客について排他的な帰属を主張することはできない（「営業権」の不成立）[8]。しかし、この競争の手段が行き過ぎて「不公正」と評価される場合には、競争秩序の観点からその是正が要請される（↓不公正な取引方法の禁止）。

② 複数の供給者が明示または黙示の合意に基づいて商品等の価格や生産・販売数量、取引先などを相互に制限すること（カルテル行為や談合）などの競争減殺を目的とする行為は、それ自体、競争秩序の観点から否定的に評価される。自由な競争を阻害するからである（↓不当な取引制限の禁止）。ただし、独占禁止法に基づく公正取引委員会を通じた行政介入が可能になるためには、単なる競争制限ではなく、市場との関係で実質的に競争を制限すること（独占禁止法二条六項参照）が必要とされている。介入の要件設定において、法領域に応じた政策判断が必要になるのである。

2　不公正な取引方法（不当需要喚起行為）の禁止

(1)　供給者間の競争における不公正な取引方法は、需要者を対象として、その正常な判断を曇らせて不必要な商品や役務を購入させる内容を持つ。要するに、需要を不当な手段によって人為的に創出するもので、「不当需要喚起行為[9]」と性格づけることができる。

この行為の持つ意味は、①市場に対する影響、②他の供給者Bに対する影響（先の図Ⅱのα）そして③需要者Mに対する影響（図Ⅱのβ）という三つの面から把握することができる。①は独占禁止法、②は不正競争防止法、③は民法が受け持つ問題領域であるとひとまずはいうことができる。ただし次の諸点に留意する必要がある。

(i)　①と②③についていえば、伝統的公法私法峻別論は、この二つの問題領域を峻別する。しかし、それは妥当ではない。①における競争秩序の確保は同時に個々の私人の利益にも寄与するし、他方で、②や③における私人の利益実現は、同時に、市場における競争秩序の維持確保に寄与し、不特定多数の公共的利益を実現するのである。競争秩序はこのように利益を二重に割り当てていること[10]、その結果、公私峻別が妥当しなくなっていることに留意すべきである。

(ii) そのような事態を反映するものであるが、右で述べた独占禁止法と不正競争防止法および民法との機能分担も絶対視すべきではない。

独占禁止法によって禁止される「不公正な取引方法」は、具体的には公正取引委員会によって指定される（二条九項。この規定に基づいて、すべての業種の業者の行為を対象にする一般指定と、特定の業種を対象にする特殊指定とが定められている）。これらの違法行為類型は、民法上の違法性判断にとっても参照されるべきである。独占禁止法が形成する競争秩序は、その違反について民法上も違法評価をもたらすのである。

他方、民法に基づく民事訴訟は、独占禁止法を補充する形で競争秩序確保という公共的機能を果たしうる。独占禁止法が不公正な取引方法のすべてをカバーするわけではないし（指定という限定があるし、指定された行為についても独占禁止法上の違法性を認めるためには、一般に「当該行為の相手方の数、当該行為の反復継続性、当該行為の伝播性等」の「行為の広がり」を考慮すべきものとされている[11]）、カバーする行為についても公正取引委員会の介入が当然にあるわけではない。そのように独占禁止法がカバーしない競争秩序違反行為について、民法に基づく私人の訴訟が競争秩序確保の観点から大きな意味を持つのである（私人による法の実現）。

(2) 不当需要喚起行為を民法が捉える場合、①契約の効力を問題にする視角と、②不法行為に基づく損害賠償請求（七〇九条）を問題にする視角とがある。

①については、公序良俗違反が問題になるケースと（損失保証契約など[12]）、合意の瑕疵に着目して契約の効力を問題にするケースとがある。後者については、伝統的理論の射程の測定と場合のよるその拡張が必要になろう（合意の瑕疵の拡張理論[13]。また、一定類型の行為については、消費者契約法による契約の効力否定がありうる）。

②については、不当需要喚起行為が需要者に一定の被害(不要な金銭支出)を生じる場合(需要者被害型)には、あまり問題がない。その損害填補は、まさに不法行為法の任務だからである。ただ、ここでの不法行為成立にとっての出発点は、権利侵害ではなくて行為の違法性であることを確認しておきたい。ある商品の購入(金銭支出)それ自体を違法な利益侵害と捉えることは難しく、これが違法性を帯びるとすれば、需要者の購入意思への働きかけ方の不当性にそれを求めるほかはないからである。

他方、不当需要喚起行為が需要者への利益提供という形でなされる場合には、その行為が競争秩序によって違法とされる場合であっても、不法行為制度がその抑止のために機能することは難しい。需要者における損害を肯定するのが難しいからである。差額説的に損害を捉える場合には、ここでの損害は否定されることになろう。ここでの損害を肯定するためには、不当需要喚起行為という行為の性格づけに対応して、たとえば《本来取得する必要がなかった商品・役務を取得したこと》を損害と把握することが考えられる。しかし、かかる損害把握のためには、伝統的損害パラダイムを乗り越える必要がある。また、このような損害把握をしたとしても、それで問題が解消するわけではない。その損害の金銭的評価の次元で、再び大きな困難に逢着することになるのである。また、そもそも、このケースについては、需要者側から不法行為に基づく請求を提起するインセンティブに乏しいという問題もある。

かかる場合に期待されるのは、むしろ独占禁止法に基づく公正取引委員会の介入や、不正競争防止法等に基づく競業者の訴えである。(14) これらの法制度は、それぞれ機能を補完し合いつつ、競争秩序確保という目的のために協働するのである。

(3)　独占禁止法(およびそれに基づく一般指定)に示された違法行為の類型は、前述のように、これらの局面における民法上の違法性判断にとって有用である。ある行為が独占禁止法等に違反すると認められれば、その行為は、民法上も違法とすべきだからである。

もっとも、この判断は、独占禁止法等の規定を民法上の違法性判断に際して直接に「適用」して得られると考えるべきものではない。独占禁止法等の競争を規律する実定法規は、競争に関する取引慣行や社会的意識など他の因子とも相まって社会に一定の競争秩序を形成する。この競争秩序に違反する行為を、民法の観点から違法と判断するのである。独占禁止法等の実定法規と競争秩序との間には密接な関係が認められるが、両者を同一のものと捉える必要はない。たとえば、「行為の広がり」など独占禁止法が公正取引委員会による行政規制の体系であるが故に要求される違法性要件は、民法的判断が依拠すべき競争秩序においては考慮する必要がないのである(15)。

3　不当な取引制限の禁止

(1)　ここでの問題は、複数の供給者が明示または黙示の合意に基づいて商品等の価格や生産・販売数量、取引先などを相互に制限すること（カルテル行為や談合）である。これによって先の図Ⅱαにおける競争関係が排除ないし制限されることになる。このような協調的な競争減殺行為においては、合意の当事者に競争秩序違反行為是正を期待することはできない。そのインセンティブに欠けているからである。そこで、独占禁止法に基づく公正取引委員会の行政的介入や、この行為を通じての競争減殺行為によって被害を受ける需要者の側からの不法行為に基づく是正が期待されることになる(16)。

ここでの民事訴訟は、単に当該需要者の個人的利益を擁護する意味を持っているのではない。競争制限行為が排除される利益は、私訴を提起した需要者が享受するだけではなく、一般の需要者にも均霑する。このように、ここでの民事訴訟は、同時に競争秩序違反行為の是正という公共的機能をも担っていることに十分に留意する必要がある。

(2)　ここで見られる民事訴訟の公共的機能という把握を、不法行為の要件論に反映させる途を探ることが望ましい。

（i）　そのためにはまず、損害立証の緩和を認めることが考えられる。カルテル行為について最終需要者（消費者）が不法行為による救済を求めた事件として著名なのは、石油元売り価格のカルテルに関する東京灯油裁判（独占禁止法二五条による訴訟）と鶴岡灯油裁判（民法七〇九条による訴訟）である。それらの最高裁判決[17]は消費者の請求を排斥したが、そこで問題になったのは損害の立証であった。たとえば鶴岡灯油最高裁判決を素材としていえば、判旨は、需要者の被る損害は当該価格協定のために支出を余儀なくされた余計な支出であるという理解を前提として、①当該価格協定に基づく石油製品の元売仕切価格の引き上げがその卸価格への転嫁を通じて最終の消費段階における現実の小売価格の上昇をもたらしていること、および②かかる価格協定が実施されなかったとすれば現実の小売価格よりも安い小売価格（想定購入価格）が形成されていたであろうといえることが必要であるとし、これらを原告である需要者が主張・立証すべきものとした。そして、その上で、事案においては想定購入価格の立証がなく（元売段階で顕著な価格変動要因があった本件の事実関係のもとでは、直前価格を想定購入価格と推認することはできないとする）、したがって、上記の②の立証がないとして、需要者の不法行為に基づく損害賠償請求を排斥した。この理由は、結局のところ、損害の立証がないというように帰する[18]。

鶴岡灯油最高裁判決の論理については、学説の批判が強い。その多くは、判旨の論理は消費者に不可能を強いる論理であると批判する[19]。しかし、原則論をいえば、損害の立証があって初めて不法行為訴訟が始まるのであって、その立証責任を原告が負担するのは当然ともいえる[20]。この観点からすれば、損害の立証ができなければ原告敗訴になるのは仕方のないことであろう。にもかかわらず、鶴岡灯油訴訟に関しては、直感的にそのような原則論が不当で学説の批判が正当に感じられる。問題は、なにゆえに鶴岡灯油訴訟のようなケースでは、そのような感覚が生じるかである。

この点に関しては、原告である消費者の請求を認容した鶴岡灯油裁判控訴審判決を対象にして次のように説く見解が示唆的である[21]。それによれば、控訴審判決の損害概念にはすでに損害概念の変容が見出される。法益侵害を損害と評価し、それと損害の金銭評価を区別しているのである。そこで見出される保護法益は、《公正かつ自由な競争によって形成された価格で商品を購入する利益》である。このように、控訴審判決は、「あたらしい損害論の萌芽」を取り込むことによって、原告側の立証の負担を通常の場合よりも緩和している。問題は、「こうした緩和を正当化する外在的要因」が何であるかである。損害賠償というからには損害填補が基本だが、鶴岡灯油裁判のような「個別的損害が一つのまとまったグループの形で請求」される場合には、損害填補は副次的になり、別の目的が主要なものになる。それは、違法行為の抑止であり、ここで問題になっているのは、私人による法の実現である、というのがこの見解の見方である。

(ii) この見解をもう一歩押し進めると、被侵害利益を先の公共的性格に即して捉え直していくという考え方に至るであろう。被侵害利益の公共化という事態を直視するわけである。そして、そのような把握から、不法行為訴訟の機能や立証負担の問題を捉え直すことになる。公共的な被侵害利益が問題となっており、単なる私的利益実現が問題になっているわけではないから、損害填補に止まらない不法行為に基づく違法行為の抑止が課題になるのであり、損害立証の緩和が正当化される、と考えるのである。本稿は、このような理解に立つ。

このような理解を前提にすれば、ここでの損害は、金銭的差額と捉えるべきではない。差額説的に損害を捉えることは、侵害された利益が私人に排他的に帰属しているという把握を前提とするものであって、公共的性格を有する被侵害利益にはなじまない。先の見解が指摘するように、《公正かつ自由な競争によって形成された価格で商品を購入する利益》が被侵害利益になっていると理解すべきである。この利益を、一方では不特定多数の市民が享受するとともに（被侵害利益の公共的性格）、他方では個別的に個々の市民が享受する。そして、この利益侵害が損害を構成するのである。いわゆる現実的損害説に立った損害の把握である。このように理解すると、先の議論は、実は、損害立証の緩和ではなく、むしろこの損害概念に合致した立証を問題にしているともいえる。このようにして、先の想定購入価格の立証といった隘路から抜け出すことができる。これがあるべき方向といってよいであろう。[22]

現実的損害説に立つと、金銭的差額は、損害自体ではなくて、損害を金銭評価する際の一つの資料に過ぎなくなる。このようにして、民事訴訟法二四八条もここで機能するようになる。また、この損害に対する賠償は、制裁的性格を帯びてくるから、それを考慮した損害の金銭評価もありうるということになるであろう。

(3)　(i)カルテル協定自体の効力　先に、カルテル行為のような協調的な競争排除行為においては、当事者による競争秩序違反行為是正を期待しえないと述べた。一般的にはそうであっても、場合によって合意の当事者がその是正を求めることはありうる。その場合に中心となるのは、民法九〇条違反を理由とする協定無効の主張であろう。この主張を否定する理由は全くない。[23] たとえば価格カルテル協定の「目的」（＝対象）は、協定参加者の価格決定の自由を制限して一定の価格に拘束することである。この「目的」は、独占禁止法などの実定法規によって形成されている競争秩序に違反する。競争秩序違反行為の是正・排除のために、民法も協働すべきという観点からは、ここでの競争秩序は「公序」と考えるべきである。このようにして、競争秩序に反する法律行為の無効が導かれるのである。

(ii)　個別契約の効力

カルテル行為に関しては、それに基づく個別契約の効力も問題になりうる。[24] この問題も、基本的には競争秩序違反状態の是正・排除という観点から考察されるべきである。

競争秩序の観点からは、カルテル行為自体を無効としてその拘束力を否定することは必要であるが、あとは、原則的には、当該カルテルによって事業者が得た利益を剥奪し（独占禁止法の課徴金制度はそのような機能を担っていると理解することができる）、反面で被害者の損害を救済する（独占禁止法二五条の損害賠償請求および民法上の不法行為責任の追及はそのような機能をも担っている）ことで足りる。それに加えて個々の売買契約を無効として財貨移動を回復することは、競争秩序違反行為の是正とは必ずしも直接の関係がない。そうであれば、それは、私的自治に対する過剰な介入ということになる。それはまた、場合によって需要者その他の第三者の取引安全という利益を害する危険もある。したがって、カルテルに基づく個別契約は、原則として私法上の効力を維持されるとしてよい。

ただし、この原則的考え方については、いくつかの留保が必要である。

第一に、上記の考え方はあくまで原則であって、価格協定等の悪性如何によっては、個別契約の効力を否定すべき場合もあろう。それが価格協定に基づいて売買契約を締結した競争秩序違反者に対する制裁として機能し、競争秩序確保の観点からプラスになることもありうるからである。談合に基づく契約を無効としたいわゆるシール談合事件に関する第一審判決および控訴審判決[25]は、このような観点から理解することができる。

第二に、先の原則的考え方は、個別契約が既履行である場合を想定している。それが未履行であって消費者の側からその無効を主張して履行（代金の支払い）を拒絶するような場合には、その主張を認めるのが競争秩序の実現という観点から望ましい[26]。つまり、契約未履行の場合に契約の有効性を理由に事業者による履行請求を認めることは、独占禁止法上違法な行為の実現に法が助力することを意味する。それは避けるべきであり、そのためには、個別の売買契約を無効とする必要があるのである。また、この場合には、個別契約を無効としても、取引安全を害するという問題もない。

もっとも、反対に、消費者は個別契約の有効とその履行を求めているにもかかわらずカルテル協定等を行った事業者の側から無効の主張（＝履行拒絶）をしている場合にそれを認めるべきかは、また別に考える必要がある。この場合に個別契約の有効性と消費者の履行請求を認めることは、独占禁止法上違法な行為の実現に法が助力することを意味する。この点は、事業者が履行請求するという右で想定した場合と、消費者が履行請求するというここで想定している場合とで区別はない。しかし、競争秩序が何を最終的に目指しているかというと、それは市場における最終需要者＝消費者の利益であろう。このように把握する場合には、仮に競争秩序に違反する状態を出現させるとしても、消費者がそれを望んでいるのであれば、それを否定する理由はないということになる。とすれば、右の設例において事業者の主張を否定することが望ましい。それは、ここでの無効を片面的なものとして構成することを意味する。

四　営業の自由と私的自治

(1)　ここで検討するのは、図Ⅱの供給者Aがその商品等の供給を供給者C（メーカーのこともあり卸売商のこともある）から受けているところ、ＡＣ間の商品供給契約にはＡの事業活動の方法を限定する条項（拘束条件）が付されているケースである。これにも二つのタイプが区別される。①一つはＡＣ間でＡがＣの競争者と取引しないことを条件としてＡに商品を供給するという型である（排他条件付取引）。この場合には、一方では需要者であるＡが他の供給者（Ｃの競争者であるＤ）から商品の供給を受ける自由を制約されるとともに、他方で、ＤがＡに対して商品を供給するチャンスを奪われることになる。②もう一つは、ＡＣ間の拘束条件がＡの営業活動の自由を制約する性格のものである型である。販売価格の拘束（再販価格）や販売方法の拘束（対面販売の義務づけなど）などがある。ここではＡは供給者として現れ、他の供給者Ｂとの間での競争においてその自由を制約されることになる。

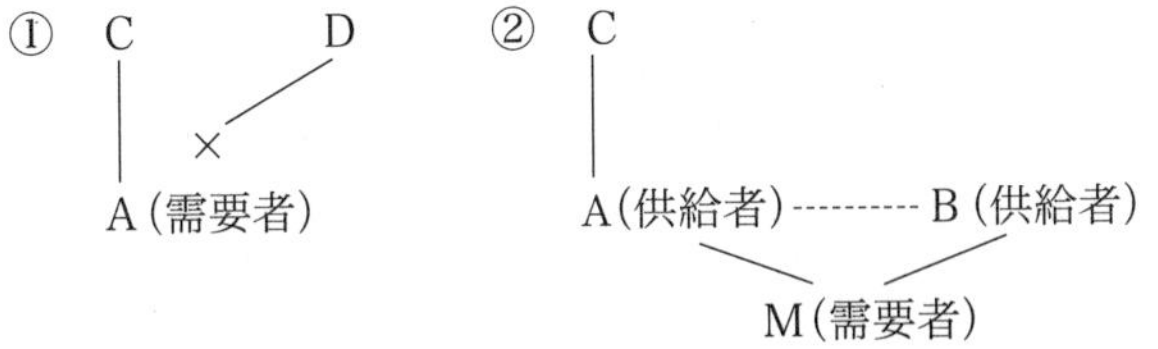

ここでの法律上の主要な問題は、次の二つである。

(i)　営業の自由という価値は、憲法上も保障されていると考えられている（二二条）。そのような価値を合意によってどの程度制約することができるのか。

(ii)　ＡＣ間の私的合意によって第三者が事実上の影響を受ける場合、その第三者は何らかの法律上の主張ができるであろうか。

⑵　まず(i)であるが、ここで問題となるのは、私的自治という価値と営業の自由という価値の相剋である。営業の自由といっても、自らの意思に基づく制限を許さないわけではない。基本的には私的自治を優先すべきであろうが、その意図する「目的」（民法九〇条の「目的」よりも広義）の正当性が認められない場合、または目的との関係での手段の相当性が認められない場合には、営業の自由を擁護するために、公序良俗法理に基づく合意の効力の制限を肯定すべきと考える。ここでの目的の正当性と手段の相当性は、公正な競争秩序の確保という観点から判断される。なお、問題状況は上の①、②のいずれとも同一ではないが、現実によく問題になる競業避止義務に関する基本的考え方も、以上と同様である。

独占禁止法に基づく一般指定は、排他条件付取引（一一項）、再販価格の拘束（一二項）および拘束条件付取引（一三項）を「不公正な取引方法」として禁止している。ここでの違法性は、市場との関係で公正な競争を阻害するおそれがあるという観点から認められる。たとえば、排他条件についていえば、それを付すことそれ自体が違法となるのではなく、競争者の取引を減少させるおそれがある場合に限定して違法となる。独占禁止法上の違法性が認められる場合には、競争秩序がそのような競争の自由の制約を認めないということであるから、民法上も当然に違法となる（公序良俗違反となる）と考えるべきである。

なお、拘束条件の効力は、それを直接的に公序良俗法理によって問題にすること以外の形でも問題となりうる。たとえば、Aが拘束条件に違反することを理由に、AC間に存在する継続的契約関係の解消をCが求めた場合に、そのような解約申入れの効力を競争秩序の観点から問題にする、というような形である。ここでも、拘束条件の効力を目的の正当性と手段の相当性という上の基準で判断した上で、解約申入れの効力を判定すべきである。資生堂東京販売事件最高裁判決（最判平成一〇年一二月一八日民集五二巻九号一八六六頁）は、この点に関して、拘束条件は「それなりの合理的理由に基づくものと認められ」る場合には「不当な」拘束条件といえないとする法理を示した。基本的には上述のところと同旨に帰するものといえる。

⑶　次に(ii)であるが、不当に競争を排除された者（①のD）や競争の減殺によって不利益を受けた者（②のM）から民法上の不法行為に基づく損害賠償を請求することは、一般的には可能である。ただ、先に不当な取引制限に関して述べたのと同様の問題点がここでも見出される。つまり、現実には損害の立証が困難なのである。たとえば再販価格維持行為について一般消費者（②のM）が損害賠償請求を提起した事件の判決（松下電器産業事件、東京高判昭和五二年九月一九日高民集三〇巻三号二四七頁）は、結局損害の立証がないことを理由に消費者の請求を排斥した。

ここでの消費者の民事訴訟は、鶴岡灯油裁判について述べたのと同様に、個人の利益侵害を填補すると同時に、競争秩序違反行為についてサンクションを課すという二重の機能を果たす。それゆえ、損害立証の緩和さらには損害概念の再構築など、鶴岡灯油裁判について述べたのと同様の配慮が求められる。

五　おわりに

以上は、競争が問題となる領域ごとの概観であった。最後に、これらの問題領域を貫いて指摘しうる点をまとめて四点提示しておきたい。

⑴　外郭秩序としての競争秩序

民法と競争秩序という問題を最初に提示したのは、広中俊雄『民法綱要第一巻』である。そこでは、民法の財貨秩序の「外郭秩序」として競争秩序が提示された。広中によれば、「競争秩序」においては、個別主体にとって財貨獲得に関する競争が可能となっている経済環境からの利益の享受が問題となるのであり、「財貨帰属秩序」で問題となるような帰属が問題になるのではない[27]。

これを受けつつ、筆者は、公共空間＝公共圏としての外郭秩序という観点を打ち出した[28]。このように公共的性格を帯びるがゆえに、外郭秩序は、民法の古典的パラダイムがそのままの形では通用しない「法のフロンティア」なのである。そのような場の特質に見合った新たな法理を開拓する必要がある。本稿は、そのような課題に応えようとする作業の一環である。

⑵　競争秩序の形成

次の問題は、そのような外郭秩序としての競争秩序がどのようにして形成されるかである。

まず第一に、それは競争に関わる実定法の総体によって形成される。この実定法について、伝統的な公法や私法などの区別を行う必要はない。公法に属するとされる独占禁止法もまた民法が参照する競争秩序を形成する。もっとも、公正取引委員会の介入を想定して設定された要件（対市場効果）は、競争秩序に組み込む必要がない。

第二に、このようにして実定法によって形成される競争秩序には、当然のことながら多くの欠缺がある。この欠缺を補充するのは判例の役割である。判例は、実定法によって形成される競争秩序を参照しながら、欠缺を補充して競争秩序を形成していく。この競争秩序が、法律行為の効力判断に際しては民法九〇条の公序を構成し、不法行為成否の判断に際しては法的保護に値する利益の内容を構成することになる。

第三に、社会において形成される規範が競争秩序の内容となることも当然にありうる。もっとも、人格秩序の外郭秩序である生活利益秩序（たとえば環境秩序）において社会において形成される規範が果たす役割が大きいのに対して、競争秩序の領域では、それはさほどの重要性を持たない。しかし、たとえば民法九〇条の「公序」の形成について、社会意識が大きな役割を果たすことは、判例の認めるところである[29]。このような社会的規範や社会意識は、判例によって取り込まれることによって競争秩序の一形成因子となる。

⑶　違反行為是正のための手段の多様性と協働

競争秩序に対する違反行為がある場合には、違反状態を除去して競争秩序を確保するために、可能な手段を総動員し、それらの協働を図るべきである。外郭秩序が公共空間であることからすれば、公共性実現の任を負う行政機関（ここでは主要には公正取引委員会）の介入が望まれることは当然である。さらに刑事罰の発動もありうる。しかし、それが民法の外郭秩序である以上、民法の発動も当然にありうる。その際の手段は、主要には、公序良俗法理による法律行為の無効と不法行為である。しかし、それに限定する必要はない。本稿においても、対抗問題の領域での第三者性の否定、解約申入れの効力の否定など、いくつかの是正手段が示された。また、本稿においては十分に振れることができなかったが、差止は競争秩序違反状態の除去のためにきわめて適合的な手段である。[30] それらの多様な手段の適切な使い分けを志向すべきである。

(4)　違反状態の是正に限定した介入

法は、一方で、競争秩序違反状態の是正に必要な介入は行わなければならないが、他方で、是正に必要な介入しか行ってはならない（過剰介入の禁止）[31]。カルテル協定に基づく個別契約の効力を考える場合などには、この過剰介入禁止の観点が重要になる。この観点から、無効の効果に関しても、一部無効の法理や片面的無効の法理が活用されるべきである。競争秩序違反状態の是正を図ることが重要なのであって、一部無効でそれが実現できるのであれば、全部無効にまでいく必要はないでのである。拘束預金の効力に関する岐阜商工信用組合事件判決（最判昭和五二年六月二〇日民集三一巻四号四四九頁）は、このような観点から再評価してよいと思われる。[32]

本稿は、科学研究費基盤研究A「溶解する法システムの二一世紀的統合に向けた法戦略——行政・市場・生活の比較研究」（課題番号一四二〇二〇〇六）（研究代表者・吉田克己）による研究成果の一部である。

(1)　民法学サイドからは、広中俊雄『民法綱要第一巻総論上』（創文社、一九八九年）が、「外郭秩序」としての「競争秩序」概念を提示して議論の端緒を切り開いた。また、大村敦志「取引と公序」同『契約法から消費者法へ』

(東京大学出版会、一九九九年、初出は一九九三年)は、現代社会における経済法令(市場秩序の維持を目的とする法令もここに含まれる)の重要性の高まりを踏まえて、警察法令と経済法令との区別、経済法令の民法上の公序への積極的な繰り込みを主張して、後の議論に大きな影響を与えた。他方、この時期公表されたものとして、債権侵害論において独占禁止法が維持しようとする競争秩序の価値を考慮しようとする吉田邦彦『債権侵害再考』(有斐閣、一九九一年)も重要である。そして、これらの動向を受け止めつつ、経済法学から、「独占禁止法が実現しようとする競争秩序の私法秩序への組み込み」を志向する根岸哲「民法と独占禁止法(上)(下)」法曹時報四六巻一号〜二号(一九九四年)が現れることになる。なお、大村論文においては、公法私法の関係に関して、①公法秩序を個人の権利実現の支援と位置づける、②逆に、私法上の公序を法令の目的実現をサポートするものと位置づけるという二方向が合わせて提示されていた(同上書二〇二頁)。このうち、後者の方向を前面に出しつつ競争秩序のあり方を体系的に描くものとして、田村善之『競争法の思考形式』(有斐閣、一九九九年)、同『市場・自由・知的財産』(有斐閣、二〇〇三年)を逸することができない。さらに、②の方向をより徹底するものとして、森田修「市場における公正と公序良俗」フェアネス研究会編『企業とフェアネス』(信山社、二〇〇〇年)六七頁以下がある。なお、筆者自身のものとして、吉田克己『現代市民社会と民法学』(日本評論社、一九九九年、初出は一九九六〜九八年)がある。そこでは、競争秩序が市民総体の利益にかかわり、それゆえこの領域での法令も市民の利益から切断されたものではないという理解を示した(一八二頁〜一八四頁)。以上に関する民法学からの議論の概観として、松本恒雄「競争秩序と民事法」日本経済法学会編『競争秩序と民事法』(日本経済法学会年報第一九号、一九九八年)二七頁以下、経済法学からの概観として、森平明彦「経済法と私法」日本経済法学会編『経済法講座第1巻・経済法の理論と展開』(三省堂、二〇〇二年)四一頁以下がある。

(2) もっとも、この競争の主要な対象となるのは土地と人材(労働力)であって、いずれも現代社会において重要な機能を果たすから、この競争が現代社会において持つ意味を軽視してはならない。

(3) 「基盤確保的禁止事項」と「競争促進的禁止事項」(広中・前掲注(1)九頁)や「不当需要喚起行為」と「競争減殺行為」(田村善之・前掲注(1)『競争法の思考形式』八頁以下、同『不正競争法概説〔第二版〕』(有斐閣、二〇〇三年)一七〜一八頁等)という反競争秩序行為の類型化が対象にするのは、基本的にはこの競争類型である。

これに対して、この類型化を批判して提示された「取引先行者の static な競争秩序」と「取引後行者の競争行為の自由という dynamic な競争秩序」という類型化（吉田邦彦『民法解釈と揺れ動く所有権』（有斐閣、二〇〇〇年、論文初出は一九九六年）四九四頁以下、とりわけ四九八頁）は、需要者間の競争をも射程に入れたもの――あるいはそれを主として想定するもの――であり、想定している問題領域が異なる。したがって、これをもって前者の類型化に対する批判とするのは、的を射たものであるのか疑問である。吉田邦彦説に対する反批判として、田村善之・前掲注（1）『競争法の思考形式』三九～四〇頁があるが、同趣旨を説くものであろう。また、経済法学からの反批判として、厚谷襄児「競争秩序と民事法」同『独占禁止法論集』（有斐閣、一九九九年、初出は一九九八年）二二四～二二五頁がある。これらに対するさらなる反論として、吉田邦彦・同上書五一七～五一八頁参照。

（4）　独占禁止法は、たしかに、事業者が需用者として行う競争をも対象とする（二条四項）。しかし、それは、現代社会において事業者が供給者として行う競争に匹敵する重要性を持つとは言い難い。

（5）　本文のような需用者間の競争ではなく、供給者間での競争において契約侵害が問題になる「顧客奪取」ケースについても、同様の点を指摘しうる。たとえば、ある販売業者から図書を購入する契約をした大学生のもとに別の販売業者が訪れ、先行契約をクーリング・オフして自分から同じ図書を買えば値引きする旨を述べて顧客を奪ったという事件がある（名古屋地判昭和五五年一一月二一日判時一〇一四号九二頁）。判旨は、信義則を援用してこれを違法とした。ここでも、問題のポイントは、事案におけるクーリング・オフ制度に基づく解除権行使の適法性である。判旨は、購入意思が不明確なまま契約を締結したわけではないことを理由に、本件がクーリング・オフ制度に基づく解除権を行使できる場合に当たらないとするが、その判断の妥当性は疑問である。ともあれ、クーリング・オフ制度に基づく解除権が肯定される場合には、後行契約者の行為を原則としては違法とすべきではない（例外はありうる。いわゆる「つけまわし」ケースなど。吉田邦彦・前掲注（3）四八八頁）。ただし、経済法学においては、一般には反対に解されているようである。このような一般的傾向に対する批判として、白石忠志「独禁法一般指定一五項の守備範囲（3・完）」ＮＢＬ五八七号三二頁（一九九六年）がある。

（6）　内田勝一『債権総論』（弘文堂、二〇〇〇年）二四一頁は、これを「通説」とする。

（7）　この問題については、池田清治『契約交渉の破棄とその責任』（有斐閣、一九九七年）が本格的な研究を行っている。

(8) あるいはフランス風にいえば「顧客への権利 droit à la clientèle」の不成立である。

(9) この概念は、直接には不正競争防止法を念頭に置きつつ、田村善之によって(「競争法における民事規制と行政規制」前掲注(1)『競争法の思考形式』九頁、同・前掲注(3)『不正競争法概説』一七頁など)提起されたものである。供給者間の競争においては、「不公正な取引方法」を限定したこの概念を使用することが適切と考える。

(10) 吉田克己・前掲注(1)一八二頁、二七〇～二七二頁においてこの点を指摘している。

(11) 独占禁止法研究会報告「不公正な取引方法に関する基本的な考え方」田中寿編『不公正な取引方法』(別冊NBL九号)(商事法務研究会、一九八二年)五九頁。また、内田耕作「不当な顧客誘引」日本経済法学会編『経済法講座3独禁法の理論と展開[2]』(三省堂、二〇〇二年)六九頁など参照。この考え方の問題点については、田村善之・前掲注(3)『不正競争法概説』四〇三～四〇四頁、白石忠志『独禁法講義』(有斐閣、一九九七年)一二〇～一二二頁参照。

(12) 損失保証契約の公序良俗違反性を判示した最高裁判決として、最判平成九年九月四日民集五一巻八号三六一九頁がある。判旨は、損失保証が反社会性の強い行為であることは、一九九一年の証券取引法改正(事前の損失保証だけでなく事後の損失補填も禁止し、違反についての刑事罰を定めた)施行前でも異なるところはないとしつつ、公序の形成には「社会的認識」が必要だとする。そして、大蔵省証券局長通達(一九八九年)などを通じて次第にそのような社会的認識が形成されていったと判断して、一九九〇年になされた損失保証契約を無効とした。

(13) 森田宏樹「『合意の瑕疵』の構造とその拡張理論」NBL四八二～四八四号(一九九一年)。

(14) もっとも、需用者に利益になる形の販売による需要喚起は、競争秩序の観点から一般的には否定的に評価すべきものではなく、「不当」な需要喚起との線引きは微妙である。したがって、これに対する私訴を競業者に認める場合には、場合によってかえって正当な競争を萎縮させる危険があることを念頭に置くべきである。鎌田薫=高橋宏志=田村善之「競争秩序の維持と『私訴』を考える(上)」NBL六八〇号一五頁(田村善之発言)(二〇〇〇年)は、不当廉売規制(差止)についてそのような危険を指摘し、公取の活動に期待すべきことを指摘する。

(15) 実際、民事訴訟において、ある法律行為を独占禁止法違反であるとしてその無効を主張したり、ある行為が独占禁止法違反であるとして民法七〇九条による損害賠償を求めたりする場合に、厳密に独占禁止法の要件充足を主張・立証する必要はない。そこで求められるのは、前者については民法九〇条適用の、後者については民法七〇九条適用のための立証活動であって、それ以上ではないのである。その意味で、民事訴訟において独占禁止法違反という主張は、基本的には説明の道具にとどまる。白石忠志「交換用部品の供給拒絶に関する損害賠償請求訴訟」NBL四七一号二〇頁（一九九一年）。また、曽野裕夫「『独禁法違反行為の私法上の効力論』覚書」金沢法学三八巻一＝二号二七七頁以下（一九九六年）は、審理構造の違いを根拠に同旨を指摘する。

(16)　鎌田薫ほか・前掲注（14）一二頁（田村善之発言）参照。

(17)　東京灯油裁判については最判昭和六二年七月二日民集四一巻五号七八五頁、鶴岡灯油裁判については最判平成元年一二月八日民集四三巻一一号一二五九頁。

(18)　鶴岡灯油最高裁判決は、一般的には、「損害の発生自体は認められながら、損害の額の証明が困難なために請求が棄却された例」と理解されている。白石忠志「独禁法関係事件と損害額の認定」日本経済法学会編『競争秩序と民事法』（日本経済法学会年報第一九号、一九九八年）一二三頁以下は、このような理解が判旨の読み方として適切でないことを説得的に論じる。本文の理解は、この白石論文の指摘に依拠するものである。

(19)　多くの文献があるが、たとえば、今村成和「石油カルテル・鶴岡灯油事件最高裁判決について」ジュリ九五二号八七頁（一九九〇年）、実方謙二「鶴岡灯油訴訟最高裁判決の検討――損害論を中心として」法時六二巻三号一九頁（一九九〇年）など。

(20)　その後に立法された民事訴訟法二四八条も、損害の存在は前提として、その額の立証がきわめて困難であるときに、相当な損害額の認定を可能にするものであって、損害の立証自体を緩和する性格の規定ではない。

(21)　藤岡康宏『損害賠償法の構造』（成文堂、二〇〇二年）二六五頁以下。

(22)　このような考え方をつとに提示するものとして、淡路剛久「独禁法違反損害賠償訴訟における損害論」経済法学会編『独禁法違反と民事責任』（経済法学会年報第三号）（一九八二年）四八頁以下、特に五一頁以下がある。本稿は、これを被侵害利益の公共化という観点から支持するものである。

(23)　カルテル協定等の効力を直接に問題とした裁判例はない。学説においても、独占禁止法違反行為の効力が一般的に論じられることはあっても（その概説として、今村成和『独占禁止法（新版）』（有斐閣、一九七八年）二一七～二一九頁）、カルテル協定等の効力が明示的に触れられることは少ない。無効であることは自明のものとされているのであろう。厚谷襄児「判批」『独禁法審決・判例百選（第六版）』（有斐閣、二〇〇二年）六七頁は、明示的に、無効ないし制限的無効とする。

(24) 以下については、吉田克己「パテント・プールの独禁法上の違法性とその効力」知的財産法政策学研究創刊号（二〇〇四年）一〇四頁以下により詳細な検討がある。

(25) 東京地判平成一二年三月三一日判時一七三四号二八頁、東京高判平成一三年二月八日判時一七四二号九六頁。ただし、前者は、公序良俗違反で無効にするのに対して、後者は、「その公序良俗違反性を別途検討するまでもなく、当然に無効」とする。実際の違いは出てこないであろうが、理論としては前者が望ましい。

(26) この問題についてこのように履行段階に応じて区別するという考え方は、すでに有力な学説によって提起されていたものである。川井健「物資統制法規違反契約と民法上の無効」判タ二〇五～二〇六号（一九六七年）（同『無効の研究』（一粒社、一九七九年）所収）、磯村保「取締法規に違反する私法上の契約の効力」民商法雑誌九三巻臨時増刊号Ⅰ『判例における法理論の展開』（有斐閣、一九八六年）が、その先駆的な文献である。独占禁止法の立場から同様の発想をつとに提示していたものとして、今村成和・前掲注（23）二二一～二二三頁がある。

(27) 広中俊雄・前掲注（1）九頁。

(28) 吉田克己・前掲注（1）二六八～二六九頁。

(29) 損失保証契約の反公序良俗性に関する最判平成九年九月四日民集五一巻八号三六一九頁（前出）参照。判旨は、注（8）でみたように、公序の形成のために「社会的認識」の存在を要求する。

(30) 不正競争防止法においては、営業上の利益侵害に対する差止請求権がつとに認められており(三条)、独占禁止法においても、対象行為および要件についてきわめて限定的ではあるが、二〇〇〇年の改正によって利益侵害を理由とする私人の差止請求権を認めた（二四条）。これについては、村上政博『独占禁止法と差止・損害賠償』（商事法務研究会、二〇〇一年）、谷原修身『独占禁止法と民事的救済制度』（中央経済社、二〇〇三年）など参照。民法上も、競争秩序によって割り当てられている利益侵害を根拠に、――権利侵害といえない場合であっても――競争秩序違反行為の差止請求権を認めるのが望ましい。このような発想は、環境秩序を対象としつつ、藤岡康宏「環境法の基本構造――私法的側面を中心として」判例評論二二七号～二二九号（判例時報八六八号、八七一号、八七八号。一九七八年）同・前掲注（21）四八五頁、四九二頁によってつとに示唆されていたものである。また、吉田克己・前掲注（1）一八四頁、二四八頁、二七三頁も参照。

(31)　山本敬三『公序良俗論の再構成』（有斐閣、二〇〇〇年）二〇二頁、二一八頁以下参照。

(32)　この判決は、周知のように、貸付に伴う拘束預金（即時両建預金）を独占禁止法一九条および一般指定十（優越的地位の濫用）に違反するものとしつつ、「独禁法一九条に違反した契約の私法上の効力については、その契約が公序良俗に反するとされるような場合は格別として、上告人のいうように同条が強行法規であるからとの理由で直ちに無効であると解すべきではない」と判示した。そこで、最高裁が競争秩序の私法への組み込みに消極的であることを示す例として批判されるわけであるが（たとえば、根岸哲・前掲注（1）上八頁）、この判決が同時に、拘束預金のゆえに実質金利が高くなり利息制限法に違反する結果を生じるので、その超過部分は是正すべきであるとして、貸付条件に関する約定の一部無効を認めている点に、相応の注意を払うべきである。ここには、あるべき法秩序＝競争秩序を想定し、その違反状態の是正に必要な限度で介入するという判断形式を読みとることができるからである。この判断形式は、正当なものというべきである。ただ、利息制限法違反状態が是正されればあるべき競争秩序が回復するかに関して、議論はありうるであろう。たとえば、今中利昭「独禁法に違反する拘束性預金契約の効力」企業法研究二六八輯三一～三二頁（一九七七年）は、日本の独禁法はいわゆる弊害排除主義を採用しており、その観点から弊害除去のために必要な範囲内で無効とすれば足りるとして、本稿と同様の立場を採りつつ、判旨の見解については批判的である。正規の金融機関が利息制限法に違反しなければよいというのは一般の常識に反するとして、臨時金利調整法に基づく金融機関の金利の最高限度を基準とし、これを超える部分について無効（一部無効）にするのが適切だ、というのである。このような論点はあるとはいえ、ここでは、先に指摘したような判断形式を示した点において、この判決を再評価しておきたい。

法と市場の間

長谷川晃

一　法と市場のテンション

独占禁止法を中心とする経済法の体系は市場経済の統御を目的としている。このことは或る面では陳腐なまでの真実であるが、しかしこのこと自体がすでに法と市場のあり方に関わる根本問題を含んでいる。そもそも、なぜ市場経済は法的に統御されなければならないのであろうか。もしも市場経済において法的統御の必要がないのであれば経済法の体系も経済法学も無用の長物と化すのであり、しかもそれらは市場経済にとって阻害要因とさえなるかもしれない。

無政府資本主義の見方からすればこの点は極めて明快である。[1] つまり、市場経済には各アクターを通じて一定の倫理と徳とがビルト-インされており、需要と供給のメカニズムの中で経済的に問題のある行動も一定のタイム・スパンの中で排除される自生性を持つのであって、政府やその他の組織による人為的介入はかえってこの自生的秩序維持を妨げる。しかも、政府のような組織的非効率に見舞われやすい集団が忌避され、利潤と効率性の追求に適合する組織とその活動だけが保持されることで、市場経済におけるアクターもまた市場の中で淘汰されうるものとなり、結局は個人であれ集団であれ、様々な自由な活動の集積として市場経済を中心とする社会秩序は発展することができる。

完結した市場経済の世界が可能になるならば、そこでは少なくとも法律は無縁のものである。法律が人為的な強制を伴った規範的統御である限り、そこには非市場的な権力機構が不可避的に必要になり、また法律の執行可能性を担保するためのモニタリングや権力行使などに関して不要なコストが発生することにもなる。それらの権力組織や法律執行のコストの問題は市場経済の種々のアクターの間での取引の関係において内部化されるべきものであり、またそうであることによってそこには効率性が実現される。この点では法律の解釈と適用の条件に関して論ずる経済法学(者)もまた非市場的な存在として問題視されうる。実際のアクターの中で経済活動のあり方を戦略的に規定し、他のアクターとの間での相互取引において行動の可能性やコンフリクトの解決に腐心することは市場経済の一部分として意義を持つかもしれない。しかし、法律の存在を前提とし、その解釈と適用の条件の検討自体をもって生業とする集団の存在それ自体は、市場におけるアクターのある種のアウトソーシングの必要から維持されない限り、市場経済においてはあまり意味を持たないことになる。結局、市場には固有の法律も法学も必要がないことになる。

その場合、現実に政府があり、法律があり、そして法学があるということは、市場にとっては問題点たり得ても、議論の出発点とはなりえない。市場経済の貫徹という観点から見ればそれらはむしろ廃棄されるべきものであり、それらが消滅してゆくことがかえって市場の理想が実現することでさえあるかもしれない。

ただし注意しておく必要があるのは、ここで跡づけている法律への構えは市場経済における〈法〉の存在を否定するものでは必ずしもないということである。市場経済が一定の倫理と徳とによって動いてゆく限り、市場のアクターの間には間主体的な規範が社会的に発生し、そしてアクターたちは戦略的な取引行動の結果としてであれそれらを自発的に遵守するようになる。実際そのような自発的遵守とそれに基づく一定の信頼関係が確立しなければ、市場経済は円滑には機能し得ない。この意味では市場の内には一定の経済的な倫理と規範が慣行的にであれ確立されるものなのであり、そこには広い意味での〈法〉が存在していると言える。(2) ここで言う〈法〉が市場における個々のアクターの保持する倫理とどのように異なるのかという問題はあるだろう。前者が後者の集積にすぎないならば、敢えて〈法〉を語る意味はないかもしれない。しかし、個々のアクターの抱える倫理的規範とそれらのアクターの活動の集積から創発する集合的な規範は異なった規範的レヴェルで存在するから、後者を倫理と区別することには意義がある。

もっとも、それでもなおこの集合的な規範を慣行として捉えそれを〈法〉と敢えて呼ぶ意義があるかということには、さらに問題があるかもしれない。(3) おそらく慣行と〈法〉とを区別する一つの重要な条件はそのローカリティであろう。その点では後者は前者より広い。またさらに重要な条件はその強制力、ただし権力的強制とは異なるより広範なサンクションの可能性であろうが、その点でも後者は前者より広い。これらの区別の問題は難しいものであるが、国際法の法的性格をめぐる議論と同様に、もし市場経済の中に一定の規範的要求とそれに相応するサンクションを伴う慣行が発生しうるならば、そこには広い意味で〈法〉が現れていると言うことができる。(4) 例えば産業団体のガイドラインのようなものが現れるときである。もしそう言えるとすれば、ここには個々のアクターが尊重し、遵守し、場合によってはそのもとで請求を行い、サンクションを与えることもできるような規範の体系が自生しうるのであり、それに関して各アクターが知識を蓄え検討をするという限りにおいてのみ〈法〉の〈学〉が成立しうるかもしれない。しかし、このような〈学〉が独占禁止法学を要とする経済法学とは似て非なるものであることは言うまでもない。

以上の簡単な考察が示すのは法と市場の関係についての見方自体が純理論的には争われる概念となることである。法律がすでに確立されていることを所与として成立する経済法学的な考察はそれ故一つの法と市場のコンセプションのもとに成り立つのであって、別個のコンセプションのもとでは別個のあり方を示さなくてはならない。

勿論このことは現在すでに実定法として成り立っている所与の経済法の体系やそれに相応する経済法学が全くもって無意味であるということを意味するわけでは必ずしもない。ここで重要なのは市場経済という対象とそれを規整すべく構想される法との距離の取り方であって、実定法たる経済法の体系はすでにその距離に関する一定のコンセプションのもとに想定され、そしてその法体系の学たる経済法学もまたそのコンセプションと連動して構想されているということをまずは確認することである。

ではそのようなコンセプションとはいかなるものなのであろうか。言うまでもなく、まずそれは対象たる市場のコンセプションとその統御を行う法のコンセプションのあり方に相関している。

前者に関して言うならば、私は以前に市場を二つの極において理解したことがある。[5] 市場は一定の規範的前提条件のもとに機能する。そこでは市場が働く初期条件たる構成条件、および市場における交換関係を規律する過程条件とがまず満たされることが必要である。構成条件とは、市場に参加する活動主体が資格や能力を十分に有する個人や集団であって、正確で十分な情報を保持し無差別で広範な交換関係の内に存在していること（活動主体の独立性）、市場で取引される財はすべて私的に分配・消費され、社会的費用の大きい負の財は交換されないこと（私財化）などであり、過程条件とは、市場における交換関係自体は獲得、移転、矯正といった交換過程に関わる正義原理によって制約を受けること（権原の正義）などである。ただしこれらに加えて、市場活動の結果として現れる市場の不機能状態やそこから生ずる差別や格差を是正するための条件、すなわち結果条件も重要である。結果条件は市場の活動主体のあり方を構成条件に則した状態に保つことで構成条件の充足をいっそう実効的にする。これらの条件を前提として考えるならば市場のあり方は二つに大別される。一つは独立性が広範に成り立ち、私財化はほぼ無制限であり、そして権原の正義が厳格に想定されて、結果条件の必要性はほとんど認めず、市場の自己調整機能に信頼するという市場のあり方である。このような場合、市場自体は最も純粋な形で働くであろう。これに対して、独立性は限定的にしか認めず、様々の主体の非独立性や不等性を配慮し、私財化も限定的に捉えて私的に処分され得ない財の領域を保全し、権原の正義に加え結果条件によって独占の禁止や所得再分配その他の配慮をも含む市場のあり方も考えられる。この場合には市場は種々の規範的制約によって馴致されつつ一定の限界内で機能する。こうして私は前者を奔放な市場、後者を公正な市場と呼んだ。

ただし現実には市場が自生的に機能する条件は一部分しか満たされない[6]。現実の個人や集団は資力や能力などの点で必ずしも独立対等であるわけではないし、また市場が処理できる財の種類や配分にはその性質や分布がもたらす影響力といった点で限度がある。奔放な市場はこのような限度を超えて拡張しがちであるが、しかしそこでは独立性の毀損、私財化の限界からの逸脱、分配における不正、独占、あるいは外部不経済の放置などの大きな道徳的問題が生ずる。これらの道徳的問題の一つの解決法は自助努力やフェア・プレイの精神といった徳に訴えることかもしれない。実際市場では競争相手の尊重や交換における不正行為の忌避など相応の徳がアクターに求められるし、また市場での成功は社会にも負うことを自覚することも期待される。しかしながら個々人の徳だけでは市場の力を馴致することはできない。自己利益への欲求を動因とし、価格という尺度を通じていかなる財の配分でも実現してしまうことが市場の本性である。この点では市場はいかなる形であれ財力を得た者に有利になりがちであり、それが生み出してしまう倫理的・社会的な結果も問わず、最後には自己自身をも閉塞化させる危険さえ含んでいる。このような市場の力学に対して、個人の徳は社会的に分散され主観的負担しか課さないために規範としては限界がある。実際、社会の中の有徳な個人の数は決して多いとは言えないであろう。従って市場の統御の問題は、市場の限界をめぐって一定のサンクションを伴ったより広い公共的規整の見地からいかに対応するのかという問題として捉えられなければならない。法が必要となるのはこの点においてである[7]。

市場に関わる法の観念はこれらの市場のあり方と連動して規定される。奔放な市場の観念は法的規制の必要性を皆無もしくは最小限度においてしか考えず、そこでは法はたとえ存在しても広い意味での慣行的なものでしかあり得ない。しかし重要なのは、一定の道徳的境界の内で市場によって処理されてよい事柄と処理されてはならない事柄とを区別し、市場の適正な機能を希求することである。この点で公正な市場の観念は法的規制の必要性を適切な程度において考えようとする。法による公共的規整を通じて市場の奔放な力を統御し、公正なものとすることがここでは重要である。それ故、実定的な経済法体系を肯認しそれによる市場経済の規制を認めてゆく見方は、多かれ少なかれすでに市場に関してここで言う公正な市場の観念を前提していることになるであろう。

以上のような法と市場のコンセプションの相関を踏まえるならば、問題は公正な市場とそこでの法のあり方の内実へと移行する。そしてそのあり方によって、経済法の市場経済に対する構え方がさらに別れてくる。ここで重要な点は公正という理念の解釈である。ここで言う公正の理念とは、例えば経済法の体系のもとで表明されている公正にして自由、かつ民主性に資する競争という場合の公正(以下では経済的公正と呼ぶ)とは異なったより抽象的な次元での観念であり、道徳的公正とでも呼ぶべきものであって、一定の解釈のもとで経済的公正がその一具現型として考えられるところの理念である。このような意味での道徳的公正の解釈として、私は自由と平等の組み合わせを考える。というのも市場経済において核となる公共的価値とは、個々のアクターの活動の自由とアクターの間の経済力の平等であると考えられるからである。これらは市場において共に重要な二つの価値である。市場は各アクターの利益獲得競争の世界であるが、その競争が適正に行われるためには個々の活動への妨害がないことに加えて各アクターに対等な競争力があることが前提条件となるからである。[(8)] その際にありうるのは三つの道徳的公正のコンセプションであり、それは消極的自由プラス薄い平等の保障、積極的自由プラス厚い平等の保障、そしてその中間型である。ここで便宜のためにそれぞれの道徳的公正のコンセプションを自由主義的公正、平等主義的公正、そしてリベラルな公正と呼ぶことにしよう。

それぞれの道徳的公正のコンセプションが市場に対して求める経済的公正はいかなるものであろうか。経済的公正は一般的に言うならば経済活動におけるフェアー・プレイを求めるものであるが、その内容は公正のコンセプションによって以下のように異なるであろう。自由主義的公正においては個々のアクターの経済活動の自由がその規模にかかわりなく厳格に保障され、経済活動に参入する機会の均等性が形式的に保障され、そして経済活動の結果に関する規制は可能な限り最小限度に抑制されることになるであろう。その一方で平等主義的公正においては、アクターの経済活動の諸側面に関する力の格差が廃され、経済活動への参入も経済力の格差に対応して弱者にいっそう厚い保障を与え、経済活動の結果に対する規整は最大限度に行われて市場におけるアクターの対等性を確保することになるであろう。そして、リベラルな公正においては経済活動の自由を保障しながら相対的弱者には一定の基盤整備レヴェルでの保障を行い、経済活動の参入の機会の保障に関しては一定程度の参入機会の確保を促す保障を行い、経済活動の結果に関しては経済活動の自由を損なわない形で一定限度において成果の還元を行うという方向が追求されることになるであろう。一つの具体例で言えば、例えば大型店舗の出店・立地規制のようなケースにおいては、自由主義的公正の観念は大型店舗への規制を排し既存の中小業者にも自助努力と創意工夫を求めて、それぞれの競争に委ねる方向で考えるであろう。他方で平等主義的公正の観念は大型店舗と既存の中小業者の経済力格差に注目し、後者の地位の是正のために規制を強化して、当事者間の対等性を確保することを試みるであろう。そして、リベラルな公正の観念は一定の規制を行って大型店舗と既存中小業者との相互調整の中で出店や立地のあり方を定める方向を模索すると共に、後者に対して一定の資金援助などを行ってその活動を促す方向を考えるであろう(9)。

これらの道徳的公正のコンセプションにおいて中核となっている価値はそれぞれ自由、平等、そしてリベラルな平等である。そしてそれらによる公正の解釈は当然に、何が市場経済の目的であるのか、また何がそれに応じた市場に対する法的規制の目的であるのかに関してそれぞれの理解を生み出す。市場に対する法の構え方とその狙いは、一般に正義のコンセプションの問題として、個々人や組織の自由を最大限に保障することに重きを置くリバタリアニズム的な見地をとるのか、個人や組織における最大限の結果の等しさを追求する平等主義を求めるのか、それとも自由をも保障しながら同時に人種や性あるいは社会的境遇から生ずる正当な理由のない差別さらには経済格差などの是正にも関心を払うリベラルな平等主義の見地に立つのかということにも対応している。そこでは結局のところ正義の実質的内容に関する価値判断が必要となる。

ここで求められる正義の判断は、市場というメカニズムを通じて実現される（あるいはされない）人々にとっての価値や利益が〈ひとの福祉〉(human well-being) の充実という見地からどのように評価できるかに依存している。[10]正義と法とが最終的に目的とするのは社会に生きる人々の善き生の充実以外の何ものでもないからであり、その目的に最もよく適合する正義や法のコンセプションを追求すべきであることもまたメタ・レヴェルでの道徳的要請であるからである。もっとも最終的に何が〈ひとの福祉〉であるのかは難しい問題である。それは考えられる〈ひと〉のあり方によって変わってくる。そして、それが個々人の願望充足なのか、等しく保全される共同の利益であるのか、それとも他者に対しても正当な理由のある各自の利益の享受なのかは正義のコンセプションと連動して定まる。そして、フェアーな経済活動を求める経済的公正に関わる考え方もまたそれらに即応して定まってくる。

先の例で考えるならば、大型店舗の出店・立地規制において、規制を排し中小業者にも創意工夫を求め後は競争に委ねる方向での判断は何を〈ひとの福祉〉と捉えることになるのか。大型店舗と中小業者の経済力格差に注目し後者の地位の是正のために規制を強化して対等性を保全することは何を〈ひとの福祉〉と捉えるのか。そして、一定の規制によって当事者の話し合いの中で出店や立地のあり方を定めつつ弱者に対しては資金援助を行って活動を促進するという方向での判断は何を〈ひとの福祉〉と捉えるのか。こと消費者個々人の願望充足という見地から消費者の利益を見るならば、第一のものが最も利益が大きくなる可能性があるが、共同の等しい利益という見地から見るならば消費者と生産者あるいは小売業の共同における利益の総和は第二のものが大きくなるであろう。そして、他者においても正当な理由のある利益の享受という見地からすれば第三の方向が利益が大きくなるかもしれない。〈ひとの福祉〉の内容をどのように捉えてゆくかがここでは問われているのである。

ともあれ、このような道徳的公正のコンセプションは経済的公正の方向を規定して、経済法の体系の価値的ポイントを与える。その具体的内容は当該の法律の目的規定の内に看取することができる一方で、細かい個別規定はそのような目的規定との整合性のもとで構成されている。この点で、道徳的公正は法の世界の規範的方向性を定めていると言えるが、それはとりもなおさず一定の法のコンセプションの分節化を与えることでもある(11)。

もう一点、このような道徳的公正の捉え方に即応しつつ、法が市場に対していかなる仕方で構えるかという問題も見逃すことはできない。この点に関連して、私は法の統御対象に関する構え方の把握のために規範空間の三つの主な次元を区別したことがある(12)。すなわち、幅、深さ、そして規整態様である。一般に社会的活動のもとで人々の間にコンフリクトが生ずるとき、それに対抗して成立する法的な規範空間は、対立する様々な価値や利益を一定の公共的な価値規準のもと相対的な比較優位において権力的に整序するものとして意義づけられる。その場合には法が様々な要求のいずれを取り上げるかという幅と、それらの要求の個々にどの程度まで応じるかという深さと、そしてそれらの要求への応答がいかなる方法によるかという規整態様の三つの次元の相互規定が重要となる。この見方をもとにするならば、法には八つの構え方が可能になる。すなわち、広い／深い／直接[規整]、広い／深い／間接[規整]、広い／浅い／直接、広い／浅い／間接、狭い／深い／直接、狭い／深い／間接、狭い／浅い／直接、狭い／浅い／間接、というパタンである。この区別は一つのヒューリスティックスであり、特定の法律に関わる場合には幾つかのパタンが組み合わさった複雑な形になることもあるが、ここで重要なのは、法が対象領域に対して一定の構えをとるということ自体は人間の社会活動に対して一定の公共的な価値規準を基軸とすることで可能になっている以上、規整の幅、厚さ、態様もまた最終的には道徳的公正を介しつつ定められるということである(13)。

このような法の見方を踏まえるとき市場における法の構え方はいかなるものと考えられるであろうか。もはや明らかなように、それは市場において規整が必要となる問題に対して適切な幅と深さ、そして規整態様によって公共的に解決できるような関係として考えられるべきである。その幅の内容は、市場における独立性の保全、私財化の境界画定、権原の正義の維持、市場の配分結果に対する配慮などに大きく区分され、そしてこれらの課題をめぐってさらに具体的な問題場面で相応の深さと規整態様による法律的規制が考えられる。ただし既に述べたように、市場に対する法の構え方がどれほどの幅、どれほどの深さ、そしていかなる態様によるべきであるかは、まずそれらをリンクさせている道徳的公正のあり様とそこから具体化される経済的公正の内容によって変化する。つまり、ここでは特に自由を最大限に保障することに重きを置くリバタリアニズム的な見地をとるのか、自由と同時に人種や性あるいは社会的境遇から生ずる不当な差別や経済格差などの是正にも関心を払うリベラルな平等主義の見地に立つのかに応じて法の構え方が変化し、それに応じて市場に対する法律的規制の方向づけも変わってくるのであり、そこから市場をめぐる法が全体としては先に挙げたどのパタンをとるべきなのかが争われるからである。基本的には、リバタリアニズム的見地からすれば市場は最大限自由に展開されるべきであり、市場をめぐる法は基本的に〈狭い／浅い／間接規制〉という型であるべきであろうし、リベラルな平等主義からすれば市場は自由と平等がバランスされたものとして成り立つべきであり、市場をめぐる法はおそらく基本的に〈広い／浅い／直接規制〉という型に近いものとなるべきであろう(14)。

かくして、法と市場の間には、あるべき市場の観念、あるべき法の観念、そしてそれらをリンクさせているあるべき道徳的公正の観念、そしてその内実を成している自由と平等の観念やそれに連動する経済的公正の観念、さらにはそのセットの全体を支えている目的としての〈ひとの福祉〉の観念などが密接に関わりつつ存在している。このような法や市場のコンセプションの分節化の試みはそれ自体として法や市場に関わる実践に内属するものである。確かにそれらのコンセプションは現実の市場活動や法的規制において必ずしも明示的に従われているというわけではない。しかし、そのことはその実践においてこれらのコンセプションが働いていないということを意味しない。むしろ事態は逆であり、現実の市場活動や法律的規制の背後には何らかのコンセプションが常に関わっていて、理論的な解明や検討を待っている。

さらに付け加えるならば、それらのコンセプションを解明する試みは現実の市場や法の実践に対してそれを外側から観察し分析するだけのものではない。そのような外的な観察と分析はもちろん有益であるが、それは問題となっている実践を方向づけるものではない。それ以上に重要なのは、ここで求められている解明や検討が問題としている実践に寄り添いながらその実践を批判的に再構成し、そして不断に方向づけようとする規範的な志向を分け持つものだということである。[15] 我々が市場や法に関わる様々な観念や理念をどう読み解きどう構想して市場経済を法的に統御しようとするのか、それによって法と市場との関係はその内側から変化することになるであろう。そして、そうであるならば、そこには多様な観念や理念に関する多様な構想が錯綜することになるであろう。この意味では法と市場の間は狭いようで実は広く、その分多くのテンションを抱えるものであると言わなければならない。

二　法と市場のコンポジション

法と市場の間は確かに広い。しかしこの間隙は我々が法と市場のあるべきコンセプションを構想し展開するなかで理論的に埋められてゆく。そこでの問題は最終的には基軸となる道徳的公正に関して、自由主義的、平等主義的、リベラル、いずれの見方を採るのかということに帰着する。

この点で、私はこれまでリベラルな平等による公正の観念を軸としながら、公正な市場、広く深いが間接的な法といった観念の結合を介し全体として〈ひとの福祉〉の実現を目ざしてゆく経済法の体系を構想できるのではないかということを示唆してきた。[16] それを改めて整理しさらに詳しく展開する余裕は今はないが、少なくとも本稿の問題文脈において一つ重要な点は、そのような構想を展開するにあたってあるべき法と市場の関わりを少しでも精緻化することであるだろう。その場合にはとりわけ市場の観念を今少し明確化する必要がある。というのも、既に述べたように法と市場とを媒介する様々な規範的条件を明らかにすることが重要となるなかで、特に、あるべき法の姿もそれに連動するリベラルな公正の理念の具体化も、反面ではその規整の対象となる市場の具体的な姿をどう捉えるかということが重要となるからである。その一方で、私は市場の具体的なあり方は現在主流となっているミクロ経済学が提供するような均衡論的なものとは異なり、いわゆる制度学派が説いてきたようにルールや様々な慣行に埋め込まれたものなのではないかと考える。そして、もしそうであれば、法と市場とは均衡論的な見方が予想するような二つの異なった秩序領域であるよりもむしろ不即不離の相互連動的なものとして捉えられるべきことになるであろう。(17) そこで以下においては、この市場の制度性を検討しながら法との相互連関のあり方について考察を進めることにしたい。

市場と一口に言ってもそこには様々な種類のものが存在しており、それらの間の関係もまた複雑である。例えば、金融市場、労働市場、穀物市場、為替市場、鉄鋼市場、自動車市場、石油市場など、様々な種類の市場が様々な規模や地域に則して一国の経済全体の中で成り立ち、相互作用の内にある。その詳細に立ち入ることはここではできないが、以下の議論のためには次のことを確認すれば十分であろう。すなわち、市場は社会全体にわたる単一のものである必要はないし、経済活動の多様なあり方に則して多様に成立する。市場は取引される財に応じながらそれぞれのルールのもとで成り立ち、また地理的条件に則してローカルな形で成り立つ一方で、複雑な因果連関を介してグローバルな連動関係にもある。市場は社会の内で条件に応じて分化し、生成し、変容する。

しかし、市場の制度性を重視する見方からすれば、これらの現実の市場は様々なルールの制度的な束のもとで成立しており、それらのルールをいかに設定して制度を構築するかに応じて市場の機能もまた異なってゆく。(18) このような見方には大きな意義がある。一般に社会における人間活動は様々なルールや原則に則したものであることは論を俟たないし、政治においても経済においてもあるいはその他の文化的活動においても、そこには様々な個別的ルールが介在していることは明らかである。(19) 特に経済において注目されるのは土地、資本、労働といったいわゆる本源的生産要素に関する市場のあり方である。それらの本源的生産要素はそれ自体が市場における様々な取引活動そのものを構成する基礎条件であり、それらに関わる様々なルールが市場を構成する条件となっている。その一方、本源的生産要素に関わるルール群はまさに市場の基礎を与えているがために、それ自体が市場メカニズムによって浸食されるときには市場そのものが内部から崩落してしまうことになる。それ故、市場の適正な機能のためには本源的生産要素を保全するためのセーフティ・ネットをいかに張り維持するかについて、一連のルールの設定や修正を行ってゆくことが決定的に重要である。(20)

この考え方は市場を奔放なものとしてではなく一定の公正性を保持するものとして捉える見方と通底していると言えるが、ここで重要なのは市場の内に市場を統御する様々な規範が埋め込まれていると見ることである。それには倫理、慣行はもちろんのこと、さらにそれらを人為的に統御するところの法規範もまた含まれている。この点で特に注意すべきことは、市場の制度性に注視するならば、人口に膾炙した価格メカニズム中心の市場の捉え方は狭いもので、様々な条件を捨象したところにのみ成り立つものであるということである。需給のバランスにおいて価格の均衡が生まれる状態を市場として捉えることは種々の規範的な条件が満たされていることを前提しており、それらの条件のあり方によっては異なる均衡のあり方が考えられることには注意しなければならない。市場の制度性を重視する見方はこれら市場を構成しまた制約もする諸条件のあり方そのものに目を向けることになる。

このように市場が様々なルールによって形づくられることで成り立っているとすれば、実のところ、先に見てきた経済法の体系もそれ自体が市場の一部分となっているはずである。つまり、独占禁止法であれ不正競争防止法であれ、あるいは知的財産法であれ契約法であれ、およそ経済活動に関わってくる法はそれ自体が市場を構成する規範的条件として機能しているはずなのである。とりわけ市場に関わる様々なルールの中でも経済法が形づくろうとしている市場の条件は、上記の本源的生産要素の中では主に資本のあり方であるということになり、そこでは企業の内部的構成条件よりも企業の外部的活動の条件が重要となるであろう。というのも経済法の主たる部分においては、会社法や労働法などによって表現されてゆく各アクターの内部的構成条件よりもアクター相互の活動や競争のあり方が重要となるからである。ともあれ、それらの経済法的な条件は市場を内側から規定し、支え、また統御しているわけであるから、それらの法の様々なセッティング自体が市場の基本的なあり方そのものを表現してゆくことになるわけである。そのことによって経済法は市場に対してある種のブーツトラップの関係に立つことになるが、そうであるならば、経済法や経済法学が自由、平等、あるいはリベラルな平等などの考えに従いながら一定の道徳的公正や経済的公正を市場に対して要求することは、まさに市場のあり方そのものの問題とも重なり合ってくることになる。

この意味では、経済法は市場における倫理や広い意味での法をさらに重層的に支えるもの、すなわち第二次統御の役割を果たすものとなると言えよう(21)。特にH・L・A・ハートがより一般的な観点から分析したように第二次的な統御のルールはその機能によってすでに社会に存在する第一次的なルールの体系的整序を行う(22)。従って、市場における第二次的な統御のルールはいったん成り立つならば市場そのものが生み出す第一次的なルールと相俟って、市場を重層的に形づくるルール体系としてそこに内部化されてゆくわけである。そして、そうだとすれば経済法学もまたこのような市場におけるルール複合をさらにそのメタ・レヴェルで支えてゆく営みとなり、その限りでこれもまた市場の高次環境の一部として機能することになるはずである。また、それはとりもなおさず、それ自体で一定の経済的公正の見地から適正な形で価格メカニズムの働きを統御してゆくものとなるであろう。もちろんこのことは経済法学が市場を統御する唯一の規範理論となることを意味するわけではない。経済法学における公正の意義はそれ自体が価値的に争われるものであるし、経済法学が市場における倫理や慣行のすべてを完全に統御できるわけでもない。この点で経済法学は市場を支えうる様々な規範理論の一つにとどまるのではあるが、第二次ルールの権力性を背後に控える限りでは他の規範理論に対して実効性において相対的に優位に立ちうるものとなる。さらに経済法や経済法学によって形づくられる市場の規範的な環境は、市場の現実に対して批判的な距離を持つと同時にそれ自体が市場の現実の一部としても働くという二面性を持つことになる点も注意をしておく必要があるだろう。それは一般にシステム論的見地においてシステムの再帰性（reflectivity）として捉えられる現象の一例でもあるが、市場が様々な規範的条件と現実の活動との相互作用の中で動態的に変化してゆくことの必然的な現れでもある。[23]

では、先に区別された法を支える道徳的公正のコンセプションや法のあり方に関わる規整態様などは、市場の内に埋め込まれる経済法を通じながら市場に対していかに働くことになるのであろうか。

まず注意しなければならないと思われることは、経済法は価格メカニズムのあり方を直接に嚮導するものでは本来あり得ないということである。経済法が価格メカニズムの環境的条件に関する第二次統御であるということは、市場におけるアクターの現実の活動に対してはその与件を統御することになるということである。これはいわゆる市場の直接規制と間接規制の区別とは異なる。これらの規制の区別は市場構造あるいは市場行動の規律や政府による市場活動への支援などを意味しているが、重要なことはその区別の前提として、それらは共に市場の様々なアクターの存在とその関係に対する統御であって、この統御を与件として各アクターがいかに活動しいかに財の配分を実現してゆくかということ自体に規制を加えるわけではないということである。それ故またしばしば説かれるのとは異なって、価格メカニズムを通じて資源の最適配分が実現されること自体は経済法の規制が直接に狙いとするところではない。資源の最適配分が実現されることは経済法が一定の規制のもとでいわば期待して見守ることではあっても、その実現を果たすところのものではない。[24]そもそも資本主義の経済は指令経済ではないから、そのような市場に対する嚮導は法の役割としても考え得ないであろう。この意味では、経済法の目的とは価格メカニズム共々市場における適切な競争状態を生み出すために必要な環境的条件を確保し維持することにあると言うべきであって、市場を統制したりあるいは価格メカニズムによって価格均衡を実現することそのものを目的としているわけではないと言うべきであろう。

このこととの関わりでは経済法の基幹部分を成している独占禁止法の目的の意義も再考する必要があるかもしれない。独占禁止法の目的は周知のように同法第一条に与えられている。この第一条は通常三つの部分に分かれるとされる[25]。すなわち、不当な取引制限や不公正な取引方法の排除を述べた部分、公正かつ自由な競争による事業活動の促進と経済水準の高度化を述べた部分、そして消費者利益の確保と経済の民主的発展の促進を述べた部分である。これらの部分の区別そのものは第一条の規定の内容からして自然なものであろう。つまり、第一の部分は市場において予想される個々の活動の中でもそもそも不正で排除されるべきものがあることを示す否定的な規制を述べ、第二の部分は一応は市場において可能となる競争的活動の中でも市場の働きを保全する観点からは制約を受けるべきものについてそれを否定する規制を述べ、さらに第三の部分は第一および第二の排除と制約を通じて最終的に目ざされている究極目的を述べているが、ここには第一の規制によって選択的に抽出される可能な市場活動に関してさらに第二の規制によって市場の適正な機能の見地から制約を課し、それらを通じて経済活動の最終目的を実現するという考え方が看取される。この考え方そのものは、それを二段構えの統御として捉えるかあるいは二重の統御として捉えるかの相異はありうるとしても、経済活動の表裏両面を統御しながらその目的に到達するというプロセスに則したものとして自然であると言っていいであろう。ここで重要なことはむしろ、そのような考え方の背景にある統御の規範的性格とそれが最終目的との間に有する規範的関連性である。

まず明らかに言えることは、第一の規制と第二の規制はいずれも否定的もしくは消極的な規制であることである。第一の不公正な取引方法や不当な取引制限の排除は市場において不正なものと考えられる一定の活動を当初から排除してしまうことが重要なのであり、また第二の公正で自由な競争を疎外する活動への制約も、いかなる経済目的を有する活動であってもそれが市場における競争という理想的活動状態を害するものでありうる限りはやはり否定されることが重要なのである。もちろんそこには何が不公正または不当な取引なのか、あるいは何が公正で自由な競争を阻害する活動なのかといったことに関して一定の法的規準が明確化されなければならないし、そのためにはまた適切な取引活動や公正で自由な競争などの理念が前提されなければならないであろう。ただ、ここで重要なことはそれらの規準や理念の内容がいかに規定されうるかとはまた別個に、そのような理論的作業が法の働き方との関係でいかなる規範的性格を有しているのかを確認することである。そして、上に述べた統御の否定性ということからすれば、これらの理論的作業もまた、経済法と市場との関係の内では前者の後者に対するエコロジカルな位置づけの内でなされるメタ・レヴェルでの否定的な統御の一部分となって、市場における現実の活動の所与それ自体を豊かにしながら市場活動に拘束力を及ぼすという機能を有することが重要である。

このように見るならば、これらの統御の全体と市場との関わりはいわば境界制御（marginal control）に近いものとなるであろう。境界制御とは一定のシステムのメタ・レヴェルにあるシステムが、前者のシステムに対してその境界を規定しそこから逸脱する活動を排除するような制御を行う状態を言う(26)。この場合、制御対象となっているシステム内部での個々の活動自体はこの境界制御の対象にはならない。個々の活動は当の制御の内部では基本的に自由である。そこで問題となるのはあくまで境界からの逸脱がある場合だけであり、その際には当の活動は不適切なものとして排除される。この点で、経済法的規制は市場の境界の保全を図るような第二次レヴェルのものであり、それが同時に市場の規範的条件の一部分となってその作動を内側から支えてもいるわけである。

経済法による統御が市場の境界制御であるとすれば、上記の独占禁止法第一条の三部分の内の第三に言われる消費者利益の確保と経済の民主的発展の促進という目的は、因果論的に考えられる規制の結果であるよりも、むしろ第一および第二の規制が実現しようとする市場の環境のあり方の理念的な基礎を与えていると捉えられることになるであろう。すなわち、消費者利益の確保と経済の民主的発展の促進は安価で良質な製品の享受と経済活動の自由や市場の開放性、消費者の選択権の確保や経済活動の単位の自律性の確保などを意味すると言われるのであるが、その規範的な位置づけは独占禁止法的な規制がそれを実現しようとする現代の経済活動のあるべき姿ないしは理念を表現しているところにあると捉えることができよう。上記のような性質を含んだ市場のあり方はあくまであるべき市場の像なのであり、経済活動はそのような市場に適合的に規制されることで理想の市場が現実のものとなるはずなのである。[27] もっとも、このことは市場が実際に経済法という規範的条件が許す形でのみ機能するということを意味するわけではない。現実には市場には様々な活動や状態が現れうるのであり、それらは時に市場の環境的条件から逸脱しうるものとなることは明らかである。従ってここで強調すべきは市場が一定の規範的統御によって予定調和的に作動するということではなく、むしろそのような規範的統御そのものは市場に内生している適正な作動の条件を与えているのであり、そのような規範的次元の存在が現実の市場の働きの一構成条件となっているということの確認である。[28] 独占禁止法を核とする経済法の体系は確かに市場のあり方を規制するのであるが、そのことは経済法が現実の市場のあり方を導くということではなく、経済法が環境的条件として作動することによって市場のあり方が方向づけられることを意味している。

このような見方をさらに実質面で支えるのはすでに触れた道徳的公正のリベラルなコンセプションとそれが含意する経済的公正の観念である。先に述べたように、リベラルな見地における公正のもとでは、経済活動の自由を保障しながら相対的弱者には一定の基盤整備レヴェルでの保障を行い、経済活動の参入の機会の保障に関しては一定程度の参入機会の確保を促す保障を行い、経済活動の結果に関しては経済活動の自由を損なわない形で一定限度において成果の還元を行うという方向が追求されることになる。先にも触れた大型店舗の出店・立地規制のようなケースにおいては、リベラルな公正の観念は一定の出店・立地規制を行って大型店舗と既存中小業者との均衡の中で出店条件を定める方向を模索すると共に、後者に対して一定の資金援助を行いその活動を促進する方向を考えるであろう。そして特に法律の規制のあり方としてはおそらくそれは基本的に先の〈広い／浅い／直接〉という形のものとなり、またその内容については、基本的には市場の基本的ルールの維持に加えて、市場における独立対等性の保全、私財化の境界画定、市場の配分結果に対する配慮などに大きく区分されたうえでさらに具体的な問題場面で相応の法律的な規制が考えられることになろう。その場合には問題場面に応じて具体的規制も様々な組み合わせを通じて行われるべきであるし、経済法のみならず憲法、民法、刑法、行政法あるいは労働法といった諸法律がそれぞれに市場に関わる程度において相互補完的な形で組み合わせられることにもなるであろう。

実際、いわゆる大店法は当初スーパーなどの大型店舗が地域に出店する場合に既存の中小の店舗に打撃を与えないようにするために、事前の届出と審議による規制を設けるものであった。その基本的な趣旨は大型の店舗が持つ経済的競争力が中小の店舗を圧迫しないようにして、競争力の対等性を確保しようとするものであったと言える。しかし、事前の調整をめぐって既存の業者の利益保全の要素が強くなりかえって競争制限的な傾向を有するようになってしまったため、企業間の競争をいっそう促進するという目的のために現在ではこの法律は廃止され、経済的規制は排されて、交通渋滞や環境保全などに関する弱い立地規制のみに焦点が絞られるようになっている。しかしながらその一方では、特に大型店の郊外への進出が容易くなった分だけ、都心部の既存の商店街の空洞化などが起こっているのが実状である。このような変化に鑑みるときには、今度は、例えば都市計画のような別種の様々な立法措置によって公正な競争状況の保全のために中小店舗の活動条件も保護される必要が生じていると思われる。このような地域経済の空洞化の現状を経済法の体系の中でどのように評価して方向づけてゆくのかは大きな問題であり、その詳細はさらに別途に論じられなければならないことであるが、大型と中小の企業の間の競争条件に関しては経済法的な規制も含めて様々な角度からの複合的な規制や保障がなされる必要があるであろう(29)。ともあれ、これらの規制のあり方は単に法体系がそのように論理的に連動しているということにとどまらず、このような法体系全体の連関と運用そのものを通じて市場の公正な働きが支えられてゆくことでもある。ただし、このことは同時に経済法の体系が全く異なる道徳的公正の原理に立脚することになるのであれば、それと連動する市場の像もまた全く異なる様相を呈してくるということを意味する点には注意しなければならない。

ちなみに、経済法の核となる道徳的公正のコンセプションの問題は市場における経済活動の自由をいかなる性格のものと捉えるかという問題とも密接に関係している。厚谷襄児教授は経済法における自由をめぐって樋口陽一教授の言う「独占放任型の自由」と「独占禁止型の自由」とを区別する。前者のもとでは経済法的な種々の規制が憲法上保障された経済的自由権の制限となるという帰結を生みがちであるのに対して、後者のもとではむしろ経済法は自由促進という意義を持つものであり、それは私的独占を公共の見地から規制することによって得られる自由を意味している。厚谷教授はこの区別を承けて、二つの自由の対抗が自由経済の内容をなしているのではないか、またそれ故独占禁止法は経済的な実質的自由を保障するものではないかという問題提起をしている。(30)本稿で示されている見方では、このような経済における実質的自由とは対等な活動の可能性、消費者の生産に対する対等性などを含むところの民主的な経済そのものの表現であり、それはリバタリアン的な自由放任の道徳的公正ではなく、むしろ等しい自由の可能性を含むリベラルな道徳的公正を示していると考えられる。そして、経済法はそのような理念とそれに見合った市場の像の関数として展開されることによって、公正な市場を支える内生的環境条件として成り立ち、それを人々が受け取ることで現実の市場を修正してゆく可能性を保持するのである。

しかしながら、その一方で、現実の市場の推移はこの経済法の理想が容易く浸透できる種類のものであるとは言い難い。むしろその逆である。市場の中で活動するアクターたちはそれぞれの視点において最も合理的である可能性を追求するから、場合によっては様々な非倫理的あるいは脱法行為の方が短期的利益の見地からは望ましいと考えられることも少なくない。いわゆる談合や再販規制の形成はその一例である。また時には、そのような既存の倫理や慣行には反する活動から市場の新たな行為様式が生まれ広がってゆくこともあり得、単純には非倫理性や違法性を避難できない場合もないわけではない。例えばいわゆるカンバン方式の開拓などはそれに当たるであろう。しかし、そうであるからこそ、経済法は一定の道徳的公正の理念と相俟って市場を適切に規制しなければならない。市場は確かにそれ自体として創造的破壊を含みうる活動の場であるが、しかしそのことは市場においてはいかなる活動でも許されるということを意味するわけではない。市場は人間を超える力を有しうるからこそ、人間的な統御を必要とする。

このような法的理想と現実の姿とのギャップを考えるために、私は以前に法原理・制定法・法運用という法の三つの統御次元の区別を行ったことがある(31)。法原理とは、例えば自由や平等のような文化の垣根を超えて受容されるようになっている抽象的な政治道徳上の価値原理であって、制定法を構築する際の基本原則となるものであり、その多くは特に一国の憲法において確認されるものである。制定法とは憲法を頂点とする諸々の一般法あるいは特別法の体系をさすが、特に効力上憲法よりも下位にあり、その基本原則を具体的な問題文脈において法律的に具現している民法、刑法、あるいは独占禁止法のような種々の法律群を指す。法運用とは制定法の存在を承けて、行政や司法、あるいは一般市民が行うところの個別具体的な法の適用と解釈による問題解決の集積である。これらの三つの次元は規範的統御の層構造を成しているが、抽象度において相異がある。すなわち法原理は抽象的で普遍的でありうる一方で、制定法は一般的ではあるがその内容はより具体的で個別的な社会状況に規定されるようになり、さらに法運用は個々の具体的なケースに則することによって常に個別的な問題状況との関連で統御を行う。

	（法原理）	（制定法）	（法運用）
（経済領域）	理念的	理念／現実的	現実的

このような層構造を前提とするならば、経済の領域における法と現実社会との相互作用もまた、基本的には、

という形で理解できる。何度か触れてきた大型店舗の規制の問題で言うならば、当初対等な競争条件の確保を目的として設定された事前届出と審議を通じた法律的規制は、実際の運用過程では事前調整をめぐる既存業者の利益保全の傾向をもたらし、かえって競争の阻害という問題を際だたせるようになってしまった一方で、競争の徹底のために法律的規制が廃され弱い周辺的規制のみが行われるようになった現在では、大型店の郊外進出に伴う既存の商店街の荒廃が起こり、地域に密着した経済的サービスが失われつつあるという状況も生じている。このような理想と現実の間のねじれに直面するとき、市場における法の働きについても決して単純な規範主義をとることはできない。経済法の理念として自由に重きを置く方向をとるのかそれとも平等に重きを置く方向をとるのかでその法の働きは変化するのであるが、それだけではなくその働きがいかなる現実的結果を生み出すかも見定め、それによってまた理念の射程を不断に精査することが必要となる。

しかしながら、そのようなねじれや乖離を勘案してもなお、リベラルな道徳的公正と公正な市場の観念に連接している経済法の観念は、制定法や法運用における現実的要素を可能な限り理念に近づけ〈ひとの福祉〉をよりよく実現する方向で働くことができると思われる。というのも、〈ひとの福祉〉に一定の感受性を有する柔軟な解釈が与えられるならば、複雑な現実に対応する価値的容力も高まると考えられるからである。(32) こうして、道徳的公正のリベラルな理念に基づいた経済的公正の観念と種々の解釈手法が経済法の体系を介したコンフリクトの解決に適用されてゆくことは、このような法体系によって支えられている市場が道徳的公正の枠内に収まるような境界制御を受けながら一定の合理性をもって働くということでもある。そのための具体的な議論はさらに今後の課題であるが、法の究極的な目的が〈ひとの福祉〉に定位する限り、このような基本的方向で法的な努力が積み重ねられることがとりもなおさず公正な市場と経済の内実を与えてゆくことになるはずである。

（1） 例えば、参照、ディヴィド・フリードマン（森村進他訳）、自由のためのメカニズム（勁草書房、二〇〇三年）、

第三部。

(2) 参照、マイケル・テーラー（松原望訳）、協力の可能性（木鐸社、一九九五年）、一八八頁以下。

(3) この点は法理論上の大きな問題でもあるが、それに関しては、とりあえず cf. H.L.A.Hart, *The Concept of Law* (2nd. ed.) (Oxford U.P., 1994), Ch. 5, esp. p.91ff.

(4) Cf. Hart, *op.cit.*, Ch.10.

(5) 拙著、公正の法哲学（信山社、二〇〇一年）、第Ⅰ部第三章。

(6) Cf. Allen Buchanan, *Ethics, Efficiency, and the Market* (Oxford U.P., 1985), Ch.3.

(7) Cf. Nicholas Mercuro et.al., *Economics and the Law* (Princeton U.P., 1997), Ch.4.

(8) Cf. Buchanan, *op.cit.*, p.55ff., 81ff., 87ff. なお、経済法における公正を正義の一環として捉える試みとして、井上達夫、法という企て（東京大学出版会、二〇〇三年）、第九章がある。

(9) 参照、厚谷襄児他編、新現代経済法入門（法律文化社、一九九九年）、二一六頁以下。

(10) 前掲拙著、第Ⅱ部第二章。

(11) 一定の正義観念と法との関わりに関して、前掲拙著、二〇一頁以下。なお、基本的に同じ志向を持つが性格の異なる考え方として、井上、前掲書、第一章を参照。

(12) 拙稿「市場における法的正義とは何か」（法律時報、二〇〇三年一月号、二五―二九頁）。

(13) 立法や司法における法の定立と運用の必要十分条件は道徳的公正という価値の実体的あるいは手段的な解釈を通じて与えられる、という法概念論上のテーゼがここに示されているが、もちろんその適切さは別途に論ずる必要がある。参照、井上前掲書、五四頁以下。

(14) この見方の背景には資源基底的平等（resource-based equality）に連なる見方がある。参照、前掲拙著、一七一頁以下、二〇三頁以下。

(15) ここで言われているのは、経済法にとっての内的視点の重要性である。参照、ロナルド・ドゥオーキン（小林公訳）、法の帝国（未来社、一九九五年）、第二章。ただし、この場合、その視点が直ちに経済法的な実務の視点でもあるわけではない。同じ内的視点でも、実務にコミットしたものと実務との批判的距離を保つものとの相異は残る。

(16) 前掲注(3)、(9)の各文献、および拙稿、「多元的自我とリベラルな法共同体」(佐々木毅他編、二一世紀公共哲学の地平、東京大学出版会、二〇〇二年、二二一―二四四頁)を参照。

(17) G・M・ホジソン(八木紀一郎他訳)、現代制度派経済学宣言(名古屋大学出版会、一九九七年)、第Ⅱ部、特に第六章。

(18) ホジソン、前掲書、第Ⅲ部、特に第八章。

(19) Cf. B. Guy Peters, *Institutional Theory in Political Science* (Pinter, 1999) また、参照、河野勝、制度(東京大学出版会、二〇〇二年)、第一章。

(20) 制度派経済学の立場に立ちながら、市場の条件を規定するルール群や制度を特に本源的生産要素に関わるセーフティ・ネットとして位置づけてゆく見方については、金子勝、市場と制度の政治経済学(東京大学出版会、一九九七年)、第一章:同編、現代資本主義とセイフティ・ネット(法政大学出版局、一九九六年)、序章:同、セーフティネットの政治経済学(ちくま新書、一九九九年)、第二、三章。また、セーフティ・ネットをナショナル・ミニマムの保障と関連させながら捉える見方として、橘木俊詔、セーフティ・ネットの経済学(日本経済新聞社、二〇〇〇年)、特に第一章を参照。

(21) 法による第二次統御の一般的な意義に関しては、碧海純一、新版法哲学概論(全訂第二版)(弘文堂、一九八九年)、第三章、特に八五頁以下。なお同書の補正版(二〇〇〇年)ではこの部分が書き直されているが(同書九二頁以下)、基本的な趣旨に変化はないと言える。

(22) Hart, *op.cit.*, Ch.5.

(23) 参照、佐伯啓思、「『市場の自己準拠性』について」(今田高俊他編著、複雑系を考える、ミネルヴァ書房、二〇〇一年、二四三―二七三頁)、特に二五一頁以下。また、関連して、参照、河本英夫、オートポイエーシス(青土社、一九九五年)、第Ⅱ、Ⅲ章:金子勝他、逆システム学(岩波新書、二〇〇四年)、第二章。

(24) 参照、厚谷他編、前掲書、第一章、特に一八頁以下。

(25) 参照、厚谷襄児他編、条解独占禁止法(弘文堂、一九九七年)、九頁以下。また、厚谷襄児、経済法(放送大学教育振興会、二〇〇四年）、四四頁以下。
(26) Michael Polanyi, *The Tacit Dimension* (Anchor Books, 1967), p.40ff.
(27) 厚谷他編、条解独占禁止法、一〇頁：厚谷、経済法、四七頁以下。
(28) 参照、佐伯、前掲論文、二五七頁以下：金子他、逆システム学、六五頁以下。ちなみに、法と市場との構造的カップリングと言われるシステム論的事態もこれに関連している。ただしここで重視しているのは、その内での規範的関連性である。参照、江口厚仁「法システムと市場の関係」（法哲学年報一九九四、市場の法哲学、一九九五年）。
(29) 大型店舗の規制をめぐる問題に関しては、厚谷他編、新現代経済法入門、二一一頁以下：高橋岩和、「流通法と経済法」（日本経済法学会編、経済法講座1、経済法の理論と展開、三省堂、二〇〇二年、一九三―二一一頁）、特に一九六頁以下：正田彬、「現代における中小企業と法3」（法律時報、第四九巻五号、一九七七年）、一三二頁以下などを参照。なお、この問題の現況に関しては、北海道大学法学研究科の稗貫俊文教授に多くのご教示をいただいた。
(30) 厚谷襄児、独占禁止法論集（有斐閣、一九九九年）、二八〇頁以下。
(31) 前掲拙著、公正の法哲学、第Ⅲ部第二章。
(32) 前掲拙稿、「多元的自我とリベラルな法共同体」、特に二二四頁以下。

独占禁止法の五六年

――その三　昭和三〇年代日本経済の高度成長と独占禁止法の運用

来生　新

筆者はたまたま独占禁止法の制定の年に生まれた者であり、独占禁止法の歩みが自分の人生の歩みと重なっている。そのような視点から、この数年、諸先輩の古稀、退官等を記念する論文集に、筆者の世代から見た独占禁止法の変容と日本社会の変容を重ね合わせて論ずる、独占禁止法の歴史を取りまとめることを心がけてきた。本稿もそのような試みの一環をなすものである(1)。

本稿は、日本経済の高度成長期及であった昭和三〇年代を対象にして、この時期の独占禁止法の運用実態を分析することである。

一般には、この時期は独占禁止法の冬の時代と評価されるような、運用の低調期として認識されている。結果的には失敗に終わったが、独占禁止法の緩和を試みる法案が国会に提出され、産業政策上の理由から、数多くの産業分野で適用除外カルテルを創設する立法がなされ、独占禁止法の執行自体もけっして活発ではないと言った状況が観察される。まさに独占禁止法の冬の時代と評価される実質を有しているといってよい。

しかし、本稿ではこのような現象について別の角度からの評価を試みる。

本稿の視点からは、この時期は、日本が第二次大戦以前から続く統制中心の経済体制から、市場中心の経済体制に転換する実質的なスタートを切り、伝統的な統制的手法に対抗して、経済政策手段としては新規参入者である独占禁止法が、実質的に意味のある自己主張をし始めた時期としてとらえられる。比喩的にいえば、独占禁止法がその揺籃期を終え、日本の経済社会についてさまざまな体験を通じて学びながら、将来の自立に向けて、徐々に自己主張を開始する少年期から青年期にたとえられる時代としてとらえるのである。

このような視点で見れば、許認可や命令を前提とするさまざまな統制的手法やカルテルは、戦争以前から続く経済政策実現手段であり、官僚統制の弊害についての観念的な評価は別にして、官僚にも財界にも十分ななじみのあるものであった。それに比較して、市場における自由な企業活動による非人為的な資源配分という、独占禁止法を手段とする経済政策は、その重要性についての観念的評価は別として、この時期以前の官僚層にも経済界にも、主要な政策手段としての実感が十分に定着するには至っていないものであった。とりわけ官僚層にとっては、自己の権限の確保・拡大と矛盾する政策手段であった。それゆえ、いまだ十分な認知を受けていない市場メカニズム中心の経済政策を実現する手段である独占禁止法が、この時期に、十分に機能するだけの能力を持たないというのは、ある意味で、むしろ当然であった。しかし同時に、他方で、日本の産業界にもまた社会の多くの階層にも、戦前から戦後に至る官僚統制に関する強いマイナスイ・メージと拒否感があったことも事実であった。

このような統制的な経済に対する親和と嫌悪の微妙な狭間の中で、この時期に、独占禁止法は官僚統制の一方的な強化に対する抵抗の社会的シンボルとしての機能を果たしえたといって良い。結果から見れば、日本の独占禁止法は、ある種の挫折を経験し、右に左に振れながらも、自ら潰れてしまうこともなく、それなりに着実に体力を増し、市場における自由が十分に確保される成熟した市場経済制度の確立に向けて、何とかこの時期を乗り切ったと評価しうるのである。

本章では、このような独占禁止法の挫折と学習と、成長に向けての準備期間について、統制的・計画的な伝統的政策手段を前提とする産業政策等の動きと対比しながら、その内的な成長と、厳しい外部からの圧力のかかり方との拮抗を明らかにする。この拮抗こそがこの時代の独占禁止法の特徴だと考えるからである。

一　昭和二八年法改正後のさまざまな動き

1　独占禁止法の適用除外カルテルおよびカルテル禁止規定の運用

昭和二八年の独占禁止法の大幅な緩和の後も、公取委は適用除外カルテルの認可に関しては厳しい態度で望むとの方針を示していた。すなわち、不況カルテルに対しては「国民経済に及ぼす影響を十分認識し、この認可は厳正な態度をもって臨みカルテルの安易な容認はしない方針を持って詳細なる運用基準、手続規定を持って処理する」とし、合理化カルテルについては「産業の発達を促進するとともに真に需要者の利益となるものについてのみ当委員会が認可することとする。合理化の名にしゃ口する偽装行為の出現は、厳重に防止する。合理化カルテルについても認可運用基準手続規定等をもって処理する」(2)との方針を明示した。

公正取引委員会のこのような政策の結果、昭和二八年、二九年、適用除外カルテルの認可はまったく行われなかった(3)。このような運用の方針は大幅な適用除外カルテルの実施を望んだ経済界の大方の期待を裏切るものであった。昭和三〇年二月には大阪商工会議所が、金属原材料価格騰貴対策として、鉄屑・同屑共同購入についての合理化カルテルの認可促進の要望を表明し、経団連も独占禁止法の厳格な運用方針に不満を表明するなど、公正取引委員会に対する批判が顕在化した。

公正取引委員会は、大阪商工会議所の要望に対する下記のような回答書を公表した。これは、公正取引委員会が、昭和二八年改正直後、適用除外カルテル認可に関して示した方針の変換を示すものとして興味深い(4)。

その回答書において、公正取引委員会は、不況カルテルに関する考え方は基本的には変わっていないとしながら、「デフレ政策の浸透に従い、不況が深刻化しつつある産業部門もまた見受けられる」として、「一方において安易にカルテルを結成しようとする動きに対してはあくまで厳格であるとともに、他方において、不況が激化し、その産業に深刻な打撃を与えるおそれのあるような場合には、不況カルテルについての適用除外規定が効果的に活用されるよう、その認可方針について実体に即した弾力的な考慮を払うと同時にその機動的な処理についても格段の配慮をいたす必要があると考えるに至っている」とした。

また、合理化カルテルについては「合理化によるコストの引き下げが、わが国経済の課題となっていることにかんがみ、関連事業者の利益を不当に害するおそれがなく、またカルテル参加者間に不当な差別をつけるようなことのない限り、積極的にこれを認可する方針をとっている」とし、「世上一部には、当委員会のカルテル認可方針を誤解し、あるいは法律の規定の厳格なこと手続の煩さなことを理由として、当委員会は事実上一切のカルテルを認めない方針であるかのごとく解していられえる向きもあるようである。しかしながら当委員会がこのような考え方を毛頭持っていないことは上述したところからも明らかである。これを要するに、経済法としての私的独占禁止法の本来の使命にかんがみ、当委員会としては、変動する経済情勢に対処して、同法の強力的効果的運用について、遺憾のないように処理する所存であるから、重ねて念のために申し添えるものである」とした。(5)

このような状況の中で、昭和三〇年三月の銅、鉄屑の共同購入カルテルが最初の合理化カルテル認可事例となった。また、不況カルテルとしては、昭和三一年三月に麻糸部門で初めて認可が下された。(6) このように、昭和三〇年、公正取引委員会の適用除外カルテル認可弾力化の声明があり、若干の認可も出たが、当時の一般的な評価としては、依然として適用除外制度は利用しにくい制度で、企業にとっては行政指導による勧告操短がはるかに便利だと考えられていた。(7)

適用除外の認可についてこのような政策が取られる一方で、旧四条を削除したカルテル規制については、公正取引委員会は、昭和二八年の年次報告で、経済界の要請による独占禁止法改正によって同法が骨抜きになるのではないかという疑念にこたえる形で、「私的独占禁止法の根本目的を日本経済の特質と実体に適応して実現せしめるもので一部資本家の利益のためとか従来の私的独占禁止法を実質的に骨抜きにしたものではなくもとより形式的画一的な禁止規定の方が違反行為の取締まりには安易であるといえるが、また、一方このような取締まりはかえって実情にそわないという印象の下に法それ自体の権威を保持し得なくなるおそれのあること否みえないところであるので実質的な判断を基礎として取り締まることとする」との方針を明らかにした(8)。

通商産業政策史はこの「実質的な判断」に基づく法の運用が、大局的には①不況期におけるカルテルの容認と好況期における共同行為の禁止、②好況局面については、競争制限効果が乏しい場合の警告等の行政指導と、③競争制限効果の確認しうる場合の摘発となったと評価する(9)。さらに、この時期の総括的評価として、通商産業政策史は、上記①および②の点において昭和二八年改正後の法運用の弾力化が見られ、適用除外の認可についても若干の弾力化は見られるようになったが、公正取引委員会の法の運用および「カルテルを原則的に禁止する独占禁止法の存在」は「各企業の活動あるいは産業の安定、さらに三一年以降はより積極的に産業の組織化を追求する通産省の政策方針に対しては大きな障害となっていたのである。そしてこうした自体が、通産省の積極的な適用除外立法の制定の動き、さらに三三年の独占禁止法再改正問題を導く背景をなしていく」と評価する(10)。

2　適用除外立法の拡大の試み

昭和二八年の緩和改正後、昭和三三年の独占禁止法改正案の提出に至るまで、通産省を中心とするさまざまな産業所管官庁は、独占禁止法をより一層緩和するためにさまざまな試みをした。第一に、すでに昭和二七年に適用除外規定を備える形で立法されていた「輸出取引法」と「特定中小企業の安定に関する臨時措置法」を連続的に毎年のように改正し、共同行為の範囲を徐々に拡大した。第二に、昭和二九年から三二年にかけて、新たな産業別適用除外立法が試みられ、かなりの法律が成立した。しかし、精糖、鉄鋼、化学産業に関する適用除外立法は実現しなかった。さらに第三には、通産省は独占禁止法そのものの緩和を検討し、最終的には立法されなかったが、昭和三三年改正案を国会に提出した。以下、まず、適用除外立法の動きについて概観しておこう。

昭和二七年の「輸出取引法」は、二八年改正で「輸出入取引法」となり、立法時においては輸出業者の輸出カルテルの適用除外のみを認めていたことに加えて、適用除外の範囲を輸出業者の輸出向け貨物の国内取引にまで拡大したほか、新たに輸入組合の設立と、輸入取引における適用除外協定の許容を加えた。

「特定中小企業の安定に関する臨時措置法」も、同年の改正で「中小企業安定法」となった。昭和二七年の立法時には、同法は、一四の中小企業業種に限定して調整組合の設立を認め、生産もしくは出荷数量または生産設備の制限等の実施を許容し、これを独占禁止法の適用除外とし、主務大臣にアウトサイダーに対する生産制限等の勧告、省令による一般的な制限の命令等の権限を与えるものであった。二八年改正は、法定の業種制限を廃して適用業種を政令指定することとし、指定要件を緩和して、需給が著しく均衡を失して相当の損失を生ずるおそれがある場合の指定も可能にした。それに加えて、調整組合等の行う共同行為の範囲を拡大して、販売方法、原材料の購入方法、一定の条件下での販売価格等についての協定も行えることとし、さらに設備の新設の抑制も可能にした。

その後、中小企業安定法は昭和二九年、三〇年に改正され、輸出入取引法も昭和三〇年、三二年に改正された。中小企業安定法の昭和三〇年改正によって、調整組合の事業活動に品種制限、購入数量が加えられ、調整規程（または総合調整計画）の認可期間が制限された。輸出入取引法の昭和三〇年改正では、法の適用されるカルテルの一部を届出制に、その他を期限付き認可制に改め、輸出すべき貨物の生産業者または販売業者について、一定の範囲内で国内取引に関する協定をも締結できるようにし、それに伴ってアウトサイダー命令の範囲を拡大した。これら二法の昭和三〇年改正は、後に検討するように、前者については工業組合、商業組合の結成による事業活動を大幅に増加させ、後者についてもカルテル数を大幅に増加させた。

その後、中小企業安定法は昭和三二年に廃止され、それに代えて「中小企業団体の組織に関する法律」が制定された。同法の制定により、安定法時代においては生産分野に限定されていた調整組合を、商業分野等あらゆる事業分野で設立可能にし、安定事業と合理化事業とを主たる目的として機能する商工組合に発展させた。同法の制定により、組合が調整事業を行う際に、取引関係または競争関係にある一定の者と交渉を行うときの、相手方の交渉に応ずる義務を定め、主務大臣はアウトサイダー規制命令、加入命令を発することができるようになった。[11]

次に、この時期に新たに制定された産業別適用除外法と、その運用について概観してみよう。この時期に新たに制定された産業別適用除外法と、それに基づくカルテルの件数は次頁の表の通りである。[12]

このように、この時期すでに相当数の適用除外法が新たに制定され、それに基づくカルテルも実施されていた。しかし、適用除外立法の試みがすべて成功したわけではなかったことに注目したい。精糖、鉄鋼、化学の三産業では適用除外立法に成功しなかった。この点について簡単に検討を加えておこう。

鉄鋼部門では、昭和三一年九月以降、鉄鋼需給調整法案が作成された。同法案は、短期には価格上昇の抑制、長期には需給調整による価格安定を目的に、以下のような内容を持つものであった。

①　鉄鋼需給計画の策定・公表
②　鉄鋼需給調整団体の設立
③　アウトサイダー命令
④　販売価格の公表ならびに最高販売価格の指示

この鉄鋼需給調整法案の当初案は、通産省と鉄鋼連盟との密接な協議で策定された。しかし、その後の経緯の中で公正取引委員会が、当初案の目玉であった好況・不況カルテルの届出制に異議を唱え、これを修正して不況カルテルの認可制に変更した。このために、鉄鋼連盟にとって法案そのものに魅力がなくなり、立法に反対するに至り、結局法案は国会に提出されずに終わった。また、この時期に試みられた化学工業振興法案も、業界の積極的支持を得られずに、構想以上には進展しなかったといわれる。[13]

表1

産業	製造業関係							
	5	6	9	11	13	14		
根拠法令	機械工業振興臨時措置法昭31.6.15施行、昭46.3.31失効	電子工業振興臨時措置法昭32.6.11施行、昭46.3.31廃止	肥料価格安定臨時措置法昭39.8.1施行、旧硫安鉱業合理化及び硫安輸出調整臨時措置法昭29.9.5施行、平元.6.30廃止	繊維工業設備等臨時措置法昭39.10.1施行、昭45.7.1廃止、旧繊維工業設備臨時措置法昭31.10.1施行	生糸製造設備臨時措置法昭32.5.28施行、昭34.11.1廃止	酒税の保全及び酒類業組合等に関する法律昭28.3.1施行		
適用業種等	特定機械工業	特定電子工業	肥料製造業	特定繊維工業	生　糸製造業	酒　類製造業	酒　類販売業	（小計）
昭和30			1			4	0	4
31			1			4	0	4
32	0		1	0		6	1	7
33	0	0	1	0	0	7	1	8

産業	鉱業関係	農業・漁業関係	商業・サービス業関係	運輸関係		中小企業関係		
	15	18	22	24	25	2		
根拠法玲	石炭鉱業合理化臨時措置法昭30.9.1施行、平4.3.31適用除外条項削除	輸出水産業の振興に関する法律昭29.12.1施行	環境衛生関係営業の運営の適正化に関する法律昭32.9.2施行	港湾運送事業法昭26.5.29施行	内航海運組合法昭39.8.10施行、旧小型船海運組合法昭32.10.1施行	中小企業団体の組織に関する法律昭33.4.1、旧特定中小企業の安定に関する臨時措置法昭27.8.1施行、旧中小企業安定法昭28.8.1施行		
適用業種等	石炭鉱業	輸出水産業（輸出向け国内取引）	特定環境衛生関係サービス業，販売業	港湾運送事業	内　航海運業	工業組合	商業組合	（小計）
昭和30		0		0		143		143
31	0	8		0		194		194
32	0	8		0		218		218
33	0	11	0	0	1	280		280

産業	貿易関係					
	3					
根拠法令	輸出入取引法昭27.9.1（旧輸出取引法）					
適用業種等	輸出業者の輸出取引	生産業者・販売業者の輸出向け国内取引	輸出業者・輸出組合の輸出向け国内取引	輸出業者の輸出取引	貿易連合	（小計）
昭和30	14		0	0		14
31	28	4	5	0		37
32	57	7	5	2		71
33	73	15	2	3		93

このような事実は、一方で通産省が外貨割当権限という企業に対する支配を貫徹しうる最終手段を持ってはいたが、この時期すでに、通産省が業界に対してあらゆることを強制しうる存在ではなくなっていたこと、企業にも通産省の官僚統制の拡大を嫌う雰囲気があり、通産省の思惑とは別の行動をとることがあったこと、このような状況の中で、公正取引委員会の反対は、ある状況では、それなりの機能を果たしていたこと等を示すものといえよう。

3　昭和三三年独占禁止法改正案の策定と廃案

先に見たように、昭和二八年改正法の運用に産業界は必ずしも十分に満足しておらず、昭和二九年以降も、経済界による独占禁止法の大幅再緩和の要求が、景気の後退局面毎に厳しくなりながら継続していた[14]。通産省を中心とする産業所管官庁も、すでに見たように、勧告操短の活用や既存の適用除外法による適用除外カルテルの拡大、新規の適用除外立法等、さまざまな試みを繰り返してきた。

しかし、先に見たように、産業所管官庁が試みたすべての産業において適用除外立法が成功したわけではない。とりわけ、財界の中心的地位を占めつつあった鉄鋼業界が、官僚統制の拡大を嫌い、通産省の適用除外立法を支持しなかったことの意味は大きかった。経団連産業委員会が、昭和三〇年一一月一一日にとりまとめた「独占禁止法改正についての要望意見大綱」は、「単独法による適用除外によって独禁法の欠陥を補うのは本末転倒である」とし、「業界に対する監督官庁の権限を増大させ、官庁規制面が強くなる恐れがあるとして、独禁法そのものの改正を検討すべき」で、「単独法による適用除外は、業界の不況が深刻なものに限り例外的に認めるべきだ」とした。このとりまとめに当時の産業界の心理が良く現れていると考えられる。

また、その中で独禁法の改正方向については「カルテル認可条件を緩和しても結局のところ共同行為を不当に制約することになるとの意見が強く、独占規制監視法へと転換する方向」が示された[15]。経団連は独占禁止法を弊害規制的なものにするような緩和を求める見解を示したのである。

このような流れの中で、昭和三〇年三月以降、通産省は独占禁止法の再検討を内部で開始し、独占禁止法の規制原理を弊害規制主義に転換することを含むさまざまな検討を行った(16)。同年一二月には有沢広巳を会長とする通産大臣の私的諮問機関「独占禁止法問題懇談会」が設置され、通産省内部で検討した「産業組織化促進法案」構想についての検討もなされた。同法案は、自動車、石油化学等の成長期待産業の合理化を促進するために、生産分野協定、合併による経営規模の拡大を促進し、鉄鋼業等の基礎産業部門における需給安定のためのカルテル、構造的不況産業に対する構造調整カルテル等を可能にしようとするものであり、独占禁止法の大幅な緩和を意図するものだった。

この法案に対しては、公正取引委員会は当然のことながら強く反対し、懇談会内部でも、産業界からもその官僚統制的色彩の強さに対して厳しい批判が寄せられ、昭和三二年初頭には通産省もその立法を断念した(17)。

昭和三二年、なべ底景気と呼ばれた景気後退が始まり、急激な経済の拡大の結果、一方で、国際収支が赤字になり、金融の引き締めが行われると同時に、鉄鋼等は生産の不足で価格が高騰する等の隘路問題も発生する形で不況が深刻化していった。当時の一般的な世論について、『独占禁止法三十年史』は、「産業体質が弱い我が国で、景気の変動が大きいことは無用の経済的損失を招くことになること、中小企業等については過当競争が常態であるので救済策をたてなければならないこと、極端な出血輸出を防止する必要があること、生産品種の単純化、標準化により経済の発展を図る必要があること等が指摘され、たとえ形式的に自由競争を妨げるときといえども、産業の組織化を行って、個別企業の力の集中強化を図り、全体としての混乱と破壊を防止するために、カルテルの大幅容認を果たさなければならないと主張されたのである」とまとめる(18)。

このような雰囲気の中で、勧告操短が各業種に広まり、独占禁止法の再改正によるいっそうの緩和を求める動きが強まった。昭和三二年四月末から、通産省と公正取引委員会の合意により、独占禁止法改正の準備作業が開始され、八月には横田公正取引委員会委員長も、国会において、独占禁止法の改正の中心が、カルテルの緩和をどの程度にするかという点と、行き過ぎた競争手段の取締まりのための不公正な取引方法の強化であると答弁せざるをえない状況に至った。このような経緯を踏まえて、昭和三二年一〇月四日の閣議決定に基づいて、総理大臣の諮問機関として、独占禁止法審議会が中山伊知郎会長の下で設置され、昭和三三年四月に審議会の答申が提出された(19)。

この答申は、自由競争維持の考えが公共の利益に合致するという考えが狭きに失するものであり、それを生産者、消費者を含めた広い国民経済全体の利益と考えるべきだとの前提をたて、従来の独占禁止法の目的について抜本的な変更を迫るものであった(20)。このような前提の下で、具体的には、不況カルテルの不況要件の緩和、事前届出制の採用、合理化カルテルの事前届出制の採用、設備投資調整カルテルの認可の新設、輸出振興のために必要な共同行為についての認可の新設、合併等の要件緩和、不公正な取引方法の要件の明確化等、独占禁止法の大幅な緩和を提言した。

同答申をほぼそのまま具体化する形で、一九五八年第三〇国会に独占禁止法改正法案が提出された(21)。法案作成の過程においても、業界では造船業界、商業団体、タクシー、倉庫業がカルテルの大幅緩和に反対し（消極的反対）、中小企業、農業団体、消費者団体等は独占禁止法の緩和に積極的に反対していた。法案の国会提出後、当初比較的関心が薄かった消費者、農業、中小企業等の各団体も、独占禁止法の緩和に強く反対する動きを起した。中でも、農業団体が自民党の族議員に対して圧力を強めた結果、自民党内部での分裂が生じ、改正案の審議を頓挫させたことが指摘されている(22)。

このような反対運動の盛り上がりについて、御園生は「一九五〇年代半ば以来の日本経済の高度成長の過程は、勤労国民の側においてもある程度の所得水準の上昇による生活の余裕を与えて、今まで『声なき大衆』であった、いわゆる新旧中間層や消費者がようやく自己の利益擁護に目覚め、独占禁止政策の意義を積極的に受け止めようとしていることを示していた」と評価し、通商産業政策史も二八年改正で「必ずしも明示的な運動を示さなかった独占禁止法の支持勢力が、今回の改正問題では改正案に対する反対勢力として立ち現れたことは、独占禁止法制がようやく我が国に定着したことを示す事実として注目しよう」と述べる[23]。

このような反対運動の盛り上がりの中で、同国会が警察官職務執行法案をめぐって政治的に緊張した国会であったために、政府が反対の強い独占禁止法の緩和に慎重になり、結局、この法案は実質審議されることなく廃案となった。同法案が廃案となった後は、昭和五二年、独占禁止法の強化の改正が実現するまで、独占禁止法自体の緩和の改正を試みる法案が、再度国会に提出されることはなかった。

公正取引委員会は、後に、昭和三三年の事態を「独占禁止法の停滞期の一つのピークを示し、わが国の独占禁止政策の歴史の上で非常に大きな意義を持った出来事であった」と総括したのである[24]。本稿の視点からは、このような緩和改正の阻止は、すでに見たように、独占禁止法が制定後一〇年の歳月を経て、それなりに日本社会に定着しつつあった事実を何よりも良く示すものと考える。改正案の廃案は、改正案が警職法案と同じ国会で審議されたという、独占禁止法の発展にとっては、ある意味での偶然ないしは幸運によったと考えられるが、この幸運はけっして天から降ってきたものではない。日本社会での自由競争理念のさまざまな社会層における理解の深化と定着が、このような抵抗力を発揮しうるまでに内的に成長をしてきた事実を示すものと理解すべきなのである。

二　高度成長期の産業政策立法と独占禁止法の後退

1　昭和三三年以降昭和四八年オイル・ショックまでの時代状況の概観

独占禁止法そのものの改正は試みられなかったにせよ、昭和三三年独占禁止法改正失敗からオイル・ショックまでの一五年間は、個別産業の競争制限による保護・育成あるいは衰退産業に対するソフト・ランディングの試みが非常に活発に行われた時期であった。同時にこの時期には、勧告操短が多くの産業で繰り返され、独占禁止法の不況カルテル、合理化カルテルの認可数も、他の時期に比較して圧倒的に多かった。先に見た公正取引委員会の評価はこのような実態を踏まえるものであった。

この時期に始まる政策の継続が、後に、諸外国から日本の不公正な産業政策として強く批判されるにいたる。次表は昭和三三年以降昭和四八年に至るまでの新規適用除外立法とその運用の状況、それ以前の適用除外立法の運用状況、独占禁止法の適用除外カルテルの運用状況を示すものである。(25)

このような状況をどう評価するかは、後に分析を加えることとし、とりあえずこのような状況を生み出した日本の高度成長期について、それを導いた通産省の政策体系を軸にして、行政と市場の関係の全体状況を概観しておこう。(26)

昭和三〇年代以降における日本の経済行政の一つの特徴は、政府の閣議決定を経て定められる、誘導的な性格の長期経済計画の出現である。一連の長期経済計画は、この期間をとってみても、昭和三〇年、鳩山内閣「経済自立五ヶ年計画」に始まり、昭和三二年、岸内閣「新長期経済計画」、昭和三五年、池田内閣「国民所得倍増計画」、昭和四〇年、第一次佐藤内閣「中期経済計画」、昭和四二年、第二次佐藤内閣「経済社会発展計画」、昭和四五年、第三次佐藤内閣「新経済社会発展計画」、昭和四八年、田中内閣「経済社会基本計画」と続く。(27)

これらの計画は、いずれも望ましい社会発展の方向を示し、その実現のために政府がとるべき政策の方向を示し、国民や企業の活動の指針を示す誘導的な性格のものであった。(28)日本経済全体のマクロレベルでの誘導に関してこのような計画的行政手法が採用されると同時に、独占禁止法改正が失敗に終わった昭和三四年六月、通産省企画室の「今後の通商産業政策について」の第二稿は、今後の政策遂行の基本理念を「資本主義のメカニズムを生かした『誘導的』行政」に見出すとの見解を示し、ミクロレベルでも誘導的行政の議論が出現している。(29)

表2①

産業	製造業関係			
	7	10	12	16
根拠法令	特定電子工業及び特定機械工業振興臨時措置法昭46.4.1.施行、昭53.3.31失効	砂糖の価格安定等に関する法律昭40.6.2施行	繊維工業構造改善臨時措置法昭49.6.30施行、旧特定繊維工業構造改善臨時措置法昭42.8.15施行	金属鉱業等安定臨時措置法昭38.7.1施行、昭43.5.21廃止
適用業種等	特定電子および機械工業	精製糖製造業	特定紡績業	金属鉱業
昭和34				
35				
36				
37				
38				
39				0
40				0
41		0		0
42		0	0	0
43		0	0	0
44		0	1	
45		0	0	
46		0	0	
47	0	0	0	
48	13	0		

産業	製造業関係			
	17	19	20	23
根拠法令	漁業生産調整組合法昭36.6.13施行	果樹農業振興特別措置法昭36.3.30施行	真珠養殖等調整暫定措置法昭41.12.18施行	卸売市場法昭46.7.1施行
適用業種等	指定漁業	果実の生産業、販売業、果実加工業	特定紡績業	金属鉱業
昭和34				
35				
36				
37	4			
38	5			
39	5			
40	6			
41	6	0		
42	6	0		
43	7	1		
44	7	0		
45	7	0	0	
46	7	0	8	
47	7	0	8	0
48	7	0	7	0

表２②

産業	中小企業関係			貿易関係				
	2			3				
根拠法令	中小企業団体の組織に関する法律昭33.4.1施行、旧中小企業の安定に関する臨時措置法昭27.8.1施行、旧中小企業安定法昭28.8.1施行			輸出入取引法昭和27.9.1施行（旧輸出取引法）				
適用業種等	工業組合	商業組合	（小計）	輸出業者の輸出取引	生産業者・販売業者の輸出向け国内取引	輸出業者・輸出組合の輸出向け国内取引	輸出業者の輸出取引	貿易連合
昭和34	313	1	314	112	27	7	4	
35	352	18	370	129	34	7	2	
36	407	60	467	144	39	8	2	
37	420	129	549	149	41	7	2	
38	413	178	591	143	44	5	2	8
39	415	173	588	137	52	4	1	8
40	419	168	587	139	57	4	2	8
41	441	211	652	135	64	4	3	8
42	421	213	634	130	64	4	4	8
43	401	181	582	138	63	4	3	8
44	399	123	522	140	64	5	4	8
45	364	105	469	133	68	5	4	8
46	345	94	439	124	57	3	3	8
47	523	81	604	117	48	2	2	8
48	553	54	607	111	60	0	2	8

産業	製造業関係							
	5	6	9	11	13	14		
根拠法令	機械工業振興臨時措置法昭31.6.15施行、昭46.3.31失効	電子工業振興臨時措置法昭32.6.11施行、昭46.3.31失効	肥料価格安定臨時措置法昭39.8.1施行、旧硫安工業合理化及び硫安輸出調整臨時措置法昭29.9.5施行、平.6.30廃止	繊維工業設備等臨時措置法昭39.10.1施行、昭45.7.1廃止、旧繊維工業設備臨時措置法昭31.10.1施行	生糸製造設備臨時措置法昭32.5.28施行、昭34.11.1廃止	酒税の保全及び酒類業組合等に関する法律昭28.3.1施行		
適用業種等	特定機械工業	特定電子工業	肥料製造業	特定繊維工業	生　糸製造業	酒類製造業	酒　類販売業	（小計）
昭和34	0	0	1	2	1	8	1	9
35	1	0	1	7		8	1	9
36	1	0	1	4		8	1	9
37	5	0	1	3		8	1	9
38	6	0	1	3		8	1	9
39	14	0	1	3		8	1	9
40	14	1	2	3		11	1	12
41	9	1	2	3		11	1	12
42	6	1	2	3		11	1	12
43	8	0	2	3		11	1	12
44	17	0	2	3		9	1	10
45	16	1	2	3		6	1	7
46	17	2	4			6	1	7
47			4			6	1	7
48			4			3	1	4

産業	鉱業関係		商業・サービス業関係	運輸関係	
	15	18	22	24	25
根拠法令	石炭鉱業合理化臨時措置法昭30.9.1施行、平4.3.31適用除外条項削除	輸出水産業の振興に関する法律昭29.12.1施行	環境衛生関係営業の運営の適正化に関する法律昭32.9.2施行	港湾運送事業法昭和26.5.29施行	内航海運組合法昭39.8.10施行、旧小型船海運組合法昭32.10.1施行
適用業種等	石炭鉱業	輸出水産業（輸出向け国内取引）	特定環境衛生関係サービス業、販売業	港湾運送事業	内航海運業
昭和34	0	10	0	0	9
35	1	11	0	0	10
36	0	10	5	0	12
37	0	11	63	0	13
38	0	11	95	0	16
39	0	11	106	0	15
40	0	12	122	0	14
41	0	11	123	0	16
42	0	8	123	0	21
43	0	8	123	0	22
44	0	8	123	0	22
45	0	8	123	0	22
46	0	8	123	0	21
47	0	8	123	0	19
48	0	7	123	0	14

この時期の通産省が「資本主義のメカニズム」をどのようなものとして理解し、何を「誘導的」行政と理解したかについては、その後の新産業秩序論等の議論の展開を見る限り、相当に留保を付けて考えなければならない。しかし、この時期には通産省でさえ政府主導による経済運営の好ましさについての認識、視点を変えていえば、強い政府と無力で政府の言うがままになる市場を望ましいとする認識を実質的に変更し、政府の強さについての自信はゆるがないが、相対的に力をつけ自立しつつある市場との間で、新たな関係を構築せざるをえないと考えつつあったことは確かなように思われる[30]。

終戦以来、日本は、一方で、理念として、また制度としても、市場中心の経済体制をとった。しかし、他方で、このような理念や形式にもかかわらず、実質においては、政府が経済運営のリーダーシップをとっていた。このようなことが可能であったのは、終戦直後の、臨時物資需給調整法による直接統制的手法[31]、外貨の割当て、さらに開発銀行融資といった経済政策実現手段の果たす役割が大きかったためである。開発銀行融資は、形式的には融資であり、直接統制的な手段ではない。しかし、終戦直後、民間の金融市場がほとんど十分な資金を持たず、他に十分な資金調達先がない状況下で、民間企業は、行政主体の政策に従うというコストを払えば、相対的に大きな額の開発銀行融資を受けることができた。資金不足に悩む民間企業にとってその魅力は非常に大きく、開発銀行融資が民間企業に対してもつ影響力は非常に大きかった。このような行政手段は、政府の政策意図の実現という観点からは、実質的には直接統制的な手段に等しい効果を持つものと評価しうる[32]。

昭和三一年頃から、わが国の基礎産業部門の価格上昇、化学等成長部門における急激な新規参入の増加、設備拡張競争の激化、鉄鋼・機会の生産能力不足に起因する一般機械・電気製品の価格の急激な上昇（いわゆる隘路問題）等が顕在化する。

しかし、通産省が需給調整や投資調整を私企業に行わせようとしても、その実現手段として、すでに直接統制手法である臨時物資需給調整法は失効している。また、外貨割当てと開銀融資は依然として有効な手段であるが、昭和三〇年九月一〇日、日本のガット加盟発効に象徴される貿易自由化の進行と経済の成長が、さほど遠くない将来、これらの手段の有効性を失わせることは当然に予測されるところであった。機械輸入、技術導入の規制手段として非常に効果的であった為替割当てによる投資調整も、貿易が自由化されるにつれてその有効性を失うことは当然に予測できた。また、資本の自由化とわが国経済の成長による相対的な金融の緩和は、開銀融資のありがたみも低下させるであろうことが、この時期にやはり予想できたのである。

加えて、すでに見たように、この時期に通産省がこれ以上官僚統制的な色彩の強い政策手段を導入しようとすると、すでに相当程度に力を回復していた産業界がこれを嫌うという状況も顕在化しつつあった。このような流れが、従来に増して、経済官庁が、官僚統制色の薄い、誘導的な行政手法の開発を試みざるをえない背景にあった。

カルテルは事業者の自発的な合意を基礎とし、なおかつ市場の自然の機能に人為的な介入を行うものである。事業者は、一方で官僚統制を嫌うが、他方で競争の激化をも嫌い、景気の変動に抗する安定の実現を望む。行政は市場に対する人為的介入についての自己の権限を確保し続けることを望む。このような状況の中で、財界と経済官庁から、日本経済の過当競争体質の指摘と、組織化の必要性が、これ以降繰り返し強調され、その手段としてカルテルの合法化と合併等の促進が主要な政策ターゲットとなっていく。(33)

独占禁止法の適用除外立法はこのような状況に対処するための一手段として位置づけられる。一般的には官僚統制的色彩の強さがきらわれるために、適用除外カルテル制度は、私企業にとっても魅力的な他のさまざまな政策手段との組み合わせでの実施が試みられる。このようなカルテルと他の諸制度との組み合せが産業政策立法に他ならない。(34)

産業政策立法は、各産業の発展段階に応じて、合理化の促進や、新技術の確立・振興等の幼稚段階にある産業の高度化、衰退期に入った産業の軟着陸と他産業へのシフトの促進等、さまざまな目的を持つ。それぞれの目的に応じて、各産業政策立法は、計画の樹立や審議会の設置等によって、産業構成員間での現在および将来情報の共有をはかり、計画目的に合致する企業行動に対して、政府が中心となってさまざまな資金援助をし、カルテルや合併等について独占禁止法の適用除外を設け、時には公的資金を投入して、私企業の債務の肩代わりをするというような、比較的共通の構造を持った(35)。場合によっては、計画への適合性と、さまざまな許認可がリンクされ、誘導と規制の総合的な体系が産業毎に構築されるのである。

このような産業政策立法は、確かに、カルテル法であり、競争制限政策である。しかし、筆者は、この時期にこれだけ多くの競争制限立法が実現したことは、むしろ逆に、日本の市場が終戦直後に比較して相対的に自立しつつあり、伝統的な政府の強権的な経済運営の手段が相対的には有効性を失いつつあったからに他ならないと考える。

この時期、日本の市場は、成長しつつはあるが未だに成熟からはほど遠く、政府は自らの強いリーダーシップの発揮と競争制限がなければ、日本の競争市場は安定的に発展しないと考えていた。また、産業界自体も、あまりにも過度な介入がある場合には、部分的にそれに抵抗することはあっても、当時の力関係の下では、政府の私的な意思決定への介入を完全に拒否することはなかなかできなかった。さまざまな局面で、政府の方針に従うことによってもたらされるメリットは非常に大きかったのである。

この時期は、市場が相対的には成長しつつ、いまだ十分に成熟するにはいたらない過渡期であった。この時期、既存の各企業は、政府の介入による競争のコントロールを、介入が過度にならない限り積極的に利用し、業界の自主的協調という名目の下で、競争制限に活用したと考えられるのである。それが勧告操短に代表される日本の「行政指導」による行政として、広く世界に知られるようになる。そのような時代の雰囲気が最も良く現れたのが、新産業秩序論にもとづく「特定産業振興臨時措置法案」の提出と廃案、その後の協調方式の実質化という経緯であった。以下、款を改めて、戦後最大の経済政策立法と呼ばれたこの法案の経済政策思想——政府と市場のあるべき関係についての理解――を検討することとしよう。

2　新産業秩序論

昭和三五年、岸内閣の下で、「貿易・為替の自由化計画大綱」が決定され、翌年、池田内閣は「貿易・為替の自由化促進計画」を策定して、日本が本格的な開放経済へ移行することを内外に示した。それは必然的に日本経済の過当競争体質を問題視し、国際競争力強化を政策の中心とする動きをもたらした。昭和三五年の国民所得倍増計画でも、経済合理性に徹した体制を確保し、国際競争力を強化する一環としての新しい産業秩序の形成が主張された。(36)

このような政策思想は、昭和三六年一二月に設置された通産省の「産業構造調査会産業体制部会」で、フランスの経済社会発展計画をヒントにして、新産業秩序論としてまとめられていった。(37) そのエッセンスは、政府と企業の協同によって具体的な産業秩序形成の目標が設定され、企業はその実現に向かって努力し、政府はその過程において税制、金融面での優遇措置を約束する「協同調整論」に示された。この協同調整論による経済は「単なる私企業をベースとする経済ではなく、政府と私企業の協同をベースとする経済ないしは混合経済と呼ばれるべきである」とされ、それが「適正規模と有効競争の実現」という観念でも表現された。

この時期に前後して、公正取引委員会や学会での議論においても、独占禁止法の理念は完全競争の実現ではなく、有効競争の実現であるという表現が用いられるようになる。新産業秩序論においても有効競争の実現という概念が用いられているのは興味深い。(38) 混合経済や有効競争という概念は不確定概念であり、それだけにどのような意味をも付与しうる政治的には使い勝手の良い便利な概念なのである。

いずれにしても、新産業秩序論にとっては独占禁止法との関係をどうつけるかが重要な問題であった。これについて、新産業秩序論は、独占禁止法の理念は堅持されるべきであるが、「現在の独占禁止法はやや自由競争の擁護に走りすぎて、競争の制限に対して神経質に過ぎているきらい」があるとし、「公共の利益即自由競争」という解釈が狭すぎることを批判した。昭和三三年の独占禁止法改正案の前提を受け継ぐ議論がなされたのである。

この理念に基づき、最終的には、昭和三八年三月、「特定産業振興臨時措置法案」が国会に提出された。この法案の要点は、特殊鋼、自動車、石油化学等の指定業種について、政府、産業界、金融界の代表者からなる「官民協調懇談会」が、各業種の「振興基準」を策定し、それにしたがって行われる個別企業からの融資要請に金融機関は配慮することを義務づけられ、政府は財政投融資、政府系金融機関等による体制金融を行い、協調的行動に対しては独占禁止法の適用を除外するという内容を持つものであった[39]。

この法案の立案過程で、公正取引委員会と通産省は、独占禁止法との関係をめぐって次のような点で対立した[40]。

① 通産省案では、特定産業における共同行為の類型として、品種・生産方式の制限、生産設備の制限・処理、部品の購入方法、事業の廃止に伴う調整金の授受等、当初九類型、その後政令による追加指定が想定されていた。

しかし、これらの類型中には独占禁止法違反が明白で公正取引委員会が受け入れられないものや、独占禁止法上問題とならずあえて適用除外にする必要のないものが含まれていた。また、既存の独占禁止法の適用除外規定、機械工業振興臨時措置法等で処理できるはずのものが含まれていた。

② 共同行為の認可権が主務大臣にあることが想定されており、消費者利益の保護と独占禁止法との統一的運用が妨げられる可能性があった。

③ 合併等について、一定の要件を満たす場合には独占禁止法一五条の「一定の取引分野における競争の実質的制限」となる場合にも、独占禁止法の適用を除外することが想定されていた。

④ 対象業種の指定を政令に譲り、法律上指定の基準を明確にしていないことが、独占禁止法の適用除外を認める法律として不適当であると考えられた。

このように通産省原案においては、かなりの部分において、昭和三三年独占禁止法改正法案の再現の意図が見られた。公正取引委員会がこれをそのまま受け入れられないことは当然であった。これらの諸点について、公正取引委員会と通産省が調整をした結果、以下のような調整がなされ、公正取引委員会も法案の大綱について了解をした。

①　については、公正取引委員会が認められないとしていた類型である、品種制限等による調整金の授受、受注の方法及び政令による行為類型の追加が削除され、他の類型については、この法案で認めようとする共同行為と他の法律との趣旨の違い、手続の違いを公正取引委員会が了解すること、

②　については、共同行為の認可権を公正取引委員会がもつこと

③　については、削除すること

④　については、法律に具体的な業種の例示をし、これに準ずるもののみを政令指定するように、対象業種の範囲を厳しく制限すること

このような形で独占禁止法との調整は何とかついたが、他に金融業界に対する大蔵省と通産省の権限争いもあり、複雑な要素を持つこの法案は、与党である自民党の積極的支持を得られず、産業界も政府介入の強さを嫌って支持するものは少数に止まり[41]、大蔵、公取は潜在的反対に回り、消費者、中小企業は積極的に反対した。その結果、スポンサーなき法案と呼ばれたこの法案は、第四六通常国会で、審議未了で最終的に廃案となった。独占禁止法そのものの改正ではなかったが、昭和三三年改正法案の流れを汲んで、独占禁止法に大きな風穴を開ける可能性のあった特定産業振興臨時措置法案は、再び通産省の試みが失敗する結果に終わった。

終わりに代えて

今から振り替えると、この戦後最大の経済政策立法と呼ばれた法案が通過していれば、日本の市場と政府の関係は現在のものとは相当に異なったものとなり、日本の政府と市場の関係は、フランス的な、より社会主義的な計画経済の色彩の強い関係に変わっていた可能性が高いと考えられる。このようなシステムは、戦前からの伝統的な経済政策システムへの復帰とも言うことができ、当時の官僚や、経済界の多くの人々にむしろなじみのある方法だったからである。

この法案は制定されることなく終わり、形式的には政府の統制の強化は実現しなかった。しかしその後、昭和四〇年代の経済構造の高度化を名目にした大型合併の促進と、ある意味でのこの法案の精神の実質化ともいうべき政策運用が、昭和四〇年代の日本の独占禁止政策と産業政策の新たな緊張関係を作り出していくという事実がある。昭和四〇年代に入ってからの寡占化の進行、その後のオイル・ショックが、さまざまな意味で一体となって反大企業の時代的雰囲気を作り上げ、昭和五二年の独占禁止法改正につながっていく。

まさに禍福はあざなえる縄のごとくであって、独占禁止法の弱体化と見える現象が少し長い目で見ると、それを強化する動きを作り出す要因ともなっている。

昭和三〇年代から四〇年代にかけて見られたこのような諸現象が、今日の独占禁止法のありよう、あるいは安定成長からオイル・ショック後の急激な経済の拡大と貿易黒字の増大を経験する日本経済に、どのような影響を与えたかを論ずるには、本稿に与えられた紙幅は十分ではない。本稿の検討は、主として高度成長期前半の独占禁止法の運用と産業政策の関係を見るにとどまらざるをえず、特定産業振興臨時措置法案が廃案となったあとの、高度成長後期の独占禁止法の運用の検討には別稿を立てる必要がある。

その意味で、本稿は、いまや成熟した市場経済を前提にして政府と市場の関係を規定しつつある現在のわが国の状況との対比で、いまだ発展途上であった時代の日本の市場と政府の関係の一断面を提示するにとどまるものである。しかし、中国等の、急速に市場経済化しつつある諸国で、産業政策による戦略的国家産業の成長の確保と、独占禁止法の強化が同時並行的に課題とされている状況の下で、本稿の検討対象とした日本の経験が、これらの諸国にとって何がしかの示唆を与えることができればよいと考え、本稿の終言としたい。

(1) 拙稿「独占禁止法制定前史――第二次世界大戦中の経済体制と占領初期政策」横浜国際経済法学第一一巻一号一～二三頁、「独占禁止法の五六年――その二　占領政策の転換、日本の主権回復と独占禁止法」横浜国際経済法学一二巻三号四九～八九頁、「独占禁止法体系の整備と消費者保護法としての独占禁止法の確立」正田彬先生古希祝賀論文刊行委員会編『独占禁止法と競争政策の理論と展開』(三省堂、一九九九年)二一六～四三頁。

(2) 公正取引委員会年次報告書　昭和二八年度六頁。

(3) 昭和二八年には、不況カルテルについては認可申請がゼロ、合理化カルテルについては溶解用鋼くず購入カルテル、ビスケット企業の二件が申請されたが、認可に至らず。昭和二九年には、不況カルテルについて認可申請ゼロ、合理化カルテルについて二八年度から継続の二件について、ビスケットについては認可申請が却下され、鋼くずについては昭和三〇年度に入って認可された。また、銅くずの購入にかかるカルテルも新たに申請され、これが昭和三〇年三月三一日付で認可された。

これについて、御園生等『日本の独占禁止政策と産業組織』(河出書房新社、一九八七年)八六頁は、昭和二八年の独占禁止法改正時に、政治的かけひきによって、適用除外カルテルについての当初の主務大臣認可、公正取引委員会の認定という原案を国会審議の過程で逆転させ、認可権を手に入れた公正取引委員会が「余勢をかって」カルテル認可に厳格であろうとすることは、当然財界および通産省の反発を招くことにならざるをえなかった、と述べる。公正取引委員会の職員であった御園生の指摘は、当時の公正取引委員会の雰囲気を示すものとして興味深い。

(4) 御園生・註(3)前掲書八六頁は、「もともと一九五三年法改正による独占禁止政策の緩和をみずから打ち出した公正取引委員会が、それにもかかわらず改正後において断じて『カルテルを安易に認めない』方針をとることが、財界および通産省等省庁に受け入れられるはずはなかった」と述べる。

(5) 昭和二九年度 年次報告四七～四八頁。

(6) これに関して、通商産業政策史はこの時期、通産省が独占禁止法の業種別適用除外立法の制定に積極化していた時点であることを指摘し、「公正取引委員会は、こうした状況に対応して、上記の方針転換を表明したのである」と述べる。通商産業省・通商産業政策史編纂委員会編『通商産業政策史5』(通商産業調査会 平成元年) 三一九頁。

御園生・註 (3) 前掲書九七頁は、これを「経団連や関西財界から、独占禁止法の硬直的な運用についての公取委に対する不満の表明と、通産省等による業種別適用除外立法による独占禁止法バイパス立法構成のプレッシャーに抗しきれずに示された方針転換に他ならなかった」と評する。

(7) その理由は以下のように説明される。通商産業省・通商産業政策史編纂委員会編・註 (6) 前掲書三一九～三二〇頁。

① 不況カルテルの認可要件が厳しいこと

② 認可要件の関係で、原価計算書等の提出が必要なことが企業には好ましくないと評価されたこと、

③ 申請後認可がなされるまでの時間が長くかかるために、当初の状況が変化してカルテルに当初の期待通りの効果が生じない可能性があること、

④ 公正取引委員会の認可を得ても、それはカルテルを違法としないというに止まり、実効性を担保するものではないこと、

⑤ これに対して、通産省の行政指導を前提とする勧告操短は、上記①～③の心配がなく、しかも外貨割り当てとリンクした実効性の担保もあった。

(8) 公正取引委員会・註 (2) 前掲書6頁。

(9) 通商産業省・通商産業政策史編纂委員会編・註 (6) 前掲書三二八頁。

(10) 通商産業省・通商産業政策史編纂委員会編・註 (6) 前掲書三三一頁。

御園生・註 (3) 前掲書は、この時期の通産省による独占禁止法改正の動機の一つとして、昭和二八年改正の立

案の過程で、一度は、適用除外カルテルの認可権が通産省等の主務大臣に与えられ、公正取引委員会は認可要件への適合の「認定」という形で調整された認可権問題を、公正取引委員会の最終段階での政治工作によって、立法としては公正取引委員会に認可権を確保することになったことに対する反発があると指摘する。なお、同書は、通産省の他の動機として、近い将来に断行が予定されていた貿易自由化により、通産省がそれまで行使していた外為法による外貨割当て等の産業政策上の根拠と権限が失われることに対して、新たな一般的産業政策根拠法の制定を意図したことも指摘されている。八六頁、一〇〇頁。

(11) 公正取引委員会はこのような改正に反対であり、昭和三一年末には「中小企業の組織立法の問題点について」という見解を発表して、員外者規制命令、加入命令等が一部中小企業社の利益を不当に拘束し、活発な経済活動を阻害し、一般消費者の利益を害することを主張した。その後の法律の立案段階でも、公正取引委員会は通産省と鋭く対立し、調整を試みたが、加入命令については公正取引委員会の抵抗も空しく、通産省に押し切られた。詳しくは公正取引委員会事務局編『独占禁止政策三十年史』(大蔵省印刷局、昭和五二年)一〇四〜一〇五頁。

(12) 公正取引委員会編『平成九年版　公正取引委員会年次報告』(公正取引協会、平成九年)八〇〜八五頁の表から作成。

(13) 通商産業省・通商産業政策史編纂委員会編・註(6)前掲書三三八頁。

(14) 昭和二九年三月、東京商工会議所が緊急経済対策として、産業の合理化・再編のための「臨時産業安定法」を制定し、不況・合理化カルテルを商業にまで拡大すべきとの提唱を行ったことはその一例である。公正取引委員会事務局編・註(11)前掲書一一三頁。

(15) 日本経営史研究所編集製作『経済団体連合会三十年史』(経済団体連合会、昭和五三年)一八九〜一九〇頁。

(16) 金沢良雄「カルテル法制の混迷」ジュリスト一二二号(一九五七・一・一五)二〇頁は、昭和二八年の重要産業安定法案以来の一般法による適用除外制度創出の試みと、個別法による適用除外立法の現実の動きをまとめている。詳細については、通商産業省・通商産業政策史編纂委員会編・註(6)前掲書三五〇〜三五八頁。

(17) 詳細については、通商産業省・通商産業政策史編纂委員会編・註(6)前掲書三六〇〜三七六頁。

(18) 公正取引委員会事務局編・註(11)前掲書一一四頁。

(19) 審議のプロセスについては、通商産業省・通商産業政策史編纂委員会編・註(6)前掲書三七六〜三九六頁が詳しい。なお、公正取引委員会事務局編・註(11)前掲書一一四〜一一六頁。

鈴木竹雄・芦野弘・金沢良雄・矢沢惇「独禁法審議会答申を検討する」ジュリスト一五〇号(一九五八・三・一五)二頁以下は、答申についての詳細な検討を展開している。

今村成和『私的独占禁止法の研究(二)』(有斐閣、昭和三九年)第二編第一章 五三頁〜六七頁は、審議会の委員中学識経験者が五名であったが、明白な独占禁止法の支持者は候補者から除かれたことを指摘し、答申の個別論点について詳細な検討を加える。中で、カルテル規制の緩和に関連して、産業団体の取る業界の自主的な市場統制を求める立場と、通産省の取る産業に対する国家的規制を強化する立場として互いに対立し、市場統制に対する主導権の争いとなっていること、カルテル認可制はその妥協点を形成する効果を持つものであるとの指摘があり、本稿の視点から見ても興味深い。五九頁。

(20) 坂根哲夫「独占禁止法の改正方向にふれて」公正取引九四号(一九五八・七)二頁は、この点について、答申の妥協的性格を指摘し「そこで審議会は、国民経済全般の利益というより高い見地からも判断するという表現をとって現行法の規制している自由競争秩序を維持するということを、根本的には否定していないのである」と解説する。坂根氏は当時の公正取引委員会の事務局長である。

(21) 改正案の具体的な内容については、公正取引委員会事務局編・註(11)前掲書一一六〜一一七頁、法案調整の具体的なプロセスについては、通商産業省・通商産業政策史編纂委員会編・註(6)前掲書三九六〜四一〇頁を参照されたい。法案の主要なポイントは以下のようなものであった。

① 答申の「不況の恐れある場合にも共同行為を認めること」に対応して、不況事態について、従来の「当該商品の価格がその平均生産費を下る」という要件を「当該商品の価格が著しく低落し」に改め、従来の「当該事業者の相当部分の事業の継続が困難となるに至るおそれがある」という要件を、「当該事業者の相当部分について当該商品の生産に係る事業の遂行が著しく困難となり、またはなるに至るおそれのある」と改めたこと。

② 生産業者のみの共同行為で、事態の克服が困難である場合であって、生産業者の共同行為とともに行うときに限り、新たに販売業者の共同行為を認めること。

③ 従来の共同行為の態様である、数量制限、設備制限、価格制限という限定列挙を、例示規定に改める。ただし、価格協定、独占的買取り機関の設立、独占的販路協定については、技術的理由および数量制限で効果が上がらないときにのみ認めること。

④ 認可制は維持するが、制限期間が三ヶ月以内の一定の共同行為については二〇日間の期限付き認可制とし、認可申請は主務大臣を経由すること。

⑤ 二四条の四合理化カルテル規定中、第二項を、生産業者のみではなく、販売業者についても認め、認可制を三〇日の事前届出制に代えること。

⑥ 合理化カルテルの範囲を拡大し、とくに必要がある場合には「生産品種の制限、品種別生産数量の制限、原材料の購入もしくは販売の制限、その他政令で定める共同行為」について、新たに認可制で認めること。

⑦ 買取機関の設置等、販売または原材料購入の制限については、この共同行為に限って販売業者の参加を認めること。

⑧ 一定の取引分野の競争を実質的に制限することとなる合併についても、「生産規模を拡大すること生産技術または生産方法の改善その他生産過程における合理化を遂行するためにとくに必要であって、他の法法によっては、その合理化を遂行することが困難である」場合には、一般消費者・関連中小企業者の利益を不当に害するおそれのないことという条件を満たせば、合併を認めること。

⑨ 公正取引規約制度を設け、公正取引委員会の認定を受けて独占禁止法違反の手続を開始しないこととする。

⑩ 不公正な取引方法の規制を強化し、違反行為の差止等を可能にする。

この改正案について、御園生は「独占禁止政策擁護の中軸であるはずの公正取引委員会が、このような独占禁止政策の根幹をゆるがすような改正案を易々として受け入れたのが不可解であった」とし、そこに政府、自民党、財界からの強い圧力があったと推測する。御園生は、その根拠として、改正推進のために、独占禁止法改正に反対の立場を鮮明にしていた第二代委員長横田正俊氏の任期半ばにしての辞任と、長沼弘毅第三代委員長との交代という事実を指摘する。その上で、公正取引委員会および事務局の、改正案策定で示した消極性、独占禁止法の基本的立場を堅持することの自信喪失とでもいうべき態度が、「その後の独占禁止政策運営に最悪の影響を及ぼさずにはいなかったのである」と述べる。御園生・註（2）前掲書一一二頁。

この点に関して、当時、公正取引委員会の総務課長であった小林貞男の書いた「独占禁止法改正の方向について」ジュリスト一六二号（一九五八・九・一五）一四頁が、改正に関して、賛否両陣営からの非難があることを予測した上で、「されば、以上の両論に対しては、問題を現実に即して解決してゆこうとする改正の根本的態度に則って、改正法の運用にあたるものの良識に信頼して、しばらくその運用を見ていただきたいというのが、われわれの念願である」という、当時の公正取引委員会の微妙な立場を示すものとなっていることが興味深い。

(22) 御園生・註（3）前掲書一一一頁。

公正取引九七号（一九五八・一〇）は、ここで名前が挙がっている団体の代表者の改正に対する見解を示す論文を掲載する。また同号の「独占禁止法審議会諮問に対する各界の回答」九八号「各界の動き」、九九号「その後の各界の動き」も参照されたい。

(23) 御園生・註（3）前掲書一〇六～一〇七頁。

通商産業省・通商産業政策史編纂委員会編・註（6）前掲書四一〇～四一一頁。

(24) 公正取引委員会事務局編・註（11）前掲書一一九頁。

(25) 公正取引委員会編『平成九年版　公正取引委員会年次報告』（公正取引協会、平成九年）八〇～八五頁の表から作成。

なお、この時期の適用除外カルテルについては、吉田仁風『日本のカルテル』（東洋経済、一九六四）が詳細な分析を加える。

(26) 詳しくは拙著『産業経済法』（ぎょうせい、平成八年）六二～八五頁。

(27) 計画の内容については、拙著・註（26）前掲書六四頁、七三～七六頁

(28) 経済計画の誘導的性格について、計画毎に評価は異なりうる。例えば、大来佐武郎『国民所得倍増計画の解説』（日本経済新聞　昭和三六年）一～二二頁は、経済自立五ヶ年計画と新長期経済計画は産業活動に対する統制色が強い計画と評価し、国民所得倍増計画は、それに対して民間活動に対する政府の役割を限定的に考えるものだとする。

(29) 通商産業省・通商産業政策史編纂委員会編・註（6）前掲書一八五～一八六頁。

野口雄一郎「貿易自由化とカルテル政策の再編成」公正取引一一七号（一九六〇・六）二～六頁が、「誘導政策」概念の出現の背景についての分析を示す。
(30) 戦後の直接統制的な政策手段の概要については、拙著・註(26)前掲書八六～八七頁。
(31) 同法の具体的な内容については、拙著・註（26）前掲書一七八～一八四頁を参照されたい。
(32) 天谷直弘・坂本二郎・小宮隆太郎・座談会「新しい産業体制と経済政策」経済評論一一巻八号（一九六二・八）七一～七二頁における天谷発言が、戦前から戦後のこの時期にかけての日本の経済体制とその手段の推移を巧みにまとめ、臨時物資需給調整法以降の経済体制を「自由経済ともいえないし、統制経済ともいえない」て表現している。また、七五頁の小宮発言は、外貨割当てと資金割当てが一番有効に民間企業をコントロールする手段であることを指摘する。
なお、金子佐一郎「自由化と独禁政策」公正取引一一四号（一九六〇・三）二二頁参照。
(33) 正宗猪早夫「貿易自由化と独禁政策」公正取引一一四号（一九六〇・三）三六頁。
金澤良雄・木村禧八郎・高島節男・座談会「貿易自由化をめぐる法律問題」法律時報三二巻六号（一九六〇・五）四頁以下。なお、八～十頁の高島発言を参照されたい。
(34) 野口・註(29)前掲論文に同様の指摘がある。
(35) 合理化を目的とする産業政策立法の典型例としての「石炭鉱業合理化臨時措置法」について、拙著・註（26）前掲書二六二～二七〇頁、小泉幸之輔「石炭経済の合理的構図」公正取引七四号二頁。衰退産業に対する産業政策立法の典型例としての、同じく「石炭鉱業合理化臨時措置法」等について、拙著・註（26）前掲書三一五～三三八頁。成長産業に対する産業政策立法の典型例としての「電子工業振興臨時措置法」「機械工業振興臨時措置法」「特定電子興行および特定機械工業振興臨時措置法」、「特定機械情報産業振興臨時措置法」等について、拙著・註（26）前掲書三五三～三五五、三七三～三七八、三八八～三九四頁等を参照されたい。
(36) 経済企画庁編『国民所得倍増計画』（大蔵省印刷局　昭和三八年）五五～五六頁。
(37) 詳しくは拙著・註（26）前掲書八六～九五頁。
なお、中村雄一「産業構造調査会産業体制部会の審議状況」公正取引一四四号（一九六二・九）五三頁以下は、

同部会の議論の中間段階での審議状況を紹介する。同部会の専門委員に、独占禁止法研究者として今村成和北海道大学法学部教授、矢沢惇東大法学部教授が参加していた。今村による全体的な批判として、註（19）前掲書六八～七九頁。

(38)　今村成和「新産業体制をめぐる諸論議――独占禁止政策を中心に」公正取引一五九号二～六頁で、有効競争概念が産業体制部会資料で用いられていること、その推進者である通産省の両角良彦氏が、有効競争の判断基準として、パフォーマンスをストラクチャーより重視すべきと主張していることを指摘する。今村はこれを批判して「このような基準が結局において独禁政策の実効性を失わしめるものであることは多くを論ずるまでもない」と述べる。

わが国の独占禁止法の解釈論において、競争の有効性を判断する基準に関して、この後一貫して有効競争の成果基準の評価が低い。筆者はそのようには考えないが、有効競争論のわが国における議論の出発点が、このような政治的状況であったことが、その後の学会の議論にも強く影響しているように思われる。

(39)　この法案が当初「特定産業の国際競争力の強化に関する臨時措置法案」と名づけられていたのが、その後このように変更されるプロセスについては、「年間回顧」ジュリスト二八八号（一九六三・一二・一五）一一八～一一九頁。

(40)　議論の経過に関して、中村・前掲註（36）論文三八～三九頁、論点の対立と公正取引委員会の対応の理論的な根拠について「独占禁止法研究会報告　産業体制調査会体制部会について」公正取引一六四号（一九六二・一一）二四～三三頁等。

(41)　日本経営史研究所・註（15）前掲書三六八～三七〇に経団連のこの法案に対する「基本的には反対であるが、しかし全面的に反対であったわけではない」という微妙な認識が示されている。

通産省と経団連の認識のずれの第一は、通産省が自由化後の混乱を相当に恐れていたことに対して、経団連はそれほどではなく、国際競争力に相当に自信を持っていたこと、第二に、官民協調の下で共通の目標を設定するといっても、適正生産規模や生産形態といった具体的な課題は、まさに経営者の自主的判断にまかされるべきものと考え、企業間の自主的調整によるべきと経団連が考えたこと、第三に、懇談会の運営方法、とりわけ発議権が通産省にあり、官主導の統制的な色彩の強いものになることを経団連が嫌ったことであるとされる。

「競争政策」雑感

栗田　誠

「独占禁止政策を中心とした競争政策については、引き続き公正取引委員会が担うものとし、経済産業省の所管としないこと。」（中央省庁等改革基本法二一条一〇号）[1]（圏点は筆者）

一　はじめに

本稿は、政府部内でも経済界や学界でも広く用いられていながら、その内実が必ずしも具体化されていない「競争政策」という概念について、若干の整理を試みるものである。[2]

近年、「競争政策の積極的展開」が公正取引委員会の施策のキーワードになっており、[3] 政府の規制緩和推進計画（あるいは、その後身の規制改革推進計画）でもこの用語法が用いられている。[4] また、公正取引委員会が公表する実態調査報告書には、「競争政策の観点」、「競争政策上の問題点」といった用語が頻繁に出てくる。[5] しかし、「競争政策」とは何かについて具体的に述べられたものはほとんど見当たらないように思われる。[6]

独占禁止法に違反するか否かという法執行の問題と異なり、競争「政策」の内容を具体化することには必然的に困難が伴う。しかし、法が政策の実現のための一つの手段・方法であることを考えると、[7] 政策には法以上に明確で具体的な理念が求められるともいえる。そして、競争政策の概念や理念が不明確なままでは、公正取引委員会が「競争政策の観点」から調査や提言、関係省庁との調整を行うといっても、説得力を欠いたり、不透明感が伴ったりするのではないか(8)。望ましい競争政策の実現に向けての具体的な判断基準や指標、あるいは分析プロセスを何らかの形で具体化・明確化していくことが求められているのではないか。これが本稿を執筆するに至った問題意識である(9)。

大雑把に言えば、競争政策とは「市場メカニズムを活用するとともに、その正常な機能を確保する政策」としてとらえることができようが、これだけの定義では上記の問題意識に役立つものとは到底言えない。また、競争政策とは「公正取引委員会が行う政策」であるという、一面シニカルな捉え方も可能であろう(10)。現に、規制緩和推進計画において競争政策の積極的展開として挙げられてきている事項のほとんどは、公正取引委員会が行うこととされている施策である(11)。しかし、市場メカニズムの活用が経済政策の基本として承認されるに至っている現在、各省庁が市場メカニズムを活用するために行う規制緩和や公正な競争条件の整備を推進する政策自体が競争政策であると言えなくもない(12)。こうした状況の下で、公正取引委員会が行う競争政策は各省庁が行う競争政策といかなる関係に立ち、あるいはどのような独自の存在意義を持ち得るのかが問われることにもなる。

このような問題意識の下に、本稿では、まず、「競争政策」の用語例を辿り、それが比較的最近のものであることを確認する。次いで、競争政策を議論する前提として、「競争」概念の多様性、競争政策の目的の多元性に簡潔に言及した上で、本題である競争政策の実現手法やその内容に関する若干の整理を行うこととしたい。

二 「競争政策」の用語例

「競争政策」という用語が一般的に用いられるようになったのは、次のとおり、比較的最近のことである。

独占禁止法制定五〇周年を記念して編纂された『独占禁止政策五十年史』の巻頭言において、「独占禁止法の精神を踏まえ市場における競争を積極的に活用する考え方から、最近では、独占禁止政策という言葉を発展させて、競争政策という言葉を用いることが多い。」と指摘されている。[13] また、「独占禁止法の運用を中心とする独占禁止政策」、「独占禁止法の運用を中心とする競争政策」といった用例もみられ、独占禁止法の運用、独占禁止政策、競争政策の順に、より広いものとして捉えられていることを伺わせる。さらに、同書では、独占禁止法の五〇年の歴史を六期に分けて記述しているが、第四期までは「独占禁止政策」の用語が用いられているのに対し、「第五期　低成長下における競争政策の進展（昭和五二年〜昭和六三年）」、「第六期　経済のグローバル化と競争政策の積極的展開（平成元年〜平成九年）」と表記しており、競争政策の用語が昭和五二年の独占禁止法改正以降について用いられていることが分かる。[14]

また、公正取引委員会の年次報告をみると、公正取引委員会の施策として「競争政策」の用語が初めて用いられたのは、政府規制制度等の見直しに関する調査[15]においてであって、一九八二年（昭和五四年）八月に公表されている。また、公正取引委員会では、一九八四年（昭和五九年）九月以降、「情報通信分野における競争政策に関する研究会」を開催し、さらに、一九八八年（昭和六三年）七月以降、「政府規制等と競争政策に関する研究会」が開催されている。[16] また、相前後して、貿易摩擦関連実態調査等において徐々に競争政策の用語が用いられるようになった。[17] そして、一九八七年度（昭和六二年度）の年次報告では、それまで「独占禁止政策」の用語が用いられていた箇所に「競争政策」の用語が全面的に用いられるようになり、現在に至っている。

なお、経済法・独占禁止法関係の文献を見ると、中川和彦編集代表『独禁法・独禁政策文献目録』（五山堂書店・一九八六年）は、一九八四年末までの関係文献を網羅しているが、「競争政策」の用語を標題に用いた文献が次第に現れるようになるのは一九八〇年代になってからである。[18]

他方、「競争政策」という用語は、法令用語としては冒頭に引用した中央省庁等改革基本法（以下「基本法」）において初めて用いられたものであり、[19]現在でも唯一のものである。基本法には、別途「独占禁止政策」の用語も用いられており、公正取引委員会の主要な行政機能を示す用語としては、従来から一貫して「独占禁止政策」の用語が当てられている。[20]冒頭引用の基本法の条項の文言からも明らかなように、「競争政策」の方が「独占禁止政策」よりも広い概念として用いられているが、これらの文言の具体的内容については必ずしも明らかではない。公正取引委員会が行政改革会議に提出した説明資料[21]によれば、競争政策とは、独占禁止法一条の目的規定に明記された目的を達成するための政策であり、「公正かつ自由な競争を維持・促進する政策、いいかえれば、市場メカニズムの正常な機能を確保する政策」であるとされているが、これだけでは競争政策の内容を具体化したことにはならないであろう。また、この説明資料の他の箇所では、独占禁止法の運用に加え、改正法案の企画立案、規則・告示の制定、ガイドラインの作成、経済実態調査、政府規制の見直しに関する調査の実施等の公正取引委員会が現に行っている活動をもって「競争政策」として捉えているようにも思われる。[22]

また、通商産業省（現経済産業省）では、かつての産業政策と独占禁止法・独占禁止政策との対立の歴史から脱却し、市場メカニズム活用、競争促進こそが産業政策の基本という思想に転換してきていると評価されており、[23]行政改革会議の議論でも、個別産業の振興から産業横断的な事業環境改善（市場ルールの整備、規制緩和、企業関連制度の改革、国際的な経済制度調整など）へと産業行政を転換していくことが前提とされている。[24]こうした産業行政は正に市場メカニズム活用政策に他ならないから、冒頭引用の基本法二一条一〇号にいう「競争政策」が幅広い市場メカニズム活用政策を意味するとすれば、同号はそれを経済産業省の所管から除外するという矛盾を孕んでいることになる。このことからすると、基本法二一条一〇号の「競争政策」の意味内容は、「独占禁止政策」とそれほど異ならない、狭いものであることが前提となっているようである。[25]

ところで、現在の経済産業省は、経済産業局産業組織課に「競争政策班」を設け、[26]様々な「競争政策」を企画立案しているようである。[27]こうした活動は、基本法二一条一〇号の規定の文言に表面的には反するようにもみえるが、同号にいう「競争政策」が前述のように狭い範囲のものであると解される以上、問題はないと考えられる。それどころか、独占禁止法のようなあらゆる事業活動に対して適用がある基本的な経済法令について、各行政機関がそれぞれの所掌事務との関係で調査検討したり、自らの政策運営を見直したりすることを否定的に捉えることには理由がないと言うべきであろう。

さらに、近年では、経済産業省以外にも、自らの所管分野で「競争政策」を推進していることを公に宣言している省庁も存在する。その典型例が旧郵政省(現総務省)であって、再び行政改革会議での議論を参照すれば、夙に情報通信分野において積極的な競争促進策を講じていることが強調されている(28)。そこでは、『規制緩和』『接続政策』『NTT再編成』の三位一体の競争政策」といった表現が用いられており、正に市場メカニズム活用・競争促進政策が示されている。したがって、情報通信行政の分野で用いられている「競争政策」の意味内容は、基本法二一条一〇号のそれよりもずっと幅広いものといえる。

このように、「競争政策」がどのような内容を有するのかについては、曖昧なままである。そこで、次に、競争政策の内容が具体化・明確化されていない理由を探ってみることにする。

三 「競争」の多義性

「競争政策」の具体的内容が明確ではないことの一つの大きな理由が「競争」概念の多様性にあることは言うまでもない(29)。独占禁止法には「競争」に関する定義規定(二条四項)が設けられているが、同項はせいぜい「競争関係」を示しているにすぎず、具体的な規範性を欠くと一般に解されているので(30)、ここではこれ以上の言及はしない。

競争を維持・促進する政策の在り方を考える際に重要なことは、「競争」をどのようなものとしてイメージしているか、どのような競争を重視し、保護しようとしているかということである。ここでは、いくつかの対立する「競争」観を紹介するが、相互に関連していることにも留意が必要である。

1 システム間競争とシステム内競争

この「システム」の用語は、様々な概念、例えば、「ブランド」、「グループ」、「規格」等で置き換えることができる。流通問題を扱う際の「ブランド間競争」と「ブランド内競争」の対比はよく知られているが、同様のことが共同研究開発や規格設定でも当てはまり、これは独占禁止法の執行における「市場」画定の問題でもある。共同研究開発は、参加者間の研究開発を共同化する（その意味で、相互に研究開発活動を制限する）一方、他の研究開発主体との間の競争を活発化させることがある。また、グループごとの共通の規格設定により、グループ内での規格は統一されるが、共通の規格の下でのグループ参加者間の競争が促進されたり、他のグループによる別の規格との競争（標準獲得競争や世代間競争）が活発化したりする。競争促進を考える場合に、システム間競争とシステム内競争のいずれを念頭に置くか、いずれを重視するかによって、具体的な結論が違ってくるのである。

2 静態的競争と動態的競争

経済学上の厳密な記述をすることは筆者の能力を超えるが、競争への影響を評価・判断する場合に、一時点での効率性（静態的な競争）への影響を分析するのか、時間的な変化・技術進歩を考慮に入れた動態的な分析を行うのかが重要になる。特に技術革新や規格設定といった問題を扱う際には、当該行為による直接的な影響・効果である静態的競争だけに囚われて介入的な政策を採ることは、動態的競争がもたらし得る成果を損なうものであって、角を矯めて牛を殺す結果となるおそれがあると主張されるが、この問題の分析枠組は確立されていないように思われる。

また、これに関連して、技術革新には、起点となる重要な（ブレークスルーの）技術革新と、そうした革新を受け継いで継起的に行われる改良的・漸進的な（ピースミールの）技術革新とがある。重要な技術革新を行った企業に対して、その利用が不可欠であることを理由に、当該技術に対する第三者のアクセスを義務付けるといった政策（例えば、利用関係を理由とする強制実施許諾）を採ると、それによって新たに重要な技術革新を成し遂げようとするインセンティブを阻害するのではないかという問題がある。他方、重要な技術（代替性のない技術）へのアクセスを確保しないと、それを用いた継続的な改良が行われないことになるおそれもある。どちらの技術革新を重要と考えるかは、産業や製品ごとに、あるいは時代によっても異なるし、また、正に産業政策的な視点とも密接に関連しているように思われる。

四　「競争政策」の目的の多元性

競争政策の内容を具体化するに当たっては、競争政策の目的をどのように設定するかが先決である。この問題に関しては、米国反トラスト法において、経済的目的（効率性向上）に限られるのか、あるいは政治的・社会的な（非経済的な）目的（経済権力の分散、競争機会の確保、選択機会の保障、不当な富の移転防止等）をも有するのかをめぐって、様々な論争があることは周知のとおりである。(31) そして、経済的目的のみを志向する反トラスト理論が一九七〇年代後半以降優勢であるとみられるが、(32) 判例法が完全にその立場を採用しているとはいえないし、また、経済的目的に限定し、効率性の向上が唯一の目標であるとする考え方においても、効率性の中身については確立した理論がないのが現状である。一般に、効率性については、「静態的な配分上の効率性（allocative efficiency）」、「動態的な生産上の効率性（productive efficiency）」のほか、「革新的効率性（innovative efficiency）」に区分されるが、それぞれの計測の仕方、総体としての効率性の把握に関して、十分な知見が得られていないのが現状である。また、効率性と同時に重視される「消費者厚生」についても、具体的に何を意味しているのか、曖昧さが残っている。[33]

また、EC競争法においては、市場統合という大きな目標を受けて、独自の目的が付与され、市場統合の目標に反する行為に対して厳しい規制が行われている。[34] 特に、域内での並行輸入阻害や輸出禁止のような垂直的市場分割に対しては、重い制裁金の賦課をもって臨むことが確立している。[35]

独占禁止法においても、その一条の目的規定には、「公正且つ自由な競争」とあり、「公正」と「自由」との両立を求めている。しかし、「公正」には社会的意義（衡平）が、「自由」には経済的意義（効率性）が含意されているように思われ、両者の調和的実現には困難を伴うことがある。[36]

五　「競争政策」の実現手法の多様性

競争政策の具体的内容の検討に先立ち、とりあえず「市場メカニズムを活用するとともに、その正常な機能を確保する政策」が競争政策であるとして、その実現手法を考えてみる。独占禁止法のような「競争法」は競争政策を実現するための最重要の法であり、競争法の執行は競争政策の最重要の内容をなすということについては異論がないと思われるところ、競争法が用いている手法をまず明らかにすることにより、競争政策の実現手法との相違を示すことにする。

1　競争法の法目的実現手法

競争法は、その法目的実現のために、次のような手法を採用している。

① 「事業者」規制—競争法は、私的な競争制限を対象とする。特に、我が国独占禁止法は、「事業者」（及び事

業者の結合体としての「事業者団体」）を規制対象としており、事業者ではないものには規制は及ばない（ただし、事業者ではない自然人に対しても、教唆・幇助犯としての刑事訴追は可能である）。したがって、政府による競争制限は対象外である（ただし、ＥＣ競争法は、構成国政府による競争歪曲措置（公企業の優遇、国家補助）に対する規制を含んでいる）。

② 個別規制―競争法規制は、個々の事例について、司法手続ないしは準司法的手続による事実認定・法適用作業を通した法執行として行われる。ただし、不公正な取引方法の指定権限（独占禁止法二条九項）のような立法的作用による規制内容の具体化手法が例外的に採られており、また、競争当局によるガイドラインの策定といった手法も活用できる。ガイドラインの内容次第では、取引や契約条項の内容を事前規制的に幅広く拘束・制約する機能を果たすこともあり得る。(37)

③ 行為規制―競争法規制は、具体的な競争制限「行為」に対して行われる。競争制限「状態」ないしは独占的「地位」自体は規制の対象外であり（ただし、我が国独占禁止法には独占的状態規制（法八条の四）という例外がある）、そうした状態ないしは地位をもたらしている具体的な行為に着目する必要がある。

④ 事後規制―競争法規制は、原則として、一定の行為準則を前提に、当該準則違反に対する事後規制として行われる（独占禁止法では、企業結合規制のうちの合併・分割・営業譲受等規制（法一五条ないし一六条）のみが事前規制とされている）。ただし、現実には、事前相談といった手法により、事実上の事前規制が広範に行われている。

2 競争法手法による限界と競争政策の政策目的実現手法の多様性

以上のような競争法の法目的実現手法からみて、競争法には次のような内在的な制約・限界があることになる。競争法の執行に加えて、幅広い競争政策の展開が求められる所以である。

① 事業者を規制対象としており、政府による競争制限に対しては無力である。したがって、政府による競争

制限の是正のためには政府規制の制度改革が求められる。
②　競争制限行為に対する事後的介入であって、いわば消極的規制であり、積極的な競争創出はできない（ただし、違反行為の排除措置の一環として、積極的な競争回復措置を命ずる余地はあり、その工夫が求められる）。したがって、別途、競争政策上の措置が検討されるべきであるが、政府の失敗を考慮する必要もある。
③　行為規制であり、競争制限状態に対しては無力である（ただし、構造志向の行為規制の可能性はある）。したがって、競争政策上の措置が検討されるべきであるが、規制コストや政府の失敗を考慮する必要がある。
④　個別の司法的ないし準司法的裁定という手法を採ることから、手続の遅延・非効率を伴いがちである。関係者の手続的権利の保障という問題もあり、容易ではないが、裁定手続（審判手続）の迅速化が求められる。
これに対して、競争政策の実現手法は多種多様であり、競争法の制定・執行を大きな手法としつつも、それ以外の多様な手法を活用することが期待されている。具体的手法を検討することは本稿の範囲を越えるが、経済的手法（経済的インセンティブを活用する手法）の重要性を強調しておくべきであろう。[38]

六　競争政策の実体的内容

前述のように、近年多用され、法令中にも用いられるに至った「競争政策」の用語であるが、その具体的な内容は必ずしも明らかではない。公正取引委員会が発表する各種の文書や報告書においても、「競争政策の観点から」、「競争政策上の問題点」といった表現が頻りに用いられているが、その内実は必ずしも示されていない。

以下では、公正取引委員会の用語法に限らず、「競争政策」の用語が用いられている場合に、その用語が体現していると考えられる意味内容を挙げてみる。[39]もとより体系的な整理ではないが、その多様な内容を知ることができる。

①　独占禁止法及びその補完法の執行

独占禁止法並びにその補完法である下請法及び景品表示法の執行が競争政策の第一の内容であることに異論はないであろう。これらの法律の執行は、公正取引委員会という行政機関によって行政的に行われるだけではなく、民事的執行（違反行為によって被害を受けている者による民事訴訟の提起）や刑事的執行（違反行為者に対する刑事訴追）によっても行われる。民事的救済制度の充実が検討・実施され、刑事告発の積極化が要請されていることを踏まえれば、これらの執行も含めて考えることが適切である。

なお、公正取引委員会による執行においては、警告（違反の要件は満たさないが、違反の疑いがある行為の是正を求める一種の行政指導）、注意（違反につながり得る行為が見られた場合に行う未然防止の観点からの注意喚起）といった非公式の措置が用いられ、一定の効果を挙げていると評価されているから、これらも含めて考えることが必要である。[40]

②　独占禁止法等の執行の補完的な業務

独占禁止法等の違反事件の審査手続のほかに、それを補完し、違反の予防を図るために、一般的な普及・啓発を行うにとどまらず、個別の相談に対して具体的に回答したり、必要に応じて指導を行ったりすることが行われており（事前相談事例として公表されることがある）、また、独占禁止法の解釈や運用方針を分かりやすい形で整理したガイドラインとして種々のものが作成・公表されている。違反事件審査により法的措置が採られる事案が典型的な（明らかに違反と分かるような）もの（例えば、入札談合）に事実上限られている現状の下では、企業実務からは、公表された事前相談事例や、違反の要件や分析方法を具体的に示したガイドラインは極めて重要である。[41]

③　独占禁止法の法制度の企画立案

独占禁止法の法目的を実現する上で、現行規定に不十分な点や不都合な点があれば改正する必要がある。独占禁止法の実体規定（禁止規定）はもとより、違反に対する措置規定、手続規定、公正取引委員会の組織・権限規定全般について、適用除外規定を含めて、常に見直しが行われなければならない。こうした独占禁止法の法制度に関する企画立案が競争政策の重要な要素であることは当然であり、「我が国における自由競争経済を支える基本法」(42)である独占禁止法が世界水準のものであるためには不可欠の作業である。中央省庁再編の際に、この独占禁止法改正の企画立案業務をどの省庁が担うのかが議論となったが、引き続き公正取引委員会が担当することとされた。(43)

以上の①から③までが独占禁止法に直接関係するものである（その意味で、これらをもって「独占禁止政策」と呼ぶこともできる）のに対し、以下のものは独占禁止法にとどまらない、幅広い意味合いを有するものである。

④　事業者の創意工夫の発揮できる環境の整備

「事業者の創意を発揮させ、事業活動を盛んに」することは、独占禁止法の目的とするところであり（同法一条）、こうした創意の発揮を妨げるような行為を事業者や事業者団体が行う場合には、正に独占禁止法違反として問題とされることになる。しかし、事業者の創意の発揮を妨げているのは、何も事業者等の行為だけではない。むしろ、政府による様々な規制や措置こそが障害になっており、また、事業者や事業者団体の行為と見られる場合にも、その背後には行政機関による行政指導や行政機関による権限の委任によるものが少なくないであろう。事業者の活動に対する政府による有形・無形の障害をなくすことも競争政策の大きな内容である。

また、事業者の創意は、新技術を用いた新製品・新製法の導入や新しい業態・事業運営による参入、コスト削減等の様々な形の技術革新として発揮されるから、技術革新を促すことも競争政策の内容ということができる。この場合には知的財産政策との関係が問題となるが、独占禁止法に知的財産権法、不正競争防止法等を加えて、広い意味での「競争法」として捉える見解も提唱されている。(44)講学上の分類や法体系論には多様な見解があり得るとしても、これらを一体的あるいは整合的に捉える必要性自体は否定できないと思われる。

⑤　幅広い参入可能性の確保

広く市場競争への参加を促すことが競争促進に直結することは言うまでもなく、そうした市場参加を阻害する様々な参入障壁を低減することが重要である。参入阻害が事業者や事業者団体によって行われていれば、独占禁止法違反行為として問題となるはずであるが、従来、市場の開放性の観点からの違法性の根拠付けが十分ではなかったと指摘されている。(45) しかし、参入障壁の代表例が政府による規制であることは周知のとおりであり、様々な国境措置がその典型である。また、輸入や外国からの投資は競争圧力として極めて重要であり、こうした参入を阻害する様々な規制をなくしていくことが必要である。こうした参入阻害的な規制や措置の見直しは、競争政策の重要な柱である。(46)

さらに、新規参入への補助金支給等による過渡的な優遇策が参入の確保のために必要かつ有効な場合があるかもしれない。例えば、混雑空港での発着枠について、新規参入の航空会社に優先的に配分することが行われている。(47)

⑥　競争条件の整備

競争促進にとって独占企業の分割（構造的措置）が必要ないしは有効であるとする考え方があり得るかもしれない。一九七〇年代前半の米国でも種々の議論があったし、我が国では、一九七七年（昭和五二年）の独占禁止法改正に至る過程で、企業分割制度の導入の可否が大きな議論を呼び、結論的には独占的状態に対する措置の規定（独占禁止法八条の四）が設けられた。

その後、日本電信電話公社の民営化問題、民営化されたＮＴＴの経営形態問題、更には持株会社方式での再編問題において、有効競争促進のためには分離・分割が必要か否かを巡って大論争が繰り返し行われた。(48) また、分離・分割問題を別にしても、ボトルネック独占となるＮＴＴの加入者回線網へのアクセスを確保することが競争条件の整備の観点から不可欠であることに異論はなく、相互接続制度が整備された。(49) 同様の問題は、電気事業における送電線、都市ガス事業におけるパイプラインといったネットワークにおいても生じている。

また、競争上の不当な優位の防止のために、優位に立つ事業者に対しては、一種のアファーマティブ・アクション、あるいは非対称規制として、一定の行為規制を厳しく行う必要性が主張されることが少なくない[50]。独占禁止法における優越的地位の濫用行為の規制や下請法規制の位置付けについては種々の議論があるが[51]、競争条件の整備の観点からの特別の仕組みと割り切る方が法体系上の問題は少ないのかもしれない。協同組合の適用除外制度（独占禁止法二二条）についても、協同組合原則の下での中小企業の組織化による有効な競争単位の創出がその根拠とされ、競争条件の整備として説明することができる。ただし、これらの措置は、却って競争阻害的に機能することがないか十分注意を要するところである。

⑦ 市場統合

合衆国憲法の州際通商条項に基礎を置く米国反トラスト法が連邦国家における州際通商の私的な制限に対する規制を通して広大な全国市場の形成に大きく寄与してきたことや、ＥＣ競争法が市場統合という壮大な実験を進める中で、市場統合目的に反する行為（例えば、並行輸入の制限、地域制限）に対して特に厳格な規制を行ってきていることから明らかなように、また、ＧＡＴＴの母体となった国際貿易憲章には制限的商慣行に関する一章が設けられていたことに示されているように、競争と貿易とは元々密接な関係を有している。人為的に分断され細分化している市場を統合していくことが競争促進につながる。国境は典型的な障壁であり、様々な国境措置（関税、輸入割当等）の低減・廃止やアンチ・ダンピング等の貿易救済措置の制度や運用の改善を進めることが必要である。特に、近年、自由貿易協定（あるいは経済連携協定）の締結ないしは地域統合の形成が大きな流れとなっているが、そうした市場統合が競争の場の拡大、競争参加者の増大をもたらし、競争促進に寄与している[52]。ただし、統合市場の内と外とを不当に差別することにつながらないようにし[53]、ＷＴＯ協定との整合性を確保する必要がある。

⑧ 市場創出

計画経済においては、政府が様々な資源を裁量的・権力的に配分する。しかし、その非効率性が明らかとなり、多くの計画経済は市場経済に移行してきている。こうした経済体制の選択という大きな問題だけではない。稀少な資源を効率的に配分するには市場に委ねる方法が最適であるが、市場が存在しない場合には、新たに市場を作り出す必要がある。その例として、有限な電波・周波数の割当[54]や混雑した空港の発着枠の配分に当たって入札制度を導入することや、環境保護の有力な手法として排出権市場を創設すること[55]が挙げられよう。

⑨　「競争力強化」政策の推進

競争促進こそが産業競争力強化の王道であると考えれば、競争力強化政策は競争政策と内容的に同じになる。競争力強化策をここまで純化させた政策はどこの国でも採用されていないであろうが、少なくとも、カルテル容認政策のような競争制限政策によって国際競争力が強化されるという考え方は放棄されて久しい。競争促進を基本としつつ、それをどのような措置で補完するかが異なるにすぎないと言ってよいであろう。

七　おわりに

以上のように競争政策を幅広く捉えれば、競争政策を公正取引委員会が担っている政策として把握する必要はないばかりか、適切ではないことになる。むしろ、競争政策の考え方が関係省庁にも共有されて、競争促進の観点からの多様な政策展開がなされることこそが望ましい。競争政策の積極的展開について公正取引委員会に期待される面が大きいことを承知の上で、多様な政策立案・実施主体が競争政策を多面的に担うことの重要性を強調しておきたい。多様な主体による多面的な取組こそが競争政策の内容を豊かにし、また、その理念を具体化することにつながると考えるからである。このことは、公正取引委員会の役割を過小評価するものではない。公正取引委員会をはじめとする政策主体が、矮小な権限争いに堕することなく、相互に政策面での「競争」を展開することを通して、競争政策が日本経済に真に根付くことを期待したい。

（1）　中央省庁等改革基本法二一条は、経済産業省の編成方針を規定している。なお、公正取引委員会は、総務省にその外局として置かれることとされた（同法一六条五項、別表第3）。中央省庁再編は、平成一三年一月に実施されたが、公正取引委員会の位置付けを巡って、その後、特に電気通信や郵政事業を所管する総務省の外局であることについて批判があり、平成一五年四月二日に成立した「公正取引委員会を内閣府の外局に移行させるための関係法律の整備に関する法律」（平成一五年法律第二三号）により、公正取引委員会は内閣府の外局に移管された（平成一五年四月九日施行）。

（2）　関係する文献に網羅的に当たったわけではなく、また、十分に整理できていないこともあり、現段階での予備的な作業として考えている。また、本稿を執筆する上で大いに刺激になったのは、白石忠志「競争政策と政府」（『現代の法　8　政府と企業』（岩波書店・一九九六年）七三頁）である。筆者は、白石教授の「競争政策法の体系」（同書九五頁）に基本的に賛同するものであるが、同書でも「競争政策の理念」の抽出は今後の課題とされている（同書九六頁）。

（3）　公正取引委員会平成一四年度年次報告書の冒頭の「第一部　総論」を見ると、最初の見出しは、「我が国を取り巻く経済環境と競争政策の積極的展開」となっている（同書三頁）。

（4）　平成八年三月三一日に閣議決定された「規制緩和推進計画」において初めて、「規制緩和の積極的推進」が総論部分の大きな項目の一つとされ、「規制緩和と一体のものとして競争政策の積極的展開を図る」こととされた。平成一〇年三月三一日に閣議決定された新たな「規制緩和推進三か年計画」では、「規制緩和の推進に伴う諸方策」中の「公正かつ自由な競争の促進」という項目に変わったが、引き続き「規制緩和とともに競争政策の積極的展開を図る」ことが明記されている。さらに、平成一三年三月三〇日に閣議決定された「規制改革推進三か年計画」では、従来の「規制緩和」が「規制改革」に改められたが、競争政策に関する位置付けや記述内容に大きな変化はみられない。

（5）　例えば、比較的最近の「基準認証分野における公益法人改革と競争政策に関する調査報告書」（平成一四年三月二九日）でも、「第三部　競争政策上の課題」において、制度設計等の問題と競争制限的行為の問題とが併せて指摘されている。

(6)　経済学の立場から、競争政策を論ずることが可能であろう。鈴村興太郎一橋大学教授（平成一五年六月に公正取引委員会が内部に設けた「競争政策研究センター」の所長に就任された）は、平成一五年四月に開設された早稲田大学大学院公共経営研究科において「競争政策論」を担当しておられる。

(7)　『現代の法　4　政策と法』（岩波書店・一九九八年）、『政策実現と行政法（成田頼明先生古稀記念）』（有斐閣・一九九八年）参照。

(8)　現状では、「競争政策上望ましくない」といった表現が、何を意味するのかが不明確なまま、呪文のように用いられることになってしまう。

(9)　こうした問題意識は、元々、筆者が公正取引委員会事務総局経済取引局調整課長在任中（一九九六年（平成八年）六月から一九九八年（平成一〇年）六月まで）に、種々の「調整」業務を担当する中で抱いたものである。調整課の主要な業務は、「特定の事業について定められた経済法令及びこれに基づく行政措置の調査及び調整に関すること」（平成一二年改正前の公正取引委員会事務総局組織令一六条一号）であり、これは、中央省庁等改革のための国の行政組織関係法律の整備等に関する法律による改正前の独占禁止法二七条の二に定められた公正取引委員会の所掌事務の一つである「経済法令等の調整」（同条五号）を受けたものであったが、この文言は、中央省庁改革に伴う関係法律の整備の一環として削除された。行政機関相互間でこの種の調整を行うことは当然であり、殊更に所掌事務として規定することは法制的に適当ではないという考え方によると思われる。これに対して、規制改革に係る調査・提言が公正取引委員会の職務に属することを法律上明文化する必要があるという指摘がなされている（二一世紀にふさわしい競争政策を考える懇談会「二一世紀における競争政策と公正取引委員会の在り方」（平成一三年一一月）参照）。こうした調整業務の内容を多少嚙み砕くと、①［何を根拠に］独占禁止法により公正取引委員会に与えられた権限に基づき、②［誰と］他の行政機関（地方公共団体を含む）との間で、③［何について］当該行政機関が立案・実施しようとする法令や行政措置について、④［どのような判断基準に基づいて］独占禁止法及び競争政策の観点から矛盾・抵触が生じないように（さらには、より望ましいものとなるように）「調整」することである。本稿は、この調整業務の指導原理を具体化する必要があるという問題意識を出発点としている。
(10) 前掲注(2)・白石「競争政策と政府」七三頁参照。
(11) 唯一の例外は、競争制限的行政指導に関して、関係省庁が行うべき、公正取引委員会との事前調整に関する項目である。なお、その後の規制改革推進三か年計画では、規制産業における競争の促進、公共料金等に関する事項が含まれている。
(12) 後記のように、(旧)通商産業省や(旧)郵政省は、自ら、競争政策を推進していることをかねてから表明していた。
(13) 公正取引委員会事務総局編『独占禁止政策五十年史』(公正取引協会・一九九七年)。
(14) ただし、第四期においても、一九七三年(昭和四八年)に公正取引委員会等が主催して「国際経済と競争政策に関する東京国際会議」が開催されており、国際的な局面では「競争政策」の用語が既に用いられていたことが分かる。
(15) 「政府規制制度及び独占禁止法適用除外制度の見直しについて」(昭和五七年八月一七日公表資料、公正取引委員会事務局編『独占禁止懇話会資料集Ⅷ』一頁(一九八四年)所収)。周知のように、この調査は、OECDによる「競争政策及びその適用除外分野又は規制分野に関する理事会勧告」(一九七九年九月)を受けたものである。
(16) 公正取引委員会(あるいは、その組織した研究会)による政府規制に関する報告書において、「競争政策の観点」からのものであることが明記されているのは、公正取引委員会が独占禁止法の執行と直接には関係しない政策問題、しかも各省庁が所管する事業法令に基づく規制制度やその運用を対象としていることについて、一種の「弁明」をしているものと理解することも可能であろう。なお、規制緩和に関する公正取引委員会の取組の概要については、拙稿「規制改革と公正取引委員会の活動」上杉秋則ほか『二一世紀の競争政策』(東京布井出版・二〇〇〇年)四一頁参照。
(17) 「市場アクセス改善のための競争政策上の対応」(昭和六一年五月二七日公表資料、公正取引委員会事務局編『独占禁止懇話会資料集X』五頁(一九八七年)所収)。公正取引委員会の実態調査において、「独占禁止法上の問題点」とは別に、「競争政策上の問題点」が指摘されていることがある(両者が渾然一体に指摘されていることも少なくない)。これは、指摘されている問題点が独占禁止法の規定に違反するか否かというレベルのものではないことが含意されているのであろう。

(18)　そうした中で、滝川敏明「産業規制と競争政策」公正取引三一六号二七頁（一九七七年）は、「経済における市場メカニズムの適正な働きを確保することを目的とする」政策が「伝統的に『独占禁止政策』と呼ばれているが、ここではその本来の役割をより正確に表現するものとして『競争政策』という呼び方を採用する」旨表明し、逸早く、意識的に「競争政策」の用語を用いていることが注目される。ただし、市場メカニズムの適正な働きを確保するための政策の一部（「消極的」部分）が「独占禁止政策」と呼ばれてきたのであり、「競争政策」という幅広い枠組みでの捉え方が従来はなされていなかったというべきではないかと考える。

(19)　冒頭に引用した規定は、一九九七年（平成九年）一二月三日に公表された行政改革会議最終報告の関係部分（以下に引用）を受けたものであるが、その背景については、経済産業省に再編されることになる通商産業省が競争政策をもその所掌に取り込もうとしたのに対し、公正取引委員会が競争政策は自らの所掌であるとして強く反対したことを反映していると受け止められている。なお、行政改革会議第三回企画・制度問題小委員会及び機構問題小委員会合同小委員会議事概要（平成九年一〇月八日）参照。

「Ⅲ　新たな中央省庁の在り方

2　省の再編〈省庁再編案〉

⑤　経済産業省

エ　他省事務との関係

b　独禁政策を中心とした競争政策については、産業政策とは利害相反関係にあり、産業政策当局には包摂しない。」

また、行政改革会議では、公正取引委員会に関して、「競争政策について、産業省との連携の緊密化を図る」旨の文言を盛り込むことが検討されたが、最終的には採用されなかった（行政改革会議第三七回会議議事概要（平成九年一一月一七日）参照）。

(20)　基本法別表第2（第一五条関係）の「総務省」の項参照。また、「独占禁止政策」の用語は、従来から、公正取引委員会事務（総）局組織令において用いられている。

(21) 行政改革会議省庁ヒアリング・公正取引委員会説明資料(平成九年六月二五日)。

(22) 行政改革会議に対する公正取引委員会の説明資料が、行政改革会議からの「独禁法の改正などの競争政策の企画・立案機能について、行政委員会のあり方と関連してどのように考えるか」という質問に対する回答として作成されていることにも留意する必要がある。すなわち、行政委員会として独占禁止法の執行を独立して行う公正取引委員会が独占禁止法改正の企画立案も併せて行うことは適当ではないという意見に対する反論として、この説明資料は用意されたものである。

(23) そうした政策転換は、産業構造審議会総合部会基本問題小委員会報告(平成六年六月)において明確に示されている。個人的にも、私は、一九九四年(平成六年)七月から一九九六年(平成八年)六月まで、通商産業省に出向し、産業政策局物価対策課長を務めたが、少なくとも産業政策局内部では、市場メカニズム・競争促進を重視する姿勢が採られており、公正取引委員会以上の競争重視という印象を受けることもあった。ただし、競争政策の目的を実現するためには統制的手法(例えば、不透明で競争阻害的な慣行の是正のために関係事業者による取引方法制限協定を結成させる手法)をも辞さないという発想に対しては違和感を覚えることもあった(後述するように、「消極的」規制を本旨とする競争法の執行と、「積極的」競争創出をも内容とする競争政策との違いを反映するものかもしれない)。例えば、在任中の一九九五年(平成七年)三月に「特定事業者の事業革新の円滑化に関する臨時措置法」(いわゆる「事業革新法」)が制定されたが、通商産業省と公正取引委員会との間で、複数事業者による共同の「事業革新」(新しい生産方法や販売方法の採用)の進め方を巡って、「独占禁止法上の問題が生じないようにすることが必要であるとの観点から、所要の調整を行った」(公正取引委員会平成六年度年次報告書一四頁)とされている。なお、飯田泰雄「産業政策と経済法」日本経済法学会編『経済法の理論と展開(経済法講座第一巻)』(三省堂・二〇〇二年)一〇四頁参照。

(24) 行政改革会議省庁ヒアリング・通商産業省説明資料(平成九年六月四日)、行政改革会議第五回企画・制度問題小委員会及び機構問題小委員会合同小委員会議事概要(平成九年一〇月二二日)参照。また、行政改革会議最終報告(経済産業省関係部分)及び基本法二一条二号も参照。

（25）端的に言えば、基本法二一条一〇号の規定は、独占禁止法改正の企画立案については、従来どおり、公正取引委員会が担当することを確認するだけのものであるということになる。前掲注（22）参照。

(26) ただし、経済産業省設置法及び経済産業省設置法施行令においては、「競争政策」の用語は用いられていない。

(27) 例えば、最近のものとして、二〇〇二年（平成一四年）五月に「競争政策を考える懇談会取りまとめ〜競争政策の『今ある姿』と『あるべき姿』〜」が、二〇〇三年（平成一五年）二月に「競争政策研究会中間報告—産業再生に向けた企業結合審査の迅速化・透明化」が、それぞれ公表されている。

(28) 行政改革会議省庁ヒアリング・郵政省説明資料（平成九年六月一一日）参照。同様の変化は、例えば、需給調整規制の原則廃止という方針が実施されている運輸分野においてもみられる。

(29) 「競争」の文言の使用例については、佐藤勲平「『競争』考」公正取引五四二号四三頁（一九九五年）、同「『競争』考拾遺」公正取引五六二号二九頁（一九九七年）において渉猟されている。

(30) 例えば、厚谷襄児他編『条解独占禁止法』二五頁（弘文堂・一九九七年）〔稗貫俊文執筆〕参照。

(31) 例えば、次を参照。Lawrence A. Sullivan and Warren S. Grimes, The Law of Antitrust: An Integrated Handbook (Westlaw, 2000), Sec. 1.5（非経済的目的をも重視する立場）; Richard Posner, Antitrust Law, 2nd Ed. (University of Chicago Press, 2001), Chapter One（経済的目的に限定する立場）。

(32) Posner, ibid, at 23 (“the courts and the scholars alike are now pretty uniformly committed to the economic approach”)。

(33) 例えば、次を参照。Herbert Hovenkamp, Federal Antitrust Policy: The Law of Competition and Its Practice, 2nd Ed. (Westlaw, 1999), Sec.2.3.

(34) 村上政博『ＥＣ競争法〔ＥＵ競争法〕〔第二版〕』（弘文堂・二〇〇一年）第七章（市場統合理念と特有のルール）参照。

(35) フォルクスワーゲン社は、垂直的地域制限を行ったとして、一九九八年一月に、一〇二百万ＥＣＵという当時として最高額の制裁金の支払いを命じられた。

(36) フェアネス研究会編『企業とフェアネス—公正と競争の原理』（信山社・二〇〇〇年）所収の各論文参照。

(37) ＥＣ競争法では、一括適用免除規則の制定が契約拘束的な機能を果たしてきたこと（そして、その弊害を是正する観点からも規則の改正が行われてきていること）が知られている。前掲注（34）・村上『ＥＣ競争法〔ＥＵ競争法〕〔第二版〕』第二章（一括適用免除の機能）参照。

（38）簡単には、拙稿「政府規制の見直しと競争政策の役割」公正取引五五六号四、六頁（一九九七年）参照。詳細は、例えば、阿部泰隆『行政の法システム(上)〔新版〕』（有斐閣・一九九七年）第四章（経済的手法）、大橋洋一『行政法〔第二版〕』（有斐閣・二〇〇四年）第四部補論（行為形式論の課題―経済的手法の分析強化）参照。

（39）以下の記述は、前掲注（16）・拙稿「規制改革と公正取引委員会の活動」五九～六三頁の内容を改訂したものである。

（40）特に、規制産業における違反事件や新しいタイプの違反行為（知的財産権が関係するものを含む）に対して警告等の非公式な措置が採られる傾向がみられることには問題があると思われる。

（41）拙稿「競争法執行の実効性と透明性――日本の独占禁止法執行に関する内外の認識差の原因と結果」法学新報一〇九巻一一・一二号一頁（二〇〇三年）参照。

（42）ラップ価格協定刑事事件東京高裁判決（平成五・五・二一）高刑集四六巻二号一〇八、一四三頁。

（43）前掲注（22）、（25）参照。

（44）田村善之『機能的知的財産法の理論』（信山社・一九九六年）二二頁。

（45）最も初期の指摘として、今村成和『独占禁止法〔新版〕』（有斐閣・一九七八年）六四頁参照。

（46）参入阻害的措置だけでなく、退出阻害的措置も、資源の効率的配分を損なう点で同様である。

（47）公正取引委員会は、日本航空と日本エアシステムの事業統合について、国土交通省が新規参入航空会社に対する発着枠の優先配分を含む新規参入促進策を採ること（国土交通省「国内航空分野における競争促進策の強化について」（平成一四年四月二六日公表資料））をも考慮して、これを容認した。公正取引委員会「日本航空株式会社及び株式会社日本エアシステムの持株会社の設立による事業統合について」（平成一四年四月二六日公表資料）。

（48）文献は枚挙に暇がないが、ＮＴＴ側からの整理として、宮津純一郎『ＮＴＴ改革』（ＮＴＴ出版・二〇〇三年）参照。

（49）ただし、分離・分割問題に焦点が当たり、アクセス確保の制度化が後回しになったのではないかという指摘がある。例えば、福家秀紀『情報通信産業の構造と規制緩和』（NTT出版・二〇〇〇年）ii頁参照。

(50)　電気通信事業法の平成一三年改正により、非対称規制として既に導入されている（同法三七条の二以下）。

(51)　向田直範「優越的地位の濫用（下請法含む）」日本経済法学会編『独禁法の理論と展開[2]（経済法講座第三巻）』（三省堂・二〇〇二年）一六一頁参照。

(52)　自由貿易協定、経済連携協定又は地域統合協定には、競争法の執行や競争政策に関する協力条項が盛り込まれることが少なくない。我が国が当事国のものとして、日本・シンガポール新時代経済連携協定（平成一四年一月一三日署名、一一月三〇日発効）第一二章参照。

(53)　例えば、EUにおける商標品の並行輸入に関する取扱い（域内では消尽するが、域外では消尽しない）について、内外差別の観点からの批判があり得よう。

(54)　鬼木甫『電波資源のエコノミクス—米国の周波数オークション』（現代図書・二〇〇二年）参照。

(55)　OECD編（小林節雄・山本寿訳）『環境保護と排出権取引——OECD諸国における国内排出権取引の現状と展望』（技術経済研究所・二〇〇二年）参照。

競争的市場の一考察

飯田隆雄

一　はじめに

中世キリスト教の世界では、利他的な行動規範は神の道に沿ったものであり、利己的な行動は神の道から外れる事柄と考えられていた。

神によって選ばれた支配階級は別として、市井の民衆にとって、物を作るということ、すなわち、経済学で使用される「財とサービス」の「財」を生産することこそが、職業的には神の道に叶ったものとされていた。したがって、商人のような、流通仲介業に携わる人たちは、富を蓄積し、経済的な影響力が大きくなったにもかかわらず、「財」を生産しないという理由から、社会的には認知されざる地位にあった。

アダム・スミスの「国富論」における、「神の見えざる手」は消費者は予算制約下での効用最大、生産者は利潤極大という、すべての経済主体の極大化行動が満足される市場均衡のメカニズム、すなわち、消費者余剰と生産者余剰が最大で、社会的厚生が極大となる、いわゆる「競争均衡」を説明できたことに大きな意義が存在する。

目的の異なる経済主体（消費者や生産者、もしくは、需要者と供給者）がそれぞれの目標に向かって、一生懸命努力することで、結果的に自己の満足を獲得でき、さらにはそれが社会全体の幸福度を満たす。もう少し簡略化すれば、それぞれの与えられた職業にたいして、真面目に精進すれば、明日の幸せが約束され、しかも、一人一人の「真面目な精進」が社会全体の幸福度に貢献できる、ということにあった。洗礼によって神と契約を交わすキリスト教社会の、信者にとって一生続く大きな仕事の一部である「神の理想世界建設への貢献義務」が、日頃の仕事への精進によって、日常生活の中で個人レベルでも神との契約事項が達成できることに、当時の新興経済支配層からおおいに支持される事となった。

一般的に完全競争市場、不完全競争市場、それともその両方の市場構造や競争条件を考慮しながら、市場の価格決定メカニズムを考察する場合、需要サイドからは消費者行動の理論、供給サイドからは生産の理論を分析することが多い。特に、生産の理論では、生産者の対象とする市場がどのような競争状態にあるかが重要である。通常、競争状態にある経済主体は、そこに存在できることで、企業の主体的均衡である、費用極小、利潤極大行動が達成されている。しかし、現実の競争状態といわれる世界においては、いわゆる競争均衡の状態は難しく、企業の費用構造の「差」から、その市場に参入したり、退出したりすることによって、徐々に淘汰され、競争状態にある市場に存在する企業数が減少する傾向にある。企業数が少なくなり、お互いに「あ、うんの呼吸」で価格が決定されるようになれば、そこはもはや、競争市場ではなくなり、不完全競争状態、もしくは独占競争状態の価格決定メカニズムの世界となる。

国内でも、市場を競争状態に保つ努力の一つとして、独占禁止法が制定されてから、四半世紀以上の歴史があるが、現実問題としての、経済学で定義するような競争市場は全く存在しないといっても過言ではない。その理由は、情報の非対称性とか、市場の失敗とか、いろいろと取りざたされており、経済学の研究対象分野となっている。今日の経済の実態では、かなり競争的な市場は存在する。しかし、企業の理論からは、無理に競争しなくても、吸収や合併によって、その市場の企業数を減少させ、利潤を今以上に獲得できるよう行動することは、経営者と株主の共通の利益であるがゆえに、多くの場合は、寡占的な競争状態の市場が多いのも現実である。

そこで、まずこの寡占状態の競争で、経済学でいう完全競争状態に近い「完全競争的市場」を分析することは、完全競争状態に近い社会的厚生が達成されるという意味で、意義が大きいと考えられる。

経済学的には、社会的厚生がほぼ最大となれば、何が何でも競争状態となるような市場の競争条件ならば、これが完全競争であろうと、不完全競争であろうと、問題とはならないし、この社会的厚生が最大となるように、行政はコストをかけないで施策を遂行しなくてはならないと考える。

本稿では、市場における需給の供給側面にスポットを当てて、企業の競争条件を、複数の商品を生産する結合生産企業と単一の商品のみを生産する単一生産企業の、新規参入条件から検討する。

二　完全競争的市場

ある産業の中で、市場が独占的であるか、寡占的であるか、競争的であるかは、新規参入企業の参入条件がどのようになっているかを分析すれば明らかとなる。Baumol, Panzar, Willig（1982）はこの視点から分析を行った最初の研究者である。

従来、競争的市場（*Contestable Market*）は、多数の企業が互いに独立的に競争していることを前提としていた。しかし、彼らは、完全競争的市場（*Perfect Contestable Market* 以下省略記号としてPCMを使用する）という概念を提唱した。

これは、市場の中に、一つの企業、もしくは少数の企業のみが存在している状態であっても、持続可能性(*Sustainability*)が成立しているならば、完全競争的市場が成立するというものであった。ここでは、政府による独占の規制という立場とは異なり、マーケットの力（神の見えざる手）を利用して、そのコミュニティーの社会的厚生が完全競争市場と同様の社会的厚生を保証できるような市場条件を模索する。

三　モデル

市場における環境を以下の様に考える。

① 生産物集合　$N=\{1,\cdots,n\}$.

② 企業集合　$M=\{1,\cdots,m\}$.

③ 産出量　$q^i=\begin{bmatrix} q_1^i \\ \vdots \\ q_n^i \end{bmatrix}, i=1,\cdots,m, q\in R_+^n$

④ 価格　$p=\{p_1,\cdots,p_n\}, p\in R_+^n$

⑤ 需要関数　$D(p)=\begin{bmatrix} D_1(p) \\ \vdots \\ D_n(p) \end{bmatrix}, C(p)\in R_+^n$

⑥ 費用関数　$c(q)$

①n種類の生産物があり、②それらを生産する企業が有限個存在するものとする。③n種類のそれぞれの産出量を$q_1,\cdots,q_n$とする。④n種類の財の価格はそれぞれ$p_1,\cdots,p_n$とする。⑤各財の需要量は、この世界全ての財（n種類の財）の価格に依存する。従って、$D_1(p),\cdots D_n(p)$と表すことができる。⑥は生産が効率的に行われる時、外生的に固定された要素価格で費用を表すことができる。ここでの技術的な条件は、全ての既存営業企業と潜在参入企業に関して、市場への参入・退出は自由であり、そのための費用もかからないと仮定する。

（市場について）

Def.1.　F.I.C（*Feasible Industry Configuration*）とは(1)、(2)の条件を満足するような価格と数量の組合せ $\{p, q^1, \cdots, q^m\}$ である。最もありそうな、企業の存立状態を示している。

(1)　Market Clear　$\sum_{i=1}^{m} q^i = D(p)$.

(2)　Non Negative Profit　$p \cdot q^i \geq c(q^i), i=1, \cdots, m$.

(1)は需給一致条件である。(2)は各企業が少なくとも損失が発生しない所で生産を行っていることを示している。

Def.2.　Sustainable（持続可能）とは F.I.C であって、かつ以下の条件を満足するようなものである。

(3)　$p^e \cdot q^e \geq c(q^e), \forall p^e \leq p, q^e \leq D(q^e)$.

Sustainable Feasible Industry Configuration で成立する価格よりも低い価格を設定しても、それに対応する需要量の範囲では、この市場に参入しても、設定した価格で参入企業の利潤は発生しない。

Sustainable が均衡の条件となる市場をＰＣＭ（*Perfect Contestable Market*）と呼ぶ。

Def.3.　L-R Comp. Eq.（*Long-Run Competitive Equilibrium*）とは、F.I.C で与えられた価格が以下の条件を満足するときに成立する。

(4)　$p \cdot q \leq c(q)$

需要制約を無視すれば、F.I.C で設定された価格 p よりも低い平均費用が存在する。

（費用関数について）

以下では、内容を明示的に示すために、二財モデルに限定して話を進めることにする。

Def.4.　Economies of Scope（範囲の経済）

⑸　$c(q_\alpha, q_\beta) < (q_\alpha, 0) + c(0, q_\beta)$

ここより、財をα財、β財の二種類に限定した。結合生産を行った方が単一生産を行うより費用がかからないことを示している。ここでは、商品バリエーション（財の種類）が多い方が安い費用で生産できることを示している。

Def.5.　Incremental Cost

⑹　$IC_\alpha(q_\alpha, q_\beta) = c(q_\alpha, q_\beta) - c(0, q_\beta)$

これはα財のIncremental Costを示している。これは、結合生産企業の費用と単一財生産企業の費用の差額を示している。もしくは、単一財生産から結合生産に切り替えたときに増加する費用の増分を示している。β財についても同様に定義されるので、ここでは省略する。

Def.6.　Average Incremental Cost

⑺
$$AIC_\alpha(q_\alpha, q_\beta) = \frac{IC_\alpha(q_\alpha, q_\beta)}{q_\alpha} = \frac{c(q_\alpha, q_\beta) - c(0, q_\beta)}{q_\alpha}$$

α財のAICを$AIC_\alpha(q_\alpha, q_\beta)$と示した。

Prop.1.　L-R Comp. Eq. ⇒ Sustainable

長期競争均衡であれば持続可能である。

Prop.2.　価格と数量の組合せ　$\{p, q^1, \cdots, q^m\}$　がSustainable ⇒ No Profit

⑻　$p \cdot q^i = c(q^i)$.

上記のように、価格と数量の組み合わせが持続可能であれば、利潤はゼロである。すなわち⑻のように、販売額はそれを生産するために必要な費用額に等しい。

Prop.3.　価格と数量の組合せ $\{p,q^1,\cdots,q^m\}$ がSustainableであって

(9)　$q_j^k < \sum_{k=1}^{m} q_j^k \Rightarrow p_j = \partial c(q^k)/\partial q_j$.

ある財が二つ以上の企業で生産されているならば、各企業の限界費用は価格と等しくなる。

Prop.4.　Economies of Scope ⇒少なくとも一つの企業は結合生産を行っている。

範囲の経済であれば結合生産企業が一社は存在する。

Prop.5.　AICが減少する範囲で総需要曲線が交われば、その産業では一つの企業しか存在しない。DAIC (*Decreasing AIC*)。

四　独占的産業組織の可能性

以下では、完全競争の下で財をα財、β財の二種類に限定して分析を進める。各財の産出量は q_α, q_β。α財、β財をそれぞれについて $D_\alpha(p_\alpha,p_\beta), D_\beta(p_\alpha,p_\beta), \partial D_\alpha/\partial p_\alpha < 0, \partial D_\beta/\partial p_\alpha > 0$ (or $\partial D_\beta/\partial p_\beta < 0, \partial D_\alpha/\partial p_\beta > 0$) であるとする。

費用関数は企業が結合生産を行う時（F：結合生産を行う時の固定費）、

(10)　$c(q_\alpha,q_\beta) = v(\tilde{q}_\alpha,\tilde{q}_\beta) + F$.

単一財生産を行う時（F_α (or F_β)：α財（or β財）のみを生産する時の固定費）、

(11)　$c_\alpha(q_\alpha) = v_\alpha(q_\alpha) + F_\alpha$　$(c_\beta(q_\beta) = v_\beta(q_\beta) + F_\beta)$

であるとする。各費用関数は連続二回微分可能な増加関数であり、Strictly Convex ($v_{\alpha\alpha} < 0, v_{\beta\beta} < 0, v_{\alpha\alpha} v_{\beta\beta} - v_{\alpha\beta} > 0, v'_\alpha < 0, v'_\beta < 0, v'_\alpha v'_\beta > 0$) であるとする。

需要関数と費用関数の組合せから、単一財生産企業もしくは、結合生産企業のどちらか一方が一社のみ存在するような産業組織が存在するとすれば、そこではどのような条件が満足されていなければならないかを検討する。

我々は表1のように示すことができる。

表1

		単一財生産企業		結合生産企業	MC　Pricing	
		α財	β財	α財	α財	β財
①		1	1	0	$\overline{p}^s_\alpha = p_\alpha \geq MC_\alpha$	$\overline{p}^s_\beta = p_\beta \geq MC_\beta$
②		0	0	1	$p_\alpha \geq MC_\alpha$	$p_\beta \geq MC_\beta$
③	(a)	1	0	1	$p_\alpha = MC_\alpha = \tilde{p}_\alpha$	$p_\beta \geq MC_\beta$
	(b)	0	1	1	$p_\alpha \geq MC_\alpha$	$p_\beta = MC_\beta = \tilde{p}_\beta$
④	(a)	1	0	多	$p_\alpha = MC_\alpha = \tilde{p}_\alpha$	$p_\beta = MC_\beta = \tilde{p}_\beta$
	(b)	1	0	多	$p_\alpha = MC_\alpha = \tilde{p}_\alpha$	$p_\beta = MC_\beta = \tilde{p}_\beta$

①(1) 結合生産が存在しないので Economies of Scope は満足されない (Prop.4.)。

(2) α (β) 財市場において単一財生産企業が一社しか存在しないケースであるから、α (β) 財を生産する企業の平均費用関数は減少関数でなければならない。従って、DAICが成立している (Prop.5.)。

(3) α (β) 財市場において、Sustainable が成立している時のα (β) 財の市場価格を $\overline{p}^s_\alpha$ ($\overline{p}^s_\beta$) とする。また、$minAC_\alpha$ ($minAC_\beta$) を $\overline{p}_\alpha$ ($\overline{p}_\beta$) と表せば、ここではα (β) 財市場において Sustainable が成立していなければならないので、$\overline{p}^s_\alpha = \overline{p}_\alpha \geq p_\alpha$ ($\overline{p}^s_\beta = \overline{p}_\beta \geq p_\beta$) が満足されていなければならない。$p_\alpha$ (p_β)：α (β) 財市場で成立する価格。(Prop.2.)

(4) 限界費用と市場価格の関係は、(2)、(3)より、$\overline{p}^s_\alpha = p_\alpha \geq MC_\alpha$ ($\overline{p}^s_\beta = p_\beta \geq MC_\beta$) を満足しているはずである。

②(1) 結合生産企業が存在するので Economies of Scope を満足するはずである。

(2) α (β) 財市場において一企業しかその財を供給していないので、$DAIC_\alpha$ ($DAIC_\beta$) が成立していなければならない (Prop.5.)。

(3)　α（β）財の各市場においてSustainableが成立していなければならない。単一財生産企業に関するSustainableが成立しているときの価格 $\bar{p}^s_\alpha$（$\bar{p}^s_\beta$）を基準とすれば、ここではEconomies of Scopeより、各財市場で成立する価格は $p_\alpha < \bar{p}^s_\alpha$（$p_\beta < \bar{p}^s_\beta$）という関係があるはずである。

(4)　各財市場で成立する価格と、この結合生産企業のそれぞれの財を生産する時の限界費用との関係は、(2)より、$p_\alpha \geq MC_\alpha$（$p_\beta \geq MC_\beta$）を満足しているはずである。

③(a)(1)　結合生産企業が一つ存在するのでEconomies of Scopeが満足される（Prop.4.）。

(2)　β 財を独占的に供給している結合生産企業は、β 財に関するＡＩＣが減少するはずである。$DAIC_\beta$（Prop.5.）。

(3)　α 財に関して、単一財生産企業は $p_\alpha = c'_\alpha(q_\alpha) = c_\alpha(q_\alpha)/q_\alpha$ で生産を行っているはずである（二つ以上の企業が同一の財を生産している時、限界費用は価格と等しくなる（Prop.3.）。Sustainableが成立しなければならないので、No Profitである（Prop.2.））。また、結合生産企業にとっても $p_\alpha = c_1$（$\tilde{q}_\alpha, \tilde{q}_\beta$）で生産を行っている（Prop.2.）。よって、$p_\alpha = MC_\alpha = \tilde{q}_\alpha$ が成立しているはずである。

(4)　β 財に関して、②(3)と同じ理由から（SustainableとEconomies of Scope）$p_\beta < \bar{p}^s_\beta$、②(4)と同じ理由から（(2)を満足する）$p_\beta \geq MC_\beta$ を満足するはずである。

③(b)(1)　単一財生産企業が α 財から β 財となったにすぎず、基本的には③(a)と同じなので説明を省略する。

④(a)　ここでは α 財の単一財生産企業が多数存在していることを示している。Prop.2,3,4,5. を満足しているはずであり、基本的には③(a)と同じである。

(b)　β 財市場において多数の単一財企業が存在しているケースである。基本的には④(a)と同じなので説明を省略する。

五　結びにかえて

今まで取り上げた理論に該当する現実社会の事例として国内航空会社の競争状態を取り上げることができる。

エア・ドゥ（北海道国際航空）は自由化された民間航空路線に新規参入した新しい航空会社であることは周知の事柄であるが、資金的にも、関連事業の経験的にも、全くの素人が立ち上げたことでも、その他の航空会社とは全く異なった存在であった。現在は、全日本空輸との共同運行を開始してから二〇〇四年二月一日でちょうど一年、元来の設立主旨を守りながら、営業的にも順調に乗客数を伸ばしているなか、二〇〇三年九月中間期には新規航空会社として初めて経常黒字を確保し、経営再建の足がかりをつかんだとされる。共同運行開始以来、五〇％を割り込んでいた搭乗率は平均八〇％近くを維持している。全日空の座席一部購入（コードシェア）、燃料の共同購入など、安定収入確保と経費節減効果、もあって二〇〇四年三月期には売上高一七五億円、経常利益九億三千万円を目指している。これは民事再生手続きで定めた再建計画と比べてそれぞれ一・四倍と七倍となり、提携効果が大きく寄与している事がうかがえる。(1)

二〇〇〇年以降の東京―札幌間の旅客伸び率はそれぞれ九九―二〇〇〇年：三・七％、〇〇―〇一年：四・三％、〇一―〇二年：二・六％、〇二―〇三年：〇・九％（推計値）であり、エア・ドゥの旅客シェア率は七・二％、八・九％、七・五％、六・九％といずれも旅客伸び率を上回る営業成績であった。平均輸送キロ当たり収入、平均旅客人員当たり収入に関しても、日本航空（JAL）や全日本空輸（ANA）を抜いて、それぞれ日本エアシステム（JAS）に次いで高い、一六・二八（千円）、一四・二（千円）となっている。意見が分かれるところであるが、このマーケットの需要が大幅に拡大したわけでもなく、収入が極端に悪かったわけでもない環境であったと言える。(2)

エア・ドゥが市場に参入したときの状況を振り返ってみると、日本航空、全日本空輸、日本エアシステムの大手3社が同一路線、同一価格で競争状態にあった。しかしこれらは傘下に旅行社等の周辺業務も抱える大手の結合生産企業であるといえる。一方旅客運搬事業に特化した形でのエア・ドゥは新規参入単一生産企業といえる。エア・ドゥ参入時点での大手三社の価格引き下げに関する企業行動が同じであったことから、おおむね結合生産企業が1社の③ⓐや結合生産企業が多数存在する④ⓐのケースに当てはまり、市場は利潤ゼロの競争状態であったといえる。創業当初、装置産業であるこの業界で固定費用を賄えないような経営であった事からも最初から新規参入に資金的側面から無理があったことが判明する。一方、同じ時期に福岡―東京線に参入したスカイマーク・エアラインは、HISという旅行業者の一部門として捉えれば結合生産企業として分類でき、範囲の経済性から、資金を他の部門から供給しながら経営が継続できる状態であったといえる。

従って、短絡的に言えば、企業の費用構造からくる参入条件がスカイマーク・エアラインと全く異なっているエア・ドゥは、当初から破綻の可能性が大きかったと考えられる。

（1）「全日空との共同運行一年」『日本経済新聞』二〇〇四年二月三日付け三五頁。参照。
（2）資料参照。

参照文献

1. 「全日空との共同運行1年」『日本経済新聞』二〇〇四年二月三日三五頁。
2. 『エア・ドゥ　夢がなぜ破れたのか』日本経済新聞社編、二〇〇二年九月。
3. 飯田隆雄「エア・ドゥの全日空グループ入り」『地域と経済』（札幌大学経済学部地域経済研究所）No.1　二〇〇四年三月、九七―一〇一頁。

4. 飯田隆雄、飯原慶雄、田中栄一著「結合生産企業を含む産業組織の分析」『経済政策の「転機」と「争点」——コンテスタブル市場理論的アプローチ』日本経済政策学会編、一九八九年、一四一—一四四頁。

5. 国土交通省編、「統計データ等—航空輸送サービスに関わる情報公開」『航空行政の概要』国土交通省航空局ホームページ http://www.milt.go.jp/koku/04_outlin/10_data/index.html

6. Baumol, W., Panzar, J. and Willing, R., *Contestable Markets and the Theory of Industry Structure*, New York : Harcourt, 1982.

7. — "On the Theory of Perfectly-Contestable Markets," Stiglitz, J. and Mathewson, G. ed. *New Developments in the Analysis of Market Structure*, London : Macmillan, 1986, Chp.12, pp.339-65

8. MacDonald, G. and Slivinski, A., "The Simple Analytics of Competitive Equilibrium with Multiproduct Firms," *American Economic Review*, Vol.77（Dec.,1987）, pp.941-53.

資　料

東京—札幌輸送人員（年度）					輸送キロ当たり収入（千円）					旅客人員当たり収入（千円）				
百万人	4社合計	AIRDO	シェア率	伸び率	JAL	ANA	JAS	SKMA	AIRD0	JAL	ANA	JAS	SKMA	AIRD0
99年	8,657,824	421,231	4.9											
00年	8,982,061	645,155	7.2	3.7	14.8	17.1	17.8	14.9	16.7	14.3	15.1	15.0	15.4	14.9
01年	9,367,334	830,361	8.9	4.3	14.1	16.6	17.0	13.8	15.7	13.7	14.6	14.4	14.4	14.0
02年	9,610,996	722,209	7.5	2.6	13.2	15.2	16.0	12.7	15.5	12.9	13.5	13.6	13.5	13.9
03年推計	9,693,044	673,568	6.9	0.9	14.3	16.0	17.3	14.0	17.2	12.5	13.4	13.5	12.8	14.0
				合計	56.4	64.9	68.1	55.4	65.1	53.4	56.6	56.5	56.1	56.8
				平均値	14	16	17	13.85	16.28	13	14	14.1	14.03	14.2

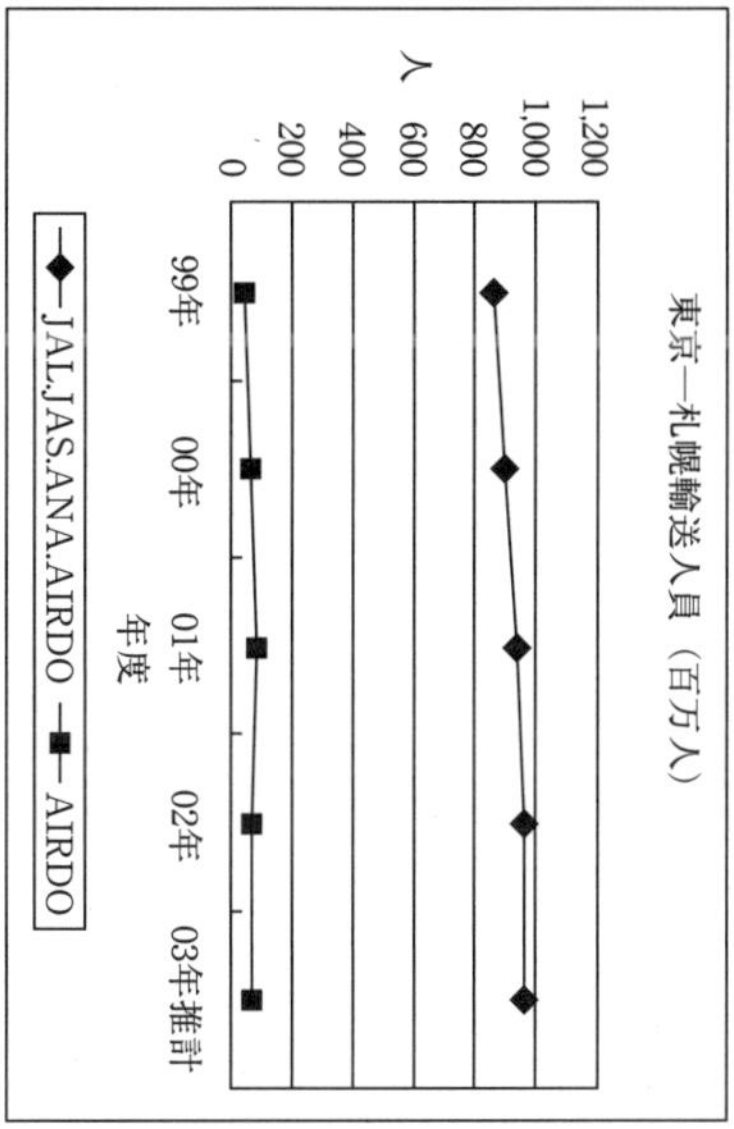
東京—札幌輸送人員（百万人）
人
1,200
1,000
800
600
400
200
0
99年
00年
01年
02年
03年推計
年度
JAL.JAS.ANA.AIRDO
AIRDO

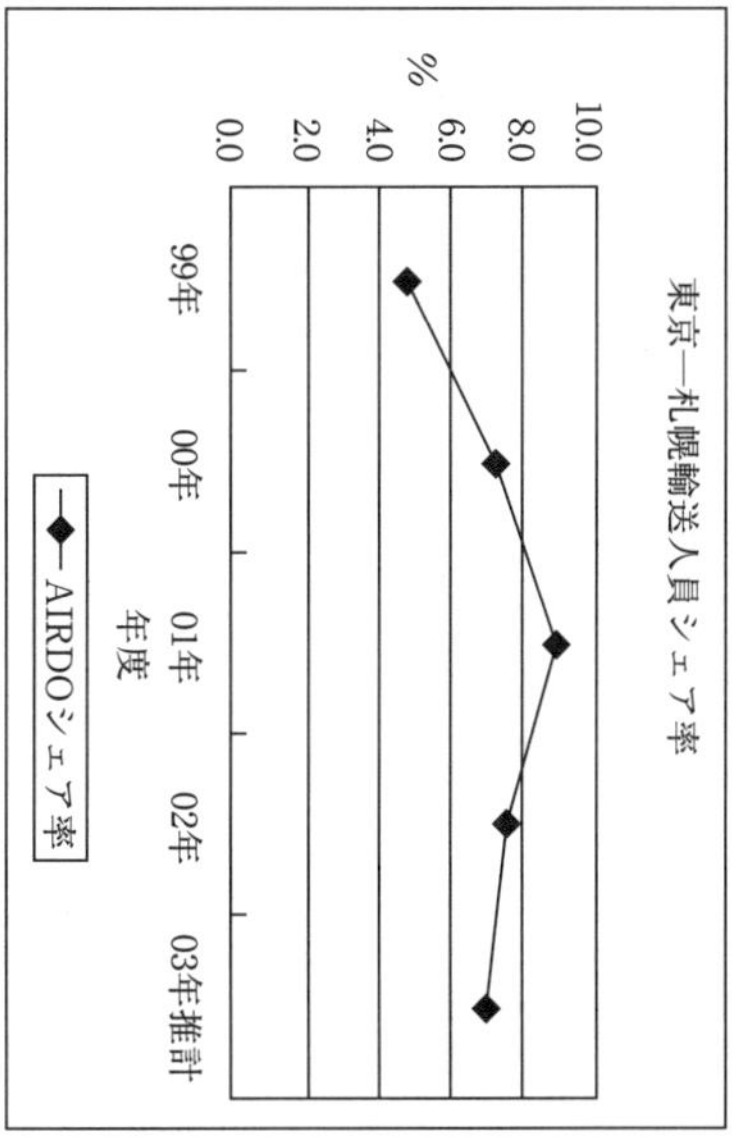
東京—札幌輸送人員シェア率
%
10.0
8.0
6.0
4.0
2.0
0.0
99年
00年
01年
02年
03年推計
年度
AIRDOシェア率

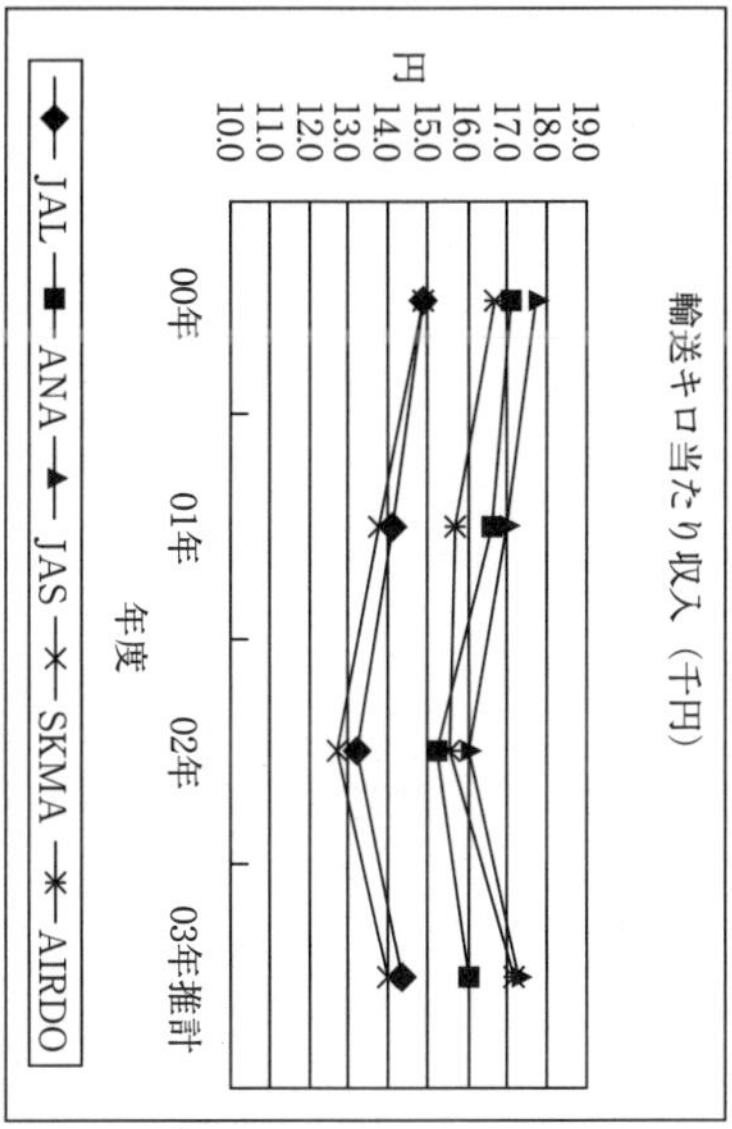
輸送キロ当たり収入（千円）
円
19.0
18.0
17.0
16.0
15.0
14.0
13.0
12.0
11.0
10.0
00年
01年
02年
03年推計
年度
JAL
ANA
JAS
SKMA
AIRDO

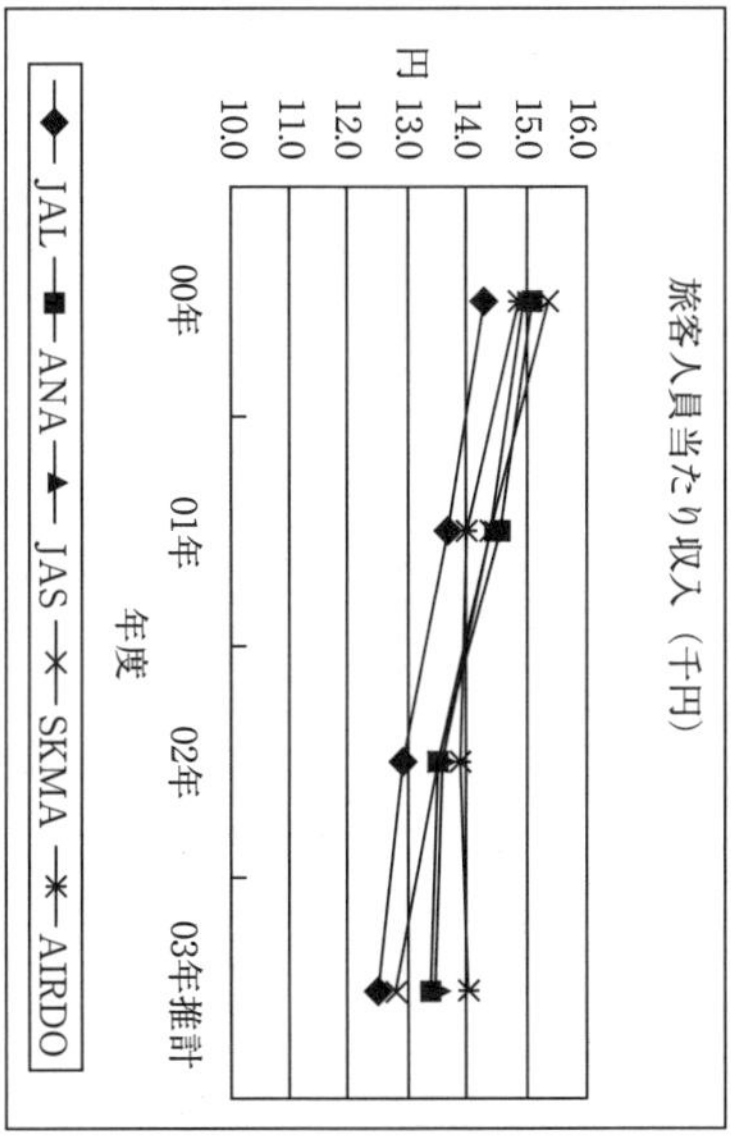
旅客人員当たり収入（千円）
円
16.0
15.0
14.0
13.0
12.0
11.0
10.0
00年
01年
02年
03年推計
年度
JAL
ANA
JAS
SKMA
AIRDO

アルゼンチンの競争保護法
——法運用の動向と二〇〇一年改正

諏佐マリ

アルゼンチンにおいては、一九八〇年に制定された競争保護法第二二二六二号（以下、一九八〇年法という）に代わって、現在は、名称は同じ「競争保護法（Ley de Defensa de la Competencia）」である一九九九年法第二五一五六号が施行されている。しかし、現行法の特徴の一つともされている、広範な権限をもった同法の運用機関の創設手続きに時間がかかっているようであるため(1)、同法五八条の経過規定(2)の定めにしたがって、一九八〇年法の運用機関であった競争保護全国委員会（Comisión Nacional de Defensa de la Comepetencia）が、引き続き一九八〇年法に係属していた事件、および現行法に係属する事件の審理を行ってきているところであり、一九八〇年法と現行法の運用が混在している。また、現行法では、アルゼンチンにおいて初めて、経済的集中行為に対する規制制度が導入されているが、その運用も同委員会が行っている中、二〇〇一年には、当該集中規制に係る法律改正が行われた。そこで、本稿では、アルゼンチンにおける競争保護法制について、一九八〇年法制定にいたる経緯から現行法までの流れを概観した上で、一九八〇年法から大きな枠組みとしては変更されていない禁止行為に係る法運用の動向を検討し、最後に二〇〇一年に改正された集中規制について簡単に紹介することとする。

一　競争保護法制の歴史的概観

アルゼンチン最初の反独占法制は、一九二三年に制定された独占抑制法（法律第一一二一〇号）であったとされている。[3] しかし、この法律はほとんど運用されることがなく、同法に代わって、一九四六年に新たに法律第一二九〇六号が制定された。[4] この法律も同様にほとんど運用されることがなく、両者合わせて約六〇年間、競争法制の積極的な適用はみられなかったといわれている。もっとも、一九五九年から一九八〇年の間、一九四六年の法律第一二九〇六号の改正案が一六回提出されており、一九六七年に出された改正案をベースにし、支配的地位の濫用規制を導入するなどヨーロッパ競争法からの示唆を受けた一九七七年法案が、一九八〇年法の成立につながったとされている。[5]

一九八〇年法は、以下の三つの基本的目的を有していたとされている。[6] 第一に、その本質において競争を限定、制限または歪曲する抑圧行為を明確に定義すること、第二に、当該行為を調査および予防するために行政手続きを導入すること、第三に、市場の適正な機能を確保するための適切な法的枠組みを設定することである。このために、同法は、専門的な行政機関として、前述の競争保護全国委員会を創設し（同法第六条）、規制の対象として、「商品または役務の生産および交換に関して、競争を限定、制限もしくは歪曲する行為または行動、または一定の市場における支配的地位の濫用になる行為または行動であって、したがって一般経済利益に損害をもたらすことになる」行為の禁止を一般的に定め（一条）、具体的な行為としては、四一条で例示した行為の禁止を定めて処罰の対象としていた。[7] 同法は、競争を制限するような一般経済利益に損害を与える行為、または市場支配的地位の濫用行為であって、一般経済利益に損害を与える行為を禁止し、四一条に包含される違反行為を行った者に対して刑事罰を科すこと（四二条一項において、自然人に対する懲役および／または罰金、同条二項において、法人に対する罰金等）を規定していた。

このように、一九八〇年法は、経済刑法としての性格を有するものであったが、同法の運用は、まずは行政手続きとして、競争保護全国委員会が、その職権にもとづいて、または一般からの申し立てにもとづいて、違反行為の有無を調査し、その結果、違反行為があったと判断される場合には、違反行為の中止や制裁金賦課等についての一定の提案も含めて報告書を作成し、その結論を支持することを産業・通商・鉱業庁長官に勧告し、同長官が最終的な決定を行う形で進められるものであった。なお、刑事手続きを経て、違反行為者に対して刑事罰を科す場合には、その公訴を提起できるのは同長官のみで、その専属的権限とされていた。

一九八〇年法も、その当時のアルゼンチンの経済体制の影響を受け、当初は決して積極的に活用されたわけではなかった。競争保護全国委員会は、一九九八年に初めて、一九九七年度の年次報告書を発行したが、これは、その時点頃からようやく、同法の活用が行われるようになり、同委員会も「再生」(8)できたことを意味している。

アルゼンチンでは、一九九一年の「経済安定化計画」の実施にいたるまでは、自由な価格形成に対する強力な統制や、重度の経済統制がしかれ、同国は、国際貿易の場においても当時最も閉ざされた国であるとされていた。とくに、一九八〇年代は、アルゼンチン経済は、極度のインフレ状態に直面し、行政府と事業者らとの間で価格に関する合意を行って、そうした問題に対処し、国家が競争法違反を誘発する状態であったといわれている。しかしながら、一九九〇年代初めからは、規制緩和、民営化、市場開放、経済安定化と価格統制メカニズムの解体といった経済体制の変化が起こり、そうした変化の結果、同年代の後半以降は、競争法の積極的活用の素地ができあがったとされている。

競争保護全国委員会の年次報告書第一号においては、一九八〇年法のそれまでの運用実績が、同委員会による区分として四つの年代に分けて示されている。(9)まず、一九八一年から一九八三年は、アルゼンチンはまだ軍事政権下にあり、規制改革や民営化の措置を含まない形での経済の開放・安定化がうたわれたが政権が崩壊し、成果はなかったとされる。この時期には、競争保護全国委員会は、全部で三一件の事件を処理し、その内、違反行為に係るものとしては、二七件が制裁的措置に係るもの、また二件が同意措置に係るものであった。次の区分は、一九八四年から一九八九年にかけてで、この時期には、民主化された政権のもとでいくつかの経済安定化計画が練られたが、その大きな成果はなかったとされている。競争保護全国委員会の事件処理件数は、全部で四四件、制裁的措置に係るものが一七件、同意措置に係るものが三件であった。その次の一九九〇年から一九九五年の時期は、経済構造改革のすべてが急激に実施された時期にあたり、同委員会の事件処理件数は、全二三件、制裁的措置に係るものが七件、同意措置に係るものが三件であった。最後の一九九六年から一九九七年にかけては、経済改革が強化された時期にあたり、その事件処理件数は、全三二件、制裁的措置に係るものが五件、同意措置に係るものが二件であった。同委員会の次年度の年次報告書(第二号)においても、その活動が活発になったことを示すものとして、処理件数全体の傾向が次のように整理されている。(10)一九八一年から一九九六年までは、処理件数全体は一七一件であり、それを単純に年数で割った場合、各年度において大体一七件が処理されていたことになるが、一九九七年から一九九八年の二年間では、全処理件数が六七件で、同様の単純年割りをした場合、年間三四件の処理が行われるようになったということである。

このように「再生」をはたした競争保護全国委員会であったが、より広範な権限をもった独立の執行機関を創設して、市場の開放に伴って輸入が増加し、また海外資本の進出も行われるようになって、効率性達成のための規模の拡大の動きがみられるようになった事態などに対して、より積極的に対応できるような体制づくりが求められるようになった。こうした動きの中で、一九八〇年法を廃止して、前述したように強力な執行機関の創設と経済的集中行為に対する事前規制の導入を目指して、いくつかの新立法の提案が行われるようになった。ことに、連邦議会では、一九八〇年法が集中規制の制度をもたないために、市場支配的地位が生じ、その地位を濫用する行為が行われた後に、事後的にしか対処できないという問題があることについて懸念が高まり、期せずして、一九九九年上半期後半に競争保護の観点からは問題が生じるような石油会社の合併がそのまま行われたこともあって、法律改廃の具体的な動きが進められ、現行法が一九九九年に成立、施行されることになった。(11)

二　現行法の概要と法運用の動向

現行法は、一九九九年から施行されているが、本稿の最初に述べたように、その運用は、いまだ一九八〇年法の運用機関であった競争保護全国委員会が行っている。これは、最終的な権限をもった執行機関の設置に際し、特別な手続きを経て、当該機関の構成員がその任務にあたることになるという、現行法の特徴の一つともいえる規定が存在し、その手続きに時間を要しているためであると思われる。そこで、まず、現行法の運用を行っている、競争保護全国委員会について、あらためて簡単に紹介したうえで、今後その職務を引き継ぐことになる、新しい執行機関である連邦競争保護審判所（Tribunal Nacional de Defensa de la Competencia）について、その執行手続きと違反行為に対する措置も合わせて紹介することとする。そのうえで、一九八〇年法と大きな枠組みとしては異ならない、規制対象とされる禁止行為について、その具体的運用例も含めて検討する。なお、上述のように、現行法では、経済的集中行為に対する規制も新たな制度として導入されているが、この点については、次の「三　経済的集中行為に対する規制の概要」において取り上げることとする。

1　現行法の執行機関と執行手続き

(1)　競争保護全国委員会

アルゼンチンの現在の競争当局は、連邦競争保護審判所が正式に創設されるまでの間は、繰り返し述べているように、一九八〇年法にもとづいて設置された競争保護全国委員会である。(12)同委員会は、産業・通商・鉱業庁

（以前の商業・貿易庁）の所管に置かれ（同法六条）、その委員は、産業・通商・鉱業庁の次官の中から経済大臣が任命する委員長一名と四名の委員から成る（七条）。同委員会は、その職権により、または一般からの申し立てにもとづいて、違反行為の調査を開始し（一七条）、その結果、次の四つのいずれかの類型に属する勧告をまとめて、それを産業・通商・鉱業庁長官に勧告する（二三条）。第一に、法一条違反行為に該当する事実はないとして、申立を棄却すること、第二に、被申立人の弁明を認めること、第三に、同意措置において当事者の申し出による是正措置を認めること、第四に、当該行為の停止命令および／または一定の制裁金とともに、制裁的措置を課すこと。これを受けて、同長官は、違反行為の中止や制裁金の賦課、違法行為を行った事業者の住所に管轄権を有する裁判所(13)に対して、当該事業者の解散および清算を申請することなどを最終的に決定する。このように同委員会は、審査した案件に関して一定の結論を同長官に対して勧告できるが、いうまでもなくそれは長官に承認されなければ効果を有さず、拘束力をもつものではなかった。このために、現行法で予定されているような広範かつ強力な権限をもった独立の専門機関の創設の必要性が主張されるようになったのである。

(2) 連邦競争保護審判所

それが設置され次第、競争保護全国委員会の職務を引き継ぐことになるのが、連邦競争保護審判所（以下、審判所という）である。審判所は、連邦計画・公共投資・公共事業省（Ministerio de Economía y Obras y Servicios Públicos de la Nación）に属する独立の機関として競争保護法の適用および遵守の監督を行うために創設される（一七条）。その設置に際する特徴的な手続きが、その構成員の採用選考・任命についてであるが、つぎのように定められている。審判所の構成員となる七名（一八条）は、連邦会計検査官、連邦計画・公共投資・公共事業省の産業・通商・鉱業庁長官、連邦議会両（上・下）院の商工委員会の長たち、連邦控訴裁判所商事部の長、および、全国法律学アカデミーおよび全国経済学アカデミーの長たちによって構成される審査会（Jurado）における、前歴についての公開審査および採用選考を経た上で連邦行政府によって任命される（一九条）。この七名の内の少なくとも二名は弁護士、その他の二名は経済学の専門家で、かつ全員が五年以上の職務経験を有することとされ、また、教育活動を除いては、その任期中は職務に専念するものとされている（一八条）。その任期は六年であり、再任は妨げられない（二〇条）。なお、当該構成員の更新は、半舷上陸型となっており、最初の三年の終了時に三名の構成員が更新され、その次の三年の終了時に残りの四名の構成員が更新される仕組みとなっている。審判所は、主に次のような職務および権限を有する（二四条）。a）市場の研究および調査、そのために必要な資料および協力を求めること。b）聴聞会を開催すること。d）制裁的措置を課すこと。f）必要な場合に、法律等に関する競争および自由競争事項について意見を表明すること。ただし、当該意見は、拘束的効果を有しない。g）市場における競争の態様についての一般的なまたは特殊な勧告を表明すること。この規定にもとづき、競争保護全国委員会は、携帯電話事業分野における競争に関して一定の勧告を行ったことがある。[14] i）内部規則を作成すること。k）司法審に対して訴訟を提起すること。m）立ち入り調査を行うこと。n）所管裁判所に対して、適当な保全措置を請求すること、等。

⑶　連邦競争保護審判所による審査手続き

審判所は、職権にもとづいて、またはいかなる者を問わず、その者の申立にもとづいて手続きを開始する（二六条）。審判所が申立を適当と判断する場合、被審人に陳述を行う機会が与えられるように通知され、また手続きが職権によって開始された場合には、その事実および根拠が通知される（二九条）。手続きの打ち切り処分となる場合を除いて（三一条）、審査の終了後、被審人の主張・立証期間を経て、審判所が最長六〇日以内に審決をだして、行政上の手続きが終結する（三二条、三四条）。なお、被審人は審決がだされるまでの間に、審査の対象となった行為を自ら停止・是正することに同意することを申し出て、当該同意に対する審判所からの承認を経て、手続きを停止させることができる（三六条）という、同意措置の制度がある。この同意措置の申し出とそれに続く是正措置については、一九八〇年法でも認められていたものであり、同法の運用の経緯について述べた部分でも紹介したように、これまでに相当割合認められている。ただし、事業者側から同意措置の申し出があった場合に、常にそれが認められるわけではなく、それには一定の基準があるとされている。

これは、二〇〇〇年一〇月四日の産業・通商・鉱業庁長官決定事件第三三七号（競争保護全国委員会審査事件第四一一号）において確認された基準であるが、アルゼンチン北西部のトゥクマン州において、当該地域の診療所・療養所協会とその加入一七療養所とが、健康コーディネーター事業者であるCODESA社と契約を結んでいる社会事業者の加入者に対しては、医療・療養サービスを提供しないこととする合意を結び、その違反に対しては一〇〇万ペソという違約金を課すことをも強制していたことが問題とされ、競争保護全国委員会による審査が行われた。その途中で、当該協会は問題とされている行為を即時に中止するという同意措置の申し出を行ったが、同委員会は、それを認めず、手続きを継続して、当該一七の機関に対しては違法行為の中止、また、その内の八機関に対しては各四万ペソの制裁金、残りの九機関に対しては各二万ペソの制裁金の賦課を命じたものである。競争保護全国委員会は、当該協会による同意措置の申し出を認めなかった根拠として、かつてロサリオ連邦控訴裁判所の判決において示された次のような基準を引用した。「審査の時点で既に存在した取決により十分に遂行された事実に関しては、（当該申し出を武器として）使うことは決してできないものであって、法律第二二二六二号の方便により、既往の行為の免除をねらうことは認められない。(15)」

同意措置の申し出が認められた事件としては、アルゼンチンの航空会社二社が、国内線の旅客運送に際して、旅行代理店に支払う手数料について、当該航空会社の航空券の取扱高に応じた占有率リベートのような体系を導入しようとしたことが問題とされたものがある。本件では、当該二社が、そのような手数料支払いを定めた契約は現在なく、既存の契約も既に効力がなくなっていること、将来はそのような契約をしないことを述べて、同意措置の申し出を行い、それが認められた。(16)

また、審判所は、手続きのいかなる段階においても、違反行為によって損害が生じているような場合には、当該行為の停止もしくは禁止を命じる保全措置を課すことができ、競争状態に重大な損害が生じうるような場合には、事情に応じて当該損害を防止するために最も適した措置を命じることができるとされている（三五条）。また、当該保全措置を命じた時点では知り得なかったような要因等が生じれば、当該措置の一時停止、修正もしくは取消を、職権または当事者の請求にもとづいて命じることができる。

この保全措置については、実際に現行法にもとづいて認められ、課される例が出てきている。(17) 切迫した損害の防止のためとして、例えば二四時間以内、四八時間以内といった時間枠を設けて、他の事業者と同等の条件でサービスを提供することを命じたり（ほかには、七二時間以内の商品の供給、五日以内の商品提供可能リストへの当該商品の追加等のケースがある）、また、時間枠を設定しないまでも、事業者による妨害排除を命ずる保全措置などが課されている。(18)

⑷　連邦競争保護審判所の措置に対する不服申立て

次の四つの類型に属することを命ずる審判所審決、または前述の保全措置の決定に対しては、不服申立てを行うことができる（五二条）。第一に、制裁的措置の適用、第二に、一定の行為の停止または禁止、第三に、経済的集中行為に対する不承認もしくは条件付き承認、第四に、競争保護審判所による申立の棄却。

この不服申立ては、審決が通知されてから一五日間以内に審判所に対して行われなければならず、これを受けた当該審判所は、五日以内に一件記録を、相当する連邦裁判所に提出しなければならない（五三条）。

⑸　違反行為に対する措置

現行法では、経済刑法としての性格を有していた一九八〇年法とは異なり、違反行為に対しては、審判所によって、（競争保護全国委員会の勧告とは異なり、拘束効果を伴った）違法行為の中止命令や制裁金の支払い命令を中心とする行政上の制裁的措置がとられることになる。また、後述するように、民事上の損害賠償責任を追及することは妨げられていない。

まず、行政上の措置としては、審判所は、違反行為を行った自然人または法人に対して、以下のような制裁的措置を課すことができる（四六条）。

a）一般経済利益に損害をもたらすことになる競争制限行為または市場支配的地位の濫用行為については、その行為の停止、また必要な場合にはその効果の除去。

b）前述の違反行為、および経済的集中行為行為に関して審判所に承認されなかった行為を実施する場合に対しては、一万ペソから一億五千万ペソまでの制裁金。違反行為が反復されて行われた場合には、制裁金の総額は二倍になる。

c）支配的地位の濫用行為、または独占的もしくは寡占的地位を獲得もしくは強化する行為については、競争歪曲効果を相殺する条件の履行。または所管裁判所判事に対する違反事業者の解散、清算、分離もしくは分割の要請。

d）経済的集中行為に係る届け出違反、保全措置違反、および同意措置の内容として同意した事項（是正措置）に反する行為に対しては、一〇〇万ペソを上限とする日毎の制裁金。

法人に関しては、当該法人の名において、またはその利益のために行動した自然人によって実行された行為の責任を当該法人に帰することができると規定されている（四七条）。違反行為が法人によって行われた場合には、当該法人の法定代理人等に対して連帯して制裁金が同様に課される（四八条）。また、当該法人およびその法定代理人等に対して、一年から一〇年の事業停止という補完的な制裁的措置が課されうる（同条）。

なお、審判所の制裁的措置を課す審決は、一旦利害関係人に対して通知され、確定されれば、官報、および利害関係人が適当と判断する場合には、その制裁的措置を課された者の費用において、国内の主要紙に公表されることになる（四四条）。

つぎに、民事上の措置としては、禁止行為によって損害を受けた自然人または法人は、共通法（derecho

común）の諸規定にしたがって、当該事項に関する所管裁判所において損害賠償請求訴訟を提起できることとされている（五一条）。

2　禁止される行為

競争保護法では、商品または役務の生産および交換に関して、いかなる形式で表されたものであれ、競争または市場へのアクセスを制限する目的もしくは効果を有し、または一定の市場における支配的地位の濫用になり、したがって一般経済利益に損害をもたらすことになる行為の禁止が一般的に定められ（一条）、具体的な行為の禁止が以下のように例示されている（二条）。

a）直接または間接の、商品または役務の販売価格または購入価格の決定、または同様の目的または効果を有する情報交換。

b）一定数量のみに制限された商品の生産等、または一定数量もしくは頻度に制限された役務の提供の義務づけ。

c）水平的な地域、市場、顧客もしくは供給源の分配。

d）入札談合。

e）技術開発または投資の制限の取り決め。

f）第三者の新規参入もしくは事業活動の継続の妨害、または第三者の市場からの排除。

g）直接または間接の、価格および取引条件の共同的なまたは一方的な決定等。

h）研究および技術開発の合意または投資の合意を通じた市場の統制。

i）抱き合わせ販売。

j）排他条件付き取引の強制。

k) 差別的取り扱い。
l) 不当な取引拒絶。
m) 支配的独占的な公益サービスの提供の停止。
n) 略奪的コスト割れ販売。

これらの行為の禁止は、一般経済利益に損害をもたらすことになる競争制限行為と市場支配的地位の濫用行為を禁止していた一九八〇年法と大体同じであるといえるが、現行法には、一九八〇年法にはなかった「目的……を有し」という文言が加えられており、規制対象が拡大されているといえる。

一九八〇年法においても、現行法においても、変わらず共通しているのは、競争制限行為であれ、市場支配的地位の濫用行為であれ、「一般経済利益に損害をもたらすこと」という共通の要件が充たされなければならないことである。この「一般経済利益」の侵害については、競争保護全国委員会が一九九七年に公表した報告書(19)においてその考え方が示されていたが、二〇〇三年三月一九日の産業・通商・鉱業庁長官決定事件第三二四号（競争保護全国委員会審査事件第四二五号）においては、競争保護全国委員会は、「一般経済利益」を経済主体の総余剰の概念と結びつけて捉えているとされている。本件では、YPF社という液化石油ガスの生産・販売を行う事業者が、一九九二年から一九九七年にかけて生産コストが増大したわけではなく、国内需要はほとんど停滞気味であったにも関わらず、国内の地域の分留業者に対して大幅な値上げを行い、その一方で輸出価格は低くして、輸出販売業者に対して国内の事業者に対する再輸入禁止を条件として輸出を行っていたことが問題とされた。YPF社は、液化石油ガスの生産量に占めるシェア、その施設の全国における地理的分布、同ガスの保管能力と輸送用設備の支配度等々の要因から判断して、市場支配的地位にあると認められ、同社がその地位を濫用して、かかる行為を行ったことが違法であると認定された。その判断においては、当該違反行為が同ガスの卸売市場で行われたものであるとはいえ、当該商品の分留業者の需要は究極的には最終消費者の需要から生じるものであり、したがって当該違反行為によって究極的に損害を受けるのは、販売の連鎖が続いた最終段階にある消費者への小売り販売においてであり、こうした一連の経済主体に対して一般経済利益の侵害がもたらされることになるとされた。

以下では、競争保護全国委員会の年次報告書第三号（三ヶ年度分）『Memoria Trianual Años 1999/2000/2001』より、近時の全体的な運用事例の傾向を紹介することとする。一九九九年には、一七件が処理された。そのうち、九件では被申立人の弁明が認められ、四件では申立が棄却され、三件（一件は通信広告手段事業分野における市場アクセスへの阻害行為、一件は、石油・ガス・化石燃料事業分野における差別的価格設定行為、残る一件は健康サービス事業分野における市場アクセスへの阻害行為である）では制裁的措置が課された。一件（出版・印刷事業分野における市場アクセスへの阻害行為）のみ、当事者の同意措置の申し出による是正措置が認められた。二〇〇〇年には、一五件が処理された。そのうち、七件では被申立人の弁明が認められ、五件では申立が棄却され、二件（健康サービス事業分野における、排他取引の強制行為と市場アクセスへの阻害行為である。）では制裁的措置が課された。一件（出版・印刷事業分野における市場アクセスへの阻害行為）のみ、当事者の同意措置の申し出による是正措置が認められた。二〇〇一年には、一六件が処理された。そのうち、八件では被申立人の弁明が認められ、五件では申立が棄却され、三件（健康サービス事業分野および出版・印刷事業分野における、価格設定行為、市場アクセス阻害行為、排他行為である。）では制裁的措置が課された。

以上の年次報告書で取り上げられた事件の中から、紙幅の制約から、二件だけ注目に値するものを、以下で簡単に紹介することとする。第一に挙げるのは、一九八〇年法違反として、最低再販売価格維持行為が問題とされた事件である。[20] 本件では、アルゼンチン・フットボール協会が主催する試合のケーブルTV事業者を通じた放映に関して、スポーツ・イベントの放映権の販売を行う二社がケーブルTV事業者三社に対して、当該ケーブルTV加入者に対する料金について最低価格を設定し、当該三社がかかる違法行為を一緒になって受け入れ、協力的にそれに関与していたことが明らかにされた。かかる行為に対して、競争保護審判所は、まず当該二社が違法な再販売価格維持行為を行ったとし、当該ケーブルＴＶ三社も当該行為を一緒になって受け入れて違法行為に協力していたものであるから幇助犯となるとして、当該二社に対して課された制裁金（各五二万九二八九ペソ）より、その三分の一を減じた制裁金（各三五万二八五九ペソ）をケーブルＴＶ三社に対しても賦課した。第二に挙げる事例は、現行法違反が問題とされたケースで、結論からいえば、違法行為はなかったとする判断がだされたのであるが、アルゼンチンにおいて国際旅客航空輸送サービスを提供している航空会社三社が一ヶ月という短期間の間に、旅行代理店に支払う手数料の割合を続けて同じ割合に引き下げたことが、違法な明示または黙示の価格設定の合意にあたるのではないかということが判断されたものである。[21]本件では、競争事業者間で行われる一致した同時の価格設定が、違法な明示または黙示の合意であると認定されるためには、当該市場における事業者の数の少なさは、かかる行為を容易にするために重要な要因となるが、それだけでは足りず、少なくとも次の二つの要因が加味されなければならないとされた。第一の要因としては、かかる共同行為に関与しているのが、当該市場における主要な事業者であること、第二の要因としては、かかる共同がなければ、当該共同行動をとるという決断が、事業者各自の利益につながるものではないことであるとされ、重要なのは、問題とされる行為が、競争事業者の追随がない場合でも、各事業者にとって利益があるものであったか否かであるという点が示された。

三　経済的集中行為に対する規制の概要

前述のように、アルゼンチンにおいては、従来、経済的集中行為は規制の対象とされてこなかった。一九八〇年法にもとづいても、一般経済利益に損害を与えることになる競争制限行為として、または市場支配的地位の濫用行為として、経済的集中行為を同法一条違反として捉える余地がまったくなかったわけではないが、それには種々の困難を伴うことが認識されていた。そのため、競争保護全国委員会は、経済的集中行為に対する規制を導入するための検討を行い、広く比較法的な検討も行ったうえで、とくにアメリカの規制基準に照らして一九九〇年代当時のアルゼンチンの経済産業社会を分析した結果、個別市場の集中度についての問題が認識されるようになった。そこで、同委員会は、アルゼンチンに経済的集中行為の規制制度を導入する（立法提案の）必要性があることを前提として、具体的な規制手続きに関しては、簡易であること、迅速であること、経済的集中行為の分析に係る方策が経済的であること、の三つを基本原則とし、また、アルゼンチンのように、従来競争の保護ということについて、そのための経験の不足と伝統の欠如があるような場合には、最も問題となりそうなものに焦点を絞って規制を行うべきであるとする視点を示した考えを公表した。(22) こうした動きを伴って、いくつかの立法案が示され、最終的には現行法の制定に伴って経済的集中行為も規制の対象とされるようになり、その規制手続きも整備されている。以下では、この集中規制の概要を示し、規制例の全体的な傾向を紹介する。(23)

3　経済的集中行為に対する事前規制の概要

1　規制の対象

一九九九年に現行法が施行された当初は、「競争を減殺、制限もしくは歪曲し、またはしうる目的または効果を有する、したがって一般経済利益に損害をもたらすことになる経済的集中が禁止される」と定められていたが（七条）、二〇〇一年四月一日の政令第三九六号にもとづく法改正に伴い、「減殺」という文言が削除され、現行法では、「競争を制限もしくは歪曲し、またはしうる目的または効果を有する、したがって一般経済利益に損害をもたらすことになる経済的集中は禁止される」と定められている。なお、「経済的集中」行為とは、以下のような四つの行為の実行によって、一もしくは複数の会社の支配権を取得することとされている（六条）。第一に、会社間の合併。第二に、資本金の移転。第三に、財産の取得、または、株式もしくは持ち分に関する何らかの権利の取得、もしくは株式もしくは持ち分に転換される、もしくはその表明を行う者の決定においていかなる形であれ影響力をもつ、何らかの形式の権利を示す債務証書に関する権利の取得であって、当該取得が取得者に支配権もしくは実質的な影響力を与える、ものである場合。第四に、一定の者または経済的団体に、事実上もしくは法的に、一定の会社の資産を譲渡する、または一定の会社の通常のもしくは特別の経営上の決定の採択に際して決定的な影響力を与える、その他の何らかの合意または行為である。

2 規制手続き

企業集中規制の手続きとしては、当初は、関係諸会社全体の国内総取引高の合計額が二億ペソを超える場合、または関係諸会社全体の世界レベルでの総取引高の合計額が二五億ペソを超える場合に、届け出にもとづく（事前）審査制が導入されたが（八条）、上述の二〇〇一年の法改正に伴い、「二五億ペソ」の基準が削除されている。また、支配関係にある子会社の取得、清算された会社の取得など、一定の会社の取得については、あらかじめ届け出義務が免除されることが定められている（一〇条）が、これに追加して、二〇〇一年の改正に伴い、八条にもとづく届け出が必要とされる経済的集中行為であっても、当該集中行為の総額および国内に存する資産価値が、それぞれ二千万ペソ、または最終六ヶ月間における六千万ペソといういずれかの額を超えない場合には、届け出が免除されることになった（同条e）号の追加）。なお、審判所に対して行われる届け出は、事前に、または合意の締結、購入もしくは交換の申し出の表明、もしくは支配権の持ち分の取得の日から一週間以内に行われなければならないとされている（八条）。届け出の詳細については、二〇〇一年二月二二日決定の「経済的集中計画の届け出のための指針」が参考とされることになる。

届け出された企業集中行為は、最終的には、審判所の審決によって、申請および文書の提出の日から四五日間以内に、承認もしくは条件付きの承認、または否認されることになる（一三条）。また、この四五日の期間が問題なく徒過すると、当該経済的集中行為は承認されたものとして扱われることになる（一四条）。ただし、二〇〇一年改正に伴い、追加的な資料の要請が行われた場合には、一回に限りその期間の計算の停止が認められることになっている（一三条後段の追加）。具体的な事件の分析に際しては、その参考になるように、関連市場の定義や、集中行為や市場占有率の計算法などを明確にするために、経済的集中規制のための手引き（二〇〇一年一一月二七日決定）が作成されている。

3　競争保護全国委員会が扱った経済的集中行為の規制事例の全体的傾向

経済的集中行為の規制の規定は、二〇〇一年に改正されているので、それ以前と、それ以後にわけて事例を紹介する。すなわち、⑴一九九九年九月〜二〇〇一年三月末までの時期と、⑵二〇〇一年四月（八日）〜同年一二月までの時期となる。

⑴一九九九年九月〜二〇〇一年三月末までの時期には、二三二件が処理された(24)。その内二二五件は承認され、六件が条件付き承認、一件が不承認とされている。これらを集中の型でみると、水平型が一五四件と最も多く、次いでコングロマリット型が五二件、垂直型が一六件、水平・垂直型が一〇件となっている。

コングロマリット型の経済的集中行為を除いた中では、事業分野別にみると、最も多かった分野が、通信広告手段事業分野で三四件（内、三二件が承認され、残る二件は条件付き承認とされている。）、次に、食料品および飲料製品事業分野が二四件（すべて承認されている。）、第三位が、石油・ガス・化石燃料事業分野で一九件（すべて承認されている。）、そして第四位が、金融サービス事業分野で二〇件（内、一九件が承認され、残る一件は条件付き承認とされている。）となっており、この上位四事業分野は、コングロマリット型の経済的集中案件を除いて、全案件の半分以上（五五％）を占めている。

⑵二〇〇一年四月（八日）〜同年一二月までの時期には、法改正に伴い、届け出基準の引き上げ、届け出義務が免除される範囲の拡大が行われたため、期間的に⑴の時期より短いこともあるが、処理案件の数は減って、その数は四三件となっている。その内の四〇件が承認され、残る三件が条件付き承認とされている。⑴の時期と同様

に、これらを集中の型でみると、水平型が二二件と最も多く、次いで水平・垂直型が一一件、コングロマリット型が七件、垂直型が三件となっている。

また同様に事業分野別でみると、最も多かった分野が、石油・ガス・化石燃料事業分野で一一件（すべて承認されている)、次に、電気エネルギー事業分野が七件(内、六件が承認され、残る一件は条件付き承認とされている)となっている。

以上のようにして、アルゼンチンにおいて初めて導入された経済的集中行為の規制については、実際の運用が積み重ねられると同時に、その手続きも整備されてきているが、一九九九年に制定された法の二〇〇一年改正で、「世界基準二五億ペソ」を削除して、届け出が必要とされる法定基準が引き上げられたり、届け出義務の免除範囲が拡大されるなど、同制度導入当初の原則的な視点とされた、重大な規模の経済的集中行為のみを判断の対象とするという姿勢が徹底されるようになったといえる。

（1） 本文で後述する、連邦競争保護委員会が開設しているウェブサイト上の情報によれば、二〇〇三年四月二二日に、現行法の定める採用選考手続きは終了しているようであるが（http://www.mecon.gov.ar/cndc/ 上のファイル「acta_cierre.pdf」にある Expediente Nº S01:0028752/03 の議事録（ACTA）参照)、新しい体制については、まだ同サイトには情報が載せられていないため、不明である。

（2） 現行法第五八条は、「……本法の発効の日において手続き中の事件は、その諸規定にしたがった手続きが当該規定の運用機関に対して継続されるものとし、当該機関は、連邦競争保護審判所の設立および始動まで存続するものとする。また、本法の発効以後着手されたすべての事件においても、同様に審理するものとする。（以下、省略)」と定めている。なお、現行法の和訳文については、拙稿「〔翻訳〕アルゼンチン『競争保護法』」熊大法学一〇六号（二〇〇四）八九頁以下参照。

（3） もっとも、一九八〇年法の「立法趣意書（Exposicíon de motivos）」では、一九一九年から競争保護法制が存在したと記述されているが、具体的なことにはふれられておらず、その後、競争保護全国委員会が発行した年次報告書（第一号の『Memoria Anual Años 1997』（一九九八）、第三号の三ヶ年度分の『Memoria Trianual Años 1999/2000/2001』（二〇〇二））においては、一九二三年に遡るとされている。なお、アルゼンチンの法律学者による古典的な経済法の理論的検討については、Esteban (J. K.) Cottely,『TEORÍA DEL DERECHO ECONÓMICO』（一九七一）参照。また同書（四五〇頁）では、Olivera『Derecho económico. Conceptos y problemas fundamentales』（一九五四）による指摘を以下のように紹介している。「経済法の段階としては、三つが存在する。第一の段階では、警察的な性格をもち、公共の秩序を守ることを目的とする。第二の段階では、市場の効率的なメカニズムの作用に危害を加える行為を規制し、警察的な行動を通じた一般の公共秩序の保護ではなく、いわば経済プロセスの方式という、経済秩序の維持を目的とする。原則は、まず競争の保護、すなわち独占的な計略や合意の禁止、および自由な決定の保護である。第三では、経済政策の目標および目的の実現および変化に応じて、市場において規制される行為が決まるものである。これには、前記の経済プロセスの条件を維持するためのものは入らない。」一九二三年の独占抑制法の概要については、中川和彦・矢谷通朗編『ラテンアメリカ諸国の経済法制』（一九八九）六九頁以下参照。

（4） この一九四六年法についても、その概要は、中川・矢谷・前掲注（3）七一頁以下参照。

（5） 競争保護全国委員会・前掲注（3）『Memoria Trianual Años 1999/2000/2001』四頁。

（6） 一九八〇年法の「立法趣意書」・前掲注（3）I序論。

（7） 一九八〇年法については、全条文の訳として、中川和彦「アルゼンチンの新独占禁止法」国際商事法務九巻二七四頁以下（一九八一）を参照。また、その概要の説明として、中川・矢谷・前掲注（3）七四頁以下参照。

（8） 競争保護全国委員会・前掲注（3）『Memoria Anual Años 1997』第三章第一節。

（9） 競争保護全国委員会・前掲注（3）『Memoria Anual Años 1997』第三章第一節およびそこに掲載されている表2参照。

（10） 競争保護全国委員会・年次報告書第二号『Memoria Anual Años 1998』（一九九九）序論部。

(11) 競争保護全国委員会・前掲注（3）『Memoria Trianual Años 1999/2000/2001』四頁以下。

(12) 競争保護全国委員会について、詳しくは、中川・矢谷・前掲注（3）七六頁以下参照。

(13) 首都連邦裁判所経済刑事部、または連邦裁判所に対して申請を行うものとされている。アルゼンチンの裁判所の構成については、中川和彦・矢谷通朗編『経済協力シリーズ（法律）第一四〇号　ラテンアメリカ諸国の法制度』（一九八八）三〇六頁以下参照。

(14) この勧告の詳しいことについては、競争保護全国委員会・前掲注（3）『Memoria Trianual Años 1999/2000/2001』九三頁以下参照。

(15) 二〇〇〇年一〇月四日の産業・通商・鉱業庁長官決定事件第三三七号（競争保護全国委員会審査事件第四一一号）の第七・三段落参照。

(16) 一九九九年一〇月八日の産業・通商・鉱業庁長官決定事件第三二四号（競争保護全国委員会審査事件第四一三号の第五・二・七段落参照。

(17) 各事例の概要については、競争保護全国委員会・前掲注（3）『Memoria Trianual Años 1999/2000/2001』八六頁以下参照。

(18) このような保全措置の内容と、それが認められる基準については、将来的に、当該措置の事例の蓄積をまって、詳しい資料が入手可能となれば、検討する機会をもちたい。

(19) Comisión Nacional de Defensa de la Competencia「Breve Análisis económico de la ley argentina de defensa de la competencia」（一九九七）。

(20) 二〇〇一年八月二一日の産業・通商・鉱業庁長官決定事件第三五三号（競争保護全国委員会審査事件第四七九号。幇助犯にあたるとの指摘については、第二三三段落参照。本件については、詳しく紹介する機会をもちたい

(21) 二〇〇一年八月二七日の産業・通商・鉱業庁長官決定事件第三五六号（競争保護全国委員会審査事件第五五二号。判断基準については、第Ⅶ．八六段落および第Ⅶ九〇段落参照。この点については、H. Hovenkamp『Federal Antitrust Policy. The law of competition and its practice（第二版）』（一九九九）一七五頁参照。

(22) Comisión Nacional de Defensa de la Competencia「El control previo de las concentraciones y fusiones y la

defensa de la competencia en los mercados」（一九九七）参照。

(23)　規制手続きの詳しい検討および具体的な事例の検討は、紙幅の関係から別の機会に譲ることとしたい。

(24)　競争保護全国委員会・前掲注（3）『Memoria Trianual Años 1999/2000/2001』四六頁以下参照。

総論 II

動産譲渡登記について

瀬川信久

はじめに

二〇〇四年一一月二五日、第一六一国会は、動産担保取引の阻害要因を除去して中小企業等への担保融資を促進するために、いわゆる債権譲渡特例法を動産債権譲渡特例法に改正し、動産譲渡登記制度を創設した。本法律の要綱案を準備した法制審議会動産・債権担保法制部会では、この動産譲渡登記に認めるべき効果とそれを適用すべき動産譲渡の範囲について議論が重ねられた。本稿は、その議論を検討して、今回の法改正が考える動産譲渡登記の意義を整理しておこうとするものである。(1)

審議会において最も議論されたのは、動産に対しどのような権利を取得した者が、動産譲渡登記によって、どのような第三者に対し取得した権利を主張できるとするか、という問題であった。この問題には、このような主張をできるようにする必要と、主張できるようにしたときの弊害とを較量して答えなければならない。そこで、まず、動産譲渡登記の必要性からみてみよう。

動産担保取引の阻害要因の一つとして、動産に対する権利を取得した場合の不安・おそれがある。動産譲渡登記制度の立法目的は、このおそれを軽減して動産担保取引を促進し、それによって中小企業・ベンチャー企業の資金調達を円滑化することである。もっとも、民法も既にある程度このおそれに対処している。ただ、民法の規定は、個別特定動産の譲渡を考え、倉庫内の在庫商品の譲渡担保設定のような集合流動動産の譲渡を考えていない。そこで、まず、個別特定動産の譲渡に即して譲受人のおそれを整理し、それに対処する民法のルールをみる（一）。つづいて、同じく個別特定動産の譲渡に即して、民法のルールとの対比で動産譲渡登記が持つべき意味・機能を探る（二・三）。これらの作業の後で、集合流動動産の譲渡における動産譲渡登記の意味・機能をみることにする（四）。

一　問題の整理と民法の考え

動産取得者の不安・おそれは、α先行する権利者に優先・排除されるおそれと、β後行する権利取得者に優先・排除されるおそれに分けられる。民法は、これらのおそれに対し、一七八条の「引渡しによる優先のルール」と、一九二条の「善意取得のルール」によって対処している。すなわち、民法は、αβのおそれが、⑴権利者による二重処分から生ずる場合と、⑵無権利者による処分から生ずる場合とに分けたうえで、基本的には、⑴二重処分による場合には「引渡しによる優先のルール」により、⑵無権利者の処分による場合には「善意取得のルール」による。ただ、⑴の場合の一部で「善意取得ルール」を適用している。

⑴権利者が二重処分した場合には、まず、一七八条の「引渡しによる優先のルール」が、引渡しという権利の公示手段を先に備えた者に対抗力・優先効を認めることによって、前主が後に二重処分することによって譲受人が失権するおそれ（β1－1）を排除する。しかし、このルールは、前主が既に処分していたことによる失権のおそれ（α1）はそのままに残している。つぎに、判例・学説は前主が既に処分していた場合にも一九二条を適用

表　1

	α先行する権利の存在によるおそれ	β後行する権利取得によるおそれ
⑴処分権者の二重処分による場合	α1引渡しによる優先のルールはこのおそれを放置する 善意取得のルールの拡大適用によって対処する→	β1-1引渡しによる優先のルールで対処する β1-2善意取得のルールの拡大適用が創出する
⑵無権利者の処分による場合	α2善意取得のルールで対処する→	β2善意取得のルールが創出する

して、この「引渡しによる優先のルール」による順位を「善意取得のルール」によって部分的に修正する。これによって、善意取得が成立する限りで、先行する処分のおそれ（α1）を排除する。しかし、同時に、後行の善意無過失の取得者に凌駕されるおそれ（β1－2）を抱え込むことになっている。

つぎに、⑵無権利者が処分した場合については、一九二条の「善意取得のルール」によって、前主が無権利者であるおそれ（α2）を、善意取得が成立する限りで排除している。もっともこれにより、権利を取得した後に無権利者の処分により第三者が善意取得し自らは失権するおそれ（β2）が生ずるが、これについては、現実の引渡しを善意取得の要件とする（判例は占有改定による善意取得を否定）ことによって対処している。

以上をまとめると、民法において、動産譲受人のおそれとそれに対する対抗は、一般的には表1のようになる。引渡しを受けることにより、後行する処分には優先するから、後行する権利取得によるおそれ（β1－1）は一応排除できる。しかし、引渡しを受けても、先行する処分には劣後する（α1）。また、前主が無権利者だと、現実の引渡しを受けて善意取得しない限り、権利を取得しない（α2）。右に述べたように引渡を受けることにより後行する処分には一般には優先するが、後行取得者が善意取得の要件を満たすときは劣後する（β1－2）。また、引渡しを受けても無権利者の処分により他の者が善意取得するおそれは残っている（β2）。

ところで、善意取得は、動産譲渡の引渡しが現実の引渡し・簡易の引渡し・指図による占有移転の場合には認められるが、占有改定の場合には認められないから、

表　2

おそれ	α1	α2	β1-1	β1-2	β2
現実の引渡し・簡易の引渡しによる動産譲受人	○	○	○	○	○
占有改定による動産譲受	●	●	○	●	●
指図による占有移転による動産譲受	●○	●○	○	●	●

●はおそれがあることを指し、○はおそれがないことを指す。

α1～β2のおそれの有無は、具体的には、動産譲受人が受けた引渡しの態様によって異なる（以下の説明については表2を参照）。

まず、(ア)現実の引渡し・簡易の引渡しにより動産を譲り受けたときには、動産譲受人は、善意取得できるので、α1、α2のおそれはない。他方、現実の引渡し・簡易の引渡しをした譲渡人は無権利者となり、他へ二重処分することができないから、β1－1のおそれがない。また、動産譲受人は直接占有を得ているので、譲渡人の二重処分により第三者が善意取得するβ1－2、β2のおそれもない。次に、(イ)動産譲受人が、（直接占有を有する者から）占有改定により動産を譲り受けたときには、善意取得が成立しないので、α1、α2のおそれが残っている。他方で、その占有改定を得たことによりβ1－1のおそれはなくなるが、動産を譲り受けた後に他の動産譲受人が善意無過失で現実の引渡しを受けて善意取得する可能性があるから、β1－2、β2のおそれはある。最後に、(ウ)指図による占有移転により動産を譲り受けた者が善意取得するかについては、裁判例も学説も事案類型によって分けて考えている[2]。善意取得が成立しないときには、α1、α2のおそれが残り、善意取得が成立するときには、α1、α2のおそれがない。他方、指図による占有移転を受けたことによりβ1－1のおそれはなくなるが、後に他の善意無過失の動産譲受人が、直接占有者あるいは直接占有を取り戻した譲受人から現実の引渡しを受けて善意取得する可能性があるから、β1－2、β2のおそれは残っている。

二　動産譲渡登記に認めるべき効果

動産譲渡登記制度のねらいは、以上のα1〜β2のおそれ（表2の●）を小さくし、できれば無くすことである。このためには、動産譲渡登記に、先行する権利に対する優先効（α1）、善意取得する効力（α1α2）、後行する取得者に対する優先効（β1）、その善意取得を排除する効力（β2）を与えなければならない（括弧内は、各効果が対処するおそれである）。

ここで、まず、動産譲渡登記の右のような効果を、民法の引渡しによる対抗力・善意取得を否定した上で認めるのか、引渡しによる対抗力・善意取得をそのままにしてそれと併置して認めるのかが問題になる。引渡しによる対抗力・善意取得を全面的に排除し、動産譲渡登記による対抗力・善意取得のみとすることは、一般になされている動産取引の費用を膨大なものとするので妥当でない。もっとも、担保目的で、かつ、占有改定による取引に限定して、引渡しによる対抗力・善意取得を排除し、動産譲渡登記による対抗力、善意取得のみとすることは考えられる。しかし、この限定された範囲においても、引渡しによる対抗力や善意取得を否定することは、現実に占有改定によりなされている動産担保取引を阻害する。以上より、動産譲渡登記による対抗力・善意取得を、引渡しによる対抗力・善意取得と併置しつつそれに優先させるべきである。

それでは、このように引渡と併存する動産譲渡登記にどのような効果をもたせるべきか。権利の存在・内容を事実上知らせるだけで、法的な効果は持たせない（警告型）との考えを横におくと、次の四つの考え方がある。

i　登記を対抗要件の一つとする（単純対抗要件型　中間試案のB案、およびA案のアイ）。

ii　登記を他の引渡しに優先する対抗要件とし、登記すると先に引渡しがなされた権利取得に優先するようにする（登記優先型。中間試案のA案のウ）。

iii　登記に善意取得排除効を与える（善意取得排除型）。
iv　登記により善意取得することを認める（善意取得型）。

i〜ivの法的効果の関係を簡単にみておく。まず、機能の前提関係・包摂関係をみると、対抗力を持たないで優先効を持つことはないから、iiはiを前提とする。iiiはi、iiを前提とするわけではないが、対抗力を持たないで善意取得を排除するのは利益処理のバランスを著しく欠くから、iiiはii、少なくともiを前提とすべきである。

つぎに、適用される場合を見ると、i、ii、iiiの登記は、「引渡しによる優先のルール」と同様の考えに基づくものであり、有効に権利を取得したことを前提とする。これに対し、ivは、「善意取得のルール」の考えに基づき、前主が無権利者であるために権利を取得しえない場合に権利を取得させるものである。したがって、i、ii、iiiは、権利者から取得した(1)の場合にのみ適用されるのに対し、ivは、無権利者から取得した(2)の場合に適用される。

最後に、機能そのものをみると、i、iiiの登記は、後行する権利取得のおそれ（β1−2とβ2）に対処するのに対し、ii、ivは、先行する権利の存在のおそれ（α1α2）に対処するものである。すなわち、i単純対抗要件型は、後行する権利取得に優先させて、β1−1のおそれを排除する。iii善意取得排除型は、後行する善意取得を排除して、β1−2とβ2のおそれを無くする。以上に対し、ii登記優先型は、先行する引渡しに対する優先効を持たせて、α1のおそれを排除する。iv善意取得型は、登記による善意取得を認めて、α1α2のおそれを排除する。このように、機能的には、iとiii、iiとivが類似する。しかし、iiは、権利者から取得した場合であるために善意無過失を要件としないのに対し、ivは、無権利者から取得した場合であるために善意無過失を要件とする点で異なる。

このように動産譲渡登記の機能をみると、βのおそれを小さくするもの（・i iii）とαのおそれを小さくするもの

（ⅱⅳ）とがある。そして、βのおそれを小さくする登記（ⅰⅲ）はαのおそれを残し、αのおそれを小さくする登記（ⅱⅳ）はβのおそれを大きくすること、すなわち、αとβのおそれはトレードオフの関係にあることに注意しなければならない。

三　単純対抗要件型の選択

以上の検討をふまえて、ⅰ単純対抗要件型、ⅱ登記優先型、ⅲ善意取得排除型、ⅳ善意取得型のそれぞれの利点と弊害を比較較量してみる。効果が大きいⅳから検討しよう。

1　善意取得型（ⅳ）

善意取得型の動産譲渡登記制度においては、α1、α2のおそれは無くなるが、他方で、β1－2、β2のおそれが大きくなる。なぜなら、動産を譲り受け現実の引渡しを受けていても、第二の譲受人が善意無過失で登記を備えると――引渡しを受けなくても、あるいはせいぜい占有改定を得ただけでも――善意取得が成立し、第一譲受人は失権するからである。現実の引渡しによる動産取得者を著しく不安定にするので、この考えを採るべきではない。

2　善意取得排除型（ⅲ）

動産譲渡登記に善意取得排除効を与えると、動産の譲渡についていったん登記がなされると、他の者が善意無過失でその物を譲り受け現実の引渡しを受けても善意取得しないことになり、取引の安全を害する。動産に対する権利を取得する者は、常に動産譲渡登記を見なければならなくなるからである。このように、動産譲渡登記の善意取得排除効は、$\beta 1-2$と$\beta 2$のおそれを無くす代わりに、$\alpha 1$、$\alpha 2$のおそれを大きくする。

審議会において、iv善意取得型は当初から議論されず、iii善意取得排除型は、ii登記優先型の基本思想の延長線上で途中まで検討されたが、一般的に善意取得を排除するのは妥当でない、善意取得の成否は裁判官の判断に委ねるべきだとの理由で、要綱案に残らなかった。審議会において最後まで検討されたのは、ii登記優先型と、i単純対抗要件型であった。

3　登記優先型（ii）

登記優先型は、登記を他の引渡しに優先する対抗要件とし、登記した者を、先に引渡しを受けた権利取得者よりも優先させるものである。これによって、$\alpha 1$のおそれは無くなる。しかし、その代わりに、$\beta 1-1$のおそれが大きくなる。なぜなら、登記を備えただけで――引渡しを受けなくても、あるいは占有改定を得ただけで――先行する取得者に優先するとすると、(ア)動産を譲り受けて現実の引渡しを得てもその後の動産譲渡登記によって失権することになるからである（以上の点でivと類似している）。そこで、実際に提案されたのは、甲が先に(イ)占有改定により担保目的譲渡を受けていても、乙が動産譲渡登記をすると、乙が甲に優先するという限定的なものであった（要綱中間試案のA案のウ）。

このように、登記優先型を(イ)占有改定による担保目的譲渡に対する場合に限定するときには、権利の優劣を争う両者は、動産譲渡登記によってあるときは不利益を受けるが、他のときは利益を受けるという意味で、立場が互換的であると考えることができるかも知れない。換言すれば、担保取得の目的で占有改定により動産を譲り受ける者（甲）は、動産譲渡登記をして登記の優先効を享受できたにもかかわらず敢えて登記しなかったのだから、保護に値しないと考えることができるかも知れない。そう考えるときには、登記優先型採用の是非は、登記優先型を採用した場合のコスト＝〔動産譲渡登記をするコスト＋動産譲渡登記を調査するコスト＋動産譲渡登記制度を管理するコスト＋後行の動産譲渡登記に劣後するコスト（βのおそれ）｝と、採用しない場合のコスト＝｛登記ではなく占有改定の有無を調査するコスト＋隠れた権利に劣後するコスト（αのおそれ）｝の比較によって決することができる。(3) ここで、占有改定よりも登記の方が公示力が強いから、動産譲渡登記を調査するコストは占有改定の有無を調査するコストよりも小さいと考えられる。また、電子化により、動産譲渡登記をするコストや動産譲渡登記制度を管理するコストを小さいものに抑えることができよう。

しかし、やはり、登記優先型には疑問がある。まず理論的な疑問である。動産の譲受人は、現実の引渡し・簡易の引渡しを得た場合はもちろん、占有改定・指図による占有移転を得た場合にも完全な所有権を取得し、譲渡人は無権利者となる。担保目的の動産譲渡であっても、譲渡担保について所有権的構成を採る限り、譲渡人は無権利者となり、無権利者からの譲受人はいくら登記を備えても、先行する譲受人に優先することはできない。登記優先型を立法することは、その限りで動産担保権につき担保的構成を採ると考えなければならない。(4)

もっとも、理論的には、担保目的の譲渡の場合には引渡しによる対抗要件は優先順位を確保するだけであり、対抗要件を備えた後も二重処分が可能だと考えることができないわけではない（注（4）を参照）。しかし、そのように考えても、より重要な実際上の問題が残っている。その一は、登記優先型では、後行する譲受人が、先行する担保権について悪意であっても、背信的悪意でなければ、登記を備えることにより先行取得者に優先することである。登記優先型の動産譲渡登記は、権利者から譲り受けた場合に限ってであるが、善意取得型よりも強い効果を持つのである。これは、広く利用されている占有改定による動産譲渡担保を後行する登記によって覆すことを意味し、妥当でない。その二は、登記は、特定物だけでなく、広範で包括的な物を公示し得るために、先行担保権者の予測をはるかに超えて失権するおそれ（β）がある。例えば、ホテルの特定の家具調度を占有改定により譲渡担保にとっていても、その後にホテル内の家具調度を包括的に譲渡担保権に取った者が動産譲渡登記を備えると、先行する譲渡担保権は失われる。以上の二つの問題は、結局、担保取得の目的で占有改定により動産を譲り受ける者がすべて、動産譲渡登記の優先効を容易に享受できる者だと言えない、占有改定による担保権者と動産譲渡登記による担保権者は立場が互換的ではないという認識を基礎にしている

4 単純対抗要件型（ii）

これは登記を、民法の引き渡しと並べて対抗要件の一つとするものである。したがって、β1－1のおそれにのみ対処し、それ以外のα1、α2、β1－2、β2のおそれを残すものである。β1－1のおそれに対しては、(ア)現実の引渡・簡易の引渡し、(イ)占有改定、(ウ)指図による占有移転のすべての場合に対抗力を与えるが、この対抗力とて、動産譲渡登記によらずともそれぞれの引渡しによって備わっている。結局、単純対抗要件型の動産譲渡登記の意義は、β1－1のおそれに対処する対抗要件について、①証明の負担を軽減し、②不特定物や将来生ずる物の譲渡について、占有改定が対抗要件になるかにつき疑念があるところ、また、特定物の場合を含めて、間接占有の占有改定が対抗要件としての引渡しになるかについて疑問があるところ、確実な公示手段を提供するところにある。①については、民法でも譲渡した場合の引渡として占有改定がほぼ自動的に認められるから、動産譲渡登記の証明力にはそれほど意味がないとか、現在でも「引渡書」を交付することで同様の証明力を確保できる、との意見があるかもしれない。しかし、対抗要件を裁判所で認定してもらうことと、担保権実行の現場で争う第三者に対し対抗要件を証明できることは別である。官公署の管理する登記だから「引渡」「引渡書」よりも証明の負担を小さくし、紛争を予防することになる。しかし、登記がなくても存在する対抗力をより容易に証明するだけではない。動産譲渡登記は、②の点で、将来取得する物（現在は存在していない物を含む）や、不特定物についても公示を可能にするのである。

とはいえ、単純対抗要件型の動産譲渡登記の利点は、右の①②に限定されている。しかし、利点が限定されていても、弊害の方がないか小さければ導入すべきである。そこで動産譲渡登記の弊害をみてみよう。

単純対抗要件型の動産譲渡登記は右記①②の意味しか持たないから、他の動産譲受人は、先に引渡し（現実の引渡し・簡易の引渡し・占有改定・指図による占有移転）を得ておけば対抗できる（対抗要件としての証明力は劣るけれども）。他の者の動産譲渡登記に対処するために、引渡しとは別に費用をかけて自らも動産譲渡登記を備えねばならなくなるわけではない。

たしかに、動産譲渡登記が認められると、譲渡人は動産譲渡登記によっても処分できるようになるから、α1のおそれ（先行する動産譲受人が登記によって対抗要件を備えているおそれ）、β1－1のおそれ（後行する動産譲受人が登記を備えるおそれ）が増加するようにみえる。裏から言うと、動産譲受人は、α1、β1－1のおそれに対処するために、譲渡人が既に他へ引渡しにより譲渡していないかを調査するだけでなく、動産譲渡登記により譲渡していないかをも調査したり、譲り受けた後も二重処分により登記されないように監視しなければならなくなるようにみえる。しかし、登記優先型でなく単純対抗要件型である限り、α1、β1－1の危険は特には増大しない。何度も二重処分されているおそれ（α1のおそれ）、あるいは何度も二重処分されるおそれ（β1のおそれ）は、動産譲渡登記制度がなくても在るおそれである。むしろ、動産譲渡登記による処分は、調査が容易である点で、動産譲受人の調査の労力・費用を軽減するものである。

以上より、単純対抗要件型の動産譲渡登記は、新たな弊害を生み出すことなく、わずかではあっても利点があると言うことができる。

四　集合流動動産の譲渡における登記の機能

以上では、個別特定動産の譲渡に即して動産譲渡登記の意味を整理し、その効力を単純な対抗力にとどめるべきだと結論した。それでは、例えば、「甲倉庫内の在庫商品を担保目的で譲渡する。譲受人は通常の営業活動に従って在庫商品を処分できるが、新たに生産した商品は甲倉庫に搬入する。」という形で譲渡して登記した場合には、その登記に登記優先効、善意取得効を認めることは妥当であろうか。

このような集合流動動産の場合には、動産譲渡登記の効果が及ぶ客体として二つのものを考えなければならない。一つは、①その中に入ってくる在庫商品に対し譲渡担保権を取得させる「甲倉庫」という担保目的の枠であり、もう一つは、②「甲倉庫の中にある個々の在庫商品」という具体的な動産である。さらに、①の担保目的の枠を対象とするときは、①^{1}相対する者が、同じく「甲倉庫」という担保目的枠に対する権利の取得者である場合と、①^{2}「甲倉庫内の個々の在庫商品」に対する権利の取得者である場合とを分けて考えなければならない。

まず、①^{1}の場合に動産譲渡登記に登記優先効、善意取得効を認めれば、登記によって、先行する占有改定のみによる動産譲受人の権利を否定でき、先行する権利取得者の存在のおそれ（α1）を排除できる。しかし、その結果、占有改定による集合流動動産の譲渡担保設定は、登記することを事実上強制されることになる。これは、譲渡担保の目的の価額が小さかったり、融資期間が短期であるために登記費用が負担になるので占有改定にとどめている場合には妥当でないように思われる。とくに、善意取得効を認めることは、甲倉庫の賃借人Aが、自己のBに対する債務を担保するために倉庫内の在庫商品を譲渡し占有改定をした後で、甲倉庫の所有者=賃貸人Cが自己のDに対する債務を担保するために倉庫内のA所有の在庫商品を譲渡した場合に、善意無過失であるDが登記を備えるとその後倉庫内に入るA所有の商品に対し譲渡担保権を取得するようになるが、これは妥当でない。

つぎに、①^{2}のように、担保目的枠に対する動産譲渡登記に、担保目的枠の中の個々の動産の権利者に対する関係で登記優先効、善意取得効を認めるべきであろうか。この問題は、一方で、その動産が、動産譲渡登記の前に担保目的枠に入っていた動産か、動産譲渡登記の後に担保目的枠に入った動産かによって分けて考えなければならない。

前者の、動産譲渡登記の前に担保目的枠に入っていた個々の動産との関係で、動産譲渡登記に登記優先効や善意取得効を認めて、その動産の譲受人や第三所有者の権利を奪うことは、やはり、個別動産の譲渡担保取引に登記を強制し——一般に、個別動産の価額は小さいから登記をする負担は重い——、また第三所有者の地位を不安定にし、妥当でないと考える。

後者の、動産譲渡登記の後に担保目的枠に入って来る動産との関係で登記優先効を認めると、譲受人が他へ占有改定によって譲渡した物が担保目的枠に入って来る場合にその先行譲受人から権利を奪うことになる。また、善意取得効を認めると、第三者の所有する物が担保目的枠に入って来る場合に——登記による譲渡担保権者が、第三者所有物が担保目的枠に入るときに善意無過失であれば——その第三所有者から権利を奪うことになる。このような結果を妥当と考えるべきか。民法の考え方によれば、一般債権者との関係では、譲渡人が他に処分していない所有動産を担保目的枠に組み入れた場合に、その組み入れ行為が民法四二四条の詐害行為に当たるときには譲渡担保権が及ばないが、詐害行為に当たらないときは譲渡担保権が及ぶ、と考えるべきであろう（三七〇条但書参照）。これに対し、占有改定による譲受人や第三所有者との関係では、組み入れ行為が詐害行為に当たらないときでも譲渡担保権は及ばない。担保目的枠への組み入れは、添付などと違って、譲受人や第三所有者の権利を消滅させる法的根拠ではないからである。動産譲渡登記に登記優先効・善意取得効を認めてこのような場合に個々の動産の譲受人第三所有者の権利を奪うことは、やはり、個々の動産の譲渡担保取引に登記を強制し、また第三所有者の地位を不安定にするものであり、妥当でない。

以上より、集合流動動産の譲渡登記にも登記優先効、善意取得効を認めるべきではないと考える。

五　単純対抗要件型の動産譲渡登記の適用範囲

右の単純対抗要件型の動産譲渡登記は、占有改定による譲渡、担保目的の譲渡に限るべきであろうか、譲渡一般に広く認めるべきであろうか。

まず、占有改定による譲渡に限るべきかについてであるが、たしかに現実の引渡し・簡易の引渡しの場合には、対抗要件の存在・時期を比較的容易に証明でき、また目的物が特定しているから、単純対抗要件型の①②の効果を認める必要性は小さい。他方、占有改定・指図による占有移転の場合には、対抗要件の存在・時期の証明がより難しく、また特定していない目的物を担保にとる必要もあるから、単純対抗要件型の①②の効果を認める必要性は大きい。しかし、現実の引渡し・簡易の引渡し・指図による占有移転のいずれにしても、登記に①②の効果を認めても不都合が生ずるわけではない。（ついでに言えば、iiの登記優先効、iiiの善意取得排除、ivの善意取得の効果についても、現実の引渡し・簡易の引渡しであるがゆえに否定する理由はない。上記でii iii、ivを否定したのは、先行するあるいは後行する権利者の地位、とくにそれらの者が受けた引渡しの態様を考慮したからであって、動産譲受人の受けた引渡しの態様を考慮したからではない）。

他方で、動産譲渡登記を占有改定による譲渡に限ると解決すべき紛争が増える。もっとも、占有改定でない場合に登記申請を却下しなければならない、したがって、占有改定かそれ以外かを審査しなければならない、というわけではない。登記申請の段階では形式的審査（窓口審査）のゆえに引渡しの態様を審査しないで、占有改定以外でも登記申請を受理し登記することになる。問題は、動産譲渡登記を占有改定の場合に限ると、後に紛争になったときに、裁判所は占有改定以外の場合には登記を無効にしなければならないことである。しかし、右に述べたように、そのような場合に敢えて①②の効果を否定する必要もない。登記をした動産譲受人は、登記によって対抗力を主張することも、現実の引渡し・簡易の引渡し・占有改定・指図による占有移転を証明して対抗力を主張することもできるとして支障はないからである。

担保目的譲渡に限るべきかについても、同じように考えると、真正譲渡に動産譲渡登記を適用し、単純対抗要件型の①②の効果を認めても不都合が生ずるわけではない。他方で、動産譲渡登記を担保目的譲渡に限ると、ここでも解決すべき紛争が増える。したがって、動産譲渡登記は担保目的譲渡以外にも適用すべきだと考える。

おわりに

本稿の考察は、対象が個別特定動産であれ集合流動動産であれ、これまでなされてきた占有改定による譲渡担保権を登記がないことだけで否定すべきではない、動産譲渡登記を備えた譲渡担保権に対しても主張できるものとすべきだとの考えを基礎にしている。当初は登記優先型に傾いていた金融実務界も、最後は同様の認識に基づいて単純対抗要件型を支持した。(5) もっとも、占有改定による譲渡担保権の保護についてはその必要性の認識に大きな幅があったように思われる。単純対抗要件型を支持する理由として、占有改定による譲渡担保権の保護の必要よりも、担保目的か否か、流動化目的か否かを判別することの困難の方があげられたのは、占有改定による譲渡担保権の要保護性について共通の了解がなかったためではないかと思われる。立法の後にはなったけれども、譲渡担保取引の実態を系統的に把握することが課題として残されているように思われる。

（1） 法制審議会動産・債権担保法制部会の議論は、http://www.moj.go.jp の審議会情報を参照。なお、筆者は、動産・債権担保法制部会の審議に臨時委員として参加したが、本稿は、臨時委員として筆者自身の意見をまとめるために作成した原稿を基礎にしている。審議会の議論から多くを教えていただいたが、本稿は審議会で議論されなかった問題にも及んでおり、また、議論の整理の仕方も意見も筆者の個人的なものである。

（2） 川島武宜『注釈民法(7)』一二一〜一二六頁（好美清光）、広中俊雄『物権法　第二版』（一九八二年）一九三頁、最判昭五七・九・七民集三六・八・一五二七（指図による占有移転の場合に一九二条を適用）に関する調査官解説（『最高裁判所判例解説民事編　昭和五七年度』六五二頁以下（塩崎勤））、淡路剛久ほか著『民法II――物権〔第二版〕』（一九九四年）九六頁（淡路剛久）など。

(3) 占有改定を備えるコストや占有改定という対抗要件を管理するコストは、登記優先型を採用した場合にも共通し、かつ、占有改定が動産譲渡の際に自動的に備わるために大きなコストでない。このゆえに、比較する項目から外した。

また、本文の検討では紛争解決コストを比較していない。単純対抗要件型では、先行する占有改定を調査する費用がかかるだけでなく、「時間的に先に占有改定を備えていた」という主張が多くてそれに因る紛争解決コストがかかることになろう。しかし、登記優先型を、占有改定による担保目的の譲渡に対する場合に限定するときには、占有改定の有無、担保目的の有無をめぐる紛争が生ずるから、紛争解決コストの点では登記優先型と単純対抗要件型との間に決定的な差を認めることができないように思われる。

(4) 譲渡担保の「所有権的構成」という言葉は、譲受人が清算義務を負わないという意味のほかに、一人の譲受人が所有者になり、他の譲受人はすべて無権利者になる、複数の譲受人が優劣の付いた権利を取得することはないという意味をもつが、ここでは後者の意味で用いている。この意味での「所有権的構成」に対しては、占有改定による即時取得の問題との関連で疑問が出されている(星野英一『民法概論II』(一九七六年)三二〇頁、広中俊雄・前掲注(2)一九二頁)が、判例のほか多くの学説も依然としてこの意味での「所有権的構成」を支持していると思われる。

なお、このように、登記優先型を採用するときは担保目的の譲受人の間に優劣順位を考えることになるが、いわゆる「三すくみの問題」(法制審議会動産・債権担保法制部会 第七回会議配付資料「動産・債権譲渡に係る公示制度の整備に関する要綱案のたき台(その2)」四頁以下)は、その優劣順位を、引渡しと登記という異なる基準によって決めようとするために生ずる。したがって、「所有権的構成」を採るときは「三すくみの問題」そのものが生じない。

(5) 「座談会 動産・債権譲渡担保公示制度の整備」ジュリスト一二八三号一六頁(三上徹)。

【追記】 厚谷先生の古希記念論文集に競争法に関する論文を寄稿できなかったことにつき、先生に深くお詫び申し上げる次第である。

ロー・スクールの評価認定と Massachusetts School of Law at Andover, Inc.

紙谷雅子

はじめに

アメリカ法律家協会 American Bar Association (ABA) のロー・スクール評価認定 accreditation を授与されたロー・スクールにおける法学教育を修了したならば、アメリカ合衆国の法域すべてにおいて、法曹資格取得のために必要とされる最低限度の法学教育という要件は満たされると認められている。ABA の評価認定は、さまざまなロー・スクールの教育の質を、法律という専門職の観点から ABA という任意加盟の私的組織が評価したにすぎない。ロー・スクールは、その存続のため、ABA の評価認定を受けるよう強制されているわけでもなく、ABA が設定した評価認定基準に従わなかったとしても、ABA の評価認定を得られない（であろう）だけである。それでも、この評価認定基準は、ロー・スクールにおける法学教育の質とは無関係な細部にこだわり、あまりにも干渉的すぎ、個別のロー・スクールが独自性を発揮する余地をまったく認めていないと非難されている。(1) あるいは、法律家に必須とされる能力や技能の養成とアメリカのロー・スクールで実際に提供され（認定評価の基礎となっ）ているカリキュラムとの間の著しい乖離を是認していると、ABA の内部からも批判されてきた。(2) つまり、ロー・スクールを卒業したならば知っている、できると期待される、法律家に必須の知識、能力や技能が身につけられるよう、法律家として役にたつ職業人として養成して欲しいという学生の要望や新任の法律家として採用したロー・スクールの卒業生には最低限度身につけて欲しい知識、能力、技能があるという実務法律家の期待と、ロー・スクールが実際に提供しているカリキュラムとの間にかなりのズレがある。ロー・スクールでの授業は実務法律家からはこれまでもしばしば非現実的で理論的すぎると批判されてきた。それにもかかわらず、ロー・スクールの主要な科目は、一八七〇年に Christopher Columbus Langdell が Harvard Law School (HLS) の授業をケース・メソッドを用いて実施し、カリキュラムを一新し、入学要件や卒業要件を設けることで法学教育に一石を投じた時(3)と比べても、ほとんど変化は見られない。(4) ABA の評価認定のありかたは一〇〇年以上も昔に Langdell が開始した教育方針と教育方法を固持する(エリート型の)ロー・スクール・モデル(5)を肯定し、ロー・スクールの教授陣が望むままに、現状を維持し、新しい工夫や改革を排除するための手段と化していると疑われている。すでに ABA が認定したロー・スクールとその価値体系を形成している、あるいは支持する教授たちが、たとえば図書館設備や(学生数と教員数の比率に基づいて必要とされる)教授数の規模などをロー・スクールとして必須の要件であり、一定の質のよい法学教育を行っていることの証拠であると、認定に要求することは、新規参入に対する障壁を設け、既得権益を守ろうとしている利益集団の行為以外の何者でもないという非難もある。(6)

そのような問題意識の現れとして、以下に紹介する Massachusetts School of Law at Andover, Inc. に関する一連の訴訟(7)が提起され、ABA による評価認定過程は競争に対する不当な制約であると主張されることになった。ロー・スクールに関しても、複数の評価認定機関(8)が併存するアメリカ合衆国においてさえ、評価認定権限が不当に競争を排除し、私的な独占をもたらすのではないかという懸念が存在している。本稿は、二〇〇四年から新たに設立された法科大学院を対象とする第三者による評価認定の仕組みを導入することになった日本において、あるべき評価認定機構の姿を考えるための判例紹介である。

事件は、Massachusetts School of Law at Andover, Inc.（MLS）という一九八八年に設立[9]された非営利的法人[10]が経営するロー・スクールが、一九九二年、ABA に暫定的評価認定 provisional accreditation を申請したところ、拒絶されたことに端を発している。拒絶された MLS は、ABA がロー・スクールの評価認定過程を独占しており、ロー・スクールの教員の給与を固定し、卒業生の数を制限し、授業料等の学納金の高額化をもたらしていると主張し、ABA の評価認定権限は私的な独占を禁止するシャーマン法違反であると、ABA 他二団体と二二人を被告として、一九九三年一一月二三日、連邦地方裁判所ペンシルヴェニア東部地区裁判所に、さらに一九九五年には ABA 他二団体と New England School of Law、そして一四人を被告として、Massachusetts 州法に基づく訴訟を Massachusetts 州裁判所に、訴訟を提起した。ほぼ同時期の一九九五年に、合衆国司法省も ABA を被告とする、シャーマン法違反の訴訟を提起している。以下では、MLS を原告とする一九九三年の訴訟（**第一節**）、一九九五年の訴訟（**第二節**）および合衆国を原告とする訴訟（**第三節**）の事実と判旨を記述し、ABA とその評価認定手続（**第四節**）、MLS に関連する一連の訴訟の意味（**第五節**）、そして、市場独占と参入障壁をいう視点から評価認定制度のあり方（**第六節、第七節**）について述べることにする。

一　MLS は、低コストで高品質の法学教育を提供するという政策に基づき、一九八八年に設立された。労働者階級の社会人やマイノリティ集団など、人口構成上、社会的に不利な立場にある人々は従来の伝統的な（学部での成績 Grade Point Average（GPA）とロー・スクール適性試験 Law Schol Aptitude Test（LSAT）を必須とする）選抜[11]を経ての法学教育を受けることが難しいとされており、MLS はこれらの人々を潜在的な学生候補の対象と想定していた。MLS は、LSAT のテスト内容には人種的偏見が反映され、信用できないという理由で LSAT をその志願者選抜に用いていない[12]。また、非常勤講師 adjunct faculty を多用し、いわゆる製本された紙メディアの図書をそれほど備えることなく、電子メディアでその代替をさせ、年間授業料を九、〇〇〇ドルに設定した[13]。一九九〇年にBoard of Regents of Massachusetts（BRM）は MLS に J. D. 授与の権限を認めた[14]。BRM が学位授与権限を認めた結果、MLS の卒業生は Massachusetts 州の法曹資格取得試験を受験し、合格すれば、Massachusetts 州で法律家となることができる。一九九七年時点で、MLS を修了すると直ちに法曹資格取得試験を受験できたのは、California, Massachusetts, New Hampshire, Vermont と West Virginia の五州である[15]。一二州では、他の州や法域で実務に従事したならばその法域の法曹資格取得試験を受験できる[16]。たとえば New Hampshire 州は MLS の働きかけに応じてその規則を改正したので、一九九五年から受験資格が認められるようになった。MLS はさらに Connecticut, Maine, New York と Rhode Island に対しても同様の救済を求めて請願を提出している。また、Maryland と District of Columbia では MLS の卒業生は個別の請願によって、受験資格が認められることがあるという[17]。この当時、ABA に評価認定を受けたロー・スクールは一七七校あり、この紛争が裁判所に係争し、次々と裁判所の判断が示されたころ、ABA の評価認定は受けていないが、MLS のように何らかの形で州の承認を得ているロー・スクールは五〇校以上存在していたと、一九九七年三月七日の連邦控訴裁判所第三巡回区裁判所は述べている[18]。これらのロー・スクールは ABA の評価認定がなくとも、個別に、州の法曹資格取得を管理する機関[19]に働きかけて、その卒業生が法曹資格取得試験を受験するための法学教育要件を充足しているという決定を得ることができる。かなりの州は、法学教育要件として、ABA に認定されたロー・スクールの J. D. プログラムを修了する以外にも、たとえば法律実務の見習い経験、他州での法曹資格の取得、AALS や州の機関が認定したロー・スクールでの J. D. プログラムの修了なども認めている[20]。また、どの州もロー・スクールや法曹資格取得試験受験希望者が法曹資格授与機関に対して請願し、州のルールの修正、あるいは適用免除を求める手続を設けている[21]。しかし、それでもMLS は、四一州と District of Columbia が法曹資格取得のための試験受験の要件として ABA の認定を受けたロー・スクールを卒業していることと規定しているので、ABA の評価認定を受けることはロー・スクールにとり必要不可欠であると、主張し[22]、提訴した。

MLSは一九九二年一〇月二一日にABAに評価認定の申請をしたが[23]、ABAの基準を遵守することを拒み、規則八〇二に基づいて、例外的な基準適用の免除を求めた。通常の手順にしたがって、ABAの任命した七名が一九九三年三月三日にMLSを実地調査評価のため訪問し、実地調査を行い[24]、五月に七六頁に渡る事実調査報告書を作成した。この報告書はMLSに送付され、MLSは九〇頁の反論書をABAに提出した。認定委員会は、実地調査評価報告書とMLSの提出した資料を検討し、MLSの代表六名との面接調査を実施した後に、MLSはABAの基準を満たさないと判断[25]し、それに基づいて、一九九三年七月一日の書面で、暫定的評価認定申請拒絶と基準適用の免除の拒否を勧告した[26]。MLSは、ABAの手続にしたがって、申請拒絶を争い、自らの見解を主張する機会を含む完全な審理の機会を得たが、そこでの反論も空しく、一九九四年二月八日に、暫定的評価認定申請の拒絶に対するMLSの異議申し立ては退けられた[27]。

MLSは、ABAへの異議申立と同時進行で、一九九三年一一月二三日に、ABA、AALS[28]、LSAC[29]と二二人の個人が共同謀議を図り、競争制限となる集団的ボイコットを組織しており、これらの被告が法学教育、ロー・スクールの認定、法曹の資格付与を独占しているので、15 U. S. C.§1[30]と§2[31]に違反すると主張して、連邦地方裁判所ペンシルヴェイニア州東部地区裁判所に三倍の損害賠償額、判決前に発生した費用、合理的な弁護士報酬とその他の救済を求める訴えを提起した。MLSの主張によれば、(1)教員の給与を協定し、(2)授業担当時間と授業以外の義務を制限し、(3)有給のサバティカルを要求し、(4)学生教員比率を低くするためにより多くの教員の雇用を強制し[32]、(5)非常勤教員の利用を制限し、(6)法曹資格取得試験対策とされる授業の利用を禁止し、(7)学生が就業できる時間数を制限するようロー・スクールに強要し、(8)認定されていないロー・スクールから認定されているロー・スクールへ転校した学生に関して認定されていないロー・スクールで修得した単位を認定されているロー・スクールが単位認定することや認定されていないロー・スクールの卒業生を認定されているロー・スクールがそのグラジュエィト・プログラム（二つ目の法学の学位のための課程）に入学を許可することを禁止し、⑼非常に高価で洗練された図書館施設を要求し、⑽LSATを利用するよう要求することで、被告はABAの競争制限的な認定基準を実現しようとしているということになる。

連邦地方裁判所ペンシルヴェイニア州東部地区裁判所は、まず、（ドミサイルなど）一般的および（訴訟原因と直接結びつく行動に法定地で従事するという）個別的人的管轄権を行使する根拠がないという理由で二二人の個人に対する訴えを退け(33)、ディスカヴァリィの後(34)(35)、本件訴訟の争点について、⑴教育機関に競争を制限しない基準を課すことができるのか、⑵専門職業教育を提供する教育機関に基準を課すことは反トラスト法違反か、⑶ABAがロー・スクール認定の対価として課す基準は反トラスト法違反か、⑷専門職業団体の教育基準を大多数の州、法域が自発的に支持することで、訴訟の対象とされ得る独占権限が作り出されるのか、⑸教育基準順守を自発的に拒絶する教育機関は基準に従わないことによって被った損失に対する損害賠償を認められるのかの五点に整理した(36)。一九九六年八月二九日に、裁判所は正式な事実審理を経ないで(37)、MLSには認められるような損害が発生していないこと、法曹資格取得試験の受験資格決定は個別の法域に委ねられていること、その結果もたらされた損失は独占禁止に関する責任の根拠とはならないことを根拠にその訴えを退けた(38)。さらに、認定拒絶によるスティグマの結果もたらされた損失が、政府の決定の結果発生した一次的損害、あるいはそれに付随する損失であるかぎり(39)、救済は必要とされないのであって、たとえスティグマによってもたらされた損失がNoerr判決の保護する行為に付随するものでなかったとしても(40)、ABAは自らの見解を表明したのであって、そのことで競争制限となったり、法学教育産業についての独占に関する宣言をしたのではなく、合衆国憲法第一修正の保護を受けると述べた(41)。

MLSは正式な事実審理を経ない判決に対する上訴において、多くの手続的争点を主張した。ABAのロー・スクール認定をシャーマン法違反と主張する訴訟を開始していた合衆国司法省反トラスト部（DoJ）もアミーカス・

キューリエとして意見書を提出し、政府が請願していないので Noerr 判決は適用されず、第一修正が独占禁止に関する免責をもたらすという判断には誤りがあると、MLS の主張を支持する立場をとった。連邦控訴裁判所第三巡回区裁判所は正式な事実審理を経ないで下された判決に対しては、事実および法律問題を改めて最初から審理し、ディスカヴァリィに関する命令と裁判官忌避申し立てに関する決定に対しては裁判所の裁量権濫用かどうかを審理するとその審査基準を示したうえで、MLS の主張をすべて退け、地方裁判所の判断を肯定した。[42] 合衆国最高裁判所は裁量上訴の申立を退けている。[43][44]

二　一九九三年に連邦裁判所に提起した訴訟が進行中の一九九五年、MLS は ABA, AALS, New England School of Law（NESL）と一四人の個人に対して、新たな訴訟を Massachusetts 州裁判所 Essex Superior Court において提起した。MLS の主張によれば、ABA と AALS は長年にわたって法学教育を独占し、教員の給与水準を高く維持してきたので、不正な競争制限を禁止する州法に抵触しており、また、詐欺と共謀という不法行為と契約違反があるという。被告の申し立てに基づき、20 U. S. C. §1099b（f）の規定にしたがって、事件は州裁判所から連邦裁判所へ移送され、州裁判所へ逆送する申し立ては退けられたので、[45] 訴訟は連邦地方裁判所マサチューセッツ州地区裁判所で審理されることになった。マサチューセッツ州地区裁判所は、八人の個人には人的裁判管轄権がないこと、NESL に対しては救済の与えられるべき訴訟原因が述べられていないことを根拠に、訴えを却下し、六人の個人と ABA、AALS が別々に申し立てた正式な事実審理を経ずに下される判決請求を（主たる主張に関しては、同時期の一連の事実を根拠とする請求であると、上記一九九七年の第三巡回区裁判所の判決に既判力を）認め、連邦控訴裁判所第三巡回区裁判所も原審判断をすべて支持し、上訴を退けた。[46]

三　MLS が一九九三年に訴訟を開始した後、DoJ は ABA の認定過程に対する調査を開始し、一九九五年六月二七日に連邦地方裁判所ワシントン特別区裁判所において、ABA が認定をしたロー・スクールにおける専門職の報酬水準に関する協定を実施し、ABA に認定されていないロー・スクールの競争を阻害するよう行動したという根拠でシャーマン法違反を主張する訴訟を開始し、ほぼ同時に、裁判上の和解を提案し、競争の影響力に関する記述を裁判所に提出した。この間、ABA は一九九五年に認定過程の検討を行い、「アメリカのロー・スクールに対するアメリカ法律家協会評価認定の実質と過程を審査する Wahl 委員会報告」(47)を公表した。一九九六年六月二五日に裁判所は、事実審理を経ずに、事実問題、法律問題に関する争点の裁定をすることなく、当事者の合意に基づき、和解案が公共利益に合致していると承認し、最終命令を下し、ABA と DoJ の間に裁判上の和解が成立した。(48)この和解の結果、報酬情報の収集と情報交換は法学教育の費用を、情報収集と伝達がなかった場合よりも、増加させたという DoJ の主張に譲歩した ABA は、ロー・スクールの教職員に支払われる基本的給与その他一切の報酬に関する情報をロー・スクール認定と審査から外した。(49)ABA が諸手をあげて、和解内容を承諾したのではないことは、DoJ との和解に抗議して、複数の委員が Committee から辞任したことからも明らかである。(50)

MLS は和解案に反対し、MLS の利益が適切に代理されていなかったことから上訴において訴訟参加の資格があること、(訴訟経済、結果の不一致という危険の回避、情報の増加など) 政策上訴訟参加が望ましいこと、DoJ との和解提案とその決め手になった文書を MLS は他の訴訟において利用できるべきであること等を主張したが、退けられている。(50)

ところが、一九九七年に ABA が合衆国教育省 (DoE) に全国的に認知される認定機関の地位更新の申請をしたところ、二〇〇〇年二月になって、DoE は、ABA の総会、意思決定機関である代議員大会であり、ロー・スクール評価認定基準を最終的に決定する House of Delegates (House) が ABA の内部組織である the Section of Legal Education and Admissions to the Bar (Section)(52) の評議会 Council の認定判断を承認するという認定手続は、20 U. S. C. §1099 (a) と (b)、34 CFR § 602. 14 (a) に照らし合わせると、連邦法に抵触すると指摘した。そこで、DoJ

と ABA とは、House は Council の決定に疑問を持ったならば、二回まで Council へ差し戻すことができるが、覆すことはできないという手続を導入し、DoE もこの手続ならば、連邦法に抵触しないと判断した。コロンビア特別地区裁判所は、一九九六年の判決に従い、その最終命令を修正することが公益に合致すると判断し(53)、最終命令を修正した(54)。

これら一連の訴訟を契機に、一〇〇人を越すロー・スクールのディーンが ABA の認定手続きを「過度に干渉し、柔軟性を欠き、教育の質とは無関係な細部にこだわっている」と批判する文書を一九九四年四月と一九九五年五月に公表するにいたった(55)。Shepherd & Shepherd は、ディーンの変心は一九九二年の MacCrate 報告(56)が従来よりもいっそう経費のかかるクリニカル・プログラムを必ず提供するよう求めたことがきっかけであると断定している(57)。独占が内在的に危険であり、本質的に疑わしいとすると、ABA が法学教育市場において独占的地位を占め、強力な市場力があること自体が問題となるはずである。ABA は本当に独占的地位を占めているのだろうか。

四 ABA は一八七八年に、法学の進歩、司法の運営の向上、全国の立法統一、法律専門職業の名誉維持、法曹メンバー間の親睦増進を目的として設立された。ABA は、その設立当初から法学教育と法曹養成に多大な関心を寄せ、設立直後の一八七九年に内部組織として the Standing Committee on Legal Education and Admissions to the Bar が、そして、一八九三年に the Section of Legal Education and Admissions to the Bar（Section）を設けた。一九二一年に ABA は最初の法学教育プログラムに関する評価認定基準 the Standards for Legal Education を公表し、一九二三年に四〇校を評価認定した(58)。そして、ABA は、州における法曹資格要件を決定する州の最高裁判所に、法曹資格取得との関係で必要とされる法学教育に関して ABA の評価認定を尊重するよう請願した。この一九二一年基準は一九七三年と一九九六年に全面的に見直されており、その後も毎年のようにさまざまな点を修正している。Section の評価認定手続に対する監督は Council に委ねられており、その下に（評価認定基準を審査し、その変更や解釈を変更する）Standards Review Committee と（実地調査を監督し、その結果に基づいて認定に関する最初の勧告を Council に対して行う）Accreditation Committee とが設けられている。評価認定についての日常業務を管理するのは Legal Consultant to ABA on Legal Education（Consultant）であり、伝統的に法学教育の専門家、ロー・スクールのディーン経験者が任命されている。

一九五二年以来、DoE は ABA、なかんずく Section を § 20 U. S. C. §1099b (a) に基づいて、法に関する専門職教育機関の認定に関する全国的な機関であると指定している。§1099b (a) (5) は指定された認定機関に対して評価認定に際し、カリキュラム、教員、施設、財政状況、学生サービス、プログラム修了に必要とされる期間、授与される学位、学生からの苦情の内容や数などを評価するよう求めている。一九八九年に Dr. William J. McLeod の McLeod 報告を基に、DoE の認定機関に関する基準に合致するよう、ABA は一九七三年基準を修正した[59]。

現行の the Standards for Approval of Law Schools of the American Bar Association の枠組みは Rosalie E. Wahl 裁判官が委員長となった the Commission to Study the Substance and Process of the American Bar Association's Accreditation of American Law School の一九九五年報告を参考に、また、一九九五年六月に提訴された DoJ の私的独占禁止法違反訴訟の和解内容[60]を考慮したうえで、一九九六年、Council が承認し、ABA の総会 House において採択したものである。評価認定手続は、基本的に、「同輩による審査」、「同輩による助言と勧告」であり、ABA の基準を順守するならばロー・スクールは健全な法学教育を提供することができるということが経験則上、認められているというのが ABA の立場である。現在、五〇州と District of Columbia（およびその他の合衆国の法域）では、ABA の評価認定したロー・スクールの修了が法曹資格取得試験受験に必要な法学教育要件を満たすとされている。

もっとも、ABA がさまざまな法域における法曹資格取得の要件を直接設定しているわけではなく、これらの法域において法曹資格取得に関して判定する機関である州の最高裁判所が ABA の評価認定をそのまま援用しているだけである。また、ABA が評価認定しなかったとしても、ロー・スクールとしての存在が否定されるわけではないという意味において、ABA は許認可権限を有しているわけではない。ABA の評価認定を受けたロー・スクールを卒業したのでなければ、法律家になれないというわけではない。ABA は評価認定されていないロー・スクールの卒業生が法曹資格を取得したならば、その加入を拒むわけではなく、また ABA のメンバーが認定されていないロー・スクールの卒業生を採用したりすることを禁止しているわけでもない。ABA のメンバーが認定されていないロー・スクールで教壇に立つことも妨げない。禁止しているのは、認定されていないロー・スクールから認定されているロー・スクールへ転校した学生に関して認定されていないロー・スクールで修得した単位を認定されているロー・スクールが単位認定することや認定されていないロー・スクールの卒業生を認定されているロー・スクールがそのグラジュエィト・プログラム（二つ目の法学の学位のための課程）に入学を許可することだけである。ABA の評価認定審査を申請しないロー・スクールに対して ABA が不利益を課すこともない。ABA は、認定基準をだいたいにおいて満たし、三年以内に完全に満たすことができると約束をしたロー・スクールに対して、実地調査を実施した後に、暫定的な評価認定を与えている。暫定的評価認定期間中は毎年、その後、認定を受けてからは七年に一度、ABA は実地調査を行っている。DoE が ABA を法学教育に関する認定機関と指定した結果、ABA に認定されたロー・スクールに在籍する学生は連邦政府の提供する学生ローンを申請し[59]、返済の際には所得税控除を申請することができる。二〇〇四年七月現在、ABA は一八八機関に対して ABA が要求する最低限の基準を満たす J. D. 法学教育を実施しているという評価認定をしている[62]。

二〇〇二年時点の認定手続はおおよそ次のように進行する[63][64]。ロー・スクール開設後一年経たならば、ロー・スクールは暫定的評価認定手続開始の申請をすることができる[65]。暫定的評価認定を得た時点から二年以上経たならば、ロー・スクールは完全な評価認定手続開始の申請をすることができる[66]。申請には、(1) ABA の基準に関して、大学の学長とロー・スクールのディーンが、基準の要件を達成しているかを、付随する実地調査に関する質問表

site evaluation questionnaire と毎年提出する質問表 annual questionnaire に解答した内容に基づいて判断した文書、⑵実地調査に関する質問表に対する完全な解答、⑶毎年提出する質問表に対する完全な解答、⑷暫定的評価認定手続の場合には、ロー・スクールの目標と展開する教育プログラムの性質を評価し、応募することが予想される学生の特徴や関心を記載し、ロー・スクールの運営と官吏に必要な資源の確保について記載した実行可能性に関する報告書 feasibility report、⑸教育プログラムとその目標を明記した自己評価調査報告書、⑹過去三年間、もしくはロー・スクールの存続期間の財務状況を示す書類、⑺ロー・スクールが利用する校地の所有に関する大学とロー・スクールの関係を明らかにする書類、⑻ Consultant に対する実地調査要望書、⑼申請費用を、添付することになっている。また、DoE が指定した評価認定機関が評価認定を拒絶、撤回、留保したことがあるかどうかの情報も求められている。申請の宛先は、Section の Consultant ということになっている。ロー・スクールが申請を完了すると、Consultant は面接と施設評価を行う実地調査団を組織する[67]。実際の実地調査の前に、ロー・スクールは上記⑴、⑵と⑶を全員に送付する。実地調査団は、学期中、最低限三日間の調査を実施する。その際、授業を聴講し、教員の質を評価し、入学者に関する方針を審理し、あらゆる記録を検査し、施設を見学し、図書館を評価し、すでに提出された質問表に対する解答を現実と照会し、所属大学の学長や役職者と面談するだけでなく、ディーンを筆頭に、教職員と学生に会い、質問し、意見を求める機会が与えられる。また、その地域の法曹の見解を求めることもできる。実地調査団は、実地調査終了後直ちに、実地調査に基づく事実認定報告書を Consultant に提出する。報告書はロー・スクールが基準を遵守しているかどうかを判断するのではなく、Accreditation Committee と Council が基準遵守について判断するため、実地調査団が認定した事実と観察を記述する。Consultant は事実に関する訂正とコメントの機会を提供するため、実地調査団が起草した事実認定報告書を当該ロー・スクールへ送付する。ロー・スクールの訂正とコメントは Committee と実地調査団のメンバーに送付され、Committee の審議の対象とされる[68]。規則二の手続が修了すると、Accreditation Committee は、ロー・スクールが評価認定手続に関して提出した申請書、実地調査団の提出した事実認定報告書、ロー・スクールが事実認定報告書との関連において提出した文書、その他関連ある情報をもとに、評価認定の妥当性について検討する。(69) Accreditation Committee が必要と判断したならば、実地調査団の代表は実地調査を行ったロー・スクールに関する評価認定に関する会合に出席することができる。また、評価認定を求めるロー・スクールの場合にはそのロー・スクールの代表が評価認定を行う会合に出席し、その主張を展開する機会が与えられることがある。Consultant は Accreditation Committee の結論を、ロー・スクールのディーンと大学の学長宛、文書で通知する。ロー・スクールに不利な決定の場合には、Accreditation Committee の具体的な判断根拠が文書に記載される。Accreditation Committee の判断に対して、ロー・スクールは再考を要請することができる。(70) 再考の要請に十分な根拠があれば、Accreditation Committee は、再考することになるが、その際の資料には当初の判断資料のほか、(十分な財源を確保したことを証明する書類や図書館の充実を証明する書類など) 再考の根拠となる新しい情報や資料も含まれることになる。もっとも、ロー・スクールには Accreditation Committee の再考に関する会合に出席する権利はない。Accreditation Committee は Council に、ロー・スクールの評価認定に関する勧告をする。Council が Accreditation Committee の勧告に関して最終的な判断をする場合、基準一〇二の暫定的評価認定、基準一〇三の完全な評価認定、基準一〇五の主要な変更、基準三〇五の教室外の教育単位、基準八〇二の基準適用除外、規則一四の制裁に関する判断が下される場合には、当該ロー・スクールは Council の会合に出席する権利がある。(71) Accreditation Committee の判断を示した文書に異議のあるロー・スクールは、Accreditation Committee に再考を求める代わりに、Accreditation Committee の判断を示した文書に対する上訴を Council に対して求めることができる。(72) 評価認定を認めるという Council の判断は、House の承認を経て有効とされる。Council の判断に House が同意しない場合には、根拠を示して事案を Council へ (二回まで) 差し戻すことができる。二回目の差し戻し後の Council の判断は最終的となり、その効力に関して House の承認は必要とされない。評価認定を否認するという Council

の判断に対して、当該ロー・スクールはHouseに上訴することができる。この上訴は申請手続と実地調査にかかわる情報の秘匿性の放棄であると理解されている。上訴に対してHouseはCouncilの判断に同意するか、Councilに根拠を示して事案を(二回まで)差し戻すことができる。二回目の差し戻し後のCouncilの判断は最終的となり、その効力に関してHouseの承認は必要とされない。[73] ABAの認定決定をするのは制度上、個別のロー・スクールの申請に対してその評価認定の適否を勧告するAccreditation Committeeと、評価認定の基礎となる現行の基準について審査し、新しい基準を提案するだけでなく、その解釈や規則を通じて基準を執行するStandard Review Committeeを監督下においているCouncilであるが、HouseにCouncilの判断を監督する権限が与えられ、ABAが全体として評価認定の責任を負うことになっている。[74]

二〇〇一年、Councilは、Sectionの二〇〇一年―〇五年戦略的目的を公表し、Sectionはそれに答えて評価認定手続に関する特別委員会Task Force on Accreditation Processを設置した。戦略目的では、評価認定に関しては、消費者保護と手続監視をその主要な機能と位置づけ、効果的な規制手続とロー・スクールへの負担軽減を両立させるために、良質な法学教育にとり欠かせない重要性をもつ事柄に評価認定審査を集中する努力を主要な目的とすべきであると指摘され、評価認定に伴う現地調査のあり方や頻度について提案されていた。特別委員会は二〇〇二年の報告書において、他の評価認定機関が実施する手続と比較し、すでにABAの評価認定を得ているロー・スクールに対する定期的な(現行と同じ規模の)実地調査を一〇年に一回とし、中間時に対象を限定した現地調査を実施すること、J.D.プログラム以外プログラム設置に関するCouncilとAccreditation Committeeの限られた役割から、設置時以外には通常の評価認定の一部として実施することを勧告したが、二〇〇四年七月現在、規則変更の兆候はない。

五

MLSの主張を事実審理なしに退けた一連の判決[75]を見ると、ABAは不当に競争を制限しているというMLS

の主張自体、それほど根拠のない、荒唐無稽な見解のような印象を与えるかもしれない。[76] しかし、たとえばロー・スクールの給与水準は、全国の、そして、同一地域の他の同等のロー・スクールの給与水準と同等でなければならないという（大変詳細な実施規定を備えた）一九九二年当時の基準[77]は厳格に遵守されたといわれており、頻繁にアクション・レターが送付され、具体的に問題点が指摘され、全体として給与水準を高く維持する機能を果たしていたという。[78] MLS の訴訟を契機に開始された DoJ との訴訟における最終命令[79]において報酬情報をロー・スクールの評価認定と審査において用いることが禁止されたことからも、当時の基準のうち、教職員の報酬に関する部分は、健全な法学教育のプログラムの提供という基本的目標を促進する要件ではないことは明らかである。[80] 給与水準に象徴されるような優れた教授陣を集めているという「世評の高さ」をめざす ABA の評価認定は、エリート型のロー・スクールをモデルとすることで、多様なロー・スクールの実現と（消費者の側に立った）選択肢の拡大を困難にしている、あるいは、営利事業としてのロー・スクール、法曹以外の法的技術者（パラリーガルなど）の養成、継続的法学教育 continuous legal education の提供、二年コースや夜間コース等の実質的拒絶という姿勢と同様に、ロー・スクールによる工夫の余地を奪い、（ロー・スクール入学希望者や法的サービスの）消費者による選択の余地を奪っている。学生教員比率（STR）や非常勤の教員比率を高くし、オンライン・データベースを蔵書と見做すことや、在籍期間の短縮、通信教育の容認などは、ロー・スクール経営に関する経費削減をもたらすと考えられるが、最低限度の要件であるという主張にもかかわらず、ABA はすべてのロー・スクールが一流の法学教育、もしくはそれに近いレヴェルの教育を提供するべきであると考えているので、わずかな費用で実現できるような教育は最低限との要件を満たさないと判断し、評価認定を否定する。このような評価認定は、異なるタイプの法学教育を試みる新規参入ロー・スクールを妨害し、法学教育と法的サービスの価格競争を実質的に不可能にしていると指摘されることになる。[81]

独禁法の法理からすると、MLS の主張それ自体はそれほど突飛なものではなかった。[82]

六

ABA は、基準の前文においてロー・スクールは実質的に法律専門職への関門であると述べ、基準自体について法学教育の健全なプログラムを提供するという基本的な目標を促進するために設けられた最低限度の要件であると主張している。すなわち、法学教育プログラムの内容としては、ロー・スクールを修了したならば、依頼者の代理として、裁判所の吏員として、正義の実現とその質に対して責任ある市民としての倫理的な責任を理解し、法と法制度の理論的な理解と法的分析などの技能を修得する教育プログラムを受講し、公益的な法的サービスを行う公的な専門職業であることを理解することが、最小限度、期待されている。(83)

ロー・スクールは、(a) 卒業したなら、法曹としての資格を取得できるよう、法曹の一員として効果的かつ責任をもって法律専門職業界に参加できるよう、準備する教育プログラム、(b) 卒業したら、現在のあるいは予想される法律上の問題に対処できるように準備する教育プログラムなどを、(c) そのすべての学生に提供するようにしなければならないが、(d) 法や法曹のある側面を強調するような独自のプログラムを提供することは妨げられていないという。(84) J. D. プログラムに登録されている学生は全員、法曹として効果的かつ責任をもって参加するために必要な実定法の知識、価値と（法的分析と理由付け、法的調査、問題解決、口頭および文書によるコミュニケーションなどの）技能を修得する授業と法律文書作成に関する複数の学年にわたるしっかりした訓練、法曹の歴史、目的、構造、義務、価値、責任、職業倫理についての授業を受けることになるというのが、基準遵守を求める根拠である。(85)

一般論として、評価認定は(1)認証、(2)消費者保護、(3)所属集団の自己防衛、(4)集団参入を統制する教育機関とその構成メンバーの自己防衛、(5)認定機関自体の自己防衛といった機能を果たし得る。(86) ABA によるロー・スクールの評価認定をそのような枠組みに則して記述すると、それは次のようになる。

(1) 認証は、法学教育の質を ABA が保証するという情報の提供である。このような認証が「最良の法学教育を提供する」機関であるという保証となっている場合、認証がないことは法学教育として不十分であるということにはならない。ところが認証が「最低限必要な法学教育を提供する」機関であるという保証となっている場合、認証がないことは法学教育として不十分であるということになる。ABA は自らの評価認定を後者であるという立場をとっている。言い換えると、ABA の評価認定は、評価認定しなかったロー・スクールを排除するだけで、評価認定した個別のロー・スクールの独自性を示すような情報は提供していない。

(2) ABA の評価認定が消費者保護であるという場合、保護される消費者は①法学教育の消費者と、②法的サービスの消費者である。教育の消費者は、支払った対価に見合った教育を受けられるよう、教育機関による詐欺から保護されなければならない。教育機関は実現可能な教育の目的を掲げているかどうか、提供する教育の内容がその費用に相応しいかどうかが問題となる。ABA の評価認定がロー・スクール入学希望者や卒業生を採用する法律事務所などにロー・スクールの法学教育に関する適切な情報を提供するならば、これらの人々は十分な情報に基づく賢明な選択が可能になる。もっとも、ロー・スクールへの入学を希望する人々は、多くの場合、さまざまなロー・スクールが提供する教育プログラムや就職援助の内容を比較検討する程度の能力を備えていることが期待されているので、ロー・スクールがどのような教育プログラムが準備されているのか、卒業の際にはどのような法律職につくことが可能なのか、就職に関してどのようなサービスがあるのか等について十分な情報を提供するならば、消費者保護として十分であるということができるかもしれない。法学教育を経済学的観点から見ると、消費者＝法律家になりたい学生の望むのは必要最小限度の実用的な法学教育であり、(ABA が禁止する) 法曹資格取得試験に合格することに専念するプログラムのほうが無駄が少ないことになる。法学教育の質の保証は必ずしも学生の望む利益ではない。法学教育の質が高いことの恩恵を受けるのは社会であり、法律家からのよいサービスを期待する社会の利益は、法学教育の消費者としての学生の利益と一致しない。

このように見ると、法学教育における外部費用、法学教育の消費者と法学教育の成果としての法的サービスの消費者との利益の不一致があり、法的サービスの消費者に関しては、(繰り返し法的サービスを利用するか、専門家を利用して法的サービスの内容を比較できる企業などを除くと)法学教育の消費者ほど市場による選別が機能しないので、なんらかの規制と監督が必要とされるということになる。法的サービスの利用を希望する者の大部分が法律家の能力を判断するのは簡単ではないとされるので、サービスの消費者を保護するという観点からは、法学教育が適切に実施されているのか、法学教育を修了したことで十分な法的サービスを提供できるようになるのかが問題となり、最低限度の法学教育が提供されていると保証することによって、必要な法学教育を受けずに法曹になる人がいないよう、法曹資格取得試験の代わりに、あるいは試験を補完し得る、無能な法律家を排除する仕組みが求められる。ほとんどの法域が ABA の評価認定に期待しているのはこの機能ということができるが、ABA が十分な教育と判断したとしても有能な法律家を養成できるかは不確かであり、不十分な教育と判断したとしても、現在、要求されている基準からすると、有能な法律家を養成することは可能かもしれない。この検証がない現状では、消費者保護としての機能は乏しいことになる。

(3) ABA は、新規参入する法律家が職業倫理を遵守し、法曹としての評価を低下させない、あるいはその他の方法で専門職業集団としての法曹を害することがないように、職業集団として新規参入を希望する人々をその集団の価値を尊重する保証として、一定の訓練を要求し、そのような職業倫理訓練を提供するロー・スクールの卒業生ならば、集団の価値観や倫理観を共有すると想定しているのかもしれない。もちろん、新規参入する法律家の数をコントロールすることも、特定の訓練をロー・スクールにおいて実施することで実質的には採用後実施するのが相応しい実務研修を法律事務所ではなく、ロー・スクールと学生の負担とすることも、そして、法学教育のコストをコントロールして望ましい人材のリクルートを図ることも、集団の自己防衛的機能である。もっとも、集団としては、有能な人材をリクルートすることが最善の自己防衛であり、過度な新規参入制限のせいで望ましい人材が参入しなくなったとしたら、それは逆効果である。法曹を社会的に高く評価される専門職業人、世評の高いエリート集団と思わせること、そのためには多少の参入障壁を設け、挑戦に応じる優秀な人材にとり、その社会的な評価から魅力的な専門職であると思わせることは、まさにその目的であるということができる。[87]

(4) ABA の評価認定は、ロー・スクール間の(無駄な)競争を制限し、大学に対してより多くの資源配分を求める正当性根拠となる。ロー・スクールの教授陣は、ABA の基準を根拠に、より高い給与水準、より少ない授業や行政負担、よりよい図書環境や研究施設の実現を大学に対して要求してきたという「実績」がある。[88]

(5) いうまでもないことかもしれないが、本来、認定機関の評価認定によって利益を受けるべき人々の利益とは別に、認定機関が組織化され、さらに官僚化すれば、その存続が存在の第一の目的となり、より多くのコントロールを実現し、より多くの権限を自らのものにすることが認定機関にとって非常に重要な価値となる。

結論からすると、評価認定は法曹資格認定に関する監督権限がある州最高裁判所などの機関、DoE、評価認定を受けたロー・スクール、ABA、そして、ロー・スクール入学希望者と在校生、卒業生の役に立っているという皮肉な見方も成り立つ。[89] 唯一、ABA の評価認定が本当に役に立つのかどうかはっきりしないのは、法的サービスの消費者保護についてである。

七

ABA の評価認定は、専門職分野を対象にしているので、当然にシャーマン法の適用が除外されるという主張は、Goldfarb v. Virginia State Bar[90] 以降、説得力を失っている。州はその法曹資格取得試験受験資格として ABA の認定したロー・スクール卒業を要件とすることで、ABA の評価認定基準の内容を判断することなく、州の法曹資格取得試験受験資格を与え得る適切な法学教育をするロー・スクールであるかどうかについての州の個別評価に代替させている。ABA は州の定めた基準に従い、評価認定の基準を設定しているわけではなく、また、評価認定自体も州法や州の規制に強いられた結果ではないので、シャーマン法適用除外の対象となるという意味での(主権者としての)州の行為が存在していたということはできない。[91] ABA は、州に対し、評価認定を得ていないロー・スクールの卒業生を州の法曹資格取得試験を受験する資格がないと認定するよう働きかけている。州が規制をするよう請願することは、第一修正との関係で、シャーマン法の適用除外となるようにもみえるが、州に規制基準の定立、立法化を求めているわけではない。ABAという私的な団体による認定に対し、シャーマン法の適用を除外する根拠とすることには無理がある。州がABAの評価認定判断を利用した結果として、ABAの認定していないロー・スクールの卒業生を排除するという間接的な効果があるので、ABAの評価認定基準は競争妨害であり、例えばシャーマン法に基づく責任をABAに対して問うことが可能かもしれない。(92)

厳密な意味で評価認定において競合するのはロー・スクールであり、ロー・スクールを参加単位とするAALSの場合には「不可」という評価認定が新規参入者に法学教育機関として「不適格」とのスティグマを押すことで競争妨害となるという主張には説得力がある。しかし、ABAの場合、評価認定基準を承認する最終的な権限はHouseに、評価認定の決定権限はSectionとそのCouncilにあり、しかもABAへの参加単位が個人であることからも、その評価認定が既に市場にいる競争者(ロー・スクールのディーンをはじめとする既存のロー・スクールの利害関係者)による新規参入希望者(個別の法域が認定する法曹となることを希望する法曹資格取得試験受験希望者)に対する参入障壁であり、競争妨害であるという主張には疑問がある。ABA評価認定の結果、ロー・スクールの新規参入が制限されると、その希少性から法律専門職の社会的地位を高く維持することが可能となるが、ロー・スクールがABA評価認定を得た結果、州の法曹資格取得試験受験の資格を認められたロー・スクールの卒業生が法律家になることができると、同一の市場で新規参入者と直接競合する立場にあるのは既に法律家として活躍している人々である。ロー・スクールが卒業させる学生数は、ロー・スクールが自律的に決定していることを考慮し、ロー・スクールの卒業生が法律家として市場に新規参入できるかどうかという観点からすると、むしろロー・スクールのディーンをはじめとする関係者は自らの関係するロー・スクールの卒業生にとっての参入障壁を低くすることに、むしろ新規参入希望者と共通の利害関係がある。法学教育関係者と通常の法律家との間には、ABAという同一の組織に所属していたとしても、利害の対立があると主張することも不可能ではない。それでも、経済的に利害関係のある、市場における競争相手で構成されている私的な組織が市場に関する基準を設定しているという主張は、そのまま受け入れるには困難があるように思われる。問題は、参入の是非について判断の基礎となる勧告をする Accreditation Committee のメンバーが新規参入するロー・スクールと対立する利害関係にあると疑われる既存のロー・スクールのディーン等を構成メンバーとすること[93]、House にあった評価認定に関して決定権が、二〇〇〇年に、DoE の指摘にしたがって Council に委ねられたことによって[94]、ABA の中で対立する利害を調整するという側面が失われてしまったように思われることにある。

もっとも、シャーマン法が適用されるとしても、私的な専門職業団体による評価認定が（市場における利害関係者であるという）それだけで（その専門知識に基づく品質判断と一体となった評価をもって）、価格操作であり、活動に対する露骨な抑圧であって、不当に競争を制限する違法な行為となるわけではない。誠実に実施された評価認定は、たとえ利害関係者によるものであったとしても、適切な情報を利用者に提供することになる。利害関係者による評価認定はそれだけで違法というよりは、実際に競争を損なうことになるのか、競争が一定程度の制約を受けたとしてもそれを正当化するに足りる目的が存在するのか、現実の制約が合理的に見て必要といえるかどうかあるいは正当な目的を達成することのできるより制限的ではない他の選択肢が存在するのかどうかといった点の検討が必要である[95]。ABA の評価認定基準が、ロー・スクールと法律家のエゴイスティックな要求を満足させるだけではなく[96]、法的サービスの消費者保護という目的に合致する手段となっているかどうかこそ、問われるべきであろう。

（1） John A. Sebert, Symposiumuon Accreditation: Introduction, 45 J. LEGAL. EDUC. 415, 415 (1995).

（2） 一九七九年の Crampton Report "Lawyer Competency: The Role of the Law Schools" も、一九九二年の MacCrate

Report "Narrowing the Gap, Legal Education and Professional Development" も、法律家に求められる能力や技能の育成にロー・スクールの教育が無関係となっているというロー・スクールに対するABAからの問題提起である。

二〇〇四年六月、ABA の Section of Legal Education and Admission to the Bar（ABA, Section of Legal Educa-tion and Admission to the Bar, accreditation に関しては、第四節を参照）は、評価認定のための the Standards and Interpretations をより実務を重視する方向へ修正したように思われる。〈http://www.abanet.org/legaled/standards/ standardsrevisionapprovedjune04.doc〉

（3）決まりきった内容の講義と指定された権威書の暗唱という一八六〇年代までの法学教育のあり方に疑問をもったのは、Langdell だけではない。Washington University School of Law の William Gardiner Hammond は一八六九年に、事実の記述を分析し、その法的な意味合いを区別できるようにすることと、その後の職業生活においてどのように法を学べばよいのかを学習するのが法学教育であると記述しており、一九世紀後半にいくつかの州が、コモン・ローに基づく訴訟方式を廃止し、訴訟法典に基づく訴訟手続を採用した結果、意味を考えずに、先例を暗記し、方式集を写せば事足りた時代は終わったことを指摘しているという。William G. Hammond, Plan of a Texabook of Law v-vii (1869), reprinted in 17 Iowa L. Rev. 490 (1932) as cited in Dorsey D. Ellis, Jr., Legal Education: A Per-spec-tive on the Last 130 Years of American Legal Training, 6 Wash. U. J. L. & Poly 157, 166 (2001).

（4）一八七〇年、Langdell が HLS のカリキュラムを一新したとき、一年目の学生が受講する基本的な必修科目は、Real Properties, Contracts, Torts, Criminal Law and Criminal Procedure, Civil Procedure at Common Law, Evidence, Jurisdiction and Procedure in Equity であった。これらの科目に対しては学年末に試験が実施され、合格しなければ、二年目の選択科目はとれないことになったことが新機軸の一つとされた。実際には基本科目だけが提供されていたわけではなく、Constitutional Law, Bailment, Corporations, Shipping & Admiralty, Conflict of Laws, Wills and Administration, Sales of Personal Properties, Marine Insurance, Partnership 等の科目も教え続けられていた。この改革の直前の一八六八年には、Blackstone's Commentaries, Contracts, Evidence, Shipping and Admiralty, Real Property, Sales, Wills and Administration, Pleading, Bankruptcy, Agency, Corporation, Conflict of Laws, Equity Jurisprudence, Roman Law, Domestic Relations, Arbitration が授業科目として挙げられている。非常勤であった教授陣が自由に科

目を設定していたことも、常勤による必修科目の教授というパターンを樹立しなければならないと、Langdellが考えた理由であろう。この影響は、今日のロー・スクールにおける一年生向け必修科目に見ることができる。

入学の前提として学位取得が望ましいと評価し、教室では上訴審裁判所の判決を科学的に分析するという手法をソクラティック・メソッドを用いて教え、基本科目と選択科目を学年配当し、卒業に3年を必要とするというLangdellのロー・スクールに関するモデルは、Robert Stevens, Law School: Legal Education in America from The 1850s to the 1980s（1983）によれば、一九二〇年代にほとんどのロー・スクールがめざすところとなり、その後の変化は抜本的な改革には程遠いものであるという at 138, 211-13. ケース・ブックは上訴審裁判所の判決だけでなく、他の資料や事件の背景を理解するための情報を含むようになり、現在、その多くはCases and Materialsと呼ばれている。ソクラティック・メソッドを用いた大教室での講義だけでなく、少人数の演習も主として三年生向けに開設されるようになり、さらに必修科目を複数のクラスで提供することで教育の少人数化が図られるようになった。教授される内容も、上訴審裁判所の判決だけでなく、立法過程、執行過程など政策形成を意識した法理や、交渉、法律文書の作成、カウンセリングといった技能も科目として提供されるようになり、臨床教育が導入されたが、いずれも、ロー・スクール教育の枠組みそれ自体に影響を及ぼすものではない。一九三〇年代以降、判例と比べて立法の重要性が劇的に増加したにもかかわらず、あるいは一九七〇年代以降、複数の法域に設置された事務所で構成される大規模事務所が出現し、弁護士業務のありかたが劇的に変化したにもかかわらず、法学教育の理念は一八七〇年からさほど変化していないことになる。See, Peter V. Letsou, Law & Economics and Legal Education: The Future of Legal Education: Some Reflection on Law School Specialty Tracks, 50 Case W. Res. L. Rev. 457, 461-62（1999）。

臨床法学教育 clinical legal education は一九二〇年代に有志によるプログラムとして始まり、一九六〇年代後半に顕著となった学生の意識を反映する（社会的弱者に役に立つ）分野の要望、より実践的な教授方法の要請、何よりもロー・スクールの社会的責任を果たすという観点から認知され、相当数のロー・スクールで提供されるようになり、一九九〇年代にはなければならない（が、必ずしも全員が履修することは要求されない）科目としてすべてのロー・スクールにおいて、多くは複数のプログラムとして提供されるようになっている。三年目の選択ではあるが、臨床法学教育だけが唯一、post-Langdellian 科目といい得るものかもしれない。

（5） エリート型のロー・スクールを正確に定義するのは容易ではないが、Lao は、ABA の評価認定基準を参照しつつ、入学者選抜手続を用いて入学許可者を選抜すること、学生教員比率（STR）が比較的小さいこと、優秀な経歴の専任教員が多くの授業科目を担当している（非常勤の教員に授業科目の担当を依頼する比率が低い）こと、教員は教育だけでなく、学究的な研究調査とその公表に熱心であること、（法曹資格取得試験対策となる授業、エクスターンシップにおける報酬の禁止など）実務的、職業訓練的ではなく、学問的、知的な法学教育を強調すること、図書館が非常に充実していること、物理的な施設が充実していることなどをその特徴としてあげている。通信教育による単位認定の禁止も、教員と学生、学生と学生との対面交流を一流の教育体験の一部と考えるエリート型教育観であり、書籍やテープ、ビデオでの学習では得難い何かがあるという発想である。Marina Lao, Discrediting Ac-creditation? Antitrust and Le-gal Education, 79 Wash. U. L. Q. 1035, 1042-43, 1074, 1087-88 (200). See also, Harry First, Competition in the Legal Education Industry (I), 53 N.Y.U. L. Rev. 311, 323-26 (1978). First は、ABA より AALS see *infra* note (8) をエリート型ロー・スクール志向の元凶と考えている。

（6） See e.g. John S. Elson, Morning Panel, 15 St. John's J. L. Comm. 269 (2001).

（7） Appendix 参照。以下において、変則的ではあるが、同一当事者間の訴訟に関する判断であるこれらの判決の区別を容易にするために、訴訟当事者に言及することなく、掲載判例集と頁によって引用している。

（8） 法学教育、ロー・スクールに関しては、ABA がもっとも主要な評価認定機関であるが、アメリカ・ロー・スクール協会 Association of American Law Schools (AALS) は、協会加入審査がそのままロー・スクールの評価認定となっている。二〇〇三年八月の ABA 総会後、評価認定されたロー・スクールの数は一八八校である。これに対して、AALS の加盟校数が一六六校、加盟は認められていないが会費を負担しているロー・スクールが二二校であることから明らかなように、ABA と AALS との評価認定の目的や基準は異なっている。この違いについて Bennett は、ABA が（消費者保護と一体となった）最低限度の教育水準と同時に個別のロー・スクールが自己評価点検報告書において設定する目標とその実現を重視し、その検証を七年ごとに実施するのに対して、AALS は学術機関としての性格を重視する判断を加盟段階で行い、その要件を満たさなくなれば除名するだけであると述べている。Robert W. Bennett, Reflections on the Law School Accreditation Process, 30 Wake Forest L. Rev. 379 (1995) 参照。

（9） 設立当時は Commonwealth-Massachusetts School at Lowell と称していたようである。現在も、Massachusetts 州 Andover において ABA との訴訟当時と同じ理念、法学教育の改革にしたがったプログラムを提供している。〈http://www.mslaw.edu/〉

（10） 一九七七年に ABA は、営利法人の経営するロー・スクールに対しても認定の申請を受理すると宣言し、それまでの政策を変更したという。ABA の認定がないにもかかわらず、あるいはなかったからこそ、営利法人が経営するロー・スクール、二〇世紀前半の Massachusetts 州に（現在も）ある Suffolk Law School や、二〇世紀後半の California 州にある Western State University College of Law は、登録された学生数が合衆国で最も多い大規模校であったという。現在の Suffolk Law School は一〇〇年を越す歴史を誇るが、営利法人ではなく、大学の一部となっており、一九五二年に ABA の認定を得た。Western State University College of Law は一九九八年に暫定的に認定された。In re Lewis, 86 S. W. 3d 419, 420 (Ky. 2002) and infra note 81. もっとも、二〇〇四年になってもその暫定的な地位は変わっていない。〈http://www.abanet.org/legaled/approvedlawschools/year.html〉

（11） ロー・スクールの入学者選抜において、GPA と LSAT の数値とが決定的な意味を与えられていると利害関係者が信じている様子については、（GPA と LSAT の成績からすれば当然入学者として選抜されたに違いないにもかかわらず、白人であったので選抜されなかったと）アファーマティヴ・アクションの合憲性を争った DeFunis v. Odegaard, 416 U.S. 312 (1974), Hopwood v. Texas, 78 F.3d 932 (5th Cir. 1996), Smith v. University of Washington Law School, 233 F.3d 1188 (9th Cir. 2000), Grutter v. Bollinger, 123 S. Ct. 2325 (2003) における事実認定を参照。

（12） LSAT の少数者に対する偏見、法律家としての適性やロー・スクールでの成績との相関関係の欠如などの指摘について、たとえば Anthony Peirson Xavier Bothwell, The Law School Admission Test Scandal: Problems of Bias nand Conflicts of Interests, 27 T. MARSARLL L. REV. 1 (2001) 参照。

（13） 846 F. Supp. 374, 376 (E.D. Pa. 1994). これは、ニュー・イングランド地方の私立ロー・スクールの学納金の中間値の六〇％であったという。937 F.Supp. 435, 446 n.22 (E. D. Pa. 1996).

（14） 107 F.3d 1026, 1029 (3rd Cir. 1997). MLS に学位授与の権限を認めた後、Massachusetts 州の教育基準を監視する機関である BRM は MLS のプログラムにはさまざまな問題があると指摘した。たとえば一九九四年一月に、入学選抜基準が不明確であり、資格のないと思われる志願者を入学させているので、学位授与権限を剥奪することがあると通告しており、また、学生からの文書による苦情申立の数が前例のないほど多いという警告があったともいう。937 F. Supp. at 442 n. 12. たとえば、他のロー・スクールへの転校を阻むため、MLS は学生の求めにもかかわらずその成績表をなかなか交付しようとしなかった at 446 n. 20. もっとも、ABA に認定されていないロー・スクールから ABA に認定されたロー・スクールへ転校してもすでに履修した単位は、一九九五年までは、ABA の基準に従うならば、認定されないので、成績表が公布されなかったとしても実害はわずかだったのかもしれない。

(15) 107 F.3d at 1030.

(16) Ibid.

(17) Ibid. MLS は、ABA の認定した、あるいは暫定的に認定したロー・スクールの J. D. または LL. B. の学位を得ていなければならないという Florida 州の法曹資格取得に関するルールの変更を求めて提訴した。Florida 州最高裁判所は州の法曹資格取得を監督するという立場から、法曹資格試験委員会の判断を支持し、District of Columbia や他の州、合衆国連邦裁判所で実務に一〇年以上従事し、訴状など最近一〇年間の成果の蓄積を提出することで、個別審査の対象となり得ることから、MLS に対して認定要件の免除を認めることはできないと判断した。Florida Board of Bar Examiners: re Massachusetts School of Law, 705 So. 2d 898 (Fla. 1998).

(18) Ibid.

(19) 多くの法域では、州最高裁判所にこの機能が認められているが、独立した委員会が設置されている法域もある）通常、そのような場合には州最高裁判所に対し、そのような委員会を監督する権限が与えられている。

(20) Id. at 1030.

(21) Ibid.

(22) 846 F. Supp. at 377. 二〇〇二年一〇月現在、Arkansas, Delaware, Florida, Georgia, Idaho, Illinois, Indiana, Iowa, Kansas, Minnesota, Mississippi, Missouri, Montana, Nebraska, New Jersey, North Dakota, Oklahoma, South Dakota, Virgin Islands の一九法域が ABA の認定したロー・スクールからの J. D. か LL. M. をを法曹資格取得試験受験の要件としている。もっとも、New Hampshire は個別に州外の特定のロー・スクールが ABA の認定した法学教育と同等

の教育を提供していると認定し、その卒業生の受験を認めている。MLS はその認定を受けているロー・スクールの一つである。Alabama, Colorado, Connecticut, District of Columbia, Kentucky, Maine, Michigan, Nevada, New Mexico, Wisconsin, North Mariana Islands の一一法域が州外の認定されていないロー・スクールの卒業生による受験を認めていることになっているが、さまざまな条件を付けており、たとえば Alabama は州内の認定されていないロー・スクールの卒業生に法曹資格取得試験受験を認める法域と相互協定を締結し、その法域内の認定されていないロー・スクールの卒業生には法曹資格取得試験の受験を認めることになっているが、実際にはそのような相互協定を締結した法域はない。あるいは Michigan は実際には ABA の認定したロー・スクールの卒業生しか受験を認めていない。その他の法域では、受験要件として、実際に法曹として実務に、継続的に、主たる職業として従事している経験年数を短いところでは Kentucky のように最近五年間のうちの三年、長いところでは Nevada のように一〇年、必要としている。Vermont と Wyoming は法律事務所における見習いを通じた受験資格について規定しているだけであるので、MLS の卒業生は該当しないと思われる。Chart III Permitted Means of Legal Study (Bar Exam), Comprehensive Guide to Bar Admission Requirements 10-13 (2002 Edition) 参照。

二〇〇一年に、ABA が認定していないロー・スクールは二一校あるという。California 州の一六校、Massachu-setts 州の二校、Alabama 州の一校、合計一九校の卒業生は ABA の認定がなくともそれぞれ設置された州の法曹資格取得試験を受験することができるが、Kansas の一校と Florida の一校の卒業生はそれぞれの州の法曹資格取得試験の受験が認められていないという事実から、Lao は ABA の認定なしにロー・スクールが存続することの難しさを推測できるという。Lao, *supra* note 5 at 1035 n. 3. Staver & Staver は、一九八七年四月に Nevada School of Law が ABA の暫定的認定を拒絶された直後、閉校したという。Mathew D. Staver & Anita L. Staver, Lifting the Veil: An Expose on the American Bar Association's Arbitrary and Capricious Accreditation Process, 49 WAYNE L. REV. 1 84 n. 499 (2003).

(23) 1997 U. S. Dist. Lexis 3430 (D. Mass. March 3, 1997).

(24) 1997 U. S. Dist. Lexis 3430 at *3.

(25) 問題は、一一点あった。STR が非常に高いこと、パート・タイムの非常勤教員へ過度に依存していること、フル・タイム教員の授業負担が非常に多いこと、教員に対して適切なサバティカル、あるいは、leave of absence の機会がないこと、法曹資格取得試験対策とされる授業に単位が認められていること、適切な実務経験を積む機会を与える field replacement program に関する要求が満たされていないこと、一九九二—九三年度の通常の授業日数が一四〇日以上であることが示されていないこと、フル・タイムとして登録されている学生が就業できる時間数を適切に制限し、学業に専念することを求めていないこと、入学者選抜においてに LSAT を利用した、あるいは、独自の選抜試験による法に関する適性に基づく選抜の証拠を提出していないこと、施設が全体として不十分なことがとくに問題とされている。857 F. Supp. 455, 457 (E. D. Pa. 1994). また、MLS の図書館が不十分であることも指摘されている at 458. もっとも、図書館の問題は認定拒絶の根拠としては指摘されていない。

(26) *Id.* at *3.

(27) 107 F. 3d at 1031.

(28) AALS は一六〇校（当時）のロー・スクールからなる協会であり、ロー・スクールと法学教育に携わる人々の学術団体として、年一回の総会と複数の研究会を開催し、一九四八年から Journal of Legal Education を公刊している。一般的にはロー・スクールを代表する組織と理解されているが、その活動的なメンバーは個人加盟の ABA の Section の活動的なメンバーと相当程度重複している。AALS の認定を受けるためには、少なくとも五年間、学生に対して授業を提供し、少なくとも三学年分の卒業生がいなければならない。AALS の認定基準は ABA のそれとは異なっており、その認定のための手続も違い、認定時には独自の実地調査を実施している。また、ABA が認定のために行う最初の調査にかかわることはない。もっとも、認定された後の定期的な七年ごとの実地調査に関しては、ABA とともに行うことが多い。

(29) ロー・スクール入学協議会（LSAC）は、Law School Admission Council と Law School Admission Services, Inc. とが合併してできた組織で、ロー・スクール入学試験（LSAT）を実施し、LSAT を受験した人の名前と住所のリストを提供する入学候補者付託サービス(CRS)と応募者の大学時代の成績要旨と LSAT の成績を通知するロー・スクール・データ集積サービス（LSDAS）というサービスを提供している。LSAC のメンバーは(1)ほとんどすべての応募者に LSAT 受験を要求し、(2) ABA の認定を得ているか、AALS のメンバーとして認定されている合衆国かカナダのロー・スクールということになっている。MLS は LSAT を利用せず、ABA の認定も、AALS のメンバー認定もないので、LSAC のメンバーではない。

(30) Sherman Act（An act to protect trade and commerce against unlawful restraint and monopolies of 1890）§1 複数の州の間の、あるいは外国との通商や取引を制限するすべての契約、トラストの形態をとるかどうかを問わずすべての結合、そしてその共謀は違法である。

(31) Sherman Act §2 複数の州の間の、あるいは外国との通商や取引のいかなる部分であれ、独占した者、独占しようとした者、他の人と結合し、または共謀して独占しようとした者はすべて軽罪で有罪と見做される。

(32) 連邦地方裁判所でこの訴訟を担当した William Ditter, Jr. 裁判官は、被傭者の給与水準を高く維持し、その生産活動を制限し、潜在的顧客への販売を制限するという雇用者団体の共謀という MLS の主張に対して、本当にそうであるのであれば、大学の経営陣はロー・スクールの管理執行体制を見直すはずであり、どちらにしても、ロー・スクールが経済学や論理学ではなく、法学だけを教授していて本当によかったと、皮肉っている。855 F. Supp. at 110. n. 5.

(33) 二一人については 846 F. Supp. 374（E. D. Pa. 1994）、二二人目の個人に対しては 855 F. Supp. 108（E. D. Pa. 1994）. MLS が主張するように、高い STR を非難することは論理必然的に高い教員の給与水準をもたらすことにはならない。むしろ、高い教員の給与水準を実現する手段の一つが高いＳＴＲを維持することである。

(34) MLS は当時 ABA に認定されていた一七七のロー・スクールすべての認定に関する書類や情報一切をディスカヴァリィの対象として請求した。連邦地方裁判所はこれらの情報は ABA の基準が競争を制約しているかどうかの判定には無関係であると退け、関係があるのは MLS に関する情報と、認定決定後にさまざまなロー・スクールの授業料、学生登録数、志願者数、フル・タイムとパート・タイムの教員数、STR が認定通知前と比べてどのように変化したかを示す（ロー・スクールを個別に特定しない）数値で、認定が競争制限となるかどうかを一定程度まで検証できると、指摘し、認定過程それ自体が per se illegal 当然違法であるという主張を否定した。合衆国最高裁判所は反トラスト法違反の主張に関して、専門職業団体の採用したルールの場合にはそれだけで当然違法であると判断することはない。FTC v. Indiana Federation of Dentists, 476 U. S. 447（1986）; National Society of Professional En-

gineers v. United States, 435 U. S. 679 (1978). 個別具体的な事実を認定し、⑴その事実が競争を制約するかどうか、⑵競争を制約すると主張される基準には社会的有用性、制約を償ってあまりある利益があるか、⑶これらの価値を達成するより制限的ではない方法が存在するかという反トラスト法の個別具体的な事実に関する審査基準である rule of reason 合理の原則の下では、認定制度が競争を制限すると主張するだけでは十分だけでなく、rule of reason の3段階に合致するよう、ディスカヴァリィの対象を絞るよう、命令された。853 F. Supp. 837 (E. D. Pa. 1994).

訴訟指揮の点で興味深いのは、一九九四年五月二〇日の命令がプリ・トライアル・カンファレンスを六月六日、七月一一日、八月八日と指定し、rule of reason に関するディスカヴァリィを九月一日までに終結するよう命じている点である。この五月二〇日のディスカヴァリィに関する命令は七月二〇日に修正され、ABA の認定基準に関する情報のうち、MLS の認定拒絶の根拠としては指摘されていない教員の給与水準と諸施設に関する、他の認定されているロー・スクールに関する情報はディスカヴァリィの対象から除外された。857 F. Supp. 455 (E. D. Pa. 1994).

(35) MLS は、Ditter 裁判官には許されざる偏見の表徴があり、本件の争点と個人的にかかわりがあるという理由で 28 U. S. C. § 455 (a) に基づいた忌避の申し立てをし、退けられている。872 F. Supp. 1346 (E. D. Pa. 1994).

(36) 872 F. Supp. at 1368 (E. D. Pa. 1994). このような理解に基づいて、Ditter 裁判官は当初のディスカヴァリィの対象を絞るよう命じたことになる。*supra* note 34.

(37) ABA が正式な事実審理は必要ではないと申し立てをした根拠は、⑴ MLS の被った損害は個別の独立した法域における法曹資格取得に関する規則に基づいており、それら規則は ABA の認定基準とは別である、⑵ MLS は ABA が MLS に認定を拒絶する決定を下したことから生じるロー・スクール間の競争への害悪を示すことはできない、⑶ MLS が問題にしている ABA の認定基準が MLS の損害の事実上の原因であることを示していない、⑷反トラスト法は高等教育の非営利的側面には適用されない、⑸ rule of reason に基づく分析を適用したとしても、事実審理の対象となる争点は存在せず、法律問題だけで判断を下すことができる、⑹ MLS の主張する共謀は非論理的で、経済的合理性はないというものであった。937 F. Supp. at 348.

(38) 937 F. Supp. 435 (E. D. Pa. 1996).

(39) Eastern Railroads Presidents Conference v. Noerr Motor Freight, Inc., 365 U. S. 127 (1961).

(40) Noerr判決の法理については、Marina Lao, Reforming the Noerr-Pennington Antitrust Immunity Doctrine, 55 Rutgers L. Rev. 965 (2003) 参照.

(41) ABAがそのメンバーに、認定されていないロー・スクールの教壇に立つことを禁止（生産資源供給の制限）し、認定されていないロー・スクールの卒業生と仕事すること、雇用すること、事件などを付託することを禁止（顧客基盤の制限）（生産者の事業に介入）したならば、第一修正の保護する言論ではなく、競争を制限する行動である。

(42) 107 F. 3d 1026 (3d Cir. 1997).

(43) Cert. denied 522 U. S. 907 (1997).

(44) ABAが評価認定に関して反トラスト法に基づいて訴えられたのは、MLSが初めてではない。Brandt v. ABA, No. Civ. 3 : 96-CV-2606D, 1997 WL 279762 (N. D. Tex. 1997) は Texas Wesleyan University School of Law の評価認定拒否に関してであり、Zavaletta v. ABA, 721 F.Supp. 96 (E. D. Va. 1989) は CBN University School of Law に関する判断に関してであるという。Thomas D. Morgan, The Impact of Antitrust Law on the Legal Profession, 67 Fordham L. Rev. 415, 436 n. 167 (1998). 二〇〇一年には、Barry University School of Law (Barry) に関するABAの評価認定の拒絶を、Barryの卒業生、在校生などが争っている。Staver v. ABA, 169 F. Supp.2d 1372 (M. D. Fla. 2001).

(45) 914 F. Supp. 688 (D. Mass. 1996).

(46) 142 F. 3d 26 (1st Cir. 1998).

(47) Report of the Commission to Review the Substance and Process of the American Bar Association's Accreditation of American Law Schools (1995).

(48) United States v. American Bar Association, Massachusetts School of Law at Andover, Inc., 934 F. Supp. 435 (D. D. C. 1996). 最終命令の内容は、ABAに対して以下のことを禁止した。(A) ロー・スクールの教職員（ディーン、副ディーン、ディーン補佐、教員、図書館長、図書館職員、その他のロー・スクールの職員）に対して支払われる基本的給与その他一切の報酬について要件とする、あるいは教職員への報酬を何らかの方法でロー・スクールの認定の条件とする目的または効果のある基準、解釈、規則を採用執行すること、(B) ロー・スクールの教職員に対して支払われる報酬に関するロー・スクールの情報を収集伝達すること、(C) ロー・スクールの認定と審査との関連でその報酬情報を用いること、(D) ロー・スクールがLL. M. プログラムなどJ. D. 修了後のプログラムに、法曹資格を認められた者や州の認定を受けたロー・スクールの卒業生を登録すること、州の認定したロー・スクールにおいて履修修得した科目に関する単位を認定すること、但、ABA は卒業に必要な単位の三分の二をABA の認定を受けたロー・スクールにおいて修得していることを卒業の要件とすることができる、あるいは営利的主体として組織された機構であることを禁止する目的または効果を持つ行動に従事し、あるいはそのような基準、解釈、規則を採用執行することである。ABA に対しては以下のことが認められた。(1) 有能な教員を集め、維持するために必要な合理的な基準、解釈、規則の採用と執行、(2) ロー・スクールがそのような基準、解釈、規則を遵守しているかどうか、遵守しない原因の調査と報告、あるいは(3) ABA の認定を取得、維持する条件としてそのような基準、解釈、規則を順守するために採用される救済的行動をロー・スクールに求めることである。ABA が、差別に関する苦情申し立てを受けたならば、苦情の対象となっているロー・スクールが差別を禁止する基準二一一―二一三とその解釈を遵守しているかどうかを決定するために関連性が認められる報酬に関する情報を収集し、考慮の対象とすることを禁止するものではない。そのような調査との関連において収集され、考慮された報酬情報には、苦情の対象となったロー・スクール以外のロー・スクールが支払う報酬の水準に関する情報は含まない。さらに、ABA に対しては、(A) 新たに提案される基準に適用されるパブリック・コメントと審査の手続をすべての解釈と規則にも適用すること、(B) Accreditation Committee 認定委員会の判断に対する上訴を Council 評議会に対して認めること、(C) Council の構成を変更し、五年間、すべての選挙について Board に報告し、Council の構成員は、任期終了時期がずれる形で三年任期を二期以内、つとめ、構成員の五〇%を越えてロー・スクールのディーンや教員がその構成員とならないようにすること、(D) Accreditation Committee の構成を変更し、五年間、すべての任命を Board に報告し、任期終了時がずれる形で二年任期を三期以内つとめ、構成員の五〇%を越えてロー・スクールのディーンや教員がその構成員とならないようにすること、(E) Standard Review Committee 基準審査委員会の構成員を変更し、五年間、すべての任命を Board に報告し、三年任期を一期だけつとめ、構成員の五〇%を越えてロー・スクールのディーンや教員がその構成員とならないようにすること、(F) Section の役員のための Nominating Committee 任命委員会の構成員の四〇%を越えてロー・スクールのディーンや教員がその構成員とならないようにすること、(G)

すべての実地調査団に、合理的に可能な限り、少なくとも、ロー・スクールのディーンや教員ではない大学執行部の者が一名、そして実務法律家、裁判官または一般公衆の代表が一名、参加すること、(H) Ac-creditation Committee は会合毎に Council へ書面による報告書を提出し、Committee のとった行動すべてを明記すること、その中には報告や調査の対象となっているすべてのロー・スクールの列記と、それぞれのロー・スクールに関して実際に、あるいは外見上遵守していない領域の特定、報告、審査の対象となっている期間等が含まれる、(I) Council は毎年 Board に対して前年度の認定に関する活動に関する報告書を提出すること、(J) ロー・スクールに送付される前に毎年度ごとおよび実地調査に関する質問表は Council の承認を受け、Board に提出されること、(K) ABA は毎年、すべての提案された基準、解釈、規則、方針とその提案者を公表し、調査の対象となったロー・スクールそれぞれに関して調査の日時、場所、評価委員の氏名を公表すること、(L) 一九九五年一〇月三一日までに、教育と認定に関する専門家であり、法学教育者ではない外部の独立顧問を任命し、DoE が要求する基準と解釈を有効とするための助力を仰ぐことが求められている。他に、ABA は、教員の教授時間数、教職員の（有給、無給を問わず）休職制度、STR の教員部分の算定、物理的施設、ロー・スクールに対する大学とロー・スクール自身の資源配分のあり方、法曹資格取得試験準備コースの取り扱いについて、基準、解釈、規則を再検討する Special Commission 特別委員会を設立し、その報告を一九九六年二月二九日までに完了させ、その報告書を裁判所に提出し、合衆国の（反トラスト法に基づく分析）審査を受けることに同意した。

(49) Morgan は、DoJ との反トラスト訴訟において ABA は、MLS との訴訟結果からすると勝訴する余地はあったにもかかわらず、譲歩したと指摘する。Morgan, *supra* note 44 at 436.

(50) たとえば New York Court of Appeals の Joseph W. Bellacosa 裁判官は、DoJ との合意に抗議し、Council の委員長を辞任しただけでなく、ABA も退会したという。Bothwell, *supra* note 12 at 43.

(51) 118 F.3d 776 (D. C. Cir. 1997).

(52) DoE は認定機関として四種類だけを想定している。(i) 専門職に従事する個人の任意加盟団体で、(ii) (a) 産業団体とは「別の、独立した」主体による認定、(b) 主体は関連する産業組合組織の執行役員や理事会の選挙・選抜によらない構成員からなる意思決定機関として認定決定を下し、認定方針を確立する、(c) 認定主体の少なくとも一人、七分の一は団体の一員ではなく、一般公衆の代表であることがその一つの要件である．

(53) 135 F. Supp. 2d 28 (D. D. C. 2001). MLS はこの判決の中で、amicus brief を提出したにもかかわらず、争点である命令修正の公益性に関する考察をしていないと批判されている at 32 n. 3.

(54) 2001 U. S. Dist. Lexis 2279 (D. D. C. filed Feb. 16, 2001).

(55) Sebert, *supra* note 1, Bothwell, *supra* note 12 at 36.

(56) Report of the Task Force on Law Schools and the Profession: Narrowing the Gap, Legal Education and professional Development (1992), *supra* note 2.

(57) George B. Shepherd & William G. Shepherd, Scholarly Restraint? ABA Accreditation and Legal Education, 10 CARDOZO L. REV. 2091, 2156 (1998). ABA は「教育の成果よりも教育へのインプット」に関心があり、基準は日常的な運営内容にまで及んでいると指摘されている。Bothwell, *supra* note 12 at 36, see also Staver & Staver, *supra* note 22 at 79-84 Appendix B.

(58) University of California-Berkeley, Case Western Reserve University, University of Chicago, University of Cincinnati, University of Colorado, Columbia University, Cornell Law school, Drake University, Emory University, George Washington University, Harvard University, University of Illinois, Indiana University-Bloomington, University of Iowa, University of Kansas, University of Nebraska, University of North Carolina, University of North Dakota, Northwestern University, Ohio State University, University of Oklahoma, University of Oregon, University of Pennsylvania, University of Pittsburgh, University of South Dakota, Stanford University, Syracuse University, University of Texas at Austin, University of Virginia, Washburn University, Washington & Lee University, Washington University, West Virginia University, University of Wisconsin, University of Wyoming, Yale University.

(59) Henry Ramsey, Jr., The History, Organization, and Accomplishments of the American Bar Association Accreditation Process, 30 WAKE FOREST L. REV. 267 (1995).

(60) See *supra* note 48 and accompanying text.

(61) 142 F. 3d at 26 (1st Cir. 1998).

(62) このうち、一八七校は最初の法に関する学位である、通常の J. D. を授与することができ、U. S. Army Judge Advocate General's School は、最初の法学位ではない学位を士官学校の大学院として提供している。一八六校のうち、六校、Appalachian School of Law (2001), Ave Maria School of Law (2002), Barry University School of Law (2002), University of the District of Columbia School of Law (1998), the University of St. Thomas School of Law (Minnesota) (2003) と Western State University College of Law (1998) の認定は暫定的（年号は暫定的評価認定を得た年）である。暫定的認定後、完全な認定を得るまで、最短で三年、最長で五年、ロー・スクールは評価認定に関する Standards とその実現に関する遵守について Accreditation Committee と Council の観察下におかれ、毎年、報告の対象となる。なお、ABA は、通常八月に開催される総会において Council の評価認定判断について報告を受ける。

(63) 評価認定手続規則 Rules of Procedure 〈http://www.abanet.org/legaledu/accreditation/〉参照。一九九五年以前の手続については、Bennett, *supra* note 8 at 384, Shepherd & Shepherd, *supra* note 57 at 2128 および 135 F. Supp. 2d at 30 参照。

(64) これは「キャッチ二二」状況である。ABA の認定がなければ、そのロー・スクールを卒業しても、法律家になれない法域が大部分である。法律家になりたいならば、そのようなロー・スクールに入学しても意味はない。ところが、ロー・スクールは開校し、学生が卒業しなければ、認定の対象とはならない。認定されていないロー・スクールにはあまり入学を希望する者は来ない。また、入学を希望するのは、認定されたロー・スクールにはおそらく入ることがむずかしい者が多いとすれば、卒業に至らない学生も、認定されたロー・スクールより多くなる。ようやく卒業し、暫定的に法曹資格取得試験を受験し、無事合格したとしても、ロー・スクールが最終的に認定されなかったとすると、卒業生の法曹資格は取り消されてしまう。法律家になれないならば、そのようなロー・スクールにわざわざ行く価値はない。学生が集まらないと、開校しても意味がないということになる。Staver & Staver, *supra* note 22 at 84 n. 499.

(65) 規則 四(c)。

(66) 規則 四(a)

(67) 暫定的評価認定手続を申請したロー・スクールは毎年実地調査を受けることになっている。これはかなりの負担である。一年目と三年目の実地調査は限定的であり、自己評価点検報告書の提出も必要ではないが、二年目、四年目、五年目の実地調査はすべての事項が対象となる。もっとも、Accreditation Committee は実地調査の規模を決定する裁量権を有している。すでに完全な評価認定を受けているロー・スクールは評価認定を受けて三年目、その後は七年ごとに実地調査の対象となる。規則九。

(68) 規則二。

(69) 規則三(a)。

(70) 規則五(a)。

(71) 規則六(a)。

(72) 規則七。

(73) 規則一〇。

(74) House には基準適用に関する監督権限がなかったことが合衆国を原告とする訴訟においては問題とされ、一九九六年の同意判決はその是正を一つの目的としていた。*Supra* note 53.

(75) 937 F. Supp. 435 (E. D. Pa. 1996), 107 F. 3d 1026 (3rd Cir. 1997), cert. denied 522 U.S. 907 (1997).

(76) 最初に、ABA の認定が私的な独占を禁止する Sherman Act に抵触するという観点からの議論を展開したのは、一九七〇年代の Harry First の論文であった。Harry First, Competition in the Legal Education Industry (I), 53 N. Y. U. L. Rev. 311 (1978); Harry First, Competition in the Legal Education Industry (II): An Antitrust Analysis, 54 N. Y. U. L. Rev. 1049 (1979); Harry First, The Business of Legal Education, 32 J. Legal Education 201 (1982). 最後の論文は最初の論文の趣旨を約五分の一の量にまとめたものである。First は、ABA より AALS をエリート型ロー・スクール志向の元凶と考えている。53 N. Y. U. L. Rev. at 323-26, 32 J. Legal Education at 202-03.

(77) 基準一〇五(a)。

(78) Shepherd & Shepherd, *supra* note 57 at 2135 は、このような給与水準の高額化、固定化は提供される法学教育の質を保障するものではなく、ロー・スクールの学生と大学全体の負担によってロー・スクールの財政を改善するという ABA の強力な支配体制を立証しているに過ぎないと批判している。

(79) 934 F. Supp. 435 (D. D. C. 1996).
(80) 現在の基準のうち、教員に関する第四章には報酬、給与水準への言及はない。
(81) たとえば Lao, *supra* note 5 at 1042-43, 1074.
(82) 一九六六年、Western State University College of Law (WSU) は、California 州 Orange County で最初のロー・スクールを Anaheim に、一九六九年には San Diego にも開校した。Anaheim 校は一九七五年に Fullerton に移転し、当時、三二〇〇人を超す学生が登録していた。California Committee of Bar Examiners の評価認定を得たことから、卒業したら California の法曹資格取得試験を受験できたが、ABA が営利法人によるロー・スクールの経営を認めていなかったので、WSU は、学生が連邦政府の提供するさまざまな給付を申請できるよう、法律家が全く関与していない Western Association of Schools and Colleges にロー・スクールとしての評価認定を依頼し、一九七六年六月に評価認定を得た。その後、WSU は ABA が評価認定機関として不適格であると、DoE に訴え、ABA は営利法人の形成するロー・スクールからの評価認定申請を受理すると、その政策と規則を変更した。See *supra* note 10. もっとも、WSU は ABA の評価認定を得るべく、その後も努力してきた。First は、教員に期待する授業時間数や比較的容易な入学要件（大学二年次修了）、低額な授業料 (Stanford が四八六六ドル、州立の UC Hastings が州外の学生に一〇六七ドルであった一九七七年当時、WSU は二〇二七ドルで、州出身の学生に対する補助がある州立大学を除けば、California ではもっとも安いロー・スクールの授業料であった)、そして、ロー・スクールの統治に関する独立性を要求する ABA の基準を満足させる統治組織を営利法人が承認することは疑問であると指摘する。First (II), *supra* note 76, 54 N. Y. U. L. Rev. at 1082-86. WSU は一九九八年に暫定的評価認定を受けたが、五年の期限が過ぎた二〇〇四年も、暫定的評価認定となっている。

Barry University は、それまで ABA の評価認定を得られなかった University of Orlando School of Law を取得し、一九九九年九月に暫定的認定を申請した。一九九九年一〇月と二〇〇〇年五月の実地調査後、Committee は認定不可という答申をした。Barry はこの答申を争わず、再申請し、二〇〇〇年一〇月―一一月にもう一度実地調査を受けた。Committee は暫定的申請可という答申をしたが、Council は認定不可と決定した。Barry は再々申請の手続をとり、二〇〇二年二月、暫定的認定を受けた。Florida は遅くとも卒業後一二ヶ月以内に ABA の認定もしくは暫定的認定を得たロー・スクールの卒業生にしか、州の法曹資格取得試験受験の資格を認めていないので、Barry の認定遅延の結果、一九九九年以前に卒業した者には受験資格が認められなくなった。Florida は、個別の請願に基づき、受験資格要件を満たさない場合に、州の法曹資格取得試験受験を認め、その成績を、受験資格が充足されるまで凍結するという措置をとることがある。Barry の卒業生に関しては、二〇〇〇年七月の試験には二〇〇〇年一月と六月の卒業生、二〇〇一年二月の試験には二〇〇〇年六月と二〇〇一年一月の卒業生、二〇〇一年七月の試験には二〇〇一年一月と六月の卒業生には、暫定的な受験資格が認められた。もっとも、Florida の州最高裁判所は、これ以上、Barry の卒業生に関する例外は認めないと宣言した。Stave v. American Bar Association, 169 F. Supp. 2d 1372, 1377 n. 4 (M. D. Fla. 2001). Barry の卒業生と在校生は、ABA に対し、Barry の暫定的認定を命じる暫定的差止命令の発給を求めて連邦地方裁判所に提訴した。連邦地方裁判所は、Barry がまだ申請を継続しているので、その時点では ABA の決定が最終的ではないこと、二〇〇〇年以前の卒業生には差止命令は救済として適切ではないこと、二〇〇一年以降の卒業生、卒業予定者にはまだ被害が発生していないこと、これらの被害救済は専ら Florida の州最高裁判所に委ねられる事柄であることから、これらの主張は認められなかった。試験の成績が凍結されているので、Barry の過去の卒業生が州の法曹資格取得試験に合格できる教育を受けたかどうかという観点からの判断はできないが、二〇〇二年、ABA は Barry に対して暫定的評価認定を与えている。

(83) ⟨http://www.abanet.org/legaled/standards/preamble.html⟩

(84) 基準三〇一。二〇〇四年六月に Council は、法曹としての資格を得ることと法律家としての訓練評価を強調する修正が承認されている。Section of Legal Education and Admission to the Bar, American Bar Association, Revision to the Standards and Interpretations Approved by the Council of the Section, June 4, 2004, 90 ABA J. 64 (August 2004)。これは、二〇〇四年八月の ABA 総会において House の審査を受けることになっており、House の同意を得られたなら、二〇〇四年秋から適用される.

(85) 基準三〇二。カリキュラムに関する三〇二は三〇五とともに、全面的な修正の検討対象とされており、専門家としての技能の取得方法とロー・スクール外で行われる学習（現実調査、模擬裁判、ロー・リヴュー等を含む）に関する解釈が広い範囲にわたり変更される可能性がある。二〇〇四年六月八日、Consultant の覚書より。

(86) Ronald A. Cass, The How and Why of Law School Accreditation, 45 J. Legal Educ. 418 (1995). もっとも、Cass は機能を七つ挙げている。

(87) 参入障壁基準の具体的な要請であるところの入学者選抜手続、なかんずくGPAとLSATを用いて入学許可者を選抜し、（少数の教員で多数の学生に対応可能な）通信教育を基本的に排除することなど、エリート型ロー・スクール・モデルは、学術的に優秀な教授陣が、厳格に選抜された優秀な人材からなる集団を、学問的、知的な環境で教育するというイメージを形成することに貢献している。たとえば、夜間や通信教育を広汎に容認すること、STRや非常勤の教員比率を高くすること、オンライン・データベースに紙媒体の蔵書を代替させ、多くの法情報が法律家に独占されていないことを明示することなどは、ロー・スクールのアカデミックな自己イメージに反することになる。

(88) 他の専門分野と異なり、ロー・スクールの教員は助成金や補助金の申請にあくせくすることは期待されておらず、その質も決して高くないという。Shepherd & Shepherd, *supra* note 57 at 2137. その研究成果の公表・出版率、すなわち生産性も決して高くはない Michael I. Swygert & Nathaniel E. Gozansky, Senior Law Faculty Publication Study: Comparisons of Law School Productivity, 35 J. Legal Educ. 373 (1985) にもかかわらず、生産性の低い教員であっても、助成金や補助金の取れない教員であっても、基準のおかげでそのために授業負担が増えることはない。

(89) Ramsey, Jr., *supra* note 59 at 269.

(90) Goldfarb v. Virginia State Bar, 421 U.S. 773(1975). Goldfarb 判決以前には、Marjorie Webster Junior College, Inc. v. Middle States Association of Colleges and Secondary Schools, 432 F. 2d 650 (D. C. Cir. 1970) のように、非営利的目的の評価認定に対してシャーマン法は適用されないという判断もあったが、United States v. Brown University, 5 F. 3d 658 (3d Cir. 1993) によれば、非営利という認定はシャーマン法の適用除外を意味しないし、教育のための対価支払いは通商であるという。at 666.

(91) Parker v. Brown, 317 U. S. 341, 351 (1943).

(92) First が指摘するように、ABA よりむしろ AALS こそ、その構成上から、ロー・スクールの新規参入を制約しようとする組織のハズである。First (I), *supra* note 76.

(93) United States v. American Bar Association の和解に基づき、構成メンバーの中にロー・スクールの関係者以外の人々を入れるようになった。ロー・スクールのディーンと教員は、Council, Accreditation Committee, Standards Review Committee の構成メンバーの五〇％を超えてはならず、実地調査ティームは可能な限り、少なくとも二人、法学教育をしていない人を含まなければならない。934 F. Supp. 435, 437 (D. D.C. 1996). See also, Lao, *supra* note 5 at 1062 n. 165.

(94) *Supra* notes 52-54 と本文を参照。

(95) 合理性のルールについては、Board of Trade of Chicago v. United States, 246 U. S. 231 (1918) の Brandeis 裁判官の意見 at 238 参照。

(96) 教員が教えることのできる時間数を週八時間ないし一〇時間に制限している基準四〇四(a)やサバティカル（研究休暇）、学術調査のための合理的な機会に関する基準四〇五(b)は法学教育を向上させる研究に多くの時間を費やすことを前提としている。See also, *supra* note 84. この基準の結果、有給のサバティカル、夏期休暇中の給与保障、その他研究調査のための費用負担などが実現している。これらの基準は、ロー・スクールがより多くの、仕事負担量の軽いフル・タイム教員を雇用する根拠となっている。Shepherd & Shepherd, *supra* note 57 at 2137 は、教員が教えることのできる時間数の上限設定が実質給与、時間給の高額化となると指摘する。このような教授時間に関する取り決めは、教員がロー・スクール外において、コンサルタント業、専門家対象の講演、そして仲裁活動などに従事し、法律事務所と提携関係を持ち、実質的に実務家と同じ規模で実務に従事することを可能にしている（基準四〇二(b)）。多くのパート・タイムの非常勤教員が、実務家の中で成功した人々であり、自らの成功経験を伝えたいと、僅かな報酬であっても、コストを度外視して引き受けていると、通常、言われていることを考慮すると、非常勤教員の貢献をまったく評価しない基準は、専任教員の数を確保し、法学教育全体の経費を高くする以外の機能はないかもしれない。実務家の体験に触れることは法学教育の質によい影響を及ぼさない、実務的、職業訓練的ではなく、学問的、知的な教育こそ望ましいという判断が先行しているようにも思われる。他にも、三年以上の法学教育期間（基準三〇五(a)）や適切な施設の整備（基準七〇一）、充実した図書施設（基準七〇四(b)）と蔵書（基準六〇二(a)）（大学の一部となっていないロー・スクールに対してはいっそう多くの蔵書を備えることを求めている。（基準二一〇(b))、テニュアを保障されたフル・タイムのクリニカル担当の教員が行うクリニカル・プログラム（基準三〇二(a)）といった要件も、法学教育の充実を名目に参入コストを引き上げ、ロー・スクールの新設、新規参入を困難にしている。しかしながら、これらの基準が本当に法学教育の質を確保するのに必要不可欠であるのかと疑問視されている。Shepherd & Shepherd, *supra* は ABA の評価認定制度を業界組合によるカルテルと判断している at 2145, 2157 参照。

Appendix

Massachusetts School of Law at Andover, Inc. v. American Bar Association

一九九四年三月一一日　Massachusetts School of Law at Andover, Inc. v. American Bar Association, 846 F. Supp. 374 (E. D. Pa. 1994)

三月二四日　Massachusetts School of Law at Andover, Inc. v. American Bar Association, 1994 U. S. Dist. Lexis 18210 (E. D. Pa. 1994)

五月二〇日　Massachusetts School of Law at Andover, Inc. v. American Bar Association, 853 F. Supp. 837 (E. D. Pa. 1994)

五月三一日　Massachusetts School of Law at Andover, Inc. v. American Bar Association, 853 F. Supp. 843 (E. D. Pa. 1994)

六月二〇日　Massachusetts School of Law at Andover, Inc. v. American Bar Association, 855 F. Supp. 108 (E. D. Pa. 1994)

七月二〇日　Massachusetts School of Law at Andover, Inc. v. American Bar Association, 857 F. Supp. 455 (E. D. Pa. 1994)

一二月二〇日　Massachusetts School of Law at Andover, Inc. v. American Bar Association, 872 F. Supp. 1346 (E. D. Pa. 1994)

一九九五年八月一六日　Massachusetts School of Law at Andover, Inc. v. American Bar Association, 895 F. Supp. 88 (E. D.

Pass. 1995)

一九九六年一月一八日　Massachusetts School of Law at Andover, Inc. v. American Bar Association, 914 F. Supp. 688 (D. Mass. 1996)

二月一五日　Massachusetts School of Law at Andover, Inc. v. American Bar Association, 914 F. Supp. 11172 (E. D. Pa. 1996)

八月二九日　Massachusetts School of Law at Andover, Inc. v. American Bar Association, 937 F. Supp. 435 (E. D. Pa. 1996)

一九九七年一月一〇日　Massachusetts School of Law at Andover, Inc. v. American Bar Association, 952 F. Supp. 884 (D. Mass. 1997)

二月一三日　Massachusetts School of Law at Andover, Inc. v. American Bar Association, 959 F. Supp. 36 (D. Mass. 1997)

二月二八日　Massachusetts School of Law at Andover, Inc. v. American Bar Association, 107 F.3d 1026 (3rd Cir. 1997)

三月三日　Massachusetts School of Law at Andover, Inc. v. American Bar Association, 1997 U. S. Dist. Lexis 3430 (D. Mass. 1997)

五月八日　Massachusetts School of Law at Andover, Inc. v. American Bar Association, 1997 U. S. Dist. Lexis 7033 (D. Mass. 1997)

一〇月六日　Massachusetts School of Law at Andover, Inc. v. American Bar Association, 522 U. S. 907 (1997)

一九九八年四月二四日　Massachusetts School of Law at Andover, Inc. v. American Bar Association, 142 F. 3d 26 (1st Cir. 1998)

United States of America v. American Bar Association

一九九六年六月二五日　United States of America v. American Bar Association, 934 F. Supp. 435（D. D. C. 1996）
一九九七年七月一五日　United States of America v. American Bar Association, 118 F. 3d 776（D. C. Cir. 1997）
二〇〇一年二月六日　United States of America v. American Bar Association, 135 F.Supp.2d 28（D. D. C. 2001）
二月一六日　United States of America v. American Bar Association, 2001 U. S. Dist. Lexis 2279（D. D. C. 2001）

Others

一九九七年二月七日　In the Matter of Albert Henry Corliss, 424 Mass. 1005（Mass. 1997）
一九九七年九月一八日　In re Levin, 79 Ohio St. 3d 1510（Ohio, 1997）
一九九八年一月二二日　Florida Board of Bar Examiners re: Massachusetts School of Law, 705 So.2d 898（Fla. 1998）
二〇〇一年一〇月二五日　Staver v. American Bar Association, 169 F. Supp.2d 1372（M. D. Fla. 2001）
二〇〇二年五月一六日　Florida Board of Bar Examiners re: Barry University School of Law, 821 So.2d 1050（Fla. 2002）
二〇〇二年一〇月一七日　In re Lewis, 86 S.W.3d 419（Ky. 2002）
二〇〇四年二月六日　Western State University of Southern California, Western State University College of Law v. American Bar Association, 301 F. Supp. 2d 1129（C. D. Cal. 2004）
三月三〇日　Stevenson v. Massachusetts School of Law at Andover, Inc., 93 Fed. Appx. 256（1st Cir. 2004）

サマリージャッジメント

――アメリカ民事訴訟における争点整理の一方法の紹介

早坂禧子

英米法の世界では、法的判断が陪審による事実審理手続を経ない場合にsummaryという表現されることがある。アメリカ合衆国民事訴訟規則Federal Rule of Civil Procedure 56は、陪審審理に到るまでの手続の一つとしてサマリージャッジメントsummary judgmentを定めており、アメリカでは近年、この手続をめぐる最高裁判決が注目されている。本稿は、この手続の骨子を紹介し裁判所による適用判例を概観しようとするものである。

一　事実認定と法の適用

英米の特にコモンロー裁判では陪審制度がとられてきたため、裁判官と陪審との役割分担を明確にする必要上、事実認定と法律判断をどう区別するか多くの議論がされてきたことは周知のとおりである。サマリージャッジメントは、当事者の提出した証拠から裁判官が事実認定し法律判断に移行するという制度であるから、まず、事実と法についての判断者の役割分担について一般にどう理解されているかは、Robert Sternの論文「行政官、裁判官、陪審による事実認定の比較検討[1]」の一部を要約すると、次のようである。

事実認定をする審査機関としては、陪審、行政機関、裁判官がある。陪審の事実認定は裁判所とその上訴裁判所によって事後審査の対象になる。民事事件で陪審が事実に関する争点を判断する権利を保障している合衆国憲法典第七修正は「陪審が認定した事実は、コモンローの準則による以外は、合衆国内のどの裁判所もこれを再審査できない。」と定めているから、陪審の評決を基礎づける証拠が十分でないときは裁判所は陪審の評決を取り消すことができ、評決を支持するに足る十分な実質的な証拠がなければならない。一片の証拠しかないときは十分ではない。最高裁によれば、実質的証拠とは「合理的な人なら結論を支持するのに適当だとして受け入れるような相当な証拠」[2]があることをいい、実質的証拠法則とは、証人の信用性と証拠の評価を陪審にゆだねることを意味する。

行政機関の決定も裁判所の事後審査に服し、その審査には同じく実質的証拠法則が適用される。しかし、この法理が適用される背景は、陪審の場合とはまったく異なっている。州際通商委員会ＩＣＣの決定を、ＩＣＣが権限を越えている結果制定法に違反しているとして取り消した裁判所は、権限を越えているかどうかの判断にあたって、ＩＣＣの決定には実質的証拠の裏づけがあるかという基準を用いた。陪審と行政機関の事実認定は、いずれも同じく証拠を評価し証拠から推論する権限である。[3]そして、裁判所が合理的といえる別な結論があるとかその結論は間違っていると考えた場合でも、事実認定については裁判所は自らの判断を事実認定機関の判断に代置することはしないのである。[4]陪審の事実認定については実質的であるかとか一片の証拠があるかという言い方がされるのに対して、行政機関の決定の審査に関しては、合理性があるという表現が使われる。そして行政機関の決定が合理的であるかについての証拠法則は、証拠の優越とか信用性の基準ではないことに注意すべきである。

コモンロー事件であっても、法廷での審理終了時に「事実に関する真の争点がないとき」は、陪審に代わって裁判官が事実認定を行う。この手続を指示評決 directed verdict といい、そこでの裁判官の事実認定は、連邦民事訴訟規則 FRCP52 (a)によれば「陪審によらない事実認定は明確な誤りのない限りは取り消されない」のであって、実質的証拠法則の適用はない。陪審が事実問題を担当するのは、その集団の公平な感覚を持つ複数の人によって決定するためであり、行政機関に決定に際して事実認定を委ねるのは、専門性、特殊性の優越を確保するためであるが、[5]裁判官はそのいずれでもないからである。

裁判は通常、次のような心理過程を経るが、ここでいう事実問題はどこまでをいうのか。

1、特定の事実の確定。何をしたか、どうしたか、を確定することで、通常の事件では対立は生じない。

2、事実から他の事実を推論する。

3、法律から法基準をとりだす。これが法問題であることははっきりしている。

4、3の基準を1、2で得られた事実に適用する。この作業が、制定法の適用決定だとか、事実をめぐる終局的争点の決定だとか表現されるが、どちらの表現も正しい。

ここで特定の事実 particular fact についての判断されるのだが、これは厳密には事実問題とはいえない。事実からの推論とは異なり、また、一般的な基準を定立するのでもないからである。たとえば、ある労働者が雇用者であるかを決定するとき、文言や立法事情からみてある事実は判断からはずすというとき、裁判所は法律問題として取り扱っているのだ。この過程は、事実を法に適用する個別化判断の形成あるいは当該事案に固有の結論の形成過程である。そうすると、行政機関、裁判官、陪審といういずれも第一次的な事実認定権限をもつ機関は、法の一般的命題についてではなく、特定の事実の認定と事実からの推論について実質的であるという限度で審査裁判所を拘束することになる。[6]

しかし、民事裁判における裁判所と陪審の関係でみると、あるゲームが制定法にいう宝くじにあたるか、ある人の行動が不法行為に当たるかなどの、一般的な法の準則を個別化された事実に適用して得られる終局的事実の認定は、陪審に任され、「合理的な人ならばその場合どのような注意を払うか」を陪審が判断する。被告が証拠からみて不法行為をしたかどうかの判断は、単純に何がおきたかの判断ではなく、陪審があったと判断した行為が一般的な法の準則の範囲内かどうかを決めさせているのだ。陪審のこの判断は、行政機関が法律を適用するのと同じ精神作用である。しかし、行政機関は法律を適用する機関であるから、常に終局的事実判断をしなければならないのに対して、陪審はいつもこの役割を担うのではない。第一次的な事実は常に陪審が判断するが、終局的な事実の認定は裁判官の判断で陪審に委ねてもいいが、委ねるについての一貫した原則はない。(7)

以上、事実審理は、原則として陪審が行うが、法廷での審理の結果指示評決に付されるときは、事実認定は裁判所が行う。これに以外に、訴訟提起後双方の証拠開示手続き中に、裁判所が、事実関係が確定されたと認定することがある。これはサマリージャッジメント手続である。

二　アメリカ合衆国民事訴訟規則56――サマリー判決手続の概要(8)

サマリージャッジメントとは、訴状が提起された後のいつの段階でも、事件の重要な事実について真の争いがないという要件をみたしているときは、当事者の申立てによって、あるいは職権で、裁判所が事実認定して（陪審による事実審理を省略し）裁判所が直ちに法律問題を判断して判決を言い渡すという民事手続である。連邦裁判所の民事事件の手続法である連邦民事訴訟規則FRCPは、サマリージャッジメント手続と要件を、規則56の(a)から(g)項で規定し、(c)項はで要件を次のように定める。

56(c)申立て手続き　サマリージャッジメントの申立書は、その審理のために設定された日より少なくとも一〇日前までに送達されなければならない。相手方当事者は、設定された審理日より前にサマリージャッジメント手続に反対する宣誓供述書を送達することができる。サマリージャッジメントをするかどうかの審査は、訴訟記録中の訴答書面、証言録取書、質問に対する回答、自白及び宣誓供述書があるときはそれを加えた資料に基づき、その結果、重要な事実について真の争点が存在せず、申立当事者が法律上の判断のみで判決を受けることができると判明したときには、裁判所は直ちにサマリージャッジメントを下さなければならない。裁判所は、損害額に関して真の争点が存在するときでも、責任の有無に関しては真の争点がないときは、中間判決として責任についてのサマリージャッジメントをすることができる。

この(c)項が定める「重要な事実についての真の争点」要件については、基準が何も定められていない。事実について争いがあるか。その争いは訴訟の成り行きにとり重要か、その争いは本当か、ここにいう事実とは何か、これらのいずれも、直ちに明らかになるものでも簡単に決められるのでもない。事実と法の区別は、個別の事案の事実関係の文脈の中でされるしかない。重要性の決定は、事案の論理分析を必要とする。真の争点の存在は、裁判所が、訴答書面を分析し、両当事者が提出した宣誓供述書、証言録取書、自白、質問への回答書、個人的知識、証拠によって認められる事実の説明等、事実審理で証拠能力が認められる資料に目を通して判断しなければならない。裁判所が一番使う資料は宣誓供述書である。

サマリージャッジメント申立人が事実審で争点について立証責任を負うときは、それに加えて、重要な事実について真の争点がないことを証明するサマリージャッジメント申立てに伴う立証責任も負うことになる。サマリージャッジメント申立人が事実審理で立証責任を負っていないときは、後掲 Adicks 判決の見解では、相手方の主張を打ち倒す立証責任を課されていた。しかし Celotex 判決でこのテストは否定された。現在では、中立の理由が相手方には証拠に欠けるというときは、証拠開示による相手方回答等から関係部分の抜粋を作って説明する。中立の目的が、合理的な陪審なら相手方に有利な評決を出さないことを確定することであるときは、もっと精密な説明を宣誓供述書の提出が必要になる。

こうして、中立人が立証責任を尽くしたときは、被申立人に責任が移り、56(e)項によれば、被申立人は事実審理をすべき真の争点があることを示す特定の事実specific factを提示できなければならない。中立人の宣誓供述人は信用できないと事実を説明しないで攻撃するだけでは十分でない。

専門家の宣誓供述書も、真の争点の判定のために提出される。連邦証拠規則FRE703は、証拠にないデータや事実に基づいて意見を述べること、704は事件の最終的争点について専門的見解を述べること、705は未公表の事実やデータに基づいて意見を述べることを認めており、専門家意見については相当の自由度がある。ただ、(e)項にいう真の争点が存在することを示す特定の事実specific factsを提示した内容でなければならないから、事実審でなら認められる意見書も認められないことがある。

三　サマリージャッジメントの歴史(9)

サマリージャッジメント手続は、アメリカでは長い間論争と混乱のなかにあった。あるものは陪審による審理を受ける権利を訴訟当事者から奪う安易な近道だとみなしたし、あるものは、事件の進行を明確に管理し、負担過重の裁判所にとっては重要で強力な制度だと考えた。裁判所の態度が一致していないことも、解釈と適用上に食い違いを生み、この手続の適切な利用を混乱させるという結果をもたらした。

そんななか、一九八六年に最高裁でサマリージャッジメントについて三つの判決trilogyが相次いで下され、最高裁は、連邦民事訴訟規則56に新たな正当性を与えて、明確でより論理一貫した裁判への路を開いた。この三判決を契機に、訴訟費用の拡張と民事裁判の遅延は一向に改善されず、民事訴訟の正しい、迅速な、費用のかからない解決という規則1の目的達成のための手段として、ようやくサマリージャッジメントに目が向けられるようになった。

サマリージャッジメント手続は、一九世紀イギリス法に起源がある。一八五五年証券取立て訴訟手続法The

Summary Procedure on Bills of Exchange Act は、証券と手形の取立て訴訟の訴訟の本案判断に特別の略式判定方式を用いることを奨励し、ついで、一八七三年裁判法 The Judicature Act は、この手続を、契約で金額が約定されている金銭損害賠償事件、捺印金銭債務証書事件、制定法の定める刑事罰事件、保証、信託、土地の貸借関係事件に拡大した。この手続は、書面による証拠に基づいて証明できる原告にのみ認められ、その目的は、つまらない被告側防御のために生じる訴訟の遅延や費用増を抑えることだった。

このサマリージャッジメント手続を定めた制定法は、一八八〇年代後半にはアメリカの幾つかの州にも存在しており、原告からサマリージャッジメントを求める宣誓供述書が提出されねば許されず、イギリス同様に、原告の請求で一般に書面によって証明されるような取引行為に適用を限定されていた。しかし、裁判所は適用には乗り気ではなく、思い切った救済としてよほどの場合にようやく適用するものだとされていたようである。

一九〇二年 Fidelity 判決[10]は、ニューヨーク州のサマリージャッジメント手続をめぐる訴訟の連邦最高裁判決であるが、陪審審理を求めた被告会社の請求を退けてサマリージャッジメントを認めた。同判決は、サマリージャッジメント手続の本質は、「争点を整える手段である。そこで整えられた争点について、陪審審理の権利が発生する。州民事訴訟規則第75の目的は、つまらない防御から裁判所を守り（傍点引用者）、正統な要求の権利行使を遅延させるために正式の審理を開かせようとする試みを打ち砕くことにある。」とした。

一九二九年の Yale L.J に、裁判の遅延と裁判所の負担過重に対する救済手段としてサマリージャッジメントを擁護する論文が載り[11]、いまはその適用を厳格に限定されているが、将来はもっと重要な地位を占めるだろうと予言し、一九三八年、この論文を執筆した一人である Clark 判事がまとめ役となった合衆国民事訴訟規則 FRCP として実現した。被告にもサマリージャッジメント申立て権を与え、申立てに反対する側は理由を示す証拠を提出させることとしたこの規則は、Fidelity 判決よりもっと進んだ内容のものであったが、その五年後に Clark 判事が「裁判所はこの救済を認めるのに過度に躊躇してきた[12]」といっているように、依然として裁判官には受け入れられなかった。この躊躇は、サマリージャッジメントを認めると裁判を受ける権利を侵害するのではないかと考えるところからきていたのである。

規則56の文言自体の曖昧さもこの傾向に輪をかけた。「誰が何時どんな責任を負うのか、責任を果たすにはどうすればいいか。サマリージャッジメント申立ての責任と実体審理での責任とをどう関係づけるのか、裁判所はサマリージャッジメントを用いることを自制しがちになり」[13]、たとえば、事実について一片の疑念 slightest doubt でもあれば、たとえ被申立人側に有利な証拠が余りに少ないため事実審理で裁判所は指示表決や評決無視判決をすることが確実であっても、真の争点があるとして、裁判所はサマリージャッジメントの申立てを認めない。これでは訴訟はますます裁判所に滞留する。

「一片の疑念」テストとあわせて、特に、被告がサマリージャッジメントを申し立てる場合に厳しい判断基準をたてた一九七〇年代の最高裁判決が、Adickes 判決[14]である。この事案は、一九六〇年代に盛り上がっていた公民権運動に参加していた白人の教師が、黒人学生と昼食をとるためレストランに入り同じテーブルに座ったところ、店からサービスを拒否されたうえ、レストランを出たところで警察官に逮捕されたため、白人教師は店の経営者を相手取って、店と警察が共謀して原告が店から昼食サービスを受ける権利を奪い、共謀して原告を逮捕させたことによる損害賠償請求訴訟を公民権法に基づいて提起した。この種の事件では、被告と警察官との共謀の立証責任は原告にある。被告店はサマリージャッジメントを申し立て、宣誓供述書、開示手続きで得た証言録取を提出して共謀の事実はなかったと主張した。原告は、謀議の直接の証拠は提出できなかったが、レストランに警察官がおり原告を逮捕したのはその同じ警察官だったという原告の訴答中の主張を被告は反駁できていないとする書面を提出して、陪審は、レストランにその警察官がいたという事実から店と警察官との間に謀議があったと推論するに違いないと主張した。一審は、原告は被告が謀議したと推論できる事実を主張できていないとして、被告のサマリージャッジメント申し立てを認めた。最高裁はこれを破棄し、「サマリージャッジメント申し立てにおいて提出された資料は、申し立てられた側に最も有利に解釈されるべきである」という判断基準を示した（これは、指示評決すべきかどうかの判断基準と同じである）。そしてもう一つ「被告は、原告の請求にとり不可欠の主張を支える証拠が存在する可能性を完璧に排除できなければならない」という立証の基準も提示し、本件では事実審では原告に共謀の立証責任があるが、争点は共謀があったかどうかであるから、被告が本案で勝つためには、共謀の成立可能性を完全に排除できなければならない。しかし、申立人は、原告がサービスを待って店にいた間に警官がその場にいたことと警官と店の従業員との間で原告にサービスしないことにつき了解があった可能性を完全に否定できていない。そうすると、真の争点は存在するのである。よって、「もし警察官がいたなら、その状況からして警察官と店との間に以心伝心があり、その結果原告にサービスしないという了解に達したと推論することは、陪審が判断すべきことである」。被告がサマリージャッジメントを得るためには、申立人は原告の主張する主要事実を証拠によって根拠づける可能性がないと、すべての証拠にあたって完全に証明することを求められるのだという厳しい基準の下では、サマリージャッジメント成功の余地はほとんどなくなる。争点整理というサマリージャッジメントの本来の役割は無視され、存在意味を失うことに他ならない。こうしてサマリージャッジメントは行われなくなる。

しかしやがて、民事訴訟の増大と費用の膨張に呼応するように変化が生じ、最高裁でサマリージャッジメントを認める判決がでた。これが一九八六年トリオ判決である。

①　Anderson 判決(15)　ネオナチ、反ユダヤ主義、人種差別主義者、ファシストと雑誌に書かれた非営利団体とその代表が、雑誌の発行者を相手に起こした名誉毀損訴訟である。名誉毀損訴訟では、原告には被告に害意があったことの立証責任がある。被告はサマリージャッジメントを申し立て、記事が真実で害意はなかったとする記者の宣誓供述書を提出した。この場合、原告が裁判所にサマリージャッジメントを認めさせないためには、被告の害意を推認させるだけの証拠があることを示す資料を提出しなければならない。一審はサマリージャッジメ

ントを認めたが二審は取り消した。最高裁は二審判決を破棄し「重要な事実について真の争点がある、つまり、合理的な陪審ならば申し立てられている側に有利な評決をするであろう様な証拠があるときには、サマリージャッジメントは許されない。裁判官の職務は、自ら証拠を評価してある事実が真実かどうかを判断することではなく、事実審を開くに足るだけの真の争点があるかどうかを判断することにある。そうすると、ここでの審査は、陪審に委ねるほどの十分な対立が証拠上ないかどうか、証拠が一方的であるため法律問題として一方当事者が圧倒しているかどうかについてである」と判示した。ただ、名誉毀損事件では、サマリージャッジメントを審査する裁判所は、害意という真の争点があるかどうかについては、通常の証明の程度より高い明白かつ確信を抱くに足る証明基準を適用し、合理的な陪審ならば害意が確信をもって明白に示されたと思うくらいに証拠があるかどうかを判断しなければならない。この立証基準にしたがって再度審査しなおすようにと事件を差し戻した。

② Celotex 判決(16) 亡夫が長年会社が製造した石綿に曝されて死亡したとして、その未亡人 Catrett が提起した違法行為に因る損害賠償請求事件である。この訴訟類型においては、原告が違法行為の立証責任を負う。開示手続中で原告が亡夫が石綿にさらされていたことを証言する証人の氏名を開示しなかったため、被告会社は、原告が氏名を明らかにしないのは原告には証拠がないのだと主張して、サマリージャッジメントを申し立てたところ、原告が数人の氏名と手紙を提出した。一審は原告には十分な証拠がないと判断してサマリージャッジメントを認めた。しかし二審は Adicks 判決のテストを適用して、申立人会社は、故人が石綿にさらされていなかったことを完璧に排除できる十分な証拠を提出していないとして、一審判決を取り消した。しかし最高裁は、サマリージャッジメントを申し立てた側が事実審理で立証責任を負っていないときには、相手方の主張を否認することまでは要求されないとして、Adicks 判決のテストを明確に否定し、立証責任を負う側の主張には重要な要素がないことを主張すれば足りるという新たな基準を示した。

本判決の新しい判断基準によれば、申立人が証拠がないではないかと主張したときは被申立人は、事実審がもし開かれたならば陪審を説得できる十分な証拠があることを明らかに示せばいいことになる（本件差戻し審は、原告が提出した証拠からは事実を証言できる証人が存在すると判断して、再びサマリージャッジメントを認めなかった）。

①②判決があらたな立証の基準を提示したことで、サマリージャッジメントはかなり利用しやすくなったということができよう。一九〇二年のFidelity判決が、サマリージャッジメントは争点を生み出す手段であると正当に指摘していたように、サマリージャッジメントは、不十分な請求や防御に基づいた無用な事実審理を避ける手段としてだけでなく、争点を特定し範囲を狭くする主張管理の有益な工夫として認識されつつある。

サマリージャッジメントは、独禁法事件や複雑な事案において争点を絞る有益な方法であるのに、一九六二年のPoller判決[17]最高裁は、独禁法事件ではサマリージャッジメントの使用は控えるべきとした。本件は、ミルウォーキー州でテレビ会社WCANを経営していた原告が、CBSがテレビ放送事業を制限し独占しようとして州内の他の業者と共謀し自分の会社をネットワーク加入契約から締め出した結果、時価より低い価格で会社をCBSに売却し損害を被ったとして、CBSのネットワーク契約が独禁法に違反すると訴訟を起こしたところ、被告CBSがサマリージャッジメントを申立てた事案で、一審は、CBSはFCCの認可を受けてWCANを買う権利とWCANとのネットワーク加入契約を解約する権利があったのだから、原告の受けた損害は法的救済の対象にならない権利侵害なき損失であるとして、独禁法違反行為に因る損害という真の争点がどこにも存在しないとの理由でサマリージャッジメントを認め、二審も同様だった。本案原告が上告し、最高裁は、「記録によれば、FRCP 56(c)にいう重大な事実についての真の争点がないとはいえないから、サマリージャッジメントは認められるべきではない」と、原審判決を破棄した。WCANがネットワーク契約からはずされCBSに買収されたことが違法行為や他の放送業者との合意の一部であったり、原告の言うように不合理に取引制限、市場支配、独占を目的としているならその行為は独禁法違反であり、記録からは原告が事実審理において共謀を証明できると思われる。何よりも、「動機や意図が主要な役割をもち、概して被告側共同謀議者が証拠を保有しており、敵対的な証人が謀議をこらすような独禁法事件には、サマリージャッジメントの使用は控えるべきである」というのだった。しかし現在では、この分野でも多くのサマリージャッジメント申し立て事件がおきている[18]。また、反トラスト法事件では動機を重視しないのも判例の警告である。では、独禁法事件に具体的にどのように適用され、どんな問題があるか、サマリージャッジメントを認めた判決と退けた二つの判決をみてみよう。

③ Matsushita 判決[19]　本判決は、一九八六年トリオ判決の三つ目である。アメリカのテレビ製造メーカーと販売会社が、日本のテレビ製造メーカーとそのアメリカ販売子会社を相手取って、アメリカ市場での不合理に低い価格を決める謀議を日本でしたことにより損害を被ったとして、三倍賠償請求した事案で、被告会社 Matsushita がサマリージャッジメントを申し立てた。一審裁判所は、証拠能力ありと認めた証拠からは共謀という事実を合理駅に推論できないので、被告らが共謀したという重要な事実についての真の争点がないとして、サマリージャッジメントを認め、トラスト法違反行為はないという判決を出した。二審は、逆に共謀を認める直接間接の証拠がありこれらの証拠から推論して「合理的な事実認定者ならばアメリカの競争相手を追い払うためにアメリカ市場で価格を押し下げる共謀をした」と認定できる以上、争点があるとした。そこで申立て人 Matsushita が上告した。最高裁は五対四で、サマリージャッジメントを認めた一審の判断を支持し、「被告の申し立てたサマリージャッジメントを阻止するためには、被申立人（原告）は、申立人（被告）による違法な共謀の結果原告に相当の損害を与えたという重要な事実について真に争点があることを立証せねばならない。まず。略奪価格によってアメリカ市場を独占する共謀は、原告にとっても利益で、原告侵害の原因とはならない。よって、略奪価格共謀は争点とはならない。申立人が規則56(c)項の責任をはたしたときは、被申立人が「事実審理に値する真の争点があることを示す特定の事実」を提示しなければならないが、記録全体を見ても、合理的な事実審理者なら被申立人に有利な事実を発見することはできないから、真の争点はない。事実からは被申立人の請求が意味がなく経済的にありそうもないときは、被申立人はもっと別の証拠を提出しなければならない（First National Bank

v. Cities Service 事件[20]では、イラン石油の取り扱い業者だった原告が、被告石油会社らのボイコットにあったとして三倍賠償請求した事件で、ボイコットはそれぞれの会社に固有の判断でしたものであって共謀する動機がなく、他に証拠を提出しない以上、被告会社が申し立てたサマリージャッジメントを認めている)。「事実から引き出される推論はサマリージャッジメントに反対している側にもっとも有利にされねばならない」。しかし、反トラスト法一条違反事件では、許される推論には限度がある。Monsanto 事件[21]（農薬のディスカウント店主がモンサント製薬会社と一年の販売店契約の期限終了後再契約を拒否され、製薬会社と他の業者が再販価格を定めて原告が安値で販売することができなくなったとして、反トラスト法一条違反による損害賠償請求を提起したところ、製薬会社がサマリージャッジメントを求めた事件）によれば、ある行為が、許される競争とも違法な共謀とも推論できるときは、それだけでは違法な共謀という推論を根拠づけることができない。サマリージャッジメントであれ指示評決であれ、一条違反による損害賠償を求める原告は、被告の行為が共謀でなく独立したものだという可能性を排除する証拠を提出しなければならない。言い換えれば、本件被申立人は、独立した行為ないし共同の行為であって被申立人に害を与えていないという推論も可能だが共謀と推論するほうがはるかに合理的であると証明しなければならない。申立人は、略奪的価格の共謀は経済的に不合理で現実にも実効できないし、共謀する動機もないと主張し、どんな事実認定者であっても、申立人らが問われている共謀が実際に存在したと認定するはずがないと判断するのが合理的であると主張していたが、本判決は結局、略奪価格で失う損失以上に将来市場を独占したときには利益をえられる保証がないところでは、本当に略奪か画の共謀をするかどうかは疑わしいという経済学理論によると、共謀という推論には合理性がないとした。

以上、一九八六年の三判決は、⑴結果を正しく左右する事実をめぐる紛争だけが重要な事実である。⑵重要な事実についての真の争点のテストは、事実審理終了時点での裁判官による指示評決採否の判断テストと同じテストである。⑶このテストを適用するに際し、裁判所は証拠を被申立側人に最も優位に審理しなければならない。

また、その十分性の評価は実体法によって課せられる立証責任にしたがってされねばならない、ことを明らかにし、サマリージャッジメント申し立て側と申し立てられた側とに相応の立証責任を課したという点で評価できるのだが、何よりも、最高裁がサマリージャッジメント手続に積極姿勢をみせたとして大変注目された。

Matsushita 判決から六年、今度は抱き合わせによる反トラスト法違反事件で被告会社が申し立てたサマリージャッジメント申し立てを退け差戻した Kodak 判決が出た。この判決は、最高裁トリオ判決、とりわけ Matsushita 判決が提示した責任法理を変更したのだろうか。

④ Kodack 判決(22)　コダック社は、複写機を製造販売しているほか、修理用部品の製造と提供、自社複写機の保守サービスも行っている。部品は、コダック社も製造しているが、コダック社製品にしか使えない部品メーカーがいた（OEM）。コダック社製複写機の修理・保守専門業者が複数（ISO本件原告）登場して、コダック社と修理・保守サービス業界で競争になったため、コダック社は自社の保守サービスを受ける客に限って修理用部品を販売することとし、自社の部品製造者との間で部品をISOには売らない協定を結んだ。この結果、ISOは保守サービスができなくなり廃業者も出たため、ISOが、反トラスト法一条が禁止している部品販売と保守サービスの抱き合わせ販売にあたり、同法二条が禁止する独占行為であると主張して損害賠償を請求した。これに対してコダック社はサマリージャッジメントを申し立て、複写機販売市場では激烈な競争が存在しているのであるから、コダック社は、保守サービスと部品提供という二次的市場で反トラスト法違反行為に該当する市場支配力を欠いていることは、立証の余地なく真実であるから、この事実に関しては真の争点はないと主張した。ISOは、Anderson 判決の判断基準によりISOに有利に推論されるべきと主張したが、一審はサマリージャッジメントを認め、コダック社は二次的市場を独占するかもしれないが、コダック社がこの地位を複写機市場を支配するために利用するよう企てていることを示す事実をISOは提示していないとした。二審はサマリージャッジメントを認めず一審判断を破棄したが、その理由は、合理的な事実認定者ならば、一次的複写機市場で

競争があるからといって、コダック社の二次的市場における権力支配を抑制するとは限らない。コダック社がISOより悪い保守サービスに二倍の価格を課したこと、ISOとの競争でコダック社がサービス料金を下げたこと、消費者は競争業者の機種に転換するよりは、コダック社の複写機とのパッケージのより高額な料金を払い続けるものであるという証拠があるといっている。コダック社が上告したところ、最高裁は六対三で二審を支持した（この法廷意見は、Matsushita 判決で反対意見を書いたブラックマンが書きスティーブンス判事が賛成している）。コダック社は、複写機販売市場と部品製造・修理サービス市場とは異なり、前者においてはブランド競争市場となっているから、部品市場で優越していても、コダック社が修理費用を値上げしたら他社の複写機を買う結果を招いてしまうので、コダック社としては修理費用を値上げするはずがないというが、消費者が他社の複写機に買い換えるかどうかは、消費行動をみてみないと分からないであろう。とすると、真の争点があることになる。反対意見（Matsushita 判決でサマリージャッジメントを認める法廷意見に加わったオコナー判事がいる）は、法廷意見のようにメーカーがもつ修理部品についての支配力も反トラスト法二条の独占に当たると解すると、ほとんどのメーカーは反トラスト訴訟にさらされることになると批判し、A市場で独占でないコダック社がB市場で抱き合わせしたとしても当然違法ではないという。

Matsushita 判決は、合理的な陪審ならば、証拠からは価格切り下げという共同謀議が行われ被告が原告からビジネスを奪ったと推論できない。適法な競争とも違法な共同謀議とも可能性はあるが、価格を切り下げたという行為だけでは法律違反の行動とするに十分な証拠にならないといっただけであった。本件でコダック社は、部品市場で権力を発揮すれば複写機市場で損失を引き起こす原因になるからそんなことは考えていないと主張したが、最高裁はこの主張を退けている。もし原告の主張が経済的に無意味ならば、合理的な陪審ならば原告に味方しないであろうから、被告申立てのサマリージャッジメントは許されるだろう。本件でサマリージャッジメントを得るためには、コダック社はサービス価格が高騰し原告が競争から排除されているという証拠があるにもかかわらず、二次市場でコダック社が支配力を持つことになるという推論には合理性がないことを主張しなければならない。Matsushitaが、アメリカでの消費を増やすためにした価格切り下げは競争そのものであるのだから、競争助長的であった。しかし、本件では逆で、コダック社による部品販売の制限はサービス価格の高騰と市場の閉鎖をもたらしている。したがって、最高裁としては、コダック社にMatsushitaよりははるかに厳格な立証を求めたのであって、本件でサマリージャッジメントが許されなかったのは、この違いのためであり、判断基準は変えてはいないのではないか。しかしそうではないという見解もある。[23] 今後当分は、専門的知識を必要とする事案ほど、サマリージャッジメントでどの程度の立証が求められるのか、模索することになるかもしれない。したがって、開示手続で相手からどのような資料を入手し得たかが重要となろう。

裁判において事実認定を誰が行い、認定の正しさを誰がどこまで判断するのが最も合理的でしかも効率がいいかという問題は、通常民事裁判では要件事実の問題という裁判の核心にかかわり、行政事件では専門技術的な事実の認定をめぐる実質的証拠法則や裁量統制の問題であり、いずれも学術上のエネルギーが注がれているところである。アメリカのサマリージャッジメント手続は、第一次的には訴訟の争点整理手続として有効であろうが、根底には事実認定の問題が含まれており、[24] 何らかの示唆を与えてくれるものと思われる。

（本論文は、経済法についてお教えいただくのは勿論、個人的にも大学の後輩として多大のお世話になっている先生に、お礼とますますのご健勝を祈念して献呈させていただくものです。このテーマ選択も、そもそもは先生との雑談から生まれたものでしたが、時間的余裕がなく、分析も雑駁で中途半端なままここでは筆を置かせていただきます。）

（1） Rober L. Stern, Review of Finding of Administrators, Judges and Juries : A Comparative Analysis, 58 Harv. L. Rev. 70 (1944).

（2）Id. p.73.
（3）Id. p.77.
（4）Id. p.77.
（5）Id. p.81.
（6）Id. pp.96-97.
（7）Id. p.112.
（8）この手続を紹介するものとして、ジェイムズ・R・ピールマイヤー・椎橋邦雄訳「アメリカ合衆国におけるサマリー・ジャッジメント」（山梨学院論集八六頁（一九八九年）、ライルE・ストロム・椎橋邦雄訳「合衆国連邦地方裁判所におけるサマリ判決の実務」（山梨学院大学論集一三九頁、一九八九年）。W. Schwarzer, A. Hirsch, D. Barrans, The analysis and decision of summary judgment motion, 139 F. R. D. 443（1993）. Wright, Miller, Kane, FEDERAL PRACTICE AND PROCIDURE, § 2732, vol.10（1983）3rd. ed. vo. l. 10A（1998）.
（9）以下、サマリージャッジメントの歴史の概観は、前注（9）のF. R. D（1993）論文の要約である。
（10）Fidelity & Deposit Co. v. U. S., 187 U. S. 315（1902）.
（11）38 Yale L. J. 423（1929）.
（12）Clark, Summary Judgment—A Proposed Rule of Court, 2 F. R. D. 364, 365. 1943.
（13）前注（8）、139 F. R. D. 44.
（14）Adickes v. S. H. Kress & Co. 398 U. S. 144（1970）.
（15）Anderson v. Liberty Lobby, Inc., 477 U. S. 242（1986）.
（16）Celotex Corp v. Catrett, 477 U. S. 317（1986）.
（17）Poller v. Columbia Broadcasting, 368 U. S. 464（1962）.
（18）前注(8)のWright, Miller, Kane, FPCP 3rd. ed. vol. 10B § 2732.1には、多くの判例が掲載されている。ただ、著者自身は、独禁法事件や特許法事件へのサマリージャッジメント手続の適用には積極的でないように受け取れ得る。
（19）Matsushita Elec. Industrial Co. v. Zenith Radio, 475 U. S. 574（1986）. 本事件の概要とサマリージャッジメント

判例として解説したものとして、英米判例百選（第三版）七三事件がある。

(20) 391 U. S. 253 (1968).

(21) Monsanto Co. v. Spray-Rite Service Corp., 465 U. S. 752 (1984).

(22) Eastman Kodak Co. v. Image Tech.Svcs, 504 U. S. 451 (1992). The Supreme Court-Leading cases, 106 Harv. L. Rev. 163, 328-338 (1992). W. Schwarzer & A. Hirsch, Summary Judgment after Eastman Kodak, 45 Hasting L. J. 1 (1993). 松下満雄「最近の米最高裁反トラスト判例の動向をめぐって―コダック事件判決」交際商事法務二〇巻一一号一三三五頁（一九九二）。

(23) 106 Harv. L. Rev. 163 (1992) のノートは、三三頁で、本判決は、独禁法事件にはサマリージャッジメント手続は適していないという Matsushita 判決以前に逆戻りするシグナルだと見ている。

(24) 行政機関の行う事実審理の基本的問題を論じたものとして、Edward Tomlinson, Discovery in Agency Adjudication, 1971 Duke L. J 89 (1971)。

法曹の合理的行動と利益集団論——その素描

林田清明

はじめに

法曹はどのように利益集団として行動してきたか、どのように公共的決定に影響を及ぼしているかを検討するのが本稿の目的である。ここではその素描を試みることとし、全般にかかわる実証分析については機会を得て、今後の課題としたい。

この検討によって、第一に、司法あるいは法曹界という専門家集団の実体を普遍的な観点から分析することができる。第二に、日本の司法の特殊性を明らかにする契機を作り出すことができる。第三に、かりに司法・法曹における利益集団性が明らかになった場合に、そのような対策をとることができるのかを明らかにする前提となりうる。司法は、政治の一部であり、法学的分析や関心の対象でもあるが、ひろく現代社会や政治の不可欠な分析対象であることが明らかになろう。

一　法曹人の合理的行動

司法は国民の間や国民と国・政府の間に発生する紛争や事件を解決するための制度である。司法や裁判所における判断は、一つの社会的な意思決定に他ならない。つまり、集団的な選択あるいは公共選択を司法や裁判(所)を通じて行なっているのである。そうであるならば、司法にかかわる者や集団を、社会的意思決定もしくは公共選択に関わる主体として見る必要がある。

司法とくに裁判官は、政府の官僚と並んで、あるいはそれ以上に、不偏不党、中立であるべきであると見られている。しかし、多くの事実は、必ずしもそうではないことを示唆している。ならば、司法や裁判官はどのように不偏不党でありえ、中立的な立場を保持できるのであろうか。その根拠は何か。他方、弁護士は、社会的正義を実現するものとある。彼らはどのように社会的正義を実現しようとしているのか。それを維持する根拠は何か。

司法が公共選択・社会的選択に大きな影響を与えることは明らかであろう。法曹には、検察官も当然存在するが、検察官は、裁判官と同様に官僚・公務員としての性格も大きいので、官僚の分析が参考になろう。

以下の分析では、裁判官・検察官や弁護士もそれぞれ満足や幸福など自己の効用を最大化するように行動するという仮定する。この仮定は、ニスカネンの分析と仮説に基づくものである。ニスカネンは、官僚は効用最大化をするような行動をするとして、それは自己及び自分の属する省や部局の予算を最大化することで満足されるとしている。(1) 官僚の合理的行動の分析は、基本的には官僚でもある司法官僚、すなわち裁判官および検察官にも応用できると考えられる。

1　裁判官の合理的行動

裁判官および弁護士はどのように行動するのか。裁判官もまた自己の効用を最大化すると仮定することができる。裁判官個人の効用とは、裁判官であることによる権力の行使、司法制度のヒエラルヒーでの昇進・エリート(より具体的には、権力・権限を行使できる立場や地位に近づくことができる)、社会的地位・名声、退職後のポスト、給料・所得の増大などである。司法は最高裁判所を頂点としたヒエラルキー構造になっており、裁判官よりも最高裁の裁判官（そしてそれよりも最高裁判所長官）の方がより多くの権限や権力を有していると考えられる。また、上級の裁判官であることが、一般に地位や名声も高いと見られるし、退職後もより有利なポストに就く機会が多い。また、その分所得や収入の機会も増大する。最高裁判所の裁判官になることが、司法における一つのエリートコースを形成していることは、つとに指摘されてきた。

現在約二四〇〇名あまりの裁判官が存在するが、各人の訴訟事件負担件数は公式ないし数字の上では明らかにされていない。したがって、裁判官個人が担当する事件数については様々な数字が挙げられているのが実情である。今般の司法制度改革では、法曹人口とりわけ弁護士の増加は指摘されているところだが、裁判官の数も問題であることは間違いないが、実際にはあまり言及されてこなかった(2)。増員された弁護士によって、訴訟事件が裁判所に持ち込まれて、処理件数が今後増加することは想像に難くない。

事件処理にあたって、わが国では、裁判所による和解勧告の多さが指摘されている。和解によって事件が決着すれば、事件は処理されたことになる(3)。また、その場合、判決文を書く必要もないので、和解で済ませた方が楽である。裁判官としては和解を勧めて、別件の訴訟に取りかかった方が合理的ということになる。このため、裁判官としては事件処理数を稼ぐ必要があり、必要以上の和解勧告がなされて、なかば強制的になされ、当事者の裁判を受ける権利を奪うという面もあるのではないかとも指摘されている(4)。

前述のようにわが国での和解勧告の多さが指摘されているが、これは訴訟当事者の負担を軽減する面もあるとしても、その背景には、裁判官個人が担当する事件負担数（ケース・ロード）もあるといえるのではなかろうか。そのような状況の中で、裁判官は和解を勧告することで、事件処理の数を増加させるという、いわば合理的行動をしているのである。

わが国の裁判官システムは、そもそも官僚制度に準じたものであり、最高裁、高裁、地裁という階層（ヒエラルキー）制度となっている。それに、司法研修所の期ごとの年功序列システムが存在する。裁判所における各個人の裁判官に対する評価は、考課調書と呼ばれ、それぞれ所属する地裁所長、高裁所長から、最高裁事務総局に伝えられている。その中で、年功を経て、裁判制度のトップとなるようなエリート裁判官となるためには、事件処理をうまくこなし、職務上はむろん日常でも問題の少ない裁判官でなければならない。また、事務総局は先に触れた制度を使いながら、この点を人事管理としてチェックしていることが指摘されている。(5) むろん、これらの官僚的司法に硬直した、保守的な性格など多くの問題と批判があることは言うまでもない。

司法がその任命権限を政権党に握られている以上、また戦後の自民党による長期政権が継続することに伴い、司法とくに最高裁判所事務総局は内閣や政権与党と付き合わざるを得ない。また、最高裁判所の判事の任命に当たっては、当該政権も自分たちと価値観や好みを同じくもしくは近くする裁判官を選ぶはずであるから、人選や裁判官個人の価値も政権党に近いものにならざるを得ない。この点で、ラムザイヤー＝ローゼンブルース両教授は、「司法が政権与党であった「自民党という本人の代理人であった」と指摘している。(6) これが示唆するのは、公益や一般的利益のためよりも、裁判官が自己の利益のために行動することがありえる、ということである。わが国の司法審査で違憲判決が少ないことが議論されるが、わが国の社会では司法よりも議会や行政優位の構造となっていることが大きな要因であろう。(7) つまり社会的に解決されねばならない問題は裁判所ではなく、行政や議会を通じて解決されることが多いという訳である。また、政権党から選ばれ、かつ、選ばれるほどに価値観が合致する裁判官が存在していたという事実からも違憲判決が出にくい――むしろ出す必要がない――といえるであろう。

2 弁護士の合理的行動

弁護士は、公務員ではないので、上の分析がそのまま当てはまらない。弁護士は、社会的正義の実現を目標とした法律専門の職業に従事する者である。社会的正義の実現をサービスとした法務サービスの提供者であり、その資格は資格試験によって与えられる。また、弁護士は法律専門職として公共の利益なかんずく社会的正義の実現を目指して行動するように説明されることがある。しかし、弁護士といえども、その専門的法律知識や技能を駆使して、自己の効用を最大化しているといえよう。弁護士やその法律事務所が、収入・所得の最大化を図ることは異論なかろう[8]。そのためには、弁護士が高裁所在地の都市に集中しており、他面、いわゆる「弁護士ゼロ」の過疎地域を招来しているのも現実である。また、時間あたりの収入を挙げる工夫が必要である。さらに、収入や所得の他に名誉や地位の向上を目指して、弁護士としての効用を高める必要もある[9]。

法曹人の職業は、社会的正義（ジャスティス）や司法制度と呼ばれる制度や領域に関係している関係上、たしかに正義や秩序回復をするということを行っているように見える。しかし、だからといって彼らがつねに公益や公的目的だけで行動しているわけではない。そういう正義や公的な領域の職業を行なっているが、そこにはそれを行なうことによってやはり自分の効用や幸福・満足を最大化するように行動している面が存在するのである。

二 利益集団としての法曹

特別（特定）利益集団（special interests groups）は、特定の利益の確保・保護・維持のために組織された集団であり、国・政府の特定の政策に対して独自の選好を持った少数グループである[10]。利益集団の種類と規模は多様であり、労働組合、農業組合、中小企業、小売業組合、消費者団体、環境団体などたくさんに存在する。しかし、利益集団は経済界や自然・環境保護、消費者運動など社会の諸運動や団体のみに当てはまる理論ではなく、司法や法曹界にもむろん当てはまりうる。

特定(特別)利益集団は、公共 政策や世論に影響を与えることによって自分たちの利益を実現しようとする。したがって、政治過程を通じて議員や政党と結びついて、当該集団の利益や目的を実現し、立法上のサービスや利益を受けるのである。(11)

特別利益集団が登場するのは、有権者に合理的無知の問題が発生すること、および、いわゆるただ乗り(フリー・ライダー)問題が生じるためである。個人やグループは、その目的を実現するために合理的な行動をする。これは、ある立法や法改正がなされてようとするとき、それによって影響を受ける個人や集団はそれらの立法や改正の内容や動向について情報を積極的に得ようとすることにも示される。しかし、当該の立法活動によってさほど影響を受けない個人や集団は、そのような動きや内容についての情報を一般に得ない。これは、当該の立法や法改正についての情報を得ることによる便益と入手費用との比較にかかっている。情報入手による限界便益が、入手する限界費用よりも小さいならば、個人や集団は情報を取得することをあきらめるのである。つまり合理的無知がここに存在する。したがって、特定の集団は自分たちの集団に影響を与える政策や政策の変更や法改正などには詳しいが、一般に大衆は利益集団が受ける利益や補助金などの情報には関心を持たないため、利益集団の行動や利益は見過ごされがちである。

他方、限界便益が限界費用よりも大きい個人や集団は、自分たちに影響を与える情報を入手しようとするのである。したがって、農家や中小企業に補助金を与えるような情報は、当該の集団にとっては重要であるが、消費者にとってはあまり関心がないという事態を招来するのである。

いわゆるただ乗りまたはフリー・ライダーとは、費用を払うことなく商品やサービスの便益を享受しようとする者をいうが、フリー・ライダー問題とは、任意の協力による行動が生じにくくなる場合を指す。オルソンは、大規模集団による利益集団としての活動がしにくくなることを指摘している。すなわち、たとえばサラリーマンなどの大規模集団においては、個人の努力の効果はきわめて小さく、また、フリー・ライダーになることができるので、「ある大規模集団の合理的個人は、他社と共通する目的の実現のために自ら犠牲になろうとはしないだろう。かくして、大規模集団がその共通の利益のために活動を組織するであろう、と推定する根拠など存在しないのである。集団が小規模である時にのみ、……集団は、その目的を達成するための組織行動を行なうであろう」(12) 逆に見れば、任意の合意はフリー・ライダーが多くないときに生まれやすい。一般に、フリー・ライダー問題がしばしば生じる場合には、集団としての行動がしにくくなる。

このように特別利益集団は、特定の利益に関連して組織されるが、その構成員の数が多ければ組織化の費用やフリー・ライダー問題の存在によって、組織化されにくくなる。このため、利益集団はメンバーの規模が小さい場合に組織化が容易である。(13)

これから得る示唆は、一般的に見て、立法・制定法は公益ないし公共目的でなされているのではなく、特別利益集団の利益を保護するためになされている場合が多いということである。特別利益集団が産み出した物・成果が立法である。また、利益集団は、立法や広く立法上のサービスに限らず、行政的な利益を導き出すこともある。

特定利益集団は少数派であるが、自分たちの集団の利益を保護・維持することによって、一般の国民・大衆がその費用を負担している。特別利益集団としての法曹を考えるとき、裁判官や検察官、それに弁護士の利益を保護したり、維持したりするための立法や立法上のサービスがなされることが予想される。それは補助金をこれらの集団に露骨に直接与えるという形ではなく、隠れた形での利益の擁護という立法や法改正、それに行政上の優遇的な取扱であることが多い。また、これらの立法上・行政上の利益を保護してもらうには、それぞれの法曹集団に政治的回路があることも重要である。ここに、一般に司法権力の政治性を見ることが出来る。

つぎに、司法や法曹界において、この利益集団理論がどのように適用されるか、わが国の例のいくつかを検討しておこう。ここでは、法曹のうちとくに、弁護士や弁護士会の場合を中心に見ておく。

弁護士はどのように組織されているのだろうか。弁護士となるには、弁護士会を経て（弁護士法九条）日本弁護士連合会に備えた弁護名簿に登録されなければならない（同八条）。弁護士法によると、弁護士会は原則として地方裁判所の管轄区域ごとに設立される。現在、全国五二の弁護士会が存在する。また、その上位組織として、日本弁護士連合会（日弁連）が存在する。このように、弁護士となるために、いずれかの弁護士会に所属する会員でなければならないという強制加入制が取られている。このように、弁護士会は弁護士のみをメンバーとする職能団体である。弁護士会およびその上位団体である日弁連は構成員に対してどのような内部規律を有しているかをつぎの二点から見ておく。

(1) 報酬規則

弁護士報酬は、弁護士会および日弁連の会則によって規定されていた（弁護士法三三条二項八号、四六条二項一号。必要的記載事項とされている）。日弁連の「報酬基準規程」（一九五五年日弁連会規三八号）によると、訴訟事件の着手金や報酬金、法律相談料などの具体的な算定基準が定められている。ただし、この報酬額は「事件の内容により、三〇％の範囲内で増減額することができる」（同条二項）と定め、また、依頼者が経済的資力に乏しいとき、または、特別の事情があるときは「報酬の支払時期を変更し、又はこれを減額若しくは免除することができる」旨の規定を置いている（同八条一項）。この報酬基準規程が、独占禁止法における、事業者団体による一定の取引分野における競争の実質的制限（同八条一項一号）に当たるのではないかが問題となる。

実際には、報酬規程の下限に近い額かこれを下回る場合が多いとされ、その実効性は小さいという指摘もある。[13・a] むろん、そうだとしても、報酬規程によって構成員が上限と下限の額をおおよそ知ることができる。このため、その幅での価格制限が生じやすいと思われる。また、構成員・弁護士は、同一弁護士会では、他の弁護士でも同様の額となりうる旨のガイドラインをこれから得ることができ、口頭でも、また事務所内に報酬規程表を掲げることによって、顧客にもそれを伝達することができるのである。これは暗黙の、また実質的な価格制限となりうるのではなかろうか。現に、一九九〇年の旧報酬規程の下での日弁連による実態調査によると、回答を寄せた七割以上の弁護士が規定の認める範囲内での報酬を受けている。(14) 報酬規程が遵守されていないのではないかという見方は当たらないといえるし、同規程は実質的に弁護士を拘束しているといえるのではなかろうか。(15)

報酬規程は、弁護士間の競争を実質的に阻む傾向を持つことは否定できない。(16) また、報酬規程は、弁護士会のメンバーとしての統一体としての意識を保持する上ではメリットがある。報酬規程に関する協定（カルテル）破りがかりにあったとしても、それを組織体として罰する実際の実効性は乏しいかもしれないが、ともかく何らかの違反が存在して発見された場合には弁護士会はその逸脱を処罰する場合があることを示唆しうるものである。

なお二〇〇一年六月の司法制度改革審議会最終意見書では、弁護士報酬について、司法の利用者が目安をつけやすくする方向で透明化合理化を図るとしたことを受けて、政府の司法制度改革推進本部・法曹制度検討会も弁護士報酬規定を廃止する方針を決めた。弁護法の条項を削除して改正され、報酬規定は二〇〇四年四月に廃止された。これに伴い、日弁連は新たなガイドラインを作成する予定であるという。(17)

⑵　広告規制

どこにどのような弁護士がいるか、どこへ行ったら相談に乗ってくれるかを消費者や顧客は知る必要がある。しかるに、弁護士に関する情報の提供はきわめて制限的であった。このような広告の制限は、どのような意味を持ったか。日弁連会則二九条の二は、弁護士の広告を自由に認めるような規程によめるが、実際には「弁護士の業務広告に関する規程」（旧規定）によって広告は実質的には大幅に制限されていた。認められていたのは、氏名や住所、事務所の名称や所在地、所属弁護士会、弁護士登録年月日、取扱う業務などごく限られた事項であった。(18) この根拠として、広告による誤認・誤導、品位の低下などが挙げられるという。広告制限は、医師など他の分野でも存在するが、公正取引委員会は一定の場合には制限が違法となることを明らかにしている。[19]

ところで二〇〇〇年一〇月から施行された日弁連の新「弁護士の業務広告に関する規程」は、原則として弁護士の業務広告を自由にしているといわれている（禁止される広告の種類（同三条）、訴訟の勝訴率など表示できない情報内容（同四条）、禁止される広告の方法（同六、七条など）など具体的に列挙されている）。これが、実質的な広告の自由化といえるかどうかである。消費者や顧客にとっての有用な情報とは、弁護士報酬および専門ないしは得意分野であろう。しかし、報酬に関する広告は禁止されている（同三条五号）。また、得意分野の表示は、潜在的顧客にとってはもっとも重要な関心事であり、刑事に詳しいのか、行政事件に詳しいのかなど弁護士を選ぶ際には欠かせない情報であるはずである。しかし、その広告は日弁連サイドの認定基準や制度に委ねられるようであるので、今後もしばらくは難しいといえよう。「弁護士及び外国特別会員の業務広告に関する運用指針」[20]によると、「……、弁護士間においても「専門家」の共通認識が存在しないため、日本弁護士連合会の「専門」の認定基準または認定制度を待って表示することが望まれる。」としている。専門性の認定は難しいようだが、日弁連の「専門性」認定基準や認定制度はまだ待たなければならないようである。他方、新聞、雑誌、テレビやインターネットなどでの広告方法は認められた。

このように広告規制の緩和の傾向にあるが、顧客や弁護士サービスの利用者にとってはいまだ十分な情報公開とはいえないだろう。[21]広告制限は、利用者に情報を与えず、また得にくくするために逆に競争制限的に働くものである。まして、弁護士は弁護士会という団体に登録しなくてはならないし、前述のように弁護士会はいわば参入規制が存在している団体の中においてである。

では、法曹とくに弁護士会はどのように利益集団として行動してきたかを見てみる。まず、明治期においては、弁護士会の自治を認めること、行政官や外交官よりも劣位にあると見られている司法官の地位の向上が叫ばれていた。それはとりもなおさず弁護士の地位は司法官よりも低いと考えられていたから、弁護士の地位を上げることにつながる。そこで、当時の文官高等試験、司法官登用試験、弁護士試験などを同一のレベルにすることがかつて主張されていた(22)。当時の弁護士や弁護士会の最大の念願は、裁判官・検察官と弁護士が同一の試験によって採用されることであった。代言人と呼ばれた時代のイメージを払拭するにも、また弁護士の社会的地位や評価を挙げるにも統一の試験による採用が必要であったのである。この点は、後述のように弁護士法七二条などの制定によって実現することになり、今日に至っているのである。

弁護士会が、その職分領域を脅かされようとするとき、集団としてこれに反応した事件がある。交通事故裁定センター問題である。わが国の交通事故のピークは昭和四〇年代半ばにあった。このような実情に伴い、日弁連には、昭和四二年九月、財団法人日弁連交通事故相談センターが設置せられ、また、地方自治体の交通事故相談所、交通安全協会、損害保険(損保)業界などには各種の交通事故相談所が設けられた。これらの相談機関にあっても、相談件数は、窓口と担当者が多い損保業界の相談所での取り扱いが圧倒的に多い。

さらに損害保険におけるＦＡＰに関する報道がなされると、日弁連は非弁護士取締実行委員会を設けて、これを検討するとともに、翌昭和四八年には日弁連の関連委員会(非弁、職域、交通事故処理)と損保協会との話し合いがもたれた。また、昭和四八年二月、日弁連は、ＦＡＰの示談代行制度について弁護士法違反および被害者救済に逆行する疑いがあるとの意見書を各損保会社に、大蔵大臣宛には同趣の要望書を送った。

昭和四九年二月には、損保協会の拠出にかかる任意団体の「交通事故裁定委員会」が発足した。同年三月には、ＦＡＰが売り出された。昭和五二年、財団法人交通事故裁定センターの設立が問題となった。相談所レベルでは交通事故の紛争解決が十分に図られず、これをより実効あるものとして解決する司法外の機関として和解・斡旋を行うセンターの設立が急務になった事情がある(23)。

これらの動きに対する日弁連側の対応については、当時、裁定センターの設立をめぐっては、弁護士の間では、憲法三二条の裁判を受ける権利を害するとか、あるいは弁護士法七二条に違反するなどという反対意見があった(24)。

これは実質的には、弁護士会や日弁連と損害保険会社・損保協会との間の利害対立である。日弁連側の大体の主張はつぎのようであった。第一に、民間団体の一機関が国の司法機能に代替するもので司法権を侵すおそれがあり、ひいては国民の裁判を受ける権利を実質的に侵害する。第二に、弁護士法七二条・非弁行為である。第三には、裁定センターの中立性などの問題である。これは、裁定センターが、示談の一方当事者の立場に立つ損保協会の拠出により運営される点が大きい[25]。

損保会社は、交通事故の賠償をめぐって、示談代行サービス付きのFAP、CAP、PAPなどの任意保険を元に、事故の加害者（や被害者に）代わって損害賠償交渉をすることが可能となり、示談額も低く抑える機会を得ることができる。被保険者である加害者も、直接示談交渉することなく、事故処理を済ませることが可能である。しかし、弁護士会や日弁連にとっては、交通事故の処理という事件を失うことになりかねない。弁護士が独占的に取扱いうる事件や領域が失われるために、反対が存在するのは当然のことでもある。なお、弁護士の一部には、弁護士の職域拡充の観点から、裁定センターの設立を許容しようという動きや主張もあったのである[26]。

弁護士会としては、「現存の、あるいは将来設立される紛争処理機関を弁護士会と無縁なものとし、結果的には野放し状態に置くよりも、弁護士会または少なくとも弁護士が関与し、助言することによって、適正な運営を図るべきである[27]」として、妥協する道を選んだのであった。このようにして、「裁定センター」問題は、昭和五三年三月に、財団法人交通事故紛争処理センターが設立され、これによってひとまずの決着を見た[28]。

この一連の行動は、利益集団としてどのような意義を持つのか。第一に、日弁連と損害保険協会との間では、裁定を損害保険会社が尊重するとの協定が結ばれたのである。この尊重条項は、被害者は裁定に不服であれば裁判所に訴えることができ、他方、損害保険会社は裁定に事実上拘束されるという片面的拘束力ないしは片面的仲裁の機能を持っている。被害者の不服を裁判という機会ないしは経路を残している点で、裁判を受ける権利を維持したように読めるし、また、交通事故の示談において、損害保険会社は被害者よりもはるかに圧倒的に有力な交渉力や情報量の格差を背景として、自己に有利に示談交渉を進めがちである強力な損害保険会社とその業界に対して、日弁連は、損保会社や損害保険協会の力をそぎ、裁定に拘束されるとしていた点で、日弁連が損害保険協会や損保会社に対して事実上優位に立った規定であるように思われる。[29]

第二に、損保会社の示談行為が正当となる範囲、いいかえると非弁活動となる範囲をこれによって限定して、弁護士法七二条などによって裏打ちされた弁護士会や日弁連の力を見せつけたといえるだろう。しかし、日弁連の動きには批判も示された。すなわち、弁護士会や日弁連は、国民の裁判を受ける権利や適正な手続きが取られているかなど一般的・公益的な視点を装いながらこれを主張したり、また裁定センター設立に対する反対をしているが、そこに弁護士会や日弁連の既得権益保護の主張がないだろうかと批判もされた。[30]

法曹三者は、むろんそれぞれの利害は一致していないが、協調への道を図ることで、司法改革や司法サービスの質量に大きな影響を与えることがある。一九七〇年五月、参議院法務員会は「裁判所法の一部を改正する法律案」を可決したが、これには、つぎのような全党一致の付帯決議がなされた。すなわち「今後、司法制度の改正に当たっては、法曹三者の意見を一致させて実施するように努めなければならない。」というのである。この付帯決議がなされた理由はあまりはっきりしないのであるが、司法制度の改正に法曹三者である日弁連、法務省と最高裁事務総局で十分協議するようにというものであったようだ。司法がらみの案件がバラバラに出てくれば議会としても扱いにくいし、煩瑣となることを防ぐ目的もあるが、日弁連はじめ法曹それぞれの意見を互いに無視できないようにするためにも使いうるのである。

第一回の法曹三者協議会が一九七五年三月に開催されたが、この付帯決議がどのような効力をもっているかについては、法曹三者が一種の拒否権を持つことになり、改革案は法務省独自では出せないし、出しても妥協的なものとならざるを得ないには想像に難くない。結果として国会の立法権の制約につながるもので、とくに法曹人口の増加という要請に関しては司法改革を遅らせた。[31]

三　集団の利益とその改善

ここでは、司法における利益集団はどのように利用者の利益と対立するか、ついで、どのような改善策が必要かを検討する。

1　弁護士法七二条（業務独占規定）

弁護士法七二条はいわゆる「非弁護士の法律事務の取扱等の禁止」を定めている。この条文に結実するまでの経緯は興味深い。明治四五年の第二八回帝国議会へ、岡田泰蔵（東京弁護士会会員、衆議院議員）外一一名によって弁護士法改正法律案が提出された。しかし、この間改正が何度か試みられたが、成立しなかった。司法省は、弁護士側の立法案に対して、当時の弁護士の数にも配慮して、一般民衆が法律的助言を受けるべき利益を無視できないとして、非弁護士によって生じる弊害を禁止すればよいとする考え方で、反対した経緯がある。しかし、昭和八年「法律事務取扱ノ取締ニ関スル法律」として成立した。現行規程は、戦後、昭和八年の同法の字句を修正して、現行の第七二条として制定された。

この規定の意義や性格をめぐっては、議論がある。たとえば、日弁連の公式ともいうべき見解では、本条は、いわゆる公益的規定であるとして、「（本条の目的は）弁護士制度の意地・確立であると説くものがあるが（福原・二八二頁）、そのように弁護士制度に限定するのではなく、国民の法律生活の面も考慮して、弁護士制度をも考慮して、弁護士制度を包含した法律秩序全般の維持、確立と解するのが妥当であろう[32]」としている。しかし、同条の立法経緯からみて、弁護士会・弁護士による利益集団的性格の強い立法といえよう。今般の司法改革論議の中でも、この条文の存在意義は疑われていないようであり、司法制度改革審議会中間報告（二〇〇〇年一一月）でも具体的提言は見られない。

学説には当時から「一般民衆の利益を無視する不当の独占である」とした。[33] 戦後においても、「右の条文（＝引用者・注、現行弁護士法七二条の基となった、昭和八年に成立した「法律事務ノ取扱ニ関スル法律」）の歴史的経過からして、それは一方、非弁護士を絶対禁止しようとする弁護士側の職業的・ギルド的意識と、他方の社会の実際的要請から一応非弁護士を認容して、社会に害毒を流す場合にのみ取り締まろうとする政府の要望との妥協案として成立したことが知られるのである」とされている。[34] また、弁護士内部にも、弁護士による法律事務独占の根拠は「〝経済的基盤の弱いわが国の弁護士の職域確保――競争者の排除という〝悲願〟があったことも否定できない」という見方も存在する。[35] このように弁護士法七二条の規定は、弁護士らによる自分たちの職業の地位向上と職域の独占を目指した利益集団的立法（規定）であると見てよい。

では、このような規定は是認されるべきなのだろうか。本規定の合・違憲性に関しては、弁護士会の一地方裁判所一弁護士会設立の強制（弁護士法三二条）、日本弁護士連合会の設立義務（同四五条、強制設立制）、日弁連の弁護士名簿への登録（強制加入制、同八条）は、職業上の高度の専門性・公共性、その職業提供者の技術的水準の維持確保の必要性から、[36] あるいは職務の独立性確保ないしは弁護士自治を維持する制度として肯定する見解もある。[37]

しかし、阪本昌成教授は「強制設立・加入制は、有資格者の既得権を国家によって保護しようとする手段であって、これを合憲とすることは困難である」とされる。[38] 理由として「職種の「専門性・公共性」を維持するために許可制を正当化することは、困難である（医師、弁護士の資格制限を「専門性・公共性」で正当化できない……。なかでも、弁護士資格にみられる「許可方式」および弁護士会の強制設立・加入方式は、国家による独占の間接的保護であり、現代版ギルドを国家が保護しているに等しい）」と指摘されている。[39]

職務の独立性確保ないしは弁護士自治を維持する制度として肯定する見解に対しては、国や政府によって保護されなければ、職業としての独立性を維持できないか、あるいはまた弁護士自治を庇護してもらわねばならないかという意見もありえる。そこには、独立性や自治よりももっと別の利益が介在しているとしかいいようがない。それは、弁護士会や連合会などの集団が国と連携している利益である。「最も明白な社会的費用は、登録制であれ、認定制であれ、免許制であれ、これらの手段のどれもがほとんど不可避的に、ある特殊な生産グループが他の公衆を犠牲にして独占的な地位を獲得するために利用する道具になる」[40]ことに留意しなくてはならない。

つぎに、判例での動きを見ておくと、今日において、非弁活動が一定の範囲において必要であることを論じたのは、札幌地裁昭和四六年二月二三日の判決である。これは、被告がその会員が引き起こした交通事故の、和解や示談などの交渉や証書作成や保険金請求などを業としたため、弁護士法七二条違反などに問われた事件である。[41]本判決は、まず、弁護士法七二条前段は、「弁護士でない者が報酬をうる目的をもって訴訟事件、非訟事件及び審査請求、異議申立て、再審査請求等行政庁に対する不服申立事件その他一般の法律事件に関して鑑定、代理、仲裁若しくは和解その他の法律事務を取り扱うことができない」旨規定し、同法七七条はその違反を処罰することとしているとして、「広く解するのは相当ではない」としている。その理由として次のように述べた。

「いかに弁護士が不足でありその制度に問題があるとしても、弁護士でなければ適切円滑な処理を期待できないような法律事件、法律事務については、やはり原則として弁護士でなければこれを取り扱いえないとするのは、やむをえないであろう。このような法律事件、法律事務について無制限に非弁護士の関与を認めるならば、種々種の弊害、混乱を生ずることは明らかだからである（従って、この関係において、国家と法曹団体に要求される共通の課題は、弁護士人口の可及的速やかな増加、その他国民一般に対しより低廉、迅速、確実な法律的サービスを提供するという目的実現のため現状の弁護士制度に内在する諸々の欠陥の絶えざる改革への努力が残されるだけである）。

しかし弁護士でなくても十分処理しうるような簡易、少額な法律事件、法律事務についてまで、弁護士でなければ一切報酬をうる目的をもってしては取り扱いえないとすることは、社会的衡平の見地から到底許されないであろう。それは特定の職業階層に対し、与えられるべき以上の独占的な営業範域を与えるとともに国民一般に対し必要以上の不便、不自由を与えるにすぎないと思われるからである。」
この判決は、同法七二条の趣旨や処理した業務内容の把握と利用者の簡便さを考慮し、また諸外国との比較をした上で、上記のように、一定範囲に限って営業を認めるのは妥当であるとしたことは注目に値する。また、これは弁護士の数や司法改革の先鞭を付けた判決といえよう。

非弁護士の禁止は独占への道であるが、よく指摘されるつぎの問題が生じる。少額法律事件や法律事務のみならず、司法サービスの利用者の近くに弁護士がいない場合は、司法サービスの平等という理念から見ればさらに深刻となる。弁護士であるならば、その仕事の機会の多い土地や地域で開業するのは合理的な選択であるので、弁護士が最高裁までの審理の機会がある東京、また高等裁判所が所在する諸都市において開業を選択するのは、一般的である[42]。とすれば、いきおい、いわゆる弁護士過疎地もしくはゼロ地域の存在もやむを得ないことになるのだろうか。弁護士へのアクセスの費用が高い場合の一つは、近くに相談する弁護士がいない場合であろう。弁護士が当該地域に少なければ紛争とならないこともある一方で、法律専門の知識を少しでも有している者ないしは、それ類似の業務を行っている者に相談するということもあり得ないわけではない[43]。

法律事務サービスの独占が生み出した事件といってよいが、独占による司法サービスの不足が現実に問題となったのである。さらに、本条の性格をめぐっては、最高裁の大法廷判決がある。

「同条制定の趣旨について考えると、弁護士は、基本的人権の擁護と社会正義の実現を使命とし、ひろく法律事務を行なうことをその職務とするものであつて、そのために弁護士法には厳格な資格要件が設けられ、かつ、その職務の誠実適正な遂行のため必要な規律に服すべきものとされるなど、諸般の措置が講ぜられているのであるが、世上には、このような資格もなく、なんらの規律にも服しない者が、みずからの利益のため、みだりに他人の法律事件に介入することを業とするような例もないではなく、これを放置するときは、当事者その他の関係人らの利益をそこね、法律生活の公正かつ円滑ないとなみを妨げ、ひいては法律秩序を害することになるので、同条は、かかる行為を禁圧するために設けられたものと考えられるのである。(44)」

この判決によって司法・裁判所は、本事件のような司法書士の行為を、弁護士法七二条に違反する行為として判断することにより、弁護士の業務独占に司法・裁判所がそれを保証する「証明書」を与えたことになる。

いわゆる非弁行為は、弁護士法七二条、七三条、七四条に規定された各行為を弁護士という資格を持った者以外がなすことであるが、これに対する取締りや調査は、各弁護士会、日弁連という組織においてもなされている。全国における非弁行為の調査や取締はきわめて少ない。(45)また、税理士法や司法書士法の改正の動きなど、周辺隣接の関連・競合業務の法改正の動向もチェックされている。このこと自体も、非弁行為排除の維持ないしは職域の保護が意図されているといってよい。

むろん、このような考え方には、弁護士側からは反対論が出されうる。たとえば、弁護士業務は競争に馴染まないとか、弱者切り捨てとなって、結局人権擁護(46)にならないとか、あるいは過当競争は弁護士倫理の低下をもたらすとか、さらには量の拡大は質の低下をもたらすなどと主張される。競争激化が弁護士としてのサービスの質の劣化をもたらすというのは、一般の市場取引でも既成利益の擁護のために主張されるものである。

先の札幌地裁昭和四六年判決は、法律事務の取扱に関する弁護士法七二条の規定が、実際の生活や国民の受ける司法サービスへ深刻な影響を与えていることも指摘している。すなわち「弁護士でなくても十分処理しうるような簡易、少額な法律事件、法律事務についてまで、弁護士でなければ一切報酬をうる目的をもってしては取り扱いえないとすることは、社会的衡平の見地から到底許されないであろう。それは特定の職業階層に対し、与えられるべき以上の独占的な営業範域を与えるとともに国民一般に対し必要以上の不便、不自由を与えるにすぎないと思われるからである。」

同条の広い解釈は、弁護士の業務の範囲を広げるとともに、独占的な営業範囲の確立をもたらすのである。これを司法・裁判所が肯定することは、弁護士や弁護士会へのいわば補助金ともなり、弁護士業務の保護は公式に認められる独占的サービスとなりうる。先の独占的サービスの経済的説明が示唆するように、それは高い費用を伴い、かつ人為的に作り出された稀少性を生み出してサービスの利用を不便にするのである。

2　今般の司法改革と法曹人口問題

司法試験の合格者が何名であるのか、法令上には、何人という数字の規定は存在しない。司法試験の合格者は、司法試験管理委員会がその合議によって合格と決定した者であるとされていた（旧司法試験法八条一項）。司法試験は資格試験であるから、一定の基準や条件を満たせば、数字上の合格者数は必要ないはずである。しかし、現実には、今日まで、五〇〇、七〇〇、一五〇〇人という数字が事実上定員のように決められていた。問題は、どこで、誰が合格者数を決定していたのかである。そして、それがもたらす司法政策上の意味は何かである。

司法試験は合格率が極めて小さい試験として有名であったのであり、その合格者数は今日まで非常に少数に限定されてきた。(47) 極端な人数制限にはどのような理由があるのか。一般に、司法の質を高めるためというのが第一に挙げられる理由である。なるほど少数の合格者に限っておけば、優秀な法曹の人材が確保できるというのである。しかし、これは、弊害も生み出してきた。少数であるが故に、司法のサービスのコストが高く、また権威的で、国民の司法サービスへの需要に答えてこなかった。裁判所に来るべき事件が来にくかった。また、難関で知られる司法試験を合格しても、それが優秀な裁判官、検察官や弁護士であることは保証されず、国民の期待に添いにくい法曹人を生み出してきた。いわゆる小さすぎる司法が生み出した弊害は、様々なところで現れてきたのである。(48) 合格者の人数制限には、法曹三者にとってどのようなメリットがあったのだろうか。

今般の司法改革において、弁護士数の増加は絶えず指摘されてきたが、法曹人口をどれだけ増加するかについては、きわめて曖昧にしか議論がなされてこなかった。日弁連・弁護士会としては、大幅な増加は困るのであり、法務省や最高裁判所も具体的な数字をあげようとはしなかった。「市場的要素を一部組み入れつつ再設計された法曹養成にあっては、国家が一元的統一的に行う司法試験制度は存在する余地がないことになるのではなかろうか」と一部では予測された[49]が、現在のところ、いずれ将来的に一時的に三〇〇〇名程度に増加されるともいわれている。しかし、弁護士の間からも、資格制度による競争制限が合理性を有するかどうか疑問とする声があがっていた[50]。また、弁護士自身の指摘でも、ドイツでは「弁護士の資格試験に実質的な定員を設けたら憲法違反となることはほぼ疑われていない」とされている[51]。

毎年三〇〇〇名程度の合格者では、先進国のうちでも法曹人口の少ないフランスに追いつくのでさえ、数十年かかる計算であるという[52]。したがって、少なくとも今後もなおかなりの時間が掛かり、高価で不足した、質の悪いという司法サービスのコストは、この後も国民が負担することになるのである。

ではこのような改革の実態を前提とすると、何が生じてくるのか。今般の司法改革の一環である法科大学院制度は、アメリカのロー・スクールをモデルに取ったものだといわれるが、両者は本質において異ならざるを得ない。なぜなら、日本型ロー・スクールともいわれるように、司法試験の合格者数の制限が歴然として存在しており、かつそれは、国レベルでの人数制限であるとともに、司法試験を通じた資格試験の弊害として「合格者数を大幅に制限した司法試験の下で、非常に高い競争率が続く限り、本当に弁護士になりたい学生が受験勉強に固執することに変わりありません」[53]と指摘している。しかし、受験勉強が司法の質を上げるかというと疑問である。この点でジェラルド・マクリン教授（青山学院大学法学部）の指摘が示唆的で、現実味を帯びつつあるように思う。「司法試験が法曹界への新規参入人数を人為的に制限する方法として用いられるのであれば、学生の多くはたちまち、より高度な法の原理を把握しようという探究心を失い、司法試験合格のために必要な学習だけに集中するようになる。」また、「法曹教育の改革が、司法試験予備校的な法科大学院の設立程度にとどまるのであれば、全くの無駄骨といえるであろう」[54]。このようにやはり質的な面での不安がぬぐいきれないのである。

今般の司法改革では、弁護士人口の増加とともに、つぎのような議論もなされ、法務サービス独占の弊害を是正すべき道が探られている。二〇〇〇年九月に政府の司法制度改革審議会は、法律業務を弁護士だけに限定している同法七二条についても、司法書士、弁理士、税理士らに法廷代理権や出廷陳述権などの法律業務を一部認める方向で検討することを確認した(55)。これを受けて、日本弁護士連合会は二〇〇〇年九月一四日の理事会で、弁護士だけに許されている法律業務の一部を司法書士など隣接業種に開放することを了承した。まず、司法書士が簡易裁判所の民事訴訟で補佐人を務めること、およびその範囲での法律相談、つぎに、弁理士が特許に関する訴訟で弁護士と共同訴訟代理人を務めることと、その範囲での法律相談、弁護士と共同による裁判外での示談交渉、三つ目は税理士が税務訴訟に代理人とともに出廷して陳述することである(56)。

これらが、弁護士による法律事務の独占による弊害を是正するために考えられていることは明らかだろう。しかし、法廷での補佐人や限られた法律相談などで、なお業務独占の一部の開放にすぎない。この門戸開放に対して、弁護士や弁護士会・日弁連側に表だった抵抗の動きがないのは、一つには、現在のところわが国の弁護士は法廷弁護業務を中心としているといわれ、その他の業務には手が回らないということもあろう。このため一種の〝住み分け〟と考えられたためであろう。もう一つは、弁護士数および都市への集中つまり地域弁護士ゼロという現実があり、日弁連としても何らかの手当をする必要はあるが、これを隣接業種である司法書士、弁理士・税理士に代替させることが意識されたためと思われる。

理論的に見て独占よりも競争がよいと評価されるのは、資源の浪費（「死重的損失（deadweight loss）」）がないということにある。競争によって損失部分が、消費者である司法サービスの利用者と弁護士などサービスの提供者に回されるからである。これは、消費者・顧客サイドから見ると、より安価で、質の高いサービスを享受することが可能となることを意味する。法務サービスにおいて競争環境を整備することがまず必要になる。それには、司法試験の合格者数の大幅な制限は、やはり法曹における独占やギルドを維持することに役に立つから、早急かつ大幅な増員が必要であろう(57)。それまでは、国民は司法における規制のコストを負担しつづけるのである。

まとめ

本稿が検討したのは、わが国の司法や法曹がどのような利益集団的な行動をとってきたか、利益集団的な行動の結果、何が生まれるかであった。つぎの結論を得ることができよう。まず、法曹界も利益集団として行動するインセンティヴを有しているし、上で見たように明治期以来利益集団として行動してきた。その結果、司法・法曹界は参入規制の典型的な例としても把握できる。これは強固で、ときに官・司法（最高裁事務総局）・弁護士（弁護士会、日弁連）の三位一体となった協調行動が存在する。法律事務や法務サービスはほぼ独占化されているし、司法・裁判所はこれを判決という形でバックアップしている。ただ、近年の司法改革の成果もあって法律事務や法務サービスの一部は緩和されて他の集団に認められている。

法曹における利益集団的行動は、企業や産業界が議員や政党と結びついて、票や資金との取引・交換によって保護を受けるというやり方ではなく、官僚・省庁とくに法務省や最高裁判所という組織と協調や連携してこれを実現するというものが主である。しかし、この取引は国民には見えにくいし、複雑でもある。

また、これほどの問題を抱えた司法や法務サービスであるにもかかわらず、誰も抜本的な改革を指摘して唱えず、ほとんどの関係者は満足しているようだという指摘がある(58)。司法や法曹に関する中立や不偏不党という一般的神話ないしはイメージが、司法を歪めてきた面がある。また、市民個人が訴訟に関わるのは一生のうちでもそれほどの回数はないから、司法制度に疑問や不満を持っても合理的無知が働くので、それを改善できないし、さらに改革しようとしても政治的な回路が存在しない。

司法や弁護士会が利益集団的な行動をするということを認識しておくことは司法制度を理解する上でも重要である。司法上のサービスがユーザーである国民の利益になるかを考えていく必要がある。なかでも、司法における競争政策の導入、参入規制の撤廃・緩和はむろんとして、法務省や最高裁事務総局などの改革もまだ残されている。その際に改革の委員や審議会のメンバーに法務官僚や弁護士、学識経験者法学者など法曹三者を参加させるべきではない。というのは彼ら自身の出身母体である集団の利益や利害に親和的な価値観で行動し、また選択をするから、改革という政策を歪めたり、意見が整わないという形で遅延させる可能性がきわめて大きい。規制緩和という政策形成をするならば、意見を聞くという場合はともかく、規制（緩和）される側の集団のメンバーは、規制（緩和）をする審議会や委員会の委員となっていないことが不可欠といえよう。

（1） W. A. Niskanen, Bureaucracy and Representative Government (1971). 柴田弘文＝柴田愛子・公共経済学二八一頁以下（一九八八）など。
（2） 東京弁護士会・司法改革推進センター・裁判官がたりない日本二二一―二二三頁（一九九八）によると、民事の裁判官では二〇〇―三〇〇件を受け持っているというのが多いという。
（3） 和解調書ができあがると確定判決と同一の効力が生じる（民訴法二六七条）。なお、民事訴訟実態調査研究会（代表・竹下守夫）編民事訴訟の計量分析三〇八頁以下（二〇〇〇）。
（4） 紛争解決に役立っている面と阻害する面の両刃の剣とするのは、田中成明・現代日本法の構図二〇九頁（増補版、一九九二）など。なお、わが国の訴訟における判決志向から和解志向など和解観の変遷については、草野芳郎・和解技術論―和解の基本原理（一九九五）、大石忠生＝加藤新太郎「訴訟上の和解の位置付け」後藤勇＝藤田耕三編訴訟上の和解の理論と実務二二頁以下（一九八七）などを参照。
（5） 毎日新聞社会部・検証・最高裁判所二三七頁以下（一九九一）、朝日新聞社「孤高の王国」取材班・孤高の王国 最高裁判所一二七頁以下（一九九四）、丸田隆「裁判官の選出と司法参加」棚瀬孝雄編現代法社会学入門一五八頁（一九九四）など。
（6） ラムザイヤー＝ローゼンブルース・日本政治の経済学一八一頁（加藤寛監訳、一九九五）。
（7） 司法審査に関しては、芦部信喜・憲法訴訟の理論（一九七三）、樋口陽一・司法の積極性と消極性（一九七八）、戸松秀典「憲法―司法審査権行使の態様」今日の最高裁判所一三四頁［法学セミナー増刊］（一九八八）、市川正人「違憲審査制と民主制」憲法五十年の展望Ⅱ（自由と秩序）二八一頁（一九九八）など参照。

(8) 弁護士が公共の利益という名の下に私的利益を追求していることの指摘は、J・マーク・ラムザイヤー（宮澤節生＝宮地基＝小橋馨・共訳）「日本における法務サービス規制の経済学的批判」判タ六二五号一八、一九頁（一九八七）。

(9) 村山真維「法律家と正義の実現」棚瀬孝雄編著現代法社会学入門二〇七、とくに二一五頁以下（一九九四）など。

(10) 村松岐夫＝伊藤光利＝辻中豊・戦後日本の圧力団体（一九八六）、辻中豊・利益集団（一九八八）（同巻末には文献が網羅されている）。また、司法や法曹の政治性や利益集団性については、ラムザイヤー＝ローゼンブルース・日本の政治前注（6）、宮沢節生・法社会学一〇六頁など（一九九四）にも触れられている。

(11) その〝対価〟は、一般に政治資金や票の提供である。デニス・C・ミラー・公共選択論二〇八頁（加藤寛監訳、一九九三、有斐閣）。

(12) M・オルソン・集合行為論―公共財と集団理論二〇三頁（依田博＝森脇俊雅訳、一九八三）。また、D. A. Farber & P. P. Frickey, Law and Public Choice 12 et seq. (1991).

(13) オルソン・同、デニス・C・ミラー・公共選択論二九九頁（加藤寛監訳、一九九三）など。

(13・a) 安念潤司「弁護士に競争環境を」福井秀夫＝川本明編著「司法を救え」一七三頁（二〇〇一）。

(14) 日本弁護士連合会弁護士業務対策委員会「日本の弁護士事務所―弁護士業務の経済的基盤に関する実態調査報告書」自由と正義四二巻一三号（臨増号）八七頁（一九九一）。

(15) 三宅伸吾・弁護士カルテル―ギルド化する「在野」法曹の実像一五―一六頁（一九九五）。

(16) 三宅、同九〇頁以下は違法なカルテルであるとする。阿部泰隆「弁護士法制の改革」自治研究七六巻七号一三頁（二〇〇〇）は限界事例だという。

(17) ただし、公正取引委員会は二〇〇一年六月二〇日に、弁護士や公認会計士など八業種の専門資格者団体に関する独占禁止法のガイドライン（運用指針）案を公表したが、それによると報酬のガイドラインなどに具体的な数字などを示した共通の目安を作成することは競争を阻害するとして独占禁止法に違反する疑いがあるとしている。毎日新聞二〇〇三年一月八日夕刊。なお、独占禁止法に関しては、厚谷襄児・経済法（二〇〇四）など参照。

(18) 安念、前注（13・a）、一七八頁の指摘による。日弁連には、昭和三〇年三月制定の「弁護士倫理」第八条に「弁護士は、学位または専門の外、自己の前歴その他宣伝にわたる事項を名刺、看板等に記載し、または広告してはならない」という広告禁止規定があった。尾崎行信「弁護士広告――弁護士業務の開放」法時五三巻二号五八頁（一九八一）による。

(19) いわゆる「士」業に関して、品位の保持を名目とする広告の制限が違法となるとの考えを示している。日本経済新聞二〇〇一年六月二一日朝刊。

(20) 日弁連、平成一二年五月八日制定。日弁連のホームページで閲覧できる、http://www.nichibenren.or.jp/jp/nichibenren/hou/no6.htm（二〇〇三年九月現在）。

(21) 不十分との指摘は、つとに、棚瀬孝雄「プロフェッションと広告」自由と正義一九八〇年一〇月号二頁（一九八〇）など。

(22) 石大次郎「弁護士法改正案を読む」法律新聞七七六号四頁（明治四五年三月一五日）など。なお、大正期に至っても行政官と司法官・裁判官の待遇、とくに俸給の面での差は大きいことが指摘され、司法官のそれを向上させるべきことが主張されている。（無署名）「裁判官と行政官との俸給」法律新聞八八七号九頁（大正二年八月三〇日）。

(23) 詳細な経緯については、米津進＝徳永昭三「交通事故紛争処理（相談）機関の在り方とその実情――交通事故裁定センター設立構想をめぐって」ジュリスト六〇九号三五頁（一九七六）参照。

(24) 日弁連昭和五〇年一〇月二二日理事会の見解。石井成一＝米津進「交通事故における裁判前紛争処理」ジュリスト増刊総合特集・交通事故―実態と法理二六頁（一九七七）。

(25) 問題の議論につき、下森定「交通事故と仲裁制度」ジュリスト六〇九号五八頁（一九七七）など。

(26) 石井成一＝米津進「交通事故における裁判前紛争処理」ジュリスト増刊総合特集・交通事故―実態と法理二〇頁（一九七七）など。同二八頁は「従来われわれ弁護士の側において「職域」をもっぱら特権防衛意識に立つギルド的視点で議論する傾向があったことにも大きな責任がある」と反省している。

(27) 第二東京弁護士会紛争処理期間等対策委員会「紛争処理期間等の研究一―四・完」判例タイムズ三五九号四九頁、三六〇号五〇頁、三五一号五一頁、三六二号二二頁（一九七八）。また、田中成明・日本法の構図二六四頁以下（増補版、一九九二）も、当時の弁護士会が職域防衛的だったと指摘している。

(28) この間の経緯について、米津進＝徳永昭三「交通事故紛争処理（相談）機関の在り方とその実情―交通事故裁定センター設立構想をめぐって」ジュリスト六〇九号三五頁（一九七六）、長谷部茂吉「交通事故裁定センター」ジュリスト六〇九号四七頁（一九七六）など参照。

(29) 当事者に圧倒的な格差が生じていることを指摘し、処理機関が中立・公平性を保つように手続の具備などを協調するのは、鳥生忠佑「交通事故裁定センターの問題点」法と民主主義一一二号一七頁（一九七六）。

(30) 浜田宏一「損害賠償制度と交通事故の抑止」ジュリスト六三三号七六頁（一九七七）など。

(31) この点をつとに指摘する、鈴木良男「司法制度の変遷と変革の歴史」福井秀夫＝川本明・司法を救え三三、四六―五〇頁（二〇〇一）以下に経緯と意義が詳しい。

(32) 日本弁護士連合会調査室編著・条解弁護士法五二二頁以下（第二版補正版、一九九八）。

(33) 立法経緯の詳細については、金子要人・改正弁護士法精義六〇頁など（一九三四）。

(34) 桜田勝義「弁護士法七二条の非弁護士禁止の要件」一〇九頁（一九七二）判例時報・判例評論、同「非弁護士取締に関する一考察（一）（二・完）」判評一五五号一〇八頁、一六三号一一三頁（一九七二）。

(35) 小山稔「防衛意識からの転換を」自由と正義二八巻五号三、八頁（一九七七）。

(36) 芦部信喜編・憲法Ⅱ（1）六〇四頁〔佐藤幸治筆〕。

(37) 福原忠男・弁護士法三一頁（増補版、一九九〇）、日本弁護士連合会調査室編著・条解弁護士法（第二版補正版）七七頁（弘文堂、一九九八）。

(38) 阪本昌成・憲法理論Ⅲ一五一、二三九頁。

(39) 同二四一頁。また、「業務の独占（弁護士法七二条）にも正当な論拠はない」とする。阪本昌成「司法制度改革の基礎にあるもの――憲法学の視点から」ジュリ一一七〇号三二頁（二〇〇〇）。

(40) ミルトン・フリードマン・資本主義と自由一六七頁（熊谷尚夫＝西山千明＝白井孝昌訳、一九七五）。

(41) 札地判昭和四六年二月二三日刑事裁判月報三巻二号二六四号、判例時報六二四号九三頁、判例タイムズ二六〇号一四五頁。

(42) 弁護士の地域偏在のデータ分析につき、たとえば村山真維「法律家と正義の実現」棚瀬孝雄編現代法社会学入門二一五頁（一九九四）以下、六本佳平「弁護士の役割と業務形態―日本と外国との数量比較を中心として」法学協会百周年記念論文集第一巻五一五頁（一九八三）、日本弁護士連合会・弁護士業務対策委員会編「弁護士業務の経済的基盤に関する実態調査基本報告」自由と正義（臨時増刊）三二巻一〇号（一九八一）、棚瀬孝雄「弁護士の地域分析と本人訴訟率（上・下）」ジュリスト六三五号八〇頁、六三六号一二〇頁（一九七七）など。

(43) 小額事件と弁護士過疎地、司法書士の権限との問題は、つとに議論されたことがある。桜田勝義「辺地、少額紛争の法支配」朝日新聞一九七五年一月七日、世良琢磨「簡易弁護士論に提案」朝日新聞一九七五年一月二九日、松井康浩「(論壇) 事件の処理体制について」朝日新聞一九七五年一月二九日一九七五年二月一九日など。問題は三〇年を過ぎた今日になってやっと解決が図られたことの方も大きい。

(44) 最大判昭和四六年七月一四日刑集二五巻五号六九〇頁。桜田勝義「弁護士法七二条本文前段にいう「その他一般の法律要件」の範囲」判例タイムズ二六四号六〇頁（一九七一）、大野正男「弁護士の職業的苦悩――非弁護士活動に関する二つの判決にふれて」判例タイムズ二六九号二頁（一九七九）。

(45) 少し古いが、昭和四九年度二八件、昭和五〇年度二六件、昭和五一年度三六件という調査がある。日弁連編集委員会「弁護士会の非弁取締りの実態調査」自由と正義二八巻五号五九、六〇頁（昭和五二）。むしろ、各弁護士会独自の調査の余力がないことが指摘されているが、このような調査がなされていること自体が法律事務の独占と弁護士制度の根幹を守るものとして意識されているのである（弁護士会レベルによる実態調査研究としては、第二東京弁護士会紛争処理機関等対策委員会「紛争処理機関等の研究1」判例タイムズ三五九号四九頁（一九七八）以下がある。

(46) いずれも、阪本、前注（39）、三五頁注（6）参照。

(47) 「司法試験における九八パーセントという不合格率は、まったく恐るべき参入障壁である」とするのは、ラムザイヤー、前注（8）、二二一頁。また、合格者制限の司法政策的意味について、安念潤司「弁護士に競争環境を」福井＝川本編著司法を救え一六三、一八四頁以下（二〇〇一）など。

(48) 田中成明・日本法の構図一八四頁（増補版）は、「わが国の裁判実務は、……理想的な裁判手続きの展開には程遠い。全般的に、弁論の活性化の基礎となるべき口頭主義は著しく形骸化してきており、三〇分間に一〇件以上もの弁論が指定され、提出済みの訴状・答弁書などについて「陳述します」と述べ、それに対して「次回までに書面で準備します」と応えて、それでおしまい、というのが現状である」と指摘する。

(49) 浜田道代「法科大学院構想の盲点―「一発勝負」は超えられるか」ジュリスト一一七〇号一三五頁（二〇〇〇）。

(50) 中西一祐「法曹人口問題の現在と課題」法学セミナー四二八号五三頁（一九九八）

(51) ドイツの法曹資格をも持つ弁護士である田中幹夫「ドイツの弁護士・法曹養成制度の市場本位的側面について」自由と正義一九九七年一一月号七三頁。また、同旨の指摘は、高野隆「弁護士の数は市場に任せろ」月刊司法改革五号六一頁（二〇〇〇）、宮川光治「弁護士とその業務のあり方」ジュリスト一一七〇号九六頁（二〇〇〇）（法律事務独占にも言及する）。

(52) 川本明「司法改革と日本経済」福井秀夫＝川本明編著司法を救え一〇三頁（二〇〇一）。

(53) ダニエル・フット（ワシントン大学教授）「ディスカッション・ペーパーに対する意見―米国ロー・スクールとの比較という観点から」ジュリスト一一六八号二八頁（一九九九）。

(54) ジェラルド・マクリン「法曹実務家と法曹教育の一律化」自由と正義二〇〇三年三月六九頁。

(55) 日本経済新聞二〇〇〇年九月に日朝刊。

(56) 日本経済新聞二〇〇〇年九月一五日朝刊など。

(57) 抜本的な解決の具体的提言については、福井＝川本、前注（52）、所掲の各論文参照、福井秀夫「利用者本位の改革を目指せ（上中下）」時事解説二〇〇一年三月六日号八頁、三月九日八頁、三月一三日号八頁など参照。

(58) ラムザイヤー、前注（8）、三〇頁。

破綻処理手続と代表訴訟

佐藤鉄男

一　はじめに

取締役ら会社役員の会社に対する責任の追及を個々の株主に認める株主代表訴訟は、周知のとおり、第二次世界大戦後アメリカ法の影響を受ける形でなされた種々の法改正の一つとして、昭和二五（一九五〇）年の商法改正に際してわが国に導入されたものである。しかし、株主の共益権を強化することで会社のオーナーたる株主が経営を監視しうる制度として期待を込めて導入されたものの、長らく利用もされなければ濫用もされないという、陰の薄い存在であった。こうした状況を一変させたのは、それ自体としてはささやかな一つの法改正であった。すなわち、平成五（一九九三）年の商法改正において、代表訴訟をして訴訟の目的の価額が算定不可能な（民訴八条二項参照）訴訟とし、これによって提訴に際しての手数料に関しては訴額九五万円に対応する八二〇〇円で済む（民訴費四条二項）とする改正がそれである。そして、その後の代表訴訟の活発な利用はよく知られたとおりである。ピークとなった平成一一年末には全国で約二二〇件の代表訴訟が係属し、また手数料が訴額に関係なく一律であることもあり、さらにバブル経済期の不祥事を問題とした事件も多かった関係で、代表訴訟の高額化傾向も顕著となった。それを象徴するのが大和銀行のニューヨーク支店事件の一審判決（大阪地判平成一二年九月二〇日判時一七二一号三頁）であり、実に最高七億七五〇〇万ドルの損害賠償の支払いを命ずるものであった。

これを契機に、代表訴訟の存在が経営を萎縮させるとの脅威論が経済界に支配し、平成一三年の商法改正では、取締役の責任を軽減する立法（特に、商二六六条七項）がなされるに至っていた。しかし、同年の商法改正もコーポレート・ガバナンスの手段として定着した代表訴訟の存在意義を今さら否定できるものではなく、むしろ目まぐるしく変わる企業環境とそれに呼応した一連の商法改正の中で、代表訴訟は益々その有用性を高めまたそのあり方を少しずつ変えつつあるように思われる。(1)

本稿では、代表訴訟が問題となる、かなり特殊な場面について考察するものであるが、それがいささかではあっても、本論文集のテーマたる競争法の現代的展開に関係するとの思いがあり、厚谷先生の古稀記念に参加することをお許し願うものである。(2)

二　競争法と代表訴訟

先に示した代表訴訟活性化の切っ掛けとなった平成五年の商法改正を促したものは、実は競争法にも大きな影響を与えたのであった。すなわち、日米間の貿易不均衡をもたらしていた障壁を取り除くべくアメリカから種々の要求が突きつけられた（一九八九年から始まった）日米構造問題協議がそれである。周知のとおり、同協議は、その後のわが国の競争政策に大きな転換をもたらしたものであるが、そこでは会社法の見直しの一環として代表訴訟の改善要求も盛り込まれていたのである。(3)

株価には関心があっても、コーポレート・ガバナンスといった気概を有していなかったかつての株主にとって、勝訴の利益が自らの懐に直接入ることがないのに、多大な費用と労力の投資を要する代表訴訟が宝の持ち腐れになることは見やすい道理であった。しかし、提訴手数料八二〇〇円は、いよいよ企業の問題行動が頻発する状況下では、十分すぎるほど活性化のインセンティブとなったのであった。なるほど、提起された代表訴訟には、企業の内紛に由来するもの、市民運動型のもの、濫用的なもの、と異なったタイプの訴訟があるとされているが、勝訴利益を原告株主の懐に入れることができない基本構造には変わりがない以上、真の狙いは違うところにある場合であっても、建前としては取締役ら行為の不当なることを世に（裁判所に）問うという目的を標榜することになろう。この点は、掛け値なしに代表訴訟の最大の存在意義と言ってよいように思われる。というのも、かつて法（わけてもここでは会社法）の建前と大半の日本企業経営の現実は、大きく乖離した状態にありながらそれが黙認されてきた嫌いがあり、法の建前を言うのはむしろ総会屋のいやがらせという構図であったが、上記の商法改正を切っ掛けに、私人たる一般の株主が立ち上がるようになったからである。すなわち、取締役ら役員が、会社の本来の「主権者」たる株主の利益を損なうことのないよう、法に従った健全な経営を求めるコーポレート・ガバナンスの一手段として代表訴訟を株主が有用視するようになったというわけである。

そして、このことは、代表訴訟で追及しうる責任事由として法令違反が含まれている（商二六六条一項五号）こととの関係で、競争法たる独禁法にとっても重要な意味をもつことになるのであった。なぜなら、この損害賠償責任を導く法令違反という場合の法令をいかなる意味で理解するかに関わる問題であるが、近時明らかにされた最高裁の立場は、これを限定しない非限定説であったからである(4)。たしかに、この法令違反という責任事由は、それに先立つ商法二六六条一項一号ないし四号の具体的な責任事由と比較してあまりに大雑把すぎるため、これを何らかの形で限定する限定説の立場も有力に説かれていた(5)。しかし、いずれの立場であっても、今日の社会における独禁法の位置づけに照らせば、これを遵守した企業経営を行うことは取締役に強く求められるところであろう。ということは、独禁法に違反した際には、これによって会社に損害が生じていれば取締役はその賠償の責めに任ずべきであり、その際、株主による代表訴訟も有力な方法ということになるのである。すなわち、独禁法違反によって課された課徴金、罰金なども取締役の行為による会社の損害であり、これが代表訴訟によって追及されるということになれば、今後の独禁法遵守を促すことに作用するであろう。その意味で、代表訴訟のもつ違法行為抑止機能が独禁法のエンフォースメントとなるというわけである(6)。

このことを前提に、代表訴訟が問題となる、やや特殊な場面についてであるが、以下検討してみたい。具体的には、企業の破綻処理手続における代表訴訟の帰趨という問題である。言うまでもなく、破綻処理の場面においては、企業をそこに至らしめた取締役ら経営陣の責任が問われることが必然的に多くなると予想されるが、責任追及手段としての代表訴訟が、これに前後して浮上することもあり得た。しかし、これは、破産管財人を始めとする手続機関の権限と抵触しないとも限らなかった。もっとも、破綻処理といっても、わが国では、複数の手続、そして多様なメニューが揃っていることを考えると、厳密な検討が必要なように思える。言うまでもなく、倒産という現象は、今日の自由主義経済にあってはこれを皆無にすることのできないものである(7)。破綻処理手続は、不可避の倒産を適切に処理することで人的・物的資源の再配分を促すという意味で、今日の競争社会を支えるインフラとしてその重要度が増しているところである(8)。

このように考えれば、本稿の命題である破綻処理手続における代表訴訟の帰趨は、競争政策に幾ばくかの関連性をもっているとも言えるのである。

三　金融整理管財人と組合員代表訴訟に関する判例(9)

1　事実の概要

本稿は、本件の判例評釈を意図するものではないので、簡単に示すに止める。

Z信用組合は、昭和六三年から平成五年にかけてM商事とそのグループ会社に対し多額の融資を行ったが、うち七〇億円近くが回収不能となった。そこで、Z信用組合の組合員であるX_1（原告・控訴人・上告人）が、当時の融資担当理事Y_1（被告・被控訴人・被上告人）と代表理事Kの相続人Y_2（六名の相続人の選定当事者）（被告・被控訴人・被上告人）に対し、忠実義務に反した融資によって組合に損害を与えたとして、組合員代表訴訟の形で損害の賠償を求めて提訴した（甲事件）。さらに、甲事件の係属中に、同信用組合員であるX_2とX_3が、同じ請求をすべくこれに参加した（乙事件）[10]。

ところが、Z信用組合は、甲・乙事件係属中の平成一二年一二月一六日、金融再生委員会から、金融再生法八条一項に基づき金融整理管財人による業務及び財産の管理を命じられた[11]。その後、金融整理管財人に代表されたZ信用組合は、いったんY_1らのために補助参加の申立てをして認められたが[12]、それを取り下げた上で、Y_1らに対し損害賠償を求めるという共同訴訟参加に切り換えた（丙事件）。

第一審は、丙事件に応じた部分では、忠実義務に反した融資がなされたとして損害賠償を命ずる実質判断を行ったが、組合員代表訴訟である甲事件・乙事件に関してはこれを却下すべきものと判断した。その理由は、金融整理管財人による業務及び財産の管理を命ずる処分を受けた後は、理事の責任を追及する権限は金融整理管財人に専属し、組合員は、組合員代表訴訟を提起し、又は同訴訟に参加する資格を失う、というものであった。

この却下の判断に対し、X_1らが控訴したが、控訴審も、第一審判決を是認し控訴を棄却した。これに対し、なおもX_1らは、金融整理管財人の選任は組合員の代表訴訟追行権に影響を与えるものではなく、破産や会社更生の管財人選任の場合とは異なる、として上告受理の申立て理由を展開した。これに最高裁が応えたのが、本判決である。

2　最高裁の判旨

破棄自判（原判決破棄、第一審判決取消・差戻し）

「金融整理管財人は、あくまでも被管理金融機関を代表し、業務の執行並びに財産の管理及び処分を行うのであり（金融再生法一一条一項）、被管理金融機関がその財産等に対する管理処分権を失い、金融整理管財人が被管理金融機関に代わりこれを取得するものではない。……金融再生法には、金融整理管財人の被管理金融機関に代わっての財産等管理処分権並びに訴訟手続における当事者適格、中断及び受継に関する規定がないのである。これは、金融整理管財人が被管理金融機関を代表する地位にあるからである。」

「信用協同組合の組合員は、当該信用協同組合に対し金融整理管財人による業務及び財産の管理を命ずる処分がされても、中小企業等協同組合法四二条において準用する商法二六七条に基づき、『当該信用協同組合のため』組合員代表訴訟を提起することができる。そして、組合員代表訴訟が既に係属中に、上記の処分がされても、当該訴えを提起した組合員は、訴訟を追行する資格又は権限を失うものではない。また、中小企業等協同組合法四二条において準用する商法二六八条二項に基づく組合員又は信用協同組合の組合員代表訴訟に参加する資格も、上記の処分により影響を受けるものではないと解すべきである。」

3　予備的検討

本件において、事実審と最高裁とでは、金融整理管財人が選任された場合における、信用協同組合組合員の代表訴訟の帰趨に関して見解が分かれた。

事実審が、金融整理管財人の役割を言わば破産や会社更生の管財人になぞらえ、管財人が登場した場合の株主代表訴訟の帰趨に関する先例や学説に沿う形で、X_1らの代表訴訟は却下されるとしたのに対し、最高裁は、金融整理管財人による破綻処理スキームを破産や会社更生になぞらえることをせず、代表訴訟への影響を否定した。

たしかに、金融再生法制定当時、この金融整理管財人による破綻処理スキームと裁判所の倒産手続との異同は一つの焦点となっていた。管財人というキーワードが示すように、金融整理管財人は、被管理金融機関の業務・

財産の管理処分権をもっぱら掌握する（金融再生法一一条一項、預保七七条一項）存在であり、機能的には倒産手続の管財人に近い存在である[13]。さらに、役員の責任を追及するために訴えの提起その他の必要な措置をとるべき旨の規定もおかれている（金融再生法一八条一項、預保八三条一項）。しかし、破産法や会社更生法に存在する、係属中の訴訟の中断・受継の規定（民訴一二五条一項、破六九条一項・新破四四条、会社更生五二条）が金融再生法にはなく、立法者の意図としては、できるだけこれを破産や会社更生等の倒産手続とは違ったものと位置づけようとしていた経緯がある[14]。この点が事実審と最高裁の判断の分かれたところであり、最高裁は、金融整理管財人は、被管理金融機関に代わって管理処分権を取得するものではなく、あくまでも被管理金融機関を代表するものであり、倒産手続における管財人とは違う、と見たわけである。もっとも、このように金融整理管財人を独立・固有の倒産手続機関ではなく、被管理金融機関の代表と見たとしても、代表訴訟の帰趨が論理的にこれで決定づけられるかどうかは、微妙なところであると思われる[15]。

類似の問題につき破産や会社更生との関係ではいくつか下級審の裁判例はあったが、興味深い事例である本件を題材に、代表訴訟が近時の実務の賑わいから理論的に深化し、またコーポレート・ガバナンスの観点で益々重要性が増していることを踏まえ、以下で改めて破綻処理と代表訴訟との関係を考えてみることにしよう。

四　破綻処理手続と代表訴訟に関する判例・学説

そもそも破綻処理手続としてどこまでを射程に入れるか自体も自明ではない。講学上は、破産や民事再生などの一般的な裁判上の倒産手続はもちろん、その特例である金融機関等の更生特例手続[16]、預金保険法による金融整理管財人などの破綻処理、保険業法による破綻保険会社の処理などもこれに含めることでさほど問題はない。ところが、民事再生や会社更生の再建型手続が倒産手続に含めて一般にとらえられていること自体が、中立て企業の再建の障害になっている現実もあり(事実上の倒産というラベリング)、実はデリケートな面がある。金融再生法や預金保険法による処理スキームも、破綻処理という側面が前面に出て預金者の不安感を煽ることを警戒し、むしろ一般の倒産手続と一線を画そうとした経緯があるのである。そうしたジレンマを意識するという意味で、まず一般の倒産手続と金融機関の破綻処理を分けて整理しておこう。

1　一般の倒産手続と代表訴訟

後に述べるように、この問題の背景となるのは、倒産企業の取締役ら役員の民事責任を誰がどのように追及するか、ということである。[17] 商法上の整理や特別清算を除く、破産、民事再生、会社更生の三つに絞っても、単純に括れないほど、状況は種々である。

もっとも、公表判例として具体的に現れているものは、会社更生との関係で三件(同一事件の一審と二審を含む)、破産との関係で二件にとどまるので、概観しておこう。[18] 年代順に示すが、くしくも前の三つが会社更生、後の二つが破産の事案である。

第一は、東京地判昭和四一年一二月二三日である。[19] 本件は、既に会社更生手続が開始されていたサンウェーブ工業の取締役ら役員に対し、株主が、違法配当による損害の賠償を求めて代表訴訟を提起したものである。裁判所は、更生手続進行中は、管財人のみが取締役らに対する責任追及の訴えの当事者適格を有するので、原告の代表訴訟は不適法であるとして却下した。

第二は、右第一事件の控訴審判決で、東京高判昭和四三年六月一九日である。[20] 東京高裁は、更生管財人にあっては、その職務上、取締役らの責任追及が十分期待できるとして、[21] 第一審の結論を是認して控訴を棄却した。

第三は、大阪高判平成元年一〇月二六日である。[22] 本件は、他の四つとは相当事案を異にしたものであり、更生手続中の管財人かつ代表取締役が法人税法違反を犯して会社に損害を与えたとして、株主が代表訴訟を提起したものである。第一審は、更生手続中は会社の財産関係の訴えについての当事者適格は管財人に専属するとして、訴えを却下した。これに対し原告株主らが直ちに控訴したところ、第一審判決から一週間後には更生手続が終結した。そのため、大阪高裁は、更生手続中の代表訴訟は否定に解したものの、更生手続終了後は、株主は代表訴訟を提起できるようになる旨を述べた。(23)

第四は、東京地判平成七年一一月三〇日である。(24) 本件は、破産宣告を受けたコンビニのフランチャイザーの株主が、取締役らが会社の本業外の不動産投機で会社に巨額の損害を与えたとして代表訴訟を提起したものである。東京地裁は、会社の破産後は、取締役に対する責任の追及はもっぱら管財人に委ねられるので、もはや代表訴訟は提起できないとして訴えを却下した。

第五は、東京地決平成一二年一月二七日である。(25) 本件は、破綻した証券会社の株主が、違法な利益供与に関与した元取締役らに代表訴訟を提起していたところ、当該証券会社が破産宣告を受けたというものである。ところが、これまでの事案と違い、本件では、破産管財人がかかるケースにおいて代表訴訟の受継を申し立てたのである。東京地裁は、代表訴訟を債権者代位訴訟と同じ性質のものであるとした上で、破産宣告後は、債権者や株主はこの訴訟の当事者適格を失うが、破産宣告時に係属していた当該訴訟を管財人の判断で受継することができるとした。

これらの裁判例からすると、実務の上では、会社更生開始、破産宣告後は、管財人に管理処分権が専属し、財産関係の訴訟の当事者適格を有するに至り、その職務の一環として役員の責任追及も期待できるとして、株主の代表訴訟を認めない傾向にあったことが窺われる。学説もこれを支持する見解が通説であったように思われる。(26) しかし、倒産手続にあって株主がプライオリティの低い利害関係者であることは否定できないとしても、代表訴訟が会社の損害回復を求める点で倒産手続との抵触は少ないと見て、倒産手続開始後も代表訴訟を認める見解も少なくなかった。(27) その意味で、一般の倒産手続開始後の代表訴訟を否定する立場もそれほど強固なものではなかったと言うことが許されよう。

2　金融機関の破綻処理と代表訴訟

三で紹介した判例が登場する前後まで、この問題はクローズアップされてはいなかったように思われる。しかし、一九九〇年代以降の不良債権の増大、そして相次ぐことになった金融機関の破綻は、当然、これを招いた役員らの民・刑事両面にわたる責任問題を顕在化させずにはおかなかった。実際、何らかの形で、経営破綻した金融機関の役員の責任が追及された事例は少なくない(28)。

もっとも、破綻処理の方法として更生特例法による倒産手続が選択されたのは、保険会社の数例にとどまっているので、問題は、金融再生法や預金保険法による破綻処理スキーム、言い換えれば行政主導型の破綻処理(29)、における役員の責任追及の如何ということになってくるのである。この処理スキームの中心を担う金融整理管財人は、金融庁(現在は)によって選任されるが(30)、独立の管理機構という位置づけではなく、被管理金融機関を代表する存在とされている(法定代理人に準ずる、民訴三七条参照)。したがって、金融再生法一八条一項、預金保険法八三条一項で明示された旧役員らの民事責任の追及も、被管理金融機関の代表者としての金融整理管財人に格別な注意を喚起したものと言える。三で紹介した判例で最高裁は、このような金融整理管財人の法的地位にポイントをおいて、組合員の代表訴訟権限への影響を否定したわけである。しかし、一般の株主や組合員にしてみれば、役員の責任追及がしかるべき立場の者によって厳格になされている分には、こうした大鉈をわざわざ振るう必要はないのにというのが通常の心理であろう。その意味で、金融整理管財人がどう対応しているかが、実質論を考える際には重要になってこよう。

この点、金融整理管財人の地位に就く預金保険機構の出方如何ということになるが、旧役員の責任追及は預金保険機構に託された主要業務の一つであり、自らあるいは子会社である整理回収機構と連携してこれに当たることになっている。そして、実際の破綻処理例の中でどの程度責任追及がなされているかであるが、近時かなり頻繁に裁判例が報じられているところをみると、[31]これら機構が飾りでないことは確かであろう。つまり、法的には破産管財人等の如き独立の管理機構という構成は採用されていないものの、金融整理管財人はプロフェッショナルがこれを支えており、責任追及体制としては遜色を感じさせるものではない。

そうした意味で、三で述べた最判以前の判例であるが、和歌山地判平成一二年二月一五日が代表訴訟と金融機関の破綻処理が絡んだ事案であった。[32]金融再生法制定以前に破綻したケースであることに注意する必要があるが、平成八年一一月に大蔵大臣（当時）から銀行法に基づく業務停止命令を受け破綻処理が始まり、その後、破綻銀行の株主が旧取締役らに対し違法な貸付で損害を発生させたとして代表訴訟を相次いで提起していた。その間、受け皿銀行が現れなかったこともあり、預金の払い出しや清算業務を行う新銀行を設立する一方で、貸付債権などの資産は預金保険機構に譲渡し同機構が債権回収業務を行う処理スキームが採用されることになった。破綻銀行の取締役らに対する損害賠償請求権も預金保険機構に債権譲渡されたことになり、預金保険機構が別訴で同取締役らに対し損害賠償を求めるに至ったため、先行する代表訴訟の帰趨が問題となった。原告株主は、代表訴訟が提起された後の債権譲渡では当該損害賠償請求権にその効果が生じないと主張して、[33]なお訴訟の維持を求めたが、和歌山地裁は、以下のように述べて代表訴訟を棄却した。

「預金保険機構は、預金保険法に基づき設立された特別法人であり、整理回収機構等と協働の上、訴え提起や刑事告発等各種の法的手段を用い、不正融資等によって金融機関を破綻に導いた経営者に係る民事ないし刑事責任の追及や隠匿財産の発見等を通じて、不良債権の回収を図っており（公知の事実である）、また、前記認定のとおり、訴外銀行は、乱脈融資等によって経営破綻に陥り、その破綻処理の一環として、預金保険機構に資産譲渡の上、同機構に経営者責任の追及や不良債権等の回収を委ねた」のであって本件代表訴訟に対応する損害賠償の別訴があるとして、原告らの代表訴訟は請求棄却となった。

本件を代表訴訟の対象となる損害賠償請求権の譲渡に関し広く通用させることは問題であろう(34)。あくまで金融機関の破綻処理の一環として、公の立場で責任追及をする立場の預金保険機構が債権譲渡を受けたことが重要な点であろう。その意味で、破産や会社更生進行中の代表訴訟を是認する必要がないとする判例・通説に共通したものであり、一五年最判ケースで言えば、第一、二審の考えに近いものと言える。

しかし、いったん倒産手続が開始し、あるいは預金保険機構などが関与し、取締役らの責任を追及する体制が整ったことで、ほぼ自動的に代表訴訟が排斥される結論になってしまうのであろうか。一五年最判は、金融機関の破綻処理スキームとしての金融整理管財人の例であるが、一般の倒産手続と代表訴訟の関係についても改めて考えてみる余地のあることを教えるものと思われる。

五　再考・倒産手続と代表訴訟の関係

さてそこで、本稿の本題として倒産手続と代表訴訟の関係について考えてみたい。言うまでもなく、この問題の背景は倒産企業の取締役ら役員の民事責任がどのように追及されるかということにある。破産、会社更生、民事再生の三つを中心に検討するが、相互の異同は、取締役の責任追及そして代表訴訟の帰趨にも微妙な影響を与えるもののように思われる。また、代表訴訟の制度は、株式会社のみならず、有限会社や中小企業協同組合をはじめ各種の法人に採用ないし準用されており、法人の種類によって代表訴訟の現れ方に違いがあることも予想されるが、ここでは株式会社を念頭に検討することとする。

1　代表訴訟に影響する倒産手続の諸要素

そこでまず、倒産手続のどのような点が代表訴訟に影響するか考えてみたい。

第一に、会社の管理処分権の行方である。この点、破産と会社更生はほぼ共通しており、裁判所によって選任された管財人にこれが専属することになっている（破七条・新破七八条、会社更生七二条一項）。そして、その帰結として、財産関係の訴えについては管財人が原告又は被告になると定められている（破一六二条・新破八〇条、会社更生七四条一項）。これに対し、民事再生の場合は、周知のとおり、再生債務者の管理処分権を維持する、いわゆるＤＩＰ方式が原則形態とされており（民再三八条一項）、状況を異にする。もっとも、運用上はこれに監督委員をつける監督方式が主流となっているが、再生債務者を監督するにとどまる。[35] ところが、民事再生法は、必要に応じ法人たる再生債務者に管財人をつける管理命令の制度も有している（民再六四条）[36]。そして、管財人が選任された場合に限り、破産や会社更生と同様で、管財人に管理処分権が専属し（民再六六条）、管財人が財産関係の訴えについて原告又は被告になるとされている（民再六七条一項）。

第二に、右に述べた管財人の管理処分権との関係で、係属中の財産関係の訴訟に関する手続的規律がどうなっているかである。この点は、まず訴訟はいったん中断し（民訴一二五条一項、会社更生五二条一項）、管財人と相手方の間で受継が行われるとされている（破六九条一項・新破四四条二項、会社更生五二条二項）。民事再生においては、管財人が選任されれば同様の扱いとなる（民再六七条二項・三項）。また、代表訴訟が債権者代位訴訟と類似の構造とされていることとの関係で、類推して代位訴訟中断の根拠とされることの多い、詐害行為取消訴訟の中断・受継規定は、三法に共通して存在している（破八六条・新破四五条、会社更生九八条、民再一四〇条）[37]。

第三に、役員の責任追及に関する特別の規定の有無である。一般の倒産手続にあっては、金融再生法や預金保険法のように、規範として管財人が旧役員らの民事責任追及の措置をとるべき旨が明言されているわけではない。しかし、債権者ら利害関係者に実体権上の損失を強いる一方で、会社に損害を与え倒産に至らしめた取締役らの責任を不問に付することは不公平この上ないので、管財人にとって取締役らの責任の有無を確認し、問うべき責任を問うことは当然の要請と思われる[38]。その一助として、各倒産法に、簡易迅速に責任追及を行うための手続的工夫である損害賠償の査定制度が用意されていることに注意しておく必要があろう（会社更生九九条以下、民再一四二条以下）[39]。会社が被った損害を回復するという点で、代表訴訟と同じ目的であり、これが頻繁に利用される分には代表訴訟の問題を潜在化させてしまうほどの効果があるものと言ってよい[40]。

第四に、各手続における株主の地位がどうなっているかである。倒産手続進行中の会社の各種利害関係者の間で、株主はそのプライオリティが最も低い存在のはずであり、代表訴訟を問題にするにしても、そもそも株主にそれだけの地位が残っているかである。この点は、当該会社の破綻の度合いにも関係するが、倒産各法は異なった扱いとなっている。まず、会社更生にあっては、株主は最下位ではあるが、正式の関係人として各種の法的地位が明確にされている[41]。もっとも、現実の場面では、会社が債務超過の状態にあれば営業譲渡にも口出しはできず（会社更生四六条八項）、従前から株式を全部無償消却する、いわゆる一〇〇％減資の更生計画が定着していた。これに対し、民事再生の場合は、正規の手続上の地位が与えられる者を一般債権者だけとし、担保権者や一般優先債権はもちろん、株主も手続の外に位置づけている。ただ、株主の最下位の地位には変わりないものの、当然には債務者の管理処分権を奪わない経営権温存型の手続なので、再生計画で減資に関する定めがされる場合も会社更生の如き一〇〇％減資が常態化することは想定されておらず、その意味で株主の地位に関しては微温的なものと評価することができる。次いで破産の場合であるが、ここではほとんど株主の出番は想定されておらず、何らの規定もおかれていない[42]。というのも、破産原因（支払不能、債務超過）の存在を前提に、プライオリティに従って厳格に清算を貫く以上、債権者に犠牲を強いる一方で株主に残余財産を分配することは背理となるからである[43]。

2　倒産手続中の代表訴訟追行の可能性

以上の諸要素を踏まえ、倒産手続中の代表訴訟の帰趨について試論を提示してみよう。結論的には、倒産手続進行中も株主の代表訴訟提訴・追行の余地を認めてよいのではないかと考えるものである。

そもそも、代表訴訟の存在意義は、会社自身による取締役ら役員の責任追及の懈怠に対処し、責任の所在を株主が裁判所に問うガバナンス機能にある。この点、たしかに社外のプロフェッションがその地位に就く管財人（破産、会社更生、民事再生、そして金融再生法の処理スキームでも）には、損害賠償の査定制度を使うなどの方法もあり、相応の追及は期待できる状況にはある。しかし、管財業務に旧役員らの協力が必要なこともあり、責任追及に踏み切るかどうかは管財人の総合的な判断によるところが大きい。そうすると、管財人の判断と株主の意向にずれが生じることもあり、表面的には管財人が責任追及を怠っていると映る場面も予想される。こうした場合に、ガバナンスの手段として用意された代表訴訟の制度を倒産手続開始の理由で閉ざしてしまう必要はないように思えるのである。まして、管財人が就かない通常の民事再生においては、手続開始後も代表訴訟の余地は残しておくべきものと言えよう[44]。さらに、企業再生に向けての諸活動を優先する再建型手続の管財人にあっては、過去の責任追及の検討は二の次になりがちであるとの指摘も[45]、こうした結論へ向かわせる助けとなろう。

問題は、倒産手続における株主の地位の低さから、手続進行中の代表訴訟追行を疑問視する見方もありえよう。とりわけ、破産の場合、もはや経済的に無価値となることが確実な株主にこうした権利をなお認めることには当然違和感が避けられまい。しかし、破産の場合も手続の開始とともに株主の権利を当然に停止しているわけではないし、会社更生や民事再生では一〇〇％減資の計画が可決・認可される手続の終盤まで、株主の権利はなお残存しているはずである。また、周知のとおり、そもそも代表訴訟は、株主の個人的利益のために追行されるものではなく、役員の責任を見逃さず、ひいては会社財産を回復させるという、ある意味で「崇高」とも言える目的に根ざしたものである。代表訴訟の構造に関する現在の理解は、単に会社の権利を代位するだけではなく、ガバナンスに向けた株主固有の権利と認めており、この点は倒産手続の開始で当然奪われるわけではなかろう。もちろん、いやがらせ、売名目的といった濫用的な提訴がないわけではないが、これに対する対処方法は別途用意されている（担保提供制度、商二六七条六項・七項）。

もっとも、管財人が、代表訴訟の対象となっている損害の賠償を求めて、責任追及の別訴を提起したり、査定制度を申し立てたりした時は、株主が代表訴訟を続ける必要性はほとんどなくなっているという点で、訴えの利益が否定されるということは考えられよう。しかし、この場合も管財人による不適切な訴訟追行や和解を掣肘していく利害関係はあるのであるから、当然に代表訴訟を却下ないし棄却へと導くべきではないであろう。現に、代表訴訟は株主の固有の権利に基づくものであるから、会社が代表訴訟に参加してきた時も（商二六八条二項）株主の訴訟追行権が奪われるわけではない(46)。また、こう解しても、周知のとおり、代表訴訟が不当であり、役員を守る必要がある時は会社が被告に補助参加して防戦する方法もあるのである(47)。

以上のように考え、倒産手続開始後も代表訴訟は提起しまた追行もできるものと結論づけた次第である。平成一五年の最判は、金融整理管財人との関係でのみこの結論となる意向のようであるが、これをさらに敷衍してもよいのではなかろうか。

六　結びにかえて

以上で本稿を閉じるが、代表訴訟は企業のガバナンス手段として重要性が認知され、この制度は独禁法違反にも有効に活用できるものであるという点で、競争法のセイフティ・ネットになりうるものと考える。その意味で、倒産手続も競争社会を支えるセイフティ・ネットと位置づけられているので、この場面で代表訴訟が機能を停止してしまうよりも活用の余地を残しておくほうが、社会的に望ましい結果につながるようにも思うのである。

厚谷先生先生の古稀に捧げるには、かなり異質かつ強引なテーマ設定となり、また内容的にも不十分なものと思うが、先生の古稀のお祝いに参加したい一念での一考察としてお許しいただければ幸いである。

（1）　最近の株主代表訴訟の動向を追ったものとして、渡部喬一『株主代表訴訟』（平凡社、二〇〇二年）、小林秀之＝近藤光男編『新版・株主代表訴訟』（弘文堂、二〇〇二年）、小林秀之＝近藤光男編『新しい株主代表訴訟』（弘文堂、二〇〇三年）。

（2）　厚谷先生とは、短い期間ではあるが、北海道大学法学部の同僚として教えを受ける機会に恵まれ、厚谷襄児＝稗貫俊文編『独禁法審決・判例百選〔第六版〕』（有斐閣、二〇〇二年）に私も一本執筆の機会を得た（一二五番事件）。

（3）　これについては、北村雅史「コーポレート・ガバナンスと株主代表訴訟」小林秀之＝近藤光男編『新版・株主代表訴訟大系』（前掲・注（1））四四頁。

（4）　大口の顧客に対し証券取引における損失補填を行うことが、独禁法上の不当な利益による顧客誘引（同法一九条）に当たるとして損害賠償を命じた野村證券事件である。最判平成一二年七月七日民集五四巻六号一七六七頁。

（5）　限定の仕方として、たとえば、近藤光男「株主代表訴訟の可能性と限界」小林秀之＝近藤光男編『新版・株主代表訴訟大系』（前掲・注（1））一六八頁以下。

（6）　この点を分析したものとして、川濱昇「独占禁止法にかかる株主代表訴訟の利用について」丹宗暁信＝岸井大太郎編『独占禁止手続法』（有斐閣、二〇〇二年）二六八頁以下。

（7）　社会主義経済の下では倒産という現象は生じさせてはならないものであった。しかし、そのために、優良企業が産み出した利潤を国庫に吸い上げ、これを不採算企業に回すという操作を必要とするが、このことはやがて不採算企業を温存させ経済全体が停滞することを歴史は教えている。伊藤眞『破産―破滅か更生か―』（有斐閣、一九八九年）七頁、九頁。

（8）　こうした捉え方については、田頭章一「競争社会のなかでの倒産処理手続の役割」法学セミナー五八〇号三二頁（二〇〇三年）。

（9）　最判平成一五年六月一二日民集五七巻六号六四〇頁、裁判所時報一三四一号一一頁、判時一八二五号一三六頁、金法一六八五号五六頁。

(10) 信用協同組合の根拠法である中小企業等協同組合法は、四二条において商法の株主代表訴訟に関する二六七条以下の規定をそっくりそのまま準用している。

(11) これは金融再生法(正確には、金融機能再生のための緊急措置に関する法律)に定められた、金融機関の破綻処理スキームの一つである。なお、同法の破綻処理スキームは、時限的措置の予定であったが、平成一二年の預金保険法の改正に際して、これを取り込み恒久化する措置が採られた。したがって、金融整理管財人が登場する処理スキームは、現在、預金保険法に定められている。預金保険制度そのもの、更生特例法によるスキームと合わせてこれを概観したものとして、山本和彦『倒産処理法入門』(有斐閣、二〇〇三年)の第八章「金融機関の破綻処理」。

(12) この補助参加許可については、本件第一審判決(東京地判平成一三年五月三一日判時一七五九号一三一頁)の判例時報コメントに記されている。

(13) このように理解するものとして、山本・前掲書注(11)二〇六頁。

(14) 金融整理管財人の立場を既存の制度と比較した場合、これが商法上の整理における管理人(商三九八条)に最も近いとし、破産や会社更生の管財人とは一線を画したものと分析するのは、谷健太郎=浅井弘章「金融整理管財人の権限について」金法一五五二号六頁・一五五三号三七頁(一九九九年)。

(15) 谷=浅井・前掲注(14)金法一五五三号四一頁は、責任追及の権限が金融整理管財人に委ねられているので、代表訴訟は提起できなくなる、と解している。同旨を説くものとして、吉戒修一「金融機関破綻関連法の法的検討(2)」商事法務一五三二号二九頁(一九九九年)。しかし、商法上の整理においては、管理人が選任された場合を含めて、代表訴訟の帰趨については必ずしも明確ではなく、当面は影響がなく査定手続の利用があった場合に初めて配慮すればよいとも考えられていた。佐藤鉄男「会社整理・特別清算における会社の取締役等の責任追及」判タ八六六号四二三頁(一九九五年)。

(16) 更生特例法は、協同組織金融機関に会社更生利用の道を開くものとして出発し、その後数度の改正を経て、金融機関全般、証券会社、保険会社が、破産、民事再生、会社更生を利用する場合の特例を定める法律となった。ただし、保険会社の民事再生手続利用は想定されていないため(民再一二一条、保険業法一一七条の二参照)、八種類の特例となっている。

(17) この問題の体系上の位置を明らかにしたものとして、中島弘雅「倒産企業の経営者に対する責任追及」河野正憲＝中島弘雅編『倒産法大系』(弘文堂、二〇〇一年) 一〇七頁。

(18) これらを検討したものとして、藪口康夫「倒産手続中の会社と株主代表訴訟」上智法学論集四四巻四号九九頁(二〇〇一年)。ただし、執筆時期との関係で一番新しい判例は取り上げられていない。

(19) 下民集一七巻一一＝一二号一三一一頁、判時四六九号五七頁、判タ二〇二号二〇一頁。

(20) 東京高裁(民事) 判決時報一九巻六号一三二頁、判タ二二七号二二一頁。

(21) 管財人による損害賠償の査定の申立てを指すものである、現に、本ケースではこれが利用されている。東京地決昭和四一年一二月一二日判時四七〇号五六頁。第一審判決の直前に約九億円とその損害が査定されている。

(22) 判タ七一一号二五三頁、金法一二四二号一〇七頁、金判八三四号一一頁。

(23) 本件に関する判例研究として、中島弘雅・判批・私法判例リマークス二号一五六頁(一九九一年)がある。

(24) 判タ九一四号二四九頁(ニコマート事件)。

(25) 金判一一二〇号五八頁(山一證券事件)。

(26) たとえば、三ヶ月章ほか『条解会社更生法(上)』(弘文堂、一九七三年)六一六頁、松田二郎『会社更生法(新版)』(有斐閣、一九七六年)一四八頁、上柳克郎ほか『新版注釈会社法(6)』(有斐閣、一九八七年)三六八頁(北沢正啓)など。

(27) 野間繁「代表訴訟の性格」法律論叢三二巻五号一六頁(一九五九年)は、破産宣告前に提起された代表訴訟への影響を否定している。また、第一の判例の判批として、更生手続進行中の代表訴訟を認めるものとして、服部栄三「判批」東京大学商法研究会『商事判例研究昭和四一年度』三六四頁(有斐閣、一九八一年)、加藤修「判批」法学研究四二巻九号一一一頁(一九六九年)、第三の判批として、この立場をより明確にしたものとして、中島・前掲注(23)参照。

(28) 北村雅史「最近の判例に見る株主代表訴訟」小林秀之＝近藤光男編『新しい株主代表訴訟』(前掲注(1))一〇四頁、一一〇頁。

(29) ペイオフ方式の処理が何度も延期される間、金融整理管財人による管理を含め資金援助方式の処理は、一九九九六年一〇月から二〇〇三年三月までの間に一六九金融機関に及び、資金援助額も約一八兆円近くにのぼっている。山本・前掲書注（11）二〇二頁。

(30) 金融整理管財人は、通常、①弁護士、②公認会計士、③預金保険機構の三者が選任されるトロイカ体制で運用されている。前二者は、適任の個人が指名されるが、預金保険機構は組織として選任されるものである。

(31) 金融機関の破綻処理の一環として、預金保険機構や整理回収機構による旧経営陣に対する民事責任の追及事例として、①東京地判平成一四年四月二五日判時一七九三号一四〇頁(長銀)、②東京地判平成一四年七月一八日判時一七九四号一三一頁（長銀)、③札幌地判平成一四年九月三日判時一八〇一号一一九頁（拓銀)、④東京地判平成一四年一〇月三一日判時一八一〇号一一〇頁（国民銀行）などがある。②のみ、請求棄却で原告たる（長銀を引き継いだ）新生銀行と整理回収機構が敗訴している。

(32) 判時一七三六号一二四頁。なお、同日にほぼ同内容の二判決が出ている。

(33) 一般に代表訴訟の提起後にその対象たる損害賠償請求権を譲渡するというのは、代表訴訟を妨害する意図が窺知されることが多いからである。

(34) 本件の判批として、片木晴彦「判批」判例評論五一四号（判時一七六一号）二〇二頁（二〇〇一年)。

(35) 監督委員も特別に否認権の行使権限を付与された場合は、管財人に近い立場になる（民再五六条・一三五条一項・一三八条)。

(36) 再生債務者の管理処分が失当な場合(放漫経営)、あるいは会社更生を使えない株式会社以外の法人が本格的な再建を目指す場合、などで管理命令が想定されている。

(37) 債権者代位訴訟の中断・受継規定は、今度の破産法改正で明文化された（新破四五条)。

(38) 佐藤鉄男「民事再生法と法人債務者」才口千晴ほか編『民事再生法の理論と実務・下』（きんざい、二〇〇〇年）二四〇頁参照。

(39) この損害賠償の査定の制度は、今度の改正で破産法にも導入されるに至った（新破一七七条以下)。

(40) もっとも、旧会社更生法に先行し、昭和一三年の商法改正で整理・特別清算にすでに取り入れられていた制度であるが、そう頻繁に利用されてきたとは言い難いのが実情である。近時の著名ケースとして、そごうの民事再生にかかる、東京地決平成一二年一二月八日金法一六〇〇号九四頁がある。

(41)　すなわち、株主の手続参加を法定し（会社更生一六五条・一六六条）、順位を明確にし（会社更生一六八条一項・三項）、更生計画案の可決要件のハードルも低い（一九六条五項三号）。

(42)　判例は破産宣告に対する株主の即時抗告権も認めていない（大阪高決平成六年一二月二六日判時一五三五号九〇頁）。もっとも、破産原因の不存在を争う分には、株主の権利が残存している余地があるので、株主の即時抗告の利益を認めてもよいようにも思える。佐藤鉄男『ゼミナール破産法』（法学書院、一九九八年）七頁。

(43)　もっとも、バブル経済期の破産事件で、管財人の事件処理（特に換価活動）が遅れているうちに、破産者所有の不動産価格が高騰し、一〇〇％の破産配当をした上に、株主に残余財産の分配がなされたという例があったように仄聞するが、レアな現象であろう。

(44)　深山卓也ほか『一問一答民事再生法』（商事法務研究会、二〇〇〇年）一八六頁、高木新二郎＝伊藤眞編集代表『民事再生法の実務（新版）』（きんざい、二〇〇一年）八五頁〔佐藤鉄男〕、中島・前掲注（17）一二三頁。

(45)　こうした指摘をするものとして、久保利英明「実務から見た株主代表訴訟」ジュリスト一〇一二号七五頁（一九九二年）。藪口・前掲注（18）一一七頁もこの点を重視する。

(46)　これについては、佐藤鉄男「株主代表訴訟における訴訟参加とその形態」ジュリスト一〇六二号六一頁（一九九五年）。

(47)　最決平成一三年一月三〇日民集五五巻一号三〇頁。そして、同年の商法改正でこれを立法的に明らかにした（商二六八条八項）。

追記…本稿脱稿後、本文で取り上げた平成一五年最判について、筆者は判例評釈の機会を得た（民商一二九巻二号二四〇頁）。また、この最判については多くの判例評釈・解説が出ている。杉原則彦・ジュリ一二五六号一八五頁、土田亮・名城五三巻二号一一一頁、弥永真生・判評五四〇号二九頁、田原睦夫・ジュリ一二六九号一四五頁、林道晴・NBL七八七号七〇頁、中島弘雅・リマークス二九号一〇八頁などである。

請求・通知事故方式保険と事故発生の不通知

山本哲生

一　序

欧米では、医師・弁護士等の専門家の賠償責任保険、環境汚染賠償責任保険等では、保険事故につき、請求事故（claims made）方式がとられることが多い[1]。日本でも、弁護士、税理士等の専門家責任保険や環境汚染賠償責任保険では請求事故方式がとられている。請求事故方式とは責任保険の保険事故を被保険者に対する損害賠償請求がなされたこととすることである[2]。これら以外には、発生事故（occurrence）方式、発見事故（discovery）方式等がある。発生事故方式は、事故の発生を保険事故とするものであり[3]、発見事故方式は事故が発見されることを保険事故とするものである[4][5]。

これらの種類の責任保険において請求事故方式がとられている理由は、第一に、事故が発生してから被保険者の責任が確定するまで長期間かかるようなケースでは、発生事故方式の保険では、保険者の責任が保険期間終了後も長期にわたって確定せず、適切な保険料や準備金の計算が困難になることである[6]。たとえば、アスベストのケースのように病気発生から何年も経った後に当初は予想しなかった被保険者の損害賠償責任が認められるというような場合には、発生事故方式の保険では、病気発生当時の保険者がそれから何年も経ってから予期しない保険金支払を求められるおそれがある。(7)

第二に、事故の発生が長期間継続するような場合（環境汚染が長期間継続している場合等）には、発生事故方式の保険では、長期間にわたる保険者の責任をいかに解するかについて困難な問題が生じることがあげられている。たとえば、保険期間一年の保険契約で保険金支払限度額が一千万円の保険に一〇年加入しており、その間ずっと事故が継続していたといえる場合に、支払限度額が一千万円×一〇年の一億円ということになるのかどうかという問題が生じるとされている。(8)

このような問題に対処するために請求事故方式が採用されている。被保険者に対する損害賠償請求を保険事故とすることで、何年も前の事故について保険金支払を求められるということは少なくなる。もっとも、請求事故方式をとったからといって問題が完全に解決するわけではない。たとえば、損害賠償についての裁判自体が長期にわたり、その結論が予測しにくいような場合には同様の問題が生じる。(9)しかし、請求事故方式は少なくともこのような問題を軽減するということで、採用されている。

このような請求事故方式の保険の利点をさらに強化するものとして、最近では、保険事故を、被保険者に対する損害賠償請求がなされたことに加えて、その事実の保険者への通知がなされたこととする請求・通知事故(claims made and notified)方式保険が、欧米では増加している。(10)請求事故方式の保険では、被保険者に対して損害賠償請求がなされたことの保険者への通知（以下、請求の通知とする）は保険事故の要素ではなく、保険事故が発生したことを保険者に通知する義務として構成されている。これに対して、請求・通知事故方式保険は請求の通知を保険事故とすることで、保険事故の発生と保険金請求の時間差をより短くし、保険料や準備金の計算をより適切にしようとするという目的がある。(11)

ここで問題となるのが、保険者に通知しなかった場合の効果をいかに解すべきかである。請求事故方式の保険では、前述のように請求の通知は保険事故ではなく、保険事故の発生を保険者に通知する義務として構成されている。日本では、保険事故発生の通知義務違反の効果については、自動車責任保険に関する判例において、発生事故方式における保険事故発生の通知義務違反の効果を保険者免責と規定する約款の解釈として、原則として被保険者は義務違反により保険者が被った損害を賠償する責任を負うとされている[12]。ここで、請求・通知事故方式保険における請求の不通知について考えてみると、通知が保険事故であることをそのまま当てはめれば、通知がなされていなければ保険事故は発生していないのであり、保険者はまったく責任を負わないことになる。これは右の判例とは対照的な結論である。判例は発生事故方式の保険であり、発生事故方式の保険における事故発生の通知義務違反と請求・通知事故方式保険における請求の不通知を対比することが妥当かどうかはそれ自体問題であるが、そのような問題を含めて、請求の不通知の効果をどう解するべきかが問題となる。

この点に関して、オーストラリアではいくつもの判決が下されており、それらの判決を契機として活発な議論がなされている。本稿では、主な判決とそこでの議論を概観した上で、若干の検討を行う。

なお、請求事故方式ないし請求・通知事故方式の保険では、被保険者に対して損害賠償請求がなされるおそれのある状況の保険者への通知（以下、状況の通知とする）についての規定があるのが通常である。この通知についての規定は次のような趣旨で設けられている。請求事故方式の保険では、保険加入時及び更新時に、被保険者は保険者に対して被保険者が損害賠償請求を受けるおそれのある事情を告知すべきことになっており、これを告知しないときは告知義務違反として保険者は免責される。しかし、一方で、この事情を告知した場合には、保険者は保険契約を締結しないのが通常である。したがって、このままでは、保険期間中に損害賠償請求がなされる恐れがあることが発覚したが、損害賠償請求自体は未だになされていないという場合には、請求事故方式保険は被保険者にとってはまったく役立たないものとなる恐れがある。そこで、この問題を解消するために、保険期間中に、被保険者に対して損害賠償請求がなされるおそれのある事情を知った場合には、この事情を保険者に通知しておけば、後で損害賠償請求が実際になされたときに、この損害賠償請求は通知時になされたものとみなすという規定（以下、みなし条項とする）がある。[13] オーストラリアでは、状況の通知をしなかった場合の効果をどう解するかも問題になっており、請求の通知とあわせて検討する。

二　一九八四年保険契約法

オーストラリアにおける議論を概観する前提として、一九八四年保険契約法（Insurance Contracts Act 1984）に触れておかねばならない。請求の不通知、状況の不通知の問題は主に五四条の解釈論として議論されている。[14] 五四条一項は次のように規定している。「保険契約の効果が、本条文がなければ、契約締結後の被保険者等の行為（二項に該当する行為を除く）[15] により保険者が保険金の全部または一部の支払を拒むことができるものである場合には、保険者はその行為だけを理由として保険金支払を拒むことはできない。ただし、当該行為により保険者の利益が害された程度で保険者の保険金支払責任は減少する。」

ここで本条の趣旨について簡単に触れておく。本条は、保険契約におけるワランティ（warranty）、condition, 免責条項（exclusion）などの条項の効果についての次のような議論を背景として制定された。

保険者は保険期間中または損害発生後において保護されるべき利益を有している。そのような利益には、保険期間中に危険が増加することを防ぐこと、保険金請求についての適切な調査や評価を妨げることがなされないようにすることもある。これらの利益は、被保険者等に義務を課す契約条項や一定の危険を担保範囲から除外する契約条項により保護することができる。[16] このような目的でワランティなどの条項が用いられる。

ここで関連するワランティとは、一定の状態が存続すること、あるいは一定の事象が保険期間中に存在しないこと、または発生することの約束（promise）である。たとえば、火災保険において、保険が付されている建物は一年につき三〇日を超えて空家とされることはないというような条項がワランティとなる。[17] ワランティ違反の効果は保険契約の失効であり、伝統的には失効が認められるために、違反と損害の間に因果関係があることは必要ではない。[18]

次に、被保険者等に condition として一定の義務を課す条項が用いられることがある。被保険者等の契約締結後の義務についての違反の効果は保険者免責と解するのが原則である。[19] また、免責条項が用いられることもある。免責条項に該当した場合の効果は一時的な保険者免責（suspension）であり、該当する状態が終了すれば保険者は再び責任を負う。たとえば、保険が付されている建物が、三〇日以上空家とされている間に生じた損害はてん補しないとの条項があった場合、通常は免責条項と解され、いったん三〇日以上空家とされていても、その後、また居住しはじめた後で生じた損害については保険金は支払われる。[20] これに対してワランティであれば、三〇日以上空家の状態があった時点で保険契約は失効する。[21]

このようにワランティ、免責条項、契約締結後に被保険者等に一定の義務を課す条項は類似の目的をもつ場合があり、これらはすべて広い意味での義務（法律上の義務に限られない、事実上の義務も含める）を被保険者等に課すものともいえる。[22] それにも関わらず、それがワランティか免責条項か、さらには義務を課すものかで、その効果は大きく異なる。そして、これらのうち、いずれに該当するかは当該条項をいかなる形式で起草するかによって決まる。すなわち、これは契約解釈の問題であり、そこでは契約文言が決定的ではないとしても重要な要素となる。[23] このように実質的には同じような内容の規定であるのに、その規定の形式により当該条項の効果、特に違反の場合の効果が大きく異なりうる。このような状態は妥当ではないという問題意識が五四条制定の理由の一つである。[24] また、これらの義務違反の効果が被保険者にとって酷であることが多いという問題意識もあった。[25]

五四条は、保険契約締結後の被保険者等の行為により保険者が保険金の全部または一部の支払を拒むことができるような効果をもつ条項を対象とする。このような形で対象を定めることにより、前述のようなワランティ、免責条項、condition のすべてが五四条で規律され、一律の効果が賦与されることになる。すなわち、保険者は保険金支払を拒否することはできないが、保険者の利益が害された程度で保険者の保険金支払責任は減少するということである。(26)

八四年保険契約法制定前は、前述のように、保険契約締結後の義務についての違反の効果は保険者免責と解されており、保険事故発生の通知義務違反の効果も保険者免責と解されていた。(27) しかし、制定後は五四条の適用により、原則として免責とならず、保険金支払責任の減少という形で処理されることになるものと思われる。ここで、請求・通知事故方式保険に関して問題が生じた。すなわち、請求の通知が保険事故とされている場合に、五四条を適用して右のような解釈をするべきかどうかである。また、状況の通知についても、五四条を適用すべきかどうかが問題となった。次節では、この問題についての判例の展開をみることとする。

三　判例の展開

1　判　例

本節では、請求・通知事故方式保険における請求の不通知、請求事故方式ないし請求・通知事故方式保険における状況の不通知の効果に関する判例の展開を概観する。これらの点に関する判例の嚆矢が、East End Real Estate Pty Ltd v. C E Heath Cas. & General Ins. Ltd 判決である。(28) この事件では、専門家責任保険 (professional indemnity insurance) が問題となっており、この保険では請求・通知事故方式がとられていた。(29)

保険期間中に被保険者X（原告、上訴人）に対し専門家としての義務違反について損害賠償請求がなされ、保険期間終了の約六週間後、X敗訴の判決が下された。その後Xが保険者Y（被告、被上訴人）にこの損害賠償請求について通知し、保険金支払を求めたところ、Yが支払を拒否したため、Xが提訴した。原審ではYが勝訴し、X

が上訴したのが本判決である。争点は、被保険者が保険期間中に損害賠償請求を保険者に通知しなかったことが、保険契約法五四条の適用の対象となり、保険者は不通知を理由に保険金支払を拒絶することができなくなるかどうかである。本判決は五四条の適用を認め、保険者の責任を肯定した。

Gleeson 判事による判旨を要約すれば次のようにいえよう。一般的な文言・表現を用いることにより、立法府は五四条の適否が形式の問題によって決まるようになることを避けるという意思を示している。本件において、保険契約の効果が五四条がなければYがXの請求を拒否できるというものであるとすることは、通常の言葉の問題としてきわめて適切である。Yが請求を拒否できることが、保険契約の免責条項に該当することによるのか、またはワランティ、condition 違反によるのか、リスクを定義する保険契約の文言によるのかは重要ではない。保険契約法の目的は、保険者、被保険者、他の公衆の利益の公正なバランスをとることであり、五四条を、契約をどのように起草するかによって適否が左右されるような形で解釈することは、この目的と全く調和しない。

このように本判決は請求・通知事故方式保険における請求の不通知に対する五四条の適用を認め、不通知による保険者の免責を認めなかった[30]。次に、状況の不通知についての初めての判決が、FAI General Ins. Co. Ltd v. Perry 判決[31]である。

事案は次のようなものである。一九八六年、X（原告、被上訴人）は、一九八六—八七年度から八九—九〇年度にわたって訴外Bの会計監査人をつとめた。XはY（被告、上訴人）の専門家責任保険に加入した。保険期間は一九八七年一〇月二六日から八八年一〇月二五日までの一年（第一契約という）であり、二回更新された（八八年一〇月からの保険を第二契約、八九年一〇月からの保険を第三契約という）。請求・通知事故方式保険であり、損害賠償請求を生じさせるおそれのある状況（以下、状況とする）の保険者への通知に関するみなし条項があった。また、前の保険の下で通知された請求または状況に関しては被保険者をカバーしないとされていた。

八八—八九年度の監査の途中であった一九八九年九月一五日、Xは会社の reported stock に重大な過大評価（二五〇万ドル）があることを発見し、これをBの役員に知らせた。同年九月二八日、Xは第三契約を締結した。この申込において、Xは状況を知っているかどうかという問いに対し否定していた。一九九〇年九月、BはXの監査におけるネグリジェンスにより損害を受けたとしてXに対する損害賠償請求訴訟を提起した。Xはこれを遅滞なくYに通知したが、Yは保険金支払を拒否した。XはYを相手に交差請求（cross-claim）を提起し、Bの訴訟の防御費用の支払を求めた。BのXに対する訴訟では、最終的には、Bが未払報酬の代わりにXの交差請求の費用の一部を支払うことを前提として、三万ドルの支払で和解がなされた。原審ではXが勝訴し、Yが控訴した。第二契約の保険期間中に状況をYに通知しなかったに関わらず、第二契約に基く保険金請求が認められるかが問題となっている。

本判決では、二対一と判断が分かれたが、多数意見は五四条の適用を否定した。Gleeson 判事、Clarke 判事の判旨の大要は次のようなものである。状況を知った被保険者は、通知することで状況に関する将来の請求にまで担保範囲を拡張するか、通知せず請求がなされるのを待つかの選択権（option）を有する。保険を毎年更新する被保険者は、状況が請求につながる可能性がごくわずかであると認識することにより、また、通知は次年度の保険の保険料増加につながる危険により、請求の可能性を通知することは自己の利益にはならないと判断するかもしれない。担保範囲を拡大することを選択しないという決定は五四条にいう種類の懈怠には当たらない。五四条は、何らかの行為または不作為により保険契約上の権利（保険金請求権など）が失われることを想定している。本件では、失われた権利はない。その行為をすれば保険契約が提供していない保険金請求が可能になるという行為を、被保険者がなさなかったにすぎない。

みなし条項は保険契約法四〇条三項とその効果は同じである。[32] みなし条項がなくても、四〇条三項により被保険者が状況を通知すれば保険者は責任を否定できず、通知がなければ責任を否定できる。したがって、不通知の場合に、五四条がなければ、保険契約の効果として保険者は保険金支払を拒絶できるというわけではなく、状況の不通知は五四条における不作為には当たらない。この議論が正しいのであれば、保険契約にみなし条項があるために、状況の不通知が五四条における不作為とみなされることは不合理である。

これら二つの判決により、請求・通知事故方式保険における請求の不通知には五四条が適用されるが、請求事故方式または請求・通知事故方式保険における状況の不通知には五四条は適用されないとの見方が広まった。(33)このような状況に大きな衝撃を与えたのが、連邦最高裁における Antico v. Fielding Australia Pty Ltd 判決である。(34)本判決は、直接には、請求または状況の不通知に関するものではない。事案は次のようなものである。

X（原告、上訴人、上訴人）は訴外B会社の取締役であった。Bの業務は、サラブレッドの取得、飼育、販売である。XはY1（被告、被上訴人）の会社役員訴訟費用保険（Directors and Officers Legal expense policy）に加入していたが、これはXの保険ブローカーであるY2（被告、被上訴人、被上訴人）が手配した。保険期間は一九八九年一二月二二日から一年間であり、請求事故方式である。また、被保険者が訴追や防御につき合理的根拠を有する場合にのみ与えられる保険者による特定の同意を得ない限り、保険者は損害てん補の責任を負わないとする条項（condition 1）がある。免責条項により、condition 1にしたがって保険者の同意が得られる前に負担し、または支払われた法律上の費用（免責条項6）、保険者の同意なしに被保険者が訴訟を提起した、または訴訟に対して防御した場合（免責条項12）は免責とされている。

保険期間中にXに対して、Bの取締役としての違法行為による損害賠償責任を追及する訴訟が提起された。この訴訟は和解で終結したが、百万ドルを超えるといわれる訴訟費用がかかった。Y1は保険金支払を拒否し、Xは保険金支払を求めて提訴した。また、Xは、Y2は保険契約に関しXにアドバイスする際の注意義務等に違反したとして、Y2を被告として加えた。

第一審では、次のような理由で、Y1・2が勝訴した。Y1は、Y1とY2間のやりとりにおけるY2の過ちのために保険契約上の義務を負わない。したがって、Y2の注意義務等の違反は認められる。しかし、condition

1のためにいずれにしろY1の保険金支払責任は生じなかったのであれば、Y2の責任も認められない。そこで、五四条が condition 1に適用されるかが問題となるが、同意を得なかったことは五四条における行為または不作為には該当しない。

原審では、同意を求めなかったことはXの不作為であるが、同意を与えなかったことはY1の不作為であるから、五四条は適用されないとして、上訴が棄却され、XはY2に対して上訴した。

本判決では、差戻とする少数意見があるが、五四条が適用されることについては一致している。多数意見は次のようなものである。五四条は広い用語で表現されているのであり、被保険者の不作為は、被保険者が保険契約の下で有する権利、選択権、権限（liberty）の不行使であってはならない理由はない。

問題となる行為や不作為が契約違反ではなく、前提要件（condition precedent）を満たさなかったという場合にも、それを契約違反として扱うことにより、保険者の利益が害された程度を評価することができる。保険者の利益はこれにより保護される。

同意を与えないという保険者の不作為（inaction）があったから五四条は適用されないとすることも妥当ではない。被保険者が保険者の同意を得なかったことは五四条における不作為である。問題はそのような不作為「により」、五四条がなければ、契約の効果は保険者が保険金支払を拒めたものかどうかである。「により」という文言は、保険者が支払拒否できることの唯一の、または独自の（unique）原因（cause）に限ることを表すものではない。五四条は契約の効果に着目するものであり、その効果が、問題となる行為または不作為により保険者が支払拒否できるというものかどうかを問うものである。

一般に本判決は Perry 判決を否定するものと理解されている。したがって、本判決の論旨によれば、状況の不通知にも五四条が適用されることになるのではないか、という推測がなされていた。(35) そして、状況の不通知について、連邦最高裁が判断を下し、適用を肯定したのが、FAI General Ins. Co. Ltd. v. Australian Hospital Care Pty

Ltd 判決(36)である。

事案は次のようなものである。病院を経営しているX（原告、被上訴人、被上訴人）は専門家責任保険に加入していた。一九九一年六月二〇日から一九九二年六月二〇日（一年目）までは、Y1（被告、上訴人、上訴人）が保険者であった。一九九二年六月二〇日から一九九三年六月二〇日（二年目）までは、Y2（被告、被上訴人）が保険者だった。Y1の保険の付保条項（insuring clause）は、請求・通知事故方式をとっている。また、みなし条項もある。

訴外Aは、一九九一年三月にXの病院の一つで手術を受けたが、Xに過失があり、被害を受けたと主張している。一年目の保険期間中にXはAの弁護士から、Aが訴訟を起こすかどうか考慮しているとの手紙を受け取った。一九九二年六月、Aの弁護士は、Aに成功の見込みはあまりないと告げた。この月に、XはY2の保険に申し込んだが、申込書において、請求を生じさせるおそれのある状況は知らないと述べていた。

九二年一二月、AはXおよび手術をした医者に対する損害賠償請求訴訟を提起した。Y1とY2の両者が責任を否定し、XはY2とY1に対して、保険金支払を求める第三者引込訴訟（third party proceedings）を提起した。第一審では、XはY2に対しては敗訴したが、Y1に対しては勝訴した。XとY1がそれぞれ上訴した原審ではXがY1、Y2両者に対し勝訴し、Y1のみが上告した。

本判決は四対一で、五四条の適用を肯定した。多数意見による判旨の要点は次のようにいえよう。みなし条項を考慮に入れた場合、本件の保険は請求・通知事故方式ではなく、発見事故方式である。状況の不通知への五四条の適用は意図されておらず、不合理であるとの主張の背景にある商取引上の理由は、請求事故方式が採用される理由にある。請求事故方式保険は合理的な保険料で責任保険を提供する手段として理解されている(37)。しかし、これらは立法府で考慮されたものではない。保険契約法はこれらの問題を当事者の合意に任せるべきでないという立法府の決定を反映している。

五四条を文字通りに解することの難点は、保険期間中に保険事故が生じていない場合に保険者に支払うことを求めるような解釈に対する直感的な拒絶である。しかし、この難点は現実的なものというよりは見かけのものである。五四条は被保険者が実際になす保険者への保険金支払請求についての保険契約の効果に注意を払っている。五四条は被保険者の保険金請求に内在する制限から被保険者を解放するものではない。発生事故方式であれば、保険事故が保険期間中に発生しない限り被保険者による保険金請求はなされえない。請求・通知事故方式であれば、保険期間中に第三者からの請求がなされ、それが保険者に通知されない限り、後の被保険者による保険金請求はカバーされない。みなし条項を含んでいる発見事故方式では、保険期間中に被保険者が状況を知れば、保険契約が想定している事故が起こっている。本件保険契約は発見事故方式であり、保険契約の効果は、被保険者が状況を通知しなかったという事実によってのみ保険者が支払を拒否できるというものである。したがって、五四条が適用される。

このように連邦最高裁が状況の不通知について五四条が適用されることを認めたが、これで判例の態度が確定し、問題がすべて解決したというわけではなさそうである。みなし条項がない場合について、状況の通知への五四条の適用を否定する判例が現れている。(38) また、適用を肯定した場合に、不通知による保険者の利益の侵害をいかに解するかという難問は残っている。

2　判例をめぐる議論

判例は前節でみたような展開をみせているが、これら一連の判例は大きな議論を引き起こしている。五四条の適用を認めることに対しては、請求事故方式ないし請求・通知事故方式保険の基礎を破壊してしまうという強い批判がなされている。(39) しかし、この見地からしても五四条の適用を制限する理論構成が問題となる。

判例・学説で試みられている理論構成としては、次のようなものがある。まず、被保険者が義務を履行しなかったのではなく、選択権を行使しなかった場合には五四条は適用されないとの見解がある。(40) しかし、この論法に対しては多くの批判がなされている。まず、選択かどうかで区別するとしても、被保険者は選択の結果通知しなかったのかもしれないし、単に通知し忘れただけかもしれないので、被保険者の主観を問題にするべきである。(41) すべての不作為につき、被保険者が行為しないことを選択したという可能性はある。(42) 状況の通知につき、通知しないことを選択した場合、更新時の告知義務違反の問題となる。したがって、その状況につき保険保護を受けたければ通知しなければならないという状態になる。(43) このため、選択かどうかで区別するとすれば、通知が強制的に課されていれば五四条が適用され、その結果、実際には通知するかどうかは強制的にはならないのに対し、通知が選択的に課されていれば、五四条が適用されず、実際の効果は強制的になる。(44) 結局、保険者がいかに約款を起草するかにより五四条の適否が決まることになる。(45)

担保範囲を拡大する行為がなされなかった場合には五四条は適用されないとの見解もある。理論的には、現在の保険担保の下で要求される行為か、この行為がなされれば新たな保険担保を提供するものかという区別であり、(46) 現在の保険担保の下で要求される行為であれば、それが義務か権利か選択権かは関係ない。(47) 担保範囲を規定する条項について五四条を適用すれば、保険契約者は自らが交渉した以上のものを獲得することになる。(48) ただし、この区別は微妙であり、問題となる行為が担保範囲の基礎となる（fundamental）ものかどうかによるとするものもある。(49) この担保範囲を拡大する行為かどうかで区別するという発想はそれ自体は妥当なように思われるが、(50) 問題は、担保範囲をいかに解釈するかであろう。

たとえば、状況の通知については次のような説明がある。請求事故方式保険においては、被保険者に対する請求がなされれば、それは保険でカバーされるという保険担保の存在を前提として、請求を保険者に通知するという手続が規定されている。これに対して、状況の通知では、状況から将来生じた請求をカバーするという保険担保は当初は存在しておらず、その保険担保は状況の通知により初めて生じる。そして、この状況の通知は保険担保を生じさせるという意味と、保険者に知らせるための手続という二重の意味をもつ。[51] このような理解は確かに可能である。しかし、状況の不通知への五四条の適用を認めた FAI General Ins. Co. Ltd. v. Australian Hospital Care Pty Ltd 判決[52]では、請求・通知事故方式で、状況の通知によるみなし条項を伴う保険は発見事故方式であると解されている。もともと発見事故方式であれば、五四条の適用により担保範囲が変更されるという問題は生じない。問題は、どちらの解釈が適切であるかをいかにして判断するかである。請求(・通知)事故方式をとり、補足的にみなし条項があるという形式と、みなし条項の存在理由は請求(・通知)事故方式を前提としても説明できることからすれば、文言からすれば、発見事故方式のように解することは不自然である。[53] しかし、文言により左右されることが不当であることを前提とすれば、文言からは自然であるという理由はあまり意味をもたなくなる。この場合にいかにして解釈の妥当性を判断するかが問題である。[54][55]

請求・通知事故方式保険における請求の不通知についても、[56] 五四条を適用すれば請求事故方式の保険となってしまうといわれるが、[57][58] そもそものような保険の担保範囲をいかに解するかが問題になる。このように具体的に担保範囲をどのように理解するかの点が大きな問題となる。この点につき、担保範囲の拡大かどうかで区別することは論理的には明快であるが、結局、約款の起草方法によって左右されることになるとの指摘がある。[59] この点で、五四条の適否の判断は、請求(・通知)事故方式の有用性の観点からの政策的な判断でしかありえないとの見解もある。[60]

請求の不通知や状況の通知について五四条の適用を認める場合、保険者の利益の保護としては、保険者の利益が害された程度による保険金支払責任の減額によることが考えられる。しかし、請求(・通知)事故方式をとることのメリットとして、保険料や準備金の計算を適切に行えるようにすることがあるが、これは個々の具体的なケースにおける損害としては評価しにくいものであり、保険者の責任の減額がどの程度実効性があるかをどう評価するかも問題の一つである。[61]

四 検討

オーストラリアにおける請求の不通知、状況の不通知の問題については、大きく分ければ二つの問題があるように思われる。まず、第一に、五四条の適用を制限するため、適否の基準について議論がなされている。基本的には、前節でみたように選択権の行使かどうかで区別する考え方と担保範囲を拡大する行為かどうかで区別する考え方がある。実質論としては、いずれもそれなりの妥当性はあるようにみえるが、五四条との関係では、約款の書き方に決定的に依拠することなしにこれらの区別をすることが可能か、あるいは約款文言に依拠することは常に不当なのかという点が問題になる。

第二の問題としては、契約理論の問題は別として、実質的に、請求の不通知、状況の不通知の効果はどのようなものが望ましいかということがある。基本的には、保険者の損害賠償請求（支払保険金の減額）を認める、保険金請求に対する免責、保険契約の解消の三つが考えられるが、どれが適切かが問題になる。具体的には、保険者の側からいえば、請求・通知事故方式保険における請求の不通知については、保険者免責を認めないと請求事故方式と同じになってしまう点が問題であり、状況の不通知については、保険者免責を認めないと発見事故方式と同じになってしまう点が問題となっている。不通知による保険者の不利益は支払保険金額から控除できるとされているが、これで請求事故方式や請求・通知事故方式を採用することによる保険者の利益が保護されるかということも問題になる。

オーストラリア保険契約法は、第一の問題についての約款文言によらない区別はできず、文言による区別は不当であるとの判断を前提として、第二の問題につき、事故発生の不通知に限らず保険契約締結後の被保険者等の行為が保険者の責任に影響を与えるすべての規定につき、損害賠償による処理が妥当であるという判断を下したものとみることもできる。このような立場からは、請求・通知事故方式保険における請求の不通知、状況の不通知であっても五四条の適用を認めることが妥当だといえる。(62)

それではオーストラリア保険契約法を離れれば、この問題につきどのように考えることが妥当であろうか。まず、前提としてオーストラリア保険契約法五四条が有する問題意識を共有すべきかを確認しておく。この点については、日本では、ワランティと免責条項の区別のようなことは問題にはならず、保険契約者等の付随的義務に関しても、約款の書き方により効果が異なるという問題はあまり生じていなかったように思われる。しかし、少なくとも潜在的には、免責条項とするか付随的義務とするかで効果が異なるというような問題は起こりうる。(63)それでは、この問題についてどう考えるべきであろうか。

先ほどの第一の問題において、オーストラリアでは担保範囲を拡大する行為かどうかで区別するという考え方があった。この考え方の背景には、保険者が引き受けた危険の範囲を越えた危険を、法律により強制的に保険者に引き受けさせることは妥当ではないという発想がある。これと類似の問題としては、核心的条項(64)につき不当条項規制を及ぼすべきかどうかという問題がある。すなわち、自動車保険の保険事故発生の通知義務を定める約款については、最高裁判所は制限的に解釈しているが(65)、通知を保険事故とする約款につき、核心的条項との関係で同様の解釈をすることができるかどうかである。この点については、日本では消費者契約法にも関連して議論がなされているが、仮に核心的条項については司法的介入はするべきではないという原則を認めたとしても(66)、保険契約における核心的条項はかなり限定的に解釈されるように思われる。(67)したがって、通知を保険事故としたからといって、制限的解釈が排除されることにはならないであろう。

次に、約款文言により効果が左右されることは妥当ではない、すなわち、たとえば(68)、請求の通知を通知義務とするか保険事故とするかで、その効果が自由に変えられるのは妥当ではないとすると、文言に依拠せずに、あるべき約款の内容を提示する（請求の通知が義務と規定されているか保険事故とされているかに関わらず、適切な不通知の効果を示す）ことが必要となる。[69] そのためには、当然、実質的な妥当性について考慮する必要がある。

そこで、まず、約款解釈の理論的問題を離れて実質的に、請求の不通知、状況の不通知について具体的にどのような解釈が妥当かを考えてみる。請求の不通知については、この効果を保険者免責とするべきかどうか、約款に即していえば、請求・通知事故方式保険における請求の不通知を保険事故の不発生としてそのまま理解するか、あるいは請求事故方式における請求の通知義務違反の効果を保険者免責と解するべきかが問題になる。請求・通知事故方式保険の問題に即していえば、そもそも請求事故方式保険においても、保険事故の発生と保険金請求の間は短縮されているところ、さらに通知をも保険事故とすることの必要性が、不通知による被保険者の不利益に比べて、どのように評価されるかが問題になる。[70]

請求・通知事故方式保険では、保険事故発生と保険金請求の間が請求事故方式よりもさらに短縮されるという利点があるが、この保険においても、被保険者に対する損害賠償請求とその通知が保険期間中になされていれば、その損害賠償請求が予想できなかったものであっても、保険者は保険金を支払わなければならないのであり、請求・通知事故方式保険とすることで、そのような不利益から免れられるわけではない。また、たとえば、被保険者への損害賠償請求がなされてから、通知がなされず、一年後に保険金請求されたからといって保険者に具体的にどのような不利益が生じるのかという問題がある。確かに損害賠償請求がなされた後、保険金請求が一〇年も遅れれば、保険者の不利益は大きくなる。たとえば、損害賠償請求訴訟が長期間にわたる場合には保険金請求はかなり後になるが、しかし、これは通知を保険事故としても生じる問題である。このような損害賠償請求の処理自体に時間がかかる場合を除けば、損害賠償請求がなされている時点から保険金請求を何年も遅らせることはあまり起こらないのではなかろうか。そうすると、請求事故方式に加えて、さらに通知も保険事故とすることの必要性はそれほど大きくないように思われる。[71] そうであれば、請求の不通知については（請求事故方式における通知義務違反としても）、損害賠償で処理することが考えられる。[72]

これに対して、損害賠償請求のなされるおそれのある状況の通知の場合は状況が異なる。この場合に、不通知によっても保険者は免責されないとすることは、発見事故方式とすることを意味する。これは保険事故の発生と保険金請求の間の長さという点では請求事故方式とは大きく異なってくる。つまり、専門家責任保険や環境汚染賠償責任保険など保険者が請求事故方式を望むことに合理的理由があるときに発見事故方式のように解釈することは問題が大きい(73)。したがって、状況の不通知については保険者免責とすることはありえる(74)。

ここで保険者免責との解釈が妥当ではない、すなわち状況の不通知による保険者免責を認めないことは、その保険を発見事故方式と解することに等しいが、発見事故方式と解するべきか請求事故方式と解するべきかを文言に依拠せずに判断するためには、当該保険においてどちらが妥当かという実質的な判断をせざるをえない。しかし、この判断でまず問題となるのは保険料との均衡である。発見事故方式や請求事故方式をとることが、保険料に反映されているのであれば、どちらをとることも妥当なのであり、それ以上にどちらか一方が適切であるとすることは困難であると思われる。また、請求事故方式でみなし条項が付されている場合に、保険料に基づいて発見事故方式と解するべきか請求事故方式と解するべきかの判断ができることもありえよう(75)。しかし、保険料に基づく判断ができない場合には、実質的にどちらが望ましいかの判断は現実にはかなり困難であろう(76)(77)。

このように合理性の判断が困難な場合には、保険約款の文言を尊重して解釈するほかはないのではなかろうか。したがって、たとえば、会社役員賠償責任保険において、保険事故は請求事故方式で規定され、これに状況の通知によるみなし条項が付されている場合には、これを保険事故を発見事故方式とするものとは解さず(78)、素直に請求事故方式で担保の拡大を認めるものと解するべきであろう(79)。

請求の不通知については、請求事故方式における通知義務違反としての不通知と請求・通知事故方式における不通知で区別するべきか、区別しないのであれば、統一的に保険者免責と解するべきなのかどうかというような問題が生じる。前述のように、請求事故方式を前提として、そこからさらに通知を保険事故とすることよる保険者の利益はそれほど大きくはないとの判断を前提とすれば、請求・通知事故方式における請求の不通知の効果を保険者免責と解することは妥当ではなく(80)、同様に請求事故方式における通知義務違反としての請求の不通知の効果も保険者免責とすることは妥当ではないといえよう。

しかし、仮に請求・通知事故方式とすることによる保険者の利益は保護に値するとすれば(81)、不通知の効果は保険者免責（正確には保険事故の不発生により保険者の責任の不発生）と解するべきことになる(82)(83)。このとき請求事故方式の通知義務違反の効果はどう解するべきであろうか。他の契約内容が同じで請求事故方式の方が保険料が安いというような場合には、通知義務違反の効果は損害賠償と解することが妥当であろう。しかし、保険料からの判断が困難である場合には、その点は措くとして、そもそも通知義務違反の効果を保険者免責とすることの合理性が問題になる。保険料や準備金の算定の困難から、請求・通知事故方式とすることによる保険者の利益は保護に値することを前提とすれば、ここでも義務違反の効果を保険者免責とすることは合理的であるといえるように思われる。保険料算定の困難は損害賠償の対象となる損害としては位置付けにくいとしても、義務違反の効果を保険者免責とすることは、主観的損害を含めて損害賠償額を予定したものと類似のものとみることができるように思われる(84)。現実の損害額を超える損害賠償額を定めることは許されるとすれば(85)、少なくとも保険金額を損害賠償額として予定することが合理的であれば、義務違反の効果を保険者免責とすることも合理的であろう。したがって、この場合には、通知義務違反の効果も保険者免責と解してよいと思われる。

（1） Fred Hawke, Notification of Circumstances under Claims Made Policies: Some Observations upon the Scope and Operation of the Insurance Contracts Act 1984 (Cth) (1994) 6 Ins. L. J. 252, 253.

（2） 何をもって請求とみるかは問題となりうる。Hawke, supra note 1, at 255. また、約款により、被保険者により保険者に通知された損害賠償請求のなされるおそれのある状況を含むものと定められることもある。See, East End Real Estate Pty Ltd v. C E Heath Cas. & General Ins. Ltd (1991) 25 NSWLR 400.

（3） 何をもって事故とするかは約款の規定による。たとえば、物の毀損、人の傷害、被保険者の過失などがありうる。金沢理「責任保険における保険事故」金沢理＝西島梅治＝倉沢康一郎編・新種・自動車保険講座Ⅰ（日本評論社、一九七五年）四三頁参照。また、後述のように、発見事故方式についてであるが、損害賠償請求がなされるおそれのある状況を事故とすることもありうる。

（4） 何をもって発生とするかも約款の規定による。これは、長い間発見されにくい疾病、傷害のような場合に特に問題となる。Malcolm Clarke, The Law of Insurance Contracts, 4th ed. 2002, 17-4C2.

（5） 弥永真生『専門家の責任』と保険法論の展望」法時六七巻二号一四頁（一九九五年）。

（6） 落合誠一「専門家責任保険」別冊NBL二八号「専門家の民事責任」一一五頁（一九九四年）、弥永・前掲注（5）一四頁、同「専門家責任と責任保険」加藤雅信編・新・現代損害賠償法講座3（日本評論社、一九九七年）三九〇頁、米川孝「環境汚染賠償責任保険」金商九三三号「損害保険の法律問題」二一四頁（一九九四年）。Clarke, supra note 4, 17-4B; Hawke, supra note 1, at 253. Breville Appliances v. Ducrou (1992) 7 ANZ Ins. Cas. 61-125.

（7） 「発生」についての約款の文言があいまいであれば、発生の解釈で対処することもありえなくはない。Clarke, supra note 4, 17-4C2. 発生の解釈による対処の問題点について、Roy Marshall, The Underwriter's Need For "Claims Made" (1994) 4 Int'l J. Ins. L. 249, 251.

（8） Marshall, supra note 7, at 250; Hawke, supra note 1, at 253. なお、米川・前掲注（6）二一四頁。

（9） Hawke, supra note 1, at 254.

（10） Mylton Burns, FAI v. Perry : High Noon in the High Court (2000) 12 Ins. L. J. 79, 82, 97; Patrick Mead, The Effect of Section 54 of the Insurance Contracts Act 1984 and Proposals for Reform (1997) 9 Ins. L. J. 1, 19.

（11） David J. Hill, Recent Australian Decisions in relation to Claims Made Policies (1992) 5 Ins. L. J. 218, 219; Burns, supra note 10, at 83.

（12） 最判昭和六二年二月二〇日民集四一巻一号一五九頁。

（13） Hawke, supra note 1, at 256-258; Geoff Masel, Taking Liberties with Claims Made Policies (2000) 11 Ins. L. J. 104, 105; Anette Schoombee, Antico's Case and Other Recent Decisions on Notification of Claims and Circumstances : Sections 54 and 40 of the Insurance Contrcts Act（1997）8 Ins. L. J. 167, 180; Burns, supra note 10, at 83. 洲崎博史「会社役員賠償責任保険と取締役の法令違反」森本滋＝川濱昇＝前田雅弘編・企業の健全性確保と取締役の責任（有斐閣、一九九七年）三八〇頁。

(14) 不作為（omission）も含む（六項）。

(15) 二項では、被保険者または第三者の行為が、当該保険契約により付保されている損害を生ぜしめる、またはそれに寄与する（contribute）ものであるとみることが合理的である場合には、保険者は保険金支払を拒否できる、と規定されている。たとえば、自動車保険で、ブレーキの故障を放置しておく行為は二項に該当する。Mead, supra note 10, at 3-4.

(16) The Australian Law Reform Commission（hereinafter referred to as ALRC), Report No. 20, 1982, para. 215.

(17) 後述のように、このような条項をワランティと解釈するべきかどうかは問題となる。

(18) ALRC, supra note 16, para 216, 219. ワランティについて、竹濱修「アメリカ保険法におけるワランティ法理」近大法学三六巻一号三五頁（一九八八年）、山本巖「Warranty（念証）について」保険学雑誌四二〇号二九頁（一九六三年）参照。

(19) ALRC, supra note 16, para. 238. 一般的な契約法の問題としては、契約上の義務違反の効果は義務の性質に応じ、損害賠償、契約解除、重大な違反のときのみ契約解除ができるという三種類に分けられる。G. H. Treitel, The Law of Con-tract, 9th ed. 1995, 703 et. seq. 具体的な問題の処理に当たっては当該契約上の義務がいずれに該当するかが問題になる。保険契約における義務は money consideration、warranty、claim conditions の三種類に分けられるとされることがある。Clarke, supra note 4, at 20-1. この claim conditions の違反について、本文のように解されている。See also, Clarke, id, 26-2G. 一般的な契約法では義務違反の効果は、損害賠償でなければ、契約の解除である。しかし、保険契約では、義務違反の効果が契約の解除ではなく、当該保険金請求に対する保険者の免責と解されることが多く、契約法の義務の区分とは対応しないところがある。この点、保険契約における義務（condition とされるもの）は前提要件（condition precedent）であると解され、違反の効果は保険者免責とされるのが一般的である。See Howard N. Bennett, Occurrence Notification Clauses : Innominate Severable Obligations, 18 J. Contract L. 2002 JCL

LEXS 14. なお、山本・前掲注（18）参照。

（20） ALRC, supra note 16, para 217.

（21） Clarke, supra note 4, at 20-1.

（22） David St Leger Kelly & Michael L Ball, Insurance Legislation Manual 3rd ed. 1995, 142.

（23） ALRC, supra note 16, para. 218.

（24） ALRC, supra note 16, para. 224, 229, 241; Kelly & Ball, supra note 22, at 142.

（25） ALRC, supra note 16, para. 219.

（26） 五四条二項に該当する場合には若干異なった扱いがなされる。二項では、被保険者または第三者の行為が、当該保険契約により付保されている損害を生ぜしめる、またはそれに寄与するものであるとみることが合理的である場合には、保険者は保険金支払を拒否できる、とされている。また、この場合に、被保険者が当該行為により損害の全部または一部が生じたのではないことを証明すれば、保険者はその行為のみを理由として、損害の全部または一部につき保険金支払を拒否することはできない（三項、四項）。Mead, supra note 10, at 4.

（27） ALRC, supra note 16, para. 232. 正確には、前提要件と解することが前提となる。Clarke, supra note 4, 26-2G. 弥永真生「自動車保険における事故通知義務懈怠の効果」筑波法政一三号一六八頁（一九九〇年）。

（28） (1991) 25 NSWLR 400.

（29） 保険約款により、請求は、第三者の被保険者に対する要求、訴訟提起、被保険者により保険者に通知された請求を生じさせるおそれのある状況を含むものとして定義されている。(1991) 25NSWLR 402. したがって、典型的な請求・通知事故方式とは異なる。

（30） この後、五四条の適用を肯定したものとして、Breville Appliances v. Ducrou (1992) 7 ANZ Ins. Cas. 61-125; Drayton v. Martin [1996] 137 ALR 145.

（31） (1993) 30 NSWLR 89.

（32） 四〇条三項は、保険期間中に被保険者が請求を生じさせるおそれのある状況を知ってから、現実的に合理的な範囲内でできるだけすぐに被保険者がその状況を保険者に書面で通知すれば、保険者は、請求がなされたときに、保険期間が終了していることだけを理由として保険契約に基く責任を免れることはできないと規定する。これはみなし条項と同じ趣旨である。ALRC, supra note 16, para. 265; Hawke, supra note 1, at 258. 注（13）と本文参照。

(33) Mead, supra note 10, at 21-22.

(34) (1997) 146 A. L. R. 385.

(35) Mead, supra note 10, at 11; Burns, supra note 10, at 92.

(36) (2001) 180 A. L. R. 374.

(37) 請求事故方式の利点については、注（6）、（7）、（8）と本文参照。

(38) Gosford City Council v. GIO General Ltd (2002). 適用を認めると四〇条三項と抵触することを理由とする。なお、上記以外で状況の不通知につき五四条の適用を否定した判例として、Greentree v. FAI General Ins. Co. Ltd (1998) 158 ALR 592. 肯定したものとして、Einfeld v. HIH Cas. General Ins. Ltd (1999) 166 ALR 714.

(39) Hill, supra note 11, at 224; Peter Mann, 'Claims made and notified' policies in Australia : the 'East End' approach (1993) 9 Professional Negligence 15, 19; Burns, supra note 10, at 97; Masel, supra note 13, at 110. Breville Appliances v. Ducrou (1992) 7 ANZ Ins. Cas. 61-125. これに対して、the Insurance and Superannuation Commission は East End 判決と Perry 判決の後で、五四条を改正する必要はないとの見解を示している。(1995) ANZ Ins. Reporter. 49-734.

(40) FAI General Ins. Co. Ltd v. Perry (1993) 30 NSWLR 89; Fred Hawke, Circumstance Notification : Failure to Obtain Insurer's Consent to Costs - Whether an "Omission" within Insurance Contracts Act s 54 (1995) 7 Ins. L. J. 72, 76, 77; David J. Hill, Further Appeal Decisions on Claims Made Policies (1994) 2 Ins. L. J. 177, 182.

(41) Schoombee, supra note 13, at 175. See also Mead, supra note 10, at 23.

(42) Jeremy Clarke, After the Dust Settles on Antico : FAI v. Perry Lives (1997) 9 Ins. L. J. 29, 30; Mead, supra note 10, at 23; Kenneth C Sutton, Insurance Contracts Act 1984 (Cth), Section 54 (1993) 21 Aust. Bus. L. Rev. 448, 450.

(43) Mead, supra note 10, at 23. See also Hill, supra note 40, at 181.

(44) Mead, supra note 10, at 23.

(45) Mead, supra note 10, at 22; Schoombee, supra note 13, at 175. See also Hill, supra note 40, at 182; K J Horsely,

Section 54 of the Insurance Contracts Act (1996) 7 Ins. L. J. 197, 211.

(46) Clarke, supra note 42, at 34. Antico v. CE Heath Cas. & General Ins. Ltd (1995) 8 ANZ Ins. Cases 61-268（第一審判決）. Perry 判決の Clarke 判事による判旨にもこのような表現がみられる。FAI General Ins. Co. v. Perry (1993) 30 NSWLR 89, 107.

(47) Clarke, supra note 42, at 34.

(48) Masel, supra note 13, at 110.

(49) Clarke, supra note 42, at 34. 契約当事者の意思に基づいて区別することが妥当とするものとして、Schoombee, supra note 13, at 174.

(50) 五四条の適用が不当である例がいくつかあげられている。保険者への通知を条件として、同居の家族をすべて被保険者とすることができる場合、保険者への通知と保険者の同意を条件として、保険契約をさらに一年間更新するオプションが認められており、被保険者の状況が変わっていなければ保険者は更新を拒絶することはできないとされている場合、追加保険料を支払うことで、小損害不担保の金額が減額されるという場合。いずれの場合も、不通知ないし追加保険料の不払という被保険者の懈怠が五四条により治癒されるのは不当である。Clarke, supra note 42, at 35. このように担保範囲の拡大であることが判断しやすいケースもあるが、後述のような微妙なケースをどうするかという問題が残る。Clarke, id, at 33.

(51) Clarke, supra note 42, at 33. See also Schoombee, supra note 13, at 176 ; Masel, supra note 13, at 110-111.

(52) (2001) 180 A. L. R. 374.

(53) 日本の会社役員賠償責任保険に関して、洲崎・前掲注（13）四〇二頁参照。

(54) 状況の不通知に五四条を適用するかどうかの実質的妥当性に関連して、被保険者に状況を通知させることは過大な義務を課すものではないとの指摘がある。保険契約を更新する場合には、その際に状況を告知することが求められるが、このときに現在の保険契約について保険者に状況の通知をすることが可能だからである。Masel, supra note 13, at 110.

(55) なお、状況の通知については、Perry 判決の指摘する四〇条三項との関係も問題となる。仮に約款にみなし条項がなければ、通知しなければ、状況から後に生じた請求は保険によりカバーされなくなるのは、法律の規定に基づくものであり、保険契約の効果ではないから五四条は適用されず、そうだとすれば、みなし条項があるからといって五四条が適用されることになるのは不合理であるという点が問題である。この点については、Hill, supra note 40, at 182; Burns, supra note 10, at 89, 98; A J Meagher, East End Real Estate Pty Ltd v C E Heath Casualty & General Insurance Ltd (1992) 5 Ins. L. J. 92, 96-97; Schoombee, supra note 13, at 174.

(56)　「請求（claims）」が損害賠償請求を生じさせるおそれのある状況を含むものとして定義されていれば（East End 判決はこのような保険であった）、このような請求・通知事故方式保険における請求の不通知で保険者免責を認めないことは、状況の不通知についてと同じ問題になる。See Hill, supra note 11, at 224-225; Burns, supra note 10, at 85.

(57)　Mead, supra note 10, at 22.

(58)　請求の通知が義務として規定されている場合には、合理的な期間内に通知しなければならないと解釈され、合理的期間内かどうかの判断においては種々の事情が考慮される。Clarke, supra note 4, 26-2E3, 26-2E4. そのため、保険契約者等の帰責事由の判断がこの点でなされうる。これに対して、通知が保険事故として規定されている場合には、保険事故として解釈するのであれば、通知が合理的期間内になされたかどうかは問題にならず、保険期間中に通知がなされたかどうかが問題になることになろう。ただし、五四条の適用を肯定すれば、保険者の利益に対する侵害の点で保険者と保険契約者等の利害調整がなされることになる。五四条の適用を否定する立場からは、どのように解釈されるのかは定かではないが、右の解釈がそのまま貫かれ、保険契約者等の帰責事由はまったく考慮されないことになるのではないだろうか。

状況の通知については、合理的な期間内に通知しなければならないと解釈されると思われるので（Hawke, supra note 1, at 272）、五四条の適用を否定しても、この限りでは、保険者と保険契約者等の利害調整が図られることになる。

(59)　Hawke, supra note 40, at 76. Antico v. CE Heath Cas. & General Ins. Ltd (1996) 38 NSWLR 681（控訴審判決）. この点で、率直に約款の文言から判断することを認める見解もある。付保条項（insuring clause）と、その他の種々

の条項(免責条項、conditions等)との間には決定的な違いがあるとする。Sutton, supra note 42, at 449; Mann, supra note 39, at 20.

(60) Mead, supra note 10, at 27.

(61) 五四条一項で規定されている保険者の利益の侵害（prejudice）は、損害を直接引き起こすような種類のものではないと解されている。Mead, supra note 10, at 13-14. したがって、このような理解を前提とすれば、本文のような保険者の利益の侵害もこの規定により救済される可能性はある。しかし、いずれにせよ、これをどう解するかは困難な問題であり、議論がある。Burns, supra note 10, at 87, 99; Horsely, supra note 45, at 219, 220; Hawke, supra note 40, at 77.

(62) East End判決につき、法解釈としてはごく通常のものであるとの指摘がある。The Honourable Mr Justice Derrington, A Guide to the Construction of the Insurance Contracts Act 1984 (1994) 6 Ins. L. J. 243, 248-249.

(63) ドイツでの類似の（具体的問題状況は異なるが）問題についての議論について、坂口光男・保険者免責の基礎理論（文眞堂、一九九三年）六九頁以下。また、より一般的にこの問題を検討するものとして、山本豊「イギリス法における免責条項二分論について」不当条項規制と自己責任・契約正義（有斐閣、一九九七年）二三一頁、同「契約条項における義務の排除と責任の排除」同書二六一頁。

(64) 核心的条項の定義は問題であるが、さしあたり給付・対価部分としておく。

(65) 最判昭和六二年二月二〇日民集四一巻一号一五九頁。

(66) 消費者契約法一〇条については、核心的条項への適用はないとされている。落合誠一・消費者契約法（有斐閣、二〇〇一年）一五二頁。もっとも、議論がないわけではなく、また、一〇条の適用はないとしても公序良俗等の適用が主張されているが、一般的な議論として、山本豊「契約内容の規制」別冊NBL五一号債権法改正の課題と方向九七頁（一九九八年）、潮見佳男「不当条項の内容規制―総論」別冊NBL五四号消費者契約法一四四頁以下（二〇〇二年）等。

(67) 山本豊「不当条項規制と中心条項・付随条項」別冊NBL五四号消費者契約法一一一頁以下（一九九九年）、山下友信「消費者契約法と保険約款」生命保険論集一三九号三五頁以下（二〇〇二年）。なお、小林道生「消費者契

約法における内容規制の対象と保険約款」小塚荘一郎＝髙橋美加編・落合誠一先生還暦記念　商事法への提言（商事法務、二〇〇四年）六九五頁参照。

(68)　山本・前掲注（63）「契約条項における義務の排除と責任の排除」二八〇頁参照。

(69)　約款文言により効果が左右されるとしても、約款内容の修正的解釈という形で対処することが妥当かどうかは問題となる。ここではひとまず、請求の通知、状況の通知については、内容規制が保険商品の供給停止のような極端な事態につながらない限りは、修正的解釈も許されるとしておく。

(70)　ここでは請求事故方式と請求・通知事故方式を比較しているが、発生事故方式がとられているような種類の保険において、請求・通知事故方式がとられるということも理論的には問題になる。しかし、まず、その種類の保険において請求事故方式をとることが妥当かどうか（発生事故方式と請求事故方式の比較）を検討する方が分かりやすいのではないかと思われる。一般的にこの方が判断しやすいからである。請求事故方式をとることが不当である場合には、請求・通知事故方式における請求の不通知の効果は免責と解するべきではない。請求事故方式をとることが有効と認められる場合に、さらに請求・通知事故方式との比較をなせばよいであろう。

(71)　被保険者が損害賠償請求に対して適切に防御しないことにより保険者の責任が拡大するという点で、請求の通知を求める意味があるという議論もありうる。しかし、この点から保険者免責を正当化することも困難であろう。弥永真生「自動車保険における訴訟通知義務懈怠の効果」筑波法政一五号一三三頁（一九九二年）、倉沢康一郎・判批・法学研究六四巻二号一三〇頁（一九九一年）参照。

(72)　請求事故方式保険における請求の不通知の効果は自動車保険における事故発生の不通知の効果と同じとみることもできるとするものとして、洲崎・前掲注（13）四〇七頁。

(73)　弥永・前掲注（5）一四頁参照。

(74)　損害賠償請求のなされるおそれのある状況を通知していなかったが、保険期間終了後一年内に損害賠償請求がなされ保険金請求もなされたというような場合には、保険者への不利益はそれほどはないであろう点では請求の通知と同じである。しかし、請求の通知では、前述のように請求がなされてから、保険金請求がなされるまでの間はそう長期にわたらないのが通常であろうと思われる。これに対して、アクシデントが発生してから保険金請求がなされる間はそうとう長期間にわたりうる。この点の違いから、請求の不通知では保険者免責は認めないが、状況の不通知では認めるという扱いの区別は説明できる。

(75) たとえば、同じ保険会社が同一種類の保険について、みなし条項つきの請求事故方式の保険と発見事故方式の保険の両方を扱っているが、両者の保険料が同じであるような場合(他の契約内容は同じものとする)には、前者を発見事故方式と解すべきということも考えられる。

(76) 保険料からは判断できないとしても、当事者が合意した合理的な担保範囲を解釈により導くことはありうるであろう。オーストラリアの議論につき、注(46)〜(50)と本文参照。しかし、みなし条項につき請求事故方式を基礎とする担保範囲の拡大と解するか、発見事故方式と解するかという点については、どちらが適切かという決め手はないように思われる。注(51)〜(55)と本文参照。

なお、請求事故方式の問題点の一つとして保険期間中に生じた事故については保険保護が与えられず、保護の範囲が狭くなることがある。この点で請求事故方式を用いることが否定されることもありうる。See Marshall, supra note 7, at 250-251. しかし、みなし条項を用いればかなり問題は緩和される。Hawke, supra note 1, at 256-258. 弥永・前掲注(5)一五頁、洲崎・前掲注(13)三八〇頁。ただし、みなし条項の対象となる状況が狭く解釈されれば、やはり保護範囲の狭さは問題となる。洲崎・前掲注(13)三九二頁以下。しかし、ここで問題となるのは、みなし条項につき発見事故方式を定めたものと解するかどうかであり、みなし条項の対象が狭いという問題はこの点の解釈では是正されない。したがって、この点はみなし条項を発見事故方式を定めたものと解するか、請求事故方式と解するかには影響しない。

(77) 特に、たとえば、専門家責任保険では、職種により請求事故方式をとるもの、発見事故方式をとるもの、発生事故方式をとるものに分かれているが、このような場合に、ある種類の専門家責任保険について、どの方式をとることが適切かという判断は容易ではないであろう。さらに、たとえば、医師賠償責任保険では、発見事故方式と請求事故方式の両方の種類の保険が存在している。大羽宏一「医療に従事する専門職業人を対象とする賠償責任保険の保険事故について」損保研究六五巻三・四号一一三頁以下(二〇〇四年)。このような場合に、どちらかが適切であるとの判断を下すのは困難であろう。

(78) 仮に発見事故方式と解するとすると、状況の通知は事故発生の通知義務を定めたものということになる。

(79) なお、仮に内容的には不当ではないとしても、「透明性原則」のような観点から問題とされることはありうるが、この点にはここでは立ち入らない。透明性原則については、石原全「約款における『透明性原則』について」一橋大学研究年報二八号三頁(一九九六年)、金岡京子「ドイツにおける生命保険約款の透明性原則の展開(一)〜(四・完)」早研九五号三七〇頁、九六号三〇〇頁(二〇〇〇年)、九七号三〇二頁、九八号二六二頁(二〇〇一年)等参照。

(80) 具体的には、請求・通知事故方式の保険は、請求事故方式の保険と同様のものと解釈することになろう。つまり、請求の通知は通知義務規定を変形したものとして、通知義務についての解釈をそのまま妥当させることになる。

(81) この判断は危険の種類に応じて変わりうる。たとえば、前述のように、自動車保険では事故発生の通知義務違反の効果は損害賠償という処理がなされている(最判昭和六二年二月二〇日民集四一巻一号一五九頁)。これはもっぱら保険者免責という効果は、この義務により保護される保険者の利益からして、被保険者には苛酷すぎることによる。竹濱修「保険事故発生の通知・説明義務の再検討(一)」立命館法学二一七号三二頁、六四頁(一九九一年)、弥永・前掲注(27)一七四頁、山下友信・判批・法教八二号八五頁(一九八七年)等。この点に関して、自動車保険においては、事故発生の通知義務の趣旨として、保険者が事故の状況等の調査を迅速に行う機会を確保すること、保険者が迅速かつ適切な事後処理を行えるようにすること、及び既発生未報告損害(I. B. N. R.)への対処があげられる。竹濱・前掲二二頁。I. B. N. R. を強調するものとして、露木修「火災保険事故発生の通知義務」田辺康平=石田満編・新損害保険双書1火災保険(文眞堂、一九八二年)三三五頁、佐藤公平「保険契約者・被保険者の各種義務」田辺康平=石田満編・新損害保険双書2自動車保険(文眞堂、一九八三年)二五〇頁。判例を前提とすると、これらの利益では保険者免責とすることは正当化できないということになる。

この既発生未報告損害の問題は請求事故方式が利用される理由の、適切な保険料や準備金の算定が困難になるというもの(注(6)と本文参照)と同じことである。もちろん、たとえば、環境汚染賠償責任保険では問題の規模が大きいことは予想できるのであり、必ずしも同種の問題だから同じ扱いをすべきということにはならない。不利益の程度が異なるとして結論を異にすることはありうる。今日では、自動車保険ではI. B. N. R. は保険経営をおびやかすほどではないと考えうるとの指摘もある。柴田保幸・判批・曹時四一巻一〇号一六八頁（一九八九年）、弥永・前掲注（27）一七六頁。したがって、前記判例を前提としても、種類の異なる保険契約では結論を異にすることはありえよう。

(82) 理論的には、保険者免責とすることの妥当性は保険料がそれに対応するように設定されていることが前提となろう。保険料が対応していないことが明らかであれば、当該ケースにおいては、不通知の効果を保険者免責と解することは妥当ではない。しかし、保険料が対応しているかどうか、保険料額が妥当かの判断は必ずしも容易ではないであろう。その場合、保険者の利益が保護に値することを前提とすれば、不通知の効果は保険者免責と解してよいのではなかろうか。

(83) 請求の通知が保険事故であることをそのまま解釈すれば、不通知についての保険契約者等の帰責事由は考慮しないことになると思われる。不通知の効果が保険者免責である点を妥当とするとしても、帰責事由を考慮しないことが妥当かどうかはさらに問題になりうる。一般に事故発生の通知義務については、保険契約者等の帰責事由を考慮するべきであると解されている。竹濱・前掲注（79）三四頁。なお、ドイツでの事故発生の通知義務違反の主観的要件について判例が厳格に解するようになったことについて、竹濱修「事故発生の通知義務等の違反効果について」文研論集七一号一二九頁以下（一九八五年）参照。また、坂口・前掲注（63）二三七頁以下。保険者の利益からすれば、不通知についての保険契約者等の帰責事由の有無は無関係であるが、保険者と保険契約者・被保険者の利益のバランスからすれば、帰責事由は必要とするのが妥当であろう。約款解釈としては、請求の通知は通知義務規定を変形したものとして解釈することが考えられる。この場合には、通知義務違反の効果としても保険者免責と解することが妥当であることについては、後述する。

(84) 弥永・前掲注（27）一七五頁参照。主観的損害と損害賠償額の予定につき、森田果「損害賠償額の予定と違約罰」法学六七巻四号三九頁（二〇〇三年）参照。

(85) 原則として損害賠償額の予定において金額についての制限はない（民四二〇条一項）。我妻栄・新訂債権総論（岩波書店、一九六四年）一三二頁。ただし、公序良俗違反等による制限はなされている。能見善久「違約金・損害賠償額の予定とその規制（一）～（五・完）」法協一〇二巻二号一頁、五号一頁、七号一頁、一〇号一頁（一九八五年)、一〇三巻六号一頁(一九八六年)、一〇二巻五号一頁、七号一頁、一〇三巻六号一頁参照。比較法的にも、過大な損害賠償額の予定についての規制がなされることが多く(能見・前掲一〇二巻一〇号一頁、一〇三巻六号一頁、木南敦「損害賠償額の予定と違約罰について(一)(二)・完」法学論叢一一三巻六号一頁(一九八三年)、一一四巻四号一頁(一九八四年)、小泉淑子「英米法における損害賠償額の予定(liquidated damages)と間接損害(consequential damages)(1)~(5)」JCAジャーナル二九四号一四頁、二九五号六頁、二九六号二六頁、二九七号二四頁、二九八号一二頁(一九八二年)参照)、また、約款による定めについては、特に問題となりうる。能見・前掲法協一〇三巻六号一一二頁。したがって、通知義務違反による損害賠償額の予定を保険金額とすることが合理的かどうかは大きな問題となる。しかし、請求・通知事故方式とすることによる保険者の利益は保護に値することを前提とするならば、合理的といえるのではなかろうか。

なお、消費者契約法では損害賠償額の予定に対する規制がなされている(九条)。本条は契約の解除および金銭債務の履行遅滞についての損害賠償額の予定に関するものであり、通知義務違反についての損害賠償額の予定が直接に本条の対象となるわけではない。通知義務違反による保険者免責を損害賠償額の予定としてとらえたとしても、それは一〇条による規制の対象となることになろう。落合・前掲注(66)一三七頁参照。

各論 I

独占禁止法上の独占・寡占規制見直しの今日的な意義

佐藤一雄

一　はじめに

独占禁止法の運用は、昨今の経済構造改革時代の流れのなかで、目覚ましく運用の強化が図られてきた。更に二〇〇三年一〇月二八日に公取委により公表された、独占禁止法研究会（以下「独禁研」）報告書では、減免制度の新設を含む課徴金制度等の措置体系全体の見直し提案や、独占・寡占規制の見直し提案[1]がなされた。公取委はこれをうけて、一九七七年改正以来ともいうべき、同法の運用強化の本格的な改正提案（同年一二月二四日）を二六年ぶりに行ったことから、財界等の反応ぶりとともに世間の耳目を集めている。本稿では、このうち独占・寡占規制の見直し問題に絞って、その今日的な意義の評価を試みることにする。

公取委が、いわばそれ以前の守りの姿勢から攻めの姿勢に転じた、一九七七年改正においては、1.⑴寡占市場における価格行動対策としての、価格の同調的引上げに関する引上げ理由の報告の徴収制度や、⑵独占的市場構造自体に対する対策としての、独占的状態における競争回復措置制度が新設された。我が国独占禁止法上の独自の工夫として、特に後者は、広義の「市場構造規制」の一部をなすものであった（市場構造規制の主要部分は、いうまでもなく「企業結合規制」にある)。また同時に、我が国独占禁止法に特有に見られる規定である「一般集中規制」においても、持ち株会社の設立等の禁止を定めた九条の他にも、2.(1)大規模企業による株式所有額の大枠規制(九条の二)を新設したほか、(2)金融会社による株式所有比率に関する規制(一一条)の強化が図られた。

しかしながら2.に関しては、その後の経済実態の変化に応じて見直しが進み、従来から不変であった九条が、経済力が過度に集中する場合でない限り持株会社の設立等を解禁したのを始め、九条の二は廃止され、一一条も相応に改正される等、大幅に改正されたことは言うまでもない。今回の報告書では、積み残されていた1.についての見直しの方向性が示されるとともに、独占的状態の規制の見直しに関連して、いわゆる〝不可欠施設等の占有または共有による独占問題〟や〝技術革新による標準化に伴う独占問題〟が、まさに今日的な独占問題として採り上げられ、これを受けた公取委による独占禁止法の改正提案のなかでも、特に異彩を放つ改正提案となっている。以下においては、この問題を中心に検討を加えてみることにする。

二　独占的状態に対する競争回復措置の見直し――市場構造規制から市場行為規制へ

独占禁止法第四章中の各種の企業結合類型は、「競争を実質的に制限することとなる」場合に、多くは事前の届出等に対応した当局の事前審査によって、競争制限的な独占市場や寡占市場が形成されるおそれがある場合に限って、問題点の解消が図られるか阻止される。しかしながら、当該企業結合によって独占的状態等がもたらされるおそれがある場合でない限り規制し得ないこともいうまでもなく、〝結果的に生じた独占的状態〟に対しては、競争法は無力であった。

一九七七年改正において導入された独占的状態に対する競争回復措置規定(八条の四)は、この無力状態に一歩踏み込んでおり、講学上「純粋市場構造規制」として位置づけられる性格のものであった。(2) 即ちこの規定は、独占禁止法二条七項に規定する定義にいう「市場構造要件」及び「市場成果要件」を満たしていれば、当該独占企業の分割も可能とした点に、純粋市場構造規制として性格付けられた所以があった。既存の独占力を背景にした私的独占（競争者等に対する排除行為等たる「独占行為」）や、不公正な取引方法上の、競争者等に対して排他効果を有する種々の不当行為（一般指定一項～六項等）を行ったものではなく、単なる自然成長等によって独占的状態に至った場合であっても当該企業を分割し得るとする、世界の競争法にも例を見ない先進的な市場構造規制であった（ただし、めったに発動されない厳しい手続によるため、〝伝家の宝刀〟ともいわれる）。

この規定は、改正当時の政策判断において、ある意味では〝独占禁止政策が究極的に含意するところのもの〟を象徴的に示していた。めったに抜くことのない〝伝家の宝刀〟ではあっても、一般集中規制に加えて、個々の市場の集中構造においても、我が国において分権的な経済構造を維持する上では、〝最後のゴールキーパー〟となる意味合いのものであったと思われる。更にいえば、この企業分割規定にいう市場構造要件に示されるところは、企業結合規制における絶対禁止ライン的なガイドとして認識され得る面を、副次的には持っていたと思われる(3)。また、私的独占（独占行為）等の「市場行為規制」にあっても、独占行為の禁止措置に加えて、場合によっては企業分割等を伴う「構造的排除措置」がとられる場合もあり得る（現に米国では企業分割措置を併用する運用経緯がある）。

以上のような広義の「市場構造規制」に関して、今日妥当とされる新しい産業組織論の視点で事柄を観察してみれば(4)、なかでも純粋な構造規制である独占的状態の規制は、特に際立って、ハーバード学派型の産業組織論にいう、構造重視の考え方になじむものであったといえる。そのアンチテーゼとして後に発達した、シカゴ学派型産業組織論にいう行為規制重視の考え方によれば、自然に達成されている企業の効率性をそこなうような、過剰な市場構造規制は避けるべしとの政策判断がとられ、以後この運用潮流が席巻して、規制緩和が進展した。更にポスト・シカゴ時代といわれる今日では、米国の水平企業結合ガイドラインに結実しているように、当該企業結合が有するメリット・デメリットの両面を分析判断して比較考量する、客観的で経済分析的な考え方に収斂してきている。このような米国の運用潮流の変遷に照らしても、構造規制重視から行為規制重視の方向への潮流の変化は、今日まぎれもなくグローバルな趨勢となっているといって過言でない。

今回の独禁研報告も、集中度等の市場構造や過度の利益率等を規制の根拠とするよりも、新規参入を阻止または妨害する参入阻止行為の弊害が大きいことに着目している。市場構造への直接規制ではなく、具体的な参入阻止行為を規制して、参入の機会を確保するために必要な措置を講ずるべきであると明言する。ここでは、シカゴ学派型の産業組織論や、新規参入が可能であれば当該市場は十分に競争的であり得るとの、いわゆるコンテスタブル・マーケット理論の考え方にも通ずる考え方を採用したものと思われ、市場構造重視の考え方は完全に排されている。(5)

市場構造要件のみによって企業分割を行うことなどが今日不可能になっていることは、分割に伴う様々な社会的なコストや予想される軋轢を考慮しても、改めていうまでもないことである。そこで報告書は、独占的状態の規制規定は実質的に廃止し、次項に検討する不可欠施設の専有者による参入阻止行為の規制規定に改めるとの提案を行ったものと理解され、この報告書の趣旨を了とした公取委は、市場構造規制から市場行為規制への政策転換を行ったものと理解される。純粋構造規制に替えて、今日問題になっているタイプの独占的状態に着目し、〝その態様特性に応じた有効な「市場行為規制」を工夫すること〟は、この際考えられ得る方策であるから、不適切と化した規定の廃止と新たに考えられ得る規制規定の新設とを、同時並行的に実現しようとしているものと、理解されるのである。

三　不可欠施設の専有者による参入阻止行為規制の今日的な意義

1　問題の背景にある経済学的な考え方

(1)　自然独占たる公益事業に対する考え方の変化

電気・ガス・水道・通信等の公益事業は、ひと頃まではいわゆる自然独占と性格付けられ、独占禁止法旧二一条において、〝当該事業に固有な行為〟については同法の適用除外とするとの規定があった。「自然独占（natural monopoly）」とは、経済学的には、供給量の増加に対して一定の範囲までは収穫逓減とならない場合をいう。ここでは、収穫逓増による規模の経済が顕著に見られ、その限りにおいて、やむを得ざる独占が生まれている場合であるとされてきた(6)。しかしながら今日では、例えば電気事業の場合をみても、規制緩和によって自然独占は崩れ、発電の分野でも複数の事業者が参入し、電力の流通においても自由化が進み、電力の卸分野のみならず小売の分野でも次第に自由化が進められている。こうして自然独占の考え方も大幅に変化した結果、旧二一条は二〇〇〇年五月の同法の一部改正によって廃止され、公益事業が競争分野に変化するにつれて、独占禁止法の適用範囲は大幅に拡大し、公取委と経産省は、共同で「適正な電力取引についての指針」（一九九九年）やガス事業についての同様な指針（同年）を公表するに至っている。

このように考え方が急激に変化したことの背景には、現代社会において顕著な「ネットワーク経済」の考え方が、新しい産業組織論の重要なアイテムのひとつとして定着してきた事実がある。独禁研報告書も指摘するように、電力の配電網のような物的ネットワーク施設の効率的な使用如何の問題がある他にも、情報通信における情報ネットワーク等が、二一世紀の今日ではグローバルに展開して、不可欠なネットワーク・インフラとなっている事実がある。一般に「ネットワーク」とは、ヒト・モノ・エネルギー・情報等の移動手段としての、階層構造を持った物的インフラのことを指している。運輸業、流通業、公益事業、金融業、電気通信事業、ＩＴネットワークク等において、顕著にネットワーク構造が見られる。[7]

ネットワーク構造は、規模の経済がある場合の経済上の効率性に貢献するが、消費者側の選好に直接的な影響を与える技術的な外部性を持つので、私的便益と社会的便益とが乖離する「市場の失敗」が発生することになり易い。このように「ネットワーク外部性」が存在する結果、ネットワーク間の互換性が、社会的に好ましい水準よりも過小になり易い。そこで、この種の「市場の失敗」に対処するために、例えば公益事業における料金規制やボトルネック独占の場合（ここで問題になるエッセンシャル・ファシリティーへのアクセスの拒絶問題・過大なアクセス・チャージの賦課問題など）など、各種の政府規制が必要になるのである。[8]

(2)「事実上の標準化」がもたらす独占問題

ＩＴ社会を迎えた二一世紀の今日では、各種のネットワークのうち、電気通信における電話回線ネットワークの独占問題の他にも、コンピューター端末等を結ぶ情報ネットワークをめぐる「事実上の独占」の問題が注目を集めている。コンピューターソフトの開発と知的財産権として保護されたその財産権の実施行為の場合には、情報ネットワークの外部性に絡んだ困難な問題が生ずる。特定の先発ソフトが社会に普及した場合には、それを使用する消費者の数が多いほど消費の効用が大きくなる事情がある。社会全体へのネットワークの普及における規模の経済が大きく、ネットワーク外部性、即ち情報産業に関わる市場においては、市場メカニズムが作用しにくい状況が、顕著に現れることになるからである。

コンピューター技術の開発のような分野においては、〝公的ないしは強制的な標準（de jure standard）〟とは異なる、〝私的ないしは事実上の標準（defact standard）〟どうしの間での、標準化の獲得競争も極めて激しい。それを先取し、社会全体にロックインする戦略に成功した先発事業者は、以後の競争上極めて有利な地位に立つことができる場合が多くなる。[9]

物的財の生産においては、限られた資源を消費して生産が行われるから、経済理論上のいわゆる収穫逓減となることが避けられないのに対して、コンピューター・ソフトの開発の場合など、知的情報財の生産においては、その集積がいわゆる収穫逓増をもたらすことが多く、知的情報の蓄積は知的情報の〝創発（emergence）〟を生む。このような状況下において、更に、他の関連製品における〝ブランドの増殖（brand proliferation）〟戦略が絶えることなく展開され[10]、他の関連製品における市場での、更なる先取の成功可能性が高くなる。例えば、コンピューターの基本ソフトにおいて事実上の標準となったウインドウズを供給しているマイクロソフトのような独占的事業者は、関連ソフトの専業事業者に対して、大きな競争圧力を生むことにもなる[11]。

勿論のことソフトのライセンスは著作権の実施行為であって、通常の企業行動上の利潤の最大化を目指す範囲内の行為によるものであれば、当該ソフト製品が例え事実上の標準になったとしても、何ら問題がある訳ではない。しかしながら競争者を排除して、独占を維持する行動に出る場合には、著作権の実施行為であっても正当化されることはなく、マイクロソフト判決[12]にみられるように、反トラスト法違反に問われることも勿論である。

(3)　「競争企業のコストの引上げ」等の新しい戦略理論

ポスト・シカゴ時代といわれるの今日では、ゲームの理論等の新しい経済理論が発展して来たことや、従来型の産業組織論が現代型のそれに発展をとげてきた事実がある。また、独占企業等によって採られる単独の取引拒絶等諸種の戦略行動に関しても、このような戦略行動の理論として、〝競争企業企業のコストの引き上げ（Raising Rivals, Costs ＝ RRC）〟と称される、独占的企業によって採られるコスト戦略論がある[13]。

この種の、いわゆる自己のコスト改善等による能率競争ではなく、相手方のコストに影響を及ぼす種類のコスト戦略行動が行われる場合には、従来型の略奪的行為の規制とは異なる観点からの、きめ細かな観察も必要である。既存企業のコスト優位性として、既得の学習効果や、コスト削減を伴う戦略投資があり、自己のコストを削減することによる競争は、通常の競争行動であることは言うまでもないが、巧妙な戦略的意図によって、競争相手や新規参入者のコストを相対的に引き上げるタイプの戦略が、ここでいうＲＲＣである。広義には、独占企業による排他取引や参入障壁の惹起行為にも、また、今次の改正提案たる不可欠施設の専有企業による新規参入者に対する利用拒否行為等にも、ＲＲＣの効果があるとみられる。

このようにして、一見したところでは妥当に見える「規模の経済」の追求そのものが、他面では巧妙な独占的意図による競争戦略に動員され得る場合があるとする考え方は、ポスト・シカゴ時代といわれる今日では、ある程度確立した考え方となっている。このような〝個々に特有の排他行動に対するきめ細かな違法評価〟によって、米国においては新しい判例法理（一九八五年のアスペンスキー判決[14]、一九九二年のコダック判決[15]など）が生まれてきているのである。

2 不可欠施設の専有者による参入阻止行動の規制実態

⑴ 米国において形成された判例法理

前記のＲＲＣ戦略にも繋がる意味合いがあると思われるものとして、「不可決施設（essential facilities ＝ EF）」を専有する事業者による、新規参入阻止のための使用の拒否等の戦略行動がある。これに対する規制は、特別の規制規定があるわけではなく、シャーマン法二条にいう独占行為ないしは独占の企図行為等（共謀による独占行為も適用可能）として規制されるだけである。歴史的には、鉄道の操車施設等の使用に関するターミナル・レイルロード事件[16]などにも、不可欠施設 の利用拒否の先例的な意味合いがなくはない。しかしながら今日的な視点で観察すれば、ネットワーク経済の問題に関連した、エネルギー供給、電気通信サービス等における電線・電話線等の、規制産業における物的ネットワーク施設へのアクセス可能性問題が、この種の場面における典型事例となる。米国においては、既に一九七〇年代から電気事業についての先例としてオッター・テイル判決[17]もみられたのであり、単独の取引拒絶等の個別の独占行為規制の一態様であるに過ぎない。

その後下級審では、この問題に対する判例が多く出現し、電話通信回線に対する競争者のアクセス権を明確にした判例として、ＭＣＩコミュニケーションズ社対アメリカン・テレフォン・アンド・テレグラフ（ＡＴ＆Ｔ）判決（第七巡回区控訴裁、一九八三年）[18]が、特に際立った判例となっている。同判決では、ＡＴ＆Ｔの長距離電話通信において競争者となったＭＣＩが、ＡＴ＆Ｔが所有する域通信網へのアクセスを求めたが、同社が悪意によって拒絶したこと、略奪価格や抱き合わせを行ったこと等に対して、シャーマン法二条等違反として三倍賠償を求めて訴え、一審陪審は略奪価格であるとしてこれを認めた。更に控訴裁判決は、連邦通信委員会（ＦＣＣ）による料金規制も、反トラスト法の適用除外となるとは認めずに、不可欠施設を有するＡＴ＆Ｔの接続義務を認めた。その判断要件として、第七控訴裁は、〝①不可欠施設（この場合には、地域通信網）を当該独占企業が支配していること、②競争者にとって、当該施設を新たに設置することは、現実的かつ合理的にみて不可能であること、③当該施設の利用を、当該独占企業が拒絶していること、④当該独占企業が当該施設を利用させることが実現可能であること〟をあげた。このように、この判決は電話通信ネットワークに対する競争者のアクセス権を明確にし、以後 Equal Access の原則が認められていったのである。

要するところ、米国の下級審の判例法理として形成されてきた「不可欠施設の法理（Essential Facilities Doctrine）」とは、ＭＣＩ判決が示すように、二重投資のできない施設等の所有者は、第三者とそれを共用する義務があるとされる特定の場合の法理であり、それを拒否すればシャーマン法二条違反ともなり得るとする法理であると理解される。ネットワーク経済の見られる市場においては、財産権の行使は公共の福祉に従うとの基本的な法原理にも適合して、〝競争場裡にある事業者間の関係ではあっても、競争事業者による当該施設の利用が、公衆へのサービス供給に不可避に関わる場合には、ある種の共同使用義務がある〟との考え方であるといえる。

しかしながら極く最近の、ベライゾン社対トリンコ法律事務所事件（地域の電話会社であるベライゾン社が、競争者に対する接続義務の履行に関して、シャーマン法二条違反の差別的な接続取扱を行って、当該競争者の顧客に損害を与えたとして、当該顧客が訴えた事件）に対する最高裁判決では、不可欠施設の法理を認めることには、かなり消極的であることを示した。アスペン事件の最高裁判決においても見られたように、下級審においてはともかく、最高裁の判断においては、不可欠施設の法理についてはみだりに拡張することは避け、個別の排他行動の内実毎に違法性を慎重に審査する態度を崩す様子はないように見える。[19]

⑵　「不可欠施設」とされるものの範囲

判例が認めている「不可欠施設」には、①規模の経済に従った自然独占（筆者において例示すれば、例えばターミナルレイルロード事件における鉄道施設）またはＪＶ組織（同じく例えばＡＰ通信社などのニュースの共同収集組織）の場合、②必ずしも自然独占でなくとも、規制レジームから部分的に生じた構築物・生産施設等（同じく前記オッターテイル事件など）である場合、③政府所有でその維持費用が政府によって補助されている構築物（同じく例えばプロ競技の競技場）の三つの類型があると整理しているものがあり、我々にも参考になる。[20]

なお、このような不可欠施設の範囲を、知的財産権絡みの場合、即ち物の製造における特許権や、著作権によるコンピューター・プログラム等の技術情報財の場合にまで拡張することができるのかについては、後者についてこれを稀に認めた一審判決を二審が取り消すなど、判例の豊富な米国においてさえも、未だに不分明である。[21]

3　我が国独占禁止法における新設提案規定の検討

⑴　規制対象となる「不可欠施設等」の定義

独禁研報告では、施設等の利用市場が従来当該施設の占有者に独占されていたが規制緩和によって競争分野となったこと、当該施設等の存在により参入障壁となる結果占有事業者が競争者に対して圧倒的に競争上有利であること、この事業者による参入阻止行動の規制が競争の促進上喫緊の課題となっていることが条件となるとしている。しかしながらこの条件とは、我が国の近時において規制が必要となった状況を述べているに過ぎず、〝規制対象となるべき不可欠施設等とは何か〟の妥当な定義の問題が、まず検討されるべきである。

そこで、報告書が述べる「不可欠施設等」[22]の定義を参照すると、⑴自然独占性またはネットワーク外部性を有し（報告書の随所において示されている事例から総合すると、電力の送電線、ガス管、電話等の通信回線など）、あるいは希少資源であって国その他の公的主体が排他的に割り当てている施設（同じく空港のカウンターなど）、権利（同じく航空輸送における空港の利用割当枠、電波の周波数の割当枠など）、及び情報成果物等（同じくコンピューターの基本ソフト、フロッピーディスク技術など）であること、⑵財、サービスの提供に当たってその利用が不可欠であること、⑶財・サービスに係る市場の競争者等が当該施設等と有効に競争可能な施設等を自ら構築することが経済的、技術的、法律上その他の理由により困難であることを、「基本的要件」として上げている。このうち⑵⑶は、前記ＭＣＩ判決において示されている要件にも疑問の余地なく附合する要件である。

しかしながら⑴の部分には、米国の下級審判例にも見られるように、情報財にも不可欠施設とされる場合があるのか否か、不分明な部分が依然として残っている。公益事業などのネットワーク構造における、複製不可能な送電線や通信回線などの物的施設については、不可欠施設とすることに疑問の余地はないが、物的な施設以外の場合に、どこまで拡張し得るのかは別問題である。空港施設等の利用権などは、これを「施設」と称するかは別として、「施設等」としてその範疇の裾野に加えることには一応うなずける要素を含んでいる。しかしながら提案された定義が、前記のようなものだけではなく、知的財産権の対象ともなる情報成果物にまで拡張することにしているのは、時期尚早の感が否めないと思われる。問題の権利の性質において、問題の市場の規模が大きく公益性が強い情報財の場合であっても、競争法の適用理論上の問題だけでは割り切れないものを含んでいるからである。

「事実上の標準」となっている情報財に関する著作権等の保護期間を比較的に短期の保護期間とするなど、まずは、ソフト著作権等の保護法制自体における妥当な制度設計が考案されることも考えられる。独占禁止政策の立場からも、過剰な規制を避けるためには、なお慎重な検討を要すると思われる。[23] 独占禁止政策上の当面の制度設計としては、疑問の余地のない定義範囲に限っておくのが妥当なのではあるまいか。事実上の標準化自体は、熾烈な技術開発競争の結果なのであるが、この結果状態とても、今後もうち続く競争の結果、新技術によって変化する可能性が多分に秘められているからである。

⑵ 禁止すべき参入阻止行為——単独行為と協同行為

独禁研報告は、禁止される行為として⑴ⅰ不可欠施設の専有者による、単独の施設利用の拒否、差別または制限、義務付け等競争者に不利益を及ぼす行為、ⅱ不可欠施設等を単独で又は共有する立場を利用して競争者等への顧客の移動を阻止又は妨害する行為、⑵公的主体から複数の事業者に割り当てられた不可欠施設がある場合の、当該複数者による同調的な参入阻止行動の規制を上げている。

⑵の同調的な参入阻止行動については、迅速、効果的に規制する必要性が特に強いとされ、特殊な事情にある市場の規制規定新設の必要性に関する強い根拠となるとされている。[24] この場合には、報告書によれば、同調的な部分対抗値下げ行為や、有用な施設、情報の利用拒否等を行ってその〝累積効果〟によって当該競争者の事業活動を困難にさせるおそれが生じるからであるとしている。このような事態が多く見られるのであれば、個別の行為を規制する不公正な取引方法の規制になじむ場合ではなく、〝種々の行為の総合評価〟による規制である私的独占の適用において、単独の私的独占の他にも含まれている〝共同の私的独占〟の適用になじむ場合であると思われる。

⑶ 提案された規定の新設の必要性——現行の規制体系との関係

前述のように米国においても、既存の法条により、通常の事件の一部分として規制しているのであって、特に規制法条が設けられているわけではない。我が国おいてもこのことは同じである。であるとすれば、規定の新設の意義は、規制の必要上、事柄を明確にさせることだけにあると考える以外にはない。[25]

仮にこの種の明確化の意義が認められる場合、私的独占の禁止は、諸種の排他行為・支配行為の、いわば総合評価による独占行為規制の一般条項なのであり、その排他行為等のひとつである不可欠施設の利用拒否等の場合だけを、同規定に関連した例示事項として規定するのも、何かそぐはないものを感じる。この点について報告書は、私的独占の場合の競争制限の程度に関して従来から論議はあるものの、競争者等に対して競争上の不利益を及ぼす行為は、正当な理由がない限り違法とすることが出来る旨の規定を設けるものであると述べ、不可欠施設を専有する者による参入阻止行動に関して、私的独占とは別種の、原則違法規定の新設提案を行うもののようにも見える。

他方、排他効果を有する行為態様のひとつである単独または共同の取引拒絶等の個別の排他行為が、不公正な取引方法として指定されていることを考慮すれば、この一条項として指定することも考えられる。この点に関して報告書は、不可欠施設の専有者による参入阻止行動が公正競争阻害性を有することは明らかであるとするから、仮に規定を新設するとすれば、単独の取引拒絶等であって、例外的に原則違法となる特殊類型として指定するのが適切であるとも考えられる。例えシェアが低くとも、不可欠施設の利用拒否の場合には不公正な取引方法の一般指定二項違反となると考えざるを得ないような事情があるように思われるからである。[26] しかしながら同報告書の提案の核心は、当該行為の排除だけでは不十分であり、不可欠施設の保有部門と利用市場での営業部門の分離その他の必要な規制が個別の事業法でなされていない場合[27]には、競争回復措置としてこれを講じる必要があるとし、この構造的な排除措置をも可能にする点において、不公正な取引方法とも別種の制度設計を行っているものとも見られる。

そこで次には、「行為規制」であっても構造的な排除措置にもなじむ場合とはどのような場合かについて検討してみる必要がある。米国の一一〇数年に渉る反トラスト法の運用状況に照らしてみても、構造的な排除措置がとられた場合はそう多くはない。その場合とは、まずはシャーマン法二条違反に問われた場合であるといってよい。

判例法理として確立した同条違反の実質的な違法要件は、市場支配力を有する単独企業が、競争者に対して排他行動を行って、その地位を維持・強化せんとした場合が典型となり、その排他行動の排除に加えて、構造的な排除措置も課された場合がほとんどである。我が国の独占禁止法に照らせば、私的独占違反の場合であり、同条にいう「競争の実質的な制限」とは、米国の判例法理にいう実質的な違法要件に、ほぼ対応すると見てよいであろう。

この違法認定に当たっては、まず「関連市場」を画定して市場支配力を認定することが前提となる。不可欠施設を専有する事業者が属する川上市場から川下市場に至る生産・流通の連鎖市場において、不可欠施設（いわば公共性を帯びた私的なインフラ）を専有する事業者が、当該商品・役務と競争関係にある事業者とで形成する市場（報告書にいう「利用市場」）が、当該関連市場となる。この市場において、不可欠施設の専有による優位さ、シェア等からみて、市場支配力を既に有している場合でなければならない。この場合に、当該施設の利用を拒否する、妥当な利用価格や利用条件によって利用させていない、コスト上の有利さを背景にして不当廉売等を行うなど、既存の市場支配力の維持ないしは強化行為と評価される行為を行う場合が、とりもなおさず「競争の実質的な制限」違反となると考えられ[28]、現行法でも「私的独占」として規制し得ることはいうまでもない。

とすれば今回の新設規定の提案は、〝特殊な事情下にある専有施設を、参入者が利用せざるを得ないような商品・役務の提供市場における当該施設の利用拒否等の行為に対して、「私的独占」の一態様として〝違法要件を特に明確にすること〟にあると考えられる。更にこれを補強する要因として、排除措置の面において、当該違反行為の排除のほかにも、報告書がいうように、不可欠施設の保有部門とそれを利用して商品・役務を提供する部門とを機能的に切り離す措置、情報を遮断する措置、内部補助を立ち切る措置など、〝構造的な追加排除措置〟が必要になる場合もなくはないであろう。しかしながら他方では、このような特別な規定を、あえて新設する必要があると断定することも、にわかには出来ないようにも思われるのである。

四　価格の同調的引上げの報告の徴収規定の見直しの方向性

価格の同調的引き上げの報告の徴収制度（独占禁止法第一八条の二）は、一九七七年改正において導入された寡占市場におけるカルテルとは言えない価格行動に関する簡明な規制制度として、我が国において独自に工夫されたものである。同規定においては、「市場構造要件」（国内市場の供給額の規模が六〇〇億円超の供給市場（一定の事業分野）において、上位三社の集中度が七〇％超で高度寡占状態にある場合）と「市場行動要件」（シェア五％以上の上位五社のうちのトップ企業を含む複数の企業が、取引の基準としている価格を、三ケ月以内に、同一または近似の額または率の引き上げをした場合）を満たせば、それらの事業者に引き上げの理由を報告させることができるとされる、弊害規制的な制度である。この意味合いにおいて、それ相応の機能を果たしてきたと思われていた。(29)

しかしながら今回の独禁研報告によれば、実際に報告の対象になったのは、ビール・ウィスキー・新聞等の一〇数品目の市場がほとんどを占め、運用基準に掲げられている大部分の寡占市場は報告の対象になっていないという。このような運用実態から、本規定の有効性に疑問を投げかけ、廃止すべきことが示唆されている。実際にはさしたる規制効果を発揮していない以上は、巧妙に意思の連絡を隠蔽するカルテルの有効な摘発に資する措置減免制度の開発、カルテル摘発への人的資源の振り向けに期待するとの報告内容になっている。価格の同調的引上げの報告の徴収規定が有るからといって、理論的にも本来の寡占的協調行動の立証理論の更なる究明を怠ることはできず、またカルテルの摘発体制の強化のほうに重点をおくべきであることは言うまでもないことである。報告書にいうような運用実態が見られるだけなのであれば、この規定の廃止もあり得ることと理解される。

五　結論にかえて――直面する独占寡占規制の課題

世界的な独占禁止法の運用潮流は、過剰な構造規制は避けて、行為規制による事後チェックを行う方向にある。我が国の規制においても、独占的状態の規制や価格の同調的引き上げの規制が、このような潮流のなかで見直されることは、独占禁止政策の国際的なハーモナイズの観点からも妥当なものである。

この一方で、グローバル化・情報化の著しい現代のネットワーク社会においては、それにふさわしい独占禁止政策が求められている。不可欠施設、即ち私的所有の対象物ではあっても、社会的に公共性を帯びたインフラの社会的利用の問題に関しても、現に公取委はＮＴＴ東日本への排除勧告(30)を行う等、活発に対処しつつある。今回の改正論議においては、独禁研報告が、この種の問題に真っ向から取り組んでいることが高く評価される。独占的な市場を競争的に保つ上では、聖域なき構造改革の旗印のもと益々進展する規制緩和とともに、独占禁止法の役割も、公益事業の規制範囲も大幅に拡大するからである。しかしながら、不可欠施設の利用の拒否行動等に対する規制の新設提案には、かなり不透明な部分も残されている。当面のところは、現行法によって対処するほかはないであろう。

また、寡占市場における同調的な価格行動の問題は、カルテルの立証理論とも絡んで、当局が頭を悩ませてきた古くて新しい問題である。意識的並行行為のカルテルとしての立証理論や規制理論の究明は未だ不十分である。経済理論の成果も視野におきながら、更に検討を継続し洗練させる必要性が多分にある。わが国の独占禁止法においても、状況証拠の活用によってできるだけ寡占企業のカルテル的な行動を規制し得えないかの問題状況があることは、諸外国の状況と全く同じであり、価格の同調的な引き上げの報告徴収という弊害規制的な規制手段によらずとも、カルテルとしての立証が可能ならば、本来のカルテルとして摘発され得ることは勿論であるからである。

いずれにせよ、近年における公取委による独占禁止法の活発な運用には、目をみはるものがある。今次の改正法案の国会への提出ができるだけ早期に実現し、グローバルに妥当する独占禁止政策が、我が国においても一層定着していくことを、心から願うのみである。

（1）この部分に関する公取委の担当官による解説として、田辺治「独占禁止法研究会報告書の概要（独占・寡占規制見直し関係）」公正取引六三七号（二〇〇三・一一）二六―三〇頁等を参照。経済法学の立場からの論評として、白石忠志「独占寡占規制見直し報告書について」、NBL七七六号（二〇〇四・一・一）四七―五四頁、経済学（産業組織論）の立場からの論評として、土井教之「独占・寡占規定見直しと経済分析」前記公正取引の同号三九―四三頁等を参照。

（2）今村成和「独占禁止法（新版）」（法律学全集、有斐閣、一九七八年）二九八―二九九頁、実方謙二「独占禁止法（新版）」（有斐閣、一九九二年）四七頁などを参照。

（3）米国の水平企業結合ガイドラインにも見られるように、⑴価格の同調的引上げないしはカルテル的共謀が行われ易くなるような、寡占的市場構造の出現の阻止の意味合いにおける審査要因を含むことに留意する必要がある。しかしながら、この場合の線引きが極めて困難であることは予測に難くない。実際問題としては、⑵価格の一方的な引き上げが可能になる独占企業の出現の阻止を図ることが眼目となると思われる。この場合には、ガイドラインに言う灰色ラインを超えれば、明示されてはいなくとも、絶対禁止ラインとでも言うべき一線に至ると考えざるを得ない。

（4）今日における新しい産業組織論の考え方については、前掲（1）、土井論文などを参照。

（5）ただし、「一般集中」規制に関する限り、事柄の性質上、当該経済力の過度集中の実態に対応した形での集中構造規制にならざるをえないことは、改めて言うまでもないことである。

（6）佐藤一雄「自然独占に固有な行為」、川越憲治編「現代経済法体系⒇――独占禁止法」（新日本法規、一九九八年）三一九—三二四頁を参照。

（7）依田高典「ネットワーク・エコノミックス」（日本評論社、二〇〇一年）一一—一五頁等を参照。

（8）前記依田、第六章・第七章等を参照。

（9）滝川敏明「ハイテク産業の知的財産権と独禁法」（通商産業調査会、二〇〇〇年）第六章、第七章等を参照。

（10）ブランド増殖の意義と経済理論に関しては、W. K. Viscusi/J. M. Vernon/J. E. Harrington, Jr., Economics of Reglation and Antitrust, pp. 184-187 を参照。

（11）内藤順也「ネットワーク／スタンダードと競争法⑴〜⑶」、NBL六五二—六五五号（一九九八年）等を参照。

（12）United States v. Microsoft, 253 F. 3d. 34（D. C. cir. 2001）

（13）T. G. Krattenmaker/S. C. Salop, Anticompetitive Exclusion : Raisings Rivals' Costs To Achieve Power over Price（96Yale Law Journal,227-249,1986）, in T. Calvani/J. Siegfried（ed.）, Economic Analysis and Antitrust Law, pp. 231-245. 等を参照。

（14）Aspen Skiing Co. v. Aspen Hilands Skiing Corp., 472 U. S. 585（1985）

（15）Eastman Kodac Co. v. Image Technical Services Inc., 504 U. S. 451（1992）

（16）United States v. Terminal Rail Road Association of St.Louis, 224 U. S. 383（1912）

（17）Otter Tail Power Co. v. United States, 410 U. S. 910（1973）

（18）MCI Communications Corp. v. AT & T, 708F. 2d 1081（7th Cir. 1983）

（19）二〇〇四年一月一三日に、連邦最高裁によって行われた、Vernon Communications Inc. v. Law Offices of Curtis Trinco. LLP. 判決（www. supremecourtus. gov / opinions / 03pdf / 02-682. pdf）を参照。本判決の内容紹介と詳細な評釈として、松下満雄『「不可欠施設」（essential facilities）に関する米最高裁判決』、国際商事法務三二巻二号（二〇〇四）一四三—一四九頁、ジョン・ドゥ『エッセンシャル・ファシリティーの死——最新アメリカ合衆国最高裁判所判決「ベライゾン対トリンコ」事件の紹介』同一五〇—一五九頁を参照。

（20）H. Hovenkamp, Antitrust Policy, p. 307. を参照。

（21）Intergraph v. Intel Corp., 3 F. Supp. 2d 1255（N. D. Ala. 1998）; Intergraph v. Intel Corp., 195 F. 3d 1346（Fed.

Cir. 1999）の両判決を参照。

(22) 前掲（1）の白石論文（四八頁）もいうように、不可欠施設等と、「等」をあいまいなままで付したことが、この定義のあいまいさを増幅させていると思われる。

(23) 前記論文の同個所では、施設等の構築時における投資リスクとの関係において、「才覚・努力の保護の必要性と反競争的弊害との比較考量」が、施設等の利用市場の規模にも絡んでなされる性質のものであることが、鋭く指摘されている。

(24) 報告書四三頁を参照。

(25) 村上政博「平成十六年独占禁止法改正をめぐる論点――措置体系と不可欠施設」（NBL七七八号、二〇〇四・二・一、二五―二六頁）では、特別な規定は必要かといえば、現在でも私的独占として規制し得るので、諸外国の競争法上の運用に照らしても理論上は不必要であると結論して、私的独占の例示行為として規定するか、ガイドラインを作成することで対処することも、あり得る選択肢として提案している。

(26) 前掲（1）、白石論文（五〇頁）では、例えシェアが低くとも、不利益を与えたことを以て、正当な理由がない場合には違法とする提案であるという。そして、不可欠施設の利用拒否を一般指定二項違反とする場合には、利用市場におけるシェアの大小は要件とはならず、現に第一興商事件において既に法適用されており、規定の新設は特に新味は持たないと評価する。

(27) 前掲（1）、白石論文（五四頁）では、事業法規制のない分野にも適用できる一般性こそが、独占禁止法の最大の存在意義であるとして、事業法と同法とを重ねることには疑問を呈している。

(28) 佐藤一雄『「競争」概念の再検討及び「競争の実質的制限」の意義について』、経済法学会年報（一九九五年）一六九―一七〇頁を参照。

(29) この規制の評価については、佐藤一雄「市場経済と競争法」（商事法務研究会、一九九四年）二一三―二一四頁も参照。

(30) 戸建て住宅向けのブロードバンド通信ネット接続回線の提供において、実質的に加入者への光ファイバの接続料金を下回る料金で販売して競争者を排除したとして、私的独占違反とした事件（二〇〇三・一二・四勧告、二〇〇四・一・一五審判開始決定）を参照。

【追記】 本原稿の脱稿後、公取委による改正提案は、課徴金の引き上げ幅等、措置体系の見直し提案を中心に、財界等との意見調整が永らく行われていた。その結果、二〇〇四年一〇月に至って、漸く改正法案がまとめられ、閣議決定された。改正法案における独占・寡占規制規定の見直し関係の結果についてみると、独占的状態に対する競争の回復措置規定は、廃止が見送られている。また、不可欠施設の専有者による参入阻止行為を規制する規定の新設も、当面見送られている。しかしながら、価格の同調的引上げに関する報告の徴収制度は、この際廃止することになっている。

競争の実質的制限における違法性判断基準の在り方

鈴木孝之

一　検討の視点

独占禁止法（「私的独占の禁止及び公正取引の確保に関する法律」一九四七年制定）の中心的な実体規定である三条（私的独占・不当な取引制限の禁止）、八条一項一号（事業者団体の競争制限的行為の禁止）並びに一〇条及び一三条〜一六条（競争制限的企業結合の禁止）は、いずれも違法要件を「一定の取引分野における競争を実質的に制限すること（となる場合）」（以下「競争の実質的制限」という）として、法文上は共通の違法要件をもって、各条項の行為要件を充足する行為について、独占禁止法上、違法とすべき場合と許容しうる場合とに区別していることになる。しかし、各条項が規制対象とする行為要件の違いによって、違法要件の解釈として、果たして一律・共通の違法性判断基準で律しきれるのか、あるいはそれぞれの行為要件に即した違法性判断基準がありうるのではないか、また、競争の実質的制限について、行為要件別の法解釈がなされてしかるべきではないか、といった議論がある。(1)

ところで、独占禁止法の違反行為は、行為主体、行為要件及び違法要件の三つの構成要件によって特徴付けられる。不当な取引制限の定義規定（二条六項）で言えば、「他の事業者と共同して」が行為主体と行為要件の双方に係ることで重複はあるものの、「事業者が、（中略）他の事業者と共同して」が行為主体に、「他の事業者と共同して（中略）相互にその事業活動を拘束し、又は遂行すること」が行為要件に、そして、「一定の取引分野における競争を実質的に制限すること」が違法要件に、それぞれ該当する。また、私的独占の定義規定（二条五項）にあっては、「事業者が、単独に、又は他の事業者と結合し、若しくは通謀し」が行為主体に、「他の事業者の事業活動を排除し、又は支配すること」が行為要件に、そして、不当な取引制限と同様に「一定の取引分野における競争を実質的に制限すること」が違法要件に、それぞれ該当する。

この三つの構成要件の関係を分析すると、第一に、行為主体と行為要件の関係について、行為主体の在り方によって、行為要件が属する場合は、二つに分けられる。一つは、行為主体が人為的に協調・協力する複数の事業者である場合であり、もう一つは、行為主体が単独の事業者又は事実上協調する複数の事業者である場合である。[2]以下、前者による違反行為を共同行為、後者による違反行為を単独行為[3]とそれぞれ呼ぶことにする。

第二に、行為主体の違いにより共同行為と単独行為に分けられた行為要件について、違法要件との関係で、行為主体である事業者が行う事業活動を行為要件の要素に含む場合と含む必要のない場合とを分けることが可能である。

この点を敷衍すると、共同行為にあっては、行為要件が、その行為主体となった複数の事業者自らの事業活動を拘束し、若しくは、行為主体以外の事業者の事業活動を排除又は拘束するために、行為主体となった複数の事業者それぞれの又は一部の事業者の事業活動を遂行するとの内容の合意を当該複数の事業者間で行うことであるので、共同行為においては、事業活動が遂行されなくとも、合意の段階で違法要件を充足するか否かを判断する必要がある場合と、事業活動が遂行された後に違法要件を充足するか否かを判断する場合がありうる。[4]前者の場合、合意だけで行為要件を充足するのに対して、後者の場合は、正確には、合意と事業活動の遂行が行為要件に包含されているものである。[5]

単独行為にあっては、行為要件が、その行為主体となった単独の事業者又は複数の事業者において、行為主体以外の事業者の事業活動を排除又は拘束するために、単独でもなしうるほどに自らが有する市場における力を維持・強化するために、不適切な内容の事業活動（the use of improper tactics）(6)を行うことであるので、単独行為の場合には、事業活動が遂行された後に違法要件を充足するか否かを判断することになる。

なお、不適切な内容の事業活動とは何かが問題となるが、米国反トラスト法の運用で言えば、「優れた製品（superior product）、鋭い事業洞察力（business acumen）、又は歴史的に偶然の好運（historic accident）とは区別して見分けられるような(7)」事業活動であり、ＥＣ競争法の運用で言えば、「商業経営者間の取引を基礎とする商品又は役務の正常な競争に絶対に必要な手段（[methods] which condition normal competition in products or services on the basis of the transactions of commercial operators）とは区別して見分けられるような手段に専ら頼った(8)」事業活動である。要するに、各競争法が期待するところの商品・役務の優秀さを生かした本質的な競争（competition on the merits）とは離れた事業活動である。行為要件の問題であるので、違法要件を主題とする本稿では、裏返して言えば、正常な競争手段である限り行為要件を充足せず、したがって、その限りで競争の実質的制限が生じても、違法要件は充足するが、行為要件が充足されないことにより、全体として違法行為とはならない点だけを指摘するにとどめておきたい。公正かつ自由な競争によってもたらされた独占は、その過程において独占禁止法の規制対象とはならないということの言い換えでもある。

本稿は、右記のように、行為主体・行為要件と違法要件の関係を規定し、競争の実質的制限という違法要件における違法性判断基準の在り方を検討しようとするものである(9)。

二　行為要件（共同行為・単独行為）と違法要件の関係

共同行為の行為要件としての重点は、複数の事業者間で合意を行うことにある。これに対して、単独行為の行為要件としての重点は、単独又は複数の事業者が市場において有する力を不適切に用いた内容の事業活動を行うことにある。したがって、共同行為では、懸念される危険性は、事業活動を行う以前の合意に既にあることになるのに対して、単独行為では、事業活動を行うことにあり、さらにそれが不適切な内容のものであることを必要とする。[10]

違法要件との関係で付言すると、共同行為では、事業活動を行う以前の合意の段階で行為要件を充足し、その段階で違法要件を充足するか否かを判断することになるのに対して、単独行為では、事業活動が行われることが必要であり、さらにそれだけでは行為要件を充足せず、それが不適切な内容のものであるという要素が加わって初めて充足することになり、その段階で行為要件から違法要件の充足の判断に移る。前述のとおり、この点を裏返して言えば、不適切ではない事業活動によって違法要件を充足しても、行為要件を充足していない以上、独占禁止法の違反行為を構成することはない。

したがって、行為要件が共同行為である場合は、共同行為の中に既に危険性を見ているわけであるから、当該共同行為の効果について、市場に与える競争減殺効果（anticompetitive effects）と競争促進効果（procompetitive effects）を比較衡量して、競争減殺効果が競争促進効果を実態として上回り、それが実質的なもの（以下「実質的な競争減殺効果」という）であれば、これを許容する所以はなく、違法要件は充足されると解すべきこととなる。[11] [12]

これに対して、行為要件が単独行為である場合は、単独行為の中に直ちに危険性があるわけではなく、独占的事業者や協調的な寡占市場における事業者が享受できる、有効な競争の圧力を免れたゆとりをもって市場で行動できる能力（以下「市場力」という）を不適切に用いた内容の行為と評価されることになって初めて危険性が見てとれるのであり、かつ、市場力の存在が前提となっており、そのことは、市場における競争が既にある程度制限されている状態であることが前提となっていることを意味するから、違法要件も、当該単独行為の効果が、競争が既にある程度制限されている市場において競争減殺効果と競争促進効果を比較衡量する方法では不分明なことになるので、むしろ行為主体にフィード・バックして、当該単独行為によって行為主体が競争上相対的に有利となり、当該行為によって市場力が形成・維持・強化される効果（effect of creating, protecting or enhancing a market power）があることによって充足されると解する方が明快である。例えば、独占的事業者が、新規参入者のあった市場にのみ大幅な対抗値下げを行って、新規参入者の事業活動の継続を困難にした場合、その市場では価格競争を促進する効果の方が大きいと見うるものであって、競争減殺効果と競争促進効果の比較衡量からは必ずしも説得的な判断が導くことはできないが、かかる大幅な対抗値下げが不適切なものとの評価を行った上で、当該独占的事業者の市場力の維持・強化に資する効果があるものであったという考え方が当を得ていると思料するものである。

共同行為と単独行為におけるそれぞれの違法要件の違いは、行為主体となる事業者が有する市場力との関係で、単独行為においては、市場力の存在を前提とすることから、違法要件が市場力の形成・維持・強化（以下総じて「市場力の強化」といい、市場力の形成・維持も含む概念として用いる）と同値であるのに対して、共同行為においては、必ずしも市場力の強化のみが違法要件を充足するものではなく、市場力の強化に至らなくとも、実質的な競争減殺効果は生じうるもので、そのような場合にも違法要件が充足される余地が包含されるものである[13]。逆に、単独行為においては、前述の独占的事業者による新規参入阻止的な大幅な対抗値下げの例のように、実質的な競争減殺効果が直ちに生じなくとも、市場力の強化の効果は認めうるもので、そのような場合にも違法要件が充足される余地が包含されるものである。

それでは、市場力の強化と実質的な競争減殺効果では、どちらが違法要件における違法性判断基準としての閾値は高いであろうか。当該独占禁止法で問題にしようとする市場力の程度の設定の如何によるとしか言い様がない。問題とすべき市場力の程度の設定が低ければ、両者の懸隔は生じない。すなわち、実質的な競争減殺効果が認められるときは、市場力も生じているとするものである。逆に、問題にしようとする市場力の程度の設定が高ければ、両者の間には落差が生じる。実質的な競争減殺効果があるときであっても、市場において問題とする力が生じるまでに至っていない場合があるということになる。両者の懸隔はなるべく差のないものとして、平準化すべきであろう。(14) なぜならば、競争法の狙いは、市場において競争が存在することにより期待される機能を阻害する行為を排除することにあるので、市場全体の競争機能が阻害される場合に、かかる競争制限効果をもたらしている力が帰属する事業者を特定することが不可能な場合があるとは考えられないからである。

以上のように、独占禁止法の違反行為類型の各行為要件毎の違法要件の違法性判断基準を平準化すべく考えた場合でも、違反行為として成立するか否かの全体的判断では、なお二つの違いを考えなければならない。

第一は、単独行為を違法行為として規定する場合、行為主体が限定されることが前提となる法制をとるので、米国シャーマン法二条の運用では、市場シェア四〇～五〇パーセント以上の事業者から独占化の企図の適用があり、EC競争法のEC条約八二条の運用では、三〇～四〇パーセント以上の事業者から市場支配的地位を有するものと目されており、それなりの高さであり、実際問題として共同行為において違法性を判断する場合の低さと(15) 懸隔を生ぜざるをえないことである。

第二は、単独行為の場合、それが実質的な競争減殺効果を有するとしても、単独又は複数の事業者がそれぞれに行う行為であるので、不適切な内容のものでなければ、通常の競争手段として容認される範囲内のものであるときがあるのに対して、共同行為の場合にあっては、実質的な競争減殺効果を有するものについて、複数の事業者が意思を疎通してまで行うことを容認すべき場合が通常は考えられないからである。この点でも、単独行為と共同行為は、違法行為としての成立に懸隔を生じる。単独の取引拒絶と共同の取引拒絶とでは、後者の方が独占禁止法上、違法性の高いものとして扱われるのが、その一例である。

以下、独占禁止法の違反行為別の行為要件毎に、どのように考えていったらよいか、検討してみたい。

三　違反行為別の行為要件と違法要件の関係

1　不当な取引制限の場合

不当な取引制限は、相互拘束行為と共同遂行行為に分けられる。

まず、相互拘束行為は、複数の事業者間の合意そのものが該当する違反行為であり、共同行為の範疇に入るものである。したがって、事業活動を行う以前の合意の段階で違法要件を判断することになる。この点を初めて明らかにしたのが、昭和五五年九月二六日の東京高裁判決[16]である。ただし、同判決は、相互拘束行為について直接触れたものではなく、事業者団体の違反行為についてではあるが、次のように述べている。

「前記罰則（独占禁止法八九条一項二号）は『一定の取引分野における競争を実質的に制限する』ことを構成要件としているが、この行為は、具体的態様としては、前述のとおり事業活動を拘束する行為（本件では原油処理量の制限行為）によって行われる。したがって、一定の取引分野における競争の実質的制限は、右具体的行為との関係において結果であるが、その結果は、いわば右具体的行為自体に包蔵され、その拘束力の発生により直ちに生ずる性質のものである。その意味で、これを効果ということもできる」。

行為要件と違法要件の関係は、行為要件を充足する行為が原因となって、その結果として生ずる市場における現象が違法要件を充足するという、因果関係にある。本判決で重要なのは、相互拘束行為の場合、「その結果は、いわば右具体的行為自体に包蔵され」として、違法要件を充足する結果が市場において現実に発生することを必ずしも要せず、したがって、「その拘束力の発生により直ちに生ずる性質のものである」として、行為要件が充足された段階で、違法要件の充足も判断可能とされたことである[17]。

行為要件と違法要件が原因と結果の関係にあることを考えると、相互拘束行為においては、違法要件を充足する結果としての事実の発生を要しないことになり、他の違反行為と比べると、特殊な関係にある。したがって、相互拘束行為においては、行為要件を充足した段階で、当該行為が競争の実質的制限を生じさせる高い蓋然性が認められれば、違法要件を充足したことが判断できるものである。このことを、同判決は、「その意味で、これを効果ということができる。」と表現している。

相互拘束行為において、何故にこのような行為要件と違法要件の特殊な関係を許容しているかは、考察に値することである。相互拘束行為の行為要件において、「事業者が、契約、協定その他何らの名義をもつてするかを問わず、……」として、「契約」、「協定」等に例示される複数の事業者間の合意に、独占禁止法は、違反行為の中でも高い危険性を認めたからにほかならない。とすれば、他の違反行為においても、複数の事業者間の合意を行為要件の構成要素とするものは、行為要件の充足自体に高い危険性を認めるものでなければならない。

次に、共同遂行行為は、複数の事業者間で、合意には至らないが、共同の認識を形成することになる人為的な加功行為があって、かかる共同の認識に基づいて競争回避的な事業活動が行われることが該当する行為[18]と観念されるから、なお共同行為の範疇に入る違反行為である。ただし、共同遂行行為の場合は、合意が認定できなかったのだから、違法要件を判断する段階では、競争回避的な事業活動が行われることを要し、かつ、当該事業活動までが行為要件であって、それらが市場に与える影響をもって、違法要件を判断するものである。

これまで、相互拘束行為の場合は、合意の段階で違法要件の判断が可能であり、共同遂行行為の場合は、事業活動が行われて、違法要件の判断を行うこととなると述べてきたが、相互拘束行為の場合も、何年後かの将来の投資活動を相互に制限するような内容のものを除き、実際には、当該合意に基づく事業活動が行われた後に違法要件を判断する場合がほとんどであるから、違法要件を判断する状況に格別の違いがあるわけではない。

確認すべき重要事項は、不当な取引制限にあっては、その範疇に属する違反行為はいずれも共同行為であって、その違法要件は実質的な競争減殺効果が認められることである。

なお、以上は専ら不当な取引制限を水平的取引制限として考えた場合の議論であって、垂直的取引制限にあっては、水平的取引制限に比して、実質的な競争減殺効果が認められる場合が減少することは言うまでもない。

2　私的独占の場合

私的独占は、排除行為と支配行為に分けられる。

まず、排除行為は、基本的には単独行為の範疇に入る違反行為である。しかし、私的独占の行為主体の形成について、定義規定（独占禁止法二条五項）に「事業者が、単独に、又は他の事業者と結合し、若しくは通謀し、その他いかなる方法をもつてするかを問わず、」とあるように、他の事業者との関係で、複数の事業者間の通謀により、共同行為として行うことがあることを認めているから、排除行為に該当する行為要件には、単独行為と共同行為が並存することになる。

議論を分かりやすくするために、実際に公正取引委員会が審査した次のような二つの事例をもとに考察を進めることにする。

事例一［大手航空三社事件］　東京—九州間の国内航空路線に関し新規参入者が運航している東京—宮崎・鹿児島・福岡路線の大手航空三社の運賃設定について、大手航空三社は、特定便割引運賃として、新規参入者の設定している割引運賃等と同等又はこれを下回る運賃を設定している事実が認められた。また、当該特定便割引運賃は、新規参入者と競合がある路線の割引の程度が大きく、一部の路線の運賃水準がコストからみても低いものとなっており、さらに、東京—宮崎・鹿児島路線のみを対象としたマイレージの優遇を行うなどの事実が認められた。これらの運賃設定行為は、大手航空三社の市場における地位・状況、総合的事業能力、当該運賃水準、新規参入者に及ぼす影響等からみて私的独占の禁止の規定に違反するおそれがある。(19)

事例二［共同運行バス三社事件］　東北地区において高速バス路線の共同運行を行っている乗合バス事業者

三社は、当該三社以外に高速バス事業者が存在せず、事業者間で競争がない路線となっていた高速バス路線について、新規参入者が事業許可の申請を行った際に、共同して、新規参入者が認可申請した運賃と同等の水準まで運賃を引き下げた。三社の行為は、独占禁止法の規定に直ちに違反するものであるとは認められなかったが、三社以外に高速バス事業者が存在しない路線において、共同運行の形態の下で三社が一体となって新規参入者に対応する行為は、新規参入者の事業活動を排除することとなる場合には、通常の事業者間の競争の範囲を超え、三社間で通謀して行う私的独占として独占禁止法違反につながるおそれがある。[20]

事例一と事例二の違いは、前者が単独行為の範疇に属し、後者が共同行為の範疇に属することにある。すなわち、公正取引委員会は、航空三社の間には共同性を認定していないが、バス三社の間には共同性を認定している。

ここからは、筆者の私見になるが、航空三社は、市場における地位・状況から、事実上協調する複数の事業者の関係にあり、したがって、市場における力を事実上共有する関係にある。航空三社は、行為主体として、かかる市場における力を有する事業者であり、行った事業活動が不適切な内容のものであれば、航空三社の市場における力を維持する効果があり、行為要件・違法要件を共に充足することとなる。不適切な内容のものであったかどうかを細かく見ると、航空三社の特定割引運賃は、新規参入者の割引運賃等と同等又はこれを下回るものであり、新規参入者がない路線と比較して割引の程度が大きく、さらに、新規参入者のあった路線のみを対象としたマイレージの優遇を行っていると指摘されている。

バス三社は、新規参入者に対応する値下げにおいて、共同運行という制度の中で、明らかに人為的に共同している。共同運行としてバス三社に許容された共同性は、単独では参入しにくい新規路線を開設するために容認されたものであって、新規参入者に対応するために許されたものではない。共同行為であるから、既に行為主体・行為要件は充足されており、実質的な競争減殺効果が認められるか否かの違法要件の問題となる。この場合、値下げ競争という競争促進効果もありうるが、バス三社が共同していることの危険の方を重く見て、新規参入者が認可申請した運賃と同等の水準までにバス三社の運賃を引き下げた段階で、公正取引委員会は、新規参入者の事業活動を排除することとなる場合には、新規参入者も含めたバス四社がそれぞれに独立して競争活動を展開している通常の事業者間の競争と場合を異にし、競争減殺効果が競争促進効果を上回っていると考え、違法要件を充足するおそれがあるとした。

公正取引委員会は、バス三社の行為の方を航空三社の行為よりも、独占禁止法上、低い閾値で違法となるおそれを認めているように見える。この場合、バス三社が共同して有する市場力を強化したとみることも当然に可能であるから、違法要件のレベルでバス三社と航空三社は、相違がないと看做しうる。むしろ、行為要件のレベルで、バス三社と新規参入者と比較した運賃水準で、バス三社は同等の水準だけであるのに対し、航空三社では、新規参入者の割引運賃と同等だけでなく、それを下回る運賃設定やマイレージの優遇などを加えて挙げられていることが着目される。

仮に、バス三社の間に共同性が認められない場合、バス三社それぞれの対抗値下げ行為は、航空三社と同様に、独占禁止法上の問題とされたであろうか。当該バス三社で他の市場においても、航空三社と同様に、新規参入者への対抗については常に同一歩調をとっていたとは考えにくいから、むしろ競争促進効果の方が上回っているものと評価されて、問題とされない可能性の方が高い。

要約すると、事例一は、単独行為の範疇に属するから、私的独占の排除行為に相当するためには、値下げ行為という事業活動が行われることが必要であり、次にそれが不適切な内容であることが必要である。このように行為要件が充足されるためには、事業活動の実行が必要であり、それは必然的に当該事業活動が他の事業者の事業活動を排除する効果があるかどうかを見ることになる。そして、そのことが原因となって、違法要件としては、実質的な競争減殺効果があるというよりも、行為主体の持つ市場力が引き続き強化される結果をもたらすものであるかどうかにかかってくる。言い換えれば、市場における競争への影響では、一見、競争促進効果があるように見えても、行為主体の持つ市場力を強化する場合は、単独行為の場合の違法要件は充足されるものである。

これに対して、事例二は、共同行為の範疇に属するから、不適切なものであるかどうかの判断は必要なく、共同して行った事業活動が、他の事業者の事業活動を排除する効果があるかどうかを見ればよい。その上で、違法要件としては、実質的な競争減殺効果があるかどうかを見ることになる。

以上から指摘できることは、私的独占の排除行為には、単独行為と共同行為の両方が含まれていることである。次に、私的独占の支配行為は、行為主体となる事業者が他の事業者の事業活動を一方的・片務的に支配することが該当する行為であるが、支配するに当たって、通常は行為主体となる事業者の意思が、支配される事業者に伝わって、それに従う意思を有しているものであるから、対等・任意の合意であるかどうかはともかくとして、複数の事業者間の合意によるものと評価して差し支えない。したがって、支配行為は、基本的には共同行為の範疇に入る違反行為である。論理的には、不当な取引制限における相互拘束行為の場合と同様に、具体的な事業活動について支配する行為があれば足り、支配された側の事業活動が行われることは必ずしも必要ない。

なお、支配行為にあっても、行為主体が複数の事業者であって、その間に通謀があれば、排除行為における場合と同じように、そのような形態の支配行為も二重の意味で共同行為の範疇に入るものである。

結論として、私的独占にあっては、複数の事業者の通謀による排除行為と、通謀によらざるとも支配行為そのものが、いずれも共同行為であって、その違法要件は、実質的な競争減殺効果である。他方、通謀によらない排除行為は、単独行為と評価されるものであって、その違法要件は、行為主体の持つ市場力を強化する効果があることによって充足されるものである。

3　企業結合の場合

独占禁止法において、私的独占・不当な取引制限と同様の違法要件を付されている、会社による他の会社の株式保有（一〇条）、会社の役員又は従業員による他の会社の役員の兼任（一三条）、会社以外の者による会社の株式保有（一四条）、合併（一五条）、共同新設分割・吸収分割（一五条の二）及び営業の譲受け等（一六条）を企業結合と総称すると、これらはいずれも事業者が会社である場合の意思決定主体の融合を意味し、関係事業者間の独立性を失わせ、競争単位の減少や経済力の集中をもたらす行為である。かかる意味での危険性を企業結合は行為要件に内在させているが、行為要件に該当する行為自体は、合併、株式保有、役員兼任等のいずれも企業活動において通常の行為である。また、企業結合は、私的独占の排除行為・支配行為や不当な取引制限の相互拘束行為の手段となりうる行為であり、その場合には、私的独占又は不当な取引制限として規制されることになる。したがって、企業結合それ自体の行為要件と違法要件の直接的関係は、独立の競争単位の減少や経済力の集中が原因となって、有効な競争が期待できない状態を形成し、又は強化する結果を必然ではないが容易にもたらすことである。

私的独占や不当な取引制限の違法要件については、共同行為と単独行為に分けて検討したが、企業結合については、その実際の在り様によって、個別に共同行為と単独行為に分類することは可能だが、定型的に分類できるわけではない。また、企業結合が効率的な経営規模や生産規模を実現するための日常な企業活動でもあることを考慮すれば、違法とすべき程度は、私的独占・不当な取引制限で共同行為と単独行為のそれぞれの違法要件の閾値の程度の違いと照らし合わせて、どのあたりに置くべきか、法制的にも運用としても極めて難しい問題となっている。本稿では、運用面に入らず、法制的な考え方に限って議論を進める。

米国反トラスト法で企業結合規制を定めているクレイトン法七条は、その違法要件を「当該企業結合の効果が競争を実質的に減殺することとなり、又は独占を形成するおそれがあること（the effect of such acquisition may be substantially to lessen competition, or to tend to create a monopoly）」として、競争の減殺と独占の形成という二種類の違法要件を並列しており、前者がシャーマン法一条の共同行為規制の違法要件のコロラリー（競争減殺効果が上回る状況）に属し、後者がシャーマン法二条の独占力規制（単独行為規制）の違法要件のコロラリー（独占力を持った行為主体の形成）に属する。したがって、米国反トラスト法における企業結合規制の違法要件の考え方は、共同行為及び単独行為のいずれの違法要件の考え方も受けていることになる。

ＥＣ競争法で企業結合規制を定めていた一九八九年企業結合の規制に関する理事会規則二条三項は、「共同市場又はその実質的な一部における有効な競争を著しく損なうこととなる支配的地位を形成し、又は強化する集中(a concentration which creates or strengthens a dominant position)は、共同市場と両立しないものとする。」と規定しているので、ＥＣ競争法において共同行為規制に相当するＥＣ条約八一条に対して、市場支配的地位の濫用規制(単独行為規制)を定める同条約八二条「共同市場又はその実質的部分における支配的地位を有する一又は複数の事業者（one or more undertakings of a dominant position）による当該地位を濫用する行為は、それにより加盟国間の取引が影響を受けるおそれがある限りにおいて、共同市場と両立しないものとし、禁止する。」の方のみを受け、市場支配的地位を有する行為主体の形成・強化で連続するものとなっている。したがって、これまでのＥＣ競争法における企業結合規制の違法要件の考え方は、単独行為の違法要件の考え方を受けていることになる。

企業結合における違法要件の判断基準にあって、共同行為の違法要件から来るものを米国クレイトン法の substantially to lessen competition に由来して SLC 基準（SLC-Test）と呼び、単独行為の違法要件から来るものをＥＣ条約の a dominant position に由来して Dominance 基準（Dominance-Test）と呼ぶこともできるが、その場合でも、Dominance 基準において複数の寡占事業者による事実上の共同支配（collective dominance）として協調的寡占市場構造の形成・強化を考えることができるので、SLC 基準と Dominance 基準のパースペクティブの違いは、必ずしも判然としないし、どちらの基準が厳しいあるいは緩いとも一概には言い得ない。しかし、一般的には、Dominace 基準では漏れてしまうような、製品差別化された細分化された市場での市場力の強化も SLC 基準では採り上げることができ、また、協調的寡占市場構造に関する幅広い考慮要因を SLC 基準の方が柔軟に取り込みうると考えられている。したがって、ＥＣ競争法においても、SLC 基準の柔軟性をも取り込んだ「有効な競争を著しく妨げること（to significantly impede effective competition）」を違法要件とする SIEC 基準（SIEC-Test）を加えた変更（新ＥＣ合併規則二条三項）[21]が二〇〇四年五月一日から施行された。

企業結合が効率的な経営規模や生産規模を追求する企業活動の通常の手段であることも考慮すれば、企業結合の違法要件の閾値を低くすればよいというものでもなく、単独行為の行為主体となるような市場力の強化を防止するという、単独行為の違法要件のコロラリーの閾値でほとんど企業結合の違法要件としては足りるとも考えられるが、協調的寡占市場構造の現出を防止する観点からは、競争減殺効果と競争促進効果を比較衡量する共同行為における違法要件の違法性判断基準の方がより精密な判断を可能にするものと言えよう。

四　競争の実質的制限の違法性判断基準

1　判例における違法性判断基準とその限界

独占禁止法は、私的独占、不当な取引制限及び企業結合の違法要件を「一定の取引分野の競争を実質的に制限すること（となる場合）」と、同じ文言を用いて規定している。その解釈について、判例は、「競争の実質的制限とは、競争自体が減少して、特定の事業者または事業者集団が、その意思で、ある程度自由に、価格、品質、数量、その他の各般の条件を左右することによって、市場を支配することができる形態が現れているか、または少なくとも現れようとする程度に至っている状態をいう。」（東宝・スバル事件・東京高判昭二六・九・一九高民集四巻一四号四九七頁）とし、さらに、「いいかえればかかる状態においては、当該事業者又は事業者集団に対する他の競争者は、それらの意思に拘りなく、自らの自由な選択によって価格、品質、数量等を決定して事業活動を行い、これによって十分な利潤を収めその存在を維持するということは、もはや望み得ないということになる。」（東宝・

新東宝事件・東京高判昭二八・一二・九高民集六巻一三号八六八頁）との付け加えがあった。講学上、「市場を支配することができる状態」を市場支配力が存在するとの用語に置き換えている。前者の判旨は、市場支配力を有することとなった行為主体の事業者側から捉えたものであり、後者の判旨は、市場支配力の存在を行為主体外の競争事業者側から捉えたものであるとされる。学説は、一般に、前者に従うべきで、後者を付加することによって、有効な牽制力ある競争者が他に一社でも存在していれば市場支配力が形成されることにはならないという判断を許すべきでないと批判する。(22)

なお、判例は、前出の石油カルテル生産調整刑事事件の東京高裁判決において、「このように事業活動を拘束する行為のもつ効果としての競争の実質的制限とは、一定の取引分野における競争を全体として見て、その取引分野における有効な競争を期待することがほとんど不可能な状態をもたらすことをいうものと解するのが相当である。」(高刑集三三巻五号三五九頁)との言い換えを行っている。言い換え前の判旨が、違法要件においても、行為主体が市場を支配することができる形態として、行為要件における行為主体と行為客体（事業活動の制約）の関係とパラレルに、違法要件においても行為主体と行為客体（市場の支配）の関係付けを求めたのに対し、言い換えによって、違法要件において行為主体が市場を支配できる場合に限られないとすることが考えうるようになった。そして、行為要件と違法要件が、原因と結果の関係にあり、各行為要件とその効果としての違法要件について、その場合に期待されている有効な競争がどのようなものであるかをめぐって、それぞれに考察する可能性が開けたものと言えよう。

現状における問題は、「市場を支配することができる形態」を「有効な競争を期待することがほとんど不可能な状態」と言い換えた場合、違法要件の閾値として妥当なものを導き出せるかという違法性判断基準の在り方にある。

まず、言い換え前の判旨で述べられている市場支配力は、行為主体が有する市場力であり、市場力の強化は、単独行為の違法要件について妥当する違法性判断基準である。独占禁止法の違反行為に即して言えば、私的独占において通謀以外の排除行為に妥当する違法性判断基準である。すなわち、判例で示された市場支配力が排除行為によって強化される効果があったとき、排除行為における違法要件が充足されることとなるものである。

この点では、市場支配力が市場の内部に向けられたものであって、特に市場の外部から新規参入を試みた事業者の事業活動に向けられた排除行為の違法要件の立証に当たって、当該排除行為によって市場の内部の価格・数量等が影響を受けたことまでもが個別具体的に認定する必要があると思われたこと、換言すれば、市場支配力＝価格支配力と考えられたことに矛盾が感じられた。この点を解決するために、「市場の開放性を妨げること」も市場支配力の徴表とする見解が現れた[23]。しかし、この見解では、排除行為そのものが市場の開放性を妨げることであり、トートロジーとなって行為要件と違法要件が重複する印象が免れ難く、ついに公正取引委員会の流通・取引慣行に関する独占禁止法上の指針（平三・七・一一公表）では、共同ボイコットについてであるが、排除行為の対象となった行為客体の性格によって、競争の実質的制限を認定するか否かまでに至ってしまった[24]。

しかし、排除行為が単独行為であることを考えれば、この場合に違法性判断基準として採用すべきは、行為客体の問題ではなく、行為主体の問題である。すなわち、単独行為としての排除行為は、行為主体として市場力を有する事業者が行うときにのみ独占禁止法上の問題となるのであって、それ以外の事業者が行っても問題とならない。したがって、違法要件は、行為要件で既に充足されている市場の開放性を妨げることではなく、不適切な内容の事業活動であって、それによって行為主体が有する市場力が強化されることである。

したがって、それ以外の共同行為の範疇に入る違反行為については、実質的な競争減殺効果でみるべきもので、「その意思で、ある程度自由に、価格、品質、数量、その他各般の条件を左右することによって、市場を支配できる」という市場支配力でみることは、前述のように行為要件と違法要件が重複するような解釈を強いられることとなるほか、そもそも違法性判断基準としては高過ぎることとなる。共同行為の場合は、市場における競争を減少させていく方向のみに働く有意な効果が認識されれば、違法要件を充足して、排除されるべき違法行為となるものであって、それ以上に、市場全体として競争が不活発であって、市場支配力が形成されているというまでの効果を要するものではない。(25)

2　違法性判断基準の在り方

ここまで述べてきた考え方により、競争の実質的制限の違法性判断基準の在り方をさらに整理すると、次のとおりである。

ア　共同行為の場合

① 共同行為には、不当な取引制限のほかに、私的独占のうち、事業者が他の事業者と結合又は通謀して行う排除行為、さらに支配行為を含む。

② 共同行為について、有効な競争を期待することがほとんど不可能な状態をもたらすとは、当該共同行為が市場に及ぼす効果において、実質的な競争減殺効果がある場合をいう。

なお、不当な取引制限のうち、相互拘束行為は、事業活動の遂行がない段階で違法要件の判断が可能である。

イ　単独行為の場合

① 単独行為とは、私的独占のうち、事業者が単独で行う排除行為をいう。

② 単独行為について、有効な競争を期待することがほとんど不可能な状態をもたらすとは、排除行為の手段が不適切な内容のものであって、行為主体となった事業者が有する市場力を強化する場合をいう。

ウ　企業結合の場合

① 企業結合には、共同行為（提携的な企業結合）と単独行為（吸収的な企業結合）の両方の要素が含まれう

る。

② 企業結合について、有効な競争を期待することがほとんど不可能な状態をもたらすこととなるのは、当該企業結合に参加する事業者の市場力を強化することとなる場合又は当該企業結合がその参加事業者とそれ以外の他の事業者との協調関係を生じさせるほどの実質的な競争減殺効果を有することとなる場合をいう。

五　競争の実質的制限と公正競争阻害性の関係

これまで違法要件としての競争の実質的制限における違法性判断基準の在り方を論じてきたが、残された問題として、独占禁止法における違法行為のもう一つの違法要件、すなわち、不公正な取引方法の違法要件である「公正な競争を阻害するおそれ」（二条九項。以下「公正競争阻害性」という）と競争の実質的制限とは、どのような関係にあると解すべきかがある。

公正競争阻害性は、公正取引委員会が指定した「不公正な取引方法」（一般指定・昭和五七年公取委告示一五号）において、一六の行為要件に対して、違法要件との関係で「不当に」、「正常な商慣習に照らして不当」、「正当な理由がないのに」との区分けがなされ、実質的な意味内容も、かかる区分けとは関係なく、「競争の減殺」、「競争手段の不公正さ」、「競争基盤の侵害」の三種類が挙げられ、多義的である。本稿の紙幅で、不公正な取引方法の位置付けと公正競争阻害性の意味内容のすべてを論じきることはできないので、違法性判断基準において、競争の実質的制限と公正競争阻害性が連続していることにかかる事柄のみを以下に挙げておきたい。(26)

不公正な取引方法の違法要件においても、共同行為と単独行為のそれぞれの違法要件における違法性判断基準の考え方が妥当する。不公正な取引方法の行為要件には、共同行為と単独行為が混在する。混在には、二重の意味がある。一つは、一般指定に列挙される行為要件でみると、共同の取引拒絶(一項)のように共同行為そのものもあれば、不当廉売(六項)、競争者に対する取引妨害(一五項)のように単独行為であるものが並列されているという意味である。もう一つは、差別対価(三項)、取引条件等の差別取扱い(四項)、抱き合わせ販売(一〇項)、排他条件付取引(一一項)、再販売価格の拘束(一二項)、拘束条件付取引(一三項)のように、同一の行為要件の中に共同行為と単独行為が並存するという意味である。共同行為には、競争事業者間のみの水平的なものに限られず、取引先事業者との垂直的なものも含む趣旨であるから、例えば、排他条件付取引において、製造業者が自社製品に流通業者の販売努力を傾注させるために行う側面から見れば、製造業者と流通業者の共同行為という要素が強くなり、他方、製造業者が競合他社製品の流通経路を遮断するために行う側面から見れば、製造業者の単独行為という要素が強くなる。排他条件付取引は、一般指定において違法要件が「不当に」と付された不公正な取引方法であり、その公正競争阻害性を共同行為の要素から見れば、当該排他条件付取引が市場における競争減殺効果の方が競争促進効果を上回る蓋然性が高いことであり、他方、単独行為の要素から見れば、排他条件を付して取引した事業者の市場力が強化される効果があると言えることになる。ただし、排他条件付取引のような垂直的な非価格制限にあっては、競争減殺効果が競争促進効果を上回る場合は、単独行為における市場における力を有する事業者が行う場合にほとんど重なるので、結局は、単独行為の要素から見た公正競争阻害性に依拠することになる。

この点は、公正取引委員会の流通・取引慣行に関する独占禁止法上の指針が「市場における有力なメーカー(シェアが一〇%以上、又はその順位が三位以内)が競争品の取扱い制限を行い、これによって新規参入者や既存の競争者にとって代替的な流通経路を容易に確保することができなくなるおそれがある場合には、不公正な取引方法に該当し、違法となる。」とし、さらに、逆に「市場におけるシェアが一〇%未満であり、かつ、その順位が上位四位以下である下位事業者や新規参入者が競争品の取扱い制限を行う場合には、通常、新規参入者や既存の競争者にとって代替的な流通経路を容易に確保することができなくなるおそれはなく、違法とはならない。」と注記して、行為主体の持つ市場における力に着目した単独行為の考え方を採ることを示唆している。これによって、公正競争阻害性と競争の実質的制限の違いが、「代替的な流通経路を容易に確保することができなくなる『おそれ』」と「……容易に確保できなくなる」という競争減殺効果の現出の程度の違いであるという連続性も見て取ることができる。不公正な取引方法が私的独占の予防規定とされる所以でもある。したがって、公正競争阻害性を、市場力の濫用の防止の観点から整理し直すことにより、不公正な取引方法の位置付けも理解しやすいものになると考えられる。

なお、不公正な取引方法の違法要件においても、共同行為の違法要件の閾値を単独行為よりも低いものとしていることが妥当する。取引拒絶について、共同の取引拒絶（共同行為）とその他の取引拒絶（単独行為）を一般指定一項と二項に分け、前者の違法要件を「正当な理由がないのに」として、後者の「不当に」に比し、その閾値を低いものにしていることなどである。

六　結び

我が国の独占禁止法において、競争の実質的制限が共通の違法要件であっても、それぞれの行為要件に即した注意深い解釈をしなければならないとする理由は、米国反トラスト法やEC競争法、ドイツ競争制限禁止法などの他の競争法が共同行為（米国シャーマン法一条、EC条約八一条、ドイツ競争制限禁止法一条）と単独行為（米国シャーマン法二条、EC条約八二条、ドイツ競争制限禁止法一九条）に行為要件を分け、違法要件も区別が可能な規定となっているのに対し、日本の独占禁止法は、事業活動の拘束の態様（私的独占＝外部的・一方的拘束、不当な取引制限＝内部相互的・双務的拘束）によって行為要件を分け、違法要件も共通にするという規定振りにしたからである[27]。そのことによって、共同行為に該当する行為類型の違法要件の違法性判断基準が単独行為の違法性判断基準の高さまで引き上げられる一方で、単独行為に該当する行為類型の違法要件の違法性判断基準が行為主体の有する市場力の形成・維持・強化である点が看過されている現状は改められなければならないと考えるものである。

厚谷教授は、一九九六年に「不当な取引制限における『競争の実質的制限』について[28]」と題して、その解釈の変更を迫る優れた論文を発表されている。本稿は、公正取引委員会事務局入局時から後進として指導を受けた筆者が、同論文へのオマージュの意味も込めて執筆したものである。

（1） 伊従寛「一定の取引分野における競争の実質的制限の解釈」今村教授退官記念論文集『公法と経済法の諸問題（下）』（有斐閣・一九八二年）一七七頁以下。

（2） 「『事実上』協調する」とは、「『人為的に』協調・協力する」に対置させたものであり、前者は、複数の事業者間で意思の連絡を図ることをせずに生じる協調行動であり、後者における意思の連絡を図る工夫があって行われる協調行動と区別しようとするものである。端的に言えば、前者には意識的並行行為が、後者にはカルテル行為が、それぞれ相当する。

（3） 単独行為の行為主体が、単独の事業者の場合だけに限られず、複数の事業者の場合もありうることを明示した立法例としては、ドイツ競争制限禁止法一九条二項二文「二以上の事業者は、同種の商品又は役務について当該事業者らの間に実質的な競争がなく、かつ、当該事業者ら全体で一文の要件（筆者注：単独の事業者が、競争者を有せず、又は実質的な競争にさらされていない場合）を満たす場合には、市場支配的である。」がある。

（4） 合意内容の実施という、行為による現実の結果の発生を要せずに、合意だけで違反行為として既遂に達するとするのは、独占禁止法の特徴である。郷原信郎「独占禁止法の日本的構造」（清文社・二〇〇四年）一〇九頁「そのような合意さえ認められれば違反行為を認定することが可能で、具体的に価格の引き上げが実施されたとか価格が上昇したことまでは不要というのが独禁法の一般的な考え方であるが、このような『行為』のとらえ方は、具体的な行為とそれによる結果の発生を要件とされる一般的な犯罪とは大きく異なる。」。なお、複数の事業者間の合意に高い危険性を認めるのは、各国の競争法を通じた特徴である。

（5）合意だけで行為要件を充足する場合と合意と事業活動の遂行があって行為要件を充足する場合をそれぞれ概念的に分けて明示的に定めた立法例としては、ＥＣ条約八一条一項「加盟国間の取引に影響を与え、かつ、共同市場内の競争を妨害、制限若しくは歪曲する目的又は効果を有する『事業者間のすべての協定、事業者団体の決定』及び『相互協調的行為』は、共同市場と両立しないものとして禁止される。」があり、我が国独占禁止法の不当な取引制限の定義規定における「他の事業者と共同して相互に事業活動を拘束し」又は「（他の事業者と共同して相互に事業活動を）遂行する」も同様にみなしうるものである。

（6）John H. Shenefield & Irwin M. Stelzer "The Antitrust Laws : A Primer (4th ed.)" (The AEI Press・2001) P36

（7）United States v. Grinnel Corp., 384 U. S. 563, 570-571.

（8）Hoffmann-La Roche Case 85/76［1979］ECR 461, 541 : 3 CMLR 211, 290.

（9）問題意識は、今村成和「独占禁止法（新版）」（有斐閣・一九七八年）六二頁に指摘される「市場支配には、優越した事業能力を有する事業者によって行われる場合と、独立事業者の結合（共同行為）によって行われる場合とがあり、両者は、区別して考察する必要がある。」と同様である。

（10）共同行為において、その行為要件に存する危険性と違法要件における対市場効果が混同して判断されやすいことを指摘したのが、厚谷襄児「不当な取引制限における『競争の実質的制限』について」北大法学論集四六巻六号（一九九六年）である。

（11）米国反トラスト法の運用では、かかる比較衡量を合理の原則（rule of reason）の用語で表している。共同行為の中でも、価格カルテル等のハードコア・カルテルについては、行為要件の充足のみで違法要件も充足するとして、かかる比較衡量なしに競争制限を認める当然違法（per se illegal）の論理がとられている。日本の独占禁止法やＥＣ競争法の運用では、当然違法の論理はとられていないから、比較衡量にかける立証作業の比重と難易は行為類型によって差はあるものの、違法要件を充足するか否かの判断は、論理的にはいずれも合理の原則によっていることになる。

（12）「実質的」とは、substantial, appreciable, spürbar と同旨であり、競争減殺効果が認識できるほどのものということであり、逆に言えば、認識できない程度のもの（例えば、Bagatellkartell）は、違法としない趣旨の用語である。

(13) 例えば、公正取引委員会は、入札談合事件において、「（新都市建設公社が）三四社（の広域総合建設業者）及びその他の広域総合建設業者のうちの複数の者を指名し又はこれらのいずれかの者を代表者とする複数の建設共同企業体を指名して指名競争入札の方法により発注する」土木工事の取引分野における競争を、一部の事業者である三四社間の合意により実質的に制限していたと認定した事例（平一三・一二・一四財団法人東京都新都市建設公社発注の土木工事の入札参加業者に対する課徴金納付命令・審決集四八巻四五八頁、審判開始決定・平一四・一・二八審決集四八巻三九九頁により失効。未結審）があるが、かかる場合において、仮に、三四社だけでは、その意思で、ある程度自由に、価格、品質、数量、その他各般の条件を左右することによって、市場を支配することができる状態（市場力の強化）に達していなくとも、入札談合行為が共同行為であることを考えれば、実質的な競争減殺効果が認められる限り、違法要件を充足すると思料されるものである。

(14) 共同行為と単独行為が違反行為に該当する閾値の違いについて論じた Andrew I. Gavil "Copperweld 2000 : The Vanishing Gap between Sections 1 and 2 of the Sherman Act" 68 Antitrust L. J. 87 (2000) の高橋省三訳「コッパウェルド事件判決の今日的意義：シャーマン法一条・二条の不連続性とその解消（上）（中）（下）」公正取引六〇五号、六〇六号、六〇七号掲載において、訳者解説として「……行為の結果として新規参入が阻止された事実は不動であるのに、行為者が単数か複数かで当否が決定されるのはいかにも不自然である。これは、シャーマン法一条の要件「市場力」とシャーマン法二条の要件「独占力」の違い（後者の方がハードルが高い）が原因である。実は、この二つを別物として取り扱う理由はない。さらに、そもそも市場シェアは、市場力や独占力の測定、存否の判断において決定的な要因ではない。現実の価格上昇や、供給量の減少、競争者の排除は、市場力＝独占力を行使した結果であり、これらの事実があれば、市場力＝独占力の存在は自明なので、わざわざ市場シェアによって市場力＝独占力を立証する必要はない。それどころか、市場シェアが低くても市場力＝独占力の行使が可能であることもある。最近の判例もこのような考え方をとっており、明言されたわけではないが、コッパウェルド事件で前提とされていた理論は否定されつつある。」との指摘がある。そうであっても、行為要件のところで、なお共同行為の方が単独行為よりも違法行為となる閾値は低い。共同行為にあっては、行為要件として合意が立証されれば十分なのに対し、単独行為では、行為要件への該当を問われる行為について、それが不適切な内容の事業活動であるか否かの評価を加えなければならないからである。

(15) 米国反トラスト法の運用では、当然違法が妥当するハードコア・カルテルでは市場シェアの高低を問わないし、デ・ミニミス原則により違法に問われるおそれのない共同行為として、EC競争法の運用では、競争者間の共同行為については一〇パーセント以下("de minimis Notice" 2001)、ドイツ競争制限禁止法の運用では、五パーセント以下("Bagatellbekanntmachung" 1980)の市場シェアが示されている。日本の独占禁止法の運用では、事業者団体の価格協定事件で、市場シェア五〇パーセント以上の商品については八条一項一号の競争の実質的制限を認めたが、一三~二七パーセントの間の商品については四号違反(構成事業者の機能活動の制限)とした公正取引委員会審決(岡山県被服工業組合に対する件昭四八・六・二九・審決集二〇巻四一頁)がある。日本の独占禁止法における共同行為の違法要件が、米欧の競争法に比し、実質的な競争減殺効果のレベルではなく、市場力の強化なみのレベルの異様に高いレベルで考えられていることを示している。このような米欧競争法と日本の独占禁止法の差異が、本稿の問題意識の一部である。類似の指摘として、伊従・前掲注(1)一九七頁。なお、議論を平明に進めるために、市場シェアを指標として比較しているが、市場力や市場における競争への効果について、市場シェアのみが判断材料となるものではないことは言うまでもない。

(16) 石油カルテル生産調整刑事事件・高刑集三三巻五号三五九頁、判時九八三号二二頁、判タ四三四号八九頁。

(17) 前掲注(10)の厚谷論文・厚谷襄児著「独占禁止法論集」(有斐閣・一九九九年)所収二二頁は、「この判示により、共同行為と対市場効果である『競争の実質的制限』との分離が明らかにされている。この前提に立って、共同行為それ自体による事業活動の制限の内容、方法から『一定の取引分野における競争の実質的制限』を判断している。」と指摘する。

(18) 拙稿「不当な取引制限における共同遂行の行為概念」(正田彬先生古希祝賀「独占禁止法と競争政策の理論と展開」所収)(三省堂・一九九九年)一四六頁。

(19) 公正取引委員会二〇〇二年九月三〇日新聞発表文「大手航空三社の運賃設定について」http://www.jftc.go.jp/pressrelease/02.september/02093003.pdf

(20) 公正取引委員会二〇〇三年五月一四日新聞発表文「乗合バス事業者に対する独占禁止法違反被疑事件の処理について」http://www.jftc.go.jp/pressrelease/03.may/03051401.pdf

(21) Council Regulation (EC) No 139/2004 of 20 January 2004 on the control of concentrations between undertakings (the EC Merger Regulation)

(22) 丹宗暁信ほか著「論争独占禁止法」(風行社・一九九四年)六一・六二頁。

(23) 今村成和「独占禁止法入門(第四版)」(有斐閣・一九九六年)一五頁。

(24) 例えば、「総合的事業能力が大きい事業者が市場に参入することが著しく困難となる場合又は市場から排除されることとなる場合」に競争の実質的制限が認められるとしたことである。

(25) 例えば、共同ボイコットは、共同行為の範疇に属する行為であるから、市場から他の事業者を排除することによって、当該市場における競争を減少させる方向のみに働く有意な効果が認められるものであれば、競争の実質的制限に該当するとして、独占禁止法では、複数の事業者が通謀して行う私的独占としてよいもので、それ以上に当該市場内の既存事業者間の競争も活発に行われていない状態にあることまでなければ、競争の実質的制限とは言えないというものではない。

(26) 競争の実質的制限と公正競争阻害性の連続性を明示したとみられるのが、東洋精米機事件における東京高裁判決(昭五九・二・一七行集三五巻二号一四四頁)である。同判決では、「一般に一定の取引分野において有力な立場にある事業者がその製品について販売業者の中の相当数の者との間で排他条件付取引を行う場合には、その取引には原則的に公正競争阻害性が認められるものとみて差し支えないであろう。」としながらも、「しかし、また、右のような場合であっても、一定の取引の分野の市場構造の特殊性等からして、すでに各販売業者が事実上特定の事業者の系列に組み込まれており、その事業者の製品だけしか取り扱わないという事態になっているなど特段の事情が認められる場合は、排他条件付取引に公正競争阻害性が認められるか否かを判断するに当たっては、行為者及びその競争者の製造する製品を取り扱う販売業者がどの程度存在し、販売業者の各事業者への系列化の実情がどのようなものになっているかといった点が重要な判断資料となるもというべきである。」として、公正競争阻害性の判断においても、競争の実質的制限と同様に、市場における効果の実情を見るべきことを示唆している。

(27)　拙稿「独占禁止法における行為規制と構造規制」法学研究（金子晃教授退職記念号）七六巻一号（慶應義塾大学出版会・二〇〇三年）三七三頁以下。
(28)　前掲注（10）の厚谷論文（厚谷襄児『独占禁止法論集』（有斐閣・一九九九年）所収一頁以下）。

情報経済社会における反トラスト法の独占規制
――マイクロソフト訴訟を契機として

田村次朗

はじめに[1]

ニューエコノミーの代表格といわれる情報経済においても、競争法が市場秩序の維持に果たす役割の重要性に変わりはない。むしろその重要性は増しているように思われる。しかし、他方で、ダイナミックな変化と絶え間ない技術革新を生み出すこの情報経済において、競争法はどこまで迅速に、そして正確に反競争的な影響を特定し排除することができるのかといった困難な問題に直面していることも事実である[2]。

一連のマイクロソフト訴訟では、原告である司法省および連邦取引委員会（以下、「ＦＴＣ」）、被告であるマイクロソフト社（以下、「ＭＳ社」）、そして研究者らによる、競争法に関する興味深い議論が展開された[3]。この議論の背景には、ネットワーク効果をめぐる考え方の相違がある[4]。すなわち、ネットワーク効果は、独占擁護にも独占解体にも結びつきうる特性をもっているからである。

特にネットワーク効果が作用する分野では、その特性から独占が生じることは避けられない[5]。問題は、誰が独占するかではなく、ネットワーク効果がもたらす経済の効率性や消費者利益と、ネットワーク効果によって発生する独占などの反競争的効果の双方を、どのような視点から評価し、適切な規制を行うことができるかにある(6)。この点、マイクロソフトを巡る訴訟では、プラットホームソフトウェアという新しい市場に対して、従来の判例法理がどこまで有効なのかという点が盛んに議論された。しかし、新しい現象に対して常に新しい法原則が打ち立てられなければならないわけではない。今回のマイクロソフト事件においても、その内容を丁寧に検討してみるならば、そこには伝統的な判例法理が適用されていることがわかる。しかし、市場は刻々と変化している。特に情報経済と呼ばれる領域では、規模の経済性やネットワーク効果に対する慎重な考慮も必要になるだろう(7)。

そこで、本稿は、マイクロソフト事件を素材として、独占規制のかかえる今日的な問題を検討する。また、独占規制が、ネットワーク効果や規模の経済性を阻害するおそれがあることをふまえて(8)、情報経済分野における競争法適用のあり方について、ネットワーク効果の二面性と規模の経済性に関する議論を参照する。

本稿の構成は次の通りである。まず、マイクロソフトを巡る一連の係争について簡単にまとめ、そこで何が議論されていたのかを検討する。続いて、二〇〇一年の控訴審判決において示された判断とシャーマン法二条に関する従来の判例法理との関係を整理したい。なお、最後に、控訴審判決に対する和解のプロセスを検証し、反競争的行為の排除に向けたコンプライアンスの課題について検討する。

一　マイクロソフト事件――訴訟の経緯と概要

一九九〇年以降、MS社は、パソコン（以下、「PC」）用基本ソフト（以下、「OS」）市場において圧倒的な独占力を有していたことから、私訴を含む多くの独禁法訴訟に直面することとなった。本稿では、シャーマン法二条違反に該当する独占化行為について議論するため、主に二〇〇一年の控訴審判決（以下、Microsoft III 判決とする）に焦点をあてるが、一連の訴訟は法的論点が多岐にわたり複雑であるため、本稿の議論の対象を明確にするためにも、Microsoft III 判決に至るまでの経緯を冒頭で整理しておく。

1　一九九五年同意判決[9]（Microsoft I 判決）

一連のマイクロソフト事件の契機は、一九九〇年に開始されたＦＴＣの調査にある。その後、司法省がこの調査を継承し、一九九四年、ＭＳ社のＯＳライセンス戦略が競合ＯＳと競合応用ソフトウェアの開発を妨害しているとして、シャーマン法一条および二条違反の疑いでコロンビア特別区連邦地裁に提訴した。

この訴訟は、一九九五年に以下の内容を含む同意判決で決着している。その内容は以下の通りである。まず、「per processor license」の禁止[10]、そして一年以上の期間による契約が禁止された。また、一定額のライセンス料を支払わせて、契約期間内のＯＳ使用量が当該金額に達しない場合に、余剰金額部分を次期契約期間に繰り越すことを禁止するとともに、ＯＳのライセンスに際して他製品のライセンスを条件づけることおよび、ＭＳ社製ＯＳの試作版を供給して応用ソフトウェアの開発を認める際の守秘義務について、正式版の一般向け発売、それ以外の事前の一般向け情報公開、または、独立系応用ソフトウェア・メーカー向けの情報開示から一年後のいずれか最初の到来時期を越えて課すことを禁じた。そして、秘密裏に開示を受けた情報を漏洩しない範囲内で競合ＯＳ用ソフトウェアを開発することに対する制限も禁じている。

2　一九九七年同意判決違反事件[11]（Microsoft II 判決）

その後、ＭＳ社は、ＯＳ（Windows 95 と Windows 98）とブラウザー（Internet Explorer, 以下、「ＩＥ」）を一体化させて、ＰＣに同時インストールすることを義務づける方針を発表したため、司法省は一九九七年、当該方針が一九九五年同意判決に違反するものであるとともに、民事裁判所侮辱罪に該当するとして仮差止を求める訴訟を連邦地裁に提起した。

MS社は、OSとIEの同時インストールは、一九九五年同意判決にいう「統合製品」に該当するものであると主張したが、連邦地裁は、「統合製品」概念は不明確であるとともに、MS社がMicrosoft I判決に故意に違反したとはいえないとして法廷侮辱罪の該当性を否定し、OSとIEの個別提供を内容とする予備的差止命令を命じた。

しかし、控訴審は、前述した「統合製品」の該当性を認めて、連邦地裁による予備的差止命令を取消した。すなわち、「統合製品」とは、「複数の機能を結合した製品であり、それらの機能が別個に購入され購入者によって組み合わされた場合には得られない利点をもたらすような方法で結合された製品」であると解釈したうえで、OSとIEの同時インストールの義務づけは「統合製品」に該当すると判断した。ただし、本件における「統合製品」が反トラスト法上の「抱き合わせ」に該当するかどうかは別の問題であるとして、明示的に判断を留保している。

3 Microsoft III判決

Microsoft II判決を受けて、司法省は一九九八年、Microsoft I判決違反のみでは反トラスト法上の目的を実現しえないと判断し、1PCメーカーとの間におけるOSとIEの抱き合わせに関する合意、およびオンライン・サービス提供企業等との間における様々な反競争的行為によって、シャーマン法一条および二条(インテル互換PC用OS市場の独占化およびブラウザー市場の独占化の企図)違反の疑いがあるとして、MS社のOS事業部門と応用ソフトウェア事業部門の分割を命じる差止を求めて連邦地裁に提訴した。[12]

これに対して連邦地裁は、シャーマン法一条違反の該当性は否定したが、司法省側の主張をほぼ認めて、MS社の前記二部門を二つの独立企業に分割することを命じる終局判決を下し、大きな話題となったのは記憶に新しい。[13]

その後、控訴審は連邦地裁判決について、インテル互換ＰＣ用ＯＳ市場の独占化（シャーマン法二条違反）に関する判断についてはこれを基本的に支持するものの、ブラウザー市場の独占化の企図については、違反なしと判断した。さらに、抱き合わせ合意（シャーマン法一条違反）及びＭＳ社の分割命令については、地裁判決を破棄し、是正措置について差し戻した。[14]

まずＯＳ市場に対する判断から見てみよう。控訴審は、(a)ＭＳ社が関連市場で九五％超の市場占有率を有すると共に、当該ＯＳ市場の参入障壁が高い[15]ことから独占力を有していると認定し、(b)ＭＳ社製ＯＳに対する潜在的な脅威となりうるミドルウェア[16]の流通を妨害する排除行為により関連市場における独占力を維持しているとしてシャーマン法二条違反であると判断している。

次にブラウザ市場をめぐる独占化の企図に関して控訴審は、(a)独占化の特定意図（specific intent）を有する略奪的または反競争的行為と、(b)独占力獲得の高度な蓋然性について検討するとしており、特に要件(b)を立証するためには、少なくとも関連市場を画定して、当該市場への参入障壁が高いことを示す必要があると述べた。そのうえで、連邦地裁判決に対して、ブラウザー概念の説明とその代替品の有無などについて十分な検討を欠くだけでなく、関連市場の画定も不十分であり、ブラウザー市場への参入障壁が高いという事実認定を欠いていると指摘している。

さらに抱き合わせについては、連邦地裁判決は本件の契約上・技術上の「抱き合わせ」について、当然違法の原則（per se rule）によってシャーマン法一条違反であるとしているが、当然違法の原則は、裁判所の経験から反競争的効果が明白であり、これを相殺するに足る利点を欠くと認められる場合に限定されるべきであると述べている。そのうえで、本件のように裁判所に経験がなく、効率性を実現する可能性のあるプラットフォーム・ソフトウェア市場における抱き合わせは、合理の原則（rule of reason）を適用して、従たる商品（tied product）であるブラウザーについて関連市場を画定し、当該市場における反競争的効果と競争促進的な正当化事由について、詳細な審理が行われるべきであると判示した。

最後に、分割命令に固有の事実関係に争いが存在したにもかかわらず、連邦地裁は証拠審理を欠いているとともに、当該命令について十分な理由を示しておらず、分割命令の前提となった違法判断について控訴審で大きな変更が加えられたと判示した。

結果的に控訴審は、シャーマン法二条の独占化については、具体的なMS社による各種の排除行為を違法と判断している。他方でシャーマン法二条の独占化の問題については、慎重な判断を示した。そして、同二条の抱き合わせについては、従来の判例法理と区別する形で、当然違法の原則の適用を排除するという興味深い結論となっている。

控訴審の差戻審となった連邦地裁では、二〇〇一年一一月に、司法省とMS社が一連の訴訟を同意判決で終局させることに合意し、翌年一一月に同意判決案が承認され、実質的にこの係争は終結した。(17)

このようにマイクロソフト事件では、ネットワーク効果や規模の経済性そして、情報経済分野に対する独禁法の適用のあり方など多様な問題が争点となった。しかし、プラットホームソフトウェアという製品の特性や市場の表層的な現象にとらわれるべきではない。特にネットワーク効果による市場の特性と独占規制を安易にリンクさせるべきではない。今回の控訴審判決では、この点について、伝統的な判例法理を慎重に適用していることが見て取れる。そこで、この事件において示されたシャーマン法二条の適用についてもう少し詳しく検討し、伝統的な判例法理が新しい経済現象に対してどこまで有効に機能することになるのか、検討することにしたい。

なお、シャーマン法二条違反行為に対する競争回復措置について、今後の動向が注目される。特に、当初連邦地裁判決によるマイクロソフト分割といったいわば強硬手段に対して、控訴審判決を受けて行われている和解に関する交渉では、より「現実的な」競争回復措置が講じられており、これは今後の競争法の適用を考えるうえでも興味深い点である。

二　独占力の保有

シャーマン法二条は、企業が不当に独占化することを禁じている。独占化に関するシャーマン法二条違反の要件は、①関連市場における独占力の保有、②優れた製品、ビジネス上の経営能力の高さ、歴史的な偶然の結果としての成長とは区別される独占力の意図的な獲得・維持である。[18] 本件訴訟においても、この伝統的な判断枠組が維持されている。

なお独占力の保有自体は、反トラスト法に違反するものではない。判例上、「独占力」とは、「価格を支配したり競争を排除する力」であると定義されており、[19] 自己の利益となるように競争水準以上に価格を引き上げることのできる者が、独占者とみなされる。[20] 過去の判例では、独占力の保有は直接証拠によって認定されたが、本件当時にはそのような手法の有効性は十分ではなかったため、市場構造分析などが用いられた。

市場構造分析では、独占力の保有は、参入障壁によって保護された関連市場において、当該企業が有する支配的な市場シェアから推認される。本件において、連邦地裁は、関連市場をインテル互換PC用OS市場として画定したうえで、MS社が九五％以上の市場シェアを有していたと認定している。すなわち、Windows に代替する製品が市場に参入する可能性が低いことを指摘し、関連市場の画定において、インテル非互換PC用OSである Apple 社の Mac OS は、価格や操作性の相違から代替性がないこと、ハンドヘルド・コンピューターやミドルウェアは Windows に代替する製品ではないと認定して、関連市場に含めていない。

しかし、MS社は控訴審において、連邦地裁による関連市場の画定について争うとともに、当該市場に参入障壁は存在せず、ソフトウェア産業の競争が激しく展開されていることを考慮すれば、市場構造分析よりも直接証拠によって独占力を立証すべきであると主張した。この主張に対して控訴審は、連邦地裁の事実認定と関連市場の画定を支持し、MS社は、インテル互換PC用OS市場という関連市場において、九五％以上の市場シェアを保有していると判断した。ちなみに圧倒的なシェアを当該関連市場において保持していること自体は、MS社も反論していない。

次にMicrosoft III判決では消費者の多くは、より多数のアプリケーションが開発されているOSを嗜好し、大部分のアプリケーション開発者は、すでに数多くの消費者が使用しているOS対応ソフトウェアの開発を好むことから、市場構造的に参入障壁が生じており、OS市場への参入障壁も高いと判断した。これに対してMS社は、変化の激しいソフトウェア市場では、独占者として反競争的行為を行なったことについての直接証拠が必要であると主張したが、控訴審は、直接証拠を求める先例は現在では採用されなくなっていること、連邦地裁の採用した市場構造分析は変化の激しい市場においても有効であると述べている。また、Windowsが競合製品に比べて低価格で販売されていることなどは、連邦地裁による独占力保持の事実認定に矛盾しないとしている。

1　関連市場

関連市場は、同種の目的に対して需要代替性のあるすべての商品を含む市場として画定されるが[21]、本件においてMS社は、①インテル非互換PC用OS、②非PC向けOS、③ミドルウェアの三つが含まれるべきであると主張した。

まずPC用OSについて、Microsoft III判決は、MS社が連邦地裁の事実認定に異議を唱えることに失敗しているだけでなく、当該認定が連邦地裁の判断を支持するものではないことを主張できていないと判示している[22]。

次に非PC向けOSについて、連邦地裁は、情報機器やポータル・ウェブサイトなどは、PCの提供するすべての機能を備えているものではなく、多くの消費者はそれらの機器を、PCの補充品として購入することを指摘していた。また、ポータル・ウェブサイトは、消費者に商品を乗り換えさせるほど十分なアプリケーションをホストしていないだけでなく、近い将来にも状況は変わらないだろうとしていた。

そしてMicrosoft III判決において注目すべきは、③ミドルウェアに対する判断であろう。まずミドルウェアについて説明する。通常、OSはそれぞれ異なるAPIを搭載しており、あるOS向けにアプリケーションを制作するとともに、他のOSの消費者にも当該アプリケーションを販売したいと考える開発者は、当該他のOS向けにアプリケーションを修正しなければならない。このプロセスは、莫大な時間を要する作業であるとともに、高コストとなる。ミドルウェアとは、自らのAPIを公開するソフトウェア製品であり、Windows向けに記述されたミドルウェアが複数のOSで起動する場合、Windows向けに記述されたアプリケーションを、Windows以外の複数のOSでそのまま利用することが可能となる。MS社は、ミドルウェアはOSの代替品となりうる存在であり、連邦地裁はミドルウェアを関連市場の範囲に含めるべきであったと主張したが、連邦地裁は、ミドルウェアはOSの代替品としては不十分な製品であると指摘していた。また、MS社は、「Windowsに対する現実的脅威となりうるミドルウェアを排除していること」を問題視することと、「ミドルウェアがWindowsに対する現実的脅威ではない」とすることは矛盾すると主張していた。しかし、Microsoft III判決は、シャーマン法二条は現実的脅威である製品に対する行為だけを対象とするものではないとともに、関連市場の確定は、現実的脅威となる製品を特定することを目的とするため、両者は矛盾しておらず、連邦地裁が関連市場からミドルウェアを除外したことは適切であると判示している。

2　市　場　力

連邦地裁は、Windowsは九五％以上の市場シェアを占めると認定していたが、MS社は、支配的な市場シェアだけでは独占力を示すものではなく、新規参入者による競争の可能性についても検討するべきであると主張した。

しかし、Microsoft III 判決は、本件ではアプリケーションによる参入障壁が問題となるため、[23] MS社の主張は該当しないとしている。

また、MS社は、消費者はWindows 対応アプリケーションについて、少数のアプリケーションのみを利用していると指摘している。しかしMicrosoft III 判決は、アプリケーションによる参入障壁が存在する限り、消費者は支配的なOSを好むことになるのであり、膨大な数のアプリケーションがWindows 向けに制作されるために、消費者はWindows に魅力を感じると指摘している。さらに、ミドルウェアが相当な数のAPIを公開しても、この参入障壁は近い将来に除去されるものではないとしている。

そこでMS社は、アプリケーションによる参入障壁は、純粋な参入障壁ではなく、Windows に対する人気を反映したものであると主張した。これに対してMicrosoft III 判決は、本件はMS社による独占力の獲得ではなく、競争以外の手段による独占的地位の維持が問題であり、参入障壁はOS市場の特性であって、Windows の人気によるものではないと指摘している。

その他、MS社は、アプリケーションによる参入障壁は、OS市場への参入者すべてが負担するコストであると主張した。しかし控訴審は、MSがOS市場に参入した当時、現在のMSのような独占的事業者は存在しなかったため参入障壁はなく、MS社は当該コストを負担しておらず、MS社はWindows95/98 によって需要を獲得して参入障壁を作り出したと指摘している。

3 直接証拠

MS社は、ソフトウェア市場は変化が激しいため、独占力の存在は直接証拠によって示されるべきであると主張した。また、同社は多額の研究開発投資を行うとともに、Windows を低価格で販売しているため、このことは独占が存在しないことを示すと主張した。

しかしMicrosoft III判決は、MS社の主張は適当なものではないとした。すなわち、かりにソフトウェア市場が長期的に変化の激しいものであるとしても、連邦地裁は、市場構造分析によって短期間における企業間の競争状態の有無を判断しようとしており、この手法は変化に富む市場でも有効であるとした。また、研究開発投資やWindowsの低価格販売は、MS社の独占力獲得とは無関係であると指摘している。すなわち、研究開発投資は、主に非独占部門向けに行われた可能性が高く、技術革新は市場支配的シェアをさらに増加させるだけでなく、競争の出現をさらに遅らせるものであり、独占者にも研究開発投資をする理由はあるとしている。さらに、Windowsの低価格販売については、MS社は短期の利潤最大化価格を設定していないと主張しているに過ぎず、そのような価格設定であっても、独占力の獲得や不適切な行使とは無関係であると判示している。(24)

そのうえで、「MS社が競合他社の価格を考慮せずにWindowsの価格設定を行っている」という連邦地裁の事実認定について、これは独占者でなければ不可能な行動であり、MS社の排他的行為そのものが、自らの独占力を自覚していることを示していると判示している。

このようにMicrosoft III判決は、伝統的なシャーマン法二条（及び一条）の判断枠組みを維持しつつ、比較的妥当な判断を示しているといえる。ただし、一連のマイクロソフトを巡る係争においては、次のような独占に対する考え方の違いに注目する必要があるといえよう。すなわち、一九九〇年以降、MS社製OSは、インテル互換PC用OSの九〇%以上を供給しており、特に一九九五年同意判決の段階では、この圧倒的な市場シェアに基づいてMS社の独占力保有を所与のものとしている印象がある。そのため、当時の議論は、MS社が独占力を違法に獲得したかどうか、もしくは、違法に維持したかどうかに重点が置かれた。しかし、一般的に、ソフトウェア産業では急速な技術革新が生じ、その構造的変化も目まぐるしい市場であることから、それを、競争政策上どのように評価するかは困難な問題である。この点、MS社が独占者であるか否かの評価に関し、大きく分けて二つの立場がある。

ＭＳ社を独占者と評価しない立場は、Linux や Palm ＯＳなどがＯＳ市場に新規参入していることや、必要となる資本や生産要素・能力などを考慮すれば、[25] ＯＳ市場は広く画定されるべきであるとともに、ＭＳ社が多額の研究開発費用を投入している事実を重視する。また、優れた技術は、ネットワーク効果に基づく参入障壁を克服しうるという見方もある。[26] さらに、ミドルウェアは、ＡＰＩがＯＳの種類とは無関係に記述され、アクセスされうるプラットフォームとして機能しうるものであり、ＯＳを問わずに実行されるブラウザーや、それを通じて実行するように記述されたアプリケーションの開発は、Windows に対する重大な脅威となりうるとする。

他方、ＭＳ社を独占者と評価する立場は、いわゆるネットワーク効果を重視し、膨大な数のアプリケーションを搭載する Windows と他のＯＳが競争することは困難であるとする。

いうまでもなく、仮に、ＭＳ社が独占者であっても、それが優れた製品、ビジネス上の経営能力の高さ、歴史的な偶然の結果としての成長であれば、独占者であることそれ自体はシャーマン法二条違反とはならない。この点ソフトウェアは、一度開発されれば継続利用による品質の劣化が生じにくい商品であるが、品質を継続的に改善しなければ、既存の消費者から新たな需要を獲得できなくなるため、ソフトウェアの開発者は常に技術革新に対する誘引を有しているといえる。[27] 実際に、本件控訴審判決も触れているように、ＭＳ社は毎年多くの研究開発費用を投じているのも事実である。[28]

三　独占力の意図的な獲得・維持・行使

前述のように、独占力を保持しているだけではシャーマン法二条違反とはならない。むしろ自然独占とは区別された、独占力の意図的な獲得または維持が問題となる。

連邦地裁は、ＭＳ社が独占力を保持していると結論づけた後に、ＭＳ社は様々な排他的行為によってシャーマン法二条に違反し、結果的にMS社の独占を脅かす製品の配布および使用を妨げることによって、独占を維持していると判示した。具体的には、OSを問わずにプラットフォーム機能を果たし、MS社製OSに対する潜在的脅威となるミドルウェア、すなわち、ネットスケープ・ナビゲータ（以下、「NN」）と、サン・マイクロシステムズ社（以下、「Sun社」）が開発したJavaの流通を妨害する排除行為が問題とされている。[29]このうち特に、WindowsとIEの技術的統合、次にOriginal Equipment Manufacturers（以下、「OEM」）、インターネット・アクセス・プロバイダ（以下、「IAP」）、インターネット・コンテンツ・プロバイダ（以下、「ICP」）、独立系ソフトウェア・ベンダー（以下、「ISV」）、および、アップル・コンピューター社との契約、そしてJava技術に対する統合と詐欺の企図、そしてこれらの行為全体としての問題が指摘されている。以下、本稿が焦点を当てるシャーマン法二条違反に関する法的論点について、これらの問題を検討する。

1 各種企業との排他的契約

(1) OEMに対するライセンス契約の問題

連邦地裁は、MS社が様々な排他的行為、すなわち、MS社の独占を脅かす製品の配布および使用を妨げることによって独占を維持しており、シャーマン法二条違反であると判断した。特に、ライセンス契約によって、①デスクトップのアイコン、フォルダー、あるいはスタートメニュー項目の変更禁止、②初期セットアップ画面の変更禁止、③①および②以外のWindowsデスクトップ画面の変更禁止を問題視する。

これに対してMS社は、ライセンス契約における制限は著作権の正当な行使であり、ネットスケープ社によるNNの配布機会を過度に制限するものではないと主張した。Microsoft III判決は、ユーザーがMS社のデスクトップを自動的に閲覧するのを妨げることは、著作権に基づくMS製品を大きく改変することであり、OEMによる初期セットアップ画面の変更禁止という比較的影響力の小さな反競争的効果よりも、MS社の著作権を保護する必要があると判断し、前記②はシャーマン法二条違反の排他的行為には該当しないとしている。しかし、①および③については、MSの正当化事由が不十分であるとして、シャーマン法二条違反であると判断した。

(2) IAPとの協定

連邦地裁は、MS社が、①IAPに対してIEを無償提供したこと、②IEを使用する顧客を登録しているIAPに対して補助金を交付していることを指摘し、同社の行為は独占力を保持するためのものであると結論づけている。また、③IEアクセス・キットを開発していること、④IEアクセス・キットを無償提供していることを違法であるとしている。さらに、⑤IAPがIEを排他的に供給するとともに、NNを用いたインターネット・アクセス・ソフトウェアの出荷を二五%以下に制限し続けることの見返りとして、WindowsのデスクトップにIAPへのアクセスを容易にする機能を付加することについて、MS社が同意していることを指摘している。

Microsoft III判決は本件について、特に⑤を中心に検討している。すなわち、タンパ・エレクトリック事件連邦最高裁判決[30]を引用し、排他的契約がその影響を受ける商業のうち相当のシェアにおいて競争を制限しない限り、クレイトン法三条違反にはならないとする。また、同判決は、排他的契約がクレイトン法三条違反とならない場合には同時に、シャーマン法違反ともならないとする[31]。

また本件では、司法省側は、MS社による排他的契約がシャーマン法一条および二条違反であると主張している。この点について連邦地裁は、「MS社の行為が、NNがブラウザー市場の約四〇%にアクセスすることを排他するという証拠がない限り、同社の行為をシャーマン法一条違反とすることはできない」と判示している。すなわち、MS社は、NNを最も有用な流通経路から排除しているだけでなく、よりコストを要する非効果的な配布方法へと仕向けているものの、NNの配布を完全に排除しているものではないと判断している。

そのうえでMicrosoft III判決は、シャーマン法一条および二条違反について検討している。連邦地裁では、「シャーマン法一条違反を構成する程度まではこの点について連邦地裁の判断を見てみよう。

で関連市場を閉鎖的にしていないことは、裁判所が同一の行為についてシャーマン法二条違反の可能性を検討することを妨げず、MS社によるあらゆる行為は、NNの流通経路へのアクセスを厳格に制限し、同社がブラウザー市場のシェアを最も効率的に獲得することに寄与している」と判断している。

これに対してMS社は、控訴審において、「裁判所は、シャーマン法一条および二条違反と疑われた排他的取引に対して、同一の基準を適用してきている」と主張するとともに、連邦地裁が同社の行為をシャーマン法一条違反ではないと判示したことは、シャーマン法二条違反の可能性を排除するものであると主張した。この主張について Microsoft III 判決は、連邦地裁はシャーマン法一条違反の可能性を検討する際に、判例法から導かれた四〇%基準よりも、「総合的な排他性テスト」(total exclusion test) に基づいて判断しているとした。そのうえで、連邦地裁の判断を正当なものと推定しつつ、MS社の主張を却下した。

Microsoft III 判決は、シャーマン法一条および二条の基本的な関心は同じであり、排他的取引は競争的な市場経済において常に行われるだけでなく、市場力をもつ企業に反トラスト訴訟のリスクを負わせるものであるとともに、排他的取引の効果の大小を問わず、許容不可能かつ正当化不可能な負担を当該企業に与えるものであるとしている。そのうえで、一定の状況においては、シャーマン法一条違反を構成するのに通常要求される四〇%もしくは五〇%という市場シェアについて、それらを下回る市場が閉鎖されるに過ぎない場合であっても、独占者による排他的取引がシャーマン法二条違反を構成する場合があるとしている。(32)

本件において、司法省側は、競争企業がブラウザー配布に利用可能な機会の相当部分を閉鎖することにより、MS社はOS市場における独占を保持しようとしていると主張していた。Microsoft III 判決は、ブラウザーの流通経路にとって、IAPは主要な二つのチャンネルの一つを担っているだけでなく、MS社は主要なIAP一五社のうち一四社と排他的取引を実施しており、MS社とIAPとの排他的取引は、NNや他の競合ブラウザーを、MS社の独占に対する現実的な脅威となるのに十分な市場シェア以下に抑制することに寄与していると判断する。

これに対してMS社は、排他的取引はソフトウェア開発者の関心を同社のAPIに向けさせておくためのものであると反論したが、Microsoft III 判決は、この反論はすなわち、MS社がOS市場における独占を保持したいと望んでいることを意味し、何ら正当化事由となるものではないとして、一連の行為についてシャーマン法二条に違反するとした。

(3) ISVとの排他的取引

Microsoft III 判決は、ISVとの取引について、連邦地裁が当該取引によって閉鎖されるブラウザー流通市場のシェアを明確に特定していないと述べている。しかし、ISVはブラウザー流通にとって比較的小さなチャンネルであるにもかかわらず、MS社が競合ブラウザーにとって主要な二つのチャンネルを閉鎖しているために、ISVのブラウザー流通における重要性は大きいとしている。このことを考慮すれば、提出証拠から、多数の消費者が使用しているアプリケーションに影響を及ぼすことにより、MS社による排他的取引は、競合ブラウザーを市場から排除する実質的効果をもつといえるとする。そして、競合ブラウザーによる広範な流通経路の獲得を阻害することで、MS社とISVとの排他的取引は、MS社の独占を保持する実質的効果をもつものであり、司法省側は当該取引が反競争的効果をもつという一応の推定を立証したと判示した。

排他的取引は一般的に、それ自体だけでは反トラスト法違反を構成することはなく、独占者による排他的取引であっても、独占者は当該取引に関する競争促進的な正当化事由を述べることができる。Microsoft III の審理において、MS社は、本件の排他的取引はISVに対して、NNよりもWindowsに搭載されたインターネット関連システム・サービスを利用するよう説得する試みであったと述べるにとどまった。したがって、MS社は競争促進的な正当化事由を示すことができなかったため、Microsoft III 判決は、MS社とISVとの排他的取引をシャーマン法二条違反としている。

(4) アップル・コンピューター社との排他的取引

連邦地裁は、Mac ＯＳユーザーの九〇％がＭＳ社の統合ソフトウェア「Mac Office」を使用している事実を指摘したうえで、アップル・コンピューター社（以下、「アップル社」）が経営不振に陥っていた一九九七年当時、多くのＩＳＶがMac ＯＳ向けのアプリケーション開発に対する投資に消極的だったことを背景に、ＭＳ社がMac Office の新バージョン開発を停止するという発表を行ったことで、多数のＩＳＶや顧客、ソフトウェア開発者、投資家らが、ＭＳ社の発表をアップル社の〝死亡宣告〟と受け取ったであろうとする。

連邦地裁はまた、ＭＳ社とアップル社による次のような合意に着目した。すなわち、「ＭＳ社の主要な義務は、最少なくとも五年間にわたって、Mac Office の最新バージョンをリリースし続けることである。アップル社は、最新バージョンのＩＥをMac ＯＳと統合すること、および、ＩＥをデフォルト・ブラウザーに設定することに合意し、ＮＮはコンピューターのハード・ドライブにデフォルト・インストールされないこととする。この合意書は、ＭＳ社製以外のブラウザーのアイコンを、新しいマッキントッシュＰＣシステムやMac ＯＳのアップグレード版に搭載しないことも含む」というものである。この合意書はさらに、アップル社に対して、その顧客にＩＥ以外のブラウザーを使用するよう推奨することを禁止するとともに、アップル社員にＩＥを使うことを奨励することも含んでいた。

Microsoft III 判決は、このような排他的取引は、競合ブラウザーの流通に対して重大な効果をもつとする。もし、ブラウザー開発者が、その開発製品をMac ＯＳのような第二のＯＳ（a second operating system）に搭載すれば、当該開発者は引き続き開発製品のＡＰＩを公開することができること、ブラウザーのプレインストールは、ブラウザー流通にとって最も重要な二つの手法の一つであり、アップル社は、世界市場におけるＯＳの販売シェアで相当のシェアを占めていたことから、ＭＳ社とアップル社との排他的契約は、競合ブラウザーの流通を制限する実質的効果をもっているだけでなく、競合ブラウザーの使用割合を減少させることはＭＳ社の独占を保持することに寄与しているため、当該排他的取引は反競争的性格をもつと判示した。これに対して、ＭＳ社は、競争促進的な正当化自由を一切提示していない。[33]

2　Java 技術に対する統合と詐欺の企図（前記③）

連邦地裁は、Java が現実的なクロス・プラットフォームの脅威として開発されることを妨害するために、ＭＳ社が四段階の排他的行為を行っていると指摘している。すなわち、①ＪＶＭ[34]をSun 社製ＪＶＭと互換性のない仕様で設計すること、次に②「First Wave 契約[35]」と呼ばれる排他的契約を締結すること、そして③Java 開発企業にＭＳ社製ＪＶＭに関する誤情報を与えること、最後に④インテル社にJava から撤退するよう脅威を与えることである。

まず①の点について、Microsoft III 判決は、独占者が競合製品と互換性のない製品を開発すること自体は、反トラスト法違反を構成するものではないとする。すなわち、Sun 社製 Java と互換性のないＭＳ社製 Java は、Sun 社製 Java に搭載された場合よりも、ＭＳ社製 Java に搭載された場合のほうが、Java アプリケーションをより早く制御できるのであり、このことが Java 開発企業にＭＳ社製 Java を使うよう誘引していることから、①は反トラスト法違反ではないとした。

また First Wave 契約②について、ＭＳ社の責任を追及した連邦地裁の判断を破棄している。Microsoft III 判決は、ＦＷＡの問題は、ＩＳＶが Windows の技術情報を受け取る代償として、ＭＳ社製ＪＶＭを販売促進しなければならなくなったことに着目した。すなわち、ＭＳ社は主要なＩＳＶとの間でＦＷＡを締結しているだけでなく、Sun 社製ＪＶＭの主要な供給手段であるＮＮを反競争的手段によって排除していることなどから、ＦＷＡが競合ＪＶＭの販売に重大な影響を及ぼしているとしている。そのうえで、ＦＷＡが代替品の流通について相当の部分を抑制することで、ＭＳ社はミドルウェアの脅威から独占を保護することができたのであり、ＦＷＡは反競争的性格をもつと結論づけた。また、ＦＷＡとＮＮ排除に向けられた様々な反競争的行為の累積的効果は反競争的であり、ＭＳ社がそれらについて競争促進的な正当化事由を一切提示していないことから、ＦＷＡはシャーマン法違反であると判示した。

さらに③について、Microsoft III 判決は、ＭＳ社の Java ツールには、ＪＶＭだけでなくソフトウェア開発ツールが含まれており、同社はそのツールの機能について Java 開発企業を欺いていたとする。すなわち、ＭＳ社の Java ツールは、同社版 Java ランタイム環境でのみ適切に作動する Java アプリケーションが開発される仕様となっていたため、当該ツールを利用した Java 開発企業は、これをクロス・プラットフォームであると誤信して、Win-dows 上でのみ作動する Java アプリケーションを開発させられていた。ＭＳ社は、社外からの批判に対して自らの正当性を主張していたが、社内のコミュニケーションや文書は、同社製 Java ツールのシェアを拡大し、Java 開発企業に対して、Windows 上でのみ作動する Java アプリケーションを開発させる意図を示していた。また、その他の文書も、ＭＳ社の詐欺行為の意図および効果を確証させており、ＭＳ社の目的が、ＯＳ市場における独占に対する Java の脅威を排除することであることを示している。ＭＳ社の行為は、ＯＳ市場における独占を保護することに寄与し反競争的であるが、ＭＳ社は何ら競争促進的な正当化事由を提示しておらず、Microsoft III 判決はシャーマン法二条違反であると判示している。

④について、連邦地裁は、ＭＳ社は自らの独占力を行使して、インテル社がクロス・プラットフォーム・インターフェースの形成に加担することを妨害したと認定している。すなわち、一九九五年当時、インテル社は Windows と互換性のある高性能 JVM の開発途上にあったところ、ＭＳ社はインテル社に対して、Java 事業から撤退するように複数回にわたって申し入れていた。しかし、インテル社がこの申し出を無視して、翌年にＪＶＭの開発に成功すると、ＭＳ社は、マルチメディア分野におけるSun 社へのサポートを中止しなければ、インテル社製技術の Windows への統合を停止すると圧力をかけた。その結果、一九九七年にＭＳ社は、インテル社の競合企業である AMD の技術をサポートしないことを条件に、インテル社を Java 事業から撤退するよう要求し、インテル社はこの申し出を受け入れた。Microsoft III 判決は、ＭＳ社の内部文書や証言が、同社の行為に反競争的効

果と意図があったことを示しているだけでなく、同社は連邦地裁の認定事実を否定しておらず、インテル社に対する要求について何ら競争促進的な正当化事由を提示していないと述べ、④はシャーマン法二条違反であると結論づけている。

3　行為全体としての問題および因果関係

(1)　行為全体としての問題

連邦地裁は、MS社の行為は、それら全体としてシャーマン法二条違反であると判示した。これに対して、MS社は、連邦地裁がその結論を導くために引用した判例は、いずれも多数の企業間に共謀が認められた事件であり、単独企業の行為が問題とされたものではないと反論している。

これに関してMicrosoft III判決は、連邦地裁が司法省側の主張する「個別的には合法だが累積的には違法となる行為群」を特定しておらず、全体を要約するような結論のみを述べているに過ぎないとする。そのうえで、連邦地裁が責任の基礎となる行為群を特定していないため、MS社の行為全体が、個別の行為とは別途にシャーマン法二条違反であるとした連邦地裁判決を破棄している。

(2)　因果関係

MS社は、司法省側が「MS社による行為と独占維持との因果関係」(36)を証明していないとして、原告の主張を却下するように求めた。MS社はこの主張において、「原告は、被告の行為が独占力の維持に寄与したことを、証拠の優越によって証明する責任を負う」という学説に依拠していたが(37)、Microsoft III判決は、排除行為が今後登場する競合技術の生産者に向けられたものであっても、すでに存在する競合製品の生産者に向けられた場合と同様に、因果関係を推定することができると判示した。

そのうえでMicrosoft III判決は、問題の本質は、①脅威の芽を摘む行為が、MS社の独占力の維持に対して有意に貢献する合理的可能性をもつかどうか、および、②MS社が本件で問題とされる行為に着手した時点で、NNとJavaが合理的に脅威の萌芽であったかどうかであるとしている。まず①について、将来の競争者を排除する独占者による自由な支配を認めることは、シャーマン法の趣旨を損なうものであり、そして②については、NNとJavaはミドルウェア・プラットフォームとして、MS社の脅威になりうる潜在的可能性があったといえると判断した。そして、MS社の主張する因果関係についての懸念は、OS市場における独占の維持を図る反競争的行為の責任に関する反論にならないと述べている。

おわりに

以上、概観したとおり、本件は反トラスト法における独占事件として、過去の事例と同様、多くの法的論点を提供するものであるといえる。そこで本稿では特に、シャーマン法二条違反に関連する法的論点を整理することに着目した。これは、情報経済分野における技術と競争という問題や、ネットワーク効果を引き起こすソフトウェア産業の特性といった市場の特徴を超えて、純粋に本件の法的判断の射程範囲を見極めることによって、本件がはたして反トラスト法に「質的な変化」をもたらしたといえるのかという、本質的な問題を明確にすることができると考えたためである。

この点については、すでに検討したとおり、抱き合わせに関する分析手法の選択に関する部分はさておき、排他的取引に関しては、おおむね先例と同様の判断枠組みを継承し、その違法性を判断していると評価できる。この点について、過度に本件の結論をとらえ、反トラスト法の質的な変化の存在、さらには、反トラスト政策それ自体の後退の証左と見ることには慎重であるべきであろう。むしろ、このような反トラスト政策全般の方向性を検討するためには、本件判決それ自体の評価にとどまらず、本件判決を受けて、MS社がどのようなコンプライアンス体制を導入するかについて検討することが必要となる。このコンプライアンス体制こそ、反トラスト法を通じた市場の監視のあり方を検討するうえで、極めて重要な研究対象であるともいえるのである。特に、市場の寡占化が常態化しているような場合には、継続的な競争条件維持のための市場監視システムが法的に担保される必要があり、その意味では、現在、MS社と原告らによるコンプライアンス体制と裁判所の役割について検証する意義は大きいといえる。

本件については、現在、終局判決（Final Judgments）に基づいたコンプライアンスの確実な履行を原告が監視している。[38] まず、二〇〇二年一一月に承認された同意判決によって、MS社内部に「反トラスト遵守役員」（Internal Antitrust Compliance Officer）の設置が義務づけられた。さらに、同意判決では、マイクロソフト社内部に技術委員会（Technical Committee、以下、TC）の設置が義務づけられている。このTCは、マイクロソフトのコンプライアンス体制においてもっとも重要な役割を果たしているといえるだろう。まずTCはソフトウェア開発の専門家三名により構成され、ソフトウェアに関連し、例えば通信プロトコル情報の開示に関するMS者の同意判決の遵守状況を技術的な視点から監視し、是正を要求することができる権限を有している。そのため、TCには、ソースコードへのアクセスが認められている。

なお、コンプライアンス体制として、MS社は、終局判決に定められている内容のほか、二〇〇三年三月に「法令遵守室」（Office of Legal Compliance）を設置している。この部局は、世界中のMS各社について、法令遵守全般に関する業務を担当する部署である。このように、同意判決以後、MS社に対してコンプライアンス体制の整備が義務づけられている。このような体制整備について、継続的な監視体制を法的義務として設けることは、今後、本件に類似する事案の処理において有益な方策であるだろう。

次に、コンプライアンスの内容について検討する。MS社のコンプライアンスは、終局判決に記載されている違反行為の除去を目指したものであり、その内訳は三項目に大別・集約することができる。

第一に、MS社とOEMとの関係において、MS社の競争者であるか否かを問わず、MS社が業者を平等に取り扱うために、契約内容の標準化が義務づけられるとともに、競合ソフトウェアを取り扱うOEMに対する報復措置などが禁じられている。また、OEMがMS社と競合するソフトウェアの製品への導入などについて、その自由な選択肢を確保するため、MS社による干渉を排除するとともに、IEやWindows Media Playerなどを、デスクトップアイコンから完全に削除することができることを明確にした。

第二に、情報開示について、MS社は、Windows関連の約三〇〇件のインターフェース情報を、無償で公開することが義務づけられている。また、MS社は、Windowsのデスクトップ、サーバー・オペレーティング・システム関連のコミュニケーション・プロトコル・プログラムについて、その情報を必要とする企業が、必要なときに当該情報を入手可能となるように、合理的かつ無差別的な条項に基づいた提供が義務づけられている。

第三に、サード・パーティに対して、Windowsの競合製品の販売促進および販売に関する制約を課すことを禁止している。なお、前述三点に関連して、MS社はその従業員らに対して、コンプライアンスの教育・研修を継続的に実施することが義務づけられている。

以上の三点について、終局判決では、裁判所、原告、MS社の三社によるコンプライアンスの協議および継続調査体制を義務づけている。この点に関して、執筆時点における最新の報告(39)を検討する。

第一に、終局判決III. E.の遵守に関して、MS社のWindows向けコミュニケーション・プロトコルのライセンス方針である「マイクロソフト・コミュニケーションズ・プロトコル・プログラム」(Microsoft Communications Protocols Program, MCPP)について、当該契約条項の検討のほか、ライセンシーになろうとする者とMS社との交渉経緯および内容についても、原告側が監視してその遵守の履行を確認している。この終局判決III. E.については、「裁判所による救済措置(40)のなかで最も将来にわたる条項」であり、「市場を拘束することなく、競争を回復させる」という目的に基づいた条項であるため、裁判所は、MS社のコンプライアンス・プログラムを静観する姿勢を示している。このように、MS社のコンプライアンスの場合、コンプライアンス体制の整備というインセンティブを損なう過度な介入が抑制されていることは留意する必要がある。この点に関連して、MS社はMCPPについて、契約条項を簡易化して理解しやすいものに改めるだけでなく、ロイヤリティの減額など独自の努力が行われたことが記載されるとともに、(41)各種のコンプライアンス・プログラムによって、MS社による終局判決III. E. の遵守は、遵守前に比べて、MCPPのライセンシーが増加するとともに、ソフトウェア開発業者に対する開発機会の提供という目的遂行に貢献していると評価している。(42)

第二に、終局判決III. H. に関して、Windows XPにおいて、音楽CDのオンライン購入を可能にするShop For Music Onlineについて、同機能が競合する他のブラウザーに比べてIEを有利に扱うことになれば、終局判決III. H. 2 (b)に抵触する危険性があるとして、協議を行ったことが記載されている。(43)

以上、最新のMS社の終局判決遵守に関する報告書から、反トラスト法の遵守については、以下の二つの方向性が重要となるといえる。第一に、法令遵守に関する原告と被告、裁判所が協議する場、および、継続的な監視システムに関するプログラムを、救済措置のなかに明確にビルトインすることが極めて重要ということである。これによって、コンプライアンスに関する監視体制の継続性と、協議を通じた積極的な情報交換が制度的に担保される意義は大きい。第二に、裁判所や原告の請求などによる遵守強制ではなく、原則としてMS社の自発的な努力によって、遵守体制が整備されることを促すコンプライアンス監視システムが重要ということである。これは、企業のコンプライアンス全般にいえることであるが、まずは社内の自主的努力を促し、その努力を評価するようなコンプライアンス監視体制が重要になる。このことは最終的に、違反行為者であるMS社自身が、法遵守に関して「質的に変化」していくことを促進し、結果的に違反行為の抑止に役立つといえるだろう。

このように、寡占化が常態化し、合法的な「独占」という市場環境が生まれるなかで、競争法は、司法・行政による違反行為の特定および法的判断のみにとどまらず、市場における競争の回復・維持に向けた企業内部のコンプライアンスを促す運用の方向性が模索されるべきである。その意味において、本件におけるＭＳ社のコンプライアンス監視システムは、わが国の独占禁止法の今後にも有益な示唆を与えるものになるといえるだろう。(44)

（二〇〇四年三月脱稿）

（1） 本稿作成にあたり、資料収集について慶應義塾大学大学院法学研究科博士課程隅田浩司君、同修士過程岡田直己君にご協力頂いた。この場を借りて感謝したい。

（2） 根岸哲「マイクロソフト判決」アメリカ法二〇〇二年二号二一八頁。

（3） 稗貫俊文「ハイテク産業の収穫逓増と反トラスト政策――マイクロソフトと『正のフィードバック』論」田村善之編『情報・秩序・ネットワーク』（北海道大学図書刊行会、一九九五）三八四頁。

（4） 稗貫・前掲注（2）三八四頁。

（5） 和久井理子「ＭＳ社と米国司法省の係争について（上）――ネットワーク効果と反トラスト法」公正取引五七七号（一九九八）七八頁。

（6） 和久井理子「ＭＳ社と米国司法省の係争について（下）――ネットワーク効果と反トラスト法」公正取引五七八号（一九九八）五九頁。

（7） 稗貫・前掲注（2）三七八頁。

（8） 後藤晃・山田昭雄『ＩＴ革命と競争政策』（東洋経済新報社、二〇〇一）八〇頁。

（9） United States v. Microsoft Corp., 56 F. 3d 1448 (D. C. Cir. 1995).

（10） ＭＳ社製ＯＳの搭載の有無に関係なく、ＰＣの出荷台数に応じてライセンス料を支払うこと。

（11） United States v. Microsoft Corp., 147 F. 3d 935 (D. C. Cir. 1998).

（12） 他社製ブラウザーの取り扱いを禁止する排他取引合意を含む。

（13） United States v. Microsoft Corp., 65 F. Supp. 2d. 1 (D. D. C. 1999); United States v. Microsoft Corp., 87 F. Supp. 2d 30 (D. D. C. 2000); United States v. Microsoft Corp., 97 F. Supp. 2d 59 (D. D. C. 2000).

（14） United States v. Microsoft Corp., 253 F. 3d 34 (D. C. Cir. 2001).

（15）ユーザーの選好は、多数の応用ソフトウェアに対応しているMS社製ＯＳにあり、応用ソフトウェアの開発企業も、多数のユーザーを獲得しているMS社製ＯＳに対応するソフトウェアの開発を行っていることが根拠とされている。

（16）ミドルウェアとは、ＯＳを問わずにプラットフォーム機能を果たすソフトウェアのこと。基本ソフトとアプリケーション・ソフトの中間に位置づけられる。本件では、Netscape Navigatorと、Sun Microsystems社が開発したJavaが排除行為の対象となっている。Netscape Navigatorについては、①ＰＣメーカーに対して初期セットアップ画面の変更を禁止、②ＯＳとＩＥの技術的統合、③ＡＯＬ社やApple Computer社との間におけるＩＥの排他取引合意が問題とされた。また、Javaについては、①独立系応用ソフトウェア開発企業に対して、Windowsの技術情報提供と引き換えに、Sun版Javaと互換性のないMS社版Javaを販売させたこと、②Java開発企業に誤った情報を与えて、Sun社版Javaと互換性のないMS社版Javaの応用ソフトウェアを開発させたこと、③インテル社にJavaから撤退するよう脅威を与えていたことが問題とされた。

（17）http://www.usdoj.gov/art/cases/f200400/200457.htm. なお、同意判決の主要内容とそれに対する議論については、根岸哲（公正取引）前掲注（2）四一頁以降参照。

（18）United States v. Grinnell Corp., 384 U. S. 563, 570-71（1966）.

（19）United States v. E. I. du Pont de Nemours & Co., 351 U. S. 377, 391（1956）.

（20）2A Phillip E. Areeda et al., ANTITRUST LAW 501 at 85 (1995) ; cf. Ball Mem'l Hosp., Inc. v. Mut. Hosp. Ins., Inc., 784 F. 2d 1325, 1335（7th Cir. 1986）.

（21）See supra note 18.

（22）連邦地裁は、新規に必要となるハードウェアやソフトウェアの購入にコストを要することや、システムの学習やファイルのフォーマットを要するために、消費者は相当な価格上昇に応じて、WindowsからMac ＯＳに乗り換えることはないと指摘している。

（23）この参入障壁は、①消費者は多数のアプリケーションに対応するＯＳを選好する、②ソフトウェア開発者が多数の消費者を獲得しているＯＳ向けにソフトウェア開発を行うという、ソフトウェア市場の特質に起因するものであるとしている。

(24) "If monopoly power has been acquired or maintained through improper means, the fact that the power has not been used to extract [a monopoly price] provides no succor to the monopolist". Berkey Photo, Inc. v. Eastman Kodak Co., 603 F. 2d 263, 274 (2d Cir. 1979).

(25) Evans, D. S., A. L. Nichols and R. Schmalensee, "An Analysis of the Government's Economic Case in U. S. v. Microsoft," Antitrust Bulletin, Vol. 46, No. 2., p. 201.

(26) Gifford, D. J., "Microsoft Corporation, the Justice Department, and Antitrust Theory," Southwestern University Law Review, Vol. 25, No. 3., p. 642.

(27) Katz, M. L., and C. Shapiro, "Antitrust in Software Markets," in J. A. Eisenach and T. M. Lenard eds., Competition, Innovation and the Microsoft Monopoly : Antitrust in the Digital Marketplace, Kluwer Academic Publishers.

(28) なお、開発者にはソフトウェアの世代間における互換性を制限するために、「計画的な陳腐化」を実践する可能性があるという見解もあるが、技術開発における機能と互換性のトレード・オフを前提とすれば、どれが「計画的な陳腐化」に該当するかを特定することでは容易ではないとともに、ネットワーク効果を重視する立場と矛盾する部分もあるという。大田耕史郎「Microsoft Case――市場の独占性と行動の反競争性の再検討」修道法学二四巻二号（二〇〇二）四二二頁参照。

(29) ネットスケープ・ナビゲータについては、①PCメーカーに対する初期セットアップ画面の変更禁止、②IEとOSの技術的統合、③AOL社、アップル・コンピューター社等との間におけるIEの排他取引合意が問題とされた。また、Javaについては、①Windowsの技術情報提供と引き換えに、独立系AP開発業者に対してSun社版Javaと互換性のないMS社版Javaを販売させたこと、②Java開発業者に誤情報を与えてSun社版JavaのAPを開発させたこと、③インテルにJavaから手を引くよう脅威を与えたことが問題とされた。

(30) Tampa Electric Co. v. Nashville Coal Co., 365 U. S. 320 (1961).

(31) Id. なお、タンパ・エレクトリック事件連邦最高裁判決以降の判例は、クレイトン法三条違反とシャーマン法一条違反の場合について、ともに同じ市場閉鎖効果を要求しているかどうかについて、必ずしも一致した見方を示しているわけではない。

(32) この判示について、控訴審は以下の論文を引用している。Dennis W. Cariton, A General Analysis of Exclusionary Conduct and Refusal to Deal-Why Aspen and Kodak Are Misguided, 68 ANTITRUST L. J. 659（2001）(explaining various scenarios under which exclusive dealing, particularly by a dominant firm, may raise legitimate concerns about harm to competition).

(33) 正当化事由を述べる代わりに主張したことは、当該排他的取引は広範な取引合意の一部をなすものであり、アップル社が合意した義務は、ＭＳ社の合意した義務に対する代償であるというものである。控訴審は、この主張は何ら競争促進的な正当化事由になっていないと指摘している。

(34) Java Virtual Machine：Java バイト・コード（Java 言語による開発ソフトウェアの配布時における形式）を、プラットフォームのオブジェクト・コードに変換して実行するソフトウェア。

(35) 主要なＩＳＶに対して、ＭＳ社製のＪＶＭを排他的に推奨するよう求める内容。

(36) 特に、ＮＮとJava の流通経路を妨害したこと。

(37) "The Plaintiff has the burden of pleading, introducing evidence, and presumably proving by a preponderance of the evidence that reprehensible behavior has contributed significantly to the… maintainance of the monopoly." 3 Phillip E. Areeda & Herbert Hovenkamp, ANTITRUST LAW 650C at 69（1996）.

(38) 周知の通り、本判決は、司法省ないしニューヨーク州を初めとする訴訟提起した一八州のうち、九州（ニューヨーク・グループ）との間での和解による同意判決（Consent Decree）によりその内容がほぼ確定している。しかし、コンプライアンスとの関係でいえば、同意判決に参加せず、これとほぼ同内容の終局判決を下されたカリフォルニア州をはじめとする八州の内容（以下、通称としてカリフォルニア判決とする）も重要である。通常、両者をまとめて、ＭＳ事件の終局判決（Final Judgments）とされる。

(39) INTERIM JOINT STATUS REPORT ON MICROSOFT'S COMPLIANCE WITH THE FINAL JUDGMENTS, Civil Action No. 98-1232（CKK), available at http://www.usdoj.gov/atr/cases/f201300/201386.htm

(40) Id. at 5, quoting New York v. Microsoft, 224 F. Supp. 2d 76, 226（D. D. C. 2002).

（41）　Id. at 9-10.
（42）　Id. at 13-14.
（43）　Id. at 6.
（44）　マイクロソフト事件を検討する上で参考となるその他の文献として以下のものがある。米国反トラスト法における抱き合わせ規制については、川濵昇「独禁法上の抱き合わせ規制について㈠」法学論叢一二三巻一号（一九八八）一頁及び、同「独禁法上の抱き合わせ規制について㈡」法学論叢一二三巻二号（一九八八）一頁を参照。また、白石忠志「独禁法における「抱き合わせ」の規制㊤㊦」ジュリスト、一〇〇九号五〇頁、一〇一〇号七八頁（一九九三）、同「抱き合わせられたものは別個の商品といえるか」公正取引五六八号（一九九八）三九頁及び、同「マイクロソフト事件連邦控訴審判決の勘所」中里実・石黒一憲『電子社会と法システム』新世社（二〇〇二）三一一頁が参考となる。

独禁法における行動規制と構造規制
――その連続性と不連続性

根岸　哲

一　行動規制と構造規制

独禁法は、私的独占、不当な取引制限などの反競争的な行動（行為）を違法として禁止するほか、非競争的な市場構造を形成することとなる株式取得、合併、会社分割、営業譲渡などの企業結合を違法として禁止しており、一般に、前者を行動（行為）規制、後者を構造規制と呼んで区別している。行動規制と構造規制の二分法は、基本的に、米国反トラスト法でもＥＣ競争法でも採用されている(1)。

行動規制に服する代表例である私的独占、不当な取引制限は、事業者が、他の事業者の事業活動を排除または支配するか、または、他の事業者と共同して相互に事業活動を拘束あるいは遂行するか、によって、一定の取引分野における競争を実質的に制限「する」、場合に違法とされる（三条、二条五項、二条六項）。一方、構造規制に服する企業結合は、一定の取引分野における競争を実質的に制限「することとなる」場合に違法とされる（法四章の一〇条、一三条、一四条、一五条、一五条の二、一六条）。

行動規制と構造規制とは、規制の対象および対市場効果に係る実体法上の要件を異にしている。行動規制の場合は反競争的な排除行為もしくは支配行為または相互拘束もしくは共同遂行を対象とするの対し、構造規制の場合はそれ自体としては競争中立的な企業結合を対象とするとともに、行動規制の場合は一定の取引分野における競争を実質的に制限「する」場合に違法とされるのに対し、構造規制の場合は一定の取引分野における競争を実質的に制限「することとなる」場合に違法とされる。この競争を実質的に制限「する」と「することとなる」との違いに関連して、企業結合ガイドライン（「株式保有、合併等に係る『一定の取引分野における競争を実質的に制限することとなる場合』の考え方」平成一〇年一二月二一日公取委）は、「企業結合により、競争の実質的制限が必然（筆者注――この場合は「する」に該当する）ではないが容易に現出し得る状況がもたらされる蓋然性を意味するものであ」り、「したがって、法第四章では、企業結合により市場構造が非競争的に変化して、当事会社が単独で又は他の会社と協調的行動をとることによって、ある程度自由に価格、品質、数量、その他各般の条件を左右することができる状態が容易に現出し得ると見られる場合には、一定の取引分野における競争を実質的に制限することとなり、禁止される。」と述べる。

独禁法上の行動規制と構造規制との区別は、市場構造、市場行動、市場成果の三段階に分けて市場を分析し、市場構造が市場行動および市場成果を規定するものと捉えてきた伝統的な産業組織論に基本的に依拠するものでもある。(2)

しかしながら、以上のような独禁法上の行動規制と構造規制とは、必ずしも判然と区別できるものとはいえない。従来から、例えば、株式取得を伴うジョイント・ベンチャーについて、行動規制に属する不当な取引制限の禁止規定（三条）によって規制され得るとともに、構造規制に属する株式取得の制限規定（一〇条）によっても規制され得ることは、よく知られており、(3)行動規制と構造規制とは連続性を有しているともいえる。

本稿では、とくに、公取委が事前相談において独禁法上問題があるとした相互的ＯＥＭ供給協定に係る最近の事例と、企業結合ガイドラインにいう企業結合に該当するとはいえない少数株式取得とを素材として、独禁法上の行動規制と構造規制との相互関係――その連続性と不連続性――について改めて検討を加えることとしたい。

二　相互的ＯＥＭ供給と行動規制・構造規制

公取委は、平成一三年度の事前相談において、建設資材メーカー二社が、運送コスト削減のため、遠隔地向け製品について相互にＯＥＭ供給を行う事例につき、販売価格が同一水準になりやすいこと、製造コストなど企業活動上重要な情報を知り得ること、を根拠として、不当な取引制限に該当し独禁法上問題となる、と回答したことがあった[4]。

相談の要旨は、つぎのような相互にＯＥＭ供給を行うことは、独禁法上問題はないか、というものであった。

⑴　Ａ社は、建設資材である甲製品の有力メーカーである。甲製品メーカーは、Ａ社のほか、Ｂ社およびＣ社の三社であり、各社のシェアは、Ａ社が五〇％弱、Ｂ社が四〇％強、Ｃ社が一〇％弱で、輸入品が数％程度ある。

⑵　甲製品については、長い不況で需要の低迷が続き、ピークに比べ需要が三分の二となるなど採算が悪化していることから、Ａ社は、製品価格の約一割を占める運送コストを削減するため、Ｂ社との間で、相互にＯＥＭ供給を行うことを検討している。この具体的内容としては、Ａ社は関東地区に工場を有しており、Ｂ社は関西地区に工場を有していることから、Ａ社の関西以西の顧客への販売相当量をＢ社へ、Ｂ社の関東以北の顧客への販売相当量をＡ社に、それぞれＯＥＭ供給を委託する。例えば、Ａ社の九州の顧客に納入する場合、従来はＡ社の関東地区の工場から配送していたが、Ｂ社の関西地区の工場から配送することにより、運送コストを削減できる。

⑶　ＯＥＭ供給を受ける数量は、Ａ社は自社販売数量の約三〇％、Ｂ社は自社販売数量の約四〇％である。Ａ社、Ｂ社ともに、現在の工場の年間稼働率を考えれば、生産を受託できる生産余力があることから、相互にＯＥ

M供給を行うことが十分に可能である。また、甲製品の販売は、従来通り独自に行い、互いに販売価格や取引先などには一切関与しない。なお、建設資材の性質上甲製品の販売価格のうち、製造コストが相当の部分を占める。

この相談に対する公取委の回答は、つぎのようであった。

A社とB社は、従来通り独自に販売を行い、互いに販売価格や取引先などには一切関与しないとしているものの、⑴二社が相互にOEM供給することにより、地域的にみれば、関西以西の顧客に販売される両社の製品は、ほとんどすべてB社の製造に係る製品、反対に関東以北はほとんどすべてA社の製造に係る製品となり、中部を除く地域において両社の製造コストが共通化され、また、甲製品の販売価格のうち製造コストが相当の部分を占めることから、二社の販売価格が同一水準になりやすいなど、販売分野での競争が減殺されるおそれが大きいこと、⑵相互にOEM供給を行うことを通じて、製造コストなど企業活動を行う上で重要な情報を知り得ることは、二社のシェアからすれば競争に与える影響が大きいと考えられること、から二社が相互にOEM供給を行うことは、甲製品の製造販売分野における競争を実質的に制限し、独禁法上問題となる。

公取委は、本件の相互的OEM供給が価格競争の制限効果をもたらすことを根拠として不当な取引制限に該当すると判断している、ようにみえる。しかし、本件では、二社間に販売価格について明示的にも黙示的にも意思の連絡ないし合意の認定はなく、また、価格競争の制限効果も、必然ではなく、将来容易に発生することが見込まれるという段階にとどまるもの、のようにみえる。そうだとすると、公取委が独禁法上問題があるとした根拠は、本件の相互的OEM供給によって、甲製品の製造販売分野における価格競争の実質的制限が、必然ではないが、容易に現出し得る状況がもたらされる蓋然性がある、ことに基づいており、いわば行動規制の名の下に実質的には構造規制を行っている、ものと評価することもできる。

本件の相互的OEM供給による生産の受委託は、長期・継続的なものであることが予定されており、各社にとって重要性の極めて大きい工場設備に係る相互の譲受けないし貸借の実質を有するものであって、企業結合規制に属する独禁法一六条に掲げる他社の営業・営業上の固定資産の重要部分の譲受けないし賃借と同等のものと評価することが可能である。しかしながら、本件のような相互的ＯＥＭ供給による生産の受委託は、独禁法一六条をはじめとする四章が定める企業結合規制の対象には入っていないし、一七条が定める企業結合規制の脱法行為と評価するのにも限界がある。一方、本件のように特定市場における価格競争の実質的制限が容易に現出し得る状況がもたらされる蓋然性のある相互的ＯＥＭ供給につき独禁法上問題とする必要性のあることは、異論の少ないところであると思われる。公取委が、本件の相互的ＯＥＭ供給を従来の不当な取引制限規制を超えて独禁法上問題ありとしたのは、このような理由に基づくのではないかと推測される。

独禁法は、四章に定める構造規制を企業結合規制として捉え、企業結合に入らない取引については構造規制の対象から除外している。企業結合による企業の外部成長とそれ以外の取引による企業の内部成長とを区別し、前者のみを構造規制の対象とするのは、一般に、後者は市場のテストを受けるのに対し、前者は市場のテストを受けないからであると説明されてきた。(5) しかしながら、企業結合も市場のテストの埒外にあるわけではないし、企業結合以外の取引のすべてが適切な市場のテストを受けるわけでもなく、市場のテストを受けるか否かという基準も必ずしも十分な説明力をもっているわけではない。

構造規制は、本来、行動規制では捉えきれない市場支配力（＝競争の実質的制限）の形成・維持・強化の発生を事前に防止するためのものであり、市場構造を非競争的に変化させ、将来容易に市場支配力の形成・維持・強化を現出し得る状況がもたらされる蓋然性のある取引を規制対象に含めるべきものである。したがって、このような意味での構造規制においては、規制対象を企業結合のみに限定する根拠は必ずしもない。独禁法四章に定める構造規制を企業結合規制として捉えるのは、一五条に定める法律上の合併を中心軸として、それと同等の企業組織上の結合に限定して規制対象に含めるという基本的考え方に立っているようにみえる。しかしながら、構造規制の本来の趣旨からは必ずしもこのような基本的考え方が導き出されるわけではない。

米国反トラスト法上の構造規制を行うクレイトン法七条は、株式・資産取得を規制対象とするが、独禁法四章のように企業結合に該当することを必ずしも要求しておらず、他社の全部または一部の株式・資産取得を規制対象としており、後述する少数株式取得のほか、特許権の譲渡、特許の排他・独占的な実施権のライセンスの譲渡などをも規制対象に含めている。(6)

近年、わが国では、上に取り上げた相互的OEM供給のほか、設備の共同の統廃合や利用、製品の相互融通、設備廃棄・工場閉鎖と生産受委託など戦略的な競争企業間の様々な形態の業務提携が極めて盛んに行なわれているが、これらの業務提携の中には、それ自体として不当な取引制限に該当せず、また、企業結合ガイドラインにいう企業結合に該当しないとしても、市場構造を非競争的に変化させ、将来容易に市場支配力の形成・維持・強化を現出し得る状況がもたらされる蓋然性のあるものが登場している。したがって、独禁法上の構造規制、とりわけ一六条において、特許権の譲渡、特許の排他・独占的な実施権のライセンスの譲渡などの知的財産に係る資産取引のほか、戦略的な業務提携をも規制対象に含めることができるよう改正することを検討するか、あるいは、行動規制の一環として、相互的なOEM供給を含む様々な形態の戦略的な業務提携について立法論ないし解釈論上新たな規制枠組みの導入を検討する必要がある。

いずれにしても、独禁法上の構造規制のあり方、とくにその規制対象について、行動規制との相互関係のあり方を十分に考慮したうえで、立法論的および解釈論的な再検討を行なうことが必要である。

三　少数株式取得と行動規制・構造規制

企業結合ガイドラインは、独禁法四章が定める構造規制においては、競争への影響をみるべき企業結合に該当するか否かの第一段階と、企業結合によって一定の取引分野における競争を実質的に制限することとなるか否かの第二段階の二つの審査段階を踏むことを明らかにしている。ここでは、第一段階に焦点をあてて検討することとしたい。

企業結合ガイドラインでは、独禁法四章が定める構造規制は、「複数の企業が株式保有、合併等により一定程度または完全に一体化して事業活動を行なう関係（以下、「結合関係」という。）が形成・維持・強化されることにより、市場における競争に何らかの影響を及ぼすことに着目して規制しようとするものである。したがって、複数の企業間で株式保有又は役員兼任が行われても当該複数の企業が引き続き独立の競争単位として事業活動を行なうとみられる場合……には、市場における競争への影響はほとんどなく、禁止の対象になることはまず想定し難い」と述べる。

そして、具体的に、株式保有について企業結合に該当するのは、⑴株式所有比率が五〇％を超える場合、および⑵株式所有比率が二五％を超え、かつ、株式保有会社が単独筆頭株主の場合であり、⑶上記以外の場合で、株式所有比率が一〇％を超え、かつ、株主順位が第三位以内のときは、株式保有比率の程度、株主相互間の関係、株式発行会社と株式保有会社の間における株式相互保有関係、役員・従業員の兼任関係、取引関係、業務提携・技術援助関係などを考慮して企業結合に該当するか否かを判断する、とされる。

したがって、企業結合ガイドラインによると、独禁法一〇条一項の規制対象を、企業結合、すなわち複数の企業が株式所有により少なくとも一定程度一体化して事業活動を行う結合関係に限定し、株式所有比率が一〇％以下の場合には株主順位の如何にかかわらず企業結合に該当せず、また、株主順位が第三位未満の場合には株式保有比率が二五％近くに達するとしても企業結合に該当しないことが示されており、さらには、株式所有比率が一〇％を超え、かつ、株主順位が第三位以内の場合（株式所有比率が二五％を超えていても株主順位が共同一位ないし二位以下の場合を含む）（以下、これらを総称して「少数株式取得」という）に企業結合に該当することがあるのは例外的であることが示されている。

しかしながら、独禁法一〇条一項前段は、「会社は、他の会社の株式を取得し、又は所有することにより、一定の取引分野における競争を実質的に制限することとなる場合には、当該株式を取得し、又は所有してはならない、と定めており、株式取得（所有）と「一定の取引分野における競争を実質的に制限することとなる」との間に因果関係が存在することを要求しているが、当該株式取得が必ずしも企業結合ガイドラインにいう企業結合に該当することまで要求しているわけではない(7)。しかも、企業結合に該当しない少数株式取得であっても、例えば、従来競争会社と協調せず激しく競争を仕掛けていた会社による競争会社との間での一方的または相互的な少数株式取得、高度に寡占的な市場を構成する競争会社間での一方的または相互的な少数株式取得など、株式発行会社と株式保有会社との競争関係、株式発行会社と株式保有会社が属する市場の構造などによっては、「一定の取引分野における競争を実質的に制限することとなる」場合があり得ることに留意する必要がある。公取委は、企業結合ガイドラインイにいう企業結合に該当しない少数株式取得によって「一定の取引分野における競争を実質的に制限することとなる」場合には、上述の相互的ＯＥＭ供給に対して行なったように、行動規制に属する不当な取引制限として、あるいは私的独占として規制することを試みることになるのであろうか。

米国のクレイトン法七条においても、ＥＣ競争法を構成する合併規則においても、少数株式取得が競争制限的効果を生ぜしめる場合があり得るにもかかわらず、適切な規制に苦慮していることが指摘されている(8)。

まず、米国のクレイトン法七条であるが、同条は、一方では、競争を実質的に減殺し、または独占を形成する蓋然性がある株式取得を違法として禁止しているが、他方では、投資目的のみでの株式取得につき適用除外を定めている(9)。

近年、米国では、企業間の戦略的提携の一環として競争会社への少数株式取得（passive investment, passive minority acqusition）の事例が数多く報告されている。例えば、一九九七年、Microsoft がパソコン用ＯＳの歴史的ライバルである Apple の非議決権株式一億五千万ドル相当を取得している。一九九八年、Northwest Air-lines が

Continental Airlines の普通株式の一四％を取得している。Northwest Airlines は全米第四位、Continental Airlines は全米第五位であり、両社は、年間三六〇万人の乗客を有する七路線で競争している。一九九六年、ＣＡＴＶで全米最大のＴＣＩが全米第二位の Time Warner の株式の九％を取得している。一九九〇年、髭剃り刃で世界第一位の Gillette が最大の競争会社である Wilkinson Sword の非議決権株式の二二・九％を取得している。これらが例えば法律上の合併の事例であれば、いずれの場合にもクレイトン法七条に違反すると判断されるものと考えられるが、少数株式取得であったために、いずれの事例についても問題とされなかった。少数株式取得は、投資目的のみでの株式取得として、クレイトン法七条の適用除外を受けるものと解釈されたものとみることもできる。[10]

しかしながら、このような取扱いには批判も存在している。[11]それは、企業数の少ない寡占市場においては、競争会社への少数株式取得であっても、競争を実質的に減殺するおそれをもたらすことがある、という判断に基づいている。激しい競争は取得会社の投資価値を低下させることになることから、少数株式取得であっても取得会社をして被取得会社との激しい競争を控えさせることになるといわれる。競争会社が極めて少ない場合には、競争会社への少数株式取得は、明示または黙示のカルテルが存在しない場合であっても、ほとんど常に産出量を減少させ価格を引き上げさせるともいわれる。[12]競争会社への少数株式取得は、明示または黙示の協調的な価格設定行動を促進するともいわれる。特に、従来、協調せず攻撃的競争を仕掛けてきたいわゆるマベリック企業（a maverick firm）による競争会社の少数株式取得の競争制限的効果が強いといわれる。マベリック企業は激しい競争を控えるコミットメントを与えるために競争会社への投資を行うことがあり、このようなコミットメントが与えられると、競争会社を安心させ対抗的競争を避けさせるように誘引するというのである。

クレイトン法七条の適用除外規定が定める投資目的のみの株式取得とは、一般に、投資先会社の経営行動に対する影響力またはセンシティブな情報へのアクセスを獲得するものではない株式取得を意味するものと解釈されている（その意味で、passive investment, aquisition of passive minority equity interests などと呼ばれる）が、[13]投資目的のみの株式取得に係る適用除外規定の解釈運用は、必ずしも明確で安定的であるとはいえない。

当該適用除外規定は、一方で(I)適用除外の対象を投資目的のみの株式取得としながら、他方で(II)それが競争を実質的に減殺するために用いられる場合には適用除外の対象から外される（This section shall not apply to persons purchasing such stock soley for investment and not using the same by voting or otherwise to bring about, or in attempting to bring about, the substantial lessening of competition）、と定めているからである。(II)を文字通り解釈すると(I)を適用除外とする趣旨を没却しかねないとして、投資目的のみの株式取得であれば事実上全面的にクレイトン法七条の適用から除外されると解釈する下級審判決もある。[14]クレイトン法七条の原則規定は、競争を実質的に減殺する蓋然性のある（may be substantially to lessen competition, or to tend to create a monopoly）株式取得を違法とするに対し、投資目的のみの株式取得については現実に競争を実質的に減殺する場合に限定して違法とする、という解釈を主張する者もある。[15]他方、近年、司法省においては、投資目的のみの株式取得であっても、競争を実質的に減殺する蓋然性が認めれればクレイトン法七条に基づき違法として、取得全株式の処分を命ずる同意判決を獲得する事例が多く登場しているが、このような司法省の解釈運用方針は、投資目的のみの株式取得に係る適用除外規定を事実上無視し、議会によらずに新たな立法を行っていると批判する者もある。[16]

いずれにしても、クレイトン法七条の下では、一方では、投資目的のみの株式取得であっても、競争を実質的に減殺する場合があり得ることを認めるとともに、他方では、同条に定める投資目的のみの株式取得に係る適用除外規定の解釈運用に苦慮している、ものということができる。

一方、ＥＣ競争法上の構造規制である合併規則は、有効な競争を著しく阻害し、支配的地位を形成・強化する株式取得を禁止してきたが、その規制対象を、他社に対して決定的な影響力を行使できることを意味する支配の移転に限定している（旧三条三項、新三条二項）。したがって、支配の移転に該当しない少数株式取得については、合併規則を適用することができない。しかしながら、ＥＣにおいても、とりわけ参入障壁の高い寡占市場においては、競争会社に対する少数株式取得によって競争制限的な協定に代替する目的・効果（"proxy agreements" as a replacement for anti-competitive agreements）が生じ得るとして、ＥＣ競争法上の対応が模索されている。[17]少数株式取得の関係は、取得会社の利益が被取得会社である競争会社の利益に連動する関係であり、競争上の外部性を内部化する（'inter-nalise' a competitive 'externality'）ことから産出量を減少させる誘因を生み出すとともに、明示または黙示の協調行動を促進することが懸念されているからである。

少数株式取得であっても、他の株主との関係如何によっては支配の移転と認定でき、合併規則の規制対象とすることも可能であるが、支配の移転と認定できない少数株式取得については合併規則の規制対象とすることはできない。そこで、少数株式取得に基づく競争上の懸念に対して、競争制限的な目的・効果を有する協定を禁止するＥＣ競争法八一条一項または支配的地位の濫用を禁止する八二条により対応することが提案されている。[18]

ＥＣ競争法八一条一項または八二条による対応の手掛かりは、欧州裁判所が支配に該当しない少数株式取得につきＥＣ競争法八一条（当時は八五条）一項違反または八二条（当時は八六条）違反を構成し得ることを肯定した初めてで唯一の判決である Philip Morris 事件（一九八七）[19]、およびこれを踏襲した欧州委員会（以下、「委員会」という）決定である Gillette 事件（一九九二）[20]に求められている。

Philip Morris 事件は、Philip Morris とその競争会社である Rothmans を単独支配していた投資会社 Rembrandt との協定が問題とされた。委員会の異議により当初の協定が改訂され、(i) Philip Morris が Rothmans の株式を三〇・八％（議決権の二四・九％）取得し、Rembrandt も Rothmans の株式を三〇・八％（議決権の四三・六％）取得するとともに、(ii) Philip Morris、Rembrandt 各社とも相互に他社の持株処分につき拒否権を有する、(iii) Philip Morris は Rothmans の取締役会へ役員を送り込まず、かつ、Philip Morris の競争行動に影響を及ぼすおそれのある Roth-mans からの情報の Philip Morris への伝達を遮断する、という内容の協定が締結されることとなり、委員会は八一条および八二条の違反を問わない決定を行った。この決定に対し、競争会社である BAT および Reynolds

が訴えを提起したが、欧州裁判所は、委員会の決定に明白な誤りは認められないとして訴えを棄却したものの、少数株式取得に係る協定が八一条一項違反を構成し得ること、および、少数株式取得が被取得会社の事業政策に有効な支配（effective control）または少なくとも何らかの影響（some influence）を及ぼす場合には八二条違反を構成し得ることを認める判示を行なった。

Gillette事件は、参入障壁の高い寡占市場であった髭剃り製品市場の四大メーカーの中でプライスリーダーであり支配的地位にあったGilletteが、競争会社のWilkinson Swordの全株式を取得していたEemlandの株式を二二％取得したことがEC競争法上問題とされた事件である。Gilletteが取得したEemlandの二二％の株式は無議決権株式であり、GilletteはEemlandの取締役会に役員を送り込まず、かつ、Eemlandの内部情報へのアクセスも有しなかったが、委員会は、GilletteによるEemlandの二二％の株式取得が、Eemlandの事業政策に何らかの影響を及ぼし、この結果、髭剃り製品市場における競争を弱体化させることになり、八二条が禁止する支配的地位の濫用を構成する、ものと判断したのである。

その後、少数株式取得につき、八一条一項や八二条が適用された事例はないが、少数株式取得の寡占市場に及ぼす競争上の懸念を認識し、Phillips Moris事件およびGillete事件の先例復活が提案されているのである。

おわりに

上述したように、企業結合ガイドラインにいう企業結合に該当しない相互的ＯＥＭ供給と少数株式取得とによっても、「一定の取引分野における競争を実質的に制限することとなる」場合があり得るとすると、独禁法上の行動規制と構造規制の相互関係のあり方を十分考慮に入れたうえで、独禁法上の規制を加えていくことが必要となる。

本稿で、企業結合ガイドラインにいう企業結合に該当しない相互的ＯＥＭ供給と少数株式取得とを取り上げたのは、必ずしも明らかではない独禁法における行動規制と構造規制の相互関係のあり方——その連続性と不連続性——を検討する一素材とするのに適切であると考えたからであり、今後は、より一般的に独禁法における行動規制と構造規制の相互関係の基本的なあり方を明らかにしていくことが課題となる。(21)

（1）もっとも、米国反トラスト法上の水平合併ガイドラインは、クレイトン七条（競争を実質的に減殺し、または独占を形成する、蓋然性のある合併を禁止する）に服する水平合併（acquisitions and mergers. 以下同じ）、シャーマン法一条（不当に取引を制限する合意を構成する合併を禁止する）に服する水平合併、連邦取引委員会法五条（不公正な競争方法を構成する合併を禁止する）に服する水平合併に統一的に適用されることを示しており、クレイトン法七条は構造規制、シャーマン法一条と連邦取引委員会法五条は行動規制というような本稿でいう二分法を採用しているのか必ずしも明らかではない。DEPARTMENT OF JUSTICE AND FEDERAL TRADE COMMISSION HORIZONTAL MERGER GUIDELINES（April 2, 1992）p. 1 参照。

（2）Robin A. Struijlaart, Minority Share Acquisitions Below the Control Threshold of the EC Merger Control Regulation : An Economic and Legal Analysis, 25（2）World Competition173, 175（2002）もこの点を指摘している。

（3）例えば、泉水文雄「共同出資会社と株式保有規制(1)(2)完」産大法学二一巻一号四一九頁・同二号四九頁、同「合弁会社規制における独禁法上の問題」日本経済法学会年報一〇号一三二頁、瀬領真悟「反トラスト法におけるジョイント・ベンチャー規制(二)・完」立命館法学一八七号三八三、四二六頁、武田邦宣「ＥＣ競争法における協調型ジョイントベンチャー規制（完・４）」六甲台論集四四巻一号七三、七五頁。最近の論稿として、鈴木恭蔵「業務提携に基づく共同出資会社と独占禁止法」法学研究（慶応）七六巻一号三九九頁。

（4）「8　建設資材メーカーの相互的ＯＥＭ供給」公取委事務総局『平成一三年度相談事例集』（平成一四年三月）二二頁。

「7　食品の原材料メーカーの相互的ＯＥＭ供給」公取委事務総局『平成一三年度相談事例集』（平成一四年三月）

一九頁では、本件の相互的ＯＥＭ供給と類似の事例につき、公取委は、相談の場合において、Ａ社とＢ社（以下「二社」という）は五割弱のシェア有し、甲製品ついて相互にＯＥＭ供給を行なうことにより、製造コストなど企業活動を行なう上で重要な情報を互いに知り得ることになるが、「㋐二社が相互にＯＥＭ供給する数量は、それぞれ自社販売数量の数％ないし一〇％程度にすぎず、コストの共通化によって販売分野での競争が減殺されるおそれは小さいこと、㋑二社は、従来どおり独自に販売を行い、互いに販売価格や取引先などには一切関与しないとしていること、㋒甲製品市場については、有力な競争事業者が複数存在していること、㋓仮に相互にＯＥＭ供給を行なうことにより、生産能力を上回ることになれば、二社の間において生産数量の調整を行なう必要が生じ、競争を制限するおそれがあるが、相談の場合においては、二社において甲製品の製造を受託できる生産余力があり、生産能力を上回ることはないこと」から、二社が相互にＯＥＭ供給を行なうことは直ちに甲製品の販売分野における競争を実質的に制限するものとはいえず、独禁法上問題ないと考えると判断している。この事例においても、公取委は、価格や生産数量につき二社間の意思の連絡ないし合意の認定はないが、不当な取引制限の観点から検討し、価格競争ないし生産数量競争を制限するおそれを問題にしており、行動規制の名の下に構造規制を行なおうとしているようにみえる。

（5）実方謙二『独占禁止法（第四版）』（有斐閣、一九九八）八一頁、根岸哲＝舟田正之『独占禁止法概説（第二版）』（有斐閣、二〇〇三）七〇―七一頁。

（6）例えば、Antitrust Guideline for the Licensing of Intellectual Property Issued by the U. S. Department of Justice and the Federal Trade Commission（April 6, 1995）p. 31; Herbert Hovenkamp, FEDERA ANTITRUST POLYCY : THE LAW OF COMPETITION AND ITS PRACTICE（2nd edition）（WEST GROUP 1999）p. 491 参照。

（7）根岸哲『経済法』（二〇〇〇、放送大学教育振興会）一六七頁、林秀弥「独禁法における企業結合概念の見直しに関する一考察」公正取引六一九号六七頁。

（8）米国のクレイトン法七条につき David Gilo, THE ANTICOMPETITIVE EFFECT OF PASSIVE INVESTMENT, 99 Mich. L. Rev. 1, 4（2000）; Jon B. Dubrow, CHALLENGING THE ECONOMIC INCENTIVES ANALYSIS OF COMPETITIVE EFFECTS IN ACQUISITIONS OF PASSIVE MINORITY EQUITY INTERESTS, 69 Antitrust L. J. 113（2001）、E

C競争法の合併規則につき Struijlaart, supra note (2) 173 参照。

(9) 本稿脱稿後、「単独行為による市場支配力の分析」という観点から、米国のクレイトン法七条に基づく株式の一部取得(本稿にいう少数株式取得)の規制につき詳細な法的・経済学的検討を加える林秀弥「株式保有の競争制限効果と競争法(1)(二・完)――『単独行為による市場支配力』の分析を中心に」神戸外大論叢五四巻五号一二五頁、同六号九九頁に接した。併せて参照をお願いしたい。

(10) Gilo, supra note (8) p. 4.

(11) Gilo, supra note (8) p. 4-5.

(12) Gilo, supra note (8) p. 30.

(13) このような結果は、以下の文献に、経済モデルを用いて示されているといわれる。Robert J. Reynolds & Bruce R. Snapp, The Competitive Effects of Partial Equity Interests and Joint Ventures, 4 INT'L J. INDUST. ORG. 141 (1986); Timothy F. Bresnahan & Steven C. Salop, Quantifying the Competitive Effects of Production Joint Ventures, 4 INT'L J. INDUST. ORG. 155 (1986); Daniel P. O'Brien & Steven C. Salop, Competitive Effects of Partial Ownership : Financial Interests and Corporate Control, 67 Antitrust L. J. 559 (2000). このうち、とくに O'Brien & Salop 論文を批判するものとして、Dubrow, supra note (8) pp. 131-137 参照。

(14) 株式所有比率二二・六%で第一位の株主になる株式取得に係る Crane Co. v. The Anaconda Co., 411 F. Supp. 1210 (S.. D. N. Y. 1975)、株式所有比率一九%となる公開買付けに係る United States v. Tracinda Iuv. Corp., F. Supp. 1093 (C. D. Cal. 1979)。

(15) Gilo, supra note (8) p. 30.

(16) Dubrow, supra note (8) pp. 117-122. なお、連邦取引委員会は投資目的のみの株式取得の適用除外をより緩やかに認める解釈運用態度を採用しており、司法省の解釈運用態度との整合性が問題とされている。Dubrow, supra note (8) pp. 124-127.

もっとも、投資目的のみの株式取得が、クレイトン法七条の適用除外を受け得るとしても、不当に取引を制限する合意を構成する場合にはシャーマン法一条、不公正な競争方法を構成する場合には連邦取引委員会法五条のそれぞれ適用を受ける可能性があるが、クレイトン法七条とシャーマン法一条・連邦取引委員会法五条の関係は明かではない。

(17) Struijlaart, supra note (2) pp. 177-179. このような主張は、Reynolds & Snapp,supra note (13) に依拠するものである。

(18) Struijlaart, supra note (2) pp. 189-197.

(19) Judgement of 26 January Cases 142 and 156/84, BAT v. Commission, [1987] ECR 4487.

(20) Commission decision of November 1992, Warner-Lambert/Gillette, [1993] OJ L116/21.

(21) 独禁法における行動規制と構造規制の相互関係の基本的なあり方を明らかにする試みとして、鈴木孝之「独占禁止法における行為規制と構造規制」法学研究（慶応）七六巻一号三七三頁参照。

独占禁止法における企業集中規制の現況と課題(1)

江口公典

一　競争制限的企業集中の規制

1　沿革

日本における独占禁止法の制定（一九四七年）から最初の大規模な改正（一九五三年）までの間、競争制限的企業集中の規制と事業支配力の過度集中の規制は、独占禁止法において明確に区別されず、いわば未分化の状態にあったといえよう。競争制限的企業集中の規制に係る現行法の枠組みは、一九五三年改正によって成立したものであり、それ以来大きな変更はない。「一定の取引分野における競争を実質的に制限することとなる」場合に、合併、株式保有、役員兼任等を（合併等については事前規制により、株式保有・役員兼任等については事後規制により）禁止するという仕組みが、約五〇年来存続している(2)。

一九五三年改正以降、法律上の仕組みが安定的であった反面、競争制限的企業集中に係る公正取引委員会の法運用は、波瀾に満ちたものであった。この点については、以下のとおり、時系列的に三つの段階に区分することができる。

第一に、公正取引委員会の初期の運用には、制度の基本的な趣旨と矛盾する点があった。典型例として、合併後の市場占拠率が七〇パーセントを超える重大な事案について、「独占の弊害は考えられない」という理由で不問処分とした雪印・クローバー合併事件(3)がある。競争制限的企業集中の規制を弊害規制的にとらえている点で、解釈論のスタートライン以前に、制度趣旨の理解について深刻な問題点があったといわざるをえない。

第二の段階の状況は、八幡・富士合併事件に係る経緯(4)に特徴的に現れている。すなわち、一方で、第一段階におけるような弊害規制的な根拠づけに基づく消極姿勢が公式に表明されることはなく、要件を充足する重大な企業集中事案に対して法律上の規制権限が行使されるようになる。しかし、他方で、規制権限の行使の結果として下された八幡・富士合併事件同意審決(5)において、公正取引委員会は、「有力な牽制力ある競争者」の人為的創出により競争の実質的制限の要件の成立を否定するという考え方を示して、とりわけ学界を失望させ、また客観的にも、基本概念の解釈理論の健全な進展を妨げることとなった(6)。

第三段階は、一九八〇年代に進行した日米構造問題協議における米国側の対日要求に対応する、独占禁止法強化の動向と連動している。すなわち、公正取引委員会ガイドライン「株式保有、合併等に係る『一定の取引分野における競争を実質的に制限することとなる場合』の考え方」(一九九八年)が公表され、これにより、前述の八幡・富士合併事件審決に示された競争の実質的制限に係る解釈の問題点が事実上解消し、競争制限的企業集中の有効な規制のための条件が整備されたことになる(7)。

2　現状と課題

競争制限的企業集中の規制の現状は、公正取引委員会ガイドラインの公表を踏まえて、前述の第三段階にあるといえよう。しかし、解釈論上の条件が整備されたことと、現実に実効性ある規制が実現することとは、もちろん別の問題であり、多くの課題も残されている。以下、現状と課題に係る検討として、第一に、独占禁止法における競争制限的企業集中の規制の性格と位置づけをめぐる問題、第二に、有効な規制のための個別的諸問題に分け、簡潔に述べる。

(1)　競争制限的企業集中の規制の性格と位置づけ

とりわけアメリカ反トラスト法、ドイツ競争制限防止法における競争制限的企業集中の規制に係る歴史的な検討から、次のことが明らかとなる。第一に、独占禁止法制は、行為の悪性と市場への悪影響の両方の要素を含む競争秩序侵害を取り上げることから始まった（第一期）。このことは、アメリカ反トラスト法が、シャーマン法（一八九〇年）により（日本法に即していえば）私的独占・カルテルを禁止することから出発した点に典型的に現れている。第二に、それ自体悪性のない株式保有や合併等の行為が一定の競争制限的効果を惹起する場合にも規制を加える必要性が認識され、競争制限的企業集中の規制が導入された（第二期）。第一期から第二期に至る展開、すなわち企業集中規制の導入に至る展開には、相当の時間と経験、そしてとりわけ競争政策上の考え方の進展を要したことに、[8]留意したい。

これに対して、日本法の場合には、制定時の経緯から、第二期に至る進展を完了した段階の反トラスト法を継受することとなり、時間も経験も不足したなかで競争制限的企業集中の規制という高度な課題に直面することとなった。このような歴史的位置づけに関する考察を踏まえて考えれば、日本独占禁止法の競争制限的企業集中の規制に係る沿革と現状は、実質的に、上述の意味における第一期から第二期に至る道程として位置づけられる。競争制限的企業集中の規制に十分な実効性が欠如していたことについては、独占禁止法の規範内容の立場から批判されるべきであり、そのような批判に十分な根拠がある反面、むしろ、競争制限的企業集中規制をめぐる経緯を、日本の競争政策が私的独占・カルテルの禁止というコアの部分から出発し、段階的に進展していく過程として冷静に分析する視点も不可欠であると考えられる。

(2) 個別的論点

今後の個別的な課題として、次のような論点を指摘することができよう[9]。

(a) 実体法の側面では、競争の実質的制限の認定をめぐる、いわゆる市場支配力分析の具体的な判断基準の問題がある[10]。一九九八年の公正取引委員会ガイドラインによって判断の枠組みは示されたものの、個別事案に係る法適用の場面で競争の実質的制限の成否を判定するためには、さらに具体的な分析手法の検討が求められる[11]。そのための最善の方策は、正式な法的手続に基づく規制事例の積み重ねをとおして、議論を深めることであろう。しかし、現状では、近時のＪＡＬ・ＪＡＳ事業統合[12]の事案にみられるように、事前相談に基づく事実上の非公式な規制が積み重ねられているにすぎない。

(b) 企業集中規制の手続的側面に係る困難な問題のひとつは、合併等の場合に競争の実質的制限の要件を充足させないことを目的として行われる、事業者による特別の措置について、その実効性を制度的にどう確保するかという問題であろう。この問題点は、第一に、八幡・富士合併事件審決におけるように、正式な法的手続の場面で問題となる場合と、第二に、ＪＡＬ・ＪＡＳ事業統合に係る事例のように、事前相談の場面で問題となる場合がある。前者の正式な法的手続の場面に関しては、前述（注２の②）のように、立法上一定の進展があったが、制度の改善に向けてさらに検討の余地がある。これに対し、後者の事前相談に係る場合には、問題解決には自ずと限界があろう。

企業集中規制の手続では、事前相談に基づく事実上の規制の占める比重が大きい。これを非公式で不透明な規制として否定的に評価することにも一定の根拠がある反面、事前相談の果たすポジティヴな役割も無視できない。したがって、誤解を恐れずにいえば、事前相談による事実上の規制に制度上の市民権を認めたうえで、それに即した透明性確保のための制度設計を進めることが求められよう。

二　事業支配力の過度集中の規制

独占禁止法における事業支配力の過度集中の規制について論じるためには、半世紀前の廃墟に立ち戻る必要がある。

1　沿革と現状

(1)　一九四七制定法

第二次世界大戦後、日本の占領統治を担った連合国は、経済の領域について経済民主化を基本政策とし、経済民主化のための第一次的な応急措置として財閥解体を実施した。独占禁止法は、財閥解体による経済民主化を長期的に保障するという位置づけを与えられて出発した法制度である。[13]そして、独占禁止法の諸規制のうち、このような位置づけが最も顕著に現れていたのは企業集中規制であるということができる。すなわち、独占禁止法一九四七年制定法第四章では、持株会社の禁止（九条）、金融会社の株式保有制限（一一条）および事業会社の株式保有の原則禁止（一〇条）等が規定され、財閥解体措置の実効性を確保するために事業支配力の過度集中を防止することに主眼が置かれていた。他方で、現行法では主流となっている（「一定の取引分野における競争を実質的に制限すること」を要件とする）競争制限的企業集中の規制は、前述の旧一〇条に典型的にみられるように、事業支配力過度集中規制の諸条項に呑み込まれ、いわば未分化のまま背景に退いていた。

以下では、事業支配力の過度集中の規制に係る一九四七年制定法から現行法に至る変化を、一九五三年改正、一九七七年改正、一九九七年改正、二〇〇二年改正に即して概観することとしよう。

(2)　一九五三年改正

一九五三年改正は、主に戦後占領期の立法であったことを背景として導入されていた事業能力の不当な格差の排除(旧八条)等の、きわめて厳格な諸規制の多くを削除し、現行独占禁止法の基本的な枠組みを成立させた改正であった。その結果、企業集中規制の領域では、たとえば、旧一〇条における事業会社の株式保有制限は、競争の実質的制限を要件とする規制として新たに組み替えられることとなった[14]。その反面、重要なことは、持株会社の禁止、金融会社の株式保有制限が基本的に維持された点である。要するに、一九九七年改正に至るまで、競争制限的企業集中の規制と事業支配力の過度集中の規制が、あえていえば同程度の比重で併存することとなった。

(3) 一九七七年改正

汚職、公害、経済力濫用等に係る大企業批判を背景として成立した一九七七年改正では、持株会社の禁止を補完するものとして、大規模事業会社(総合商社等)の株式保有総額の制限条項(旧九条の二)が新設され、事業支配力の過度集中の規制が強化されることとなった(その後の改正について後述「(5)二〇〇二年改正」参照)。なお、この段階では、「財閥解体」の問題から、その後に形を変えて結集された「企業集団」(六大企業集団+独立系企業集団)の支配力の問題へと、問題構造が変化している。

(4) 一九九七年改正

独占禁止法の制定以来、事業支配力の過度集中の規制に係る最大の変化は、持株会社を解禁した一九九七年改正であろう。すなわち、制定以来維持されてきた「持株会社」それ自体の禁止が放棄され、「事業支配力が過度に集中することとなる持株会社」の禁止に転換された。

(5) 二〇〇二年改正

個々の大規模事業会社に対し原則的に一定の株式保有総額の上限を設定することとなっていた旧九条の二の規定を、「事業支配力が過度に集中すること」を要件とする九条の規定に統合した。その結果、九条の規定が改正され、同条一項の規定から「持株会社」の文字が消滅した。すなわち、「他の国内の会社の株式(社員の持分を含む。以下同じ。)を所有することにより事業支配力が過度に集中することとなる会社は、これを設立してはならない」(九条一項）。

このように、問題の焦点は、一九九七年改正以降の九条の規制に係る実体法上の要件にある。以下、この点を中心に述べることとする。(15)

2 「事業支配力が過度に集中すること」

一定の取引分野の確定を前提とする競争制限的企業集中の規制の場合とは異なり、いわゆる一般集中の規制基準である事業支配力の過度集中という要件については、その定義を定める場合にも、またそれを踏まえて具体的な判断基準（ガイドライン）を明らかにする場合にも、困難を極める。前者（定義）については立法者が、また後者（ガイドライン）(16)については公正取引委員会が、困難な課題についてそれぞれ解答を示している。

九条三項の定義規定は、次のとおり。「『事業支配力が過度に集中すること』とは、会社及び子会社その他当該会社が株式の所有により事業活動を支配している他の国内の会社の総合的事業規模が相当数の事業分野にわたつて著しく大きいこと、これらの会社の資金に係る取引に起因する他の事業者に対する影響力が著しく大きいこと又はこれらの会社が相互に関連性のある相当数の事業分野においてそれぞれ有力な地位を占めていることにより、国民経済に大きな影響を及ぼし、公正かつ自由な競争の促進の妨げとなることをいう。」

要するに、三つの要件がある。

第一に、当該会社グループが、次の①～③のいずれかに該当すること。

①　総合的事業規模が相当数の事業分野にわたつて著しく大きい〔第一類型・六大企業集団型〕

②　資金に係る取引に起因する他の事業者に対する影響力が著しく大きい〔第二類型・大規模金融会社中心型〕

③　相互に関連性のある相当数の事業分野においてそれぞれ有力な地位を占めている〔第三類型・独立系企業集団型〕

第二に、「国民経済に大きな影響を及ぼ」すこと。

第三に、「公正かつ自由な競争の促進の妨げとなること」。

すでに示唆したように、定義規定には、総合的事業規模が「著しく大きい」、国民経済に「大きな影響」を及ぼす、公正かつ自由な競争の促進の「妨げとなる」等、究極の一般条項が含まれている。この定義規定を無媒介に直接個別事案に適用することは、無謀な試みであろう。

そのため、前述の公正取引委員会ガイドラインが作成公表され、定義規定について、企業規模、企業数等の具体的な判断基準が示されている。未だ規制事例はなく、ガイドラインの妥当性に係る裁判所の判断も示されていない。

3　検　討

一定の企業集中の形態が経済社会全般のなかで事業支配力の過度集中となっているか否かについて判断することには、大きな困難が伴う。事業支配力過度集中（一般集中）の立場から独占禁止法制による規制を加えるという立法例が稀であるのは、このためであろう。他方で、独占禁止法の制定以来一九九七年改正に至るまで存続した持株会社禁止の制度は、持株会社を結節点としていた旧財閥のあり方に関する歴史的・政策的評価を媒介とし、持株会社という企業集中形態それ自体に事業支配力「過度」集中の性格が内在しているという立法者の判断に基づいていた。これに対して、持株会社解禁論は、旧財閥の過去のあり方に関する歴史的・政策的評価を共有しながらも、財閥解体措置の一定の実効性を前提とするならば、持株会社形態それ自体は競争秩序にとってニュートラルな存在であり、したがって持株会社の一律禁止は妥当性を欠くと主張してきた(17)。現行法上の規制は、一九九七年改正までの立法者意思（一律禁止）とラディカルな解禁論（完全解禁論）との中間に位置するものといえよう。一条の目的規定から明らかなように、独占禁止法は、公正かつ自由な競争を促進するために、事業支配力の過度の集中を防止することを宣言している。問題は、経済社会のあり方に係る客観的な認識を踏まえて、事業支配力の過度の集中を具体的に把握する法政策と法技術を確立できるか否かにある。

三　結　語

競争制限的企業集中の規制と事業支配力の過度集中の規制は、次のような意味で、相互規定的な関係にある。第一に、事業支配力の過度の集中が有効に防止されることは、競争制限的企業集中の規制の実効性の基盤となる。第二に、競争制限的企業集中の規制が十分有効に機能するならば、その限りで、事業支配力過度集中の規制が担うべき政策的な負担は減少しよう。日本における企業集中規制の現状との関連では、第二の文脈が重要であるように思われる。すなわち、競争制限的企業集中の規制が十分な実効性をもって進展していない現状では、事業支配力の過度集中の規制に対する競争政策上の期待は、そう小さくはない。

（1）　本稿は、二〇〇三年一一月一五日ソウル・延世大学において開催された韓国商事法学会二〇〇三年度秋季学術大会（全体テーマ＝「日本の企業法制の動向」）における筆者の報告に基づいている。報告の原題は、主催者により定められた「日本の経済力集中抑制と企業結合規制の現況と課題」であった。なお、主に日韓の用語法の異同に係る導入部分は、本稿では省略する。

（2）　この間の主要な改正は、①届出制度の合理化・簡略化（一九九八年）、②合併計画における重要な事項の不実施等の場合の措置について新たに規定したこと（一九九八年）、③需要側の競争のあり方も規制の視野に入れることとしたこと（二条四項但書削除）（一九九八年）、④商法改正に伴い会社分割の場合を規制対象に加えたこと（二〇〇〇年）である。

（3）　公正取引委員会事務総局編『独占禁止政策五十年史（上巻）』（財団法人公正取引協会、一九九七年）一一〇頁参照。

(4) 公正取引委員会事務総局編・前掲書一五一頁以下参照。

(5) 公正取引委員会一九六九(昭和四四)年一〇月三〇日同意審決。

(6) もっとも、この審決に対する歴史の審判を下すに際しては、この合併が政・財・官によって強力に支持された、いわば国策的合併であり、したがって、合併禁止を強行した場合には、独占禁止法制・競争政策に対する破壊的影響力行使の可能性が否定できなかったと思われる点にも留意する必要があろう。

(7) ガイドラインは二〇〇四年に改正され、現在では「企業統合審査に関する独占禁止法の運用指針」となっている。

(8) アメリカ(一八九〇—一九一四)、ドイツ(一九五七—一九七三)では、いずれも二〇年前後の時間を要している。ドイツ連邦共和国において、企業集中規制の導入が競争制限防止法の一九五七年制定法の段階では見送られ、同法一九七三年改正によって実現した経緯について、江口・経済法研究序説(有斐閣、二〇〇〇年)一四〇頁以下参照。

(9) 日本経済法学会では、二〇〇三年度大会シンポジウム(一〇月一〇日、同志社大学)において「企業結合規制の再検討」のテーマを取り上げた。日本経済法学会編・企業結合規制の再検討(日本経済法学会年報二四号)(有斐閣、二〇〇三年)参照。

なお、日本経済法学会の公式ホームページは http://wwwsoc.nii.ac.jp/jael/index.htm。

(10) この点について具体的には、宮井雅明「市場支配力の法的分析」日本経済法学会年報第二四号・前掲一七頁以下参照。

(11) 今後解明が必要な主要問題として、以下のものが指摘できよう。第一に、複数事業者の協調的寡占による競争の実質的制限をどう認定するか。このこととも関連して、第二に、株式保有の場合に競争の実質的制限のテストの前提として位置づけられている参加事業者間の事業活動の「一体化」のテスト(=「結合関係」のテスト)は、将来的に、競争の実質的制限のテストの枠組みのなかに相対的に位置づける必要があるのではないか。

(12) 公正取引委員会「日本航空株式会社及び株式会社日本エアシステムの持株会社の設立による事業統合について」

（二〇〇二〔平成一四〕年三月一五日）、同「日本航空株式会社及び株式会社日本エアシステムの持株会社の設立による事業統合について」（二〇〇二〔平成一四〕年四月二六日）参照。いずれも公正取引委員会ホームページ「報道発表資料」に収録。

(13) 財閥解体措置は、四大財閥の本社を含む多数の持株会社の整理、財閥企業集団の資本的・人的結合関係の解体を中心とし、さらに、個々の市場支配的企業の再編を目指した過度経済力集中排除、および中小企業分野および地域的なものを含む統制的カルテル組織を標的とした私的統制団体の解体整理によって補完されていた。そして、経済民主化の応急措置としての財閥解体を指示した連合国覚書「持株会社の解体に関する件」（一九四五年一一月六日）では、日本政府に対して、同時に、経済民主化を長期的・恒久的に確保するための法律の制定が指示されており、その後日本政府により示された統制色の残る素案を連合国総司令部側の考え方に基づいて修正するという経緯を経て、一九四七（昭和二二）年三月三一日独占禁止法が可決・成立した。

(14) 旧一〇条の規制は、すでに独占禁止法一九四九改正によって部分的な変更を受けていた。

(15) 金融会社の株式保有に対する制限（一一条）については割愛する。

(16) 公正取引委員会「事業支配力が過度に集中することとなる会社についての考え方」（二〇〇二〔平成一四〕年一一月一二日）

(17) たとえば、企業法制研究会報告書（純粋持株会社規制及び大規模会社の株式保有規制の見直しの提言）（通商産業省産業政策局編・企業組織の新潮流〔財団法人通商産業調査会、一九九五年〕に資料編とともに収録）参照。

（二〇〇三年一一月脱稿）

競争法における企業結合概念に関する一考察

岩本　諭

はじめに——問題の所在

企業集中規制は、企業間の結合関係の形成を契機として惹起することとなる市場構造の変化に対処するための法制度であり、今日、各国の競争法においてカルテル規制とともに最も重要かつ中核的な制度として位置付けられている。

企業集中規制の目的は、企業結合を契機として市場支配力の形成・維持・強化というかたちで現れる市場の非競争性質への転化の未然の抑止にある。この目的を達成するため、各国の競争法には、企業集中規制を予防的規制として位置付け、事前審査制度を採用するものが少なくない。

事前審査制度は、合併、株式所有等の企業結合に参加する事業者に対し、結合の実施前に、競争当局に結合計画を届け出させて審査する制度である。こうした結合の事前審査は、結合実施後に審査が行われる場合に比べて、結合の解体、結合条件・内容の修正に係るリスクとコストを回避することにつながるメリットを有する。このため、事前届出の内容と手続に関するルールが客観的かつ明確に法定されることが、事業者に規制についての予測可能性を付与する上で不可欠である。とりわけ、規制対象——いかなる行為（企業結合の形成行為）が規制対象とされるか——に関する要件は、いわば企業集中規制の入口の要件であることから、事業者にとっては法律上明示される必要がある重要な情報である。

ところで事業者間の結合には、結合の方法・手段、結合の形態もしくは態様、結合の程度・強弱、存続期間等によって、様々なバリエーションが存在するが、そうした多種多様の全ての結合が「企業結合」として企業集中規制の対象として取り上げられるのではない。また、例えば、複数事業者間で設立契約を締結し、それに基づいて子会社を設立し、親企業の事業の一部を当該子会社に移転する共同子会社の設立は、親となる設立事業者間の契約（による結合）と、子会社設立（親の事業の部分的結合）という二つの結合関係が組み合わさった結合体であることから、いわゆる集中的結合と契約的結合の観点から、結合体の実態が明らかにされる必要がある事例といえる。

競争政策上、事業者間の結合もしくは集中という現象がどのように捉えられるかという問題は、企業集中規制の観点から見ると、いかなる結合まで集中規制の枠組において取り上げる必要があるかという規制対象の境界をめぐる問題としての側面を有する。この問題については、特にドイツにおける活発な議論があり、そこで展開・形成されてきた理論が、ドイツ競争制限防止法の数次の改正の原動力の一つとなり、またＥＣの企業集中規制に対しても少なくない影響を及ぼしている。ドイツ及びＥＣにおける集中規制に関する審・判決の中に、結合概念に係わる判断はすでに多く蓄積されてきている。

今日あらためて、かかる規制対象をめぐる問題についての検討が必要とされる理由の一つとして、ドイツ競争制限防止法の第六次改正（一九九九年施行）において、企業結合に関する定義規定が大幅に見直された点にある。同改正では、ＥＣ企業集中規制規則の企業結合の定義と同様、他の企業に対する「支配（Kontrolle）」の取得が企業結合の一類型に加えられた(1)。この改正が、これまでドイツの競争政策が目指してきた「隙間なき企業結合の捕捉(die lückenlose Erfassung der Zusammenschlüsse)」という目的に適った、企業結合概念の拡充に連なるものであったといえるかどうかについて検討する必要があると思われる。(2)

企業結合概念をめぐる動きは、アジアにおいても見ることができる。現在、中国において制定準備が進められている中国独占禁止法案に設けられている企業集中規制制度は、結合類型に関する包括的な定義規定の導入が予定されており、この定義規定の一類型として「支配」の取得が挙げられている。中国がこのような包括的定義の導入に至った経緯として、ドイツ競争制限防止法をモデルに立法作業が進められたといわれているが、こうした動向は、「支配」をメルクマールとする結合概念が、今後、企業結合を集中規制の土俵に取り上げるための基準となることを示すものかどうかという問題を提起するものといえよう。(3)

本稿は、企業結合の一類型である「支配」概念が、競争政策の観点から取り上げる必要のある企業結合を過不足なく捉えるという目的に資するものかどうか（論点1）、また「支配」概念の導入によって規制手続の簡略化と規制の予測可能性の付与という事業者にとってのメリットは確保されることになるか（論点2）という問題の検討をとおして、企業結合概念について、比較法的見地から考察するものである。

一　ECにおける結合類型としての「支配」

ドイツ競争制限防止法の企業集中規制は、その導入当初（一九七三年）から包括的な企業結合の定義規定（五類型）を定めていたが、第五次改正（一九八九年）で結合概念の拡充を目的として一類型が新たに追加され、その後第六次改正（一九九九年）において、現行の四類型に整備された経緯がある。

この第六次改正は、EC競争法とのハーモナイゼーションを目的に行われたものであり、「支配」の取得がドイツ法が定める結合類型の一つとして新たに導入されたことも、EC企業集中規制規則（以下、EC規則という）が定める結合概念との整合を確保するという目的に沿ったものであった。

そこで、本章ではEC規則における結合概念について、次章ではドイツ法における結合概念について検討する。

(1) はじめに、EC規則（EG-Fusionskontrollverordnung Nr. 139/2004）が定める企業結合の届出要件について述べる。

EC規則が対象とする企業結合は、共同体規模に達する結合である。共同体規模とは、(a)全ての結合参加事業者の売上高合計が、世界規模で年間五〇億ユーロ以上であり、(b)そのうち少なくとも二社がそれぞれ、共同体規模で二億五千万ユーロ以上の年間売上高に達している場合であって、かつ結合参加事業者のそれぞれが同一加盟国において共同体規模での売上高の三分の二以上を達成していない場合（規則一条二項）である。さらに、この二項を充たさない場合であっても、(a)全ての結合参加事業者の売上高合計が、世界規模で年間二五億ユーロ以上であり、(b)それぞれが少なくとも三以上の加盟国で一億ユーロ以上の売上高に達し、(c)そのうち少なくとも二社以上が最低三加盟国においてそれぞれ年間売上高二千五百万ユーロ以上を達成し、(d)少なくとも二社以上が共同体規模で年間売上高一億ユーロ以上を達成している場合であって、かつ結合参加事業者のそれぞれが同一加盟国において共同体規模での売上高の三分の二以上を達成していない場合（同一条三項）にも共同体規模の要件に該当する。

この共同体規模の要件に該当する企業結合は、結合に関する契約の締結または取得の後、一週間以内にEC委員会に届け出なければならない（四条一項）。

現行のEC規則が定める届出の対象となる企業結合は、次のとおりである。

i） 以下の場合に企業結合が認められる（規則三条一項）。

a)　二以上の相互に独立する事業者が合併する場合（同項a)）

b)　単独は複数の事業者が持分または資産の取得、契約、その他の手段によって一または二以上の事業者の全部または部分を直接または間接に支配する場合（同b)）

ii)　共同子会社の設立であって、継続して自立した経済上の統一体の全機能を有するものは、一項b)に該当する（同四項）。

EC規則は、大別すると、合併（Fusion）、支配の取得、及び共同子会社の設立の三類型を企業結合として定義している。一定の要件を具備した共同子会社の設立についても、これを支配の取得の一類型としていることから、ECにおいては、支配（の取得）が、集中規制に取り上げられる企業結合の成否を判断する際の重要な構成要件といえる。

EC規則における支配には、単独支配と共同支配の二つの類型がある。

①　単独支配（alleinige Kontrolle）

EC規則上、支配自体についての定義が設けられている。すなわち、支配は、「他の事業者の事業活動に対する決定的な影響を及ぼす可能性」をもたらす権利、契約その他の手段によって形成されると定義されており、その代表的な場合として「事業者の資産の全部または一部についての所有権または用益権」と「事業者の機関の構成、合議もしくは決定に対する決定的影響を及ぼす権利または契約」の二つが特に列挙されている（三条三項）。

単独の事業者が支配を取得する典型は、i)企業間契約（Unternehmensverträge）、ii)他の事業者の資本または議決権の過半数に達する取得（Mehrheitsbeteiligung）の二つである。

i)の企業間契約には、単独の事業者が他の事業者と締結する、支配契約、経営委任契約、経営用益貸借契約、利益支払契約、一部利益支払契約、利益共同契約がある。これらの契約はいずれも、他の事業者の経営、利益といった事業活動の根幹に対する決定的な影響を及ぼすこととなる性質のものであることから、ＥＣ規則は、これらの契約の締結を「支配」の取得として、集中規制において取り上げるべき結合としている。

ii）の過半数取得は、取得事業者が被取得事業者の資本または議決権の過半数（五〇％超）を取得する場合の他、全部（一〇〇％）の取得の場合も含まれるが、いずれも、取得者と被取得者が経済上または競争上の一体化（wirtschaftliche/wettbewerbliche Einheit）をもたらす結合であり、かかる結合が、法的にも経済的にも一体化する合併と同様に集中規制の俎上に上げられるとする。

問題となるのは、資本または議決権の五〇％以下の比率での取得、すなわち少数参加取得（Erwerb der Minderheitsbeteiligung）が、支配の取得に該当するかについてである。

この問題について、ＥＣ委員会は、「参加事業者の被参加事業者に対する影響の可能性を裏付ける法律上または事実上の事由が存在しない限り、原則として少数参加取得は支配の取得には該当しない（＝企業結合として取り上げない）」という立場を基本としている(4)。したがって、少数参加取得が企業結合として取り上げられるかどうかについては、資本または議決権の取得に付随する法律上ないし事実上の事由が重要な意味を持つことになる。

少数参加取得による支配を裏付ける法律上の事由としては、優先株の取得等、議決権の過半数を有する者と同等の権利を付与する権利が付与される場合、監査役または取締役会の構成員の半数を占める権利を獲得する場合、あるいは被取得企業の株主総会における議決を阻止するに足る地位（Sperrposition）を獲得する場合が挙げられる。

また、事実上の事由として、被取得企業の株式の分散保有の状況がある。分散保有の如何によっては少数比率での取得の場合であっても、事実上、筆頭株主として、被取得企業の経営戦略に対する影響力を獲得することとなる場合がある。委員会の運用例の中には、株式の分散状況を判断材料の一つとして、少数比率での取得者であっても、過半数取得者と同様の被取得者の事業活動に対する決定権を有することになる事由（事実上の支配）があるとして、単独支配を認定した事例がある(5)。

また、株主総会における株主の出席状況を、事実上の事由の判断材料とした事例もある(6)。委員会は、株主総会において議決権を行使する権利を有する株主の出席率の如何によっては、取得比率が五〇％を下回る場合であっても、過半数取得者と同等の権限を有し、被取得者の事業活動に対して継続的に影響力を行使することが認められるとする。これまでの委員会決定例において、四六・五％取得のケース(7)、三九％取得のケース(8)、一九％取得のケース(9)などが見られる。

こうしたEC委員会の考え方および運用は、少数参加取得であっても法的または事実上の事由についての判断を行うことによって、少数参加取得者が、過半数取得者と同等の地位ないし権限を行使する可能性を有する場合に、取得者と被取得者の経済的な一体化をもたらす結合として、これを支配と見るものである。かかる運用については、事実上の事由に関する認定材料が被取得事業者の株主総会における議決権行使の如何に大部分依拠しており、こうした議決権以外の要因、とりわけ人的兼任関係、取引関係その他の要因にまで判断材料を広げた、総合的な判断が行われることにより、捕捉すべき結合の範囲を拡充していく必要があるとする見解がある。また、少数参加取得が支配に該当するかについての客観的な基準が明示されておらず、個別事例毎の判断に委ねられている委員会運用の実情から、規制についての事前の予測が事業者に十分付与されておらず、規制の透明性確保の点から、支配をメルクマールとする結合概念の問題点を指摘する見解があることも併せて述べておく必要があろう(10)。

② 共同支配（gemeinsame Kontrolle）

EC規則三条一項a)は、単独事業者による支配のみならず、二以上の事業者による支配、すなわち「共同支配」の取得についても、企業結合として定義している。

共同支配の典型は、共同子会社（Gemeinschaftsunternehmen、GU）の設立の事例である。規則は、そのうち、「継続して自立した経済上の統一体の全機能を有する」共同子会社の設立については、「共同支配」に該当すると三条四項で規定している。[11] 共同子会社の設立の実態に着目して「集中型（konzentrativ GU）」と「協調型（kooperativ GU）」に分類し、この分類を手がかりとして競争法における共同子会社の取扱いを考慮する考え方が、特にドイツにおける学説、判例を中心に展開されてきているが、本規則は、これまでの議論を踏まえて、共同支配に該当する共同子会社の設立の要件を明示したものといえよう（ここでは、この点の詳述は避けるものとする）。[12]

資本または議決権の取得による共同支配が認められるためには、個々の取得者による被取得者の資本または議決権の取得（個々の縦の関係）が存在し、かつ、複数の取得者の間に「共同して支配する」ことについての契約等による合意（横の関係）が存在することが必要である。

共同支配の典型例として、二以上の事業者の取得比率が対等である場合（例えば五〇：五〇％、四〇：四〇：二〇％）が挙げられるが、このような対等な取得が見られれば当然に共同支配が認められるのではなく、横の関係すなわち支配の共同についての合意の存在が認定されることが求められる。[13] また、二以上の事業者の取得比率が非対等である場合（例えば六〇：三〇：一〇％）についても、取得者の間に共同支配についての合意が存在している場合には、取得比率にかかわらず、——六〇％取得者による単独支配ではなく——共同支配の取得に該当する場合がある。

複数の取得事業者間で共同して支配力を行使することについて契約・協定が締結される場合には、最も明確に合意の存在が明らかになるが、こうした契約・協定がない場合であっても、取得事業者間での意思決定に関する条件——例えば全会一致による決定、議決権の七五％以上の賛成——といった事実上の事由から共同支配が認定される場合がある。

したがって、共同支配に該当するかどうかの決め手となるのは、「被取得事業者が事業活動の実質的部分、特に戦略的な事業活動を決定することに対して、複数の取得事業者が、共同して阻止する」法的または事実上の事由が存在するかどうかであり、かかる支配の共同性の認定についての考え方は、これまでの委員会決定例および委員会告示から、ほぼ定着したものといえよう。[14]

⑵　共同支配が、単独支配とともに、企業結合の類型として定められていることは、企業結合の過不足なき把握という観点（論点1）から見た場合、いかなる意味を持つか。

第一に、結合に参加する事業者の範囲が、単独支配の場合よりも広がる点である。事業者（A）が他の事業者（X）の資本または株式を取得する事例について、既にXに資本参加している他の事業者（B、C…）がいる場合には、A、B、C間にXに対して共同して影響力を行使することについて合意その他の事由が存在する場合には、A—Xの結合ではなく、A—B—Cによる共同支配と捉えることが適切である。[15]結合の実態が明らかにされ、結合に参加している事業者の範囲が明確になることにより、結合体に集中した力を不足なく把握することが可能となる。

第二に、単独支配から共同支配に、あるいは共同支配から単独支配に結合関係の変更が生じる場合を、企業結合として取り上げることができる点である。単独支配と共同支配という二つの結合概念の明確化によって、結合関係の変更を契機として起こりうる市場構造の変化まで集中規制の射程に含めることが可能となる。

単独と共同の二つの支配概念の区別は、集中体の形成経過（Konzentrationsvorgänge）についての的確かつ継続的な把握と監視を容易にすることにつながり、その意味において、企業結合概念の拡充といえよう。この点に関しては、支配についての量的な基準が定められていないことにより、競争当局は、支配の可能性がある結合を柔軟かつ広範に捕捉することができる反面、事業者にとっては、規制についての事前予測が十分に行い得ないという不利益がもたらされると指摘する見解がある。[16]

以上のように、EC規則の支配をメルクマールとする結合規定は、合併以外の広範な結合のうち、「経済上または競争上の一体化」に連なるものを集中規制の枠組に取り上げるものであり、本規定を一般条項（Generalklausel）として位置づける見方が一般的といえる。[17]今後、結合の成否の判断に際して、いかなる要因まで支配の認定材料として加味することができるかによって、ＥＣ集中規制において取り上げられる結合の範囲は決せられるといえよう。

二　ドイツにおける結合要件としての「支配」と「競争上重大な影響」

ドイツ競争制限防止法における企業結合に対する規制の発動は、集中規制の枠組みにおいて企業結合が取り上げられる要件（取り上げ基準（Aufgreifkriteien）といわれることがある）と、市場支配の観点から結合を規制するための要件（介入基準（Eingreifkriterien）といわれることがある）を充たす必要がある。連邦カルテル庁は、前者の要件を充足した結合について、後者の要件、すなわち「企業結合によって、市場支配的地位が形成または強化されることが予期される場合」（三六条一項）に当該結合に対する行政上の措置を講じることとなる。

(1)　はじめに、取り上げ基準、すなわち集中規制の対象となる結合の要件、および届出に関する要件を見る。集中規制において取り上げられる結合の要件は、1)結合参加事業者の売上高合計が、世界規模で年間五億ユーロ以上であって、かつ2)少なくとも一事業者が、国内で二千五百万ユーロ以上の年間売上高に達すること、である（ＧＷＢ三五条一項）。

競争制限防止法は、事前届出制度を採用しており、三五条一項の規模に関する要件を充たす「企業結合は、実施前に連邦カルテル庁に届け出なければならない。」（ＧＷＢ三九条一項）と定めている。また同法上、この事前届出とは別に、実施後の結合について「遅滞なく連邦カルテル庁に報告しなければならない。」（同三九条六項）とする報告制度が置かれている。したがって、ドイツにおいては、一定規模以上の全ての結合に対しては、事前届出の義務が課せられると同時に、事後報告の義務が課せられる。なお、これらの義務に違反した場合には、秩序違反（Ordnungswidrigkeit）に問われることになる（八一条一項一号及び四号）。

⑵　現在、ドイツ競争制限防止法において定義される企業結合（三七条一項）は、次の四類型である。

ⅰ）他の事業者の資産の全部または一部の取得（三七条一項一号）

ⅱ）単独または複数の事業者が、一または二以上の事業者の全部または部分について直接または間接に支配を取得する場合（同二号）

ⅲ）他の事業者の持分の取得であって、以下の比率に達する場合

(a) 他の事業者の資本または議決権の五〇％（同三号a）

(b) 他の事業者の資本または議決権の二五％（同号b）

ⅳ）他の事業者に対する競争上重大な影響を及ぼす可能性のあるその他の結合（同四号）

三七条一項の定義規定では、四つの結合類型ごとに、個別の結合成立要件が定められており、また各条項は、「結合関係の強度の順」に配置されている。[18] 支配の取得（同二号）は、これら四類型のうち、他の事業者の資産の取得（同一号、合併（Verschmelzung）は本号に含まれる）の規定に続いて定義されている。[19] 支配の取得の定義、及び支配の定義（GWB三七条一項二号二文）は、EC規則三条二項の文言とほぼ同一である。本改正がEC競争法とのハーモナイゼーションを目的としていたことから、定義の文言についても整合が図られている。

第六次法改正の理由書によると、旧規定に定められていた、過半数の資本または議決権の取得（旧二三条二項二号c）、企業契約（同三号）、役員等の過半数兼任（同四号）、株式法上の支配的影響（einen beherrschend Einfluss）の行使可能性（同五号）の各結合類型は、この改正で削除され、支配の取得の中に包摂されるとしている。[20] した

がって、理由書は、競争制限防止法の支配の取得が、改正の際に削除された各結合規定の代替機能を果たすことについては述べているものの、支配の取得として捕捉される対象が、これらに限られるかどうかについては明確にしていない。ＥＣ規則とのハーモナイゼーションを目的とした本改正により、支配の取得の規定は設けられたが、支配の取得として捕捉される結合の範囲という点で、ＥＣとドイツとでは違いはあるかどうか、特に少数参加取得型の結合に対する捕捉の範囲という点で広狭がみられるがどうかが、問題となろう。

ＥＣ規則の下では、前述のとおり、過半数取得に達しない場合については、法律上または事実上の事由に基づいて、支配の取得に該当するかどうかの判断が行われているが、判断の基礎とされる事由として、議決権以外の諸要因をどこまで考慮に入れることができるかどうかが、少数参加取得型の結合に対する捕捉の範囲の拡充に向けての焦点であった。

他方、競争制限防止法は、ある事業者による他の事業者の資本または議決権の取得を二段階に分け（三七条三項）、その取得比率が五〇％に達する場合（同条同項ａ）、二五％に達する場合（同条同項ｂ）をそれぞれ独立の結合類型として規定しており、他の結合類型の場合と同様、当該要件を充たす結合参加事業者には連邦カルテル庁への届出義務が生じる。ドイツにおける少数参加取得の問題は、この「二五％」という持分取得比率を基準とする結合類型をめぐって、これまで議論されてきている。

少数参加取得型の結合の捉え方をめぐるＥＣ規則との相違について、先の理由書は次のように述べている。「企業集中規制は、『支配の取得』の事例に限られるのではなく、さらに支配の取得の基準を下回る場合、特に二五％比率からの少数参加取得を捉える必要がある。こうした基準を設けることの運用上の意義は大きいといえる。かかる視点を放棄することは、競争政策上容認することのできない、競争法の保護法益のレベルを引下げることを意味する。資本または議決権をとおした参加取得と支配の取得を結び付けることは、少数参加取得を企業集中規制に取り上げるための最善の方法である。二五％比率からの少数参加取得は、これまでと同様に結合として捕捉される。さらに、例外的な場合ではあるが、二五％を下回る事例についても捕捉することは可能である。そうした競争法の観点から疑わしい結合を捕捉する規定（三七条一項四号）は、本法には既に存在するが、EC規則にはこれに相当する規定は存在しない。[21]」

理由書は、二五％以上五〇％未満の少数参加取得については、支配の取得の適用可能性があると述べている。もっとも、二五％ちょうどの比率での取得については三七条一項三号bが適用されるため、支配の取得の適用が考えられるのは二五％超五〇％未満のケースであろう。[22]

また理由書は、これまでの法運用上の経験から、集中規制に取り上げる必要があるものの、支配の取得の規定によっては捉えきれない少数参加取得による結合、すなわち二五％未満の取得比率の事例群が存在しており、これらの事例に対しては支配の取得とは別の結合規定の適用が予定されていることを示している。既述のように、EC規則の企業結合の定義は、合併と支配の取得の規定のみであり、支配の取得の規定は、合併以外の結合関係を広く捕捉対象とすることから、同規定は、いわば「一般条項」としての機能を持つといわれている。これに対して、競争制限防止法上の場合、支配の取得としては捉えきれない部分については、さらに別の「受け皿」規定（三七条一項四号）の適用が予定されていることから、ECとドイツとでは、支配の取得の規定は、機能および適用範囲の面で違いがあるといえる。競争制限防止法が定める支配の取得の位置付けを考える上では、支配の取得と「受け皿」規定とのそれぞれの適用の範囲と関係を明らかにする必要がある。

⑶　競争制限防止法三七条一項三号bの成立要件である二五％という数値基準は、ドイツ株式法（Aktiengesetz）をはじめとする企業関係法に定めのある、株主総会における七五％以上の賛成を要する重要事項（定款変更、新株発行、合併、企業契約の承認等）の決定を阻止する権利（Sperrminorität）を取得する根拠となっている（株式法一七九条、一八二条、二九三条、企業組織変更法（Umwandlungsgesetz）四三条二項等）。取得事業者が被取得事業者の資本または議決権の二五％を取得することは、取得者が議決阻止権を獲得することであり、これにより被取得者

の事業活動が取得者の意向に左右される状況がもたらされることになる。このため競争制限防止法は、二五％に達する資本または議決権の取得を結合の一類型として定めている。

こうした数値基準を定義規定に盛り込むことは、事業者にとっては、規制についての事前予測の機会が与えられるという利点がある反面、基準数値に達しない持分取得を行うことにより、規制を回避しうるというインセンティブを事業者に付与することにもなる。事実、集中規制制度導入以降、二五％を下回る比率での持分取得の事例は少なくない。

ところで、この二五％を下回る少数参加取得には、これまでの法運用上、大別すると、二つのケースが見られる。一つは、持分取得比率では二五％に達していないが、結合関係の実態に着目すると二五％に達する持分の結合と同一と見ることのできる場合である。二五％に達しない比率での持分取得により集中規制の適用回避を意図する、いわゆる規制潜脱型（例えば、二四・九九％での持分取得）はこの分類に含めることができよう。

こうした規制潜脱型の少数参加取得については、第四次改正（一九八〇年）において、これを集中規制に取り上げるための手当てがなされた[23]。すなわち、二五％に達しない取得者であっても「二五％に達する株主の所有する法的地位と同一の地位を、契約、定款または決議により取得する場合」には、二五％に達する取得者と「見なす」とする規定（回避条項、旧二三条二項四文）が設けられた。この規定によって、二五％を下回る少数参加取得の事例のうち、二五％取得者と同等の法的地位が確認される事例については、取得者と被取得者は「経済上または競争上一体化」しているとして、規制対象として捕捉されることとなった。しかしながら、この規定は第六次改正で削除された。支配の取得の規定が、回避条項の代替機能を担うかどうかについて理由書は述べていない。この点についても、支配の取得の規定と三七条一項四号（「受け皿」規定）の関係が問題となる。

二五％を下回る少数参加取得のもう一つのケースは、回避条項の要件を充たさない場合である。こうしたケースについてまで企業結合として捕捉する必要があるかどうか、あるとすればどのような基準設定が可能かについては、回避条項を導入した第四次改正以後、立法論も含めた議論が行われ、例えば独占委員会においては、持分取得の数値基準を二五％から一〇％に引き下げる案が検討された(この案は採用されなかった)。結果として、こうした結合についても企業結合として捕捉する必要があること、新たな結合概念を設けて対処することが政府案としてまとめられ、第五次の法改正（一九八九年）において「競争上重大な影響」を要件とする結合類型が導入された（旧二三条二項六号、現行三七条一項四号）[24]。

(4)　三七条一項四号は、「一または複数の事業者が、直接または間接に、他の一事業者に対して、競争上重大な影響を行使する可能性のあるその他の結合」と定義されているが、本号の特徴は、「競争上重大な影響」と「その他の結合」の二つの要件である。第五次改正理由書は、「事業者間に形成されている結合関係からは、もはや市場において独立してふるまうとはいえない程度に、結合参加事業者間の競争が実質的に制約されることが予測される場合」、より具体的には「他の事業者の事業活動に関する決定に際して、自己の競争上の利益を押し通すことが可能な状況」である場合に、結合参加事業者間に「競争上重大な影響」に特徴付けられる結合関係が認められると述べている。また、かかる結合関係が取り上げられるのは、「純粋な資本参加を超えた、企業法上の関係」を手がかりとして探知される場合に限られるとすることにより、本号によって結合概念が無制限に拡張されるおそれに対して一定の制約を与えている[25]。

この「企業法上の関係」としては、(i)二五％に達しない持分取得であっても、株式法上二五％に達する持分取得者が有する法的地位と同等の地位が付与される場合が該当するほか、(ii)こうした株式法上の権限の獲得等の事由は見られないが、持分取得に付随する諸要因(Plusfaktoren)によって、例えばノウハウ、顧客データ等の情報へのアクセス権限、共同決定権限、支配権限といった、持分取得者への競争上の利益の付与につながる事由が認められる場合が含まれるとする見解が支配的である。株式分散の程度、取締役会ないし監査役会への過半数に達しない程度の人員派遣の如何によっては、取得者は、被取得事業者の事業活動・事業戦略に関する情報に容易にアクセスすることが可能になるほか、会社の執行機関の「内部の意思決定」に対する影響行使の可能性を獲得することとなる。この見解の下では、第六次改正で削除された回避条項（旧二三条二項二号四文）によって捕捉されていた結合、すなわち(i)の事例については、支配の取得（二号）ではなく、四号が適用されることになる。

本号の適用範囲、とくに他の結合規定との関係については、「その他の結合」の解釈が問題となる。連邦カルテル庁は、従来から「競争制限防止法の各結合規定はそれぞれ独立した規定である」とする立場を示している。しかしながら、学説の多くは、四号は、他の結合規定によっては捕捉できない結合関係を取り上げる「受け皿」規定と見る。学説は、カルテル庁の考え方によると四号と他の結合規定が重畳適用される場合があることになるが、そうした場合は想定できないこと、また立法経緯からも、四号は、他の結合類型の成立要件に達しない結合関係を捕捉する目的と機能を有していることを理由として、同号を他の結合の「補完条項（Subsidiaritätsklausel）」として性格づける。

これまでの本号の適用事例を見ると、いずれも持分取得の比率が二五％未満の事例である。取得比率の下限については条文では定めがないので、「原則として取得比率が一％の事例でも捕捉することは可能」である。これまで連邦カルテル庁は、本号の運用の明確化を図る目的から、捕捉の下限を二〇％とする考え方、すなわち「取得比率二〇％以下であって、他の諸要因（プラスファクター）を伴わない場合には『競争上重大な影響』の要件を充たさない」とする二〇％ルールを公表していたが、近年この考え方を破棄し、「競争上重大な影響」の要件該当性の審査は「総合的な判断」に基づいて行われることを明らかにしている。[26]その理由としては、二〇％前後もしくはこれを下回る比率での少数参加取得による結合事例が少なくなかったことが挙げられるが、特にエネルギー分野では、結果として電力、ガス市場における高度寡占創出につながったことが、二〇％ルール見直しの大きな契機になったといえる。[27]

(5) 以上見てきたように、競争制限防止法上、少数参加取得については、支配の取得（二号）と「競争上重大な影響」を要件とする四号によって捕捉されることになる。このうち、支配の取得（二号）によって捕捉される少数参加取得は、持分取得比率が二五％超五〇％未満の場合である。また、この取得比率の間で行われる上乗せ取得（Aufstockung der Beteiligung）、例えば三〇％から四〇％への上乗せ取得についても、支配の取得の適用対象となる。他方、二五％未満の持分取得の事例は、「支配」という実体を持たないものの「競争上重大な影響」の可能性を有するものについては、四号によって捕捉されることとなる。(28)

ＥＣ規則における支配の取得が一般条項として位置付けられているのに対して、競争制限防止法の支配の取得は、そうした役割を与えられていない。むしろ、「競争上重大な影響」をメルクマールとする結合類型が、他の結合規定を補完するという位置付けにあって、支配というレベルに達しない事業者間の結合関係を広く企業結合として捕捉する機能を有しているといえよう。

四号の機能に対しては、事業者の利益調整、市場行動といった市場構造要因以外の要素についてまで結合成否の判断材料を求める結合概念の過剰な拡張であるとする批判が、すでに第五次改正における導入当初から見られる。(29)また、四号（同様に三号）の規定をそのまま存続させることにより、「支配」をメルクマールとする結合概念の導入の――一般条項としての――メリットが損なわれている等、第六次改正による三七条一項の法律構成に対する批判も見られる。(30)

さらに、六次改正により全ての結合について事前届出義務が課せられたこととの関係において、四号の結合参加事業者が確実に事前届出を行いうるかどうかについては疑問であり、事業者への予見可能性の確保の観点から、「輪郭がぼんやりした」四号の位置付けを批判的に捉える見解もある。(31)

カルテル庁の決定、判例においても、結合参加者が、二五％を下回る比率での持分取得を契機として、企業内部情報、販売ないし物流ネットワーク、固定化された導管施設等の利用・アクセスの確保等の競争上の利益を獲得することになり、かかる利益の獲得によって結合参加者が関係市場において既に有している「市場支配的地位が強化」されることとなる（三六条一項）と判断された事例は少なくない。こうした事例が蓄積されていることについては、前述の第六次改正理由書が述べているように、企業集中規制の観点からは見過ごすことのできない少数参加取得による結合――かかる結合関係が「経済上または競争上の一体化」に該当するかどうかという議論は別にして――に対する捕捉の必要性が損なわれていないことを示すものであるといえよう。(32)

かかる結合概念の拡充と併せて考えなければならない点は、規制に関する予見可能性をいかに確保するかという問題である。支配の取得、二五％または五〇％の持分取得の場合と異なり、四号の場合には、結合参加事業者に届出についての予見が可能かどうか、特に、ある比率での持分取得がどの時点で「競争上重大な影響」の要件を充たすか（あるいは充たしたか）について事業者サイドで的確に判断することが可能かどうかという問題が生じる。この問題は、競争制限防止法三九条に定めのある事前届出（同条一項）および事後報告（同条六項）を行わなかった結合参加事業者に対する秩序違反が規定されている点とも関係する。

学説は、集中規制が市場構造の非競争的変質に対する予防的規制であるという観点から、また、統一的・包括的な企業結合類型を定めた三七条一項の趣旨から、事前届出に際して四号を例外扱いすべきではなく、他の結合類型と同様に届出義務を課すべきとする点では一致する。(33) 但し、「競争上重大な影響」の要件成否の予見の難しさとそれに伴う手続上のコストとデメリットを斟酌すれば、事前届出と事後報告の義務違反に対するサンクション条項を四号の結合参加当事者に対しては適用しないとする点の改善を要するとする指摘は、検討の余地があるといえよう。(34)

おわりに――日本における企業結合概念の拡充の必要性

企業集中規制制度が、いかなる事業者間の結合を規制の対象として取り上げるか、また対象となる結合の定義規定を設けるかどうか、設ける場合にはある種の結合類型を限定的に列挙するに留めるか、あるいは結合形成行為を広く規制対象に取り込むために一般条項を定めるかどうかは、それぞれの国の規制についての考え方のみならず、制度の沿革および実務の展開の経緯と不可分の事柄である。

日本の独占禁止法における集中規制制度は、第一に、結合類型毎に規制規定が定められている点、第二に、結合類型によって、届出手続が異なる点にそれぞれ特徴がある。合併規制（一五条）、共同企業分割（一五条の二）並びに営業等の譲渡（一六条）については事前の届出義務が、また株式所有（一〇条）については事後の報告制度が、それぞれ定められている。また、役員兼任（一三条）及び会社以外の者による株式所有については届出ないし報告に関する文言は置かれていない。[35]

独禁法制定当時から約六〇年にわたりほぼ維持されてきている結合類型毎の規制のスタイルが、今後も有効な制度として機能するものといえるかどうかについては、様々な角度からの点検が必要とされると思われる。現行法が、市場における競争の確保の観点から、取り上げられるべき企業間の結合を的確に——過不足なく——把握する上で十分な制度といえるかという問題については、企業集中規制の執行力確保の観点から、これまでも議論がなされてきているとはいえ、この視角に基づく検討が現在あらためて必要と思われる。[36] ここでは、かかる検討を進めていく上で、目を向けるべき二つの国内の動向を取り上げて、今後の課題としたい。

(1) 国内における動きとしては、第一に、企業集中ガイドライン（正式には「企業結合審査に関する独占禁止法の運用指針（原案）」以下、平成一六年ガイドラインと略する）が策定・公表されたことが挙げられる。平成一六年ガイドラインは、「一定の取引分野の画定（いわゆる市場画定）や独占禁止法上問題となる場合の考え方等に関し、企業結合審査の透明性をいっそう確保し、予測可能性を一層高める」必要性の観点から、企業集中規制の透明化及び明確化を目的として、策定されたものである（なお、これに伴い、平成一〇年ガイドラインは廃止された）。

平成一六年ガイドラインは、はじめに「企業結合審査の対象」（第一、二頁以下）についての基本的考え方を示し、これに続いて各結合類型毎について整理している。この構成は前ガイドラインと変わらない。ここでは、独禁法における結合概念に関する基本的な考え方に係わる問題について述べる。

① 結合審査の対象に関する総論的記述は、以下のように基本的考え方を示している。

「法第四章は、一定の取引分野における競争を実質的に制限することとなる場合には、企業結合を禁止している。これは、複数の企業が株式保有、合併等により一定程度又は完全に一体化して事業活動を行う関係（以下「結合関係」という）が形成・維持・強化されることにより、市場構造が非競争的に変化し、一定の取引分野における競争に何らかの影響を及ぼすことに着目して規制しようとするものである。したがって、複数の企業間で株式保有又は役員兼任が行われても、当該複数の企業が引き続き独立の競争単位として事業活動を行うとみられる場合、従来から結合関係にあったものが合併して単に組織変更したにすぎない場合などについては、市場における競争への影響はほとんどなく、法第四章の規定により禁止されることは、まず想定し難い。」

新ガイドラインの基本的考え方は、前ガイドラインの記述と同一である（ただ、小見出しについては、「競争への影響をみるべき企業結合」から「企業結合審査の対象」に改められている）。

新ガイドラインの下で独禁法の審査対象となる結合は、結合参加事業者の事業活動が「一定程度又は完全に一体化」することになる結合である。結合参加事業者の事業活動が完全に一体化する場合の典型は合併であり、法的かつ経済的な一体化に連なる合併が審査対象として取り上げられることはいうまでもない。

ところで、ガイドラインの「1株式保有(1)会社の株式保有」では、「(ア)議決権保有率五〇％超」と「(イ)議決権保有比率が二五％を超え、かつ、議決権保有比率の順位が単独で第一位」の場合が「企業結合審査の対象となる」とされ、これら以外で「議決権保有比率が一〇％を超え、かつ議決権保有比率の順位が第三位以内」の場合には七事項を考慮して「結合関係が形成・維持・強化」についての判断を行うとしている。

これによると、議決権保有比率が五〇％超と二五％超に達する場合と、一〇％超に達する場合の二つが大枠で分類され、前者については「結合関係が形成・維持・強化される」ものとして扱われるのに対して、後者については「結合関係が形成・維持・強化されるか否か」の判断が必要なものとされている。

このガイドラインの第一の特徴は、「完全な一体化」と「一定程度の一体化」が事業活動について認められる場合を「結合関係」と呼んでいる点である。しかしながら、一体化の程度を示す「完全」と「一定程度」が、どのような質的ないし量的な基準で区別可能かであるかについては述べていない。特に、議決権保有比率五〇%超については、合併と同様に「完全な一体化」の事例とみることに異論はないと思われるものの、「二五%超」の場合もこれに含まれると見るのか、あるいは「一〇%超二五%以下」とともに「一定程度の一体化」の事例と見るのかどうか、基本的考え方と各論との対応関係については明示されていない[37]。

第二の特徴は、事業者と事業者が株式保有をとおしていかなる関係にあるか、すなわち企業結合としての実体を有する結合関係の存否のみならず、結合関係の維持・強化を取り上げ基準としている点である。いかなる場合に、あるいはいかなる要件を充足すると結合関係の「維持」ないし「強化」に該当するかについては述べられていないことから、例えば、二社間での株式所有のケースで、既にBに対して二五・〇一%に達する比率で所有しているAが、一〇%の追加取得をする場合(合計三五・〇一%)、ガイドラインの審査対象となる最低比率が一〇%超であるため、この一〇%の追加取得それ自体は審査対象とはならないが、三五・〇一%に達する取得については、あらためて「二五%超」に達する株式保有に該当するとして審査対象となるかどうか、対象となる場合に既存の結合関係の「維持」、「強化」のいずれに該当されることになるかについては不明である。

結合関係の形成のみならず、「維持」と「強化」が審査の着目点とされていることは、企業結合として捕捉される結合関係の範囲を広げようとする趣旨と思われる。そのように解すると、現行法の枠組みにおいて、どの程度まで範囲を広げることが可能となるか。第三の特徴は、ガイドラインの総論が、「複数の企業間が引き続き独立の競争単位として事業活動を行うとみられる場合」および「従来から結合関係にあったものが合併して単に組織変更したにすぎない場合など」を独禁法上禁止されることが想定し難い場合として挙げている点である。またガイドラインは各論において、親子会社および兄弟会社間における結合関係の形成・維持・強化のケースで「審査対象とならない」類型（1⑷ア〜カ）を列挙している。この部分については、ガイドラインは、「従来からの結合関係の組織変更」を原則として、集中規制の適用除外とするのか、そうではなくネガティブ・リストとして示されたケース（ア〜カ）のみ審査対象にしないとする趣旨であるかが問われることになる。

ガイドラインは、共同出資会社における結合関係が企業結合に該当するかどうかの判断についての項目を設けている（共同子会社の結合関係に対する独禁法の適用については、一〇条の解釈に関するガイドラインの考え方をめぐる問題点はあるが、ここではその点については割愛する）。したがって、ガイドラインは、複数事業者が他の事業者の資本または議決権の共同の取得者となる場合を企業結合として取り上げることを否定するものではないといえる。そこで、ガイドラインは、共同子会社の設立の場合のみならず、単独支配以外の、広く共同支配という実体を示す結合まで捕捉するものであるかどうかが問題となる。さらに、単独支配から共同支配、または共同支配から単独支配へ結合関係が変更される場合についても、独禁法上取り上げる必要のある企業結合として捕捉されるになるかどうかは、企業結合の範囲の広狭を判断する上で無視できない点であろう。その意味において、「従来から結合関係にあったものが組織変更したにすぎない場合」であれば規制の対象外とする、ということであれば、集中規制はその間口において狭められることになろう。

ガイドラインの特徴、およびそこに関連する問題に共通するのは、企業集中規制において取り上げる結合に対する基本的視点、すなわち独禁法はいかなる実体と性格を備えた結合関係を捕捉するかという企業結合概念についての視座が曖昧な点である。前述した一体化の程度の質的ないし量的差異が、いかなる観点に基づいて設定された基準の下で明確にされるかどうかは、こうした事業者間の結合関係をどの程度まで捕捉するかという企業集中規制のスタンスに深く関係することと思われる。[38] 企業結合概念は集中規制の「入り口」の問題にすぎないとはいえ、ＥＣおよびドイツの競争政策が掲げる「隙間なき企業結合の捕捉」という目的と目的達成に向けた数次の法改正の取り組みから得る示唆は小さくはないといえよう。[39]

⑵　国内における第二の動向は、「企業結合に係る会計基準」（以下、結合会計基準と略する）が策定、公表されたことである。[40] 本会計基準は、わが国の会計基準と国際基準とのハーモナイゼーションの実現の観点から、とりわけ整備が立ち遅れていた企業結合に適用すべき会計処理基準を明確し、「企業結合の経済的実態を正しく認識できる会計処理方法を確立するという観点」及び「適切な投資情報のディスクロージャーという観点」から首尾一貫した制度を構築することを目的して、会計審議会が策定・公表したものであるが、この直接の契機の一つは、一九九七年の持株会社規制（独禁法九条）の改正、及びその後に行われた一連の商法の改正（株式移転（三六四条）・交換制度（三五二条）の新設（一九九九年）、企業分割制度（三七三条）の新設（二〇〇〇年））による企業組織の再編に係る法制度の整備であり、国内基準の策定による統一的な結合会計ルール整備を後押しすることとなった。[41]

本基準は、⒜「日本における企業結合の経済的実態」の調査・分析をとおして、企業結合を類型化し、⒝類型化の基準として、「支配（もしくは共同支配）概念」を用いており、⒞支配（もしくは共同支配）の認定に際して、議決権の取得の有無、及び議決権以外の支配関係を示す一定の事実（役員関係、契約関係等）の存否を判断要素としている点に特徴がある。[42]

本基準は、企業結合の際の会計処理方法の明確化を図る指針であり、本基準自体が、独禁法の企業集中規制の解釈・運用に直接影響を及ぼすものではない。しかしながら、商法上の支配概念をメルクマールとして、日本における企業結合の類型化が行われ、これがルール化されたことは、結合当事会社にとっては重要な意味を持つ。株式会社の合併を例にとると、合併当事会社間が当該合併計画を公正取引委員会に届け出るまでには、当事会社それぞれにおいて開催される株主定時総会における審議等、会社法上の手続を経る必要がある。特に、定時総会の開催に先立ち、合併関係書類は当事会社の本店に備置しなければならず、合併契約書をはじめ貸借対照表、損益計算書、合併比率、株式交換比率等の情報を事前に株主および債権者に提示する必要がある。

この合併手続の経過においては、商法上の支配をメルクマールとする会計基準上の企業結合の考え方と、市場における競争秩序維持の観点から行われる独禁法上の企業結合の考え方が、混在することになる。

独禁法は、九条を除いて企業集中の定義に関する独自の規定を持たず、これまで商法上・証券取引法上の結合概念に依拠してきている。また、昭和五六年ガイドライン（平成一〇年に廃止）では、「財務諸表等の用語、様式及び作成方法に関する規則八条四項」が用いられ、株式発行会社が同条項の要件を充たす関連会社である場合には企業結合とみなすことが規定されていた。もっとも、商法、証取法と独禁法はそれぞれ独自の法目的をもつ別個の法律であることから、かかる概念の混在が見られても、そのこと自体は何らの問題もない。

しかしながら、商法、証取法および企業結合会計ルール上の支配ないし結合概念と独禁法上の支配ないし結合概念の混在が、とりわけ企業結合に係わる当事者、利害関係者にとって望ましい状況とは言い難く、さらにそれが国際的M＆Aの場合で、例えばＥＣ、ドイツあるいは中国の企業との間の結合の事例であれば、これらの国の競争法上の支配概念が国内法の混在に加わることになる。

独禁法上の結合概念については、これを「支配的影響」という考え方で捉える説と「相当の影響」という考え方で捉える説が見られる(43)。また、公取委の決定事例には、株式所有による結合に対して、私的独占（二条五項）の行為類型の一つである「他の事業活動の支配」に該当すると判断されたものがあり、独禁法における支配概念をより複雑にしている(44)。

企業結合概念は、私法と競争法にまたがっており、両者に通用する統一的な概念の整備がどの程度の時間とコストを要する作業であるかは不明である。企業結合の実体を明らかにする一指標としての「支配」概念については、国内の各法制度のみならず、各国の企業集中規制との整合確保の観点からも、独禁法領域における意味と関係が明確にされる必要があるだろう。

（1） ドイツ競争制限防止法第六次改正政府草案理由書（Gesetzentwurf der Bundesregierung（BT-Drucks. 13/9720）一九九八年）参照。また同改正の解説書として、Michel Baron, Das neue Kartellgesetz, 一九九九年がある。

（2） Marian Paschke, Der Zusammenschlußbegriff des Fusionskontrollrechts（一九八九年）、一六、五六頁。Kleinmann/Bechtold, Kommentar zur Fusionskontrolle, 2Aufl.（一九八八年）、二四六頁。Heinz Löffler, Kommentar zur europaischen Fusionskontrollverordnung（二〇〇一年）、一六二頁。独占委員会報告（Monopolkommission, Hauptgutachten XII 1996/1997）、二六四頁以下。

（3） 「中国独占禁止法要綱案」国際商事法務三〇巻一号（二〇〇二年）六四頁以下。村上政博他「アジアにおける主要競争法の展開」国際商事法務三一巻九号（二〇〇三年）一二四三頁以下。

（4） ＥＣ委員会告示 Abl. 1994C385/05、13パラグラフ。

（5） Societé de Belgique/Générale de Banque 事件委員会決定（一九九三年八月三日）、WuW 一九九三年、九二〇頁。

（6） 企業結合概念に関するＥＣ委員会告示（一九九四年）ABl. 1994C385/05、14パラグラフ。

（7） Banesto/Totta 事件委員会決定（一九九二年四月一四日）、WuW 一九九二年、五〇〇頁。

（8） Arjomari/WTA 事件委員会決定（一九九〇年一二月一〇日）、WuW/E EV 一五五四頁。

（9） CCIE/GTE 事件委員会決定（一九九二年九月二五日）、WuW 一九九二年、九二三頁。

（10） 独占委員会報告（Monopolkommission, Hauptgutachten X 1992/1993）、二八二、二八三頁。

（11） この点については、競争制限防止法の第二次改正において、共同子会社の設立に係わる結合を、親事業者と子会社との間の個々の集中的結合関係と、親事業者相互間の契約による結合関係に分け、後者について「子会社の活動する市場について結合するものとみなす」規定（いわゆる『擬制規定』）を導入することにより集中規制の対象に含めたドイツにおける共同子会社に関する立法経緯と対比すると興味深い。競争制限防止法は、個々の親事業者が子会社の最低二五％に達する比率の持分を取得する場合に、これら親事業者（最多で四社）が子会社の市場について結合すると「みなす」（=届出義務の対象とする）とする（三七条一項三号三文、旧二三条二項二号三文）。

（12） 拙稿「ドイツ競争制限防止法における共同子会社と企業集中－企業集中概念の限界」上智法学論集第三九巻第三号（一九九六年）三九―六八頁、同「ドイツ競争制限防止法における共同子会社の規制基準」佐賀大学経済論集

第二九巻第六号（一九九七年）一五五―一八四頁、同「独占禁止法における共同子会社規制の位置付け」上智法学論集第四一巻第四号（一九九八年）一七五―二〇一頁。

(13) 二社が全く対等な資本または議決権を所有（五〇%：五〇%）して共同子会社に参加する（Paritätische Beteiligung）場合、「共同支配」に該当するかについては、二社の間で、子会社の事業活動に対する決定についての合意が形成されているかどうかが判断の基準となる。子会社に関する二社間の意思決定が、決定の度毎に入れ替わってなされるような場合は、「共同支配」には該当しないとする考え方も有力である。Immenga, Immenga/Mestmäcker, EG-Wettbew-erbsrecht Kommentar Band 1（一九九七年）、九三六頁。Loffler・前掲注（2）、一五九頁。

(14) 企業結合概念に関するＥＣ委員会告示（一九九四年）ABl. 1994C385/05、19パラグラフ。

(15) 企業結合参加事業者に関するＥＣ委員会告示 ABl. 1994C385/12、22―23パラグラフ。

(16) Immenga・前掲注（13）、九三四頁。

(17) Immenga・前掲注（13）、九一七頁。

(18) 競争制限防止法第六次改正理由書・前掲注（1）、理由Ⅰ. 3. h）cc）

(19) 第六次改正前の定義規定（旧二三条二項）にあった合併は、改正により現行の三七条一項一号の「他の事業者の全部の取得」として読み替えることになった。これは、ドイツ企業組織変更法の改正に対応するものである。

(20) 旧五号の「支配的影響」と「支配（の取得）」は、別個の概念である。旧五号の支配的影響は、ドイツ株式法（Aktiengesetz）から引用された概念で、支配的影響に基づく結合関係が認められるためには、株式法が定める「支配―従属関係」の要件（株式法一七条）を充たす必要がある。この支配―従属関係については判例上厳格な立証が求められたため、旧五号の適用範囲はかなり限定されていた。

(21) 競争制限防止法第六次改正理由書・前掲注（1）、理由Ⅰ. 3. h）cc）

(22) 支配の取得の規定の導入と、従来からの二五%に達する持分取得の規定の並存の現行法の定義規定に対しては、両規定の関係が不明確になる、支配の取得の適用範囲が狭められることになる等の批判がある。Volker Emmerich, Kartellrecht 9Aufl.（二〇〇一年）二六五頁。

(23) 競争制限防止法第四次改正草案理由書（BT-Drucks. 8/2136（一九七八年））一八頁。

(24) この改正の経緯については、拙稿「ドイツ競争制限防止法における企業集中概念の性格」上智法学論集第四〇巻第二号（一九九六年）五九頁以下を参照されたい。

(25) 競争制限防止法第五次改正草案理由書（BT-Drucks. 11/4610（一九八九年））二〇頁。

(26) 連邦カルテル庁二〇〇一／二〇〇二年次報告（二〇〇三年六月）一七頁。

(27) 例えば、Ruhrgas と RWE による GASAG への共同参加の事例ではそれぞれ一一・九五％での持分取得が、また Thüga と Ruhrgas による Stadtwerke Hannover への共同参加の事例ではそれぞれ一二％での持分取得がカルテル庁によって取り上げられたものの、結果として「競争上重大な影響」の要件を充たさなかったとする判断が報告されている。独占委員会報告一九九四／九五年（Monopolkommisssion Hauptgutachten XI Tz. 597）三〇六頁。同様のケースとして、NWS による Stadtwerke Fellbach への一二・〇一％の持分取得の事例がある。独占委員会報告一九九八／九九年（Monopolkommisssion Hauptgutachten XIII Tz. 487）三〇八頁。なお、エネルギー分野ではないが、同様のケースとして地方ラジオ放送局への八％の持分取得の事例がある。独占委員会報告一九九四／九五年（Monopolkommisssion Hauptgutachten XI Tz. 594）三〇五頁。

(28) 正確に二五％に達する持分取得の場合には、三七条一項三号ｂが適用される。

(29) 例えば Paschke・前掲注（2）、六八頁以下。この点については、拙稿・前掲注（24）、八四頁以下を参照されたい。

(30) Emmerich・前掲注（22）、二六四頁、同・Fusionskontrolle1998/99（AG）五三一頁。

(31) Horst Hensen/Michael Ewen, Der Erwerb eines wettbewerblich erheblichen Einflusses in der Entscheidungspraxis, WuW（一九九九年一〇月）九四一頁以下、九四九頁。

(32) 第六次改正草案理由書・前掲注（18）は、「競争上重大な影響」を要件とする結合類型の「競争政策上の必要性」に言及しており、特にメディア分野とエネルギー事業分野における集中に対処する不可欠のツールであると述べている。メディア分野では、新聞・雑誌等の出版社の競争者間の結合事例（例えば、Pinneberger Tageblatt 事件連邦最高裁判決（一九九二年一〇月六日）WuW/E BGH 2795）、大規模出版社と取次業者間の垂直統合の事例（ASV/Stilke 事件最高裁判決（二〇〇〇年一一月二一日）WuW/E BGH DE-R 607）等のケースが見られる。また、エネルギー事業分野での結合事例は、特に一九九八年のエネルギー事業の規制改革（エネルギー事業法（一九三五年）の廃止、新エネルギー事業法（一九九八年）の制定）を契機として多く見られ、これらのほとんどが承認（条件ないし履行義務付承認を含む）されている。電力・ガス分野における結合につぐ結合の結果、両分野ともに高度寡占の創出という競争政策上看過できない状況を呈している。こうした業界再編の最終局面ともいえるエネルギーコンツェルンE-ONとドイツ国内第二位のガス供給業者Ruhrgasとの結合について、連邦カルテル庁は四号の結合（Ruhrgasと資本提携関係にあるGelsenbergの議決権のE-ONによる間接取得）を禁止した（E-ON/Ruhrgas事件連邦カルテル庁決定（二〇〇二年一月一七日）WuW/E DE-V 511）。なお本件結合に対しては、連邦経済大臣の結合実施の許可（四二条）のあり方をめぐる諸論点が提起されているが、この点については別稿で検討する）。ガス導管施設の利用・アクセス権の獲得による市場支配力の強化が少数参加取得によってもたらされることを認定した点で重要なケースである。

もっとも、「競争上重大な影響」を要件とする新旧の規定が適用された事例は、これらの分野に限られず、他にメーカー間の水平結合事例（Gillette/Wilkinson事件連邦カルテル庁決定（一九九二年七月二三日）Aktiengesellschaft（AG）一九九二年、三六三頁）、保険コンツェルンと銀行間の結合事例（Allianz/Dresdner Bankケース（連邦カルテル庁一九九一／九二年次報告）一三九頁）、経営多角化を図るドイツポストと物流サービス会社の結合事例（Deutsche Post/trans-o-flex事件連邦カルテル庁決定（二〇〇一年一一月二〇日）WuW/E DE-V 501）等がある。

(33) 第六次改正以前は、旧二三条二項の結合類型のうち六号（現四号）だけは、事前届出義務の対象から除かれていたため、学説の強い批判があった。

(34) Rainer Bechtold, Kartellgesetz 3Aufl.（二〇〇二年）四一七、四一八頁。

(35) 役員兼任（一三条）の届出規定、会社以外の者による株式所有（一四条）の報告制度は、一九九八年改正によりいずれも削除された。

(36) 独占禁止法第四章改正問題研究会「企業結合規制の手続規定の在り方に関する報告書」（一九九七年七月）一七頁以下。

(37) ガイドラインでいわれる「二五％」という数値基準は、先に検討してきたドイツ競争制限防止法の結合類型の要件となっている「二五％」とは無関係である。ガイドラインの「二五％」は、昭和五六年の「会社の株式所有の審査に関する事務処理基準」（以下、昭和五六年ガイドラインという）の策定に先立ち、公正取引委員会が行った株式保有に関する実態調査（昭和四七年）から導かれたようである。この分析結果が「過半数の株式を所有していない場合にどの程度の持株率で他社の支配が可能かについては……、株式の分散度によってはかなり低い持株率でも他社の支配が可能となり、他に抜きん出た筆頭株主として支配するための基準としては二五％以上の持株率が一応の線として考えられる」と述べているように、支配の基準として妥当な数値が実態から明らかにされた経緯がある。五六年ガイドラインにおいて結合関係の有無の判断基準として二五％基準が盛り込まれて以来、現在のガイドラインまでこの基準は引き継がれている。関根芳郎「株式保有規制の解説――審査基準および報告書式を含めて」別冊商事法務五四（一九八二年）、一〇四頁以下。

(38) 同様の問題認識から結合概念を考察するものとして、林秀弥「独禁法における企業結合概念の見直しに関する一考察」公正取引六一九号（二〇〇二年）六七頁がある。

(39) EC型をモデルとした「統一的市場集中規制」を提案する論稿として、平林英勝「市場集中規制の仕組みをめぐる諸問題――事後規制の問題点とその改善策」ジュリスト一二一三号（二〇〇一年）七六頁以下がある。

(40) 企業会計審議会「企業結合に係る会計基準の設定に関する意見書」（二〇〇三年一〇月三一日）。なお、同意見書によると、本会計基準は、二〇〇六年度の事業年度から実施するものとされている。本企業結合会計基準の解説として、平松朗『企業結合に係る会計基準の設定に関する意見書』の公表」〔上〕〔下〕商事法務一六八二号一六頁以下及び一六八三号一〇頁以下（共に二〇〇三年）、『企業結合に係る会計基準の設定に関する意見書』をめぐって」JICPAジャーナル五八三号一一頁（二〇〇四年）を参照。

(41) もう一つの契機として、企業結合会計に関する国際的なルールの整備に向けた動向がある。企業結合会計に関する米国財務会計審議会（FASB）の基準公表（二〇〇一年）、及び国際会計基準審議会（IASB）の基準公表（二〇〇二年）を受けて、国際的調和を図る観点から、わが国における基準の整備に関する検討が進められてきた経緯がある。

(42) 企業結合会計基準は、企業結合を類型化し、それぞれの類型に対応した会計処理方法を定めるものである。同基準は、以下のように企業結合を類型化し定義する。

「1　企業結合とは、ある企業（会社及び会社に準ずる事業体をいう。以下同じ。）又はある企業を構成する事業と他の企業又は他の企業を構成する事業とが一つの報告単位に統合されることをいう。

2　支配とは、ある企業又は企業を構成する事業の活動から便益を享受するために、その企業又は事業の財務及び経営方針を左右する能力を有していることをいう。

3　共同支配とは、複数の独立した企業が契約等に基づき、ある企業を共同で支配することをいう。

4　取得とは、ある企業が他の企業（被取得企業）又は企業を構成する事業に対する支配を獲得して一つの報告単位になることをいう。

5　持分の結合とは、いずれの企業（又は事業）の株主（又は持分保有者）も他の企業（又は事業）を支配したとは認められず、結合後企業のリスクや便益を引続き相互に共有することを達成するため、それぞれの事業のすべて又は事実上のすべてを統合して一つの報告単位になることをいう。

6　共同支配企業とは、複数の独立した企業により共同で支配される企業をいう。

（7〜10（省略））」

この定義規定によると、企業結合は、企業と企業が一報告単位に統合することとされ、この統合には「支配」に特徴付けられる場合（ここでは「取得」という）と、そうでない場合（ここでは「持分の結合」という）の二つの類型があることが示されている。そして、前者の「取得」と判断される企業結合については、パーチェス法による会計処理が、また後者の「持分の結合」と判断される企業結合については、持分プーリング法による会計処理がそれぞれ適用されることとなる。

企業結合の類型に関して、合併か株式を媒介とする方法かといった既存のカテゴリーによることなく、右のような二類型化を試みた理由について、意見書は、企業結合には、「ある企業が他の企業の支配を獲得することになる」企業結合と、「いずれの結合当事企業も他の結合当事企業に対する支配を獲得したとは合理的に判断できない」企業結合という二つの経済実態が存在し、それぞれの実態に対応する適切な会計処理の適用の必要があったことを挙げている。

企業結合が「取得」「持分の結合」のいずれに該当するかの判断は結合当事企業の一方による他方の「支配」の有無について行われるが、結合会計基準は、その具体的な判断の手がかりとして三要件を挙げ、その全てを充たすものを「持分の結合」、すなわち「支配」の実態を備えていない企業結合とし、それ以外を「取得」すなわち「支配」の実態を伴う企業結合と判定するとしている。同基準が示した三要件は、①企業結合に際して支払われた対価のすべてが、原則として、議決権のある株式であること、②結合後企業に対して各結合当事企業の株主が総体として有することになった議決権比率が等しいこと（但し、等しいとは、五〇対五〇から上下概ね五％ポイントの範囲内である場合までをいう。会計基準注解（注三））、③議決権比率以外の支配関係を示す一定の事実が存在しないこと、である。

(43) この点の整理については、拙稿・前掲注（12）・「独占禁止法における共同子会社規制の位置付け」一八九頁以下を参照されたい。

(44) 「東洋製罐事件」公取委昭和四七年九月一八日勧告審決（審決集一九巻八七頁）

事業提携における競争法上の問題

井原　宏

一　はじめに

先端技術分野を中心とする技術革新とグローバリゼーションの環境の中で、現代の企業は、内外の他の企業との事業提携によって自らの経営資源を補完・強化しつつ、選択と集中によって競争上優位な立場に立つことができなければグローバル市場で生き残ることはできない。企業間の戦略的な事業提携は、規模の大小や業種のいずれかを問わず、企業にとってきわめて重要な事業戦略となっている。

今日の事業提携は、グローバル市場において情報技術に代表される技術革新の下でとりわけ競争者間で活発に展開されている。このような事業提携に対する競争法上の分析・評価は、従来、企業結合の一環として合併と合わせて論じられているが、現代における事業提携の特性を考慮すると、はたして合併と同次元で一律に評価することが適切であろうか。本稿では、アメリカ反トラスト法のルールにおける現代型事業提携に対する競争法上の評価について再検討を試みたい。

二　事業提携の法的性格と形態

1　純粋契約型提携

純粋の契約関係に基づく提携は、参加当事者がパートナーシップ型ジョイントベンチャーのパートナーやコーポレート型ジョイントベンチャーにおける株主としてではなく、独立の事業者（independent contractor）として連合ないし提携関係（association）を形成することに合意する。この場合当事者間の権利義務や第三者との関係などについて法的枠組みを取り決める。このような事業提携の具体的形態には、共同研究開発、製品開発、生産受委託、ＯＥＭ生産、ディストリビューターシップなどが挙げられる(1)。

2　少数資本参加型提携

企業の提携関係において、一方の当事者が他方の資本の一部（五〇％未満）の株式を取得することが行われる。このような直接的な資本参加は、出資先の企業が既存の株主と新しく参加した企業とのジョイントベンチャーになることであるともいえる。具体的な形態として、共同研究開発、ＯＥＭ生産・マーケティング、ディストリビューターシップによる共同マーケティング、共同研究開発・生産・マーケティングなどが挙げられる(2)。

3　パートナーシップ型ジョイントベンチャー

提携の当事者が純粋の契約関係のみで提携事業を運営するよりも、当事者本体の事業から距離をおいた形で、その意味である程度独立して共同事業を推進する法的枠組みを設けることを望むことが多い。この場合、独立した法人格を有する事業体の構築までには至らず、提携関係をパートナーシップとして形成するものである。この

ような事業提携の具体的形態には、共同研究開発、製品開発・国際標準（スタンダード）化、共同生産などが挙げられる。(3)

4　コーポレート型ジョイントベンチャー

提携の当事者がパートナーシップ型提携からさらに進んで、独立の事業体として法人格をもつ会社を設立する場合であり、事業戦略として当然期待されるものである。このような一人前ともいうべきコーポレート型ジョイントベンチャーの具体的な形態として、共同研究開発・生産、共同生産、共同生産・マーケティング、共同研究開発・生産・マーケティングなどが挙げられる。(4)

三　競争者間における事業提携

1　非競争者間における提携と競争者間における提携(5)

非競争者間の提携は、垂直型・非競争者間の提携と水平型・非競争者間の提携に大きく分けることができる。前者の典型は、例えば垂直型生産提携であり、後者の例として、異なる産業に属する企業が相互に補完する経営資源を利用することによってそれぞれの事業活動を多様化するために提携する場合が挙げられる。

競争者間における提携は、主として水平型・競争者間の提携であるが、例外的に垂直型・競争者間の提携も見受けられる。垂直的な関係にある企業も、それぞれが川上あるいは川下の分野へ参入する機会を狙っている場合がしばしばであり、いつ水平的な段階での競争者に変わるかもしれないという意味においては潜在的な競争者といえる。

現代における提携の約七割は競争者間の提携であるともいわれ、現代型の提携は、潜在的な競争者関係まで入れるとはるかに非競争者間の提携よりもウェイトを増すことになる。

2 ネットワーク型提携と非ネットワーク型提携

現代におけるネットワーク型提携は、伝達と計算のコストの低減を伴う迅速かつ広範な情報技術の革新がもたらしたものであり、従来の非ネットワーク型提携が生み出す規模や範囲の経済という効率性はもちろんのこと、ネットワークの外部性に由来してそれのみが生み出すことができるネットワークの効率性を付加することができる。ネットワークに参加するメンバーの数が増えるほど、ネットワークの価値が増加するというユニークな競争促進的効果が生じることになる。

3 部分統合型提携（partial integration alliance）と完全統合型提携（full integration alliance）

このように多様な提携について競争法上の評価の観点から考察すると、次のような類型化が可能である。垂直型・非競争者間の提携は、基本的に競争法上の問題を生じない。水平型・非競争者間の提携と垂直型・競争者間の提携は、当該提携が生み出す効率性の大きさとともに、新規参入の可能性を考慮すれば、より競争促進的であり、必ずしも合併と同じ評価ルールを適用する必要はない。競争法上懸念されるのは水平型・競争者間の提携であるが、当該提携がネットワーク型である場合には、合併と同じ評価ルールを適用するのは適切ではない。さらに水平型・競争者間の提携は、部分統合型と完全統合型に分けることができるが、部分統合型は、当事者間の競争が残存し、かつ当該提携が生み出す効率性の大きさに依存してより競争促進的な可能性が生じる場合であり、合併と同じ評価ルールを適用するのは適切ではないように見受けられる。したがって、合併と同じ評価ルールが適用されるのは、非ネットワーク型で完全統合型提携であるように考えられる。部分統合型提携を分析する前提として、まず事業提携に関する競争法上の一般的評価を検討する。

四　事業提携の形成に関する競争法上の評価

1　アメリカの裁判所の反トラスト法による分析

競争者間におけるジョイントベンチャーに対する競争法上の評価について、歴史的にアメリカの裁判所には三つの異なるアプローチがみられる。

第一は、一九六〇年代における合併に基づく（merger-based）アプローチである。United States v. Penn-Olin Chemical Co., 378 U. S. 158（1964）において、[6] 合衆国最高裁判所は、ジョイントベンチャーにクレイトン法七条が適用されるとして、次のように述べている。自由で競争的な経済を維持し促進するという国家のポリシーを実行するために、異なる基準が用いられるが、ジョイントベンチャーについては合併と同じ包括的な考慮が適用され、実際の制限が証明される必要はなく、競争の実質的な減少の合理的な蓋然性の証明が必要とされるにすぎない。その蓋然性を評価する際に考慮に入れる基準として、関連市場における競争者の数と力、共同事業者の力、共同事業者間に存する競争と相手方の競争者との取引におけるそれぞれの力、ジョイントベンチャー設立の背景と存在の必要性、ジョイントベンチャーの関連市場における潜在的な力などの要素[7]が挙げられている。

最高裁は、ジョイントベンチャーを分析するのに合併に基づくアプローチを用いて、協調行為の当事者の市場支配力を評価した。一八九〇年代後半以降最高裁は、競争者間の協調行為に当然違法の分析を適用し、当事者の市場支配力や問題の協調行為を正当化するために主張された効率性の議論をすべて拒否してきた。本ケースは合併に基づくアプローチではあるが、これまでの判例とは異なる競争制限の実質に踏み込んだアプローチを提案したのである。

第二は、一九七〇年代末以降、最高裁は協調行為に対してより寛容な評価方法を用い始めた。すなわち、合理の原則（rule of reason）に基づくアプローチである。

Broadcast Music, Inc. v. Columbia Broadcasting System, Inc., 441 U. S. 1(1979) において、Columbia Broadcasting System, Inc.（CBS）は、American Society of Composers, Authors and Publishers（ASCAP）および Broadcast Music, Inc.（BMI）に対して、著作権のある作曲に関して協定した実施料でのブランケットライセンス（blanket license）のASCAPとBMIによるCBSへの許諾が反トラスト法上価格協定であるとして訴えを提起した。[8][9]最高裁は、ブランケットライセンスの実施料が個々の著作権者の間の競争によってよりもASCAPおよびBMIによって定められるけれども、当該ライセンスは競争者間の単純な水平的取り決めと同等視されうるものではなく、個々の著作権者が許諾できるものとはまったく異なっており、ブランケットライセンスは著作権のある作曲を演奏する権利のための市場の大部分に到達しうるメカニズムを提供したと評価し、違法であると自動的に宣言できるものではなく、合理の原則の下でのより厳密な吟味に従うべきであると判示した。

National Collegiate Athletic Association v. Board of Regents of The University of Oklahoma, 468 U. S. 85（1984）においては、オクラホマ大学等は、National Collegiate Athletic Association（NCAA）に対して、カッレジフットボールのテレビ放送の取引を不合理に制限したとして訴えを提起した。[10]最高裁は、NCAAが大学のテレビ放送用ゲームの数、公衆に見せるゲームの数を制限し、放送局と大学間の交渉を禁止したとし、NCAAの行為は取引の水平的制限であり、反トラスト法上不合理であったと判示した。NCAAの行為は、通常では当然違法と判断されるような価格協定および産出制限であるが、本ケースのように当該製品が手に入れなければならないものであり、競争に対する水平的制限が必須になるような業種を対象とする場合には、当然違法の原則を適用することは適切ではなく、合理の原則に基づく評価が要求される、と最高裁は述べた後、[11]合理の原則の下でNCAAの反競争的行為は正当化しえないものであるとの判断を下した。

また、Northwest Wholesale Stationers v. Pacific Stationery & Printing Co., 472 U.S. 284 (1985) においては、オフィス備品の小売商でかつ卸商である Pacific Stationery & Printing Co. は、太平洋岸北西諸州におけるオフィス備品小売商から構成される卸商購買組合である Northwest Wholesale Stationers のメンバーシップから何らの説明、通告や聴聞もなく排除されたとし、何らの手続的な保護のないこのような排除は競争能力を制限するグループボイコットであり、シャーマン法一条違反の当然違法であるとして訴えを提起した。(12) 最高裁は、卸商購買組合からの排除の行為が反競争的効果の蓋然性を引き起こすような反競争的意図を必ずしも意味するものではなく、組合が市場支配力または効果的な競争に必須の要素への独占的なアクセスを有していることが証明されなければ、排除が反競争的効果を常にもつという結論には至らないとして、当然違法ではなく合理の原則が適用されるべきとの判断を下した。

もっとも、最高裁はこれらのケースにおいて、どのように合理の原則が解釈されるべきか、どのような環境においてそれが適用されるべきかを必ずしも説明していないと指摘されている。

このような合理の原則に基づくアプローチが近年の主流となったと考えられるが、一方で、第三として、合理の原則とはいいながらもかつての当然違法のアプローチへ回帰する傾向も並存する。

Arizona v. Maricopa County Medical Society, 457 U. S. 332 (1982) において、医療協会は、特定の保険プランの保険契約者に提供される健康サービスの支払いに対して医師が請求できる最高の料金をメンバーである医師の合意により協定した。アリゾナ州は、協会がシャーマン法一条違反の不法な価格協定に従事しているとして訴えを提起した。(13) 最高裁は、当該合意は、水平的かつ最高価格の協定であり、当然違法の価格協定であるとの非難を免れない、との判断を下した。当該合意が競争促進的な正当化を有するという理由では、当然違法の原則が本ケースにおいて不適用とされることはない。すべての価格協定における反競争的潜在性は、たとえ何らかの競争促進的正当化が提供されたとしても価格協定の外観上の無効を正当化する、と述べている。

FTC v. Indiana Federation of Dentist, 476 U. S. 447 (1986) では、インディアナ州の歯科医師の協会が患者からの給付請求の評価に関連してX線の提供を保険会社に差し控えるようそのメンバーに要求する方針を定めた。これに対して連邦取引委員会（FTC）は、シャーマン法一条違反の取引制限に至るものであり、連邦取引委員会法五条違反の不公正な取引方法であるとして排除（cease-and-desist）命令を出した[14]。最高裁は、協会の方針が顧客の望むサービスを差し控えるというメンバー間における水平的な合意の形をとっており、何らかの相殺しうる競争促進的効果がなければ合理の原則の下で支持することはできない、と判示して、FTCの判断を認めた。しかし最高裁は、合理の原則の下でとはいいながらも、当該市場の画定や協会のメンバーの市場における力、歯科サービスのコストに対する影響などに関する分析を必要としないとしてFTCの判断を支持したのである。

これらのケースにおける最高裁の判断は、表面上矛盾しているようにみえる。最高裁は、競争者間の協調行為を分析する一般的な理論を明瞭に表現することを拒んできた。しかし、これらの競争者間の協調行為を取り扱うケースは、当事者が統合する程度を考慮することによって調和させることができると指摘する次のような見解がある[15]。

すなわち、最高裁は、Penn-Olin ケースにおけるように、特定の市場における当事者の完全な統合を合併と同様の市場に基づく方法で分析している。一方、当事者がそれぞれの機能の一部のみを統合し、ジョイントベンチャーの限定された境界外ではお互いに競争する自由を留保する場合には、最高裁は、当事者の市場支配力よりも協調行為に対する当事者の競争する目的にその評価の照準を合わせるという、異なるタイプの分析方法を用いている。つまり、最高裁は、正当な効率性の目的を有する部分的統合に関連する水平的競争制限については認容するが、正当な効率性の目的を有しえない競争者間の制限については違法と宣言している。

2　アメリカ反トラスト当局のガイドラインによる分析

アメリカ司法省が一九八八年に公表した国際的事業活動のための反トラスト法執行ガイドライン（Antitrust Enforcement Guidelines for International Operations、以下執行ガイドラインという）は、ジョイントベンチャーが、本質的に、合併には至らないが、製品またはサービスの研究開発、生産、流通およびマーケティングに関する企業間の共同活動であり、統合的な効率性を典型的に達成するので、合理の原則の下でその競争的効果を評価するとし、司法省は、次のような四段階を経て分析する（三・四条）。

第一に、ジョイントベンチャーが事業活動を提案する、あるいは当事者の事業活動の統合が生じる市場（ジョイントベンチャー市場）において反競争的効果を有するかどうかを決定する。第二に、ジョイントベンチャーまたはその制限が、ジョイントベンチャーのメンバーがジョイントベンチャー外で実際のまたは潜在的な競争者である他の市場において反競争的効果を有するかどうかを決定する。第三に、ジョイントベンチャーに関連して課せられた非価格的垂直制限の競争的効果を分析する。第四に、当事者がジョイントベンチャーにより達成されると主張する競争促進的効率性が反競争的効果のリスクを上回るかどうかを考慮する。

第一段階の分析において、ジョイントベンチャーがジョイントベンチャー市場において市場支配力をつくり出し、それを高めまたは容易にするかどうかを決定するに際し、合併の分析において用いられたものと同じ市場画定の原則および市場シェアと市場集中のデータを適用している。[16]

このようなガイドラインの手法は、研究開発ジョイントベンチャーについても、このようなジョイントベンチャーがあたかも合併であるかのように分析されることを示唆しており、合併ガイドラインにおける市場画定および市場のシェアと集中の分析方法を暗黙に採用している。

このように合理の原則に基づくジョイントベンチャーの分析方法が確立された後、ジョイントベンチャーの競争促進的効率性は、一九八四年の全国共同研究法（National Cooperative Research Act）およびその拡大である一九九三年の全国共同研究・生産法（National Cooperative Research and Production Act）[17]により研究開発および生産ジョイントベンチャーについてより認識されることとなったが、反トラスト訴訟のおそれが競争促進的協調活動に及ぼす冷却効果を懸念するビジネス界にとっては満足できるものではなかった。

ＦＴＣおよび司法省は、二〇〇〇年には競争者間協調のための反トラスト法ガイドライン（Antitrust Guidelines for Collaborations Among Competitors、以下協調ガイドラインという）を公表するに至った。協調ガイドラインは、競争者間の協調に関する当局の一般的ポリシーを述べることにより、企業が競争者間の協調またはそのための協定を評価することを助けることを目的としており、一九九三年全国共同研究・生産法などに示された考え方をより一般的な形で述べたものであり、従来の判例、審決例をまとめたものであるといわれる[18]。競争者間協調は、経済活動に従事する競争者間における、合併契約以外の一以上の一連の契約およびそれから生じる経済活動を含む、というように幅広い定義がなされている。

ほとんどの合併が関連市場における合併当事者間の競争を完全に終了させるのに比し、ほとんどの競争者間協調は参加者間において何らかの競争の形を維持することが認識されている。反トラスト当局は、参加者が関連市場における競争者で、協調の形成が関連市場における経済活動の効率性向上の統合を含み、統合が関連市場における参加者間のすべての競争を排除し、かつ協調がそれ自身の特定の明示の条項によっては限定された期間内に解消しない場合には、競争者間協調を関連市場における水平的合併として取り扱い、合併ガイドラインに従って分析する（一・三条）。

競争者間協調を評価するための分析の枠組みは、これまでの分析方法をより発展させたものもあるが、基本的には執行ガイドライン、従来の判例や審決例におけるものと同様であると考えられる。

五　部分統合型提携の競争法上の評価

1　部分統合型提携と合併との差異

上述したように当事者が正当な効率性の目的を達成するためにそれぞれの経営資源を部分的に統合する事業形態の典型は部分統合型ジョイントベンチャーであり、このようなジョイントベンチャーを含む事業提携を部分統合型提携と呼ぶこととする。

ジョイントベンチャーの反トラスト法上の評価において合併と同じ分析手法を適用する合併ガイドラインにおいても、ジョイントベンチャーと合併の差を次のように認識しており、ジョイントベンチャーに対する好意的な態度がうかがえる。すなわち、ジョイントベンチャーは、価格および産出に関して完全な合併よりも共同参加者の独立した意思決定により制限的でない効果を及ぼす。その理由から、関連する市場環境に照らしてジョイントベンチャーが市場支配力の行使をつくり出し、高めまたは容易にするおそれはないが、完全な合併はそのようなおそれがある。さらに、ジョイントベンチャーから生じる正味の効率性は反競争的効果を上回る可能性が大きいのである。

部分統合型提携は、合併と異なり、当事者間の競争を完全に排除することなく効率性を達成する。このような部分統合型ジョイントベンチャーの競争的な性格に照らして、裁判所は部分統合型ジョイントベンチャーに対する評価のため特別のアプローチを形づくるべきだとする見解が主張される(19)。

このアプローチは当事者の競争的な目的を考慮することにその分析の照準を合わせるべきである。すなわち、当事者が、新製品の創出や新市場への参入のような、それ自身では到達することができなかった効率性を達成することを目的とする場合には、裁判所はさらに効率性と反競争的効果を比較衡量するまでもなくかかるジョイントベンチャーを支持するべきとされる。このようなジョイントベンチャーは正味の有益な効果を明白に有しており、当事者の新市場への参入を容易にすることにより長期的な競争性を促進する。実際、そのようなジョイントベンチャーがなければ、当事者は新市場へ参入することはできなかったことであろうし、当該ジョイントベンチャーは当事者が競争することができなかった領域を対象とするがゆえに、競争を制限するものではない。

一方、当事者がすでに活動している市場において効率性を上げるためにジョイントベンチャーを使用する意図である場合には、当該ジョイントベンチャーは何らかの反競争的効果を生じさせる。ジョイントベンチャーの活動の範囲内で、当事者間にかつて存在した競争は制限ないし排除されるからである。このような場合には裁判所はジョイントベンチャーがつくり出す効率性に対して反競争的効果を比較衡量するべきとされる。

当事者が特定の市場におけるそれぞれの活動のすべてをジョイントベンチャーにささげる、つまり特定の市場で活動するために使用する経営資源のすべてを当事者が統合する場合には、当該市場における当事者間のすべての競争が排除される。完全に統合されたジョイントベンチャー（完全統合型ジョイントベンチャー）は合併と同じ反競争的効果を有する。このようなジョイントベンチャーは当事者の活動の完全な融合を表しているので、裁判所は当事者の競争的目的と同様に当事者の市場支配力を考慮することが適当であるとされる。当事者の関連市場のシェアと集中度を決定することにより、裁判所は完全に統合されたジョイントベンチャーの潜在的な反競争的効果を評価し、次いでジョイントベンチャーがつくり出す効率性に対して反競争的効果を比較衡量することができるというわけである。

このような効率性の目的に基づいて分析する見解は、部分統合型ジョイントベンチャーに合併と同様の市場支配力に基づく分析(20)（以下市場支配力アプローチという）を適用することに対して次のような批判を展開する(21)。第一に、市場支配力アプローチは、ジョイントベンチャーの当事者が、合併におけると同様に、それぞれの市場支配力を完全に融合させたことを前提としているが、このような融合は部分型統合の場合においてはほとんど発生しない。当事者は、ジョイントベンチャーの限られた範囲の外ではお互いに競争を自由に継続しているからである。第二に、市場支配力アプローチは、当事者の関連市場の歴史的なマーケットシェアを評価するが、ジョイントベンチャー存続中およびその後に存在する新しい市場条件について何も明らかにはしない。部分統合型ジョイントベンチャーは、長期的な効率性を促進するものであり、その関連市場に対する影響は将来の一定時期まで決定することはできない。

もっとも、部分統合型提携といってもどのような事業活動の段階を対象とするのか、さらに同じ事業活動の段階であっても、例えばグローバル市場における地理的範囲をどのように考慮するのか検討する必要がある。事業活動の段階が下流に行くほど、そしてその地理的範囲が拡がるほど競争法上の評価は厳しくなるからである。

2　部分統合型提携の分析のアプローチ

(1)　研究開発提携

まず、研究開発提携については、上記執行ガイドライン自身がその反トラスト法上の評価を次のように述べている(22)。一般論として司法省は、当該研究開発ジョイントベンチャーの他に少なくとも四つの匹敵する研究開発努力がなされている、あるいは企業または企業グループによるそのような努力の実質的な潜在性がある場合には、研究開発市場における反競争的効果はない、と信じている。もっとも、実際のまたは潜在的な研究開発の競争者が他に四つより少ない事実が、研究開発ジョイントベンチャーが反競争的であることを必ずしも意味するわけではなく、少ない数の研究開発競争者であっても適切な競争をもたらしうる。研究開発市場における大部分またはすべての競争者を含むジョイントベンチャーでさえも特定のケースでは研究開発のために必要であるとされる。すなわち、執行ガイドラインは、研究開発市場分析の本来的困難と質的な性格を認識しており、研究開発努力の成功は研究開発市場の参加者の多数またはすべての間の協力のみによって達成することができる例があること、そして下流の製品市場における集中は必ずしも研究開発市場においても同様であることを意味していないと述べているのである。したがって、研究開発提携に関しては、部分統合型の典型であり、新製品の創出を目的とする場合はもちろんのこと、下流の製品の生産・マーケティングにおいて参加当事者の競争がそれぞれ独立して存在するならば、市場支配力アプローチを適用する余地はないと考えられる。

⑵　生産提携

生産提携は、新しく高度の製品を世に出すために新たな生産能力をつくり出し、あるいは参加事業者の生産能力を統合する。その競争促進的効果は、生産提携によるコストとリスクの配分、規模の経済ならびに補完的な資源と知識の共有などである。生産提携は、大きく新製品の生産による新規参入もしくは既存製品の新たな生産能力の創出による新規参入、または既存製品の生産能力の統合という二方向の目的に分けられる。生産提携自体も、部分型統合であり、これら新規参入を目的とする場合はもちろんのこと、マーケティングにおいて参加当事者の競争が独立して存在するならば、市場支配力アプローチを適用する必要はないと考えられる。さらに、生産提携が、例えばグローバル市場における特定の限定された地理的市場のみを対象とする場合には、その地理的市場外、すなわち当該生産提携外では参加当事者間の生産活動における競争は残存することになる。

もっとも、水平的な生産提携の反競争的効果として懸念される参加当事者による情報交換などの「あふれ出し」の可能性については、生産提携に伴う付随的制限の問題として検討する必要がある。

⑶　マーケティング提携

マーケティングのみを対象とする提携は、部分型統合ではあるが、生産提携よりも厳しい反トラスト法上の懸念を生じさせ、格段の効率性がない限り、違法として認められないといわれる。さらに、研究開発・生産・マーケティング提携や生産・マーケティング提携もまた最下流のマーケティングを含む提携である限り反トラスト法上同様の強い懸念が生じるのは当然である。

しかしながら、マーケティング提携の典型であるマーケティング・ジョイントベンチャーにおいてさえも新市場への参入や新製品の生産をもたらす場合がみられる。一定のユニークな製品がこのようなジョイントベンチャーによってのみ販売されうる場合がある。この場合ジョイントベンチャーがなければ当該製品が存在しなかったことであろうということができるので、そのようなマーケティング・ジョイントベンチャーは競争を制限することはありえない(23)。

例えば、BMIケースにおいて、最高裁は、ブランケットライセンスが異なるタイプの製品であり、作曲者達の取り決めは製品を市場に出すために必要なものであったと指摘している。NCAAケースにおいて、スポーツリーグもまたユニークな製品の存在のために必要なマーケティング・ジョイントベンチャーを構成する。いかなるカレッジやプロのスポーツもリーグ組織なしには運営することはできない。リーグは、チームの人数、プレーのルール、選手の流動性の制限や収入の配分など、スポーツを運営するために必要なさまざまな活動を規制する。最高裁は、上述したようにリーグのルールがスポーツ観戦という必需品を手に入れるために必須のものであると認識している。このようなスポーツリーグの存在自身は、ユニークな製品を販売することを可能にすることから、反トラスト法に違反することはない(24)。

したがって、マーケティング提携であっても新製品の創出や新市場への参入による新規参入を目的とする限り、必ずしも市場支配力アプローチを適用する必要はないと考えられる。しかし、既存製品についてのマーケティング能力の統合は、原則的に市場支配力アプローチによる分析を必要とする。この場合においても当該マーケティング提携が、例えばグローバル市場における特定の限定された地理的市場のみを対象とする場合には、その外においては当事者間の競争が残存することになり、この点は反競争的効果の測定において斟酌されるべきである。

⑷ ネットワーク型提携

ネットワーク型提携は、上述したすべての事業活動の段階における提携に共通する新たな事業形態であり、規模および範囲の経済のような提携による伝統的な効率性に加えて、ネットワーク固有の効率性、すなわち、ネットワークなしでは存在しえなかった新製品のマーケティングや新市場の開発を可能とする。したがって、ネットワーク型提携の場合には、当該提携の形成に対して市場支配力アプローチの適用は本来的に適切でないと考えられる。[25]むしろ、反トラスト法上の懸念は、ネットワークに対する不当なアクセス制限の可能性であり[26]、当該提携の運営に伴う付随的制限の問題として検討する必要がある。[27]

六　事業提携の運営に伴う付随的制限に関する競争法上の評価

当該事業提携の存在についての適法性が決定されたら、次に、事業提携を運営するために当事者が合意した競争の付随的制限の適切さについて競争法上評価することが必要となる。あまりにも幅広い付随的な制限は、提携の最たる特徴である、当事者が他の分野で競争を継続することを認容しながら事業提携によって効率性を促進するという能力そのものを破壊することにつながる。提携の範囲外の分野におけるこのような「あふれ出し（spill-over)」は、提携の当事者間において、情報交換、提携の製品を販売する価格の協定および一方の当事者が販売活動を行うことができる地域や顧客を制限するために合意することから生じる。[28]

一方上述したように、当事者と提携との間で競争しないという当事者間の合意は、当該提携の活動の範囲内のみにおける垂直的な制限にすぎず、その範囲外での当事者間における競争を制限するものではないといえる。当該提携と当事者間における競争の排除は、提携の形成の本来的な自然の結果であり、提携との直接の競争は、いわば子である提携自身の利益を減ずるがゆえに提携当事者の本来の利益に反することになる。

(1)　メンバーシップ・ルール

メンバーシップ・ルールは、一定の企業が提携に参加することを拒否することにより競争を制限することがありうるが、競争者間のほとんどの提携はメンバーシップの制限がなければ効果的に運営することはできないし、提携当事者はすべての参加者が当該提携に対して意味のある貢献をするよう確保することに合理的な利益をもっているということができる。したがって、この意味においてメンバーの資格に合理的な基準を設けることは許されるべきである。

もっとも、当該提携が関連市場における競争に必要な不可欠施設（essential facilities）をコントロールする場合には、メンバーシップ制限は認容されるべきではないと主張される。例えば、特定の原材料、情報、技術や生産手段などへアクセスすることができなければ特定の製品を生産、販売することができない場合であり、当該提携がそのような決定的な資産やサービスをコントロールするときには、当事者は第三者の参加を恣意的に排除することを許されない(29)。

(2)　提携当事者間における情報交換

提携の当事者間における秘密の技術、生産およびマーケティング情報の交換は、当該提携の効果的な運営のためにはしばしば必要とされる。しかし、当該提携の特定の目的を超える使用となるような競争面にかかわる情報の交換は禁じられる(30)。

(3)　当事者間における提携製品の価格協定

提携が生産する製品の価格についての当事者間における協定の適法性は、当該提携がその運営のためにどの程度統合されているかによっており、この意味において合理の原則により評価される。もっとも、当該提携の正当な目的の達成に必要ではない価格協定は当然違法とされる。例えば、生産ジョイントベンチャーの製品の販売価格について提携当事者が合意することは、当該生産ジョイントベンチャーによる事業提携の適正な範囲を超えており、直ちに違法と評価されることになる(31)。

(4)　当事者間における提携製品マーケティングの地理的制限・顧客制限

当事者が提携の生産する製品を販売する地域や顧客を制限することは上記の価格協定以上に反競争的になる可能性が生じる。そのような地域・顧客制限は、当該地理的市場においてはお互いのすべての競争を避ける合意に至ることがしばしばである。ところで、上述したように提携自身の生存のために、提携当事者は、当該提携との競争を差し控えるのみならず、他の当事者との競争を地域・顧客制限により避けることが必要であるとの主張がありうる。しかし、提携当事者は、提携自身が生存しうるために当事者間におけるすべての競争を排除する必要はないと考えられる。例えば、当事者が他の当事者の地域に販売することを絶対的に禁止することに代えて、当該当事者は、主たる責任を負う自らの領域においてその販売努力を集中することができるからである。

(1) 井原宏・国際事業提携――アライアンスのリーガルリスクと戦略（商事法務研究会、二〇〇一）三四―三八頁。
(2) 同上三八―四〇頁。
(3) 同上四一―四二頁。
(4) 同上四三―四四頁。
(5) 同上四四―四五頁。
(6) 一九六〇年、Pennsalt Chemicals Corporation と Olin Mathieson Company は、塩化ナトリウム生産の目的のため折半出資の Penn-Olin Chemical Company を設立した。
クレイトン法七条およびシャーマン法一条違反として合衆国政府が提起した訴えに対して、第一審の連邦地方裁判所は、クレイトン法の下におけるテストが、Penn-Olin が設立されなかったとしたら両社が個別の競争者として市場に参入したであろうかどうかということであり、両社がそのように参入したかを結論づけることは不可能であるとして、訴えを却下した。
(7) その他、共同事業者の商業ラインの関係、ジョイントベンチャーの商業ラインと親会社の商業ラインとの関係、その商業ラインの非競争的慣行への適応可能性、共同事業者の一人がジョイントベンチャーを通じてではなく、単独で参入した場合の関連市場における競争状況の評価、その場合の他の共同事業者の潜在的な競争に対する効果、関連市場における競争に対して潜在的なリスクを示す他の要素が挙げられている。

(8)　ブランケットライセンスは、ＡＳＣＡＰのメンバーによって所有されるすべての作曲を、一定の期間ライセンシーの欲する回数で演奏する権利をライセンシーに与えるものであり、その実施料は、全収入の一定のパーセンテージまたは一定の固定金額であり、演奏された音楽の量やタイプによるものではない。ＡＳＣＡＰのメンバーは、公の演奏のために彼らの作品を実施する非独占的権利のみをＡＳＣＡＰに許諾しているにすぎず、メンバーは公の演奏を個々に実施する権利を留保している。

(9)　連邦地方裁判所はブランケットライセンスが当然違法の価格協定ではないとしたが、控訴裁判所は当然違法の価格協定の一形態であり、著作権のミスユースを構成すると判断した。

(10)　連邦地裁はＮＣＡＡがシャーマン法一条に違反したとし、控訴裁判所もその違反を認めた。

(11)　最高裁は、ＮＣＡＡとそのメンバーが他の競合するリーグとの間の競争そのものを生み出していることを認識している。

(12)　連邦地裁は当然違法の適用を拒絶し、合理の原則の分析を用いたが、控訴裁判所はグループボイコットであるとして当然違法の判断を下した。

(13)　連邦地裁はアリゾナ州による略式判決の申立てを拒否し、控訴裁判所も連邦地裁の拒否を支持した。

(14)　控訴裁判所は、協会が競争を制限したという市場の画定や市場支配力の証明がなく、患者や保険会社により高いコストをもたらすかどうかを決定していないとして、ＦＴＣの命令を取り消した。

(15)　Thomas A. Piraino, Jr., Reconciling Competition and Cooperation : A New Antitrust Standard for Joint Ventures, 35 Wm and Mary L. Rev. 871 (1994), at 894.

(16)　一九九二年水平的合併ガイドライン (1992 Department of Justice and Federal Trade Commission Horizontal Merger Guidelines、以下合併ガイドラインという)。

(17)　研究開発・生産ジョイントベンチャーの参加者は、契約締結後九〇日以内に本法に従って届出を行うことにより、反トラスト法上の責任を三倍賠償ではなく実損害ならびにコストおよび弁護士費用に限定することができる。

(18)　井原・前掲注 (1) 二六八頁。

(19) Piraino, supra note 15, at 898-899.

(20) 市場支配力に基づく分析とは、水平的合併ガイドラインにおいて採用されている手法であり、関連製品市場と地理的市場における各当事者のマーケットシェア、競争者のマーケットシェアおよび当該統合から生じる市場集中度の増加などの市場関連事実の分析である。

(21) Piraino, supra note 15, at 908-910.

(22) 執行ガイドライン、Case 6 Research and Development Joint Venture.

(23) Piraino, supra note 15, at 913.

(24) 唯一の競争法上の問題は、関連する競争制限が、当該スポーツの生存能力を維持することにおける個々のチームの適正な利益を実現するのに要求されるものよりも幅広いかどうかである。

(25) 井原・前掲注（1）二七八―二七九、二八一―二八二頁。

(26) ネットワーク・ジョイントベンチャーに対する不可欠施設の法理の適用について、同上二八九―二九三頁。

(27) 同上二九四―二九八頁。

(28) Piraino, supra note 15, at 927.

(29) Id. at 926.

(30) 「あふれ出し」を阻止するいわゆる防火壁の仕組みの必要性について、Richard J. Hoskins, Antitrust Analysis of Joint Ventures and Competitor Collaboration : A Primer for The Corporate Lawyer, 10 U. Miami Bus. L. Rev. 119 (2002), at 123, 128.

(31) Piraino, supra note 15, at 929.

共同出資会社に対する不当な取引制限の「共同遂行」の意義

稗貫俊文

はじめに

今さらの感はあるが、東宝・新東宝事件東京高裁判決（東京高裁昭和二八・一二・九判決）における原告・東宝側の主張に注目したい。本判決は、不当な取引制限における「共同遂行」の概念は、「相互拘束」の概念と異なり、それ自体で独立した意義をもちえないとし、被告・公正取引委員会のそれまでの解釈を変更させるものであった。そして、本判決に先行した新聞販路協定事件判決（東京高裁昭和二八・三・九判決）と共に、公正取引委員会の依拠した独禁法の内部体系の理解を退け、日本の競争法に固有の内部体系を形成するものであった。しかし、本判決が閉ざしたのは公正取引委員会の「遂行」の解釈だけではない。原告・東宝側の独自の「遂行」理解に基づく主張も退けられた。東宝側の「遂行」理解は大隅健一郎博士の説に依拠するものであったが、その後も、この理解は格別注目されることもなく過ぎた。本稿は、本件原告の東宝側が主張しながら看過された「遂行」解釈の意義に注目することで、従来の「遂行」概念の理解に問題があることを指摘するものである。(1)それは、同時に、不当な取引制限のおける共同性（「他の事業者と共同して」）に対する「相互拘束」と「共同遂行」の均衡のとれた理解を提供し、組織の解散命令を含む排除措置を行う根拠を与えるものである。また、企業結合規制の陰に隠れて、ハードコアカルテルが規制されずに存続しているという懸念を明らかにするであろう。

一　東宝・新東宝事件東京高裁判決

まず本事件判決のもとになった公正取引委員会の審決と、その取り消し訴訟を受けた東京高裁の判決の簡単な紹介から始めよう。

1　公正取引委員会の審決

(1)　事案の簡単な説明

本件の契機は東宝と新東宝の映画制作に関する契約紛争であった。被審人・東宝は映画の製作、配給、興業を行う株式会社である。新東宝は、映画の製作と販売を業務とするために、東宝によって設立された株式会社である。東宝における労働争議が新会社の新東宝を設立するきっかけになった。両社は、昭和二三年八月一日に本件協定を締結し、新東宝が自己の製作した映画の配給を東宝に委託し、東宝は一定の映画製作費を新東宝に支払うことで合意した。その後、同協定は昭和二四年七月末日をもって一応の期限を迎えた。新東宝は、同年一一月初旬に、右協定は失効したとして、今後は、自己が製作した映画は自ら配給を行うことを明らかにした。しかし、東宝は、本協定はまだ有効であるとしてこれを争い、新東宝との間で紛争が発生した。

公正取引委員会は、かかる紛争をきっかけにして、しかし、この私的な紛争とは別に、本件協定をとりあげ、これを独禁法違反とする審決を下した。[2]

(2)　公正取引委員会による独禁法の適用

公正取引委員会は、東宝と新東宝は競争関係にある事業者であるとし、以下で引用するように、(i)両者の本件協定が独禁法四条一項三号に該当し、かつ、三条後段の不当な取引制限のうち「共同遂行」に該当するとした。また同時に、本件協定は、(ii)一九条違反の拘束条件付取引にも該当するとした。これは公正取引委員会が当時採用していた「共同遂行」の解釈論を踏襲するものであった(3)。

(i)　独禁法四条一項三号該当と三条後段の「共同遂行」該当

公正取引委員会は、次のように述べて、本件協定が独禁法三条後段の「共同遂行」と四条一項三号の双方に該当するとした。

「昭和二三年八月一日、被審人東宝と同被審人新東宝との間に成立した原協定の内容は、は、被審人新東宝の製作する映画の配給はあげてこれを被審人東宝に委託し、被審人東宝は、被審人新東宝に対して一定の制作費を払うとの趣旨であるから、被審人東宝と被審人新東宝とは、右の協定により共同して映画の販路および顧客を制限するものであって、独占禁止法第四条第一項第三号に違反することは明白であり、また被審人東宝および被審人新東宝の製作する映画の本数は、日本全国において製作される映画の総数の約三分の一を占めることは顕著な事実であるから、被審人らの行為は同時に、共同してその事業を遂行することにより公共の利益に反して映画配給の取引分野における競争を実質的に制限するものであって、同法三条後段にも違反するものである。」(傍点は筆者)(4)。

(ii)　独禁法一九条の拘束条件付取引該当

公正取引委員会は、また、次のように述べて、本件協定が独禁法一九条の拘束条件付取引に該当するとした。

「右協定によれば、被審人新東宝は、自己の欲する興行館に自由に映画の配給を行い得ないのであるから、被審人東宝は被審人新東宝とその顧客たる映画興業者との取引を不当に拘束する条件を付けて被審人東宝に資金を提供するものというべく、したがって、右協定の内容は、同法第二条第六項第六号の不公正な取引方法に該当し同法一九条に違反するものである。(5)」

2　審決取消訴訟東京高裁判決

(1)　原告・東宝側の主張

東宝は、この審決を不服として取消訴訟を東京高裁に提起した。

原告・東宝は、本審決を違法とすべき理由として、共同「遂行」とは「共同販売機関等」の設立と運営を意味するという独自の解釈を提示し、東宝・新東宝の協定はかかる共同販売機関等の組織化をもたらすものではないから、「共同遂行」に該当しないとした。すなわち、「第三条後段の不当な取引制限行為のうち『共同遂行』は既述の如く互いに独立した事業者がその事業活動を単独で行わず共同して遂行する場合（例えば共同の販売会社、販売組合、販売代理店等を設け、これを通じて一手販売又は一手買取を行うような場合）をいい、事業自体の共同遂行をなさず、たんに事業活動の一部の行為を制限ないし拘束するが如き場合を指称するものではないから、本件のごとく販路又は顧客の制限のみの協定は、少なくとも右の『共同遂行』に該当しないことは自明であると言わなければならない。(6)」とした。後で述べるように、この解釈は、大隅健一郎博士の学説に拠るものと思われる。

(2)　被告・公正取引委員会の反論

被告・公正取引委員会は、本訴訟においても、それまでの考え方を踏襲し、一方的拘束を内容とする協定は共同「遂行」行為に該当するものであり、東宝・新東宝の契約はこれに該当するものであるとした。(7)

(3)　東京高裁判決の内容

東京高裁は、公正取引委員会の三条違反と四条違反にかかる審決の部分を取り消し、一九条違反に関する部分を残して、それを事案と適合させるように公正取引委員会に差し戻した。その際、東京高裁は、「共同遂行」の概念は独立した違法行為の概念たりえないとし、原告・東宝側と被告・公正取引委員会のいずれの「共同遂行」説も採らなかった。被告に対しては、「被告は原告と新東宝とが原協定の趣旨に則って共同して事業を遂行するというけれども、本来かかるものを共同と呼び得るかはどうかは別としてもこの共同遂行にはなんら相互拘束を伴っていないのであって、このような共同遂行というのは法二条第四項のそれに当たらないというべきである。しからば被告が原告と新東宝との行為をもって法第二条第四項、第三条後段にあたるとしたのは誤りであり、審決のこの点における法の適用は不当である。(8)」とした。

3　東宝・新東宝事件東京高裁判決の検討

(1)　高裁判決の理論の体系的含意

東京高裁は、公正取引委員会の従来の「遂行」の解釈を否定した。そのことで、公正取引委員会が想定していた垂直的な取引制限の規制の大部分が私的独占の系譜に位置づけ直されるものとなった。不当な取引制限の適用範囲が狭くなった分、私的独占の「支配」概念の適用範囲が拡大した。また、東京高裁は、「共同遂行」だけでなく、違反主体の範囲を相互に拘束された競争者に限定する新聞販路協定事件判決（東京高裁昭和二八・三・九判決）に基づき、東宝の新東宝に対する一方的な拘束は「相互拘束」にも該当しないと判断した。すなわち、「不当な取引制限の行為は、その程度段階において差異はあっても旧法の共同行為とその本質を同じくするものであって、これは相互に競争関係にある独立の事業者が共同して相互に一定の制限を課し、その自由な事業活動を拘束するところに成立し、その各当事者に一定の事業活動の制限を共通に設定することを本質とするのであって、当事者の一方だけにその制限を課すようなものは、場合によって旧法の不公正な取引方法となり、また時としては私的独占を構成することのあるのはかくべつその制限の相互性を欠くの故にここにいう不当な取引制限とはならないものと解すべきである(9)」とした。こうして、本判決は、これに先行する新聞販路協定事件判決と共に、日本の競争法に固有の内部体系を形成するものとなったのである。

二　原告の理論

ここでは「共同遂行」の解釈が問題である。審決取消訴訟という争訟の文脈から離れると、ここでは三つの「共同遂行」理論が対峙したことになる。すなわち、第一に、「共同遂行」を一方的拘束を内容と理解する公取委の理論、第二に、「共同遂行」を「共同販売機関等」と理解する原告の理論、第三に、「共同遂行」の独自の意義を否定する東京高裁の理論である。以下では、原告の東宝の理論を詳しくみることにしょう。

1　原告の理論の体系的含意とその展開

原告・東宝は、本件協定は、共同販売機関等による「共同遂行」ではなく、また、一方的拘束であって「相互拘束」でもないとした。前者の主張は、共同遂行とは共同販売・共同購入会社の設立と運営をいうとする一定の主張を前提にしたもので、それは大隅健一郎博士が初期の簡易な注釈書で唱えた説に外ならない（吉川大二郎・大隅健一郎「独占禁止法注解」法律文化社S二二年）。原告の訴訟代理人に本書の共著者の吉川大二郎博士が加わっているのをみると、東宝の主張が大隅説に拠っているのは偶然ではないと考えられよう。[10]

大隅説に依拠した原告の理論は、端的に言えば、共同販売機関など「かたい結合」による不当な取引制限が存在するというものであり、それこそが「共同遂行」に当たるとするものである。これは、他の多くの学説が、不当な取引制限は「ゆるい結合」によるものである理解するのとは対照的であった。[11]

原告は、大隅説と同様に、旧四条が不当な取引制限の「ゆるい結合」（相互拘束）に対応し、旧五条が「かたい結合」（共同遂行）に対応して、いずれも不当な取引制限の予防規定であるとみている。[12] もちろん、従来から、共同販売会社などによるカルテルの存在が認められているが、[13] それは「ゆるい結合」（相互拘束）の実施手段ないし実施機関という位置づけを受けてきた。しかし、もしそれを手段ないし実施機関であるというならば、「ゆるい結合」（相互拘束）もまた実施手段ないし実施方法というべきである。すなわち、二条六項の定義にあるように、「事業者が、……他の事業者と共同して」という文言に該当する共同性（合意）を基礎に、「ゆるい結合」（相互拘束）か、あるいは「かたい結合」（共同遂行）という方法が選択される、と説明することができる。違反の成立時はいずれであれ合意時となる。この解釈は、二条六項の定義の「相互拘束」と「共同遂行」に対する旧四条と旧五条の対応関係を明確にする均衡のとれた体系解釈であり、後で述べるように、不当な取引制限の「共同遂行」規制と企業結合規制の関係について有益な示唆を生む解釈となる。

本件訴訟のなかで述べている原告の解釈論によれば、旧四条と旧五条は、さらに私的独占とも関係づけられている。すなわち、旧四条は、私的独占と不当な取引制限の三条全体の予防規定という位置づけになる。すなわち「第四条各号に列挙された各種の行為は、いずれも私的独占又は不当な取引制限に移行するおそれのある典型的な事例を示したものであり、これを禁圧することによって、私的独占又は不当な取引制限の発生を未然に防止せんとする趣旨に外ならない。独占禁止法がその第二章において、『私的独占及び不当な取引制限』という独立の章を設けるとともに、第四条の共同行為に関する規定を第三条と並んでこの章中に入れたこともこの意味において理解できるのである。すなわち右第四条各号は不当な取引制限行為のみに止まらず私的独占に該当する行為に移行し得る行為の事例をも示したものである。けだし例えばある強力な複数の事業者が共同して弱者なる事業者を圧迫し技術製品販路又は顧客を一方的に制限することによってその事業活動を支配することもまた可能であると信ぜられるからである(14)。」と。このような原告の解釈もまた、大隅説との違いがあるとしても、三条に対する旧四条と旧五条の対応関係に独自の構図を描き、不当な取引制限の規制と企業結合規制の関係に新しい光を投げかけるものである。削除されて久しい旧四条と旧五条であるが、本稿は、大隅説を契機にして、旧両条との関係で三条の規定の位置づけを再検討することは現在でも意味があると考えている。しかし、本稿では大隅学説が指摘

する三条後段との関係だけを問題にし、原告が加えて言う三条前段との関係までは問題にしないでおこう。(15)

2　共同出資会社によるカルテルという観点

共同出資会社は、その形態も、出資者の関係も多様でありうる。共同出資会社を設立して、新しい事業分野に共同進出したり、新しい研究プロジェクトを共同で取り組んだりすることもある。ここで問題にする共同出資会社は、競争者同士が、既存の購入・販売や生産に関する事業活動の一部分を統合する形態の会社である（共同販売会社・共同購入会社および共同生産会社）。この形態の共同出資会社は競争制限をもたらすリスクが一番高い。では、それは企業結合のもたらすリスクであろうか、それともカルテルのリスクであろうか。通常であれば、事業者間の競争の調整を問題にするのがカルテル規制であり、事業者の結合した単一の力が外部の市場全体に与える影響の蓋然性をみるのが結合規制である。しかし、競争事業者間の共同購入・共同販売や共同生産のための共同出資会社の設立は、競争事業者間の（共同出資会社を通じた）競争の調整という観点（カルテルの観点）と、企業結合による（共同出資会社による）市場の協調関係の誘因という観点（統合の観点）とが重複して、カルテル的な関心と企業結合的な関心とは有効に区別できないようにみえる。

しかし、共同出資会社の形態でも、ハードコアカルテルであれば、それは当初からそのようなものとして意図して計画されるものである。生産数量カルテルを実施するためには、カルテル参加者は予想される需要に対する生産の総数量を管理することが必要であり、そのために、合意からの逸脱を許さない態勢を求めるならば、共同生産という結合形態まで進むことがある。逆に、共同生産のための共同出資会社を設立・運営して、市場の総需要に対する供給量の管理を可能にしたときに、それが予期せぬ結果であったというを説明を信じるのはナイーブすぎる。生産の段階では市場の総需要に対する共同生産の統合が行われていても、販売段階では各自の競争が確保されているから競争制限の心配はないという説明を信じるのも同様である。このような場合、独禁法による厳しい規制が「かたい結合」のもたらす効率性を損なうという懸念はない。筆者は、共同製造会社が、真性の結合（独立の経営判断を行う）であるか、不真性の結合（競争関係にある複数の親会社に経営判断を常時干渉される）であるか、という区別は可能であると考える。(16)

このことは四国アンホ事件をみることで明らかになろう。(17) 共同生産・共同販売のための共同出資会社たる四国アンホの実態は、六社の生産数量制限のハードコアカルテルそのものであった。現に、四国アンホは四国地方の全需要に対応する供給量を管理することができた。全国的な火薬カルテルのため、(18) 外部から四国地区へ製品の導入はなかった。四国アンホも四国地方に火薬供給を限定され、市場開拓の自由はなく、企業としての独立性は乏しかった。かたい結合によって生産効率を高めるというインセンティブははじめから期待できなかったのである。これを看過して、公正取引委員会が、カルテルとして摘発する前に、四国アンホ（共同生産会社）を一〇条違反の疑いがある企業結合として行政指導したことは、最初のボタンの掛け違いであった。かかるボタンの掛け違いをもたらした理論と事実認識は現在も根強く残っているように思われる。

3　原告の理論が注目されなかった理由

「共同遂行」とは「かたい結合」のカルテル（高級カルテル）であるという原告の主張と大隅学説はまったくといってよいほど注目されなかった。他の論者が学説としてこれを紹介していない。これが筆者には不思議でならない。しかし、それには相応の理由があったのであろう。考えられる点を挙げてみよう。

第一に、注目を促す現実的な契機が乏しかったのであろう。独禁法の制定により公然たる契約（合同行為）で組織を形成する高級カルテルの存続の余地は無くなったようにみえた。また、戦前・戦中に存在した旧五条型の「かたい結合」によるカルテル（高級カルテル）は最早存在を許されないことから、統制時代に生まれた残存する団体が解体されれば旧五条の使命が終わると考えられた。(19) カルテル規制の焦点は、暗黙の合意を含む「ゆるい結合」

のカルテルに移ったのである。

第二に、生産統合を含む競争者の「かたい結合」は、「ゆるい結合」と異なり、規模の経済や範囲の経済など生産効率を高めることが想定され、「かたい結合」がそれ自体でハードコアカルテルとなるとは想定されなかったのであろう。現に共同販売会社等として「かたい結合」のハードコアカルテルが現出していても、それは「ゆるい結合」（相互拘束）の実施機関として理解されるのが通例であり、「かたい結合」それ自体がカルテルとなるとは認知されることはなかった。

第三に、支配的学説は、不当な取引制限は「ゆるい結合」によるものであるという理解を示し、それが広く一般に受け入れられたのであろう。例えば、今村成和博士は、「不当な取引制限……が、シャーマン法におけるそれと決定的に異なる点は『ゆるい水平的結合』に依る制限のみを対象としている点で、これは『事業者が、他の事業者と共同して、相互に。その事業活動を拘束し、又は遂行し』と規定している点をみれば明らかで……従って、『かたい結合』による制限や『垂直的結合』による従たる制限は含まれない。然し、『ゆるい水平的結合』による場合には、自発的制限たると強制的制限たるとを問わないものと解される」とされている[20]。共同出資会社の形態のハードコアカルテルを「共同遂行」という独立した違法行為概念で捉えることができるとは考えもしなかった[21]。

これらのことは、理論的にも、実際的にも、問題を残す帰結になった。以下では、大隅説とそれに依拠した原告の議論を敷衍する形で、「かたい結合」のカルテル規制で必ずしも解決を見ていない問題を検討してみよう。

三　一定の共同出資会社を「共同遂行」とする大隅理論の有効性

共同出資会社（共同販売・購入会社等）がそれ自体ハードコアカルテルでありうるという事実認識は、大隅理論の「共同遂行」の概念によって始めて適切に受け止めることができる。そして、それによって、カルテルに関する従来の未解決な問題の重要な一部を解決することができる。それは、第一に、共同出資会社の形態を取ったカルテルにおける「合意」とは何かという問題である。第二に、不当な取引制限の規制では株式の処分、会社の解体などのドラスチックな排除措置を採ることができるかという問題である。これらの問題は、四国アンホ事件で、多くの論者が直面した問題であり、明確な答えが出ない難問であった。第三に、現在の規制方法に不備がありうるという問題である。すなわち、「かたい結合」のカルテル規制と企業結合規制との有効な区別ができなければ、かたい結合のカルテルも、企業結合規制に関する届出制度や事前相談制度に乗って処理され、カルテルが解体されることなく存続するのではないかという懸念である。

第一に、合意の問題をまず取り上げよう。「共同遂行」も共同性（合意）を基礎とすることは「相互拘束」と同じであるけれども、「相互拘束」と異なり、組織統合を含む生産数量カルテルや販売数量カルテルであるから、関連する多数の協定より構成されるものとなる。カルテルを実施する共同出資会社の設立と運営のための一連の契約(合同行為)は、いわば多数の契約と契約条項の束である。そのうち何れが競争制限的合意に該当するのかという問題設定は、「相互拘束」の場合と混同した議論であろう。「共同遂行」は合意を基礎にした多数の契約と多様な契約条項で構成され、その全体が「共同遂行」という概念に該当するのである。共同性（合意）の内容は、「相互拘束」という実施方法か、又は「共同遂行」という実施方法を含んだ合意であり、前者は違法な単一の合意という捉えかたができるが、後者は単純に単一の合意という捉えた方はできないのである。四国アンホ事件審決を論じた評釈では、契約のどの部分が競争制限の合意に該当するか明確ではないという指摘が多かった。[22] それはこのような誤解に基づくものであった。

第二に、独禁法七条の可能な排除措置について議論を取り上げる。不当な取引制限では、協定の破棄は命じることはできても、株式処分や役員解任、組織の解体は、「違反する行為を排除するために必要な措置」を越えるので、命じることはできないという議論がある。これもまた「相互拘束」に対する排除措置と混同した議論である。多くの論者は、かかる誤解を前提にして、また、カルテルと企業統合の区別が困難であるとして、必要とされる排除措置から逆に三条か一〇条等かの適用法条を考えることを提言している。[23]

しかし、すでに述べた大隅説の「共同遂行」の理解に立てば、三条の「共同遂行」という行為概念には株式の保有も役員兼任、営業譲渡も含まれるから、七条により、株式の処分、組織の解散などの措置を命じることが当然にできるのである。四国アンホ事件審決を論じる評釈では、三条違反と構成すれば、株式の保有も役員兼任、営業譲渡も排除措置の対象とすることができないから、必要であれば一〇条等を適用すべきだという指摘が多かった。これは誤解に基づく議論であり、また、本末転倒の議論であろう。

第三に、カルテル規制と企業結合規制の間に、規制の谷間があるのではないかという懸念を指摘しなければならない。「かたい結合」のカルテルが行われても、現状では、それを受け止める行為概念が三条後段（二条六項の定義）にはないとされるので、その多くが企業結合規制の対象として扱われるだろう。そして企業結合規制は届出制度を前提とし、さらに事前相談制度が利用されていることから、かたい結合のカルテルが株式の部分的処理等の行政指導だけで許容される結果になっているのではないかという懸念が起きる。

例えば、四国アンホ事件はその良い例になる。四国アンホ型の当初の六社の結合は、現行の合併ガイドライン（平成一〇年の旧ガイドライン）に照らせば[24]、「複数の企業が株式保有、合併等により一定程度または完全に一体化して事業活動を行う関係（以下、「結合関係」）が形成・維持・強化される」事例に該当するとされるだろう。当ガイドラインは、「共同出資会社はその設立・運営に関する契約、協定、合意が三条違反になることがあるが、ここでは企業結合規制の観点からの考え方を示している」としており、三条違反は当ガイドラインの対象外であるとされている。かかる前提のもとで届出が行われれば、四国アンホ型の結合は、企業結合規制の観点から審査が行われよう。あるいは、かかる前提のもとで事前相談制度が利用されれば、このような観点から事前指導されよう。

かくして、生産数量制限のハードコアカルテルは、三条違反ではなく、一〇条等の違反として一部の出資者の株式処分など不十分な措置の指導がなされるに止まるおそれがある。これではハードコアカルテルに対する適切な措置は保証されないだろう。

実際に、現行ガイドライン（旧ガイドライン）で共同出資会社が論じられている例をみると、この危惧は的中しているように思われる。平成七年度の、生コンクリート会社四社の共同出資会社への製造委託の例や、同じ年のポリプロピレンの例は、まさに三条の規制が課題となる例といってよいのである。カルテル事件が第四章で規制されているのである。「かたい結合」のカルテルを規制する適切な法条が外にないとすれば、届出制による事前規制も不適切とまでいえないかもしれない。しかし、カルテルは解体すべきであるが、第四章の規制では、そこまで命じないのが普通である。また、届出義務が課せられる結合には規模の限定があり、すべての共同出資会社が届出を義務づけられているわけではない。また、届出の義務がある規模であっても、届出られない場合もあろう。このことからも、共同出資会社によるハードコアカルテルが見逃されているという懸念が消えないのである。(25)

結論に代えて

本稿は、共同出資会社による「かたい結合」のカルテルと、共同出資会社による企業結合は異なるもので、実際に区別することができるという立場に立っている。そして、共同出資会社による「かたい結合」のカルテルは、大隅説により、「共同遂行」として受けとめることができ、それによって初めて、その法適用も、排除措置も、適切に行うことができること、企業結合と「かたい結合」のカルテルの規制が整合していない懸念があることを指摘することができた。

最後に、「かたい結合」と「ゆるい結合」に関連する若干の課題を検討しておきたい。第一に、「かたい結合」

と「ゆるい結合」の独禁法上の予断について指摘しておきたい。「かたい結合」と「ゆるい結合」という概念は中立的な概念であるべきである。しかし、従来、規模の経済や範囲の経済などの生産効率や販売効率の存在を念頭において、「かたい結合」の競争制限には寛大に、「ゆるい結合」の競争制限には厳格に対処すべきという独禁法上の予断があるように思われる。このような予断は払拭されるべきであろう。本稿は「かたい結合」のハードコアカルテルの存在を「共同遂行」として認知するものであったが、他方では、近年、効率的な性質をもつ「ゆるい結合」を認知することが欧米を中心に進んでいる。[26] これは上述のような予断を払拭するものであろう。予断を払拭する帰結として、ハードコアカルテルの手段であれば、「かたい結合」であれ「ゆるい結合」であれ効率化のインセンティブは期待できないし、ハードコアカルテルの手段でなければ、「かたい結合」でも「ゆるい結合」でも、効率化のインセンティブを期待することができるというところまで独禁法上の評価を相対化してよいと思われる。

第二に、「かたい結合」と「ゆるい区別」を相対化すれば、三条と一〇条等の「一定の取引分野における競争の実質的な制限」の要件はどのように評価されるべきか、という問題が提起されよう。すなわち、素朴に経験的事実から言えば、企業結合の「かたい結合」では市場シェアが四〇％でも違法になるが、不当な通り引き制限では市場シェアが八〇％から九〇％の組織率で違法になっている。「かたい結合」と「ゆるい区別」を相対化する場合、このような差異を整合的に説明できるかという議論である。

結論からいえば、「競争の実質的な制限」の要件は、三条、六条、八条一項一号・二号、第四章の市場集中規制の諸規定を通じて、内容的には共通の基準を基にしているとみるべきであろう。そして、もし基準が違うように見えるとすれば、それは当事者の行為の目的や競争当局の規制の趣旨、違法性判断の時点が異なるからとみるべきである。[27] しかし、競争の実質的制限は、共通の経験事実を基礎とする同一内容の基準が基になっていることは変わりない。

これをカルテル規制と企業結合規制を対比して論じてみよう。立証方法はたしかに相当に異なる。ハードコアカルテルの規制で、通常、カルテルはその実施後に摘発されるもので、合意の以前や合意時に摘発されることはほとんどない。しかし、違反の成立は合意時とされ、拘束力のある合意が立証されれば、それによって、同時に、競争の実質的制限も立証されたものとするのが通例である。これが競争の実質的制限の立証方法である。市場シェアでみる参加者の組織率の高低は、競争の実質的制限の要件に関わる事実ではなく、単に、合意の拘束力を立証するための間接事実であるにとどまる。

これに対して、企業結合規制における競争制限の蓋然性の立証方法は、通常、届出制により、企業結合の実施前もしくは効果の発生前に、画定された市場における結合事業者の市場シェアによって測定され、さらに、市場シェアに基づく市場の競争制限行動の蓋然性の調査、新規参入によるそのような行動の抑制の蓋然性などが検討される。

しかし、両者の立証方法に差異があっても、基礎となる競争の実質的制限の内容は同一であり、共通の経済的事実に基礎をおいている。企業結合規制において、仮に市場シェアだけを基準にするとすれば、競争当局は、市場支配力の一方的な行使の蓋然性だけでなく、協調的な行使の蓋然性も検討して例えば、結合する競争者の合計シェアが一〇%では競争の実質的制限をもたらすか不確実であるが、二五%では可能性があり、四〇%では蓋然性があるというような判断を行うであろう。合計の市場シェアが八〇%や九〇%となる企業結合では市場支配力の維持、強化は「確実性」をもつといえるが、それ程まで至らない段階で、競争の実質的な制限の「蓋然性」は判断することができるであろう。

実はカルテルにおいても、市場支配力の形成・強化・維持の蓋然性からみると、競争の実質的制限は、企業結合規制と全く共通の経験的事実に基礎をおいていることがわかる。すなわち、カルテルは、一〇%では不可能であるが、市場全体としての集中度や企業の規模分布により、二五%でも可能性があり、四〇%では蓋然性があるということができる。では、実際に摘発されるハードコアカルテルの参加者の総計市場シェアが八〇%、九〇%という高いオーダーになるのはなぜか。それはカルテル当事者が失敗をおそれて、事前に確実性を追求するためである。そのために、八〇%や九〇%という高い組織率を求めるのである。カルテル当事者がカルテルの成功のあやうい可能性や蓋然性を求めるに止まるというような危うい行動を取るはずがない。競争の実質的制限の基準が異なるように見えるのは、このような違いによるものである。

このことから、企業結合規制とカルテル規制では競争の実質的制限の内容が違うと見るのは適切ではないのは明らかであろう。競争の実質的制限の立証方法は相当に異なっても、その基礎にある経済的事実は共通であり、それが競争の実質的制限として法的に共通に表現されているというべきである。そのことから、一〇条等の競争を実質的に制限する「こととなる」の要件も事前規制に拠るためであり、競争制限の程度や内容の差をいうものではないと考えられる。これに関連して、それは第四章は三条の予防的・補完的規定であるという主張と整合的であるか、そもそも第四章は三条の予防的・補完的規定であるというべきかなど、関連して検討すべき課題は外にもあるが、すでに議論が本稿の課題設定の範囲を超えているので、これに止めることにしたい。

(1) 公正取引委員会は、今日でも、共同遂行は独立の要件たりえないと解することで、東宝・新東宝判決に従っている。他方、近年、判例や学説は「遂行」の概念に若干積極的な意味を認め始めている。今村成和『独占禁止法入門〔第四版〕』六二―六三頁(有斐閣一九九三年)、正田彬「経済法講義」一〇六頁、日本評論社(一九九九年)。芝原邦爾、ジュリスト一一四三号九五頁、同一一六七号一〇一頁、鈴木孝之「独占禁止法の理論と実際」一〇六頁、伊従・矢部編、青林書院。判例では、東京都水道メーター事件東京高裁判決(平成九年一二月二四日)、高刑集五〇・三・一八一頁、判例時報一六三五号三六頁。しかし、これらは相互拘束を伴わない共同遂行を独立の要件としているわけではないとする指摘がある。根岸哲・舟田正之『独占禁止法概説〔第二版〕』一三八―一三九頁(有斐閣、二〇〇三年)。何れにしろ、これらは本稿の立場とは根本的に異なるものである。本稿の立場からは、「相互拘束を伴わない共同遂行」という言い方自体もおかしい。「相互拘束」も「共同遂行」も「他の事業者と共同して」という共同性（合意）を基にした二つの行為形態にほかならない。

（2） 昭和二六年六月五日審決、審決集三巻四四頁。

（3） 当時の公正取引委員会は、三条後段の解釈について、一方的な拘束が合意の内容をなすとき、事業者が競争関係にたつものであれ、取引関係にたつものであれ、共同「遂行」の概念を用いて処理していた。そのため、本件のように、不当な取引制限の「共同遂行」を適用すると同時に、不公正な取引方法（拘束条件付き取引）を重複適用することができたのである。

公正取引委員会は、その根拠となる考え方を本審決の取消訴訟で述べている。まず第一に、文理解釈から「遂行」概念が独立した要件たることを指摘する。すなわち、「『共同して』なる文言のみから直ちに、共同行為が相互拘束を伴うべきものであると断ずるのはいささか早計であろう。また前掲第二条第四項中に『相互に』なる字句がある点を捉えて、直ちに右の如く断じ得るか否かも疑問である。けだし、『相互に』なる副詞は、文理上『拘束』のみにかかるもので、『遂行』にかかるものとは理解し難いから（相互遂行なる観念は無意味であろう）ここには、『相互拘束』とい『共同遂行』の二個の概念が構成されることとなり、この両概念が果たして同一事態を表現したものか否かが争点になっているからである。」、と（審決集五巻一三一頁）。

一方的な拘束を内容とする事業者間の共同行為を共同「遂行」とする公正取引委員会の考え方は、それと私的独占の「支配」とを如何に区別するかという問題を提起する。公正取引委員会は、本審決の取消訴訟でこの問題に触れて、私的独占の「支配」が該当する事例は圧倒的な力の行使が対象となるものであり、それは例外的であるとした。すなわち、「第二条第三項（現行五項　筆者）が『排除し又は支配する』と規定した趣旨から見ても、ここにいう『支配』とは排除に準ずべき強力な支配を指すものと見るべきで、事業者の一方の地位が圧倒的に強く、他の事業者はその事実上の独立をほとんど喪失するが如き場合にはじめて『支配』ありと解するのだ妥当であろう。従って両当事者がいずれも事実上の独立を維持しながら契約関係によって一方が他方を拘束するに過ぎぬ如き場合は、むしろ不当な取引制限又は共同行為をもって律するのが相当である」（審決集五巻一三二―一三三頁）としたのである。

（4） 審決集三巻五五頁。公正取引委員会は、本審決の取消訴訟で、「遂行」概念の独立性を、水平的な関係において説明する。「いわゆる水平的な結合（取引段階を同じくする事業者間の横の結合）についても相互拘束を伴わぬ共同行為を考えることは不可能ではないであろう。例えば、取引段階を同じくする多数の競争業者が協定を結んでその中のある者のみの生産数量を制限する場合も考え得る。この場合協定に参加しながら自己の生産数量についてはなんらの制限も受けなかった事業者は共同行為から除外されると解するべきであろうか。かかる場合にも協定に参加した全事業者間に共同行為ありと認めるのが妥当であると考える。この論を更に推し進めるならば、二名の競争者の一方が他方の販路又は顧客を制限した場合でも両者間に競争行為が成立するとの結論に到達せざるを得ないであろう。」（審決集五巻一三二頁）と。これは、必ずしも分かりやすい議論ではないが、拘束を受けていない者も含めて違反行為者とする考え方を「遂行」と解する余地はあったかもしれない。この可能性を新聞販路協定事件判決が退けた。しかし、学説はなおこれを肯定的に言及するものもある。岸井大太郎ほか『経済法（第四版）』（和田健夫執筆部分）八〇頁（有斐閣アルマ、二〇〇三年）。

（5） 審決集三巻五五頁。公正取引委員会は、本審決の取消訴訟で、「遂行」概念の独立性を、再販価格維持行為を例に、垂直的な関係において説明する。すなわち、「生産者が販売業者に対し販売者の販売すべき価格を指定した場合、生産者が販売業者と『共同して』対価を決定したものと認めることは文理上不可能であろうか。『共同して』なる文言の解釈如何によっては必ずしも不可能ではないと考える。また実際問題としてもかかる再販価格維持行為の指定によって多数の販売業者間の競争が実質的に制限されることをそのまま放置せざるを得ないような解釈をとることは、独占禁止法の趣旨にも合致しないものと思われる」（審決集五巻一三二頁―一三三頁）とする。そして、再販価格維持行為は、売り手と買い手が向かい合った交渉で取引価格を決定する「対向的関係」とは異なり、次の取引段階（再販売）やその次の取引段階（再々販売）の価格を共同して拘束するので、「共同遂行」の文理解釈が成立する余地があると指摘する。

（6） 審決集五巻一二六頁。

（7） もし東京高裁が、公取委の「遂行」の主張を認めて、東宝が一方的に新東宝を拘束することが不当な取引制限に該当するとしていたならば、独禁法の禁止の内部体系はどのようになっていたであろうか。それは次のように予想することができる。

第一に、私的独占と不当な取引制限の規制の分担が現在とは大きく変わることになったであろう。複数の企業が結合・通謀する私的独占は、圧倒的な市場支配力を有する企業が関与する場合を除いて、結合や通謀による排除・支配行為の大部分が不当な取引制限と構成されることになろう。

第二に、このことは、不公正な取引方法の体系的な地位にも変化をもたらす。現在では私的独占の支配行為に形式的に該当する行為があっても、その効果が競争の実質的制限に該当しない場合は、大部分、不公正な取引方法として処理することができる。このことが不公正な取引方法の規制を私的独占の予防規定と位置づける所以である。しかし、もし公正取引委員会の解釈が通用していれば、不当な取引制限の共同遂行に該当する垂直的な取引制限で、競争の実質的な制限に満たないものが、不公正な取引方法の規制の対象になるであろう。そして、不公正な取引方法の規制は不当な取引制限の予防規定という位置を占めることになろう。再販価格維持行為や違法な拘束条件・排他条件の行為者は、流通業者や原材料供給業者にも及ぶことになろう。

ただ、取引上の優越的地位の濫用規制は、公正取引委員会のいう売り手と買い手が向かい合った交渉という公取委のいう「対向的関係」の問題であり、予防規定という位置づけはできない。

第三に、この考え方は、不当な取引制限の規制と不公正な取引方法の規制を連動させるものであり、米国のシャーマン法一条やEU競争法八一条と相似する競争法の骨格を形作るものであったろう。そのときには、実務の経験交流や研究上の議論の基礎として、また独禁法を学習する者の便宜として、欧米の競争法の骨格と類似する日本法の体系構成が相応の有利な効果を生み出したであろう。

他方、影響軽微な事例を除いて、すべての垂直的な制限を違法にしてしまう旧四条の存在と、不公正な取引方法の公正競争阻害性と不当な取引制限の競争の実質的制限の実質要件の差異とが、かかる解釈をとる障害になっていた。しかし、このような障害は、解釈や改正立法で改善される余地がありえたわけであり、絶対的な障害ではありえない。旧四条が廃止されている今日、「公正競争阻害性」と「競争の実質的制限」の実質要件の差異が障害として残っているだけということもできる。このような体系論が、今でも、実りある体系論となるどうかは定かではない。この立場の展開可能性は長く議論されており、それでもこの解釈が必要とされる事態が現出していない。筆者は、この説の展開可能性はほぼ断たれたものと考えている。この説を支持する学説として、古くなるが、根岸哲・舟田正之・野木村忠邦・来生新『独占禁止法入門』（根岸執筆部分）九三―九四頁（有斐閣新書、一九八三年）を参照。

（8） 審決集五巻一四三―一四四頁。共同遂行には独自の意味がないとした当時の説は、東京高裁の浅沼判事によって展開されている。浅沼武『判例タイムズ』一五号一八頁。遂行は独立した要件ではなく、一方的拘束は「相互拘束」ではないとした高裁判決は、浅沼理論の影響を受けていると理解して誤りではないであろう。

（9） 審決集五巻一四三頁。

（10） 原告の主張は大隅説に大きく依拠するものではある。「数人の事業者が共同して相互にその事業活動を拘束するとは、商品の価格、生産数量、販売数量・販路・顧客等につき制限的協定をなすような場合で（四I参照）であり、また共同して事業活動を遂行するとは、共同の販売会社・販売組合・販売代理店等を設け、これを通じて一手販売又は一手買収を行うような場合（5参照）である」大隅健一郎・吉川大二郎「独占禁止法注釈」（大隅執筆部分）一七頁、法律文化社（S二二年）。原告は、大隅説と同様に、四条が不当な取引制限の「ゆるい結合」に対応し、五条が「かたい結合」に対応して、いずれも不当な取引制限の予防規定であるとみている。

さらに、本文でも述べたように、原告は、これに加えて、これらは私的独占の予防規定でもあるとする。すなわち、私的独占の「通謀」が四条に対応し、「結合」が五条に対応すると考えている。筆者は、原告の東宝側が旧四条、五条が、三条の両段の予防規定であるとまで説明した点については同意できない。これでは私的独占の類型行為が軽微な影響に止まる場合を除いて、すべて違法とされてしまう。ただ、旧四条、五条が廃止されて久しい今日、三条前段と後段を明確に分ける基準として、原告のシンメトリックな体系論は検討する価値があるだろう。後注(15)を参照。

（11） 今村成和博士は、かたい結合のカルテルは存在しないことを説いた。初期の米国法研究で、反トラスト法について、『かたい結合』の違法性は、結合に依って、結合内部に含まれた事業者間の競争が消滅することに依って、市場における自由競争が影響を受けることと、結合に依って得られた力に依って外部の競争者を排除するに至ることとの二点について存する理であるが、裁判所は、例外があるが、多くの場合に、前者の重きを置かずに、主として外部の競争がどのような影響を受けたかを問題にした。」と指摘している。今村成和「私的独占禁止法の研究㈠」二二頁（有斐閣、昭和三一年）。

他方、日本の独禁法については、「不当な取引制限……が、シャーマン法におけるそれと決定的に異なる点は『ゆるい水平的結合』に依る制限のみを対象としている点で、これは『事業者が、他の事業者と共同して、相互に。その事業活動を拘束し、又は遂行し』と規定している点をみれば明らかで……従って、『かたい結合』による制限や『垂直的結合』による従たる制限は含まれない。然し、『ゆるい水平的結合』による場合には、自発的制限たると強制的制限たるとを問わないものと解される」とされた。今村成和「私的独占禁止法の研究㈠」五五―五六頁。この説は通説として長く支持された。例えば、今村博士は、近年のテキストでも、「不当な取引制限は、カルテルや共同ボイコットの例を見ても判るように、競争関係にある事業者間のゆるい水平的結合による共同行為であることを本質とするもの」であるとする。今村成和『独占禁止法入門［第四版］』六〇頁（有斐閣、一九九三年）。

このような理解が禁止規定の間のズレを生んでいると思われる。例えば、独禁法二二条の協同組合の適用除外は不当な取引制限の系譜適用除外であると位置づけているのに、実際には私的独占の適用除外とする。今村成和、同書、一〇三―一〇四頁。このようなズレは「かたい結合」のカルテルに適切な位置（共同遂行）が与えらていないからだと思われる。本稿の立場からは、「かたい結合」のカルテルの存在を否定した点で、今村博士のこの見解は妥当ではなかったということになる。ただ、今村博士は、四国アンホ事件が生産数量制限のハードコアカルテルであると端的に指摘している。今村成和「私的独占禁止法の研究⑹」九三頁（有斐閣、平成五年）。

(12) 審決集五巻一二五―一二六頁。

(13) そのような事例として、広島糧工㈱ほか一四名に対する件、昭和三〇年八月一五日勧告審決、審決集七巻五〇頁、日本冷蔵㈱ほか四名の事件、昭和三二年七月一八日勧告審決、審決集九巻七頁、明治冷蔵㈱ほか一四名に対する件、審決集九巻三一頁、ワクチン共販事件、昭和五〇年一〇月二七日、審決集二二巻七九頁、群馬県アサノコンクリート事件、昭和五三年六月五日、審決集二五巻八頁、ソーダ杯輸入制限事件、昭和五八年三月三一日、審決集二九巻一〇四頁がある。

(14) 審決集五巻一二五―一二六頁。

(15) 原告は、本件取消訴訟で、旧四条の三条に対する関係を、大隅説を私的独占に拡張して主張している。すなわち、「第四条各号に列挙された各種の行為は、いずれも私的独占又は不当な取引制限に移行するおそれのある典型的な事例を示したもの」(審決集五巻一二六頁)とし、私的独占の例として「たとえばある強力な複数の事業者が共同して弱者なる事業者を圧迫し技術製品販路を一方的に制限することによってその事業活動を支配することもまた可能と信ぜられるからである」(同上)としている。

大隅説を下敷きにしていることから、大隅博士の旧五条の三条に対する関係の考え方を加えると、旧四条に対応する「ゆるい結合」であれ、旧五条に対応する「かたい結合」であれ、いずれも三条の私的独占(複数企業の通謀と結合の場合)と不当な取引制限の予防規定であるあるとすることになろう。そして、競争者を一方的に抑圧・排除するものが私的独占であり、競争を回避するのが不当な取引制限であるということになろう。

旧四条、旧五条を私的独占の予防規定にまで拡張する原告の主張には賛成できないが、しかし、旧四条、旧五条がすでに削除された今日、三条前段と後段を区別する見方として、上記の区別は有効性を増している。東宝説が裁判で主張した理論を展開すれば、三条の私的独占(複数の企業による)と不当な取引制限の区別を明確にすることができる。すなわち、ゆるい結合であれ、かたい結合であれ、結集された力が一方的に外に向かえば私的独占であり(競争排除)、相互的に内に向かえば不当な取引制限となる(競争回避)という整理が可能になろう。共同ボイコットは常に私的独占という扱いになろう。力が外にも内にも同時に働けば、重複適用もありうることになる。単独の事業者による私的独占の場合を除いて、他の事業者と共同して行う私的独占の場合に、私的独占の定義は、不当な取引制限の場合と同じく、企業数に限定はなく、市場における企業規模を限定する文言もないから、東宝のかような解釈論は定義に適合し、三条前段と後段の区別を明確する考え方である。

一定の不当な取引制限には課徴金がかかり、私的独占には全く課徴金がかからないという現行法の下では、両者の区別に不明確さ残すことは問題である。大隅説を展開した東宝説は、現在の独禁法の解釈における三条前段と後段の区別の不明確な部分を解消させて、このような弊害を無くする一つの方策となろう。ただ、果たして三条の内部体系をこのような整理することが、他の面から見ても適切であるかどうか更に検討を必要とする。

(16) 実方教授は、「かたい結合」のカルテルを一手販売のための「取引先の共同化」の類型と把握している。そして、

「他の形態のカルテルと異なり参加事業者の合計シェアが低くても成立し、この場合には当該共同販売機関は市場での競争単位の一つとして機能する。」としている。実方謙二『独占禁止法［第四版］』二〇一頁（有斐閣、一九九八年）。しかし、カルテルとしての共同販売機関は、「競争単位の一つとして機能する」のは外見だけで、あくまでも内部的に競争を調整するための機関であると思う。ただ、実方教授が、その直後に、「合併の事例と同様の判断が必要な場合があり、……参加者の合計シェアや共同販売機関の取引比率が問題となる」と指摘している点には同意したい。実方、同上。

(17) 四国アンホ事件、昭和五〇年一二月一一日勧告審決、審決集二二巻一〇一頁。

(18) 全国的な火薬の数量制限カルテルの事件として、日本油脂ほか産業用爆薬製造業者六社に対する件、昭和五〇年一二月一一日勧告審決、二二巻九七頁がある。本件のような全国市場の数量制限カルテルの実施という事実を前提にして、四国アンホ事件も初めて理解可能になるとする指摘がある。来生新、公正取引三一八号二一頁以下、二三頁。来生論文は、この全国事件との関連でいえば、四国アンホの設立、運営は全国市場で行われている数量割当カルテルの四国市場における実施手段という意味を持つと指摘する。

(19) 公取委は、旧五条の廃止の理由について、「この規定は本来経過措置的な規定であり、かつ本条で予想される独占禁止法の法益侵害行為は他の規定でも抑えられると考えられるので、これを削除したものである」とする。公取委編『独占禁止政策二〇年史』一四四―一四五頁（昭和四三年一〇月）。あるいは「旧五条の私的統制団体の禁止規定については、この規定がなくとも第三条等によって規制が可能であるばかりでなく、経過措置的なものであるとして、削除された」とする。公取委編『独占禁止法政策五十年史　上巻』七三頁（平成九年九月）。筆者には、公正取引委員会の旧五条に関する上記の見解が皮相にみえる。他方、大隅説は、独禁法旧五条の体系的な意味を適切にとらえていると考える。

(20) 注(11)で引いた今村成和『独占禁止法入門［第四版］』六〇頁の部分と同じ文章。

(21) 四国アンホの経営実態が、効率化と無縁なハードコアカルテルであったとする指摘がすでに多くなされている。例えば、和田健夫「共同子会社と独占禁止法――三条後段と一〇条の関係に関する覚書」商学討究四七巻四号四五頁以下、五五頁（一九九七年三月）。来生新、公正取引三一八号二一頁以下、二三頁（一九七七年）。今村教授も、本件を数量制限カルテルとし、「ある商品の供給をコントロールするために、当該商品の共同製造販売会社が設立され、その商品のほとんどすべてを供給する生産者等による共同運営が行われた」と指摘している。今村成和「私的独占禁止法の研究(6)」九三頁（有斐閣、平成五年）。

(22) この点について、四国アンホ事件に関する独禁法審決・判例百選の第三版以降の論者の錯綜した議論が注目される。宮坂富之助「独禁法審決・判例百選（三版）」三四—三五頁、杉浦市郎、同四版、五〇—五一頁は、岡田外司博、同五版五〇—五一頁、沢田克己、同六版、四六—四七頁。三社出資を解消させるために私的独占の適用可能性や不当な取引制限の共同行為の概念を拡張することを唱える者(宮坂、杉浦)、公正取引委員会が本件協定全体を三条後段違反としているが、どの契約条項が如何なる時点で、競争を実質的に制限することになるか明確でないと批判し、共同生産は規模の経済など効率性が期待されるので、三条の適用は適当ではないとする論者（岡田)、「法の趣旨からいえば」として、独立性を維持して競争行動の調整の共同出資はカルテル規制により、独立経済単位として機能する者は企業結合規制によるべきだと指摘し、適用条文の明確化は立法的解決が必要とする論者（沢田）などである。

本稿の見解は、岡田教授の見解と最も鋭く対立するものとなろう。そのほか、これらの論者によりウェイトに差異はあっても、第一に、共同生産・販売会社を不当な取引制限として処理する場合に、共同出資会社の設立協定のうち、どれが相互拘束に該当し、それが何時成立するかということが確定できない点、第二に、不当な取引制限とすれば、協定の破棄や課徴金の徴収は可能であるが、排除措置として株式の処分や組織の解体が困難であるという点が指摘がほぼ共通になされている。また、これらの錯綜した議論は、和田健夫「共同子会社と独占禁止法」商学討究四七巻四号四五頁以下、泉水文雄「共同出資会社と株式保有規制(1)」産大法学二一巻一・二号四一九頁以下、においても共通に行われている。これらの議論自体の当否を本文で批判的に論じた通りである。

(23) この点も、前の注（20）の文献の議論を参照されたい。

(24) 「株式保有、合併等に係る『一定の取引分野における競争を実質的に制限することとなる場合』の考え方」（平成一〇年一二月二一日、公正取引委員会）。

(25) 類似の懸念が指摘されている。鈴木恭蔵「業務提携に基づく共同出資会社と独占禁止法」法学研究七六巻一号三九九頁以下、四一二—四一三頁。鈴木論文は、本論文と異なり、従来の通説的な理解にたって議論を整理している。しかし、共同生産のための共同出資会社であっても、販売面で競争が確保されていればよいとする公正取引委員会の法運用に疑問を提起している。同じく企業統合に関して、輸入の存在などを理由に高度寡占を容認する公取委には競争制限のリスクの問題意識が乏しいという指摘がある。平林英勝「最近の企業結合規制事例の問題点と今後の課題」判例タイムズ一〇九二号四頁以下。本論文は、企業結合に関して鈴木論文や平林論文が伝える懸念に共鳴しつつ、さらに「かたい結合」のカルテルの存在という問題関心が必要であり、それがなければ「かたい結合」のカルテルが容認されるおそれを指摘するものである。

(26) 米国では競争者間の共同行為に関して、司法省とＦＴＣの合同でガイドラインが二〇〇〇年四月に公表されている。Antitrust Guidelines for Collaborations Among Competitors, http://www.ftc.gov/bc/guidelin.htm. その解説として、松下満雄「水平的協定に関する米司法省・連邦取引委員会のガイドライン」国際商事法務二八巻七号七八五頁以下（二〇〇〇年）。ＥＣでも、同種のガイドラインが二〇〇一年四月に公表されている。Commission Notice-Guidelines on the applicability of Article 81 to horizontal co-operation agreements, http://europa.eu.int/eur-lex/pri/en/oj/dat/2001/c_003/c_00320010106en00020030.pdf。その訳として、「水平的協定に関するＥＣ条約第八一条の適用に関するガイドライン」（田中久美子訳）国際商事法務二九巻四号三九七頁以下、五号五六〇頁以下、六号六七七頁以下、七号八三二頁以下、八号九四二頁以下、九号一〇七六頁以下（二〇〇一年）。Commission Notice-Guidelines on the applicability of Article 81 to horizontal co-operation agreements.

(27) このような指摘はすでになされている。伊従寛「一定の取引分野における競争の実質的制限の解釈」今村還暦『行政法と経済法の諸問題下』一七八頁以下（有斐閣、一九八五年）。伊従論文は、競争の実質的制限の概念が、行為類型毎の規制の趣旨や行為の性質に応じて、その異なる側面が法的に問題になることを指摘している。本稿は、そのような指摘を前提に、今度は逆に、法概念としての競争の実質的制限の行為類型毎の多様性は「競争の実質的制限」の共通の定義に収束させることが可能であること、そしてそれは共通の経験的な事実を基礎にしていることを指摘するものである。共通の定義としての「競争の実質的制限」については、いわゆる統合型と閉鎖型を含めて、別の機会に検討する予定である。

独占禁止法八条一項一号と四号の問題

武田邦宣

一　はじめに

独占禁止法(以下、「独禁法」という)八条は、事業者団体に対する規制を定める。事業者団体に対する規制は、事業者に対する規制と比較して、次の点においてより厳格である。まず実体法的に、一項一号は行為要件・公共の利益要件なしに競争の実質的制限を禁止するとともに、二号ないし五号が一号の予防的ないし補完的規定として存在する。(1) また手続法的に、二項ないし四項は、事業者団体に対する特別の届出規定を設けている。協調行為を誘引し得る組織性、また公的業務請負や情報集積に起因する不可欠性に注目して、事業者団体には厳格な規制が設けられているのである。

本稿は、事業者団体に対する規制のうち、八条一項一号と四号(以下、それぞれ単に「一号」、「四号」という)との関係を検討する。四号は、構成事業者の機能又は活動を不当に制限することを禁止する。これは、①独禁法上規制に値する競争に及ぼす悪影響が認められるが、(2) ②一号における競争の実質的制限(市場支配力の形成、維持、強化)に至らない場合(通説は公正競争阻害性とする)を禁止するものと理解されている。(3) 本稿は、公取委実務ににおける四号の解釈運用を検討して、これまで四号違反と処理されてきた類型の中に、一号違反と処理すべきものがあることを指摘する。これは、四号が一号の真の予防規定として機能すべきとの主張である。

周知の通り、本稿が検討する一号と四号との関係は、独禁法の古典的論点の一つである。既に一九七六年に厚谷教授は当該論点を検討された上で、非価格制限に対して一号の適用が消極的であること等、重要な指摘をなされている。(4) そして、その後の四号違反にかかる事件の評釈では、しばしば一号の適用可能性が論じられるのであるが、個別事件を離れて一般的にどのような場合に一号適用を検討すべきかが明らかにされることはなかった。これに対して本稿は、①実効性ある価格制限には常に一号を適用すべきであり、また②制限行為の累積効果から一号適用を検討すべき場合があり、さらに③価格規制下における非価格制限には積極的に一号適用を検討すべきであるという三つの具体的主張から、一号と四号との関係を論じることにしたい。

二　四号が適用された価格制限の事例

１　事例の類型

四号に関する審決事件はこれまで八三件存在する。八三件の審決事件を眺めてみると、絶対的なものではないが、一九七九年の日本建築家協会事件(5)を境として、次のような大きな傾向が見られるように思われる。すなわち同事件以前は、地域、対象商品が限定された価格制限の事例が特徴的である（「Ⅰ期」とする）。これに対して同事件以降は、自由職業や規制産業における価格及び非価格制限の事例が特徴的である（「Ⅱ期」とする）。以下では、四号の適用事例を価格制限の事例、非価格制限の事例とに分けて、検討を行う。なお価格制限とは価格に関する直接的合意のみを指し、非価格制限とはそれ以外の制限を広く指すことにする。

まず、前者の事例、すなわち価格制限の事例にもかかわらず、一号違反ではなく四号違反とされた事例を検討する。競争者間の価格制限（水平的価格制限）は、直接に市場支配力の形成をもたらすものであり、理論的にその弊害は明らかである。また比較法的にも最も厳格な競争法的規制がなされる行為である。それにもかかわらず、一号違反とされず四号違反と処理された事件には、次のいずれか又はその複合の要因を見出すことができる。[6]

第一に、当該事業者団体の市場シェアが小さい場合である〈類型1〉。例えば岡山県被服工業組合事件[7]では、男子少年用学校制服及びスポーツ服については五〇％以上の市場シェアを有することから一号違反とする一方、作業服等については約一三ないし二七％の市場シェアしか有さないことから、四号違反と処理されている。一般に五〇％のシェアが一号と四号の振り分け基準であるとの指摘がある。

第二に、価格制限の対象となる製品が、特定ブランドのみにかかる場合である〈類型2〉。例えば石川県水晶米販売事業協同組合事件[8]では、石川県において水晶米ブランドの精米を販売する小売業者による価格制限が四号違反とされた。他の有力なブランド米が存在し、うるち精米市場における同組合の市場シェアが約三〇％に過ぎないことが、一号違反とされなかった理由のようである。[9]

第三に、価格制限の対象となる製品が、制限参加者の取り扱い製品の一部のみにかかる場合である〈類型3〉。例えば日本靴塗料工業会事件[10]では、国内総生産量のほとんど全てを占めるメーカーが、靴クリームのうち、塗布器付製品、及び雑製品群の二種のクリームにつき価格を引き上げたことが、四号違反とされた。

第四に、価格制限の対象地域が狭い場合である〈類型4〉。例えば、最近の石川県理容環境衛生同業組合金沢支部事件[11]では、金沢市において理容業を営む者のほとんどを占める金沢支部において、理容料金の割引禁止及び広告活動の制限が決定されたことが、四号違反とされた。一般に団体の「支部」における価格制限には一号ではなく四号が適用されるとの指摘がある。[12]

なお、上記類型の多くの事例において、価格制限が事業者団体の構成員により概ね遵守されていた事実、すなわち価格制限が実効性を有していた事実が認定されている。

2　一号適用の可能性

以上の価格制限の類型について、一号ではなく四号を適用する合理性は存在するのであろうか。市場支配力の「存在の認定」、及び市場支配力の「程度の区別」という二点について、合理性が問題となる。

第一に、市場支配力の「存在の認定」という点において、以上の類型に合理性は存在しない。まず、〈類型１〉について、確かに市場が合目的的に画定されれば、当事者が一定の市場シェアを有することは、産出量削減による価格引き上げの経済的必要条件である。当事者が市場価格に影響を及ぼすだけの産出量を有さなければ、産出量削減は当事者にとって経済的損失をもたらすのみである。しかし、このような理論分析を待つまでもなく、価格引き上げは成功したのである[13]。また〈類型２〉について、製品が差別化されている市場においては製品間の需要の交叉弾力性が低く、同質財市場におけるよりも価格引き上げの可能性が高まるとも言えそうである。さらに〈類型３〉について、そもそも製品の一部のみで市場が画定されないのか明らかではないし[14]、日本靴塗料工業会事件において一部製品の価格引き上げが可能となった理由は、価格引き上げによる需要の減少を、他の代替製品の需要増大により相殺できたが故のようである[15]。

価格制限のみを目的としたハードコアカルテルについては、制限が実効性を有している限り、市場支配力が存在すると認定すべきである[16]。市場画定・市場シェア算定、製品差別化分析等における市場構造要因は、市場支配力が直接立証できない場合に役立つ間接事実であって、市場支配力の存在が直接事実から明らかであるのに、それらにこだわるのは奇妙である[17]。

それでは第二に、市場支配力について程度、範囲、時間に段階を認め、一号違反と四号違反とを「区別」している可能性はどうか[18]。市場シェアが小さければ、価格引き上げの程度及び実効性は限定的であり、また対象製品及び地理的範囲が限られていれば、市場支配力の弊害が小さいなどとして、一号違反と四号違反との区別につき、規範的評価を行っている可能性である。しかしながら、市場支配力の大小の区別を実際に行うことは困難であるし、たとえ可能であるとしても、価格制限の対象となる製品が特定ブランドか否か、また事業者団体支部の競争制限行為か否かといった上記基準によって合理的な区別が可能とは思われない。

さらに、そもそも実効性を有する価格制限について、そのような区別を行うことは許されない。一号と四号の適用法条の違いにより、サンクション上、課徴金対象の可否という重要な違いが発生する。課徴金は不当利得の徴収が目的とされてきたが、価格制限が実効性を有する限り、不当利得は発生しているのである。勿論、課徴金賦課の要件検討は別途必要であるが[19]、四号違反と処理することにより課徴金の賦課対象からあらかじめ除外することは問題である。

結論として、実効性を持って行われている限り、競争の実質的制限に至らない価格制限はないということである。反価値性の高いハードコアカルテルについて一号と四号を区別することは、カルテル規制の実効性を失わしめるだけであり、そもそも事業者団体に厳格な規制を及ぼそうとした四号の趣旨及び目的に反することになろう[20]。

三　四号が適用された非価格制限の事例

1　事例の類型

非価格制限については、行為のみから競争の実質的制限を認定することが困難な場合も多く、詳細な市場分析が必要な場合が多い。四号の適用が特徴的な類型として、以下のようなものがある。

第一に、顧客や販路等を制限する場合である〈類型1〉。例えば、最近の全国病院用食材卸売業共同組合事件[21]では、組合員間で販売地域を割り当て、またその実効性を確保するためにアウトサイダーへの商品の転売を禁止していることが、あわせて四号違反とされた。また、東日本おしぼり協会事件[22]では、組合員間の顧客争奪の制限が仲裁制度、補償金制度等の措置により実効性を持って実施されていることが、四号違反とされた。後者の事件では、アウトサイダーが組合員と同程度存在すること、競合品としての紙おしぼりが存在すること、制限は既存顧客に対してのみであり、新規顧客の争奪には制限がないことが、一号ではなく四号違反との理由と説明される。[23]

第二に、設備や技術を制限する場合である〈類型2〉。例えば、日本ポリオフィレンフィルム工業会事件[24]では、製造設備の新設を制限し、また組合員間の顧客争奪を制限していることが四号違反とされた。本件は、中団法にかつて存在した安定事業について、独禁法適用除外の効果を付与する調整規程が失効することに対処するため、行われたものであった。事業法による増車、営業所新設等の許可制度が存在する場合に、事業者団体が構成事業者の許可申請を制限する場合も当該類型の一つである。[25]

第三に、種類、品質、規格等を制限する場合である〈類型3〉。例えば、教科書協会事件[26]では、教科書の編集・製作上の規格面での競争を回避する取引制限が四号違反とされた。公取委職員による解説によると、「教科書業における品質競争を、どのような題材を取り上げるか、どのような資料を引用するかなどの教科書の内容面での競争と、色刷りや折り込みを使用することによっていかに見やすく、分かりやすいものにするかという教科書の規格面での競争に二分した場合に」、前者の競争が重要であり、本件の場合は前者の競争が激しいことが、一号ではなく四号違反の理由と説明される。[27]

第四に、営業の種類、内容、方法等を制限する場合である〈類型4〉。例えば、浜北市医師会事件[28]では、医師会が広告媒体、広告場所、広告時期、広告回数等の広告活動全般に関して制限を課していた行為が四号違反とされた。医師による広告については、医療法による広告内容の制限があるが、広告方法等については医療法による制約はない。なお、同事件については、勧告審決と同時に、医師会が入会制限、会員の診療科目増設の制限、予防接収の料金制限を行っている疑いがあるとして、警告がなされている。[29]

これら非価格制限の類型のうち〈類型1〉及び〈類型2〉は、事業者団体ガイドラインにおいて、独禁法に

「原則として違反する」類型とされている。そしてガイドラインは一号の適用可能性を示唆するのであるが、実務上は四号違反の処理がほとんどである[30]。これに対して〈類型3〉及び〈類型4〉は、事業者団体ガイドラインにおいて、まず三号や四号の適用を考慮すべき類型とされる。実務上もこれまで一号の適用事例がない類型である。

2　一号適用の可能性

以上の非価格制限の類型について、一号適用ではなく、四号適用の合理性は存在するのであろうか。確かに非価格制限については、市場への影響が一義的でない場合が多く厚生上の評価が難しいが、非価格制限はしばしば市場支配力を前提としており、また単純な価格制限よりも競争制限の実効性が強い場合がある。したがって、単に非価格制限という理由のみから、一号の適用を回避することがないよう注意が必要である。次の二つの場合が問題となる。

まず第一に、非価格制限が、単なる価格の合意よりも、価格競争を減殺する可能性が強い場合がある。例えば顧客・販路の制限〈類型1〉は、高級カルテルと呼ばれてきたハードコアカルテル類型の一つであり、制限参加者の非対称性に起因する価格・数量水準に関する合意の困難性を克服することができ、逸脱の監視が容易であることから、単なる価格制限よりも制限の実効性が強い場合がある。上記の全国病院用食材卸売業共同組合事件は、地域制限の実効性を確保するためにアウトサイダーの参入制限まで実施されていたのであり、何故一号の適用がなされなかったのかという疑問がある[31]。

また第二に、たとえ激しい価格競争が行われていたとしても、非価格制限が効率性を大きく損なう可能性が指摘されている[32]。このような視点からは、設備投資や技術の制限〈類型2〉や種類、品質、規格等の制限〈類型3〉についても、事実関係に応じて、競争の実質的制限ありとの評価が可能である。設備等の制限は、既に指摘がなされているように[33]、根本的に市場の需給関係を歪めるものとして、単なる価格や数量の合意以上に競争制限的との評価もあり得る。また教科書の規格制限については、制限による望ましい社会便益は考えにくく、「いかに見やすく、分かりやすいものにするか」という規格競争は、需要者に大きな便益を与えそうである。[34]

以上のように非価格制限は、①価格競争を著しく減殺する可能性があり、また②価格競争を減殺することがなくとも効率性を大きく損ねる場合がある。したがって、非価格競争であることのみを理由として、一号の適用を回避するべきではない。

四　一号適用を積極的に検討すべき場合

1　累積効果

傾向として、公取委は、非価格制限に対する一号適用に慎重である。あたかも詳細な事実認定や市場分析が必要な場合には一号適用を回避するかのようである。しかし上で見たように非価格制限に対しても、厳格な独禁法的規制が要請される場合が存在する。これまでの法運用は勧告審決の事例が多く、詳細な事実関係が明らかでない場合も多いが、次の二つ場合には、より詳細な市場分析が要請されるように思われる。第一に、非価格制限が並行実施されており、その累積効果が問題になる場合である。第二に、価格に関する政府規制が存在する市場において、非価格制限が実施される場合である。順に検討する。

事業者団体における非価格制限が問題となる場合には、複数の非価格制限が実施されていることが少なくない。そのような場合には、並行実施されている非価格制限の累積効果を検討することが、一号の立法意図から必要である。なぜならば一号は、特別の行為要件を設けず、事業者団体による競争の実質的制限を禁止するからである。また、このような解釈手法は、三条においていわゆる「合わせ技一本」の解釈手法[35]が採用されているバランスからも、当然に許容される分析手法である。

特に、これまでの事件においては、同一市場における制限でありながら三号、四号、及び五号を行為ごとに適用した事例も少なくない。例えば、観音寺市三豊郡医師会事件[36]では、医療機関の開設制限、診療科目の追加制限、増床・増改築の制限等について、同一の名宛人に三号及び四号が適用されている。このような場合は、複数の制限行為による累積効果を検討する必要が、常に存在する。なぜならば、八条一項において三号、四号、及び五号は一号の補完規定である。しかし、むしろこれら補完規定の存在ゆえに一号の適用がおろそかになれば、本末転倒だからである。

累積効果の問題について興味深い事例が、広島県石油商業組合事件[37]である。同事件では、ガソリンスタンド前での旗振り禁止、安値看板の設置禁止や記念セールの制限行為等、様々な競争活動の制限行為を「一体として」評価する解釈手法が採用された。八条における累積効果検討の事例である。ただし広島県石油商業組合事件では、何故に「一体として」一号違反を問い得なかったのかが問題である[38]。

2　価格規制下の非価格制限

Ⅱ期における典型的事例の一つは、医師会における非価格制限の事例である。日本建築家協会事件を境として、自由業に対しても独禁法の適用がなされるようになったことは、積極的に評価されるべきである。しかしこれまで医師会にかかる非価格制限の事例に一号違反の事例はなく、全て四号違反の事例である。そもそも公取委が、医師会に対して一号を適用することに慎重であることは、明らかである。例えば、医師会ガイドラインは、「新規開業等の制限に関する行為」について、一号違反の可能性には言及せず、三号ないし四号違反の可能性のみを示唆する[39]。しかし事業者団体ガイドラインは、同様の行為について一号違反の可能性を明示するのである[40]。

医師会に対する一号適用の消極性について、その理由は必ずしも明らかではない。しかし考えられる理由として、医療の分野における価格規制の存在故に、公取委が、非価格制限に対する独禁法適用に消極的である可能性がある。というのは、とりわけⅡ期の事例には、医師会のみならず、医薬品・医療機器販売業(41)、運輸業(42)、教科書業といった、価格に関して何らかの公的規制が存在する市場における事例が、多く見られるからである。

もしこの推論が正しければ、公取委実務とは逆に、価格規制存在下における非価格制限に対しては、むしろより厳しい独禁法的規制が要請されると考えるべきである。すなわち、教科書協会事件におけるような品質制限については、そもそも価格競争が存在しないのであれば、残された非価格競争の重要性は通常の市場におけるよりも更に高く、その制限に対してはより厳しい独禁法的評価が可能であるし、また医師会や運輸業の事例における新規参入制限行為に対しては、規制により獲得した市場支配力の維持行為、又は規制を利用した市場支配力の獲得行為として厳しい独禁法的規制が要請される。

規制産業のみならず、公取委は、独禁法適用の限界場面で安易に四号適用に回避する傾向があるように思われる。例えば、日本レコード協会事件(43)は、レコード及び音楽テープの再販売価格カルテルが問題となった事例である。再販売価格カルテルに一号や三条を適用した事例(44)と事実関係に大きな違いがあるとは思えないが、公取委は当該事件に四号を適用している。この点、著作物再販契約に関する適用除外制度の存在が、公取委の判断に影響を与えたのかもしれない。しかし、垂直的な再販契約が適法に締結できることは、水平的な再販売価格カルテルの実効性をむしろ大きく高めるのであって、より一層厳格な独禁法規制が必要とされるのである。

価格規制の存在下における非価格制限については、価格規制が存在しない通常の市場におけるよりも競争に与える影響は大きく、一号適用の可能性を積極的に検討するべきである。

五　おわりに

独禁法は事業者団体に厳格な規制を及ぼす立場を明らかにしている。四号はその現れである。したがって本来一号を適用すべき事例に対して四号を適用することは、四号の趣旨及び目的に反することになる。本稿はこのような観点から、四号のこれまでの適用事例を検討した。

まず価格制限については、制限が実効性を有する限り一号を適用すべきであって、四号を適用することによりサンクションを弱めることは望ましくなく、また許されない(45)。ただしⅡ期において、あからさまな価格制限に対する四号適用事例は減少しているように思われ、この点は評価できるところである(46)。

次に非価格制限については、市場に与える影響の程度から、むしろ価格制限よりも競争制限的と評価できる場合が存在するのであり、単に非価格制限という理由のみで一号の適用を回避するべきではない。特に、非価格制限の並行実施による累積効果、及び価格規制下の非価格制限については、積極的に一号の適用を検討するべきである。

もっとも実際上、刑事罰の可能性が低く、また非価格制限への課徴金賦課について、特に効率性を阻害するが現在の価格競争に影響を与えない類型への賦課が難しいことを考えるならば、四号違反を理由とした勧告審決による事件処理には、法執行のコストの点において合理性が存在しそうである。しかしながら安易な法執行は、四号の趣旨に反することになるばかりか、市場分析手法の深化（拘束そのものを問題視する姿勢から、市場に与える影響を検討する姿勢への転換）や、事例の積み重ねによる法規範の生成を困難にすることになる。

(1)　三号及び四号は、八条一項一号及び三条と比して刑罰が軽く(八九条一項、九〇条二号)、八条一項一号及び三条と異なり課徴金が課されることがない（七条の二、八条の三参照)。

(2)　①は、四号の規制範囲（外延）の画定問題である。「事業者としての共通の利益を増進することを主たる目的とする」（二条二項）事業者団体が、如何なる限度で、構成事業者の活動を規律できるかという問題である。事業者団体の自主規制の限界問題という重要な問題として現れる。

(3)　根岸哲『経済法』六三頁（放送大学教育振興会・二〇〇〇年）参照。

(4) 厚谷襄児「事業者団体の独禁法違反事件にみる法の適用」ＮＢＬ一一一号一八頁（一九七六年）参照。また、高瀬恒一「八条一項四号と一号の関係」公正取引二三五号二〇頁（一九七〇年）参照。
(5) 昭和五四年九月一九日審判審決・審決集二六巻二五頁。
(6) 厚谷襄児他編『条解独占禁止法』三〇三頁以下（和田健夫執筆）（弘文堂・一九九七年）、今村成和他編『注解経済法・上巻』三七五頁以下（地頭所五男執筆）（青林書院・一九八五年）参照。公取委職員による分類として、樽見安敏・三浦文博「事件解説」公正取引四九四号六二頁（一九九一年）参照。
(7) 昭和四八年六月二九日勧告審決・審決集二〇巻四一頁。
(8) 平成八年一月一二日勧告審決・審決集四二巻一八五頁。Ｉ期の事例であるが、同一地域における同種製品の価格制限をブランド代理店会ごとに四号違反とした事例として、大阪キッコーマン会事件、大阪東丸会事件、大阪丸金会事件（昭和四三年八月一〇日勧告審決・審決集一五巻四〇頁、四五頁、五一頁）参照。
(9) 吉武三男「本件解説」公正取引五四六号六二頁（一九九六年）。
(10) 昭和四六年一月二六日勧告審決・審決集一七巻一六三頁。
(11) 平成一二年四月二六日勧告審決・審決集四七巻二五九頁。Ｉ期の事例であるが、楽しい手芸のハマナカの地域代理店会に対する三つの事件（昭和四四年四月一八日勧告審決・審決集一六巻一〇頁、一七頁、二三頁）、及びコクヨ卸売業者の地域団体に対する二つの事件（昭和四一年一〇月二七日勧告審決・審決集一四巻四六頁、四九頁）は、〈類型２〉と〈類型４〉の複合である。
(12) 厚谷他編・前掲注（6）三〇三頁参照。
(13) 価格カルテルにかかる市場画定については、林秀弥「競争法における関連市場の画定基準（二・完）」民商一二六巻二号二二九頁（二〇〇二年）を参照。
(14) 日本靴塗料工業会事件について公取委職員は、二種のクリームについて、用途や取引段階の相違などから、製品ごとに「それぞれ別個の取引分野が成立することも考えられるのである」とする（荒瀬寿彦「本件解説」公正取引二四六号三三頁（一九七一年））。
(15) 塗布器付製品につき四号適用の理由を、公取委職員は「塗布器付製品も、値上げをしていない大瓶入りと競合関係にあることを考慮」したと説明するが、塗布器付製品も大瓶入り製品も同一生産者が製造しているのであって、いわゆるユニラテラル効果による価格引き上げが可能となった事例である。勿論、ここではユニラテラル効果に関する分析がなされなかったことが問題となる訳ではない。ユニラテラル効果も価格引き上げを可能にするメカニズムの一つであって、価格引き上げに注目しておれば、ユニラテラル効果も当然に規制対象になったことが重要である。

(16)　川濱昇・瀬領真悟・泉水文雄・和久井理子『ベーシック経済法』一〇二―一〇五頁（瀬領真悟執筆）（有斐閣・二〇〇三年）参照。

(17)　大阪バス協会事件（平成七年七月一〇日審判審決・審決集四二巻三頁）では、認可運賃内（幅運賃制度における下限と上限内）における価格協定（「学校遠足向け輸送の取引」の一部）について、①実効性ある価格協定の存在を認定しつつ、②「本件全証拠によっても、果たしてこの範囲のものが一定の取引分野を形成していたかどうかを確定するには足りない」、また③「会員貸切バス事業者がどの程度の比率を占めていたかを明らかにすることができない」として、結果、「一定の取引分野における競争が実質的に制限されたということは無理である」とする。しかし、①は市場支配力の存在を直接に示しており、その存在にもかかわらず③にこだわるのは大変奇妙である。②は法律要件であるが、価格制限の対象を基にすれば、それ程困難な認定になるとは思われない。

(18)　行為類型ごとに市場支配力の程度を「区別」する解釈論の可能性について、川浜昇「『競争の実質的制限』と市場支配力」（正田彬先生古稀記念論文集『独占禁止法と競争政策の理論と展開』（三省堂・一九九九年）所収）一一五頁参照。

(19)　七条の二第一項ただし書きは、課徴金の計算額が五〇万円未満であれば、その納付を命じ得ないとする。これは徴収額が少額であるような場合であっても、課徴金賦課の検討対象となることを示している。

(20)　これは価格制限について、三条や八条一項一号の適用対象を拡大せよとの主張である。例えば、ブランド内競争の制限を競争の実質的制限と認めない理解は伝統的独禁法学のドグマの一つであるが、その非合理性は既に指摘されている（根岸哲「独禁法三条・八条一項・一九条の相互関係」（松下満雄先生還暦記念論文集『企業行動と法』（商事法務研究会・一九九五年）所収）四一―四四頁）。

(21) 平成一五年四月九日勧告審決・審決集未搭載。
(22) 平成七年四月二四日勧告審決・審決集四二巻一一九頁。また、熊本県エル・ピー・ガス保安協会事件（昭和四六年一二月二七日勧告審決・審決集一八巻一二六頁）、関東地区登録衛生検査所協会事件（昭和五六年三月一七日勧告審決・審決集二七巻一一六頁）、札幌環境維持管理協会事件（平成三年一二月二日勧告審決・審決集三八巻一三一頁）参照。
(23) 山下孝「本件解説」公正取引五三九号七八頁（一九九五年）参照。なお一号適用の問題を論じる田村次朗「本件評釈」『独禁法審決・判例百選［第五版］』一一五頁（一九九七年）参照。
(24) 昭和五〇年三月七日勧告審決・審決集二一巻二五五頁。また、クレーン車の増車制限を四号違反とした石川県鳶工業会事件（昭和五三年二月一日勧告審決・審決集二四巻一二四頁）参照。
(25) 岡山県トラック協会事件（昭和五八年三月三一日勧告審決・審決集二九巻一〇〇頁）、新潟市ハイヤータクシー協会事件（昭和五六年四月一日勧告審決・審決集二八巻三頁）参照。
(26) 平成一一年一一月二日勧告審決・審決集四六巻三四七頁。
(27) 小林栄・山本真一・小笠原護「本件解説」公正取引五九二号九二頁（二〇〇〇年）参照。
(28) 平成一一年一月二五日勧告審決・審決集四五巻一八五頁。また、大牟田薬業組合事件（昭和四〇年一〇月五日勧告審決・審決集一三巻八四頁）参照。
(29) 稲田和成・金子智門「本件解説」公正取引五八二号七三頁（一九九九年）参照。
(30) Ⅰ期には一号適用事例が存在する。法適用の一貫性を欠く点を批判するものとして、今村他編・前掲注（6）三七七―三七八頁参照。
(31) 井上敦士・田村信正「本件解説」公正取引六三二号六六頁（二〇〇三年）には、四号適用の理由ないし一号不適用の理由は述べられていない。
(32) 後藤晃・鈴村興太郎『日本の競争政策』八九―九一頁（柳川範之・大東一郎執筆）（東京大学出版会・一九九九年）参照。
(33) 根岸哲・舟田正之『独占禁止法概説［二版］』一四三頁（有斐閣・二〇〇三年）参照。

(34) 同事件については、後で述べる価格規制下での非価格制限という問題もある(「教科書の発行に関する臨時措置法」一一条参照)。
(35) 白石忠志『独禁法講義〔二版〕』七八頁(有斐閣・二〇〇〇年)参照。
(36) 平成一一年一〇月二六日審判審決・審決集四六巻七三頁。
(37) 平成八年六月一三日審判審決・審決集四三巻三二頁。もっとも同事件では、複数の制限行為が一体としてルール化されていたという事実が存在する。
(38) なお、累積効果から一号違反を認定する場合に、如何なる限度で排除措置を命じ得るかという問題がある。例えばA行為とB行為が存在し、それらの累積効果で初めて一号違反が認定できる場合に、両行為の排除措置(八条の二)を認め得るかという問題がある。いずれか一方の違反行為を排除すれば一号違反は消滅し、両行為を排除する必要性がないとも言えるからである。しかし一方の行為を排除して一号違反が消滅しても、もう一方の行為が残り、改めて三号や四号を適用しなければならないというのは、不合理である。したがって一号違反の排除措置として、A行為とB行為の双方を排除措置の対象にし得ると考えるべきである。
(39) 公取委事務局「医師会の活動に関する独占禁止法上の指針」1・(2)(昭和五六年八月七日)参照。
(40) 公取委「事業者団体の活動に関する独占禁止法上の指針」第二・5(平成七年一〇月三〇日)参照。
(41) 日本人工臓器工業協会事件(昭和五九年一二月六日勧告審決・審決集三一巻七二頁)、日本製薬工業協会事件(昭和五八年六月三〇日勧告審決・審決集三〇巻三五頁)参照。ただし前者の事件に関する公取委職員の解説は、公的規制の存在が一号不適用の理由ではないとする(栗田誠「事件解説」公正取引四一二号五八頁(一九八五年))。
(42) 例えば、大阪バス協会事件の他、福島県トラック協会事件(平成八年二月二九日勧告審決・審決集四二巻一八九頁)、三重県バス協会事件(平成二年二月二日勧告審決・審決集三六巻三五頁)参照。
(43) 昭和五五年四月二四日勧告審決・審決集二七巻一八頁。また、再販売価格維持契約励行委員会事件(昭和三五年五月三〇日勧告審決・審決集一〇巻二二頁)参照。
(44) 同時期の事案として、四国ブロック環境整備推進会議事件(昭和五七年二月二六日勧告審決・審決集二八巻七二頁)、日糧製パン他事件(昭和五七年七月二八日勧告審決・審決集二九巻四五頁)参照。

(45) 実効性のない価格制限については、一号の適用は不可能であり、四号が適用される。価格引き上げが合意されたが実勢価格の引き上げが不可能であった場合(日本製薬工業協会事件(昭和五八年六月三〇日勧告審決・審決集三〇巻三五頁)、前掲福島県トラック協会事件、日本冷蔵倉庫協会事件(平成一二年四月一九日審判審決・審決集四七巻三頁))がこれに該当する(中村徹・沢田寿康「事件解説」公正取引三九四頁(一九八三年)、横田裕昭・斉藤修「事件解説」公正取引五四七号六〇頁(一九九六年)参照)。なお判例は、不当な取引制限の成立時期についていわゆる合意時説を採用し、必ずしも実際に価格を引き上げる必要はないとする。したがって、①未だ価格を引き上げていない場合であっても一号違反を問うべき場合があるし、②価格引き上げが一部の者に止まっている場合であっても(一部会員が実行していたにとどまるから四号違反とした最近の事例として、堺市薬剤師会警告事件(五十嵐收「事件解説」公正取引五九二号九六頁(二〇〇〇年)参照)、潜在的に価格引き上げ能力が認められれば、一号違反を問うべきである。そして、このような場合にこそ、市場画定・市場シェア算定、製品差別化等の市場構造分析が必要とされるのである。

(46) しかしあくまで傾向的に減少しているというだけであり、Ⅱ期においても、価格制限にもかかわらず四号適用の合理的説明が不可能な事例が存在する。例えば、本文で言及した石川県水晶米販売事業協同組合事件、石川県理容環境衛生同業組合金沢支部事件の他、落石防護製品協会事件(平成八年五月三日勧告審決・審決集四三巻三〇五頁)参照。

地方自治体における入札改革の広がりと成果

鈴木　満

はじめに

筆者は、永年、入札談合（公共入札において、あらかじめ入札参加者が話し合って受注すべき者と価格を決めてしまう行為。以下「談合」という）の実態を調査し、「どうしたら談合をなくすことができるか」を追求してきたが、談合を排除する方法としては次の四つがあると考えている。

第一は、独占禁止法を運用して排除する方法である。談合は、同法第二条六項に規定する不当な取引制限に該当し、同法第三条又は第八条一項一号に違反する行為であるから、同法により規制することが基本である。しかし、談合は「密室の犯罪」といわれるようになかなか見つからない上に、見つかったとしても公正取引委員会の事件処理能力には限界があり、同委員会が一年間に独占禁止法により排除する談合は三〇件程度にすぎない（平成一二～一四年度における勧告件数は計七三件であり、年平均二四件強である）。国や地方自治体（以下「自治体」という）において談合が蔓延していることは誰も疑わないから、独占禁止法により排除される談合は「ほんの一握り」でしかないということになる。

第二は、捜査機関が談合を刑法第九六条の三第二項の談合罪として取締る方法である。
第三は、発注機関等が民事上の手続により談合の存在を立証し損害賠償を請求する方法である。
第四は、発注機関が入札改革を行い、談合のしにくい入札方式を導入する方法である（なお、第一の方法が入札改革を促す効果があることは後述のとおり）。

このうち、第一ないし第三の方法はいずれも事後規制的な措置であり、第四の方法は予防的な措置であるという違いがある。

本稿では、事後規制的な措置も必要であるが、予防的な措置をより優先すべきであるとの考えから、主として第四の方法を対象にし、その進捗状況および成果を検討する。また、発注機関は国レベルと自治体レベルに大別されるが、以下では主として自治体レベルの入札改革にスポットを当てる。その理由は、①一般的にいえば、入札改革は国レベルよりも自治体レベルの方が進んでいると思われること、②入札改革の進め方を自治体ごとに詳しくみていくことで今後進むべき方向のヒントが得られると思われることである。

検討に当たっては、筆者が行った、以下の調査（主としてウ）を参考にする。

ア　平成一二年六月実施の「地方自治体の入札談合防止対策の実施状況に関する調査」（以下「一二年調査」という。この調査は、都道府県、東京特別区および市（計七四一自治体）を対象に行ったものであり、回収数は五〇五自治体、回収率は六八・二％であった）

イ　同一四年六月実施の「地方自治体の入札談合防止対策の実施状況に関する調査」（以下「一四年調査」という。この調査は、都道府県、東京特別区および市（計七四五自治体）を対象に行ったものであり、回収数は五三四自治体、回収率は七一・七％であった）

ウ　同一六年二月実施の「地方自治体の入札制度改革の進捗状況等に関する調査」（以下「一六年調査」という。この調査は、都道府県、東京特別区および人口一〇万人超の市（計二九六　自治体）を対象に行ったものであ

り、回収数は二二七自治体、回収率は七六・七％であった）

一　入札改革の進捗状況

1　国および自治体における入札改革の経緯

(1)　平成六年の政府の行動計画

平成五年に公共工事をめぐる贈収賄事件が全国各地で発生したことを受けて、中央建設業審議会は、「公共工事に関する特別委員会」を設けて審議し、同年一二月に建設業法第三四条一項に基づき政府に建議をした。この建議は、①一般競争入札（以下「一般競争」という）の範囲の拡大、②新しい指名競争入札（以下「指名競争」という）方式の導入、③談合排除措置の強化が柱であった。この建議を受けて政府は、平成六年一月、「公共事業の入札・契約手続の改善に関する行動計画」（以下「行動計画」という）を閣議決定した。この行動計画の①②は、おもに次のような内容であった。

ア　一般競争方式の本格的採用
イ　公募型指名競争方式の導入
ウ　工事希望型指名競争方式の導入
エ　工事完成保証人制度の廃止
オ　談合情報対応マニュアルの制定
カ　入札監視委員会の設置
キ　入札結果・予定価格の公表

入札改革の進捗状況を紹介する前に、以下、なぜこれらの項目が入札改革の実施項目としてあげられたかを説明する。

⑵　従来型指名競争の問題点

上記のア、イおよびウは、従来型指名競争の欠点を補うものとして導入されることになった。すなわち、従来型指名競争は、発注機関が業者の中から五〜一〇社を選定して入札に参加させるものであり、不良業者を排除し信頼のおける業者のみを入札に参加させることができる、業者数が限定されるため発注事務が煩雑にならないなどの利点がある反面、入札参加者が少数に限定されるので談合を行うことが容易になること、発注担当者の恣意性が発揮されやすくなり、政官業の癒着が生まれるおそれがある、入札参加の意欲がある業者が入札に参加できない不合理が生ずるなどの欠点があることが指摘されていた。このほか、現行入札方式では、民間業者の優れた技術を入札に反映されないという問題も指摘されていた。

行動計画は、これらの問題を解消するため一般競争の本格的採用のほか、新しい入札方式の導入が図られることになった。

⑶　公募型指名競争

イの公募型指名競争とは、発注機関が入札参加者を募り、これから技術資料を提出させて、この資料の審査結果により入札参加者を指名した上で入札を行う入札方式であり、入札参加の意欲がある業者を入札に参加させるとともに民間業者の優れた技術を入札に反映させようとするものである（後段は、次の工事希望型も同じ）。

⑷　工事希望型指名競争

工事希望型指名競争とは、発注機関が技術資料を提出させる者を独自に選定し、これらの意向を打診し、入札参加者の意欲があり技術資料の提出のあった者の中から、資料の審査結果により入札参加者を指名して入札を行う方式である。

(5)　工事完成保証人制度

工事完成保証人制度は、平成八年ごろまではほとんどの発注機関が採用していた仕組みである。工事完成保証人とは、工事を途中で投げ出した業者に代わって工事を完成させる業者のことであり、発注機関は、この保証人を同じ入札に参加した業者から選定させる仕組みを採っていた。談合に加わらない業者の保証人を引き受ける者はいないから、仮に談合に加わらない業者が落札したとしても、保証人を見つけることができないので契約には至らないことになる。すなわち、この制度は談合の実効確保手段として機能していたのである。公正取引委員会からの問題提起を受けて、行動計画において廃止の方向が示された。このため、平成一一年ごろまでには、国はもちろん自治体においてもほぼ廃止されている。しかし、今から一〇年近く前まで(談合の被害者であるはずの)発注機関が談合の実効確保手段となるような制度を自ら採用していた事実は、発注担当者が談合に関与するいわゆる官製談合が全国的に蔓延していたことを物語っている。

(6)　談合情報対応マニュアル

発注機関に談合情報がもたらされることが多いが公正取引委員会に通報されることはほとんどなかった。このため発注機関側で公正取引委員会に情報を通報するための手続をマニュアル化し、これを促進することとされた。なお、平成一三年四月に施行された入札適正化法第一〇条には、談合があると疑うに足る事実があるときの公正取引委員会への通知義務が規定されている。

(7)　入札監視委員会の設置

発注手続はとかく不透明な部分が少なくなく、これが談合を生む素地になった可能性があるので、透明性を高めるために学識経験者等の第三者を活用した委員会を設置する必要があるとするものである。なお、前記入札適正化法第一五条の規定に基づいて定められた適正化指針において、発注機関に対し、第三者機関の設置、運営の概要および議事の概要を公表する旨が規定されている。

表1　自治体における入札改革の実施状況（16年調査）

	実施済み	実施予定	未実施	計
都道府県・政令都市	48(96.0%)	2(4.0%)	0(－)	50(100.0%)
10万人超の市区	150(84.7)	10(5.6)	17(9.6%)	177(100.0%)
合　　計	198(87.2)	12(5.3)	17(7.5)	27(100.0%)

（注）静岡市は、旧静岡市と旧清水市とが合併し政令指定都市になっているが、今回の調査では旧市からそれぞれ回答を得たので、政令指定都市には含めなかった。

(8)　予定価格の公表

予定価格とは、発注担当者が入札案件ごとに設計金額を積算しこれを基に定めるものであり、落札価格の上限額として機能している。発注機関は、予定価格を上回る入札価格を失格として取り扱っているためであり、これを「予定価格の上限拘束制」という。

かつては発注機関が予定価格を外に漏らすことは考えられなかった（法的に規制されていた）が、その後、入札適正化法に基づく適正化指針において発注機関の公表事項に含められ、事前公表が公式に認められることとなった。後述のとおり、国レベルでは現在でも認められていない。

2　自治体における入札改革の進捗状況

一六年調査によれば、最近三年以内に何らかの入札改革を実施した自治体は、都道府県・政令指定都市（以下「都道府県等」という）において九六％、人口一〇万人超の市および東京都特別区（以下「市区」という）において八五％、全体で八七％に上っており、実施しなかった自治体はごく僅かである（表1参照）。

3　自治体が実施した入札改革の内容

表2は、自治体が最近実施した入札改革の内容である。

(1)　予定価格の事前公表

一六年調査で最も多かったのが「予定価格の事前公表」であり、全体の七〇・二％に当たる一三九自治体が実施している。一二年調査では（都道府県、東京特別区および人口

表2　自治体が実施した入札改革の内容（16年調査）

	都道府県・政令都市	10万人超の市区	計
予定価格の事前公表	38（ 79.2%）	101（ 67.3%）	139（ 70.2%）
新たな入札制度の導入	14（ 29.2）	56（ 37.3）	70（ 35.4）
一般競争入札の拡大	19（ 39.6）	51（ 34.0）	70（ 35.4）
郵便入札の導入	8（ 16.7）	40（ 26.7）	48（ 24.2）
ランク制の見直し	12（ 25.0）	22（ 14.7）	34（ 17.2）
電子入札の導入	6（ 12.5）	6（ 4.0）	12（ 6.1）
そ　の　他	24（ 50.0）	54（ 36.0）	78（ 39.4）
回　答　計	48（100.0）	150（100.0）	198（100.0）

（注１）　複数回答可なので、合計は100%を超える。

（注２）　郵便入札は、入札参加者が入札書類を郵便局止め又は配達期日指定で郵送する方式に限定し、入札書類が発注官庁に通常の方法で配達される方式のものは（入札時点で誰が参加したかが分かるので）郵便入札に含めていない。

一〇万人超の市では）二一二自治体の三六・三％に当たる七七自治体が予定価格の事前公表を実施していたので、この四年間にほぼ倍増したことになる。

一二年調査時点は、自治体が予定価格を事前に公表することは公式には認められていなかったが、全体の三分の一を超える自治体がこれを実施していたことになる。なぜ自治体がこれほどまでに予定価格の事前公表にこだわるのであろうか。一四年調査においてその理由を調査している。その理由として最も多かったのが透明性の確保であり、次いで不正行為の防止であった。

予定価格は、入札参加者にとって落札価格の上限を意味する「重要な情報」であるから、これを公表することは透明性が高まるというのが公表する理由である。ただし、この理由はいわば「建前」であり、「本音」は不正行為の防止であることが自治体に対するヒアリングで分かっている。つまり、予定価格を伏せて（事前に公表しないまま）入札を行うと、入札参加者は（それが自分にとって重要な情報であるから）これを知りたいと考えて、あの手この手を使ってこれを探ろうとする。これに乗って発注担当者等が予定価格を漏らすと違法行為になる。これを防止するため予定価格を事前に公表するのである。

国レベルにおいては現在でも予定価格の事前公表が行われていな

い。その理由は、公表すると「談合を助長し、落札価格を高くする」というものである。しかし、一六年調査によれば、予定価格の事前公表をした一三八の自治体のほとんどは落札率が低下したと回答しており、落札率が上昇したと回答したのは九自治体（六・五％）にすぎず、この見解を実証することはできなかった。

予定価格を事前公表している自治体の悩みは別のところにある。一六年調査で分かったことは、予定価格を事前に公表すると同時に、これを基準とした最低制限価格を設定したところ、入札価格が最低制限価格付近に集中し、くじで落札者を決めるケースが多発した自治体が少なくないことである。入札参加者は、最低制限価格付近の価格を提示しないと落札できないと考えて行動するから、同札が多発するのである。くじで落札者を決定する方法は予算決算及び会計令第八三条一項等でも認められており、一概に問題であるとはいえない。しかし、これが多発するという現象は、最も効率的な業者を競争により選定するという入札の仕組みから考えて、好ましいものとはいえない。

この弊害を排除するため横須賀市は、平成一六年四月から「平均額型最低制限価格制」を導入した。この制度は、入札価格の低い順に一〇者を選定し、その平均価格の九〇％を最低制限価格に設定するというものであり、長野県が採用している変動型最低制限価格制（この場合は、入札価格の低い順に五者を選定し、その平均価格の八〇％を最低制限価格に設定するというもの）等を参考にしたものである。最低制限価格を入札価格を基準に設定する「変動型」にすれば、入札参加者は最低制限価格が「読めない」からくじで落札者が決まるという現象は起きにくくなり、また、最低制限価格が市場価格を反映したものになるというメリットがある。

一方、長野県では、①平成一五年度前半（四月から八月まで）には六五・五％であった平均落札率が、年度後半（同年九月から一六年三月）には七七・五％に一二％ポイントも上昇し、②同年度前半には一〇・五社であった平均参加者数が、年度後半には五・三社に減少し、さらに、③年度前半にはほとんどなかった「応札者なし物件」（入札参加者が一社もなかった物件）や「不調物件」（応札価格がすべて予定価格を上回った物件）が、年度後半には全体の一三％強も出現するという現象が同時に起こった。なお、「応札者なし物件」及び「不調物件」は、主として山間地の小規模工事で集中的に生じていることが分かった。

同県では、平成一五年九月から予定価格の事前公表を中止していたため、当初、この影響ではないかと考えられた。しかし、予定価格の事前公表をやめるとなぜこうした現象が起こるのか、そのメカニズムがよく理解できず、その後の状況を監視することになった。

平成一六年度前半は、前年度後半と比較して、①平均落札率が下がり、②平均参加者数が増え、③「応札者なし物件」及び「不調物件」がまったくないという状況であった。しかし、一六年度後半に差し掛かった同年九月になると、年度前半と比較して、①平均落札率が上昇し、②平均参加者数が減少し、③「応札者なし物件」及び「不調物件」が再び増加に転じてきた。

こうした状況から、年度前半には落札率が低下（参加者数が増加）し、「応札者なし物件」及び「不調物件」が減少し、年度後半にはこの状況が逆転するのは「季節変動」によるものではないかと考えられるようになった。すなわち、年度前半には、発注量が減るのに対し、年度当初にある程度の受注量を確保しておきたいという企業心理が働き、安値でも受注確保に走る業者が少なくないため、入札参加者数が増加し、「応札者なし物件」及び「不調物件」がなくなり、落札率が下がる。これが年度の後半になると、年度前半にある程度受注の確保を終えた業者は、採算性を考えるようになり、採算の悪い（と思われる）山間地の小規模工事物件には手を出さなくなるため、年度前半と逆の現象が起きると考えられたのである。

このように、年度前半に落札率が大幅に低下する原因は、主として供給能力に比して発注量が少なすぎるという「需給要因」によるものと考えられる。

なお、予定価格の事前公表を中止したことが落札率の上昇にまったく関係なかったとはいえない。それは、平成一五年九月と翌一六年九月を比較すると、平均落札率が七一・四％から七三・一％へと一・七％ポイント「底上げ」されているからである。この「底上げ分」は、前記「季節変動説」では説明がつかない。どのようなメカニズムで予定価格の事前公表の中止が落札率を「底上げ」したのだろうか。仮説ではあるが、次のように考えられる。

①入札改革によって、一定の能力があれば誰でも入札に参加できるようになり、従来、下請業者だった者も入札に参加するようになった。こうした業者は、従来、元請業者から請け負っていた金額に近い低い価格で応札するので、落札率を大幅に低下させる要因になった。平成一五年度前半に落札率が六〇%台に低下したのは、前記「季節変動」にもよるが、こうした事情も加わっていたとみられる。②一方、長野県では、一部小規模工事を除いてすべて入札時に工事費内訳書の提出を義務付けている。このため、予定価格が事前に公表されている場合は、これを基に比較的容易に工事費内訳書が作れたが、これが公表されなくなると、積のコストが上昇すると考えられる。③従来、下請業者であった者は、積算能力に長けていないため、予定価格が事前に非公表になると積算コストが過重になり、物件を選んで入札に参加するようになったため、落札率が「底上げ」されたのではないか。

⑵　新たな入札制度の導入

一六年調査によれば、新たな入札制度を導入した自治体は全体の三五・四%に当たる七〇自治体であった。新しい入札制度で最も多かったのが、受注希望者を募り、希望した者全員を指名するという受注希望型指名競争である。この方式は、発注者の恣意性を排除する入札方式としては一般競争と実質的に変わらない。

⑶　一般競争の拡大

一六年調査によれば、一般競争の範囲を拡大した自治体は全体の三五・四%に当たる七〇自治体であった。一般競争の範囲を拡大する場合、多くの発注機関では、まず発注規模の大きい工事から適用し、徐々に小規模の工事にも適用していくという手法を採っているが、実は、一般競争（受注希望型指名競争の場合も同じ。以下、これらを総称して「恣意性を排除した入札方式」という）が適しているのは「誰でもできる定型的な工事」の方である。し

表3　入札改革の落札率への影響（16年調査）

	都道府県・政令都市	10万人超の市区	計
落札率が大幅に低下した	6（ 12.5%）	34（ 22.7%）	40（ 20.2%）
落札率がやや低下した	24（ 50.0）	51（ 34.0）	75（ 37.9）
落札率に変化は見られない	7（ 14.6）	38（ 25.3）	45（ 22.7）
落札率がやや上昇した	0（ －）	14（ 9.3）	14（ 7.1）
そ　の　他	8（ 16.7）	14（ 9.3）	22（ 11.1）
回　答　計	48（100.0）	150（100.0）	198（100.0）

（注１）調査表では「大幅」を定義しなかったため、落札率を５％以上低下させた場合でも「やや低下」と答えた自治体もあった。このため落札率を５％以上低下させた場合を「大幅に低下」と定義し、再集計した。

（注２）３年以内に実施した入札改革の影響について回答を求めたため、それ以前に入札改革を実施した自治体は、調査期間内には「落札率に変化は見られない」と答えている場合がある。しかし、入札改革により落札率を大幅に低下させた実績がある場合は（３年以上前のことであっても）「大幅に低下」に含めた。

（注３）「その他」は、「実施間もないので分からない」や「調査をしていないので分からない」などである。

たがって、一般競争の範囲をいかに小規模の工事まで適用できるかが入札改革のポイントであるといえよう。

(4)　郵便入札の導入

郵便入札とは、参加者が入札書類を郵便局止め又は配達期日指定で郵送することにより入札する方法である。入札会場が不要となるほか、入札の時点で誰が参加したかが入札参加者にも発注担当者にも分からないので談合の防止にも役立つといわれている。一般競争にすると入札参加者が増加することが予想されるが今の入札室では業者が部屋に入りきらないので「一般競争は無理」と考えている自治体もある。この場合、郵便入札にすればこの問題は解決する（入札後に、落札予定者についてのみ資格審査を行う「事後審査方式」を採用すればより効果的である）。一六年調査では、郵便入札を採用しているのは、全体の二四・二％に当たる四八自治体であった。

(5)　電子入札の導入

電子入札とは、入札事務を電子的に行うものであり、郵便入札を一歩進めたものといえる（郵便入札の場合、入札書の入った封筒を開封し、入札価格の低い順に並べ換える作業が必要であるが、電子入札ではこの作業を電子的に行うので事務効率がより高まる)。なお、電子入札に向いているのは誰が入札に参加するかが分からない恣意性を排除した入札方式であり、参加者が限定されている従来型指名競争に電子入札を導入する意味はあまりないといえる。一六年調査では、電子入札を採用しているのは、全体の六・一%に当たる一二自治体であるが、全体の四五・七%に当たる一〇四自治体が「近く導入する予定」と答えており、今後、急速に普及する可能性がある。

二　自治体における入札改革の成果

入札改革によりどのような成果があったかを、主として落札率の変動でみたのが表3である。落札率が大幅に(五%以上)低下した自治体は四〇であり、入札改革を実施した一九八自治体の二〇・二%に上っている。また、落札率がやや低下した自治体は同三七・九%に当たる七五自治体であり、合わせると落札率が低下した自治体は五八・一%に上っている。

(1)　入札改革により落札率を大幅に低下させた自治体

落札率が大幅に(五%以上)低下した四〇自治体が、どのような入札改革を実施してこれを実現させたのかを分析した結果が別表一から三である。これら自治体は次の三つのタイプになる。

タイプⅠ	恣意性を排除した入札方式を中心にし落札率を大幅に低下させた自治体
タイプⅡ	従来型指名競争の競争性を高めて落札率を大幅に低下させた自治体
タイプⅢ	一部に恣意性を排除した入札方式を導入し落札率を大幅に低下させた自治体

このほか、次のようなタイプもある。

タイプⅣ　その他落札率を低位に維持している自治体

以下、タイプ別に詳しくみていくこととする。

(2) タイプⅠ　恣意性を排除した入札方式を中心にして落札率を大幅に低下させた自治体

タイプⅠの自治体は、別表一の二四自治体であり、二二七自治体の一〇・六％に当たる。

恣意性を排除した入札方式の導入時期をみると、平成一〇年度一（横須賀市）、一一年度一（江戸川区）、一二年度一（太田市）、一三年度七（宮城県、千葉市、新宿区、船橋市、姫路市、下関市、高松市）、一四年度一一（長野県、広島市、八戸市、桑名市、四日市市、松坂市、伊勢市、明石市、呉市、佐賀市）、一五年度四（会津若松市、新潟市、豊島区、加古川市）である。

宮城県では、制限付き一般競争など競争性を高める入札方式を平成一三年度から導入した結果、落札率はそれまでの九五％程度から八〇％前後へ一五％ポイント程度低下した。長野県では、制限付一般競争を平成一五年二月から導入した結果、工事で一三年度には九七％程度であった落札率が一五年度には二〇％ポイント程度低い七〇％台になった。新潟市では、平成一五年九月に公正取引委員会が建設談合の疑いで関係箇所を立入検査したのを契機として、制限付一般競争を導入するとともに従来型指名競争についても市外業者を指名するなど競争性を高めた結果、落札率がそれまでの九五・二％から七五・九％に二〇％ポイント程度低下した。明石市では、制限付一般競争を導入したところ、落札率が二〇％ポイント程度低下し、七〇％台前半で推移するようになった。

なお、横浜市は、平成一六年度から三年計画で指名競争から制限付き一般競争に全面的に移行するとしており、その成果が注目される。

(3) タイプⅡ　従来型指名競争の運用改善により落札率を大幅に低下させた自治体

タイプⅡの自治体は、別表二の八自治体であり、二二七自治体の三・五％に当たる。

座間市では、平成一〇年に公正取引委員会が同市の建設談合を摘発したのを契機として、市外業者を指名業者に加えたところ、一一年度以降現在に至るまで、落札率八〇％台前半を維持している。大津市では、それまで市内七地区に分けて発注していたのを平成一四年度から二地区に集約し、指名業者を増加させたところ、その後、落札率は八〇％台半ばで推移している。大牟田市では、平成一五年一月から指名業者数を倍増し、同時に業者名の事前公表を止めたところ、落札率が一五％ポイント程度低下し、七〇％台になった。

タイプⅡの自治体は、従来型指名競争の場合でも、現場説明会を廃止する、指名業者数を増加させる、市外業者を指名する、指名業者の事前公表を止めるなど「談合をかく乱する要因」を導入してやれば、競争性は一挙に高まり落札率は大幅に低下することが分かる。競争マインドを有する業者が一社でも入札に参加すれば談合ができにくいといういわれているが、これらの自治体はこれを実証したことになる。ただし、「談合をかく乱する要因」がなくなれば談合は簡単に復活するので、注意を要する。

(4) タイプⅢ　一部に恣意性を排除した入札方式を導入し落札率を大幅に低下させた自治体

タイプⅢの自治体は、別表三の八自治体であり、二二七自治体の三・五％に当たる。

香川県では、平成一三年四月から一～五億円の工事について工事希望型指名競争を導入したところ、その落札率は一三年度七六・四％（対象一六件）、一四年度八三・〇％（同一〇件）、一五年度八九・〇％（同二件）であり、土木部発注工事の平均落札率（平成一三年度九二・五％、一四年度九一・九％、一五年度九三・〇％）よりも大幅に低くなっている。さいたま市では、平成一四年一二月から参加希望確認型指名競争を導入したが、その落札率は七一・一％で、同一五年度の従来型指名競争の九三～九五％よりも大幅に低くなっている。旧静岡市では、昭和五七年に公正取引委員会が同市の建設談合について法的措置を採ったのを契機として、昭和六二年度から格付等級指定型制限付一般競争（入札に参加できる等級を指定した一般競争）を導入したところ、落札率はおおむね八〇％台半ばになり、さらに平成一五年度から郵便入札を導入したところ八二・五％に低下した。倉敷市では、平成一五年度から郵便入札・公募型指名競争を導入したところ、その落札率は八一・六％で、同期間の全工事の落札率九一・六％よりも大幅に低くなっている（ただし、郵便入札は年間一〇数件で入札件数全体の一％弱）。

タイプⅢの自治体では、恣意性を排除した入札方式を導入すれば、競争性が高まり落札率が大幅に低下することが実証されたことになる。これら自治体では、今後、この入札方式をどう拡大させていくかが課題となっている。

(5)　タイプⅣ　その他落札率を低位に維持している自治体

タイプⅣの自治体は、別表四のとおり七自治体であり、二二七自治体の三・一％に当たる。

神戸市では、従来型指名競争が中心で平成一二年度までは指名業者を事前公表していたが落札率は八四・一％と低く、一三年度に指名業者の事前公表を止めた後も同八〇％台前半を維持している。旧清水市では、平成一五年二月に公正取引委員会が同市の建設談合を摘発したのを契機に（談合が崩壊したのか）落札率がそれまでの九〇％台半ばから八〇％台半ばに一〇％ポイント急落している。和歌山市では、従来型指名競争が中心で以前から指名業者名の事前公表を行っているが、落札率は八〇％台半ばを維持している。

(6)　まとめ

以上のタイプⅠ～Ⅳを整理すると、以下のとおりである。

①タイプⅠの二四自治体の平均落札率は、恣意性を排除した入札方式を導入した結果、九四・九％から八四・

七%に一〇・二%ポイント低下している。

②タイプⅡの八自治体の平均落札率は、従来型指名競争の運用を改善した結果、九五・一%から八五・六%に九・五%ポイント低下している。

③タイプⅢの八自治体の平均落札率は、一部に恣意性を排除した入札方式を導入した結果、(この部分については)九三・四%から八一・〇%に一二・四%ポイント低下している。

④タイプⅣの西東京市の落札率は、合併を契機に九八・九%から八五・六%に一三・三%ポイント低下し、また旧清水市の落札率は、公正取引委員会の立入検査を契機に、九五・一%から八三・七%に一一・四%ポイント低下している。

⑤タイプⅠ~Ⅳまでの平均落札率は、九四・七%から八四・二%に一〇・五%ポイント低下している。

⑥以上から、「競争性を高めた入札方式を導入すると平均落札率は九五%程度から八四%程度に一一%ポイント近く低下する」ということが分かる。

三　恣意性を排除した入札方式に対する自治体の認識

恣意性を排除した入札方式が今後他の自治体にも広がるかどうかを探るため、一六年調査において、このような入札方式をどのように認識・評価しているかを聞いてみた。

その結果は、表4のとおりであり、既にこのような入札方式を取り入れている自治体が三八(全体の一六・七%)、このような入札方式を近く採用したいと考えている自治体が二四(一〇・六%)、このような入札方式には問題点あり検討中と答えた自治体が九四(四一・四%)であり、合わせて一五六(六八・七%)の自治体が採用ないし検討中と答えている。なお、このような入札方式は問題が多く取入れ困難と答えた自治体は四三(一八・九%)

表4　恣意性を排除した入札方式の評価（16年調査）

	都道府県・政令都市	10万人超の市区	計
この方式を取り入れている	7（14.0%）	31（17.5%）	38（16.7%）
近く採用したい	2（4.0）	22（12.4）	24（10.6）
問題点あり検討中	22（44.0）	72（40.7）	94（41.4）
問題が多く取入れ困難	10（20.0）	33（18.6）	43（18.9）
その他	9（18.0）	19（10.7）	28（12.3）
回答計	50（100.0）	177（100.0）	227（100.0）

（注）その他には無回答を含む。

であった。

四　恣意性を排除した入札方式導入の問題点・課題

恣意性を排除した入札方式を導入することに「問題点がある」又は「問題が多い」と答えた一三七自治体に対し、どのような点に問題があるかを聞いたところ、「不良業者の排除が困難」が約七割、「工事品質確保が困難」が五割、「ダンピング誘発のおそれ」と「事務手続きの煩雑さ」が約四割であった（表5参照）。「その他」は、地元業者の育成などである。なお、一部の自治体から「業界の反発が強い」「政治的に難しい」「首長の判断」などの選択肢については「立場上答にくい」との意見が寄せられた。

おわりに――検討すべき課題

以上、自治体における入札改革の広がりとその成果を紹介してきたが、ここから①恣意性を排除した入札方式を導入すれば、案外簡単に談合が排除できること、②談合の排除により落札率を少なくとも一一%ポイント程度低下させることができること、③談合排除に成功している自治体が平成一六年時点において四〇以上存在すること、④独占禁止法による談合規制は、（数は少ないが）入札改革を促す効果があることが確認できたように思われる。

表５　恣意性を排除した入札方式の問題点（16年調査）

	都道府県・政令都市	10万人超の市区	計
不良業者の排除が困難	28（87.5%）	68（64.8%）	96（70.1%）
工事品質確保が困難	21（65.6）	48（45.7）	69（50.4）
ダンピング誘発のおそれ	23（71.9）	34（32.4）	57（41.6）
事務手続きの煩雑さ	17（53.1）	37（35.2）	54（39.4）
業界の反発が強い	4（12.5）	21（20.0）	25（18.2）
政治的に難しい	0（－）	11（10.5）	11（8.0）
首長の判断	0（－）	8（7.6）	8（5.8）
そ　の　他	7（21.9）	25（23.8）	32（23.4）
回　答　計	32（100.0）	105（100.0）	137（100.0）

（注）複数回答可なので、合計は100％を超える。

しかし、恣意性を排除した入札方式の導入に躊躇する自治体が少なくないこともまた事実である。それは、以下のような問題点・課題が存在するからである。

第一　競争性を確保しながら不良業者をどう排除するか

第二　競争性を確保しながら工事品質をいかに確保するか

第三　ダンピングをいかに有効に排除するか

第四　競争性を確保しながら発注事務手続をいかに効率化するか

第五　競争性を確保しながらどう地元業者を育成するか

（なお、筆者は、これらの問題点や課題をどのように克服するかを検討し、平成一六年秋に開催された日本経済法学会において報告した。また、本稿及び日本経済法学会年報（二五号）掲載論文を一部修正の上、自著「入札談合の研究・改訂増補版」に収載することとしている。）

別表一

タイプⅠ　恣意性を排除した入札方式を中心にして落札率を大幅に低下させた自治体

落札率の推移	実施した入札改革
①［宮城県］ H12年度　95.6％（全入札） H13　89.1　（同） H14　79.6　（同） H15　82.0　（同）	（H12年度まで従来型指名競争中心） H13年度　1000万円以上工事に条件付一般競争導入 H14年度　事後審査型郵便入札導入 H15年度　施工体制事前提出方式導入
②［長野県］ 工事　委託 H13年度　97.4％　95.3％ H15年度　72.9　51.6	（H13年度まで従来型指名競争中心） 業務委託H14年11月から・工事H15年２月から事後審査型郵便入札受注希望型競争入札本格実施 H15年９月から予定価格事前公表廃止
③［千葉市］ 全入札　希望型 H13年度　95.4％　92.9％ H14　91.6　86.8 H15　90.6　86.5	H13年度から希望型指名競争一部実施 H14年度から希望型指名競争の範囲拡大
④［広島市］ H13年度　92.9％　（工事） H14年度　90.9％　（同） H15年度　87.3　（同）	（H13年度まで従来型指名競争中心） H14年度から希望型指名競争一部実施 H15年１月から希望型指名競争中心
⑤［青森県八戸市］ H13年度　95％前後（土木） H14年度　86.2　（84.2％） H15年度　84.8　（76.4）	（H13年談合事件発生を受けて７月から指名業者名事前公表と現場説明会を廃止、H14年７月簡易型一般競争本格導入（土木1200万円以上）、H15年６月郵便入札移行(括弧内は簡易型一般競争の落札率)
⑥［福島県会津若松市］ H14年度　97.1％（工事） H15年11月以降　85.4　（同）	（H14年度まで従来型指名競争中心） H15年11月500万円以上制限付一般競争、ランク制廃止、H16年４月から130万円以上制限付一般競争
⑦［新潟市］ H14年度　96.7％（全工事） H15年10月以降　86.0％（同）	（H15年９月30日公正取引委員会立入検査） H15年10月から制限付一般競争一部実施 〃　指名業者数増加（市外業者を指名）
⑧［群馬県太田市］ H12年度　89.7％（82.5％） H13　89.5　（83.3） H14　89.3　（75.5）	H12年度以降郵便入札受注希望型競争等多様な入札方式実施 (括弧内受注希望型競争の落札率)

⑨［神奈川県横須賀市］	
H９年度　95.4%（工事）	（H９年度まで従来型指名競争中心）
H10　90.7　（同）	H10年７月から希望型指名競争導入
H11　85.7　（同）	H11年度から制限付一般競争に全面移行
H12　87.4　（同）	〃　工事５業種のランク制廃止
H13　84.8　（同）	H11年６月から郵便入札実施
H14　85.3　（同）	H13年10月から電子入札試行
H15　85.1　（同）	H14年４月から電子入札本格実施
⑩［東京都豊島区］	
H13年度　94.8%	
H14　95.8	
H15年４－９月　93.6%	
H15年10－12月　86.4	H15年10月から郵便入札条件付一般競争実施
⑪［東京都新宿区］	
H12年度　96.2%（指名競争）	（H12年度まで従来型指名競争中心）
H13　86.0（受注希望型）	H13年10月　1000万円以上郵便入札工事受注希望型
H14　82.3　（同）	H14年度　同500万円以上に拡大
⑫［東京都江戸川区］	
H12年度　96.4%（工事）	H11年度から制限付一般競争（1.5億円以上）
H13　96.0　（同）	希望型指名競争（1.5億円未満）
H14　93.1　（同）	H14年度から郵便入札実施
H15　91.0　（同）	H15年度から電子入札実施
⑬［千葉県船橋市］	
H13年度　91.6%（工事）	H13年10月から受注希望型郵便入札実施
H14　86.0　（同）	H14年度　範囲拡大
H15　85.3　（同）	H15年度　事後審査型一般競争導入
⑭［三重県四日市市］	
H13年度　93.1%（全工事）	（H13年度まで従来型指名競争中心）H14年４月郵便入札制限付一
H14　88.0　（同）	般競争一部試行、10月本格実施
H15　87.7　（同）	H15年１月50万円以上全工事制限付一般競争
⑮［三重県桑名市］	
H13年度　93.9%（土木）	（H13年度まで従来型指名競争）
H14　82.7　（同）	H14年度から土木130万円以上全工事希望型指名競争
	H15年度から建築・電気工事も対象に
⑯［三重県松坂市］	
H13年度　96.9%（工事）	（H13年度まで従来型指名競争中心）
H14　85.5　（同）	H14年度から全工事郵便入札制限付一般競争実施
⑰［三重県伊勢市］	
H14年4-6月　92.1%（土木）	（H14年５月まで従来型指名競争）
同年７月以降　85.9　（同）	H14年６月から受注希望型指名競争に全面移行

⑱［兵庫県明石市］ H13年度　92.6％（全入札） H14　73.6　（同）	 （H13年度まで従来型指名競争中心） H14年６月から郵便入札制限付一般競争本格実施
⑲［兵庫県加古川市］ H13年度　92.2％（全入札） H14　91.5　（同） H15　77.3　（同）	 （H14年度まで従来型指名競争中心） H15年７月130万円以上工事郵便入札制限付一般競争
⑳［兵庫県姫路市］ H12年度　92.0％（工事） H13　87.6　（同） H14　88.1　（同）	 H13年度から１億円以上工事一般競争入札導入
㉑［広島県呉市］ H13年度　95.5％（工事） H14　89.6　（同） H15　87.6　（同）	 H14年度から参加希望型指名競争実施
㉒［山口県下関市］ H12年度　96.9％（工事） H13　90.7　（同） H14　81.0　（同） H15　81～82％　（同）	 （H12年度まで従来型指名競争中心） H13年10月から公募型指名競争導入（指名枠12社） H14年１月から指名枠を廃止、７月　電子入札開始 H15年度から2,000万円以上工事条件付一般競争
㉓［高松市］ H12年度　95％（全入札） H14　82　（同） H15　84　（同）	 （H12年度まで従来型指名競争中心） H13年６月から郵便入札公募型指名競争導入
㉔［佐賀市］ H14年度　96.9％（指名競争） 〃　91.0　（郵便入札） H15　91.4　（全入札）	 H14年度　申込同時入札型条件付一般競争導入 H15年度　同本格実施

（注１）　平成15年度は、原則として同15年４月から16年１月まで

（注２）　平均落札率については、積極的に公表していない自治体もあるが、入札経過書を基に計算すれば算出可能であることから、特に断らず掲載した。

（注３）「全入札」とは入札執行したものすべて、「工事」とは工事のうち入札に付したもの、「土木」とは土木工事のうち入札に付したものをいう。

別表二

タイプⅡ　従来型指名競争の運用改善により落札率を大幅に低下させた自治体

落札率の推移	実施した入札改革
①［神奈川県座間市］ H11年度　82.1％（工事） H12　85.2　（同）	 （H10年４月公正取引委員会立入検査） H10年度以降市外業者を随時指名業者に追加、指名業者事前公表

H13　84.6　(同) H14　83.7　(同) H15　83.7　(同)	廃止
②［長野県上田市］ 　工事　コンサル H14年度　96.0%　89.3% H15　90.5%　75.4	H15年度から指名業者数増加、予定価格事前公表廃止
③［滋賀県大津市］ H13年度　90.9% H14　86.3 H15　84.5	(H13年度までは市内7地区に分けて発注) H14年度から市内2地区に集約（指名枠15社） H15年度から指名枠を25社に拡大
④［大阪府岸和田市］ H13年度　97.5% H14　89.2 H15　85.8	H14年度　指名業者事前公表廃止（指名枠10社限定） H15年度　指名枠12社に拡大
⑤［福岡県大牟田市］ H13年度　94.6% H14　91.7 H15年1-10月　77.4	H15年1月から指名業者倍増（10社に)、指名業者事前公表廃止 H15年9月　1億円以上工事条件付一般競争実施
⑥［山口県宇部市］ H13年度　95% H14　85 H15年度以降も横ばい	H14年度から現場説明会、指名業者事前公表廃止 H15年度から公募型・簡易公募型指名競争導入
⑦［大阪府高槻市］ H13年度　96～97% H14　90.4% H15年度以降も横ばい	H14年度　現場説明会廃止・4ランクを3に（C・Dランクを統一）H15年度　A・Bランクを統一
⑧［山口県岩国市］ H12年度　95.0% H13　85.6 H14　82.9 H15　87.6	H13年度から指名業者数倍増、指名業者名非公表 H15年7月　予定価格事前公表開始

別表三

タイプⅢ　一部に恣意性を排除した入札方式を導入し落札率を大幅に低下させた自治体

落札率の推移	実施した入札改革
①［香川県］ 　通常指名　希望型指名 H12年度　95.7%　－	

H13　　92.5　76.4% H14　　91.9　83.0 H15　　93.0　89.0	H13年4月から工事希望型指名競争導入
②［札幌市］ 　　　　工事　土木　建築 H12年度 96.3% 96.1% 96.1% H13　　92.2　89.1　88.1 H14　　93.8　93.5　88.0 H15　　92.8　91.5　87.5	H12年9月　指名業者名事前公表廃止 H13年度5億円以上工事に制限付一般競争導入 　〃　5000万円以上工事に公募型指名競争導入
③［さいたま市］ 　　　　平成15年度 通常型指名　　93〜95% 制限付一般競争　92.6% 　　　　（71.1%）	H14年8月から制限付一般競争1億円以上 H14年12月から参加意向確認型指名競争導入 （括弧内は参加意向確認型指名競争の落札率）
④［静岡市（旧静岡市）］ 　　　全工事　　一般競争 H13年度　93.5%　　— H14　　92.5　　86.8% H15　　91.9（95.9）82.5	公正取引委員会の建設談合摘発後S62年度から格付等級指定型制限付一般競争一部導入（全体の約30%、H15年度から郵便入札導入） （括弧内は従来型指名競争の推計落札率）
⑤［長野県松本市］ H14年度　95.7%（76.2%） H15　　91.6　（68.8）	H14年度から参加希望型指名競争試行 （括弧内は参加希望型指名競争の落札率）
⑥［岡山市］ H13年度　92.6% H14　　88.4　（69.4） H15　　89.3　（75.9）	H14年7月　8000万円以上工事に郵便入札公募型指名競争実施 （括弧内は郵便入札公募型指名競争の落札率）
⑦［岡山県倉敷市］ H15年度　全工事　91.6% 　　　　　　（81.6）	H15年度から郵便入札公募型指名競争導入 （括弧内は公募型指名競争の落札率）
⑧［福岡県久留米市］ H13年度　97.1% H14　　95.4 H15　　92.2（91.7）	H14年度　条件付一般競争導入 H15年度　条件付一般競争本格実施・指名業者事前公　表廃止、 （括弧内は条件付一般競争の落札率）

別表四

タイプⅣ　その他落札率を低位に維持している自治体

落札率の推移	入札制度改革の実績
①［神戸市］ H12年度　84.1%（工事） H13　　82.3　（同）	H13年4月　指名業者事前公表廃止、公募型指名競争拡大（土木建築工事3億　円以上、その他1億円以上）

H14　82.0　（同）	予定価格の事前公表
②［青森市］ H13年度　91.4％（土木） H14　86.0　（同） H15　88.8　（同）	 H11年４月　指名業者事前公表廃止
③［東京都西東京市］ H13年度　98.9％（土木） H14　85.6　（同）	 （H12年１月に旧田無市と保谷市が合併） H14年度から1500万円以上工事予定価格事前公表
④［神奈川県海老名市］ H11年度　84.3％（工事） H12　83.7　（同） H13　79.6　（同） H14　85.2　（同） H15　88.5　（同）	 以前から指名競争中心 （指名業者数５～６社、指名業者名非公表） H15年度から工事設計金額事前公表
⑤［静岡市（旧清水市）］ H13年度　95.1％（工事） H14　94.2　（同） H15　83.7　（同） （73.3％・81.2％）	 H14年６月制限付一般競争・郵便入札入札一部実施 H15年２月公正取引委員会立入検査 （括弧内はH15年度の一般競争・指名競争の各落札率）
⑥［和歌山市］ H12年度　85.2％（工事） H13　87.8　（同） H14　83.2　（同）	 従来から指名競争中心 （指名業者数10～20社・指名業者事前公表）
⑦［兵庫県尼崎市］ H12年度　87.5％（工事） H13　89.0　（同） H14　79.1　（同） H15　82.8　（同）	 （電気工事などを除き従来から落札率低い） 指名競争中心（指名業者非公表）

ドイツ競争制限禁止法におけるカルテルの法的構成

服部育生

一 序論

1 ドイツ競争制限禁止法一条は一九九八年第六次改正によりＥＵ競争法に接近し、カルテル規制の平準化が相当な程度まで図られた。

改正前にあっては、カルテル契約が無効であると明定された上で、無効を無視し契約を実行する行為につき、秩序違反行為として過料が科された（ＧＷＢ旧一条・三八条一項一号・四項）。秩序違反行為を確認するために、カルテル庁としては、無効な契約の事実上の実施を証明する必要があった(1)。

新一条によれば、競争の妨害・制限・歪曲を目的とし又は惹起する合意が禁止される。カルテル契約の実施を待つまでもなく、合意すなわち契約の締結自体が過料処分の対象となる（ＧＷＢ八一条一項一号・二項）。カルテル契約の無効は、競争制限禁止法一条自体でなく、ドイツ民法一三四条から導き出される。本改正により一条は、ＥＣ条約八一条一項と同様に、文字通り真のカルテル禁止規範としての位置づけを与えられる。

2 旧一条は、「共通の目的のために」というメルクマールにより、カルテル契約を垂直的競争制限契約と区別していた。(2) 共通目的に関しては、判例および学説上さまざまな議論が展開され、混乱が見られた。新一条は、共通目的に代えて、「相互に競争に立つ企業間」というメルクマールを採用している。潜在的競争も競争概念に含まれる。

法体系上、従来、相互協調行為はカルテル契約とは別個に規定されていた（ＧＷＢ旧二五条）。しかし第六次改正後には、相互協調行為もカルテル合意および決議と並び一条に収容されている。合意と協調の統合は、ＥＵ競争法に歩調を揃えるものである。他面、統合の結果、垂直的な相互協調行為はもはや規制の対象から外れる。(3) この点は、旧二五条一項(4)およびＥＣ条約八一条一項と大きく異なる。

3 「相互に競争に立つ企業間」メルクマールは、交換契約における競争制限との境界にかかわる問題を解消するわけではない。競争制限禁止法一六条で取り扱われる交換契約の当事者は、潜在的競争関係に埋め込まれることが少なくない。水平的要素の含まれる垂直的交換契約における競争制限について、連邦最高裁は、「価値判断的な考察方法に従い、競争の自由を顧慮して承認されるべき利益が存在する限り、競争制限禁止法一条は適用されない」と判示する（WuW/E BGH 3121 v. 14. 1. 1997 Bedside-Testkarten）。(5) 構成要件の制限的解釈または内在理論（固有の制限理論）が援用される。共通目的等の特定のメルクマールに結びつけて考える必要はない。(6)

旧一条の「市場関係に影響を及ぼす属性」は第六次改正により削除されたが、対市場効果要件の解釈変更は全く意図されていない（Begr. RegEntw., BT Drucks. 13/9720, S.31）。現実に感知しうる程度の市場への影響（WuW/E BGH 2697, 2704 v. 12. 3. 1991 Golden Toast）は、新一条についても読み込まれている。

4 ＥＣ条約八一条一項と三項の分析手法は、水平的合意にも垂直的合意にも共通して妥当する。競争制限禁止法における垂直的契約の区別した取扱いは、第六次改正後も維持されている。すなわち価格・契約内容の拘束は原則として禁止されるが（ＧＷＢ一四条）、排他的取引制限等は濫用規制に服する（同一六条）にとどまる。ＥＵ競争法が域内企業に直接適用されるので、ドイツ法のメリットとされるところは実際上ほとんど発揮できない。(7)

本稿は、ＥＵ競争法との比較を踏まえ、競争制限禁止法一条に関する判例理論の展開を分析し、第六次改正後のカルテル規制の重要論点を考察しようとするものである。

二　カルテル合意

1　カルテル契約は複数の企業間における明示的または黙示的な意思表示の合致であって、それにより当事者の少なくとも一方の市場行動が規律されるものをいう（WuW/E BGH 495, 497 v. 15. 2. 1962 Ausschreibung für Putzarbeiten II ; KG WuW/E OLG 1219, 1220 v. 12. 11. 1971 Ölfeldrohre）。将来の価格または市場行動に関し同一意見であることを確認し合うにとどまるならば、意思の合致という要素は欠ける。意見を相互に通知し合っていたとしても、同様である。[8] カルテル契約の締結へ導く意思表示は、参加者が自らの市場行動を規律し競争を調整しようとする旨を表現したものであることを要する（WuW/E BGH 2285, 2287 v. 27. 5. 1986 Spielkarten）。

2　カルテル合意の無効および秩序違反を認識する限り、参加者は効果意思を有することができないはずである。もし私法上の契約概念がカルテル法のそれと完全に一致するならば、グロテスクな帰結と呼ばれる理論的に困難な状況に直面する。[9]

カルテル参加者が競争制限禁止法一条および八一条一項一号を知らず、あるいは二条以下による適法化の可能性を誤信して、法的拘束力を意図していたというような例外的事例を除き、そもそもカルテル契約が法律行為として成立しうるかさえ疑問視される。

カルテル法上の契約概念は、法的拘束意思の要素を前提としない（WuW/E BGH 602, 604 v. 22. 1. 1964 Schiffspumpen ; KG WuW/E OLG 1738, 1739 v. 23. 6. 1976 Feldbase）。このことはＥＵ競争法においても同様である（Sandoz v EC Commission [1990] ECR I-45）。しかしカルテル契約も、経済的または倫理的・道徳的な性質の事実上の拘束意思を必要とする（OLG Celle WuW/E OLG 772, 775 v. 11. 10. 1965 Naturstein；KG WuW/E OLG 1738, 1739 v. 23. 6. 1976 Feldbase）。カルテル「契約」は、第六次改正によりEU競争法に倣い、「合意」に置き換えられたが、これは上記の解釈に何ら実質的変更を加えるものでない（BT Drucks. 13/9720 S. 30）。

3　意思表示の合致は、申込と承諾により（BGB一四五条以下）、又は交渉された契約テキスト原文に対する双方の同意により成立する。一定の効果意思を推測させる行為がなされると、承諾が申込者に対して表示されなくても、契約は成立しうる（BGB一五一条、日民五二六条二項）。意思の実現による契約の成立と呼ばれる。

染料メーカーの会合（一九六七年八月一八日）において、A社が一〇月一六日から八％値上げする旨を表明し、B社およびC社も値上げを検討中であると発言した。一〇月中旬に至り、出席メーカーすべてがほぼ同様の値上げを実施した。連邦カルテル庁一九六七年一一月二八日決定は、A社の値上げ表明は他社に同調を求める申込の意思表示であり、また他社の値上げ公表および実施は承諾の意思表示と認むべき事実に当たると理論構成することにより、カルテル契約の成立を認めた（WuW/E BKartA 1179 Farbenhersteller）。

しかし連邦最高裁一九七〇年一二月一七日判決は、対応する意思表示は確実性と隣接するほどに高い蓋然性をもって確認されなければならないと判示し、本件ではカルテル契約として一条違反とすることを否定した（BGHZ 55, 104 Teerfarben）。A社の値上げ表明が拘束的な約束として性格決定され、かつ値上げ実施前に表明された承諾の意思表示としての事実が存在することにより、カルテル契約が想定されるという（KG WuW/E OLG 1015, 1019 v. 28. 8. 1969 Teerfarben）。

もとより意思表示の解釈は、具体的な状況の下で当該表示に寄せられるべき意義にしたがって行われる（WuW/E BGH 495, 497 v. 15. 2. 1962 Putzarbeiten）。

4　心裡留保に関するドイツ民法一一六条は、カルテル合意にも適用される（KG WuW/E OLG 1739 v. 23. 6. 1976 Feltbase）。参加者の一名がカルテル協定を遵守するつもりのないことを内心に留保していたとしても、その真意を表明していなければ、有効な合意が存在する。ＥＵ競争法においても同様である（Belasco［1986］O. J. L 232/15, 26）。他の当事者Ｂを欺き、Ｂの行為抑制から自己利益を獲得しようとする内心的意図をもって、Ａがカルテルに参加したケースでも、有効な合意が存在する。

5　カルテル合意には、事実上の拘束力およびそれに向けられた意思が必要とされる（OLG Frankfurt WuW/E OLG 5020, 5024 v. 20. 1. 1992 Straßenbau Frankfurt）。当事者が協定の違法性を認識し、法的拘束力を意欲していないケースにおいて、合意概念の拡張が意味をもつ。当事者は有効な協定を締結しえない旨（ＧＷＢ一条、ＢＧＢ一三四条）を知っており、当初から無効を無視することを決心している。[10] それにもかかわらず、カルテル協定が締結されうる。

欧州委員会も、その違反に対し事実上のサンクション（経済的不利益・叱責）は予定されているが、法的拘束力を伴わない協定につき、これをＥＣ条約八一条一項の合意として取扱っている（PVC［1989］O. J. L 74/1 ; LPDE［1989］O. J. L 74/21 ; Polypropylen［1986］O. J. L 230/1）。

相互協調行為は競争制限禁止法一条へ統合されたが、現在でも、合意を広義に、協調行為を狭義に解釈する傾向に変化は見られない。

6　当事者相互間の信義に基づき履行される紳士協定にあっては、法的拘束力（法律上の履行義務）がないことは勿論、事実上のサンクションも予定されていない。礼儀正しさとか誠実さとか倫理的または社会的な拘束のみが目的とされている。紳士協定は合意または相互協調行為のいずれとして取扱われるべきであろうか。

一九七三年第二次改正により二五条一項が導入された直後には、カルテル「契約」は狭義に解釈すべきであり、紳士協定は相互協調行為に含まれるとする見解も、一部で主張された。[11] 紳士協定には旧二五条一項が適用可能であるのだから、敢えて契約・合意概念を詳細に検討する実益は小さいとも指摘される。[12]

しかし連邦最高裁一九六四年一月二二日判決は、商人的礼義により拘束する紳士協定を一条のカルテル契約であると判示した（WuW/E BGH 602, 604 Schiffspumpen）。単なる道徳的拘束すなわち約束を遵守しなければ信用または名声の失墜につながるという意識が存在すれば、競争制限禁止法一条を適用することができる（WuW/E BKartA 1179, 1183 v. 28. 11. 1967 Farbenhersteller）。旧二五条一項導入後の判例も、やはり紳士協定に一条を適用している（KG WuW/E OLG 1627, 1630 v. 29. 4. 1975 Mülltonnen ; WuW/E BGH 1707, 1708 v. 22. 4. 1980 Taxi-Besitzervereinigung ; OLG Stuttgart WuW/E OLG 2986, 2987 v. 29. 4. 1983 Heidelberger Fahrschulen）。

7 内容が契約当事者の一方により公式化された普通取引約款が用いられていたとしても、カルテル合意と矛盾しない（Sandoz v EC Commission［1990］ECR I-45）。BがAに経済的に依存している状況下で、AがBに押しつけて締結された契約も、カルテル合意に含まれる。

一方的な指図は合意を表現しない。しかし回し状による指図が当事者間の契約関係を具体化し実行に移すとすれば、それがカルテル合意の成立を導くことがありうる（BMW v ALD［1995］ECR I-3459）。

三　相互協調行為

1 染料カルテル事件においてEC競争法との差異が顕在化したことから、競争制限禁止法第二次改正により二五条一項に相互協調行為の禁止規定が導入された。[13] 同条はカルテル禁止の潜脱行為の防止を目的とする。契約概念に内在する諸要件のために一条の適用が事実上困難であるケースが想定されている。[14]

一条から漏れる共同行為を旧二五条一項で拾い上げることになる。これに対して、カルテル規制の根本規範を旧二五条一項に求める見解もある。一条の基礎として旧二五条一項が位置づけられるべきであるという。[15] しかし実務上、カルテル規制の主流は一条違反で追求されており、旧二五条一項が用いられることは少なかった。[16]

相互協調行為が一条に統合された後も、合意概念が広義に解釈されているので、上記の傾向に変化はない。契約・決議と協調行為とを厳密に区分しても、同一のサンクションが働くのであるから、その実益は小さい[17]。

2　相互協調行為とは、複数の企業がその市場行動を相互に了解しつつ依存させ合うことを指す。競争行動に関し意思疎通が行われることを前提とする。相互に競争に立つ企業間で協調行為が行われるときにのみ、禁止される。合意・決議と全く同様である。

第二次改正当時には、「ある行為は、その行為がなされる前に、その可罰性が法律で定められていた場合にのみ、これを処罰することができる」（GG一〇三条二項）との観点から、相互協調行為には法文の明確性が欠けるとして、憲法上の疑念が表明されたこともある[18]。しかしベルリン高裁一九八〇年一一月七日判決は、そのような疑念を否定している（KG WuW/E OLG 2369, 2372 Programmzeitschriften）。

3　相互協調行為には、⑴事前の接触または連絡による協調（一致・同調）が存在し、かつ⑵協調が参加企業の競争的に重要な市場行動において表現されていることを必要とする。合意と同様に、複数の当事者が協調に参加していることを当然の前提とする。第三者Cの媒介によりＡＢ間で意思の疎通が行われ、相互協調行為が成立することもありうる（OLG Stuttgart WuW/E OLG 3332, 3333 v. 26. 10. 1984 Familienzeitschrift II）。

ＥＵ競争法においては、相手方の行動を知り得る状況があり、かつ、並行行為をとることによって、自ら単独で行うことによる不確実性のリスクが除去されている状況において、協調行為の存在が認定されている[19]。もっとも欧州裁判所は、並行的値上げが協調の結果であることが唯一の説得的な説明である場合にのみ、並行的値上げは協調の証拠になると判示している（Ahlstom Osakeyhtio v EC Commission［1993］ECR I-1307）。

4　企業Ａの市場行動を企業Ｂが意識的に模倣しても、それは相互協調行為ではない。Ａの意識的な協力が欠けており、Ｂの一方的行為が存在するにとどまる[20]。ＢがＡの影響を受けていたとしても、Ｂが自律的な意思形成に基づき決定したところを実行したのであれば、ＢはＡに協調したことにならない。

連邦最高裁一九九四年三月二二日判決は、意識的並行行為には競争制限禁止法旧二五条一項が適用されないと判示している（WuW/E BGH 2923, 2925 Mustermietvertrag）。寡占市場における意識的並行行為についても同様である。

プライス・リーダーAが、過去の値上げ状況とりわけ他の寡占企業の従来のビヘイビアを考慮に入れて、今回も自らが値上げすればBCDも追随するであろうことを予想し計算に入れて値上げを公表したところ、案の定BCDもほぼ同一時期に値上げを実施した。事前に連絡・接触が行われていない限り、プライス・リーダーAにも追随者BCDにも、一条は適用されない。なお平行行為が寡占市場における競争者の反応の結びつきによっては説明しえないような競争条件へ導くときには、それは協調の存在に対する重要な徴憑となりうる。[21] 市場行動に先行して協調が存在するときに、行為は相互に協調されたことになる。

5 判例における協調（一致・同調）の定義の仕方は多様であるが、ほぼ次の三通りに分類される。第一にベルリン高裁一九八〇年一一月七日判決は、複数の企業が了解の下で市場行動を相互に意識的かつ作為的に依存させ合う場合に、協調が存在すると判示している(WuW/E OLG 2369, 2372 Programmzeitschriften)。[22] 自己の将来の市場行動を他企業のそれに依存させようとして行われる意思疎通に、協調の本質を見ようとするものである。

第二にシュトゥットガルト高裁一九八四年一〇月二六日判決は、意図された競争制限措置に関し企業がその実行前に競争者と意思疎通する場合、および参加者の対応的競争制限措置を期待して調整された行為を企業が行う場合に、協調が存在すると判示している(WuW/E OLG 3332, 3333 Familienzeitschrift II；さらにOLG Celle WuW/E DE-R 327, 332 v. 24. 2. 1999 Unfallersatzwagen も同旨)。

第三にデュッセルドルフ高裁一九八一年三月三一日判決は、相互協調行為を、不確実性のリスクに結びついた競争における市場行動の代わりに、参加企業間で行われる意識的かつ作為的な協力の一形態であると定義する（WuW/E OLG 2488 Heizöl-Spediteure）。これは欧州裁判所の判例（ICI v EC Commission［1972］ECR 619；Suiker Unie v EC Commission［1975］ECR 1663）に対応するものといえる。

学説にあっては、相互的な意思疎通に起因する意思の合致であるとか[23]、効果意思を伴わない合意であると表現されるが、事実上の拘束すら欠く場合にも、協調は成立しうる[24]。

6　上記の協調が一定の重要な市場行動を惹起する場合に限り、競争制限禁止法一条が適用される。協調それ自体は禁止されておらず（カルテル合意とは異なる）、協調されたところに従って市場行動が付加されることを必要とする (WuW/E BGH 1985, 1987 v. 25. 1. 1983 Familienzeitschrift ; BGH BB 1985, 1619 v. 23. 4. 1985 Altölpreise)。一斉値上げ等の斉一的市場行動が典型的な例であるが、それに限らず、協調が参加者の少なくとも一名の市場行動と結びついていれば、一条が適用される[25]。

しかしＥＵ競争法は、この点において若干異なる。協調されたところに従った実行行為を全く認定することなく、ＥＣ条約八一条（旧八五条）一項を適用したケースも見られる（Polypropylen［1992］ECR II-1275）。協調と市場行動との間には、因果関係の存在が必要である。当該行動が客観的な市場条件によって十分合理的に説明できるのであれば、相互協調行為は否定される。

7　協調にとっての典型的手段は、接触、連絡、情報交換等である。会議への出席もこれに含まれる。甲団体の作成した計画を企業ＡＢＣが了解して実行したり、ＡＢＣが甲の勧奨に従うことにつき意思疎通したような場合、ＡＢＣの間で相互協調行為が成立しうる。しかし媒介者甲には一条は適用されない（OLG Stuttgart WuW/E OLG 3332, 3333 v. 26. 10. 1984 Familienzeitschrift II）。

しかしＥＣ委員会は、ＡＢＣの協調行為を監視したり管理したりする甲に対しても、ＥＣ条約八一条（旧八五条）一項を適用している（Gußglas Italien［1980］O. J. L 383/19, 26)。

四　カルテルと垂直的拘束との交錯

1　直接的には合意についてのみ「競争に立つ企業間の」というメルクマールが明定されているが、これは決議および相互協調行為にも同様に妥当する。一九九八年第六次改正前の競争制限禁止法一条は、共通目的の有無によって、カルテル契約を垂直的拘束契約から区別していた。新メルクマールも同様の機能を果たす。

相手方が第三者と締結する契約における価格または取引条件を拘束する合意は禁止されるが（ＧＷＢ一四条）、それ以外の垂直的制限については濫用規制主義が採られているにとどまる（ＧＷＢ一六条）。所定の弊害要件が充足されると、カルテル庁は垂直的合意の無効を宣言し、かつ新規の同種の拘束の実施を禁止する。

垂直的競争制限には両面価値的な効果が認められるので（WuW/E BGH 3137 v. 6. 5. 1997 Sole）、その危険ポテンシャルは水平的競争制限の場合と比べると明らかに小さい[26]。第六次改正時の立法者も、両者を区別して取扱う競争制限禁止法の方が、区別しないＥＵ競争法よりも優れているとの考え方を維持していた[27]。

2　参加者が合意された競争制限でもって同一方向に向けられた利益を追求しているならば、旧一条の共通目的要件が充足される。これがドイツにおける一九九〇年代前半までの通説的見解であり、わが国の流通・取引慣行ガイドライン第一部第二3における「拘束の相互性と拘束目的の共通性があれば取引段階を異にする事業者間においても不当な取引制限が成立し得る」との解釈論にも重要な影響を及ぼしている。

競争制限およびそれにより惹起される帰結が、参加者にとって共通の利益に対応しており、かつ共同して達成されるべく努力されているとすれば、同一方向に向けられた利益が追求されていると認定するに十分であるという（WuW/E BGH 1599 v. 6. 3. 1979 Erbauseinandersetzung）。

3　砂利供給者Ｘとセメント生産者Ｙとの間で、Ｙはセメント生産に必要な砂利の全量をＸから購入し、また

Xは Yの販売地域ではセメントの生産販売を一切行わない旨を内容とする契約が締結されていた。しかし、その後Yが砂利を第三者Zから購入するようになったので、XがYのXからの購入義務の確認を求めて提訴するに至った。

砂利をXからのみ購入するとのYに課された排他条件は、Xの恒常的な供給準備に対する代償物である。その限りで、給付交換という性格決定から出発しうる。本件においてもしYにだけ排他拘束が課されていたにとどまるとすれば、これには競争制限禁止法一六条（旧一八条）一項二号が適用され、カルテル庁による無効宣言が発せられない限り、有効な契約として取扱われる。しかし本件では、さらにXにも競業禁止義務が課されている。これによりXはYの販売地域におけるセメントの生産販売を制限される。

連邦最高裁一九七六年一〇月一四日判決は、Xの引受けた競業禁止が一条違反のゆえに無効をもたらすと判示した（WuW/E BGH 1458 Fertigbeton）。当時、Xはセメント工場の建設を計画しており、Xの競業禁止義務はYの潜在的競争者としての地位においてかかわるものであった。XYが同一方向に調整された利益を追求しているならば、共通目的の存在が認められるという。潜在的競争者としてのXが排除されることにより、Yはセメント市場における自己の市場地位を強化することができる。他方、Yは砂利の全量をXから購入する義務を負っているので、Yの獲得する成果に対してXもこれに部分的に参加することができる。このようなXの利益享受は、同一方向の利益を肯定しやすくする。(28)

追求されている利益は、参加者間で現実的または潜在的に存在している競争の排除または制限と結びついていることを要する。これによって利益の同一方向性すなわち共通目的の存在が認められる（WuW/E BGH 1871, 1878 v. 1. 12. 1981 Transportbeton Vertrieb ; WuW/E BGH 2285, 2287 v. 27. 5. 1986 Spielkarten）。

4　同一方向の利益追求理論は、一九九五年以降になると、連邦最高裁により否定されるに至った。メーカーAとディーラーBとの間における排他的拘束（Bは第三者からの購入を制限される）と結びついた顧客保護の合意

（Aは全製品をB経由で販売し、Bの顧客に直接販売しない）について、ミュンヘン高裁一九九五年一〇月一二日判決は、ＡＢが販売段階で潜在的に競争関係に立ち、かつ合意による競争の排除がＡＢ共通の利益に対応していることを理由に、競争制限禁止法旧一条の共通目的を肯定した（WuW/E OLG 5520, 5522 Druckgußteile）。

しかし連邦最高裁一九九七年一月一四日判決は、共通目的の存否を判断する際に同一方向の利益追求が基準となるわけではない旨判示して、原判決を破棄し事件を原審に差戻した（WuW/E BGH 3115, 3118 Druckgußteile）。交換契約の構成要素として合意された排他的拘束は、もっぱら競争制限禁止法一六条（旧一八条）一項二号により判断される。カルテル庁が無効宣言を発令しない限り、拘束は有効である。しかし垂直的拘束の合意といえども、それが共通目的のために締結されたとすれば、例外的に一条により無効となる場合もありうる。競争制限的内容を伴う交換契約については、合意された制限に対して価値判断的な考察方法に従い競争の自由を顧慮して承認されるべき利益が存在しない場合に限り、共通目的のための合意が想定される。

5　相互排他条件付取引の事例として、メーカーAはディーラーBに一手販売権を付与し、同時にBを専売店とすることが考えられる。Bは第三者からの商品仕入を制限される。しかもAは大口顧客へ直接販売する権利を留保している。このようなケースにおいてカールスルーエ高裁一九九五年六月二八日判決は、AがBの競争者として販売段階に残ることから、本契約は共通目的をもって締結された市場分割協定であるとした（WuW/E OLG 5478, 5483 Bedside Testkarten）。

しかし連邦最高裁一九九七年一月一四日判決は、同日の前掲Druckgußteile判決とほぼ同様の理由づけをもって、本件合意の共通目的を否定し、原判決を破棄した（WuW/E BGH 3121, 3123 Bedside Testkarten）。交換契約に際しては、競争制限に対し承認されるべき利益が存在しない場合に限り、共通目的が存在する。交換契約の付随協定としての競争制限は、通常、給付交換に資する。カルテル法的に中立な契約の主要目的を達成するために当該制限が実質的に必要であるとすれば、共通目的は存在しない。本件の商品交換契約における排他的拘束は、実質的に必要なものとされる。

もとより契約当事者が競争制限を達成するための口実として給付交換の枠組みを利用しているのであれば、合意に垂直的要素が混在しているにもかかわらず、一条を適用する余地が認められる(29)。

6　現実的にも潜在的にも競争関係に立たないＡＢ間において、第三者ＣがＢの市場へ参入することを共同して阻止する場合、ドイツでは、このような事例を第三競争の制限と呼ぶ。鉱泉供給者Ａは温泉保養施設Ｂとの間で、Ｂ以外の第三者Ｃには鉱泉を一切供給しない旨を合意した。潜在的競争者Ｃの新規参入の阻止を目的とする。連邦最高裁一九九七年五月六日判決は、本件交換契約における共通目的の存在を認め、競争制限禁止法一条の適用可能性を肯定した上で、市場関係への感知しうる影響の有無につき詳細に検討を加えている（WuW/E BGH 3137, 3139 Sole）。しかし一九九八年第六次改正により、相互に競争に立つ企業間の合意であることが一条で明定された以上、現在では本件を一条で把握することができない(30)。

第三者を共同して阻止する行為については、合意参加者が相互に競争に立ち、かつ合意が第三市場の諸関係に参加者の共通の利益となるように影響を及ぼす場合に限り、一条が適用される（WuW/E BGH DE-R 115 v. 13. 1. 1998 Carpartner）。かかる要件が充足されなければ、第三者の共同阻止については、一九条（市場支配的地位の濫用）または二〇条（差別的取扱い・不当妨害）の適用可能性が検討されるにとどまる。

7　甲市場における競争者であるＡおよびＢが、乙市場にかかわる競争制限的な合意を結ぶ。しかし乙市場においてＡＢは潜在的にすら競争関係に立たないとする。新一条の法文からすれば、このようなケースにも同条が適用されることになりそうであるが、それは否定される(31)。

合意参加者間における現実的または潜在的競争が一方的または相互的に制限されることを必要とする(32)。連邦最高裁一九九九年三月九日決定は、既に、協定の競争制限的な効果は参加者間に存在する潜在的または現実的競争にかかわるものでなければならない旨を説示している（WuW/E DE-R 289, 294 Lottospielgemeinschaft）。

8　営業譲渡や会社分割に伴う競業禁止義務またはフランチャイズ契約においてフランチャイジーに課される競業禁止義務については、従来その競争制限でもって事実上もっぱら給付交換の対向的利益が追求されているにとどまり、かつ当事者がこれを超え出る共通目的を達しようと努めているのでない限り、競争制限禁止法一条に抵触しないと考えられてきた。競業禁止が給付交換の達成に客観的に必要なものであれば、これを超す同一方向の利益の追求は否定される（WuW/E BGH 1898 v. 3. 11. 1981 Holzpaneele）。

Aが競争者Bのために競業禁止を約し、かつAがBの成果へ継続的に参加しうることが確保されているならば、同一方向の利益の追求が肯定されうる。(33) Aが補償金の受領と引換えに競争者Bのために操業を停止し市場から撤退する旨を合意すれば、一条の適用可能性が認められる（KG WuW/E OLG DE-R 228 v. 11. 9. 1998 Osthafenmühle）。同一方向の利益の追求は承認されるべき利益基準に置き換えられたが、現在では、このようなケースにおいても、合意が競争者間で現実的または潜在的に存在する競争にかかわるものであることを必要とする。

五　競争制限および市場への影響

1　カルテル参加企業が市場へ出現する際の「競争的な行為自由」を制限することが競争制限であり（GWB一条）、これは、日本法における「事業活動の相互拘束・共同遂行」（独禁二条六項）に対応する。企業に初めから競争活動の自由が欠けているならば、そもそも競争制限は問題となりえない。(34)

現実には市場でまだ活動していない企業に拡張される潜在的競争も、競争制限禁止法一条による保護の対象に含まれる。もとより当該企業の市場参入は、市場に関する法的および事実上のあらゆる関連諸事情を考慮に入れた予測に基づき、見通せる期間内にその実現が十分な蓋然性をもって見込まれるものでなければならない(35)（WuW/E BGH 2050, 2051 v. 13. 12. 1983 Bauvorhaben Schramberg）。

貯蓄金庫は、州政府の規制により、地域外においては積極的な競争活動（営業所の設置・広告）が行えない。その限りで、制限されうべき競争が存在しない。しかし貯蓄金庫といえども、地域限定を受けることなく、誰からでも預金を受け入れることができる。その限りで、制限されうべき受働的競争が存在する。受働的競争も一条の保護対象に含まれる（BKartA TB 1991/92 S. 136 ; KG WuW/E OLG 5821 v. 11. 12. 1996 gewerbliche Spielgemeinschaften）。

2　法的には存在しない又は承認されない行為自由を合意により排除しても、一条の競争制限ではない。一条は、他の法律により違法とされる「為してはならない」ような競争活動の自由を保護しない（WuW/E BGH 451 v. 26. 10. 1961 Export ohne WBS）。

不正競争防止法にいう不正競争行為を行わない旨の合意とか、価格割引法の規定を遵守する旨の合意は、競争制限禁止法一条に抵触しない。しかし原価を下回る価額で販売しないようにする旨の合意には、競争制限が存在しうる（WuW/E BGH 2977, 2982 v. 4. 4. 1995 Hitlisten Platten）。原価割れ販売は、当然に違法とされるのではなく、特別な事情の下で初めて違法とされることによる[36]。

競争規約（GWB二四条）の内容が不正競争防止法から明らかなところを越え出ているならば、そのような規約を遵守する旨の合意は一条に抵触しうる（WuW/E BGH 2052, 2055 v. 25. 10. 1983 Abonnentenwerbung）。

3　EC条約八一条（旧八五条）一項は、企業グループ内における会社間の合意には適用されない（ZEVA [1993] O. J. L 272/28 ; HOV-SVZ/MCN [1994] O. J. L 104/34）。

わが国の独禁法でも不当な取引制限は複数の独立した事業者の存在を前提とするから、通常、親子会社間または姉妹会社間において不当な取引制限は成立しない。

アメリカでは、従来、子会社といえども親会社から独立した主体であるとして、親子会社間の合意にもシャーマン法一条が適用されてきた。これを企業内共謀理論と呼ぶ。しかし連邦最高裁は、Copperweld Corp. v. Independence Tube Corp., 467 U. S. 752 (1984) において、親会社とその完全子会社との間の合意は不当な取引制限を構成しないと判示した。現在では、完全子会社に限ることなく企業内共謀理論は廃棄される傾向にある。

ドイツ競争制限禁止法一条の競争制限は、競争活動の自由を制限することを意味する。参加企業が相互間で法的および経済的に独立しており、行為の自由が存在していることを前提条件とする。同一コンツェルンに所属する会社間の合意には、一条は適用されない。制限されうべき競争が存在しないことによる。判例においては、親子会社間または姉妹会社間の合意による制限はコンツェルン拘束の帰結にほかならないとか（OLG Frankfurt WuW/E OLG 3600 v. 22. 4. 1988）、親子会社間または姉妹会社間には競争関係が欠ける（OLG Stuttgart WuW/E OLG 2352, 2355 v. 27. 6. 1980）と説明される。

学説の一部には、支配契約（AktG 二九一条）が締結されない限り、親会社の子会社に対する指揮力行使には制約がある（AktG 三一一条以下）ことから、事実上のコンツェルンに所属する会社間の合意には一条が適用されるとする見解も存在する。[37] これによると、コッパーウェルズ判決以前のアメリカ独禁法と同じ状況になる。

4 複数のカルテル参加者にとって、制限の内容は必ずしも同一であることを要しない。前掲 Fertigbeton 事件において、XはYの販売地域で一切セメントを生産販売しないことを義務づけられ、Yは砂利の全量をXから購入することを義務づけられていたが、それでも共通目的ありとされた（WuW/E BGH 1458）。

それどころか、カルテル参加者全員が競争活動の自由を制限することも、前提とされているわけではない。参加者のうちの一部の企業のみが競争活動の自由を制限されるケースについても、競争制限禁止法一条の適用可能性が認められる（WuW/E BGH 2675, 2678 v. 13. 11. 1990 Nassauische Landeszeitung）。しかし参加者以外の第三者の競争活動の自由を制限しても、一条は適用されない。このことは第六次改正後の一条の下では自明であるが、改正前には積極的に解する余地もあった（WuW/E BKartA 2199, 2201 v. 29. 4. 1985 Selex und Tania）。

5 参加者が競争制限へ義務づけられており、それが契約的拘束の内容となっている場合に限り、カルテルが成立する。[38] これは対象説と呼ばれ、旧時の通説であった。しかし対象説によれば、参加者は意図した制限を契約上の義務として定めないことにより、容易に一条の禁止を潜脱することができる。

これに対して結果説は、契約が競争制限への義務づけを含まなくても、それが取引相手その他第三者の選択可能性を事実上制約するならば、一条を適用するに十分であると説く(39)。結果的に生じた競争制限効果のゆえに一条を適用するならば、法的安定性が損なわれると批判される。そこで契約締結時に客観的に予見可能であった作用または効果のみを考慮すべきであるとする、制限的結果説も見られる(40)。

対象説と結果説の中間的な見解として、目的説は、競争制限が共通の一致した動機または共通の行為基礎という意味においてカルテル参加者にとって共通の目的であるならば、一条が適用されると説く(41)。近時の判例の多くは目的説に立つ（WuW/E BGH 1367 v. 19. 6. 1975 ZVN ; WuW/E BGH 2169 v. 1. 10. 1985 Mischwerke ; WuW/E BGH 2313, 2317 v. 18. 11. 1986 Baumarktstatistik）。

6　目的説に収束しつつあったとはいえ、まだ上記三説の論争が完全には結着していない段階で、一九九八年第六次改正によりＥＵ競争法に倣い、一条の法文は、「競争制限を目的とし又は惹起する合意」という形に改められた。競争制限の目的が存在すれば、その惹起を吟味するまでもなく一条が適用される。目的が存在しないときに、初めて競争制限の惹起が吟味される（ＥＣ条約八一条一項につき、Delimits v. Henninger Bräu〔1991〕ECR I-935）。

「目的」要件について言えば、競争制限は参加者にとって共通の動機または行為の基礎であることを要する。しかし探究困難な内心の意図すなわち主観的側面が重視されるわけではなく、参加者が商人として競争制限的効果を合理的に期待していたと考えられるならば、それで足りる。同時に合理化等の目的が併存していたとしても、競争制限の目的は否定されない。合意に競争制限目的が認められさえすれば、競争制限が実際に引き起こされたか否かを問うまでもなく過料処分の対象となる（ＧＷＢ八一条一項一号・二項）。一条は目的の選択肢において予防的性格の危険化構成要件を表現していると説かれる(42)。

競争制限目的が確認されないときには、客観的な事実上の効果が吟味される（BGH WuW/E DE-R 409, 413 v. 16.

11. 1999 Endschaftsbestimmung）。もとより一条を適用するには、惹起された競争制限効果が合意・決議・協調に起因するものであることを必要とする。

7 カルテルの外部効果として、市場への影響は現実に感知しうる程度のものでなければならない。これは従来、「市場関係に影響を与える属性」（GWB旧一条）に関して議論されてきたところであるが、現在では、「競争の妨害・制限・歪曲」の上位概念としての競争制限に関して議論が展開される。

判例によると、市場関係に意味のとぼしい範囲で影響を与えるにとどまる場合（BGH WuW/E DE-R 115, 120 v. 13. 1. 1998 Carpartner）、あるいは市場への影響が純粋に理論的にのみ考えられる場合に（BGH WuW/E DE-R 289, 295 v. 9. 3. 1999 Lottospielgemeinschaft）、感知しうる程度の対市場効果が否定される。

一般論としては、カルテル参加者の市場シェア合計が五％未満の場合に感知可能性が否定されるが（WuW/E BGH 369, 372 v. 14. 1. 1960 Kohlenplatzhandel）、数量的基準だけでなく質的要因も考慮されることにより、シェア合計四％でも感知可能性が肯定されることもありうる（WuW/E BGH 2697, 2704 v. 12. 3. 1991 Golden Toast）。なおマンハイム地裁一九九九年四月一六日判決は、第六次改正後の一条の下では感知可能性要件が存在しないと判示したが（WuW/E DE-R 298, 302 Stromversorgung）、学説は一致して本判決に否定的である。[43]

カルテル参加者が同様の契約を多数の相手方との間で平行的に締結している場合、感知しうる程度の対市場効果を吟味する際には、個別契約でなく全体の契約システムを対象として評価する（WuW/E BGH 1780, 1782 v. 7. 10. 1980 Subterra-Methode）。これを束理論と呼ぶ。

六　結　語

競争制限禁止法一条は、従来、カルテルを契約として構成してきたので、意思表示の合致および効果意思（法的拘束力）をめぐって様々な議論が展開されてきた。カルテル契約の契約は私法上の契約概念とは異なりかなり広義に解釈されるようになっており、一九九八年第六次改正により契約が合意に置き換えられても、実質的にはほとんど変化が見られない。

カルテル契約の実施を待つまでもなく合意自体が禁止され、また相互協調行為が契約・決議と並列的に一条へ統合されるなど、第六次改正によりEU競争法との調和が大きく図られた。もっとも、協調概念はEU競争法より狭義に解釈される傾向が認められ、実際にもカルテル規制の主流は「合意」による。

水平的要素を伴う垂直的拘束の取扱いは、依然として流動的である。判例が同一方向の利益追求理論から承認されるべき利益理論へ移行した直後に、一条の法文が改められたことによる。カルテル合意の競争制限効果は、参加者間に存在する現実的または潜在的競争にかかわるものであることを要するとの解釈から、水平・垂直交錯領域への一条の適用範囲は従来よりやや狭くなると推測される。

（1） Bunte, in : Langen/Bunte, Kommentar zum deutschen und europäischen Kartellrecht, 9. Aufl., 2000, § 1 Rdnr. 9.
（2） 「共通の目的」は、経済力濫用防止令（一九二三）におけるカルテル契約の定義に由来する。
（3） Bechtold, Das neue Kartellgesetz, NJW 1998, S. 2770.
（4） v. Gamm, Kartellrecht, 2. Aufl., 1990, § 25 Rdnr. 14.
（5） 同旨の判例として、WuW/E BGH 3137 v. 6. 5. 1997 Sole ; WuW/E DE-R 131 v. 12. 5. 1998 Subunternehmervertrag がある。
（6） Bechtold, NJW 1998, S. 2770.
（7） Bechtold, NJW 1998, S. 2771.
（8） Bunte, § 1 Rdnr. 35.
（9） Langen/Niederleithinger/Ritter/Schmidt, Kommentar zum Kartellgesetz, 6. Aufl., 1982, § 1 Rdnr. 26.

(10) Bunte, § 1 Rdnr. 40.

(11) Belke, Die vertikalen Wettbewerbsbeschränkungsverbote nach der Kartellgesetznovelle 1973, ZHR 139, S. 51, 53 ; Beuthien, Kartellverbot und abgestimmtes Verhalten, in Festschrift für Hartmann, 1976, S. 51, 60.

(12) Emmerich, Kartellrecht, 8. Aufl., 1997, S. 36.

(13) Die Stellungnahme des Rechtsausschusses zur 2. GWB-Novelle, WuW 1973, S. 599.

(14) Herdizina, Wettbewerbspolitik, 2. Aufl., 1975, S. 137.

(15) K. Schmidt, Kartellverfahrensrecht, Kartellverwaltungsrecht, Bürgerliches Recht, 1977, S. 32 ; Immenga/Mestmäcker, GWB Kommentar, 1981, § 25 Rdnr. 6.

(16) 伊従寛（編）『日本企業と外国独禁法』（一九八六）一六八頁（鈴木孝之執筆）。

(17) Stockmann, in : Wiedemann, Handbuch des Kartellrechts, 1999, S. 135.

(18) Möhring, Abgestimmte Verhaltensweisen im Kartellrecht, NJW 1973, S. 779.

(19) 越知保見『欧米独占禁止法の解説——判例分析と理論の比較』（二〇〇〇）二一二頁。

(20) Bunte, § 1 Rdnr. 64.

(21) Bunte, § 1 Rdnr. 65.

(22) 同旨の判例として、BGH KRB 1/83 v. 19. 4. 1983 Rebenveredler ; OLG Frankfurt WuW/E OLG 4944, 4946 v. 17. 2. 1992 Fahrschullehrerabsprache.

(23) Belke, ZHR 139, S. 51.

(24) Rittner, Wirtschaftsrecht, 2. Aufl., 1987, S. 301.

(25) Bunte, § 1 Rdnr. 68.

(26) Monopolkommission, Hauptgutachten XI, 1996, Rdnr. 938.

(27) Begr. RegEntw., WuW-Sonderheft, 1998, S. 64.

(28) Bunte, § 1 Rdnr. 89

(29) Bunte, § 1 Rdnr. 94

(30) Baums, GWB-Novelle und Kartellverbot, ZIP 1998, S. 233, 235.
(31) Bechtold, GWB Kommentar, 2. Aufl., 1999, § 1 Rdnr. 22.
(32) Bunte, § 1 Rdnr. 98.
(33) Peters, Ausschließlichkeitsbindungen und Kartellverbot, 1990, S. 26.
(34) Stockmann, a. a. O., S. 139.
(35) I. Schmidt, Wettbewerbspolitik und Kartellrecht, 4. Aufl., 1993, S. 62.
(36) Bunte, § 1 Rdnr. 145.
(37) Rittner, a. a. O., S. 190 ; Bunte, § 1 Rdnr. 146.
(38) Müller-Henneberg, Gemeinschaftskommentar, 3. Aufl., 1972, § 1 Rdnr. 72.
(39) Benkendorft, Über den Vertrag in § 1 GWB und seine Eignung zur Marktbeeinflussung durch Wettbewerbsbeschränkungen, WRP 1962, S. 313.
(40) Steindorff, Zur Novellierung des Kartellrechts, BB 1970, S. 824 ; Baur, Das Tatbestandsmerkmal Wettbewerb, ZHR 134, S. 97, 118.
(41) Fikentscher, in : Festschrift für Westermann, 1974, S. 87, 103.
(42) Bunte, § 1 Rdnr. 169.
(43) Bunte, § 1 Rdnr. 188.

不公正な取引方法の規制原理についての一考察

——自由な競争と公正な競争との関係

矢部丈太郎

一　問題の所在

独占禁止法は、公正かつ自由な競争の促進を目的とし、この目的を達成するため、私的独占、不当な取引制限および不公正な取引方法の三つの行為類型を規制している。

私的独占および不当な取引制限については「一定の取引分野における競争を実質的に制限すること」が違法性の基準とされており、これらの行為は市場における競争機能を制限するものとして禁止されている。これに対し、不公正な取引方法は「公正な競争を阻害するおそれがある」行為が違法性の基準とされている。この要件は通常、「公正競争阻害性」と呼ばれている。

従来、「公正かつ自由な競争」は一つのまとまった概念として取り扱われることが多かったが、独占禁止法の規制は、その達成手段との関係から、「自由な競争」の促進と「公正な競争」の確保とに分けて考える必要があるのではないか。つまり、私的独占および不当な取引制限は「自由な競争」との関連における規制であり、不公正な取引方法は「公正な競争」に関連しての規制ではないか、と筆者はかねてから考えていた。

このように考えるのは、次のような問題意識を有しているからである。

第一に、法律の題名が、私的独占（この場合の私的独占は不当な取引制限を含む概念であることは言うまでもない）の禁止及び公正取引の確保となっており、公正取引の確保が競争制限の禁止と並列して掲げられていることである。立法当時の解説書によれば、「独占禁止法は、私的独占、不当な取引制限を禁止して競争状態を回復し、これを維持するとともに、他方では、不公正な取引方法、すなわち正常ならざる競争手段を規制し、公正な競争状態の実現を図ることによって、両者互いにその方向は異にするが、終局においては、『能率競争による消費者利益の向上』という統一的な目的を実現しようとしているのである」とされている。(1)

第二に、独占禁止法の条文中に、自由な競争と公正な競争という用語を使い分けている箇所がある。一つは、周知のとおり不公正な取引方法の定義規定である二条九項に公正な競争という語が使われている。もう一つは、再販売価格維持契約を適用除外とする指定商品の要件を定めた二三条二項に、「当該商品について自由な競争が行われていること」とされている箇所である。そのほか、原始独占禁止法八条の不当な事業能力の格差の定義規定に、「事業者が、私的独占を行うことができる程度に自由な競争を抑圧し、又は著しく制限していること」（旧五条三号）が挙げられていた。競争についてこうした使い分けをしているのは、両者には異なる意味内容が付与されているからではないか。

第三に、共同行為等を独占禁止法の適用除外とする規定において、「不公正な取引方法を用いる場合は、この限りではない」という但し書きが常に置かれていることである（例えば、独占禁止法二二条）。通説的な見解によれば、公正競争阻害性は、競争制限の程度が軽微で競争の実質的制限に至らないものという競争制限の程度により説明されているが、この説明では競争を実質的に制限することは許容されても、それよりも競争に対する影響度の低い不公正な取引方法は許容されないというのは理屈に合わないことである。(2)

第四に、言葉遣いの問題であるが、日本語として自由な競争を「制限する」とか「減殺する」とは言うが、公正な競争を「制限する」とは通常言わないことである。公正な競争の場合には、「阻害する」や「歪める」という言葉が使われる。制限とか減殺という言葉は量的な概念である自由な競争との関係において用いられるが、阻害や歪曲は質的な意味で用いられることが多い。

第五に、公正競争阻害性の内容について、例えば、「公正な競争を阻害するという場合には、自由な競争を阻害する、公正な競争を阻害する、の二つの意味が含まれている」という説明では、何を言っているのか全く理解できないことである。(3)

法律で「公正な競争」という要件が明確に定められているのに、なぜ「自由な競争」がここに出てくるのか。もしそれなら、不公正な取引方法の定義規定に「自由な競争を阻害するおそれ」も含まれてしかるべきではないか。

近時、公正競争阻害性の内容について、①自由競争の侵害、②競争の公正さの確保、③自由競争基盤の確保の三つに分けて説明するのが通説となっているが、この整理の仕方は現行の一般指定を前提にして、指定された行為を類型化している解釈論にすぎない。そもそも二条九項各号に掲げられた行為類型は、何を基準として選ばれたのか、その基礎となる原理、自由な競争と公正な競争との関係などが問わる必要がある。

以上のような問題意識のもとに、不公正取引方法の規制原理について立法論を含め体系的な整理を試みたのが本稿である。

二　不公正な取引方法の規制目的

不公正な取引方法は、もともと米国のクレイトン法と連邦取引委員会（ＦＴＣ）法を合わせた形で受け継いだため、統一的な規制目的を有していなかった。したがって、その規制目的について、①私的独占の予防措置として、競争の実質的制限には至らないが、競争を制限する行為を規制するものであるという考え方と、②単なる私的独占の予防措置にとどまらず、競争手段の秩序化に規制の目的があるという考え方とがある。

前者がクレイトン法の規制目的であり、後者がFTC法の主たる規制目的であることは明らかである。FTC法における不公正な競争方法は、「公共の利益のために、欺瞞、不信、詐欺、又は圧迫のような、善良な道徳に反すると認められ、又は、不当に競争を妨げ、独占を生ずるような危険性のために公の政策に反すると認められる行為」を禁止するものであった(4)。

FTC法にも二つの行為類型が混在しており、それがそのまま日本の独占禁止法に持ち込まれたといえる。

昭和二八年改正前の不公正な取引方法は「不公正な競争方法」という名称であり、その規制趣旨は、不当に自己の事業能力を拡張する競争手段または競争者の事業活動を排除・支配する目的をもって行う競争手段とされていた。不公正な競争方法という語が用いられたのはFTC法を継受したものであるが、そのほか不正競争防止法の不正競争と区別するためであり、また、不公正な競争方法として指定された競争手段が、いずれも反倫理的色彩が比較的に弱く、本法の禁止規定によって、はじめて違法とされるに至ったものが多いためであるとされている(5)。

昭和二八年改正により「競争手段」が「取引方法」と改められたが、これは、規制対象に必ずしも競争者間の競争手段とはいえない行為類型が加えられたためである。改正後においても、自由競争の手段ないしは方法について公正性・健全性を確保すること、つまり競争方法の純化が不公正な取引方法禁止の目的とされていた(6)。

昭和五七年に一般指定が改定されたが、従来の指定行為の内容を明確化しただけ、その実質は変わらないとされている。

一方、不当な取引制限の解釈について裁判所が縦の協定を否定したことから、外国では不当な取引制限として規制される再販売価格維持や排他条件付き取引なども不公正な取引方法として規制されている(7)。

その結果、不公正な取引方法の適用において種々雑多な判断基準が持ち込まれるようになった。また、近年行われている公正競争阻害性の議論は、現行一般指定の行為類型をどう整理するかに集中しており、そもそも公取委の指定の妥当性や二条九項各号の行為類型の基準等についてはほとんど議論されていないように思われる。

不公正な取引方法の規制原理を検討するにあたっては、まずその要件である公正競争阻害性とは何かを明確にする必要がある。

三　公正競争阻害性に関する学説

公正競争阻害性に関する議論は今村教授と正田教授の説を中心に行われてきたといっても過言ではないので、まず両教授の所説から検討してみよう。

今村教授は初期の解説書では、「公正な競争とは、良質廉価な商品又は役務の提供という能率競争が中心となることを意味し、それ以外の力が加わることは、公正競争の原則に反することになる」と述べており、能率競争一元論であった。その後、自由かつ公正な競争秩序に悪影響を及ぼすおそれのある行為が公正競争阻害性に該当すると解し、能率競争以外に、市場参入の自由と、市場における競争の自由が妨げられていない状態を公正な競争に含めるようになっている(8)。

正田教授は、公正な競争とは、独占禁止法がその実現をめざしている競争の状態であって、競争参加者に、競争機能が発揮しうる状態が保たれていると同時に、価格・品質を中心とした競争行為によって構成される自由な競争の状態をいい、それが満たされていない場合に公正競争阻害性があると解している。取引主体の自主性と自由が、公正な競争の最も基本的な要因と解している点に特徴がある(9)。

今村、正田両教授の説を有機的に組み合わせ、新しい考え方を示したのが独禁法研究会報告書「不公正な取引方法に関する基本的な考え方」（昭和五七年）である。同研究会の会員であった実方教授、根岸教授がこれを支持している。この考え方によれば、自由な競争、競争手段の公正さ、自由競争基盤の三つの条件が保たれていることをもつて、公正な競争秩序と観念し、このような競争秩序に対し悪影響を及ぼすおそれがあることをもつて、公正競争阻害性とみている。近時、ほとんどの学者がこの三分法によって公正競争阻害性を解説しており、通説的な地位を得ている。しかし、この考え方は、公正な競争と自由な競争との関係、自由競争と自由競争基盤との違いなどを明らかにしなければ、全く理解できない説明であると言わざるを得ない。少なくとも実務の世界では役に立たない説明概念である。(10)

「公正な競争秩序」は行為概念としての公正な競争とは別のものであって、独占禁止法が実現を目指している市場の状態であり、それに悪影響を及ぼす行為をいかなる規制手段で達成するかが問われているのである。不当な取引制限も私的独占も公正な競争秩序に影響を及ぼすがゆえに規制されるのであって、不公正な取引方法に固有の規制理由とはいえない。取引相手方の抑圧性にしても、それ自体に競争阻害性があるのではなく、競争のどの要因を制約するかにより価値判断が分かれる。価格・品質による競争が公正な競争であるとすれば、競争の要因たるべき事項のうち価格・品質に関する事項とそれ以外の事項とを区別して考える必要がある。事業者の価格設定の自由を拘束することは、水平的制限であろうと垂直的制限であろうと、公正な競争の阻害とは異なる扱いをすべきである。

研究会報告書の考え方については今村教授の批判があるが、その他少数ではあるが、異論を唱え、独自の考え方を主張する者が現れている。(11)

川井教授は、競争手段のなかには価格や品質に寄与しないものもあるとし、「公正な競争とは、その行為が価格や品質による競争に寄与するものをいう」と述べており、価格による競争でも不当廉売のように否定的な価値判断を受けるものがあるとする。[12]

舟田教授は、「公正な競争とは、能率競争を意味し、この公正な競争の阻害とは、ある事業者の力の濫用によって、その取引の相手方が、価格と品質によって商品・役務を選択する可能性を奪われ、あるいは選択の判断を歪められることである」とする。事業者の力の濫用を公正な競争の要素とする点において正田説に近いといえるが、取引相手の競争機能の制限ではなく、取引相手の選択が歪められる点に不公正さを求めている。[13]

高橋教授は、「自由な競争と公正な競争とは区別されるべきであり、不公正な取引方法は公正な競争の観点から一元的に違法性が判断されるべきである」と述べている。優越的地位濫用行為の公正競争阻害性について、価格・品質による競争とは別の要因によって有利な取扱いを獲得して、競争上優位に立つことに公正競争阻害性をみている。[14]

自由と公正の区別は不正競業法の分野においても議論されており、「不当独占は競業の自由を奪い、不正競争は競業の公正を破壊する」とか、「不正競業は、自由競争の許容範囲を逸脱した行為（いわゆる市場の価格的調和を破壊する不公正な手段・行為）である」とされている。いうまでもなく競業とは営業上の競争である。[15]

四　公正競争阻害性についての私見

大胆に言えば、自由な競争は量的概念であり、公正な競争は質的概念であるから、両者は区別されるべきであり、また、公正競争阻害性は能率競争の阻害を中心に考えるべきである、というのが筆者の考えである。現行一般指定に混在している自由な競争の制限に係る行為（いわゆる競争減殺型行為）については、不公正な取引方法として規制するのではなく、自由な競争を制限する縦の協定として法律で明示して規制する必要があると考えている。不公正な取引方法に罰則の規定を設けるべきかを議論する場合にも、現行二条九項の指定要件を含め再検討する必要がある。

以下、自由な競争、公正な競争、両者の関係、不公正な取引方法規制の在り方の順に検討する。

1　自由な競争

自由な競争という場合、その内容は、競争者（潜在的な競争者を含む）が顧客との取引においてできるだけ多くの利益を得るために、顧客に対してできるだけ有利な条件を自由に提示できること、および顧客が提示された条件の中から自由に決定できることを意味している。この二つの競争の自由、すなわち競争者の競争の自由と顧客の競争の自由を不当な拘束から保護するのが自由な競争の保護である。競争は目的と手段からなっているが、他の競争者を排して顧客を獲得するための努力が競争の目的であり、そうした努力をしなくなることが競争の減退を意味している。

競争の概念には、①個別的な競争行為のほか、②同一の目的をもつ複数の競争行為が相互に影響しあうことにより、市場価格を形成するという機能（個別的な競争行為の集合体が全体として有する機能）が存することは周知の事実である。(16)

競争の実質的制限は、競争のもつ②の機能との関連において形成される概念である。(17)市場の産出量や価格形成に影響を及ぼす行為（不当な取引制限、私的独占、合併など）は、自由な競争を制限するものとして規制される。特定の商標品について販売業者間の価格競争を制限する再販売価格維持も自由な競争を制限する行為の一種である。

自由な競争の制限は、競争者間の競争機能を減殺し、顧客の選択の範囲を狭めるという点において、競争の量的な概念である。自由な競争は量的な概念であるから、競争の限界・範囲を定める必要がある。それが一定の取引分野の画定であり、それにより競争者のシェア算定が可能となる。

同種の商品を供給する競争者の数が多ければ多いほど、その競争者の間の力が対等であればあるほど、競争は有効に機能する。競争者の数が次第に少なくなり、あるいは特定の競争者のシェアが高くなり、他の競争者との間に著しい格差が生ずるようになると、競争が有効に機能しなくなる質的な転換点が現れる。それが競争の実質的制限である。かつて不当な事業能力の格差（旧八条）の要件の一つとして、「私的独占を行うことができる程度に自由な競争を抑圧し、又は著しく制限されていること」が挙げられていたことを想起する必要がある。

他方、競争が過剰に行われ、正常な競争機能を逸脱するような場合には、競争手段が不公正となる質的転換点が存在する。例えば、不当廉売は競争の量が過剰になるが故に公正な競争ではないと評価されることになる。つまり、自由な競争が質的に変化し、公正な競争とは言えなくなる。これは弁証法でいう量の質への変化である。周知の例を挙げれば、水の温度が量的に上昇し、摂氏一〇〇度に達すると水は蒸気（気体）に変わり、逆に温度の量的減少により零度になると、液体の状態から氷（固体）の状態に変化する。方円の器に従うという液体としての性格を備えているのは、零度から一〇〇度までの範囲内であり、その間は少しずつ変化はあっても質的な変化はない。

競争が有効に機能するためには、競争の量が適度に維持されることが必要である。

2　公正な競争

競争の自由は事業者が経済活動を行う上での基本的権利のようなものであるが、あらゆる競争手段が許されているわけではない。競争は公正な手段を用いて行われなければならない。この場合の「公正さ」は、社会的・倫理的な立場からのものではなく、独占禁止法が目的としている立場から判断される。独占禁止法がとっている立場は、価格・品質にもとづく能率競争が公正な競争手段であり、それ以外の手段は公正な競争ではないとされる。競争のもつ本来の機能を歪めるおそれがあるためである。

市場経済における取引とは商品や役務の貨幣との交換である。交換は、当事者間の自由な意思にもとづいて行われ、等価交換でなければならない。当事者双方が利益を得るからこそ市場で交換が行われるのである。このような取引が他の者によって強制されたり、欺まん的な方法を用いたり、差別的に行われたのでは、交換ネットワーク、すなわち市場システムは有効に機能せず、国民経済の健全な発達に寄与しない(18)。

独占禁止法二条九項は、不公正な取引方法の指定要件として、①差別的な取扱い、②不当な対価、③不当顧客誘引・取引強制、④拘束条件付き取引、⑤優越的地位の不当利用、⑥競争者の取引妨害の六つの行為類型を挙げている。行為類型ごとに公正競争阻害性を説明するのが主流であるが、公正な競争の概念をこの中から抽出することはでない。二条九項各号の「不当性」は、柱書きの書きぶりから考えて、公正競争阻害性とは別の意味を有すると解せざるを得ない(19)。

競争手段には様々なものがある。すなわち、略奪的な価格引き下げ、競争者の信用毀損、中傷誹謗、虚偽表示、競争者に対する妨害、競争者の内部攪乱行為、脅迫、威迫、強制、ダンピング、虚偽の事実の流布、利益をもって顧客を不当に勧誘する、不利益をもって取引を強制するなど(20)。

これら競争手段のすべてが独占禁止法で規制されるのではなく、その多くは反社会的・反倫理的な行為として刑事法および民事法等で規制されている。数量のごまかしは計量法で、詐欺や富くじを用いることは刑法で、虚偽誇大な広告は軽犯罪法で、反倫理的な競争は不正競争防止法で、公序良俗に反する行為は民法で、それぞれ規制されている。

独占禁止法の目的を達成する観点から、これらの市民法体系では規制できない競争手段を禁止するのが不公正取引方法の目的である。ある種の行為類型は、有力事業者が用いる場合には認められないが、弱小企業の競争手段としては認められるという考え方は、反社会的・反倫理的な競争規制では通常ありえない。不公正な取引方法と不正競争防止法の不正競争との違いの一つはこの点にある。公正な競争は価格・品質にもとづく競争であるというのは、その競争手段のみが市場における競争機能を発揮させるものだからである。

欧米ではコモンローのもとに何が不公正であるかについて確立されてきており、その上にたって独占禁止法が制定され、自由な競争の維持を図っているが、そのような伝統のない日本では、不公正な取引方法がその役目を果たしているといえる。

3　自由な競争と公正な競争との関係

競争は自由であるだけでなく、公正であることが必要とされ、両者は相互に関係しあっている。公正でない競争は、自由の保護を受けるに値せず、また自由がなければ競争は存在しなくなり、その結果、公正な競争の保護も問題とはならなくなる。

競争が自由になればなるほど手段を選ばない競争が行われるので、それを規制する必要があるというと言われているが、これは逆さの議論である。個々の取引、交換において競争の質（公正さ）が求められ、その上で競争の自由は認められると考えた方が適切である。自由な競争は公正な競争によって支えられてこそ、競争の機能が有効に生かされるのである。(21)

個々の事業者間の取引を公正なものとした上で、自由な競争の促進を図るのでなければ、市場機能は歪められることになり、国民経済の健全な発達は望めないであろう。つまり、経済が競争原理を支持する前提には、公正な競争のルールという公共的な枠組みが必要であり、その枠内で自由に競争するという制度がとられている。

競争の自由の保護が競争の公正の保護と重なり合うことは当然あり得る。ボイコット、取引拒絶、差別的取引、不当廉売などは、自由な競争の保護と公正な競争の保護の両面からの規制を受ける場合があり得る。不当廉売は、それ自体が不公正な競争手段として扱われる場合があるほか、競争者の排除を図る意図のもとに行われる場合には、自由な競争の制限としても規制されうる。

五　不公正な取引方法の規制原理

それでは公正な競争を阻害する行為の手段となる「不当性」は何を基準とすべきなのか。現行二条九項各号の規定は何を基準として選ばれているのかを含め、独占禁止法の観点から競争の「公正さ」の要素を検討してみよう。

第一に、独占禁止法の下では、競争のメリットが活かされるような競争手段が確保されなければならない。それが価格・品質を中心とする能率競争である。競争のメリットは、絶えず価格を引き下げながら生産・雇用を増大させ、国民の実質所得を増やすことにある。同時に、品質の改良、技術の向上を通じて、創意工夫の発揮、経済進歩に寄与することである。価格・品質に優れた事業者が発展し、その反対の事業者が市場から撤退するという市場メカニズムの機能を阻害する点に公正競争阻害性がある(22)。

第二に、競争にはイコール・フッティングという考え方が基本にあり、対等な条件で競争するのでなければ公正とはいえない。自由な競争による経済原則が受け入れられるのは、それが最も公正だからであり、その前提として競争条件は対等でなければならない。取引は対等な立場で行われることにより、競争機能が発揮され、経済的民主主義が達成される。

取引の相手方に差別的な条件を付することは、相手方の属する市場において対等な条件で取引することを妨げることになる。二条九項各号の最初に差別的取扱いを挙げている趣旨はイコール・フッティングの観点からのものと考えられる。

第三に、自主的に行われるべき取引において強制力を用いて自己の事業能力を強化することは公正な競争とはいえない。取引の相手方に不当な不利益を与えることは自己が不当な利益を得ることにほかならない。自己の取引上の地位を不当に利用すること、不当な対価をもって取引すること、不当な拘束条件を付けること等が該当する。市場経済は等価交換を原則としており、取引が当事者間の自由意思にもとづいて行われる場合には、貸し借りは存しない。当事者の一方が強制する行為は、等価交換の原則を歪めるものである。

第四に、顧客の商品選択に介入し、自己と取引するよう誘引することは、公正な競争ではない。価格や品質に関する情報が顧客に歪んで提供されたり、全く提供されないことにより、能率競争が阻害されることになる。また、消費者の射幸心などの弱みに訴えて自己と取引するよう仕向けることにより、能率競争が阻害されることになる。

六　類型別にみた公正競争阻害性の考え方

以上のような考え方にもとづいて一般指定の代表的な行為類型を検討してみよう。

1　共同ボイコット

共同の取引拒絶を不公正な取引方法として規制するのは妥当とはいえない。これは、公正な競争を阻害する行為ではなく、自由な競争の制限に該当する行為だからである。共同の取引拒絶は二条九項の一号を根拠とする規定であるが(それ以外には考えられない)、特定の事業者を共同してボイコットすることは差別的に取り扱うというよりも、ボイコットされた事業者の自由な競争を制限する行為であり、実効性を伴っていれば競争の実質的制限に該当する。

そもそも不公正な取引方法の禁止規定(一九条)は、単独事業者の行為を対象としており、共同行為は想定していないのではないか。私的独占や不当な取引制限の定義規定を見ると、事業者が「単独に又は共同して」となっているが、一九条は、「事業者は、不公正な取引方法を用いてはならない」となっており、「共同して」の文言がない。事業者が共同して不公正な取引方法を用いることは、常に自由な競争の制限となり、三条で規制されることになるから、共同行為には一九条の適用はないと考えられる。(23)

事業者団体が不公正な取引方法を用いることを禁止する規定がないのも同様に解釈することができる。八条一項一号は、私的独占および不当な取引制限の予防規定とされているから、例えば事業者団体が他の事業者を排除すれば、八条一項一号の違反となる。

差別的取扱いの例として特定の事業者に対して不当に不利な条件を押しつけることは、その条件を飲まなければ取引しないということを意味し、取引を拒絶するのと同じ効果を有している。差別的価格の典型例として通常、地域的なダンピングが挙げられるが、これは自由な競争の制限であり、競争の質に係る問題ではない。取引拒絶と同視しうる特定の事業者に対する不当に高い価格設定こそ問題とすべき行為類型である。

二条九項の一号で差別的取扱いが事業者を相手とする行為に限られていることも見落としてはならない。差別された事業者間の公正な競争の問題であるから、事業者ではない消費者を差別的に取り扱うことは公正な競争とは関係がないと見ているのであろう。

2　再販売価格維持

再販売価格維持は、販売業者の自由な価格設定を拘束することにより、自己の競争力を不当に強化するとともに、自由な競争を制限する行為類型であるから、縦の協定として法律で明示的に規定すべきである。一対一の関係における特定の相手方に対する拘束は通常違法とはならないということは、競争の手段を問題にしているのではなく、販売業者の間の価格競争の自由を制限するところに競争機能への影響が認められる行為だからである。公正な競争の観点からは、販売業者に高額なマージンを保証することにより、顧客に自己の商品を推奨させるよう仕向けることが、そのような手段を用いない競争者との間で公正な競争とはいえないという理屈も成り立つであろう。

取引条件のうち価格のようなものは、自由な競争の対象となるべき事項であって、それについて取引の相手方を拘束することは、カルテルの一種（ブランド内価格制限）である。

複数の販売業者を対象とする再販売価格の拘束は、販売業者間の価格に関する自由な競争を制限するから違法となるのである。相手方の競争要素について自由な意思決定を拘束することが公正な競争を阻害するからという理由ではない。

再販指定の要件に「当該商品について自由な競争が行われていること」（二三条二項二号）が挙げられているが、これをどう解釈するかという問題がある。(24)

日用商標品においては、通常、多くの競争者が存在して、価格、品質等の面で競争している。このような競争状態にあれば、競争者の商品の価格動向について敏感にならざるを得ず、再販売価格を設定し、維持するにあたっても、不当な価格を付することはできず、つけられた再販売価格が価格指導力を持ち得ないという前提にたっている。

3　懸賞景品付き販売

富くじは刑法上の犯罪である。商品の販売にあたり懸賞により過大な景品を提供することは富くじ類似の行為となる。景品のコストは商品の販売によって得られた利益から出ている。多くの競争者は競争上の不利をしのんで、このような販売方法を用いないでである。

消費者は射幸心に惹かれて、このような販売方法を用いないで売られる品を見捨てるようになってしまう。質または量の劣っている商品を選ばせることになり、価格・品質による能率競争を阻害する行為であることは明かである。

4　優越的地位の濫用行為

公正競争阻害性の性格をめぐる議論の対立は、優越的地位の濫用の性格づけをめぐってのものである。独禁法研究会報告書では、自由競争基盤が確保されている状態が公正な競争であるという正田説を採用しているが、今村教授が批判しているように、自由な競争の確保のためには自由競争基盤の確保が必要なのであって、自由な競争の確保とは別に挙げる必要はない。

かつて今村教授は、優越的地位の濫用により、自己の競争者としての地位を不当に強化し、相手方に逆に競争者としての地位を弱めることが間接的に競争秩序に影響を及ぼすものと解釈してきたが、この説明は技巧的に過ぎたとして撤回されている(25)。

しかし、筆者はこの考え方は誤ってはいないと思う。優越的地位の濫用は、正常な手段によらないでその競争上の地位を不当に強化するところに公正競争阻害性が認められると考える。取引の相手方に不当に不利益を与えることは、その対極にある行為者に不当な利益をもたらすことになる。その結果、行為者の競争力を強めることは公正な競争とはいえないであろう。また、イコール・フッティングの観点から取引の相手方の競争条件を不公正なものにするという面も有する。

最低賃金法の目的に「事業の公正な競争の確保」（同法第一条）が掲げられているが、これも同様の趣旨であると理解できる。独占禁止法も最低賃金法も、その最終目的として国民経済の健全な発展をあげている。労賃を著しく低く抑えて良質廉価な商品を供給し、競争に打ち勝つことが、公正な競争といえるだろうか。同様に、下請事業者や納入業者に不当な不利益を与える行為により、競争上有利に立つことは公正な競争とはいえない。

七　不公正な取引方法の体系について試論

公正な競争は能率競争にあり、それを阻害する行為の規制が不公正な取引方法の目的であるという観点から、現行規定を整理する必要がある。そのためには、不公正な取引方法の中から、自由な競争の制限に係る行為類型（いわゆる競争減殺型）を除外して、競争の手段・方法に係る規制とした方がすっきりする。

不公正な取引方法の規制を不公正な競争方法・手段としてとらえ、個別取引における規制の問題であると解すると、当該行為の市場全体に及ぼす影響のいかんを問題にする必要はなくなる。個別取引における競争手段といっても、それは価格品質による市場原理を機能させる行為という意味では、私的利益の保護ではなく公益の観点からの規制である。

行為者の市場における地位いかんにかかわらず規制を及ぼすこととなるが、反社会的・反倫理的な競争行為と違い、公正な競争を確保するという点から、取引方法、競争手段として認められるかどうかによる。また、競争ルールであるから、自由な競争が活発に行われている場合だけでなく、自由な競争が制限されている状態においても、不公正な取引方法として規制されることになる。

カルテル等についての独占禁止法適用除外規定においては、自由な競争を制限することが特別の場合に認められている場合であっても、不公正な取引方法を用いるときを例外としているのは、自由な競争が制限されている市場においても、なお公正な競争を確保しようとするものであると考えられる。

差別的取扱い、不当顧客誘引、拘束条件付き取引、優越的地位の濫用等は、価格と品質以外の競争手段を用いて競争力を強化し、あるいは競争者を排除することであり、公正な競争手段ではないことに規制の根拠があるといえよう。

寡占企業による非価格競争も一定の場合には公正な競争を阻害するおそれがある。価格競争と非価格競争の違いは、顧客を獲得するために利益を減らすのか、コストを増やすかの違いである。利益を減らして価格を引き下げる場合には、従来と同じ利益を上げるためには、コストの引下げなど効率的な経営を行う必要がある。コストを増やすことにより顧客を獲得する方法は、商品自体の品質改善や効率的な経営には結びつかない。

景品付き販売などの不当顧客誘引は典型的な非価格競争であり、不当廉売は妥当な価格競争の範囲を逸脱した競争方法であり、優越的地位の濫用は取引の相手方から不当な利益を得ることにより、競争力を強化させる競争方法または取引方法である。

拘束条件付き取引については、相手方の自由な事業活動を拘束すること、差別的取り扱いや優越的地位の濫用については、差別され又は濫用された事業者が競争上不利な立場におかれることにも規制の根拠が求められる。

不公正な取引方法の規制を公正な競争の確保ととらえ、自由な競争の制限と結びつけないで規制する場合の問題点としては、形の上で一般指定に該当すれば一律に規制されることになるが、これが妥当かという問題がある。例えば、新規参入者が専売制を用いる場合には、既存業者に対する競争力を強化し、市場全体の競争がより活発になることもあろう。

これは、公正な競争の確保と自由な競争の促進とが両立しえない場合に、いずれを優先させるかという問題であり、公正取引委員会が指定する場合に比較衡量して処理できよう。

また、公正取引委員会が不公正な取引方法に該当する行為を事件として取り上げるかどうかは、「公共の利益」（四九条）の観点から検討されることになる。競争者の私的利益の保護を目的とする不正競争防止法と異なる点である。

自由な競争の観点から競争制限行為を規制し、公正な競争の観点から競争のルール違反行為を規制することとした場合、競争制限の程度に至らない状態が宙に浮くのではないかという問題が生ずる。これについては、競争制限とはどの程度のものをいうのか、不公正な取引方法を指定する場合に、公正な競争を阻害するおそれをどのように考えるかという問題になろう。

まだ詰めなければならない点は多く残っているが、従来の壁(思い込み)から脱却し、新しい視点から不公正な取引方法について検討し直してみる意義はあるものと思われる。

(1) 公正取引委員会事務局編『改正独占禁止法解説』日本経済新聞社(一九五四年)四五頁

(2) 不公正な取引方法でいう公正競争阻害性は、公正な競争を阻害するおそれでよく、一定の取引分野における競争の実質的制限が問題となる場合と異なり、ある程度において公正な自由競争を妨げるものと認められる場合で足りる(第一次大正製薬事件審決昭和二八・二・二〇)。

(3) 多くの独占禁止法解説書で引用されているが、例えば、実方謙二『独禁法の原理・原則』総合法令(一九九二年)一〇八頁。

(4) 今村成和『私的独占禁止法の研究』有斐閣(一九五六年)一一二頁。

(5) 石井良三『独占禁止法(改訂増補版)』海口書店(一九四八年)二四三頁。

(6) 大野事務官「新独占禁止法の不公正な取引方法」公正取引四五号。

(7) 新聞販路協定事件東京高裁判決昭和二八・三・九(公取委審決集第四巻)

(8)『独占禁止法』有斐閣(一九六一年)五頁、『独占禁止法入門(第4版)』有斐閣(一九九三年)一一八頁。

(9) 正田彬『独占禁止法』日本評論社(一九六六年)二〇五頁。

(10) 競争減殺型と不正手段型の二分法もある。この場合、優越的地位の濫用は競争減殺型に含める。白石忠志『独禁止講義』有斐閣(一九九七年)。

(11) 今村「不公正な取引方法における「公正競争阻害性」について——独占禁止法研究会の見解をめぐって——」公正取引四二八号。

(12) 川井克倭『競争政策法概論』高文堂出版社(一九九一年)一五七頁。

(13) 田中寿編『不公正な取引方法・新一般指定の解説』一〇一頁（舟田執筆）。
(14) 高橋岩和「公正な競争と自由な競争(1)」神奈川法学三〇巻三号八一頁。
(15) 小野昌延『不正競争防止法概説』有斐閣（一九九四年）四頁以下。
(16) 「競争という概念は、たんに競い合うという行為概念としてではなく、競争によって価格が決まるという状態を示す概念として用いられている。
独占禁止法の目的を実現するためには、一方で市場に市場支配力が形成されるのを阻止し、競争によって価格が決定されるという市場の状態を確保すると同時に、他方では市場での価格機構の作用を阻害する競争手段あるいは取引手段を禁止し、公正な競争手段あるいは取引手段による経済主体間の競い合いを確保することが必要である。

丹宗昭信・厚谷襄児編『新版独占禁止法の基礎（実用編）』青林書院新社（一九七七年）（金子執筆）八〇頁。
(17) 今村成和『独占禁止法』（前掲）三八頁。
(18) 公正な（fair）の語源について、アメリカの小学校教科書では次のような説明がなされているようである。畠山襄「わが国貿易政策のイメージ(上)」通産ジャーナル（一九七八年九月号）。
fair（公正）というのは、もう一つの fair（市場）にその語源を発する。昔人々は部族間で争っていたが、商品経済の発達に伴い部族間で物々交換をする必要性に迫られ、各部族間共催で市場（fair）を開催した。普段争っている人々同士で行う行事であるから、この日には、武器をとってはいけない、相手を騙してはいけない、などという市場すなわち fair のルールが厳格に守られた。これが時代を経て fair といえば、公正なを意味するようになった。
(19) 同旨・田中誠二『新版経済法概説（再全訂版）』二六六頁。
(20) 原始独占禁止法には公共の利益に反する競争手段として公取委が指定する制度があり、その候補として次のような行為を想定していた。
商品の質や量をごまかす行為、特別の技術があるかのように思わせる行為、特に廉価で販売しているかのように思わせる行為、相手方に誤認を生じさせる行為、競争者の使用人に対する贈賄する等の方法で競争者の営業上の秘密を獲得する行為、競争者の信用を毀損する等直接競争者の活動を妨害する行為、競争者の商品カタログを取り寄せたり架空な注文を発したりして競争者を錯誤に陥れる行為など（商工省企画室『独占禁止法の解説』四一頁）。

(21)　自由な競争は、公正な競争という鉄筋の骨組みに支えられて成り立っている。だから、公正な競争という鉄筋が不安定であれば、自由な競争自体不安定なものとなる。川井克倭『競争政策法概論』一五八頁。
(22)　横田直和「優越的地位の濫用行為に係る公正競争阻害性の再検討」公正取引五六五号。
(23)　集団的に行われた不公正な取引方法の研究については、厚谷襄児「集団的不公正な取引方法」(『独占禁止法論集』有斐閣(一九九九年)所収)がある。適用事例はきわめて少なく、東洋リノリュームほか三名事件(昭和五五・二・七勧告審決)、伊勢新聞社ほか一二名事件(昭和五一・五・一三勧告審決)があるほか、最近の事例として、上村開発ほか一六名及びワキタに対する件(平成一二・一〇・三一勧告審決)がある。
(24)　この「自由な競争」の意味については、長谷川古「再販許容要件としての「自由な競争」(上・続)公正取引二〇五号、二一七号を参照。
(25)　今村成和『独占禁止法(新版)』一四八頁、『私的独占禁止法の研究(五)』二五八頁。

情報の不完全性と優越的地位の濫用行為

本城　昇

はじめに

市場の失敗の観点から見たとき、独占禁止法は、市場の失敗の一つである競争の不完全性を対象領域とする法制度であるといえる。しかし、独占禁止法は、競争の不完全性以外の市場の失敗を対象領域としていないわけではない。市場の失敗には、競争の不完全性以外に、情報の不完全性、外部性といったものがあるが、独占禁止法は、にせ牛缶事件以降、情報の不完全性の一つである情報の非対称性に起因する不当表示を不公正な取引方法に該当する不当顧客誘引行為として規制している。これに見られるように、すでに情報の不完全性の領域にもその適用範囲を広げてきている。

現代は、これまでの重化学工業などの製造業の時代とは異なり、サービス化、情報化が進展し、また、自然環境破壊や社会福祉の問題が重要な経済運営の政策課題として登場している。単に競争制限行為のみならず、情報の不完全性や外部性(1)に起因する不当な行為に対しても政策的に適切に対応することが求められている。もし、独占禁止法が競争の不完全性のみならず、それ以外の市場の失敗に起因する不当な行為についても、ある程度限度があるとしても対処可能な法制度であるとすれば、正に、同法は、現代の市場経済秩序の基本法にふさわしい法制度と位置付けることが可能となる。

最近においては、情報の不完全性と独占禁止法、とりわけ情報の不完全性と不公正な取引方法の優越的地位の濫用行為の関係をめぐって議論が展開され始めている。また、二〇〇三年六月には、下請代金支払遅延等防止法（以下、「下請法」という。）が改正され、役務の下請取引までその適用対象が拡大され、優越的地位の濫用行為にかかわる規制は充実・強化されている。以前には、経済学者から優越的地位の濫用行為規制は、不要な規制であるとの強い批判もあったが、最近では、規制の有効性をある程度認める考え方も出始めている。(2) 特に、この分野における経済法からの研究では、大録英一教授が優れた論文を発表され、情報の不完全性と優越的地位の濫用行為の関係について重要な見解を示されている。(3) また、内田耕作教授も、こうした最近の状況に着目され、これまでの議論の展開状況について整理と解説を行っておられる。(4)

このため、筆者も、本稿において、情報の不完全性と不公正な取引方法、とりわけ優越的地位の濫用行為に焦点を当てて考察を進め、優越的地位の濫用行為規制の積極的な活用の必要性を指摘することとしたい。

一　情報の不完全性に起因する違反行為類型

1　不当表示

独占禁止法では、にせ牛缶事件以降、不当表示は、不公正な取引方法の不当顧客誘引行為に該当する行為として規制され、一九六二年にその特別法として景品表示法が制定された。景品表示法によって規制できない不当表示については、不公正な取引法の一般指定第八項（ぎまん的顧客誘引）や「食品缶詰又は食品びん詰業における特定の不公正な取引方法」の特殊指定で規制されている。

不当表示は、取引対象について、事業者が顧客よりも情報の質や量において優位な地位にあることを利用して、つまり、双方の間に情報の量や質に非対称性があることを利用して、虚偽・誇大な表示を行い、顧客を自己と取引するよう誘引する行為であり、正に、情報の非対称性に起因して生じる不当な顧客誘引行為である。こうした情報の非対称性が存在する場合は、情報上劣位な地位にある顧客は虚偽・誇大な表示であることを見破れないで、その表示に誘引され、取引してしまうことになる。不当表示は、情報上劣位な地位にある顧客を誤認させ、その適正な選択を歪めるとともに、正しい表示をしている競争者の顧客を奪うことになる。このため、独占禁止法研究会報告の「不公正な取引方法に関する基本的な考え方」（一九八二年）では、不当表示は、顧客が良質廉価な商品又は役務を自由に選択することを妨げる行為（能率競争を妨げる行為）であり、それ自体、競争手段の不公正さのあるものとして不公正な取引方法に該当するとされている。

競争手段の不公正さとして不公正な取引方法に該当するとされる行為は、競争の減殺という効果に着目するのではなく、能率競争の観点からみて競争秩序を歪めるおそれがある場合に公正競争阻害性があるとされる行為である。不当表示は、競争手段の不公正さに属するとされる行為類型の中でも、この競争の減殺効果に結びつかない行為の典型である。不当表示によって正しい表示をしている競争者は顧客を奪われ、市場から駆逐されるおそれがあるが、自らも不当表示をすればそのようなことが容易になくなるのであり、不当表示の蔓延はあっても、市場の競争単位が減り、競争自体が減殺されるとまではいえない。したがって、不当表示の問題性は、競争の減殺にあるのではなく、顧客の良質廉価な商品又は役務の自由な選択ができなくなることにあるとされている。

一方、競争の減殺効果に着目して不公正な取引方法に該当するとされる行為類型は、不当な排他条件付取引や再販売価格維持行為などの競争者の取引機会を排除したり、価格や顧客獲得等の競争そのものを制約する行為である。これら行為は、市場における競争の減殺効果に着目して公正競争阻害性が判断される行為であり、競争の人為的な減少、つまり競争の不完全性にかかわる行為類型である。

このように、不公正な取引方法に該当する行為には、不当表示のような情報の非対称性という情報の不完全性にかかわる行為類型と競争の減殺に着目する競争の不完全性にかかわる行為類型に属する行為が含まれており、それらは、市場の失敗の観点からすれば、発生原因が全く異なる。ところが、これまで、この発生原因が異なっていることに対して必ずしも十分な関心が払われて来ず、学説においても、情報の不完全性を取り上げ、それとの関係で公正競争阻害性について十分な議論が展開されて来たとはいい難い。

こうした不十分な議論状況が関係したのか、不当表示についてすら、前記独占禁止法研究会報告は、不当表示を含む欺瞞的顧客誘引についての公正競争阻害性の成否を判断するに当たっては、「当該行為の相手方の数、当該行為の継続性・反復性等の行為の広がりを考慮することとなろう」とし、「行為の広がり」という市場の競争状況への具体的な影響を公正競争阻害性の成否の判断基準に含めている。しかし、情報の非対称性の問題性からすれば、不当表示については、それによって顧客が騙されて誘引され、適正な選択を妨げられたことがあるだけでよいのであり、「行為の広がり」を待つまでもない。行政が違反の摘発に着手するかどうかの基準とするのならともかく、このように違反成立の要件とするまでの必要はないのである。こうした考え方は、独占禁止法が競争の不完全性を対象領域とする法制度であることを意識し過ぎた結果であって、市場における競い合いの状況を意識し過ぎているといえる。

2 優越的地位の濫用行為

この市場における競い合いの状況を意識し過ぎる点は、当然、優越的地位の濫用行為を始めとする自由な競争基盤の侵害として不公正な取引方法に該当するとされる行為類型においても現れている。前記独占禁止法研究会報告は、自由な競争基盤を侵害する行為は市場における自由な競争そのものを直接侵害するものではないが、取引の相手方の競争機能の発揮の妨げとなる行為であるとし、このような行為は、第一に、不利益を押し付けられた相手方は、その競争者との関係において競争条件が不利となり、第二に、行為者の側においても、価格・品質による競争とは別個の要因によって有利な取扱いを獲得して、競争上優位に立つことになるおそれがあるとする。そして、規制に当たっては、やはり「行為の広がり」等を考慮するとされ、競い合いの状況、さらには競争の人為的な減少が意識されている。

優越的地位の濫用規制における違反行為主体は、市場支配力を有するような有力な事業者でなくても、取引の相手方より相対的に優越している事業者であればよく、そのことが、優越的地位の濫用規制を競争法規としての独占禁止法の中で位置づけにくいものとしている。実際のところ、取引上優位な地位にある者が、その地位を利用して取引の相手方に不利益を押し付けるといっても、その行動は、あくまでも、市場メカニズムという厳しい制約条件の下にあるのであり、市場支配力を有するような事業者でなければ、それは基本的には不可能である。市場支配力を有していない者が、その取引の相手方にいくら不利益を課そうとしても、その相手方は、容易に他の事業者と取引できるであろうから、不利益を課そうとしても課せられないからである。したがって、市場メカニズムが働いている以上、市場支配力がなく、ただ取引上優越した地位にあるというだけでは、通常、相手方に容易に不利益を課することはできない。もし、そのような場合であっても、不利益を課すことができるとすれば、それは、市場の競争状態ではなくて、別の要因により可能となるといわなければならない。その要因としては、別の市場の失敗の要因である情報の不完全性や外部性があげられる。これらの要因がある場合は、市場支配力がなくても取引の相手方に不利益を課することができるのであり、市場における競い合いの状況に拘って、不利益を課すことを競争の人為的な減少にまで結びつけようとすることは無理である。

二　関係特殊的投資とホールドアップの問題

優越的地位の濫用行為をどのようにとらえるべきかは、大録教授が適切に論じておられる。同教授によれば、優越的地位の濫用行為は、関係特殊的投資が行われる場合の不完備契約におけるホールドアップの問題ととらえる必要があるとされる。(5) 関係特殊投資とは、不可逆的で、かつ、当該取引以外への転用が困難な投資のことである。(6) 関係特殊投資を前提とする取引においては、その投資が将来時点においてどのように利用され、取引当事者が取引上どのような権利及び義務を負うことになるのか、その取引条件や取引内容が契約に具体的に記載されている必要がある。そうでなければ、関係特殊的な投資を行う者は、投下した資金の取引後における回収が約束されないので、恐くてそうした投資をしようとしない。ところが、情報の非対称性や将来の情報の欠如といった情報の不完全性が存在する場合には、その取引条件や内容を確定することが困難であり、それを具体的に記載した契約をつくることができない。その場合は、関係特殊的投資は、事後に回収する目処が立たず、そのような投資を前提とする取引は成立しないことになる。

しかし、その場合であっても、情報の不完全性に対処するための方法として、「評判」(reputation)(7) や「人質」(hostage)(8) が利用されれば、誠実に継続的に取引を行うことが暗黙に了解され、取引が成立することになる。

取引の相手方の信頼を裏切るような自己の信用を失墜させる行為は、その後の取引の継続を不可能とすることからも分かるとおり、信用が、継続的な取引関係を取り結ぶ際の重要な役割を果たす。情報の非対称性や将来の情報の欠如がある場合、取引の相手方が信用の置ける者かどうか、つまり、取引の相手方の「評判」が、取引を行うかどうかの判断の大きな目安となる。この「評判」は、取引の相手方が過去にどのような行動を取ったかに依存し、高い「評判」は、継続して取引していくことができるかどうかの判断において特に重要な役割を果たす。

ただし、この「評判」が機能するのは、あくまでも、顧客を裏切ることによって得られる一時的な短期的利益がそれによって失われる将来の長期的利益を下回る場合に限られる。この差額が大きければ大きいほど、裏切りへの誘因が少なくなり、取引当事者は双方の満足する取引条件や取引内容で継続的な取引を行うこととなる。

また、継続した取引を双方の満足する取引条件や取引内容で行うことを確保するため、この差額を人為的に大きくしようとする工夫がなされる。これが、「人質」である。「人質」としては、例えば、支払い方法の調整があげられる。支払いを後に回すという方法は、相手方を裏切れば、後回しになっている相手方の未払い金を取引停止によって回収できなくなる可能性があり、裏切りによって失われる利益を大きくする効果を持つ。また、株式の持ち合いや歩積・両建預金も、こうした「人質」としての機能を果たす。関係特殊的投資として行われる、他に転用のきかない当該取引相手だけのための専用設備も「人質」である。他に転用のきかない設備は、当該取引先との取引が順調に行われなければ、投資の回収を図れず、全く無駄なものになるからである。

取引当事者の「評判」や取引当事者が差し入れようとする「人質」が取引当事者間においてうまく機能するようになっているのであれば、誠実に継続して取引が行われる目処が立つことになり、取引が成立し、関係特殊的投資が行われることになる。しかし、この場合、もともと、これら「評判」や「人質」は、契約をうまくつくれないからこそ、利用されるのである。取引当事者の取引上の権利及び義務の内容を具体的に記載した契約をつくることができ、その実効性を確実に確保できるような裁判所による強制力のある契約は、完備契約というが、こうした契約をつくれないから、つまり、内容が確定されず、再交渉の余地を残したものにならざる得ない不完備契約(9)であるからこそ、「評判」や「人質」が利用されることによって、継続的な取引を行うことが暗黙に了解されることになるのである。

もし、取引当事者を取り巻く状況が取引開始当初には予想もできなかった程度に大きく変化するならば、一方の取引当事者がその「評判」を著しく落としてでも、その暗黙の了解を破り、「人質」としての関係特殊的投資を行った取引当事者に対して、当該投資の他への転用が困難であることに乗じて、取引条件や取引内容の不利益変更（取引の打切り、取引条件の一方的引下げ等）を迫る危険性がある。取引当事者間で「評判」や「人質」がうまく機能する形となっているので、両者の間で継続的取引関係を結ぶことが暗黙で了解されたのであるが、「評判」は、大きな状況の変化（例えば、近年の日本における構造的な不況のような大きな状況の変化）には弱い（うまく機能しないようになる）。大きな状況の変化があった場合には、「評判」を背景とする取引当事者は、それを著しく低下させることに躊躇せず、「人質」を入れている取引当事者に対して不利益変更を迫る機会主義的行動をとる危険性がある。完備契約の場合であれば、そうした不利益変更は契約違反として回避できるのであるが、不完備契約の場合には、立証が不可能であったり、取引前にそういう事態は複雑すぎて契約書に書くことができなかったがために不完備契約の形になったのであるから、そうした危険性を回避できない。結局、「人質」となる関係特殊的投資を行った取引当事者の当初見込んでいた望ましい取引条件と内容が保障されなくなるのである。これが、ホールドアップと呼ばれる問題である。(10)

これまで述べてきたホールドアップのケースは、取引後の取引当事者を取り巻く大きな状況変化が生じることによって、一方の取引当事者が「評判」を著しく低下させることに躊躇しないケースであった。しかし、これ以外のケースとして、一方の取引当事者が、最初から信用のおける者であるかのように装って、或いは誠実に継続的に取引するかのように装って、もう一方の取引当事者に関係特殊的投資をさせるケースもある。前者のケースにおける大きな状況の変化は、将来情報の欠如に関係するものである。後者のケースは、取引当事者間に情報の格差があるために生じるものであり、情報において優位な地位にある者が、劣位な地位にある者の情報上の弱点（判断できない点）につけ込んで、騙して関係特殊的投資をさせるケースであって、情報の非対称性に起因するものである。後者のケースのように最初から相手方を騙して関係特殊的投資をさせる欺瞞性のあるケースは、将来情報の欠如のケースよりもより悪質である。実際の関係特殊的投資を前提とする取引においてホールドアップが生じるケースは、最初から明らかに騙すケースから、そうした欺瞞性が薄まり、将来情報の欠如の要因が増していき、その純粋なケースに至るまで、種々のケースが存在するであろう。

また、関係特殊的投資は、他に転用の困難な専用設備に限られない。一旦資金を投入したら、他の取引ではその資金の回収が困難になるいわゆる埋没費用となる資金の投入であれば、これに該当する。それに、関係特殊的投資は、事業者間取引だけに限られない。一般消費者が事業者と取引する場合においても、一般消費者が一括前払いをしたり、高額商品の購入であったりするなどにより、一旦その取引先を選んでしまうと、スイッチングコストが大きいためにその取引先に取り込まれ、他の取引先に移ることができない状況が生じるのであれば、その一括前払いや商品の購入は、これまで使用してきた関係特殊的投資という概念に含めてよいと考えられる。したがって、本稿では、こうしたものも関係特殊的投資と言うこととする。

これまで述べてきたとおり、関係特殊的投資を前提とする取引は、情報の非対称性や将来情報の欠如から完備契約の形をとることができなくても、「評判」や「人質」が利用されることにより成立する。しかし、それでは事後的な取引の相手方の行動を契約で完全に拘束することができないので、事後的に機会主義的行動が生じる危険性を回避できない。事後的な状況の大きな変化や最初から明らかに騙そうとしている場合がそうである。事後的に機会主義的行動が生じ、事前には想定しなかった不利益変更の事態が生じることが放置されるならば、もはや、関係特殊的投資して、そうした取引をすること自体が恐ろしくなり、差し控えられてしまう。このため、事後的な機会主義的行動の発生を防止し、そうした取引に安心してかかわることができるよう、その取引市場の健全な発展を図るために、法規制を行うことが考えられる。

三　優越的地位の濫用行為規制と情報上の優越的地位の関係

1　情報上の優越的地位

筆者は、公正取引委員会事務局に勤務していた当時、事業者が消費者に不利益を与える契約条項それ自体を規制する独占禁止法の規制として、優越的地位の濫用行為の規制があるのではないか、その場合、事業者と消費者の間に情報の非対称性がある場合、事業者が情報上の優越した地位を利用して消費者に不利益を与える行為を優越的地位の濫用行為として構成できないかと、問題提起したことがある。(11)

これに対して、大録教授は、情報の非対称性があること自体を優越的地位とする考え方では、不当表示規制も優越的地位の濫用規制に含まれ、優越的地位の濫用規制の統一がとれなくなること、関係特殊的投資を前提とする取引におけるホールドアップの問題が説明できなくなること等があるとして、批判される。同教授は、情報の非対称自体は優越的地位と考えるべきではなく、その場合の取引における「優越的地位」は、暗黙の了解を守るべき「評判」や「人質」がアンバランスとなることに求めるべきであるとされる。そして、暗黙の了解を破ることが、その地位を不当に利用すること、つまり「濫用」に当たるとされる。(12)

確かに、関係特殊的投資が行なわれる場合の不完備契約におけるホールドアップの問題は、情報の不完全性のうち、情報の非対称性がある場合だけでなく、将来の情報の欠如がある場合もかかわっている。優越的地位の濫用行為を情報の非対称性がある場合だけに限定すると、将来の情報の欠如がある場合が抜け落ちてしまうのである。

このため、関係特殊的投資が行われる場合の不完備契約におけるホールドアップについては、情報上の優越した地位にある者がその地位を利用して劣位な地位にある者に対して不利益を与える行為であるとだけとらえて、優越的地位の濫用行為に該当すると構成することには無理があろう。大録教授が指摘されているように、関係特殊的投資が行なわれる場合の不完備契約におけるホールドアップは、情報の非対称性のみならず、将来情報の欠如も含む情報の不完全性のために生じる不完備契約の問題である。同教授は、前記ホールドアップについては、取引上の「優越的地位」は、暗黙の了解を守るべき「評判」や「人質」がアンバランスとなり機能しなくなることに求められるべきであり、暗黙の了解を破ることがその「地位を不当に利用する」こと、つまり「濫用」に当たるとするのが妥当であるとされる。また、そのように考えることにより、優越的地位の濫用行為ととらえられてきた下請取引における親事業者の不当な行為の同濫用行為該当性を適切に説明できるとされる。

もっとも、前述のとおり、前記ホールドアップのケースにおいてより悪質なケースは、当初から騙して関係特殊的投資をさせる欺瞞性のあるケースである。この場合、騙すことができるということは、すでに情報の非対称性が存在していることを意味し、この情報の非対称性を利用して、情報上優位な地位にある者が劣位な地位にある者に対して関係特殊的投資をさせ、その後に暗黙の了解という不完備契約を意識的に破って不利益を与えるのである。また、この場合、劣位にある者が法律弱者であれば、どのような契約内容かよく理解できないことを利用して意図的に不当な条項を契約に挿入しておき、関係特殊的投資をさせた後で、その条項に基づき不利益を与えるといったことも、現実として多いであろう。これらの悪質なケースこそ優先して規制されなければならない。その意味では、筆者が問題提起したとおり、こうした情報の非対称性にかかわる情報上優位な地位にある者の濫用行為を優越的地位の濫用行為とする意義は大きいといえる。ところが、そうすると、前述のとおり、将来情報の欠如にかかわるホールドアップのケースが抜け落ちてしまうのであり、ホールドアップ全体を優越的地位の濫用行為としてとらえることができなくなるという問題が残る。

2　優越的地位の濫用行為と取引上の地位の不当利用条項

大録教授は、前述のとおり、優越的地位の濫用行為については、情報上の優越した地位をそのまま優越した地位とみて、その地位を利用して情報上劣位な地位にある者に不利益を与える行為を優越的地位の濫用行為と構成することには反対される。しかし、優越的地位の濫用行為を不公正な取引方法として指定する根拠となる独占禁止法第二条第九項第五号の「取引上の地位の不当利用」の規定（「自己の取引上の地位を不当に利用して相手方と取引すること」）については、その適用範囲が優越的地位の濫用行為のみに限られるのではなく、それよりもはるかに広い適用範囲を持つ規定であるとされる。そして、そうした取引上の地位の不当利用に該当する行為としては、消費者に対して欺瞞的な方法や威迫的な方法により契約をさせること、必要な情報を提供しないで契約させること（現行の不当表示規制では規制できない消費者の商品選択に役立つ重要な情報の不開示を含む）、取引内容を消費者に不利になるように契約させることといった情報の非対称性に起因する不当な行為（筆者注：これらは、いずれも関係特殊的投資を前提としない取引における不当な行為のことを指すと思われる）があるとされ、その場合、情報の非対称性が「取引上の地位」に当たり、欺瞞的な方法、威迫的な方法、消費者に必要な情報を提供しないこと、取引内容を消費者に不利にすることが「地位の不当利用」に当たるとされる(13)。

つまり、同教授は、優越的地位の濫用行為については、情報上の優越した地位をそのまま「優越した地位」とすることに反対されるが、取引上の地位の不当利用については、そのまま「取引上の地位」とされるのである。この考え方は、これまでの優越的地位の濫用行為規制の運用実態を考慮すると、優越的地位の濫用行為は関係特殊的投資が行なわれる場合の不完備契約におけるホールドアップとせざるを得ないが、そうすると、情報の非対称性に起因する情報上の優越した地位にある者の前記の不当な行為が抜け落ちてしまうので、「取引上の地位の不当利用」の規定を情報の不完全による市場の失敗に対する規制の一般条項として包括的にとらえ直すことにより、そうした不当な行為も含めて規制できるようにしようとする考え方である。

これまで「取引上の地位の不当利用」の規定には、優越的地位の濫用行為だけが含まれるとされてきたが、大録教授は、優越的地位の濫用行為を関係特殊的投資が行なわれる場合の不完備契約におけるホールドアップと性格付けるとともに、それ以外の情報の非対称性に起因する情報上の優越した地位にある者の不当な行為は優越的地位の濫用行為とは性質の異なる行為として、「取引上の地位の不当利用」に属する行為として整合的に整理しようとされる。これは、「取引上の地位の不当利用」の規定を情報の不完全性にかかわる規制の一般条項と位置付けようとするものであり、不当表示等のぎまん的顧客誘引行為の規制についても情報の不完全性にかかわる規制のうちの特定の行為類型に対する規制とみて、不公正な取引方法の規制全体を情報の不完全性の観点から整合的にとらえ直そうとするものであって、精緻なとらえ方であろう。

筆者は、このとらえ方は妥当であろうと考える。しかし、当面の対応としては、取引上の地位の不当利用と優越的地位の濫用行為をあえてこのように分けてとらえなくてもよいと考える。というのは、この考え方に従えば、現行の一般指定を大幅に改定することなしには、情報の不完全性に起因する不当な行為全般を規制できないという不便があるからである。したがって、当面の対応としては、優越的地位の濫用行為の一類型として関係特殊的投資を前提とする取引における濫用行為があるととらえ、関係特殊的投資がある場合については、関係特殊的投資をしたホールドアップを受ける当事者を劣位にある者ととらえることにしておく取扱いでよいのではないだろうか。つまり、これまでどおり「取引上の地位の不当利用」の規定には優越的地位の濫用行為だけが含まれるとし、関係特殊的投資を前提とする取引における濫用行為は、その一類型であると解釈しておけば、一般指定の規定を細かく書き分ける等、現行の一般指定を大幅に改定しなくてよいので、対応しやすいという利点があるからである。現行の一般指定第一四項における優越的地位の濫用行為の要件は、「自己の取引上の地位が相手方に優越していることを利用して、正常な商慣習に照らして不当に、次の各号のいずれかに掲げる行為をすること」とされ、取引の条件又は実施について相手方に不利益を与える行為のほか、相手方の会社の役員の選任ついてあらかじめ自己の指示又は自己の承認を受けさせる行為も列挙されているのであり、この枠組みを大幅に改編することは時間を要する。

大録教授の説では、消費者の商品選択に役立つ重要な情報の不開示は、優越的地位の濫用行為には含まれないが、この重要な情報の不開示は、取引を誘引する場合の不作為であり、確かに、現行規定の優越的地位の濫用行為の要件である「不利益を与える行為」と積極的にとらえることは難しい。しかし、役員の選任に関する不当な行為も現行規定の優越的地位の濫用行為として含まれていることにみられるように、重要な情報の不開示も、正常な商慣習に照らして不当な不作為として、不当な行為の一つとして一緒に優越的地位の濫用行為に含めても問題のないものである。そうすることに、現行規定との間で大きな齟齬はない。こうした不作為は、情報上優越した地位にある者が本来なら情報上対等な地位にある者に対しては開示せざるを得ない情報を、情報上劣位な地位にある者であるが故に開示せず、その適正な取引選択を歪めるものであり、情報の非対称性がない状態を正常な商慣習とみて、それに照らして不当な不作為ととらえることになる。

以上のとおり、大録教授のように取引上の地位の不当利用に属する行為類型を優越的地位の濫用行為とそれに属さない不当な行為に分ける考え方は、より精緻な考え方であろうが、短期的に現実的な対応を図る上では、そこまで峻別しなくてもよいと考えられる。しかし、中長期的な対応としては、同教授の考え方を踏まえて、情報の不完全性及び競争の不完全性と不公正な取引方法との関係、さらに独占禁止法全体との関係を全面的に見直して解釈を整理し、不公正な取引方法の指定の改編・新設を図ることが妥当である。

四　優越的地位の濫用行為規制の活用の必要性

大録教授の考え方をとっても、また、そこまで当面は峻別しないとしても、いずれにしても関係特殊的投資を前提とする取引における濫用行為は、優越的地位の濫用行為として規制されるべきことに変わりがない。規制されるその濫用行為は、大別とすると、前述のとおり、①取引後の取引当事者を取り巻く大きな状況変化が一方の取引当事者に「評判」の著しい低下を躊躇させないケース（将来情報の欠如が関係するケース）と②一方の取引当事者が、最初から信用のおける者であるかのように装って、或いは誠実に継続的に取引するかのように装って、もう一方の取引当事者を騙して関係特殊的投資をさせるケース（情報の非対称性に起因するケース）に分けられよう。実際には、最初から明らかに騙す②のケースから、そうした欺瞞性が薄まり、将来情報の欠如の比重が増していき、その純粋な形の①のケースに至るまで、種々のケースが存在するであろう。特に、事業者と情報弱者・法律弱者である一般消費者や小規模な事業者の間の取引においては、関係特殊的投資を前提とする取引における濫用行為としては②のケースが圧倒的に多いと考えられる。また、この②のケースには、一般消費者や小規模な事業者がどのような契約内容なのかよく理解できないことにつけ込んで、事業者があらかじめ不当な条項を契約に挿入しておき、その条項に基づき不利益を与える場合もある。こうした②のケースは、①のケースよりも悪質であり、早急に規制される必要がある。例えば、この②の事例としては、高額の入居一時金を支払って有料老人ホームに入居した高齢者が思いもしなかった理由あるいは契約条項で退去させられたり、予想もしなかった劣悪な質や提供条件のサービスを受けるといった事例や、個人事業者が宅配運送サービスの下請を行う場合に、親事業者によって特定の仕様の高額な車を配送車としてあらかじめ購入することを義務付けられ、取引後において、親事業者から取引前に受けた説明では予想もできなかったほど下請業務量が少なかったといった事例が挙げられよう。こうした欺瞞性のある関係特殊的投資を前提とする事例は、早急に規制される必要がある。

1　正常な商慣習

こうした②のケースを規制するにあたっては、優越的地位の濫用行為の要件である「正常な商慣習」をどうみるかであるが、この②のケースは、情報の非対称性のケースであり、情報上対等な地位にあれば、そのような取引は選択されず、適正な取引の選択が行なわれるのであり、大録教授が指摘されているように、「正常な商慣習」は、情報の非対称性がない場合の商慣習といえる。(14) それを下回る取引内容や取引条件を相手方に求めることが、正常な商慣習に照らして不当な行為ということとなる。特定の業種に対して特殊指定を制定する場合には、正常な商慣習に照らして不当な行為の態様を示すとともに、その当・不当のボーダーラインとなる具体的な基準（公正競争規約にみられる特定事項の表示基準（例えば、不動産広告における徒歩による所要時間は、八〇メートルにつき一分の換算で表示すること）や下請法の規定及びその運用基準にみられる受領後六〇日以内の下請代金支払期日の設定や一二〇日以内の手形の満期期日の設定のような基準）を必要に応じて盛り込む必要があろう。

①のケースの「正常な商慣習」については、暗黙の了解が守られている状況であり、それを破り、事後的に不利益変更が行なわれることが正常な商慣習に照らして不当な行為ということになる。ただし、この①のケースについては、②のケースとの混合形態となる場合も多いと考えられ、その場合、当初からの欺瞞性のある行為の部分については、情報の非対称性がない場合が正常の商慣習になる。なお、取引後の機会主義的行動を防止するため、下請法にみられるように情報弱者・法律弱者である者に対しては取引内容や条件の重要な事項について書面を交付させることを義務付けることも法規制として効果的である。

すでに、公正取引委員会は、事業者間取引における優越的地位の濫用行為については、役務の下請取引について運用基準を公表しており、①と②のケースの混合形態である役務の下請取引についてどのような行為が優越的地位の濫用行為に該当するのか、その基準を明らかにしている（「役務の委託取引における優越的地位の濫用に関する独占禁止法上の指針」（一九九八年三月制定、二〇〇四年三月一部改正））。さらに、荷主の物流業者の取引については「特定荷主が物品の運送又は保管を委託する場合の特定の不公正な取引方法」を特殊指定するに至っている（二〇〇四年二月制定）。ところが、これに対して、事業者と一般消費者との間の消費者取引については、まだ何らの運用基準も特殊指定も制定されていない。明らかな立ち後れが見られる。

2　公正競争阻害性

公正競争阻害性については、関係特殊的投資を前提とする取引における濫用行為に限らず、情報の不完全性にかかわる濫用行為の全て（この場合、不当表示等の欺瞞的な顧客誘引行為も含む）について、適正な取引・取引先の選択が行なわれなくなることに求めればよいと考えられる。情報の非対称性に起因する濫用行為については、それにより、顧客が騙されて適正な選択ができなくなることであり、そうした濫用行為は、見過ごされれば、必然的に市場において蔓延してしまい、市場自体を崩壊させることになる。また、将来情報の欠如が関係する関係特殊的投資を前提とする取引における濫用行為については、それにより、事後的不利益変更行為が生ずると、恐くて関係特殊的投資がなされず、そうした取引自体が控えられ（つまり、適正な取引・取引先の選択ができなくなり）、同様に、そうした濫用行為は、見過ごされれば、必然的に市場において蔓延してしまい、市場自体を崩壊させることになる。情報の不完全性にかかわる濫用行為は、見過ごされれば、必然的に蔓延する性格の行為であり、具体的な「行為の広がり」の事実まで違反成立の要件に含める必要はない。公正競争阻害性は、具体的危険性ではなく、抽象的危険性があれば足りるとされている。そうした濫用行為が見過ごされれば、そうした濫用行為が必然的に蔓延し、正常な競争が妨げられる抽象的な危険性があるといえる。具体的な「行為の広がり」の状況の存在は、行政が規制を発動する際の基準とはなり得ても（実際、行政が濫用行為を発見するのは、ある程度蔓延している段階にならざるを得ない）、違反成立の要件とする必要はないのである。

なお、関係特殊的投資を前提とする取引における濫用行為については、大録教授が指摘されているように[15]、その濫用行為により、一定の取引分野における競争が実質的に制限されるケースがある。その場合は、その濫用行為は、不公正な取引方法ではなく、当然、私的独占や不当な取引制限等として関係法条が適用されるべきである。

むすび

公正取引委員会が設けた学識者等から成る消費者取引問題研究会は、二〇〇二年一一月に報告書を公表し、その中で、「一般消費者に対して一方的不利益行為を行う場合については、独占禁止法の一般指定第一四項の優越的濫用行為の規定を適用する余地があり、適切な事案に対しては、同項を適用することが考えられる」(二八頁)としている。そして、消費者取引における一方的不利益行為に有効に対応するためには、さらなる議論と考え方の整理が必要としつつも、「独占禁止法第二条第九項(取引上の地位の不当利用)の規定を根拠として特殊指定を定めたり、特別法を立案するなど、新たな法的枠組みを設けることも適当であると考えられる」(同頁)としている。報告書は、この記述の直前において、「消費者の取引先変更可能性が制約されている場合……には、一方的不利益行為を行う事業者は、消費者に対して優越的な地位にあると捉え、独占禁止法の一般指定第一四項(優越的地位の濫用)の規定を適用できるとの考え方がある」ことを紹介しており、対象行為の中に関係特殊的投資を前提とする取引における濫用行為があることを意識していると見られる。前述のとおり、関係特殊的投資を前提とする取引における濫用行為については、その事業者間取引に関する限り、すでに運用基準や特殊指定が整備されてきているが、それに反して、その消費者取引に関しては全くそうした取組みがなされていない。同じ情報の不完全性に起因する濫用行為でありながら、そうした差異が存在することは、これまで述べてきたことからすれば、妥当ではない。特に、関係特殊的投資を前提とする消費者取引においては、当該取引を行った一般消費者の取引先変更可能性が制約されるのであり、従来からの市場における競い合いを意識し過ぎる観点からしても、その競い合いへの悪影響を説明しやすいのであり、こうした濫用行為に対しては、優先的に規制されて然るべきである。

(1) 外部性についても、ある事業者によるその競争事業者の成果へのタダ乗りは、競争秩序に悪影響を与えるを行為であり、独占禁止法の対象とし得る余地がある。例えば、伝統的な産品とは大きく異なる製造方法の商品にその産品の名称を付する不当表示は、情報の非対称性に起因する行為であるが、同時に、タダ乗り行為(正の外部性)でもある。

(2) 三輪芳郎『日本の取引慣行　流通と消費者の利益』(有斐閣、一九九一年)には、「できるだけ速やかにこの規定の安楽死を図るようにしましょう」(二六四頁)と、優越的地位の濫用行為規制を強く批判する記載がみられる。しかし、伊藤元重・加賀見一彰「企業間取引と優越的地位の濫用」(三輪芳郎・神田秀樹・柳川範之編『会社法の経済学』東京大学出版会、一九九八年)では、「企業間の取引に独占禁止法や下請法で規制が行われることがまったく意味のないことであるというものでもない。取引の構造上様々な歪みが発生するとき、そうした歪みを是正するため、法律によって機会主義的行動をある程度規制することにも意義があるからである」とされている(四一八頁)。また、若杉龍平「不公正な取引方法に関する規制(1):不当廉売及び優越的地位の濫用・下請取引」(後藤晃・鈴村興太郎編『日本の競争政策』、一九九九年)では、「優越的地位の濫用の規制は、公正な競争を確保するといった一般的な理由からではなく、取引における情報の非対称性と不完備契約を回避するために行われる継続的取引という特定の取引形態に関して生ずるHold-up問題を抑止するという点で、一定の合理的根拠を有するとの結論を導きだした」とされている。これらは、一定の留保を置いた上での記載であるが、規制の存在意義を全面的に否定する論調とはかなり異なる。

(3) 大録英一「優越的地位の濫用と取引上の地位の不当利用について」『公正取引』六二六号、二〇〇二年一二月、八~一四頁及び同「優越的地位の濫用と取引上の地位の不当利用」『駿河台法学』第一五巻第二号、二〇〇二年三月、一二五—二六二頁。

(4) 内田耕作「消費者取引と優越的地位の濫用規制(1)」『彦根論叢』第三四六号、二〇〇三年一二月、一~二六頁。同(2)『彦根論叢』第三四七号、二〇〇四年二月、二一~四〇頁。同(3・完)『彦根論叢』第三四九号、二〇〇四年七月一—二四頁。

(5) 大録・注(3)前掲「優越的地位の濫用と取引上の地位の不当利用について」八頁。

(6) 伊藤元重・加賀見・注(2)前掲三九八頁。
(7) 細江・村田・有定訳、エリック・ラスムセン『ゲームと情報の経済分析Ⅰ』九州大学出版会、一九九一年五月、一二三—一二九頁。
(8) 伊藤元重・松井彰彦「企業：日本的取引形態」伊藤・西村編『応用ミクロ経済学』東京大学出版会、一九八九年三月、三五—三七頁。
(9) 契約の「不完備性」について、柳川範之『契約と組織の経済学』(東洋経済新報社、二〇〇三年)は、「本来、状態(state)に依存した契約を書いて効率性を確保すべき状況において、その必要な契約が十分に書けていない状況あるいは契約」と定義されます」としている(一七七頁)
(10) 伊藤・加賀見・注(2)前掲三九八頁。
(11) 拙稿「情報の非対称性と優越的地位の濫用規制—消費者取引の規制との関連の考察—」『公正取引』五〇七号、一九九三年一月、三七頁。
(12) 大録・注(3)前掲「優越的地位の濫用と取引上の地位の不当利用について」一〇頁及び同「優越的地位の濫用と取引上の地位の不当利用」二二二—二二四頁。
(13) 大録・注(3)前掲「優越的地位の濫用と取引上の地位の不当利用」二二四頁及び二三五—二三六頁。
(14) 大録・注(3)前掲「優越的地位の濫用と取引上の地位の不当利用について」一一頁。
(15) 大録・注(3)前掲「優越的地位の濫用と取引上の地位の不当利用について」一〇頁。

〈発起人〉

岸《きし》井《い》大《だい》太《た》郎《ろう》　法政大学法学部教授

鈴《すず》木《き》加《ます》人《ひと》　愛媛大学法文学部教授

根《ね》岸《ぎし》　哲《あきら》　神戸大学大学院法学研究科教授

稗《ひえ》貫《ぬき》俊《とし》文《ふみ》　北海道大学大学院法学研究科教授

吉《よし》田《だ》克《かつ》己《み》　北海道大学大学院法学研究科教授

競争法の現代的諸相 (上)

――厚谷襄兒先生古稀記念論集――

2005年（平成17年）2月15日　第1版第1刷発行

編　集	稗　貫　俊　文
発行者	今　井　　貴 渡　辺　左　近
発行所	信山社出版株式会社
〒113-0033	東京都文京区本郷6-2-9-102 電　話 03（3818）1019 FAX 03（3818）0344

Printed in Japan

印刷・製本／松澤印刷・大三製本

ISBN 4-7972-2413-4 C3332